왕초보의 토익 고민 끝!

###
토익이 처음이라
뭐가 뭔지 모르겠어요

A.
걱정 마세요. 토익 시험의 구조부터 신청 방법, 필수 개념과 출제포인트까지 아주 차근차근 알려드려요.

###
구와 절도 잘 모르는데
괜찮을까요?

A.
물론이죠! 기초 문법과 용어를 알기 쉽게 정리해 주는 왕초보 전용 무료 특강이 준비돼 있어요.

###
분명히 공부를 했는데,
문제가 안 풀려요 ㅠㅠ

A.
개념 적용 연습이 부족했던 거예요. 본책에서는 왼쪽 페이지에서 배운 내용을 오른쪽 페이지에서 집중적으로 연습해서 출제포인트를 확실히 익힐 수 있습니다.

Q.
인강만 보면
잠이 와요

A.
시원스쿨랩의 스타강사 소피아 선생님과 함께 하는 실시간 문제풀이! 잠이 올 틈이 없어요. 일단 PLAY 만 누르세요!

###
입문 과정을
한 달 안에 끝내고 싶은데요..

A.
LC+RC+VOCA 15일 완성! 초단기 학습 플랜으로 빠르게 중급 레벨로 올려드려요. 일단 시작하세요. 고민보다 GO!

토익 입문 초밀착 코칭
소피아 선생님

시원스쿨 한 권 토익 시리즈

시원스쿨
처음토익
550⁺

 LC/RC 인강

토익입문 초밀착 코칭
소피아 선생님

**밀착관리형
입문 강의**

소피아 쌤의 밀착 코칭으로
이론-문제풀이 "집중연습"을 통해
실제로 점수가 나오게 하는
토익 입문 강의

**노베이스
기초특강 제공**

토익 학습을 바로 시작하기
어려운 학습자들을 위한
기초 지식 강의 무료 제공!
입문 학습자들의 토익 고민 해결

**15일 커리큘럼
550⁺ 달성**

5일, 10일, 15일 나와 맞는
플랜설정으로 강의 수강,
카톡 스터디를 통한 빈틈없는
밀착관리로 확실한 목표달성

시원스쿨랩 사이트에서(lab.siwonschool.com) 유료로 수강 가능합니다.

"한 권으로 끝내는"
시원스쿨 처음토익 550⁺

미니단어장

LC/RC 각 Day별 필수 어휘를 모아 휴대하기 간편한 미니북으로 제작하였습니다. 복습용으로 적극 활용하시기 바랍니다.

LC
DAY 01 필수 암기 어휘

01	examine	~을 자세히 들여다 보다
02	wait in line	줄 서서 기다리다
03	drawer	서랍
04	carry	~을 휴대하다, 지니다
05	cross	~을 건너다
06	display case	진열장
07	lean against	~에 기대다
08	put on	~을 착용하다
09	board	~에 타다, 오르다
10	suitcase	여행가방
11	reach for	~에 손을 뻗다
12	merchandise	상품, 제품
13	climb	~을 오르다
14	ladder	사다리
15	pick up	~을 집어 들다
16	package	소포, 꾸러미
17	try on	~을 (한 번) 착용해 보다
18	sweep	~을 빗자루로 쓸다
19	walkway	보도, 인도
20	trim	~을 다듬다, 손질하다
21	shake hands	악수하다
22	path	길, 통행로
23	face	~을 향하다
24	enter	~에 들어가다
25	stairs	계단(= steps)
26	railing	난간
27	hold onto	~을 붙들다
28	performance	공연, 연주
29	repair	~을 고치다, 수리하다
30	fence	울타리
31	arrange	~을 정리하다, 정렬하다
32	wipe	~을 문질러 닦다
33	push	~을 밀다
34	grocery	식료품
35	rest	쉬다, 휴식하다
36	couch	소파, 긴 의자
37	set a table	테이블을 차리다
38	place	~을 놓다, 두다
39	vase	화병
40	plant	식물, ~을 심다

DAY 02 필수 암기 어휘

01	shelf	선반		21	lead to	~로 이어지다
02	be filled with	~로 가득 차다		22	ceiling	천장
03	in a row	일렬로		23	spread out	~을 펼치다
04	side by side	나란히		24	wheelbarrow	외바퀴 손수레
05	garage	차고, 차량 보관소		25	equipment	장비
06	light fixture	조명 기구		26	be propped against	~에 기대어 놓여 있다
07	hang	매달다, 매달리다		27	approach	~에 다가가다
08	be docked	정박해 있다		28	potted plant	화분 식물
09	pier	부두		29	skyscraper	고층 건물
10	be on display	진열되어 있다		30	overlook	~을 내려다보다
11	be covered by	~로 덮여 있다		31	greenhouse	온실
12	set up	~을 설치하다, 마련하다		32	load	~을 싣다, 적재하다
13	be positioned	위치해 있다		33	entrance	입구
14	sip from	~으로 조금씩 마시다		34	floor	바닥, 마루
15	rack	옷걸이		35	polish	~에 윤을 내다
16	stack	~을 쌓다		36	be decorated with	~로 장식되어 있다
17	in the corner	구석에		37	patterned	문양이 있는
18	assemble	~을 조립하다		38	pillow	쿠션, 베개
19	purchase	~을 구입하다		39	unoccupied	비어 있는
20	water	~에 물을 주다		40	pedestrian	보행자

DAY 03 필수 암기 어휘

01	ask for	~을 요청하다
02	in + 기간	~ 후에
03	down the hall	복도를 따라
04	to the left	왼쪽에, 왼편에
05	near	~ 근처에, 가까이
06	main entrance	중앙 출입구
07	travel abroad	해외여행을 하다
08	cleaning supplies	청소 용품
09	cabinet	수납장
10	under the sink	싱크대 아래
11	storage room	저장실, 창고
12	down the street	길 저쪽에, 길을 따라서
13	book	~을 예약하다
14	flight	항공편
15	personnel manager	인사부장
16	order	n. 주문품 v. ~을 주문하다
17	I have no idea.	잘 모르겠어요.
18	management	경영진
19	still	아직도
20	downtown	시내로, 시내에
21	upcoming	곧 있을, 다가오는
22	reception	축하 행사, 기념 행사
23	install	~을 설치하다
24	work	(기기 등이) 작동되다
25	be held	열리다, 개최되다
26	supplies	용품, 물품
27	contact	~에게 연락하다
28	grocery store	식료품점
29	across	~ 건너편에
30	not until + 시점	~나 되어야 하다
31	several	여럿의, 몇몇의
32	handle	~을 처리하다, 다루다
33	return from	~에서 돌아오다
34	bring	~을 가져오다
35	accounting department	회계부
36	join	~와 함께 하다
37	work on	~에 대한 일을 하다
38	copy	(서류 등의) 사본, 한 부
39	take A to B	A를 B에 데리고 가다
40	make a presentation	발표하다

LC
DAY 04 필수 암기 어휘

01	sign up for	~에 등록하다
02	science fiction	공상 과학 소설
03	total cost	총 비용
04	remodel	~을 리모델링하다
05	property	부동산
06	impressive	인상적인
07	real estate agency	부동산 중개소
08	due	마감인
09	visit	~을 방문하다
10	instead of	~ 대신에
11	twice a week	일주일에 두 번
12	contract	계약
13	prepare	~을 준비하다
14	handout	유인물
15	be in charge of	~을 담당하다, ~을 책임지다
16	across the street	길 건너편에
17	happen	발생하다
18	art exhibit	미술 전시회
19	target	목표
20	miss	~을 놓치다
21	travel agency	여행사
22	recommend	~을 추천하다
23	move	이사하다
24	next to	~ 옆에
25	HR (Human Resources)	인사부
26	security	보안
27	plan to do	~할 계획이다
28	at least	적어도
29	prize	상, 상품, 경품
30	device	기기, 장치
31	backyard	뒤뜰
32	agree with	~에 동의하다
33	already	이미
34	include	~을 포함하다
35	choice	선택
36	supervisor	상사, 감독관
37	proposal	제안서
38	sales figures	매출액, 매출 수치
39	client	고객
40	rent	n. 임대료 v. ~을 임대하다

DAY 05 필수 암기 어휘

01	cancel	~을 취소하다
02	round trip ticket	왕복 티켓
03	be serviced	수리 중이다
04	be out of	~이 다 떨어지다
05	accountant	회계사
06	finance	금융
07	grand opening	개장 행사
08	out of town	타지에 가 있는
09	business trip	출장
10	gallery	미술관
11	exhibit	전시
12	connection	연결
13	notice	공지
14	fill out	~을 작성하다
15	form	양식, 서식
16	because of	~ 때문에
17	delay	지연, 지체
18	leave	출발하다, 떠나다
19	go well	잘 진행되다
20	manual	설명서
21	selection	구색, 제품 구성
22	prefer	~을 선호하다
23	access	n. 접근, 이용 / v. ~에 접근하다, ~을 이용하다
24	password	비밀번호
25	request	~을 요청하다
26	direct flight	직항편
27	get stuck in traffic	교통체증에 갇히다
28	get to	~에 도착하다
29	usually	보통, 일반적으로
30	regular customer	단골 고객
31	renovate	~을 개조하다, 보수하다
32	cost + 비용	~의 비용이 들다
33	work assignment	할당된 일
34	apply for	~에 지원하다, 신청하다
35	not feeling well	몸이 좋지 않은
36	reservation	예약
37	guest list	참석자 명단
38	bill	청구서
39	doctor's appointment	진료 예약
40	make noise	소음을 내다

DAY 06 필수 암기 어휘

01	repairman	수리 기사		21	highway	고속도로
02	not yet	(앞선 말에 대해) 아직 아니다		22	serve	(음식 등) ~을 제공하다
03	available	시간이 나는, 이용 가능한		23	형용사 + enough	충분히 ~한
04	free	시간이 나는, 한가한, 무료의		24	reserve	~을 예약하다
05	try	~을 시도하다, 가보다		25	give a speech	연설하다
06	a few	몇몇의		26	how to do	~하는 법
07	due to	~ 때문에		27	director	이사, 부서장, 책임자, 감독
08	on schedule	예정대로		28	helpful	유용한, 도움이 되는
09	nearby	근처에, 인근에		29	cafeteria	구내 식당
10	around the corner	근처에		30	staff	직원
11	discount	할인		31	complete	~을 완료하다
12	inventory check	재고 조사		32	accounting	회계
13	broken	고장 난		33	local	지역의, 현지의
14	stay open	문을 연 상태로 있다		34	construction	건설, 공사
15	all year	일 년 내내		35	reception	축하 연회, 환영 연회
16	approve	~을 승인하다		36	prefer to do	~하는 것을 선호하다
17	budget	예산		37	technician	기술자, 기사
18	finalize	~을 최종 확정하다		38	actually	실은, 사실은
19	work late	야근하다		39	be about to do	막 ~하려던 참이다
20	quite	꽤, 상당히		40	reschedule	~의 일정을 변경하다

DAY 07 필수 암기 어휘

01	come into work	출근하다
02	clean up	~을 깨끗이 치우다
03	employee lounge	직원 휴게실
04	gym	체육관, 헬스장
05	appointment	약속, 예약
06	sold out	매진된
07	print out	~을 출력하다
08	handout	유인물
09	take care of	~을 처리하다
10	printing shop	인쇄소
11	air conditioner	에어컨
12	turn on	~을 켜다
13	inside	실내에, 안에
14	outside	실외에, 밖에
15	patio	테라스
16	supplier	공급업체
17	regular	규칙적인
18	supply room	비품 보관실
19	aisle seat	복도 좌석
20	window seat	창가 좌석
21	empty	비어 있는
22	round-trip	왕복
23	take a break	휴식을 취하다
24	refund	환불
25	hire	~을 고용하다
26	assistant	보조 직원, 조수
27	exercise	운동
28	parking lot	주차장
29	dentist	치과의사
30	price range	가격대
31	feature	기능, 특징
32	have A p.p.	A를 ~되게 하다
33	sound + 형용사	~한 것 같다
34	share	~을 공유하다, 함께 하다
35	consider -ing	~하는 것을 고려하다
36	supplies	용품, 물품
37	public transportation	대중 교통
38	borrow	~을 빌리다
39	give A a ride	A를 차로 태워 주다
40	headquarters	본사

DAY 08 필수 암기 어휘

01	speech	연설
02	air conditioner	에어컨
03	make it	(장소에) 도착하다, 가다
04	maintenance	유지보수
05	building manager	건물 관리자
06	make sure	~을 확실히 하다
07	progress report	진행 보고서
08	ahead of schedule	예정보다 앞서
09	exchange	~을 교환하다
10	receipt	영수증
11	be wrong with	~에 문제가 있다
12	take + 시간	~의 시간이 걸리다
13	experience	경험, 경력
14	organize	~을 준비하다, 조직하다
15	article	(신문·잡지 등의) 기사
16	probably	아마도
17	be scheduled to do	~할 예정이다
18	be able to do	~할 수 있다
19	agenda	안건, 의사 일정
20	fundraising	기금 마련, 모금
21	space	공간
22	participant	참석자
23	expect	~을 기대하다, 예상하다
24	delivery	배송, 배달
25	position	직책, 일자리
26	retirement	퇴직, 은퇴
27	storage	보관, 저장
28	start -ing	~하는 것을 시작하다
29	submit	~을 제출하다
30	application form	지원서, 신청서
31	job	일, 일자리
32	document	문서, 서류
33	newsletter	사보, 소식지
34	look + 형용사	~인 것 같다
35	branch office	지사
36	give A a tour	A에게 구경시켜주다
37	air conditioner	에어컨
38	out of order	고장 난
39	soon	곧, 머지않아
40	holiday	휴일, 연휴

DAY 09 필수 암기 어휘

01	involve	~을 포함하다, ~와 관련되다
02	job opening	공석, 빈 자리
03	recent	최근의
04	promotion	승진, 촉진, 판촉 (행사)
05	be concerned about	~에 대해 우려하다
06	relocate to	~로 옮기다, ~로 이전하다
07	branch	지점, 지사
08	lack	부족
09	colleague	동료 (직원)
10	location	위치, 장소
11	in that case	그런 경우라면
12	update	최신 정보, 새로운 소식
13	come along	(일이) 되어 가다
14	see if	~인지 알아보다
15	make an appointment	약속을 잡다
16	opening	빈 자리, 공석
17	make a reservation	예약하다
18	cover	(주제 등) ~을 다루다
19	supervise	~을 감독하다
20	rental	대여
21	guided tour	가이드가 안내하는 여행
22	pay the fee	요금을 내다
23	be responsible for	~을 담당하다
24	scheduling conflict	일정상의 충돌
25	various	다양한
26	get A fixed	A를 수리 받다
27	as soon as possible	가능한 한 빨리
28	product	제품
29	sell well	잘 팔리다
30	work properly	제대로 작동하다
31	seem to do	~하는 것 같다
32	be scheduled for	~로 예정되어 있다
33	payment	지불(금), 납입금
34	accept	~을 받아들이다
35	encourage A to do	A가 ~하도록 장려하다
36	completely	완전히
37	limited	제한적인, 한정된
38	enroll in	~에 등록하다 (= register for)
39	inquire about	~에 관해 문의하다
40	vending machine	자판기

DAY 10 필수 암기 어휘

01	currently	현재	
02	on sale	판매 중인	
03	return	~을 반환하다	
04	section	구역, 구간	
05	earlier this week	이번 주 초에	
06	be all booked	전부 예약되다	
07	spend time	시간을 보내다	
08	comfortable	편안한, 안락한	
09	stay	머물다, (호텔 등에서) 숙박하다	
10	be conveniently located	편리하게 위치해 있다	
11	city center	도심	
12	be out sick	병가 중이다	
13	be supposed to do	~하기로 되어 있다	
14	be impressed by	~에 감명받다	
15	every time + 절	~할 때마다	
16	travel agent	여행사 직원	
17	water leak	누수	
18	be caused by	~때문에 발생되다	
19	freeze	얼다	
20	burst	터지다	
21	replace	~을 교체하다	
22	whole	전체의	
23	plumber	배관공	
24	make a copy	사본을 만들다	
25	extra	추가의, 별도의	
26	deadline	마감 기한	
27	fit	~에 어울리다, ~에 적합하다	
28	attract	~을 끌어들이다	
29	come with	~이 딸려 있다	
30	disappointed	(사람이) 실망한	
31	ideal	이상적인	
32	compare	~을 비교하다	
33	pricing	가격 (책정)	
34	vehicle	차량	
35	catering	출장 요리 제공(업)	
36	cause	~을 초래하다	
37	make a change	변경하다	
38	call in sick	전화로 병가를 내다	
39	inform	~에게 알리다	
40	review	~을 검토하다	

DAY 11 필수 암기 어휘

01	wireless	무선의	21	technical support	기술 지원
02	fix	~을 고치다, 수리하다	22	for now	일단, 지금으로서는
03	take a look at	~을 살펴보다	23	that way	그렇게 하면
04	make a list	목록을 작성하다	24	be able to do	~할 수 있다
05	be full	가득 차 있다	25	faulty	결함이 있는
06	check out	~을 확인해보다	26	full refund	전액 환불
07	post	~을 게시하다	27	repairperson	수리 기사
08	coworker	동료 (직원)	28	wonder if	~인지 궁금하다
09	front row	앞줄	29	recruitment	직원 모집
10	seat	좌석	30	at the moment	현재
11	membership	회원 자격	31	warehouse	창고
12	detailed	상세한	32	in person	직접
13	see if	~인지 알아보다	33	launch	출시, 공개, 시작
14	clarify	~을 분명히 밝히다	34	quality	품질, 질
15	benefit	이점, 혜택	35	headquarters	본사
16	performance	공연	36	shareholder	주주
17	in advance	미리	37	press conference	기자 회견
18	promotional sale	판촉 세일	38	propose	~을 제안하다
19	test out	~을 시험해보다	39	merger	합병, 통합
20	try on	~을 착용해보다	40	impact	~에 영향을 미치다

DAY 12 필수 암기 어휘

01	come up with	~을 생각해 내다	21	go over	~을 살펴보다, ~을 검토하다
02	farewell party	송별회	22	handle	~을 처리하다
03	guidance	가르침, 지도	23	attendee	참석자
04	especially	특히	24	task	일, 업무
05	communicate with	~와 소통하다	25	assistance	도움, 지원
06	patient	환자	26	confirm	~을 확인해 주다
07	effectively	효과적으로	27	alternative	n. 대안
08	incredible	믿기 힘든, 믿기 힘들 정도로 훌륭한	28	lightweight	가벼운
09	popular	인기 있는	29	option	선택권, 선택 사항
10	consider -ing	~하는 것을 고려하다	30	be in luck	운이 좋다
11	gathering	모임	31	translate	~을 번역하다
12	charity	자선 (활동), 자선 단체	32	improve	~을 개선하다
13	encourage	~을 장려하다	33	lower	v. ~을 내리다, ~을 낮추다
14	keynote speaker	기조 연설자	34	seek	~을 찾다, 구하다
15	be seated	착석하다	35	capacity	수용 규모, 수용력
16	finalize	~을 최종 확정하다	36	accommodate	~을 수용하다
17	the rest of	~의 나머지	37	résumé	이력서
18	luncheon	오찬	38	be about to do	~하려던 참이다
19	on one's way to	~로 가는 길인	39	prioritize	~의 우선순위를 정하다
20	lead	~을 진행하다, 이끌다	40	reassure	~을 안심시키다

DAY 13 필수 암기 어휘

01	severe	심한
02	toothache	치통
03	former	이전의, 전직 ~의
04	approval	승인을
05	Personnel	인사부
06	suit	~에게 잘 맞다
07	preference	선호, 선호하는 것
08	do A a favor	A의 부탁을 들어주다
09	recommendation	추천
10	employee lounge	직원 휴게실
11	supply room	비품 보관실
12	destination	목적지, 도착지
13	right away	즉시, 당장
14	reminder	알림, 메시지
15	reception desk	접수 데스크
16	right next to	~의 바로 옆에
17	spot	자리, 지점, 장소
18	ask if	~인지 묻다
19	hand out	~을 나눠 주다
20	increase	~을 증가시키다
21	reflect	~을 반영하다
22	manufacturing	제조(업)
23	electronics	전자 제품
24	rise	상승하다, 오르다
25	lately	최근에
26	double-check	~을 재확인하다
27	accordingly	그에 따라
28	take care of	~을 처리하다
29	shipment	배송(품)
30	part	부품
31	no longer	더 이상 ~ 않다
32	poorly	저조하게
33	demand	수요, 요구
34	mention	~을 언급하다
35	accident	사고
36	firm	업체, 회사
37	on time	제때
38	departure	출발, 떠남
39	status	현황, 상태
40	share	~을 공유하다

DAY 14 필수 암기 어휘

01	catering	출장 연회 서비스
02	dish	요리, 음식
03	meal	식사
04	decision	결정, 판단
05	payment	지불, 결제
06	as soon as	~하자마자
07	proceed with	~을 진행하다
08	shipment	배송, 발송
09	status	상태, 진행 상황
10	urgent	긴급한
11	hardware store	철물점
12	art gallery	미술관
13	shipment	선적(물), 배송(물)
14	damaged	손상된, 파손된
15	be sure to do	반드시 ~하다
16	congratulate	~을 축하하다
17	replace	~을 교체하다
18	quarter	분기
19	quarterly	분기의
20	recognize	~을 인정하다
21	create	~을 만들어 내다
22	hard work	노고
23	figures	수치 자료
24	be invited to do	~하도록 권장되다
25	staff meeting	직원 회의
26	decide if	~인지 결정하다
27	current	현재의
28	certificate	수료증, 증명서
29	sales strategy	판매 전략
30	improve	~을 향상시키다
31	finalize	~을 최종 확정하다
32	place an order	주문하다
33	commercial	상업의
34	win an award	상을 타다
35	remaining	남아 있는
36	develop	~을 개발하다
37	author	저자, 작가
38	the public	일반인들, 대중
39	have A in stock	A를 재고로 보유하다
40	additional	추가적인

DAY 15 필수 암기 어휘

01	owner	소유주, 주인
02	competition	경쟁, 대회
03	appearance	외관, 모습
04	expand	~을 확장하다
05	internationally	국제적으로
06	challenge	도전, 어려움
07	resident	주민
08	eco-friendly	친환경적인
09	following	~ 후에, ~ 다음에
10	banquet	연회, 만찬
11	organization	단체, 기관
12	celebrity	유명인
13	efficiently	효율적으로
14	adjust	~을 조절하다
15	urban	도시의
16	automatically	자동으로
17	based on	~을 기반으로
18	committee	위원회
19	operate	~을 작동시키다
20	remotely	원격으로
21	across the country	전국적으로
22	weather forecast	일기예보
23	awards ceremony	시상식
24	press conference	기자회견
25	grand opening	개업식, 개장식
26	retreat	야유회
27	venue	행사장, 개최 장소
28	method	방식, 방법
29	vendor	판매상, 판매업체
30	require	~을 필요로 하다
31	professional	전문적인, 전문가
32	introduce	~을 도입하다, 소개하다
33	manufacture	~을 제조하다
34	tune in to	~에 채널을 맞추다
35	admission	입장(료)
36	traffic report	교통 정보
37	commercial break	광고 시간
38	modern	현대의
39	conflict	갈등
40	host	진행자

RC
DAY 01 필수 암기 어휘

01	make payment	결제하다, 지불하다		21	performance	공연
02	judge	심사위원		22	certified	자격증을 갖춘
03	make a decision	결정하다		23	prospective	잠재적인, 장래의
04	assignment	임무, 업무		24	permission	허가
05	representative	대표자, 직원		25	landlord	집주인
06	in person	직접		26	competitive	경쟁력 있는
07	notify	~에게 알리다, 통보하다		27	solve	~을 해결하다
08	in response to	~에 대응하여		28	content	내용
09	strategy	전략		29	rate	요금
10	temporary	임시의		30	automatic	자동의
11	productive	생산적인		31	late fee	연체료
12	potential	잠재적인		32	original	원본의, 원래의
13	subscribe	~을 구독하다		33	advisor	고문, 조언자
14	requirement	요구사항, 필요 조건		34	collect	~을 취합하다, ~을 모으다
15	regulation	규정		35	survey	설문 조사(지)
16	between A and B	A와 B사이에		36	regarding	~와 관련된
17	profit	수익		37	assist	~을 돕다, ~을 지원하다
18	profitable	수익성이 있는		38	remind	~에게 상기시키다
19	donate	~을 기부하다		39	obligation	의무, 책무
20	evaluate	~을 평가하다		40	attendance	참석, 참석자 수

DAY 02 필수 암기 어휘

01	previous	이전의	21	by oneself	혼자서
02	accept	~을 받아들이다	22	dedicate oneself to	~에 헌신하다
03	each	각각의	23	satisfy	~을 만족시키다
04	choose	~을 선택하다	24	note that	~라는 점에 유의하다
05	lead	~을 이끌다	25	relevant	관련 있는
06	tour	견학, 관광	26	consume	~을 소비하다
07	flexible work system	유연근무제	27	power	전력
08	claim that	~라고 주장하다	28	account	계정, 계좌
09	item	물건	29	be qualified for	~을 위한 자격이 있다
10	damaged	손상된	30	transform A into B	A를 B로 탈바꿈시키다
11	during delivery	배송 중에	31	acquire	~을 인수하다, 획득하다
12	be similar to	~와 비슷하다	32	one's own	~ 자신만의
13	familiarize oneself with	~을 숙지하다	33	respond to	~에 대응하다
14	overwork	과로하다	34	immediately	즉시
15	manual	사용 설명서	35	board	이사회
15	renowned	유명한	36	distribute	~을 배부하다
16	workstation	업무 공간	37	guidance	안내, 설명, 지도
17	provide	~을 제공하다	38	be allowed to do	~하도록 허용되다
18	result	(in) ~의 결과를 초래하다 (from) ~로 인해 발생하다	39	transfer to	~로 전근하다
19	volunteer	자원 봉사자, 자원하다	40	complaint	불만, 불평
20	entire	전체의			

RC
DAY 03 필수 암기 어휘

01	guarantee that	~임을 보장하다
02	reach	~에 다다르다, 도착하다
03	warranty	품질 보증(서)
04	expire	만료되다
05	instruction	지시, 설명, 안내
06	prove to be	~임이 드러나다
07	helpful	도움이 되는
08	appear to do	~하는 것 같다
09	operation	운영, 영업, 가동
10	revise	~을 수정하다
11	competition	경쟁
12	intense	극심한, 강렬한
13	outdated	오래된, 구식인
14	establish	~을 설립하다
15	remain	~인 상태로 남아 있다
16	release	~을 출시하다
17	proceed	진행하다
18	opportunity	기회
19	grant A B	A에게 B를 허락하다
20	admit	~을 인정하다
21	be made public	공개되다
22	management	경영진
23	present	~을 제시하다
24	achieve	~을 달성하다
25	treat	~을 다루다
26	be required to do	~하도록 요구되다
27	appoint	~을 선임하다
28	head	장, 우두머리
29	long-term	장기적인
30	despite	~에도 불구하고
31	economy	경기, 경제
32	profit	수익, 이익
33	secure	a. 안전한 v. ~을 확보하다
34	financial	재무의, 재정의
35	vital	필수적인
36	continue	~을 지속하다
37	packaging	포장
38	service	재직, 복무
39	rise	오르다, 상승하다
40	exceed	~을 초과하다

RC
DAY 04 필수 암기 어휘

01	stress	~을 강조하다
02	safety	안전
03	assembly line	조립 라인
04	ever since	~이래로 죽
05	popularity	인기
06	enable A to do	A가 ~할 수 있도록 하다
07	win a prize	상을 타다
08	patron	고객
09	designated	지정된
10	those who	~하는 사람들
11	anyone who	~하는 사람은 누구나
12	present	~을 제시하다
13	security personnel	보안 직원
14	prevent	~을 방지하다
15	level	수위, 수준
16	be encouraged to do	~하도록 권장되다
17	monitor	~을 추적 관찰하다
18	government	정부
19	individually	개별적으로
20	keep	~을 보관하다
21	reimbursement	환급, 상환
22	senior	선임의, 고위의
23	usually	통상적으로, 보통
24	target	~을 겨냥하다
25	witness	~을 목격하다
26	track	~을 추적하다
27	have A ready	A를 준비하다
28	tourism	관광업
29	decade	10년
30	opening ceremony	개장 행사
31	add	~을 추가하다
32	accident	사고
33	emergency	비상
34	when necessary	필요한 경우에
35	discard	~을 버리다
36	analyze	~을 분석하다
37	conduct	~을 실시하다
38	highly	대단히, 매우
39	streamline	~을 간소화하다
40	significant	상당한, 많은, 중요한

DAY 05 필수 암기 어휘

01	meet the deadline	마감일을 맞추다
02	replace A with B	A를 B로 교체하다
03	reputation	명성
04	outdated	구식의, 낡은
05	observe	~을 관찰하다, ~을 준수하다
06	whenever	~할 때마다, 언제 ~하든지
07	concern	걱정, 우려
08	be focused on	~에 집중하다
09	obtain	~을 얻다, 획득하다
10	praise A for B	B에 대해 A를 칭찬하다
11	maintain	~을 유지하다
12	latest	최신의
13	priority	우선 사항
14	billing statement	청구서
15	detailed	상세한
16	promptly	지체 없이
17	make adjustments to	~을 조정하다
18	incorrect	잘못된
19	despite	~에도 불구하고
20	win	~을 차지하다, 쟁취하다
21	exceptional	탁월한, 뛰어난
22	laboratory	실험실
23	customer base	고객층
24	disrupt	~을 방해하다
25	viewer	관람객, 보는 사람
26	attendee	참석자
27	lasting	지속적인, 오래 가는
28	impression	인상
29	government	정부
30	be dedicated to -ing	~하는 데 전념하다
31	advanced	진보한, 고급의
32	ensure	~을 보장하다
33	release	n. 출시 v. ~을 출시하다
34	expand into	~로 확장하다
35	avoid -ing	~하는 것을 피하다
36	legal	법률의, 합법적인
37	thorough	철저한
38	audience	관람객, 청중
39	warning	경고, 주의
40	remove	~을 제거하다

DAY 06 필수 암기 어휘

01	renew	~을 갱신하다
02	travel expenses	여행 경비
03	rise	오르다, 상승하다
04	fee	요금
05	guarantee	~을 보장하다
06	profit	수익
07	leading	선도하는, 앞서가는
08	automaker	자동차 제조사
09	tour	v. ~을 둘러보다
10	facility	시설
11	special offer	특가 제공, 특가 행사
12	valid	유효한
13	participating	참여한, 가맹의
14	prove to be	~임을 입증하다
15	demanding	까다로운
16	degree	학위
17	at the last minute	마지막 순간에
18	be committed to -ing	~하는 것에 전념하다
19	area	지역, 구역
20	upcoming	곧 있을, 다가오는
21	qualification	자격
22	regularly	정기적으로
23	financial	재정의
24	scheduled	예정된
25	promising	유망한, 가능성 있는
26	remaining	남아 있는
27	motivated	의욕적인
28	Attached is ~	첨부된 것은 ~이다
29	applicant	지원자
30	be based on	~에 기초하다
31	outcome	결과
32	brief	간략한, 짧은
33	leading	선두의, 선도적인
34	the majority of	대다수의, 대부분의
35	specialize in	~을 전문으로 하다
36	remainder	나머지
37	strengthen	~을 강화하다
38	investigate	~을 조사하다
39	review	n. 후기, 평가
40	surprisingly	놀랍게도

DAY 07 필수 암기 어휘

01	intend to do	~할 작정이다
02	defect	결함
03	identify	~을 확인하다, ~을 알아내다
04	mayor	시장
05	promise to do	~하기로 약속하다
06	promotion	승진
07	aim to do	~하는 것을 목표로 하다
08	productivity	생산성
09	deliver a speech	연설하다
10	diversify	~을 다양화하다
11	contain	~을 포함하다
12	promise to do	~하기로 약속하다
13	reply to	~에게 답하다
14	build	~을 짓다
15	market share	시장 점유율
16	prefer to do	~하는 것을 선호하다
17	depart	출발하다, 떠나다
18	save on	~을 아끼다
19	eco-friendly	환경 친화적인
20	entertainment	유흥
21	one's own	~의
22	beverage	음료
23	be relieved to do	~하여 안심하다
24	economy	경기, 경제
25	delightful	기쁜
26	average	평균의, 보통의
27	valuable	귀중한
28	insight	통찰력
29	resolve	~을 해결하다
30	extend	~을 연장하다
31	be eligible to do	~할 자격이 있다
32	costly	비싼
33	implement	~을 실행하다
34	participate in	~에 참가하다
35	spacious	널찍한
36	accommodate	~을 수용하다
37	makes a request	요청하다
38	partnership	제휴 관계
39	extreme	극도의, 극심한
40	risky	위험한

DAY 08 필수 암기 어휘

01	guarantee	보증
02	half	절반
03	normal	일반적인
04	cost	비용, 가격
05	be compliant with	~을 준수하다
06	comply with	~을 준수하다
07	fully	전적으로, 완전히
08	complimentary	무료의
09	government	정부
10	security	보안
11	regulation	규정, 규제
12	feel confident that	~라고 확신하다
13	essential	필수적인
14	temporary	임시의, 일시적인
15	affect	~에 영향을 미치다
16	advisable	권장하는, 바람직한
17	considerable	상당한, 많은
18	appealing	매력적인
19	competitor	경쟁사, 경쟁자
20	extra	여분의, 추가의
21	experienced	경험 많은
22	workplace	업무 공간
23	general	일반적인
24	waste	쓰레기
25	field	분야
26	expert	전문가
27	atmosphere	분위기
28	consider A B	A를 B로 여기다
29	remarkable	놀라운, 주목할 만한
30	effect	효과, 영향
31	responsibility	책임(감)
32	belongings	소지품, 개인 물품
33	saving	절약, 저축
34	lower	v. ~을 낮추다, ~을 내리다
35	capacity	능력, 용량, 수용 규모
36	approximately	약, 대략
37	be likely to do	~할 가능성이 있다
38	loyal	충실한, 충성스러운
39	confidential	기밀의, 비밀의
40	afford	~을 감당할 수 있다

DAY 09 필수 암기 어휘

01	estimate	견적(서)
02	favorite	가장 좋아하는
03	destination	목적지
04	charity	자선 (활동), 자선 단체
05	journalist	기자, 언론인
06	reject	~을 거절하다
07	either A or B	A, B 둘 중의 하나
08	both A and B	A와 B 둘 다
09	contribution	공헌, 기여
10	lead to	~로 이어지다
11	solution	해결책
12	residential	주거의, 거주의
13	commercial	상업의
14	district	지구, 구역
15	flexible	유연한, 탄력적인
16	relocation	이사, 이전, 재배치
17	affordable	가격이 적당한
18	underway	진행 중인
19	adjust	~을 조정하다, ~을 조절하다
20	absolutely	전적으로, 완전히
21	formal	정식의, 공식적인
22	attire	의복, 복장
23	work overtime	초과 근무하다
24	proper	적절한, 제대로 된
25	compensation	보상
26	participant	참가자
27	outstanding	뛰어난, 우수한
28	task	업무, 일
29	provided that	(만약) ~한다면
30	doubtful	의심하는
31	remote	원격의, 멀리 떨어진
32	objective	객관적인
33	close a deal	거래를 성사시키다
34	cautiously	조심스럽게
35	in light of	~에 비추어 (볼 때)
36	serve as	~의 역할을 하다
37	bid	입찰(액)
38	obtain	~을 얻다, 획득하다
39	occur	발생하다, 일어나다
40	meanwhile	그 사이에, 한편

RC
DAY 10 필수 암기 어휘

01	shift	교대 근무(조)
02	election	선거
03	accommodation	숙박 시설, 숙소
04	insurance	보험
05	branch	지점, 지사
06	remarkable	놀랄 만한, 주목할 만한
07	on display	전시된, 진열된
08	demonstration	시연(회), 시범
09	predict	~을 예측하다
10	sell out	매진되다, 품절되다
11	community	공동체, 커뮤니티
12	participant	참가자
13	device	기기, 장치
14	influence	~에 영향을 미치다
15	be eligible for	~에 대한 자격이 있다
16	deliver a speech	연설하다
17	mention	~을 언급하다
18	paid leave	유급 휴가
19	trial	체험, 시험
20	collect	~을 모으다, 수집하다
21	postpone	~을 연기하다, ~을 미루다
22	weather forecast	일기 예보
23	exceed	~을 뛰어넘다, ~을 초과하다
24	expectation	기대(치), 예상
25	committee	위원회
26	restructure	~을 구조 조정하다, ~을 개편하다
27	hold	~을 개최하다
28	result	결과(물)
29	survey	설문 조사(지)
30	anticipate	~을 예상하다
31	in order to do	~하기 위해
32	comment	의견, 말
33	exhibition	전시 (행사)
34	refund	환불, 환불하다
35	exchange	교환(품), 교환하다
36	follow	~을 따르다
37	instructions	설명, 안내, 지시
38	display	~을 표시하다, ~을 진열하다
39	rather than	~하지 않고, ~하는 대신
40	in a timely manner	제때, 적절한 시기에

DAY 11 필수 암기 어휘

01	retail	소매(업)
02	be located	위치해 있다
03	refreshments	간식, 다과
04	be expected to do	~할 것으로 예상되다
05	operational	가동되는, 운영되는, 영업하는
06	quarter	분기, 4분의 1
07	restrict A to B	A를 B로 제한하다
08	within	~ 이내에
09	in effect	효력이 있는, 사실상
10	deal	계약, 거래
11	award A B	A에게 B를 수여하다
12	close a contract	계약을 체결하다
13	substitute	대체(품), 대체하다
14	produce	n. 농산물
15	at a low cost	저렴한 비용으로
16	same-day	당일의
17	process	(처리) 과정
18	protective	보호용의, 보호하는
19	manufacturing	제조(업)
20	recycling	재활용
21	break room	휴게실
22	procedure	절차
23	in transit	운송 중에
24	positive	긍정적인
25	following	~ 후에
26	home appliances	가전 기기
27	financial	재무의, 재정의
28	post	~을 게시하다
29	including	~을 포함해
30	launch	n. 출시 ~을 출시하다
31	compared with	~와 비교해
32	boast	~을 자랑하다
33	prefer -ing	~하는 것을 선호하다
34	regardless of	~와 상관없이
35	significantly	상당히, 많이
36	except	~을 제외하고, ~ 외에는
37	outing	야유회, 짧은 여행
38	protocol	규정, 규약
39	regarding	~와 관련해
40	voucher	상품권, 쿠폰

RC
DAY 12 필수 암기 어휘

01	propose	~을 제안하다
02	enhance	~을 향상시키다
03	fill	~을 채우다, 충원하다
04	domestic market	국내 시장
05	international market	해외 시장
06	headquarters	본사
07	expand	~을 확장하다
08	presence	입지, 존재
09	quite	상당히, 꽤
10	be limited	제한되다
11	collaborate with	~와 협력하다
12	in the near future	가까운 장래에
13	temporarily	일시적으로
14	expire	만료되다
15	reference	참고
16	firm	업체, 회사
17	comprehensive	종합적인
18	Thus	그래서
19	However	그러나
20	Otherwise	그렇지 않으면
21	Conversely	반대로, 역으로
22	Nevertheless	그럼에도 불구하고
23	Therefore	그러므로
24	Consequently	그 결과, 결과적으로
25	Even so	그렇기는 하지만
26	For instance	예를 들어
27	For that reason	그러한 이유로
28	In the meantime	그동안
29	Finally	마침내
30	Then	그런 다음
31	Plus	추가하여, 그에 더해
32	Also	또한
33	Furthermore	뿐만 아니라, 더욱이
34	Instead	대신에
35	Afterward	그 후에
36	Finally	마침내
37	Accordingly	그에 따라
38	Likewise	마찬가지로
39	Eventually	결국
40	Firstly	첫째, 우선

DAY 13 필수 암기 어휘

01 industry	업계, 산업	21 be concerned that	~에 대해 우려하다
02 fund	기금, 자금	22 come as a surprise	놀라운 일이 되다
03 severely	심각하게	23 create	~을 창조하다, 만들다
04 associate	동료	24 innovative	혁신적인
05 apologize for	~에 대해 사과하다	25 unique	독특한, 특별한
06 inconvenience	불편	26 flavor	맛, 풍미
07 celebrate	~을 기념하다	27 truly	진정으로
08 anniversary	기념일	28 function	기능
09 customized	맞춤형의	29 add	~을 추가하다
10 specific	구체적인	30 ingredient	(음식) 재료, 성분
11 no longer	더 이상 ~않다	31 bold	과감한, 대담한
12 cause	~을 야기하다, 초래하다	32 grow into	~로 성장하다
13 beneficial	유익한	33 nationwide	전국적인
14 replace	~을 교체하다	34 found	~을 설립하다
15 supplier	공급업체	35 appeal to	~의 마음을 사로잡다
16 as of + 시점	~부로, ~일자로	36 satisfaction	만족(감)
17 value	~을 중요하게 여기다	37 billing	청구서 발급
18 familiar	익숙한	38 inconvenience	불편함
19 memorable	기억에 남는	39 loyal	충성스러운, 충실한
20 alongside	~와 함께	40 similarly	유사하게

DAY 14 필수 암기 어휘

01	lost	분실된	21	dedicated	헌신적인, 전념하는
02	be able to do	~할 수 있다	22	supplies	물자, 공급품
03	recover	회복되다, 되찾다	23	farewell party	송별회
04	manufacturer	제조사	24	complex	복합 건물, 건물 단지
05	call for	~을 요청하다	25	express	(감정 등) ~을 표현하다
06	amenities	편의 시설	26	gratitude	감사 (의 뜻)
07	stunning	아주 멋진	27	charity	자선 (단체)
08	receptionist	안내 담당 직원	28	initiative	n. 계획
09	designated	지정된	29	workout	운동
10	detour	우회(로)	30	comfortable	편안한, 편한
11	keep -ing	계속 ~하다	31	be welcome to do	~해도 좋다
12	confirm	~을 확인해 주다	32	raise funds	모금하다
13	be intended for	~을 대상으로 하다	33	arrangement	조치, 처리, 마련
14	exclusive	전용의, 독점적인	34	patience	인내(심)
15	show A around	A에게 둘러보게 해주다	35	tight	빠듯한
16	volunteer	자원 봉사자	36	electronically	전자 시스템으로, 컴퓨터로
17	aid	지원, 도움	37	alternative	대체의, 대안의
18	attach	~을 첨부하다	38	cooperation	협조, 협력
19	form	양식, 서식	39	replace	~을 교체하다
20	effective + 시점	~부로, ~부터	40	take advantage of	~을 이용하다

DAY 15 필수 암기 어휘

01	voluntary	자발적인		21	feature	n. 특징, v. ~을 특징으로 하다
02	truly	진심으로		22	missing	누락된, 빠진
03	appreciate	~을 소중히 여기다, ~에 대해 감사하다		23	deserve	~에 대한 자격이 있다
04	make an impact	깊은 인상을 남기다		24	range	종류, 범위, 제품군
05	comment	의견		25	raise	~을 인상하다 올리다
06	reach out to	~에게 연락하다		26	balance	잔여, 남은 것
07	count on	~에 기대다		27	advantage	이점, 장점
08	look forward to -ing	~하기를 고대하다		28	compared to	~에 비해
				29	explore	~을 탐색하다
09	current	현재의		30	external	외부의
10	banquet	연회		31	refer	~을 소개해 주다
11	overwhelming	압도적인		32	proceeds	수익금
12	highlight	~을 강조하다		33	for free	무료로
13	reliability	신뢰성		34	annual	연간의, 해마다의(=yearly)
14	evidence	증거(물)				
15	durability	내구성		35	the rest of	~의 나머지
16	testimonial	고객 추천 후기		36	in the event of	~의 경우에 (대비해)
17	regain	~을 회복하다, ~을 되찾다		37	issue	v. ~을 발급하다
18	work overtime	초과 근무하다		38	realize	~을 알게 되다, 깨닫다
19	be welcome to do	얼마든지 ~해도 좋다		39	renovate	~을 개조하다, 보수하다
				40	bother	~을 귀찮게 하다
20	describe	~을 설명하다				

"한 권으로 끝내는"

시원스쿨 처음토익 550⁺

시원스쿨어학연구소 지음

시원스쿨 LAB

시원스쿨
처음토익 550+

초판 1쇄 발행 2025년 10월 17일

지은이 시원스쿨어학연구소
펴낸곳 (주)에스제이더블유인터내셔널
펴낸이 양홍걸 이시원

홈페이지 www.siwonschool.com
주소 서울시 영등포구 영신로 166 시원스쿨
교재 구입 문의 02)2014-8151
고객센터 02)6409-0878

ISBN 979-11-7550-013-6 13740
Number 1-110103-26269900-06

이 책은 저작권법에 따라 보호받는 저작물이므로 무단복제와 무단전재를 금합니다. 이 책 내용의 전부 또는 일부를 이용하려면 반드시 저작권자와 ㈜에스제이더블유인터내셔널의 서면 동의를 받아야 합니다.

머리말

15일 만에 550+ 잡고 토익 입문 탈출
시원스쿨 처음토익 550+

졸업, 취업, 승진, 이직, 공무원 시험의 첫 관문인 토익. 좋다는 교재도 정말 많지만 서점에 나가봐도 그 책이 그 책 같고, LC, RC, VOCA, 모의고사까지 다 필요하다는데 4권을 사야 하는 것도 부담스럽고, 언제 다 공부하나 막막할 것입니다.

이제 걱정 마세요! 토익을 처음 시작하는 분들이 가뿐하게 입문 과정을 끝낼 수 있도록 LC, RC, VOCA 핵심 내용에 실전 모의고사까지 단 한 권으로 집약한 「시원스쿨 처음토익 550+」가 있으니까요.

신간 「시원스쿨 처음토익 550+」는 2025년 이후의 기출 트렌드를 완벽하게 반영했을 뿐만 아니라, 문법과 듣기 기초가 부족한 분들을 위해 「토익 기초특강」을 무료로 제공합니다. 시원스쿨랩의 입문 전문 강사님이 처음부터 차근차근 알려주고, 배운 것을 완벽히 익히고 넘어가도록 관리해주기 때문에 누구나 입문 탈출에 성공할 수 있습니다.

시원스쿨 처음토익 550+는

❶ **딱 한 권으로 [LC + RC + VOCA]의 토익 입문 과정을 끝냅니다.**
LC, RC, VOCA의 핵심 내용을 한 권에 담았으며, 최신 기출 유형이 반영된 실전 모의고사 1회분을 무료로 제공합니다.

❷ **배운 즉시 집중 연습하는 구조로 완벽히 이해하게 해줍니다.**
입문 과정에서 꼭 알아야 할 핵심 내용을 문제풀이 반복 학습을 통해 완벽히 내 것으로 만들게 합니다.

❸ **진짜 생기초부터 알려줍니다.**
주어-동사-목적어의 구분부터 토익 필수 발음 현상까지, 가장 기초적인 내용을 짚어 주는 무료 강의를 제공하여 왕초보도 자신 있게 시작할 수 있습니다.

❹ **전문 강사의 초밀착 코칭으로 실제로 점수가 오릅니다.**
인강 수강 시 카톡 스터디방을 통해 토익 문제 질문 답변 및 공부 방법에 대한 상세한 코칭을 받을 수 있습니다.

아무쪼록 이 책으로 토익 고득점의 기초 발판을 마련하고 '한번 해 볼 만하다'는 자신감을 얻기를 바랍니다.

시원스쿨어학연구소 드림

목차

- 왜 「시원스쿨 처음토익 550+」인가? 6
- 이 책의 구성과 특징 8
- TOEIC 접수부터 성적 확인까지 10
- 초단기 완성 학습 플랜 12

LISTENING

기초특강
- 01 토익 필수 발음 현상 16
- 02 토익 유의해야 할 발음 20
- 03 영국/호주 발음 익히기 24

Part 1
- DAY 01 인물 사진 30
- DAY 02 사물 / 인물+사물 사진 36

Part 2
- DAY 03 When / Where / Who 의문문 44
- DAY 04 What / Which 의문문 50
- DAY 05 Why / How 의문문 56
- DAY 06 일반 의문문 / 부정 의문문 62
- DAY 07 제안·요청 의문문 / 선택 의문문 68
- DAY 08 평서문 / 부가 의문문 74

Part 3
- DAY 09 주제 / 목적 / 문제점 문제 82
- DAY 10 장소 / 업종 / 직업 문제 88
- DAY 11 제안·요청 사항 / do next 문제 94
- DAY 12 의도파악 문제 100
- DAY 13 시각자료 연계 문제 106

Part 4
- DAY 14 최빈출 담화 유형 1 114
- DAY 15 최빈출 담화 유형 2 120

READING

기초특강

01	영어의 품사	128
02	구와 절	134
03	문장의 형식	138

Part 5

DAY 01	명사	144
DAY 02	대명사	152
DAY 03	동사의 종류	160
DAY 04	동사의 특성	166
DAY 05	동명사	174
DAY 06	분사	180
DAY 07	to부정사	186
DAY 08	형용사 / 부사	192
DAY 09	접속사	200
DAY 10	관계사	208
DAY 11	전치사	216

Part 6

DAY 12	접속부사 문제	226
DAY 13	문맥 유형 문제	234

Part 7

DAY 14	목적 / 요청 / 세부사항 문제	244
DAY 15	동의어 / 표현의도 / 문장삽입 문제	252

VOCABULARY

DAY 01-02	최빈출 정답 어휘_명사	262
DAY 03-04	최빈출 정답 어휘_동사	270
DAY 05-06	최빈출 정답 어휘_형용사	278
DAY 07-08	최빈출 정답 어휘_부사	286
DAY 09-10	최빈출 숙어/Collocation	294

별책
- **해설서** 정답 및 해설
- **미니북** LC/RC DAY 01~15 필수 암기 어휘

시원스쿨랩 홈페이지
lab.siwonschool.com
- 본서 음원 (MP3)
- 실전 모의고사 음원 (MP3) | 문제 | 해설

무료 강의
- 토익 기초특강 LC
- 토익 기초특강 RC

왜「시원스쿨 처음토익 550+」인가?

1 점수 나오는 토익 입문서!
- 입문-기초 레벨의 필수 출제포인트를 엄선하여 [좌 페이지 이론학습 - 우 페이지 집중연습] 구조로 학습한 내용을 바로 확인하고 적용하는 연습을 합니다.
- 다량의 기출변형 실전문제 반복 풀이를 통해 점수까지 연결됩니다.

2 [LC + RC + VOCA] 한 권으로 입문 완성
- 토익 입문에 꼭 필요한 가장 필수적인 핵심만 담은 올인원 교재입니다.
- 토익 입문 과정을 빠르게 끝내고 기본-중급으로 갈 수 있도록 [LC + RC + VOCA]를 한 권으로 구성하였으며, 실전 모의고사 1회분을 무료로 제공합니다. LC, RC, VOCA, 모의고사 교재를 따로따로 구매할 필요가 없어 경제적이고 빠릅니다.

3 스타강사의 초밀착 코칭 족집게 강의
- 토익 학습자들과의 1:1 소통으로 유명한 소피아 선생님이, 입문자가 특히 어려워하는 포인트를 콕콕 짚어줍니다.
- 대충 이해하고 넘어가게 두지 않습니다. 배운 내용을 문제에 적용하는 연습을 확실하게 시켜줍니다.
- 인강 수강 시 카톡 스터디를 통해 선생님의 실시간 질문-답변 코칭을 받을 수 있습니다.

4 QR코드로 바로 듣는 편리한 음원
- 회원가입 없이도 교재 내 QR코드를 스캔하여 본서 음원을 모바일로 편리하게 들을 수 있습니다.
- 교재 음원은 시원스쿨랩 홈페이지(lab.siwonshool.com)에서 음원 전체를 다운로드해 이용할 수도 있습니다.

5 영어 왕초보를 위한 기초특강 코너와 무료 강의

- 문법 기초가 부족한 토익 왕초보를 위해 주어-동사-목적어의 구분부터 구와 절의 정의까지, 가장 기본적인 문법 사항을 아주 쉽게 알려주는 무료 강의를 제공합니다.
- 리스닝에 특히 어려움을 겪는 학습자들을 위해 토익에 나오는 필수 발음 현상을 콕 짚어 줍니다.
- 교재의 QR코드를 스캔하여 기초특강 무료 강의를 편리하게 시청할 수 있습니다.

6 15일 완성 학습 플랜

- LC, RC 섹션은 각각 15개 Day로 구성되어 있어 30일 안에 [LC + RC + VOCA]로 이루어진 한 권을 거뜬히 끝낼 수 있습니다. 또한 누구나 따라하기 쉬운 명료한 학습플랜을 제시합니다.
- 인강 수강 시 더욱 쉽고 빠르게 입문 완성이 가능합니다. 하루에 딱 2시간만 토익 공부에 시간을 할애할 수만 있다면, 단 15일 안에 본 교재 한 권을 끝낼 수 있습니다.

7 최신 기출 변형 실전 모의고사 1회분

- 최신 토익 시험과 난이도 및 유형 면에서 거의 유사한 기출 변형 실전 모의고사 1회분을 시원스쿨LAB 홈페이지 (lab.siwonschool.com)에서 제공합니다.
- 모의고사의 음원, 스크립트, 상세한 해설도 모두 무료로 제공합니다.

이 책의 구성과 특징

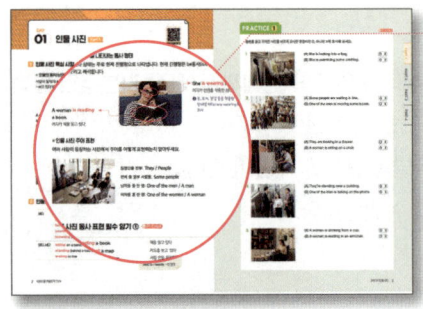

최빈출 출제포인트
입문-기초 레벨에서 꼭 알아야 할 출제포인트를 알기 쉽게 정리하였습니다.

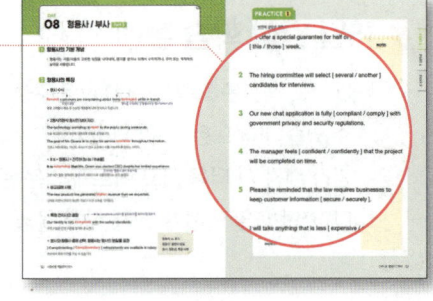

배운 즉시 연습
배운 내용을 오른쪽 페이지에서 즉시 연습하는 구조로 출제포인트를 완벽히 소화하고 넘어가도록 합니다.

토익 기초 문법
토익 공부에 가장 기본이 되는 기초 문법 사항을 알기 쉽게 정리해줍니다.

QR코드를 스캔하여 무료 강의 유튜브 영상을 편리하게 시청할 수 있습니다.

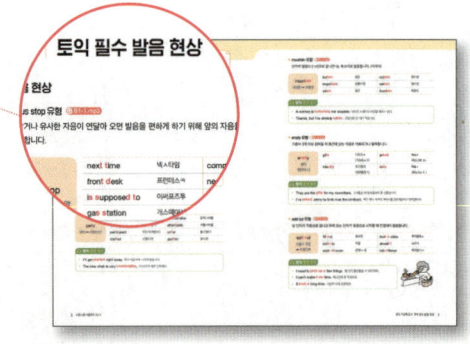

토익 필수 발음 현상
듣기를 어렵게 하는 토익 필수 발음 현상 및 영국-호주 발음을 확실하게 짚어 줍니다.

QR코드를 스캔하여 무료 강의 유튜브 영상을 편리하게 시청할 수 있습니다.

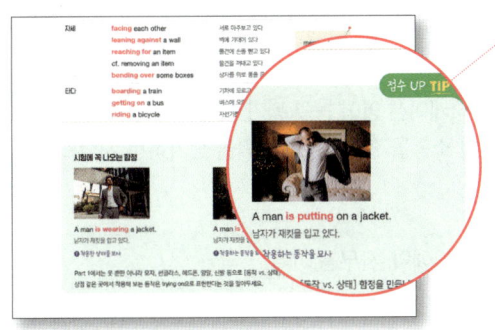

점수 UP TIP
기본적인 학습 내용에서 더 나아가, 알고 있을 경우 문제 대처 능력이 높아지는 추가 학습 내용을 정리한 코너입니다.

문제 풀이 전략
문제 풀이의 순서와 전략을 정확하게 짚어 주어 자신 있게 실전 문제를 풀 수 있게 해줍니다.

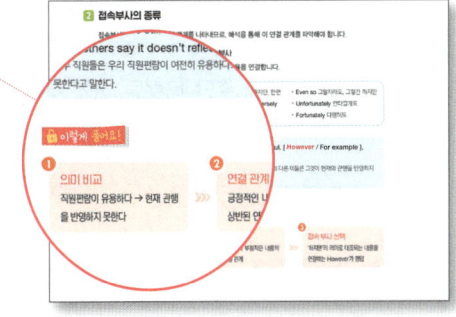

토익 필수 암기 어휘
LC/RC 각 Day에서 반드시 외워야 할 필수 어휘들을 모아 휴대가 간편한 미니북으로 제작하였습니다.

오답 해설
정답이 되는 이유 뿐만 아니라, 각 선택지가 왜 오답인지까지 설명해 줌으로써 출제자가 의도한 함정에 빠지지 않는 센스를 길러줍니다.

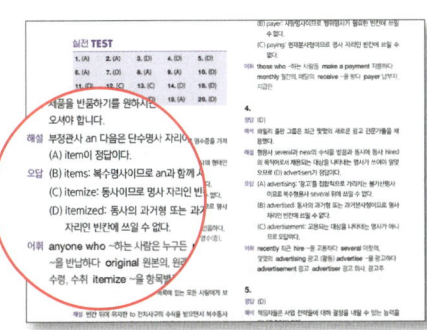

TOEIC 접수부터 성적 확인까지

토익은 어떤 시험이에요?

TOEIC은 ETS(Educational Testing Service)가 출제하는 국제 커뮤니케이션 영어 능력 평가 시험(Test Of English for International Communication)입니다. 즉, 토익은 영어로 업무적인 소통을 할 수 있는 능력을 평가하는 시험으로서, 다음과 같은 주제를 다뤄요.

기업 일반	계약, 협상, 홍보, 영업, 비즈니스 계획, 회의, 행사, 장소 예약, 사무용 기기
제조 및 개발	공장 관리, 조립 라인, 품질 관리, 연구, 제품 개발
금융과 예산	은행, 투자, 세금, 회계, 청구
인사	입사 지원, 채용, 승진, 급여, 퇴직
부동산	건축, 설계서, 부동산 매매 및 임대, 전기/가스/수도 설비
여가	교통 수단, 티켓팅, 여행 일정, 역/공항, 자동차/호텔 예약 및 연기와 취소, 영화, 공연, 전시

토익은 총 몇 문제인가요?

구성	파트	내용		문항 수 및 문항 번호		시간	배점
Listening Test	Part 1	사진 묘사		6	1-6	45분	495점
	Part 2	질의 응답		25	7-31		
	Part 3	짧은 대화		39 (13지문)	32-70		
	Part 4	짧은 담화		30 (10지문)	71-100		
Reading Test	Part 5	단문 빈칸 채우기 (문법, 어휘)		30	101-130	75분	495점
	Part 6	장문 빈칸 채우기 (문법, 문맥에 맞는 어휘/문장)		16 (4지문)	131-146		
	Part 7	독해	단일 지문	29	147-175		
			이중 지문	10	176-185		
			삼중 지문	15	186-200		
합계				200 문제		120분	990점

토익 시험을 보려고 해요. 어떻게 접수해요?

- 한국 TOEIC 위원회 인터넷 사이트(www.toeic.co.kr)에서 접수 일정을 확인하고 접수합니다.
- 접수 시 최근 6개월 이내에 촬영한 jpg 형식의 사진이 필요하므로 미리 준비합니다.
- 토익 응시료는 (2025년 10월 기준) 정기 접수 시 52,500원입니다.

시험 당일엔 뭘 챙겨야 하죠?

- 아침을 적당히 챙겨 먹습니다. 빈속은 집중력 저하의 주범이고 과식은 졸음을 유발합니다.
- 시험 준비물을 챙깁니다.
    - 신분증 (주민등록증, 운전면허증, 기간 만료 전 여권, 공무원증만 인정. 학생증 안됨. 단, 중고등학생은 국내학생증 인정)
    - 연필과 깨끗하게 잘 지워지는 지우개 (볼펜이나 사인펜은 안됨. 연필은 뭉툭하게 깎아서 여러 자루 준비)
    - 아날로그 시계 (전자시계는 안됨)
    - 수험표 (필수 준비물은 아님. 수험번호는 시험장에서 감독관이 답안지에 부착해주는 라벨을 보고 적으면 됨)
- 고사장을 반드시 확인합니다.

시험 보면 몇 시에 끝나요?

오전 시험	오후 시험	내용
9:30 - 9:45	2:30 - 2:45	답안지 작성 오리엔테이션
9:45 - 9:50	2:45 - 2:50	수험자 휴식시간
9:50 - 10:10	2:50 - 3:10	신분증 확인, 문제지 배부
10:10 - 10:55	3:10 - 3:55	청해 시험
10:55 - 12:10	3:55 - 5:10	독해 시험

- 최소 30분 전에 입실을 마치고(오전 시험은 오전 9:20까지, 오후 시험은 오후 2:20까지) 지시에 따라 답안지에 기본 정보를 기입합니다.
- 안내 방송이 끝나고 시험 시작 전 5분의 휴식시간이 주어지는데, 이때 화장실에 꼭 다녀옵니다.

시험 보고 나면 성적은 바로 나오나요?

- 시험일로부터 9일 후 낮 12시에 한국 TOEIC 위원회 사이트(www.toeic.co.kr)에서 성적이 발표됩니다.

초단기 완성 학습 플랜

- 아래의 학습 진도를 참조하여 매일 학습합니다.
- 해당일의 학습을 하지 못했더라도 이전으로 돌아가지 말고 오늘에 해당하는 학습을 하세요. 그래야 끝까지 완주할 수 있답니다.
- 교재의 학습을 모두 마치면 시원스쿨랩 홈페이지(lab.siwonschool.com)에서 토익 최신 경향이 반영된 실전 모의고사를 다운로드 하여 꼭 풀어보세요.
- 교재를 끝까지 한 번 보고 나면 2회독에 도전합니다. 두 번 째 볼 때는 훨씬 빠르게 끝낼 수 있어요. 토익은 천천히 1회 보는 것보다 빠르게 2회, 3회 보는 것이 훨씬 효과가 좋습니다.

15일 완성 학습 플랜

1일	2일	3일	4일	5일
LC Day 01	LC Day 02	LC Day 03	LC Day 04	LC Day 05
RC Day 01	RC Day 02	RC Day 03	RC Day 04	RC Day 05
VOCA Day 01	VOCA Day 02	VOCA Day 03	VOCA Day 04	VOCA Day 05

6일	7일	8일	9일	10일
LC Day 06	LC Day 07	LC Day 08	LC Day 09	LC Day 10
RC Day 06	RC Day 07	RC Day 08	RC Day 09	RC Day 10
VOCA Day 06	VOCA Day 07	VOCA Day 08	VOCA Day 09	VOCA Day 10

11일	12일	13일	14일	15일
LC Day 11	LC Day 12	LC Day 13	LC Day 14	LC Day 15
RC Day 11	RC Day 12	RC Day 13	RC Day 14	RC Day 15
VOCA Day 01-02	VOCA Day 03-04	VOCA Day 05-06	VOCA Day 07-08	VOCA Day 09-10

30일 완성 학습 플랜

1일	2일	3일	4일	5일
LC Day 01 VOCA Day 01	RC Day 01 VOCA Day 02	LC Day 02 VOCA Day 03	RC Day 02 VOCA Day 04	LC Day 03 VOCA Day 05
6일	**7일**	**8일**	**9일**	**10일**
RC Day 03 VOCA Day 06	LC Day 04 VOCA Day 07	RC Day 04 VOCA Day 08	LC Day 05 VOCA Day 09	RC Day 05 VOCA Day 10
11일	**12일**	**13일**	**14일**	**15일**
LC Day 06 VOCA Day 01	RC Day 06 VOCA Day 02	LC Day 07 VOCA Day 03	RC Day 07 VOCA Day 04	LC Day 08 VOCA Day 05
16일	**17일**	**18일**	**19일**	**20일**
RC Day 08 VOCA Day 06	LC Day 09 VOCA Day 07	RC Day 09 VOCA Day 08	LC Day 10 VOCA Day 09	RC Day 10 VOCA Day 10
21일	**22일**	**23일**	**24일**	**25일**
LC Day 11 VOCA Day 01	RC Day 11 VOCA Day 02	LC Day 12 VOCA Day 03	RC Day 12 VOCA Day 04	LC Day 13 VOCA Day 05
26일	**27일**	**28일**	**29일**	**30일**
RC Day 13 VOCA Day 06	LC Day 14 VOCA Day 07	RC Day 14 VOCA Day 08	LC Day 15 VOCA Day 09	RC Day 15 VOCA Day 10

LISTENING COMPREHENSION

토익 기초특강

01 | 토익 필수 발음 현상

1 연음 현상

■ **bus stop 유형** 🎧 B1-1.mp3

같거나 유사한 자음이 연달아 오면 발음을 편하게 하기 위해 앞의 자음을 발음하지 않고 뒤의 것 하나만 발음합니다.

bus stop 버스 스땁 ➡ 버스땁	nex**t t**ime	넥스타임	commu**te t**o work	커뮤투월(r)ㅋ
	fron**t d**esk	프런데스ㅋ	nee**d t**o	니-투
	i**s s**upposed to	이써포즈투	produc**t d**evelopment	프라덕 디벨롶먼ㅌ
	ga**s s**tation	개스떼이션	at leas**t t**wo	앹리-스 투
	discoun**t c**oupon	디스카운 쿠판	prin**t t**his	프린디스

🎧 **토익 문장 듣기**

- A woman **is standing next to** a table. 여자가 테이블 옆에 서 있다.
- The **bus stop** is **next to** a **gas station**. 버스 정류장이 주유소 옆에 있다.
- It's **supposed to** rain all weekend. 주말 내내 비 올 거래요.

  ➡ be supposed to do ~하기로 되어 있다

■ **party 유형** 🎧 B1-2.mp3

[r] 다음에 [t]나 [d]가 오면 우리말 'ㄹ'과 비슷하게 들립니다. (미국식)

par**t**y 파티 ➡ 파알(r)리	ar**t**ist	알(r)리스ㅌ	comfor**t**able	캄퍼(r)러블
	quar**t**er	쿼얼(r)럴(r)	affor**d**able	어폴(r)러블
	par**t**icipant	파(r)리서펀(ㅌ)	or**d**er	올(r)럴(r)
	star**t**ed	스딸(r)릿	gar**d**en	갈(r)른

🎧 **토익 문장 듣기**

- I'll get **started** right away. 제가 지금 바로 시작하겠습니다.
- The new chair is very **comfortable**. 새 의자가 매우 안락해요.

■ mountain 유형 B1-3.mp3

단어의 발음이 [-tn]으로 끝나면 t는 콧소리로 발음됩니다. (미국식)

mountain 마운튼 ➡ 마운은	bu**tt**on	벝은	cur**t**ain	컬(r)은
	impor**t**ant	임폴(r)은	cer**t**ain	썰(r)은
	ea**t**en	잍은	foun**t**ain	파운은

🎧 토익 문장 듣기

- A woman is **buttoning** her sweater. 여자가 스웨터의 버튼을 채우고 있다.
- Thanks, but I've already **eaten**. 고맙지만 전 이미 먹었어요.

■ empty 유형 B1-4.mp3

자음이 3개 이상 겹쳐질 때 중간에 있는 자음은 약화되거나 탈락합니다.

e**mp**ty 엠티 (엠프티 X)	gi**fts**	기프(f)ㅅ (기프트스 X)	a**sk**ed	애슥트 (애스크트 X)
	frie**ndl**y	프(f)렌리 (프렌들리 X)	ri**sks**	뤼슥ㅅ (뤼스크스 X)

🎧 토익 문장 듣기

- They are the **gifts** for my coworkers. 그것들은 제 동료들에게 줄 선물입니다.
- I've **asked** Jenny to look over the contract. 제가 제니 씨에게 계약서를 검토해달라고 부탁했어요.

■ sold out 유형 B1-5.mp3

앞 단어가 자음으로 끝나고 뒤에 오는 단어가 모음으로 시작할 때 연결하여 발음합니다.

sol**d o**ut 쏘울ㄷ 아웃 ➡ 쏘울다웃	fil**l o**ut	필라웃	too**k a** class	투꺼클래스
	pic**k u**p	픽껍	shoul**d I**	슈라이
	end**s a**t noon	앤잿누-운	ha**s o**ffered	해저펄(r)ㄷ

🎧 토익 문장 듣기

- I need to **pick up a** few things. 몇 가지 물건들을 사 와야 해요.
- I can't make **it on** time. 제시간에 못 가겠어요.
- It **took a** long time. 시간이 오래 걸렸어요.

■ out of 유형 🎧 B1-6.mp3

모음과 모음 사이에 [t]나 [d]가 오면 우리말 'ㄹ'과 비슷하게 들립니다. (미국식)

out of 아웃 오브 ➡ 아우러브(v)	automatically	어러매리껄리	got approval	가러프루(r)벌
	item	아이름	put in a vase	푸린어베이스
	total	토럴	audience	어리언스
	set up	세럽	medical	메리컬
	latest	레이리스트	model	마를
	meet a client	미러클라이언트	instead of	인스떼러브

🎧 토익 문장 듣기

- How do I **set up** my printer? 프린터를 어떻게 설치하죠?
- Flowers have been **put in** a vase. 꽃들이 꽃병에 꽂혀 있다.
- We need to **meet again** tomorrow. 우리 내일 다시 만나야 해요.
- George went there **instead of** me. 조지 씨가 저 대신 거기 갔어요.

■ Did you, meet you 유형 🎧 B1-7.mp3

d, t 뒤에 y가 오면 두 발음이 섞여서 동화되어 새로운 발음이 됩니다.

Did you 디드유 ➡ 디쥬	I told you	아이 톨쥬	let you know	레츄노우
	Could you	쿠쥬	want you to come	원츄투컴

🎧 토익 문장 듣기

- Why **did you** recommend this restaurant? 왜 이 식당을 추천했나요?
- **Could you** help me find my sunglasses? 제 선글라스 찾는 걸 도와주시겠어요?
- Okay, I will **meet you** there. 좋아요, 거기서 만나요.

■ h 탈락 유형 🎧 B1-8.mp3

he, him, his, her과 같은 3인칭 대명사, has, have와 같은 조동사, here과 같은 부사 등의 첫소리 [h]는 빠른 대화에서 탈락하는 경향이 있습니다.

tell him 텔 힘 ➡ 텔름	let her	레럴(r)	not here	나리얼(r)
	like him	라이끔	should have	슈래브
	give him	기븜	would have	우래브

🎧 토익 문장 듣기

- I **met him** at the job fair. 저는 그를 취업 박람회에서 만났어요.
- I **would have** liked more pictures. 전 그림이 더 많았으면 좋았을 거예요.

2 부정어 축약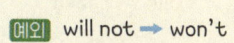

부정어 not이 축약되면 마지막 t를 거의 발음하지 않거나 아주 약하게 발음합니다. 이 때문에 can과 can't의 구분이 어렵다는 분들이 많은데, 더 이상 헷갈리지 않도록 확실하게 알려드리겠습니다.

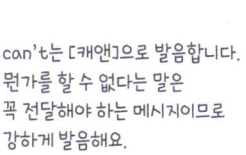

be동사 + not ➡ be동사n't
조동사 + not ➡ 조동사n't

예외 will not ➡ won't

is not ➡ isn't	이즌	cannot ➡ can't	캐앤
are not ➡ aren't	알(r)은	could not ➡ couldn't	쿠른
do not ➡ don't	도운	will not ➡ won't	워운
does not ➡ doesn't	더즌	would not ➡ wouldn't	우른
did not ➡ didn't	디든	should not ➡ shouldn't	슈른

부정 의문문에서는 다음과 같이 연음됩니다.

Isn't it	이즈닛	Aren't you	알(r)은츄
Don't you	도운츄	Won't you	워운츄
Doesn't he	더즈니	Shouldn't you	슈른츄

🎧 토익 문장 듣기

- My family **doesn't** live there anymore. 우리 가족은 더 이상 그곳에 살지 않아요.
- That **won't** be necessary. 그건 필요하지 않을 거예요.
- **Don't you** want to go to the concert tonight? 오늘 밤 콘서트에 가고 싶지 않아?

토익 기초특강

02 | 토익 유의해야 할 발음

1 유의해야 할 발음

■ [p] vs. [f] B2-1.mp3

[p]: 우리말 [ㅍ]나 [ㅃ]와 비슷해요. 위아래 입술을 붙였다가 터뜨리면서 내는 소리입니다.

[f]: 윗니로 아랫입술을 살짝 물고 바람을 세게 불어 내보내며 윗니를 뗄 때 나는 소리입니다.

[p]	[f]
pile 쌓다, 더미	file 파일
pair 짝	fair 박람회
copy 사본	coffee 커피

🎧 토익 문제 듣기

질문에 어울리는 응답을 골라보세요.

Q   Should I make some **coffee**?   커피를 좀 만들어야 할까요?
(A) Yes. That would be nice.   네. 그러면 좋겠어요.
(B) 10 **copies**, please.   사본 10부를 부탁드려요.

❶ 질문의 coffee를 듣고 이와 발음이 비슷한 copies가 있는 (B)를 고르면 틀리게 됩니다.

■ [l] vs. [r] B2-2.mp3

[l]: 혀끝을 윗니 뒤에 댔다가 떼며 내는 소리로 가벼운 [ㄹ] 로 발음됩니다.

[r]: 혀를 목구멍 방향으로 말아서 입천장에 가까이에 한 후 발음하면 무거운 [얼r] 발음이 됩니다.

[l]	[r]
late 늦은	rate 비율
load 싣다	road 길
lead 이끌다	read 읽다

🎧 토익 문제 듣기

질문에 어울리는 응답을 골라보세요.

Q   Who's **leading** the project?   누가 프로젝트를 이끌고 있죠?
(A) Mr. Smith from the Sales Department.   영업팀의 스미스 씨요.
(B) He's **reading** a book in the lounge.   그는 휴게실에서 책을 읽고 있어요.

❶ (B)는 질문의 leading과 발음이 비슷한 reading을 이용해 혼동을 주는 오답이에요.

■ [i] vs. [iː] 🎧 B2-3.mp3

[i]: 입술과 혀를 긴장시키지 않고 가볍게 입을 벌리고 [이]라고 강하고 짧게 발음합니다.
[iː]: 입술을 좌우로 당기고 혀를 긴장시켜 [이-]라고 길게 끌어 발음합니다.

[i]	[iː]
fill 채우다	feel 느끼다
live 살다	leave 떠나다, 두다
sit 앉다	seat 좌석, 앉히다

🎧 토익 문제 듣기

질문에 어울리는 응답을 골라보세요.

Q   Where did you **leave** the client files?   고객 파일들을 어디에 두셨어요?
(A) On your desk.   당신의 책상 위에요.
(B) Yes, I **live** in this area.   네, 저는 이 지역에 살아요.

❶ (B)는 질문의 leave와 발음이 비슷한 live를 이용하여 혼동을 주는 오답이에요.

■ [ou] vs. [ɔː] 🎧 B2-4.mp3

[ou]: 입을 동그랗게 모은 후 [오] 소리를 내고, [우]를 연속으로 붙여 [오우]라고 발음합니다.
[ɔː]: '오'에서 '어'로 넘어가는 소리로 발음하면 됩니다.

[ou]	[ɔː]
cold 추운	called 불리는
low 낮은	law 법
won't will not의 축약형	want 원하다

🎧 토익 문제 듣기

질문에 어울리는 응답을 골라보세요.

Q   **Won't** Mr. Park go on a business trip?   박 씨가 출장 가지 않나요?
(A) No, Mr. Baek will.   아뇨, 백 씨가 갈 겁니다.
(B) I **want** some water.   저는 물을 원해요.

❶ (B)는 질문의 won't와 발음이 비슷한 want를 이용해 혼동을 주는 오답이에요.

■ 빈출 유사 발음 함정 B2-5.mp3

contact 칸텍ㅌ	통 연락하다	
contract 칸츄랙(r)ㅌ	명 계약	
closing 클로징	명 폐쇄	◀---- [ð] 발음은 우리말에 없기 때문에 따로 연습해 두어야 제대로 들을 수 있어요.
clothing 클로딩(ð)	명 의류	
inspector 인스펙털(r)	명 조사관, 검사관	
expect 익스펙ㅌ	통 기대하다	
supplies 써플라이즈	명 용품, 물품	◀---- supplies의 [l] 발음과 surprise의 [r] 발음을 순간적으로 듣고 구분할 수 있어야 해요.
surprise 썰(r)프라(r)이즈	명 놀람 통 놀라게 하다	
launch 러언ㅊ	명 출시	
lunch 런ㅊ	명 점심	
work 월(r)ㅋ	통 일하다	◀---- 영국/호주 영어에서는 work의 r발음을 혀를 굴려 하지 않기 때문에 두 발음을 구분하기가 쉽지 않아요.
walk 워-ㅋ	통 걷다	

🎧 토익 문제 듣기

질문에 어울리는 응답을 골라보세요.

Q   Who should we **contact** about the printer? 프린터에 대해 누구에게 연락해야 하나요?
(A) I will sign the **contract**. 제가 계약서에 서명하겠습니다.
(B) Mr. Klein in Technical Support. 기술지원팀의 클라인 씨요.

❶ (A)는 질문의 contact와 얼핏 비슷하게 들리는 contract를 이용해 혼동을 주는 오답이에요.

Q   What repair **work** needs to be done? 어떤 수리 작업이 필요합니까?
(A) I haven't checked it yet. 아직 확인 못 해봤어요.
(B) No thanks. I can **walk**. 고맙지만 괜찮아요. 저 걸을 수 있어요.

❶ 영국/호주식 발음에서 work의 [r]이 약하게 발음되면 walk와 비슷하게 들리기 때문에 질문을 제대로 이해하지 못하면 비슷한 소리가 들리는 (B)를 고를 위험이 있죠.

2 알고 있는 발음과 다른 어휘 🎧 B2-6.mp3

우리가 '비타민'이라고 흔히 말하는 vitamin의 실제 발음은 [바이러민]입니다. 이를 모르면 대화 중에 [바이러민]이 나왔을 때 이를 '비타민'이라고 이해하기 어렵겠죠. 이렇게 우리가 흔히 알고 있는 발음과 실제 발음이 다른 어휘들 중에 토익에 흔히 등장하는 것들을 모았습니다. 음원을 듣고 올바른 발음을 익혀 두세요.

academy	아카데미 (×) → 어캐더미	몡 학원, 전문학교
allergy	알레르기 (×) → 앨러(r)쥐	몡 알레르기
basic	베이직 (×) → 베이싴	혱 기본적인, 기초의
brochure	브로셔 (×) → 브로슈얼(r)	몡 소책자
buffet	뷔페 (×) → 버페이	몡 뷔페
career	캐리어 (×) → 커뤼얼(r)	몡 경력
cashier	캐셔 (×) → 캐쉬얼(r)	몡 현금 출납원
coupon	쿠폰 (×) → 큐판	몡 쿠폰
film	필름 (×) → 피음	몡 필름, 영화
Italy	이태리 (×) → 이를리	몡 이탈리아
leisure	레저 (×) → 리-줠(r)	몡 여가, 자유시간
mayonnaise	마요네즈 (×) → 메여네이즈	몡 마요네즈
model	모델 (×) → 마들	몡 모델
pamphlet	팜플렛 (×) → 팸플릿	몡 팸플릿, 소책자
recipe	레시피 (×) → 레(r)써피	몡 조리법
report	레포트 (×) → 뤼포얼(r)(웃)	몡 보고(서)
sofa	쇼파 (×) → 쏘우퍼	몡 소파
system	시스템 (×) → 시스틈	몡 시스템
vitamin	비타민 (×) → 바이러민	몡 비타민
label	라벨 (×) → 레이블	몡 라벨, 상표 동 라벨을 붙이다
mountain	마운틴 (×) → 마운튼 / 마운은	몡 산

🎧 토익 문장 듣기

- Sure, we accept that **coupon**.
  그럼요, 그 쿠폰 받습니다.

- Some customers are handing money to a **cashier**.
  몇몇 손님들이 계산원에게 돈을 건네고 있다.

- I've seen the **film** several times.
  그 영화 몇 번 봤어요.

- I'm designing new **labels** for our **vitamin** products.
  우리 비타민 제품에 붙일 새 라벨을 디자인 중이에요.

토익 기초특강
03 | 영국/호주 발음 익히기

1 모음 o 발음 🎧 B3-1.mp3

	단어	🇺🇸	🇬🇧 🇦🇺
미국 [어] 또는 [아]로 발음 **영국/호주** [오]로 발음	document 문서, 서류	다큐먼ㅌ	도큐먼ㅌ
	job 일, 직업	좌압	조옵
	copy 사본	카-피	코-피
	often 종종, 자주	어-픈	오프튼
	stop 멈추다, 정류장	스땁	스떱
	parking lot 주차장	팔(r)킹랏	파-킹롯
	got get의 과거형	갓	것

🎧 **토익 문장 듣기**

- I'll give you a **copy** of the **document**. 그 문서의 사본을 드릴게요.
- Is there a **parking lot** around here? 근방에 주차장이 있나요?
- I've **got** a meeting with the marketing team later. 저는 이따가 마케팅 팀과 회의가 있어요.

2 모음 a 발음 🎧 B3-2.mp3

	단어	🇺🇸	🇬🇧 🇦🇺
미국 짧게 [애]라고 발음 **영국/호주** 길게 [아]라고 발음	answer 명 대답 동 대답하다	앤썰(r)	안써
	after ~후에	애프터	아-프터
	ask 묻다	애스크	아-스크
	grass 잔디	그래ㅅ	그라(r)ㅅ
	plant ~을 심다	플랜트	플란트
	staff 직원	스태프(f)	스타프(f)
	can't ~할 수 없다	캐앤트	카안트
	sample 샘플, 견본	쌤쁠	쌈쁠
	class 수업	클래ㅆ	클라ㅆ

🎧 토익 문장 듣기

- No one is **answering** the phone.
  아무도 전화를 받지 않아요.
- I'm free **after** lunch.
  저 점심 식사 후에 한가해요.
- I'm going to **plant** the **grass** in the garden.
  정원에 잔디를 심을 거예요.
- Did you attend the **staff** meeting yesterday?
  어제 직원 회의에 참석하셨나요?

3 자음 t/d 발음 🎧 B3-3.mp3

	단어	🇺🇸	🇬🇧🇦🇺
미국 모음 사이에서 [d]와 [t]의 발음을 [ㄹ]이나 [ㄷ]로 순화시켜 발음 **영국/호주** 정확하게 살려서 발음	ladder 사다리	래애럴(r)	래더
	notice 공지, 알아차리다	노-리ㅅ	노-티ㅅ
	better 더 나은	베럴	베터
	photograph 사진	포(f)로그래(r)프(f)	포(f)토그라(r)프(f)
	quarter 분기, 1/4	쿼럴(r)	쿼터
	bottom 바닥	바럼	버텀
	letter 편지	레럴(r)	레터
	counter 카운터	캬우널(r)	카운터

🎧 토익 문장 듣기

- Sales have increased this **quarter**. 이번 분기에 매출이 늘었어요.
- Please sign at the **bottom** of each page. 각 페이지 맨 아래에 서명하세요.
- I'm wondering if you received my **letter**. 제 편지를 받으셨는지 궁금합니다.

4 자음 r 발음 🎧 B3-4.mp3

미국
혀를 안으로 말아
확실하게 [r] 발음

영국/호주
혀를 굴리지 않음

단어	🇺🇸	🇬🇧🇦🇺
cart 카트, 수레	칼(r)ㅌ	카-ㅌ
there 거기	데(ð)얼(r)	데(ð)어-
report 보고서	리폴(r)-ㅌ	리포-ㅌ
fair 공평한	훼(f)얼(r)	훼(f)어-
board ~에 올라타다	보얼(r)ㄷ	보오드

🎧 토익 문장 듣기

- A man is pushing a shopping **cart**. 남자가 쇼핑 카트를 밀고 있다.
- Well, she's been **there** 20 years. 음, 그녀는 그곳에 20년 동안 있었어요.
- Are you going to the job **fair** tomorrow? 내일 취업 박람회에 가세요?

5 기타 유의할 발음 🎧 B3-5.mp3

단어	🇺🇸	🇬🇧🇦🇺
schedule 일정, 일정을 잡다	스께줄	쉐쥴
where 어디	웨얼(r)	왜(어)
advertisement 광고	애드벌(r)타이즈먼ㅌ	애드버티스먼
vase 꽃병	베이ㅅ	바-ㅅ
author 작가	어썰(r)	오-싸
model 모델, 모형	마를	모들
garage 차고	거라주	게라지

🎧 토익 문장 듣기

- Did the clients like our **advertisement**? 고객들이 우리의 광고를 마음에 들어 하셨나요?
- The grand opening is **scheduled** for May 1. 개업식은 5월 1일로 예정되어 있습니다.
- He is a very famous **author**. 그는 매우 유명한 작가이다.

QUIZ 🎧 B3-6.mp3

음원을 듣고 빈칸을 채워보세요.

1 A window seat would be _____.

2 One of the men is standing on a _____.

3 _____ will the conference be held this year?

4 Let me check the _____.

5 Flowers have been put in a _____.

6 You _____ get us an earlier flight, can you?

7 Did you park in the _____?

8 Some people are _____ an airplane.

9 That _____ is the newest one.

10 Do you have a _____ of the report?

처음토익 550⁺

PART 1

DAY 01 인물 사진

DAY 02 사물 / 사물+인물 사진

PART 1 사진 묘사 문제 미리보기

▷ 문항 수: 6문항 (1번~6번)
▷ 사진을 보고, 들려주는 네 개의 선택지 중에서 사진의 상황을 가장 잘 묘사한 것을 고르는 문제입니다.
▷ 반드시 미리 사진을 훑어본 뒤 듣도록 합니다.
▷ 소거법을 이용해 오답을 철저하게 가려내야 합니다.

 문제지

1.

 음원

Number 1. Look at the picture marked number 1 in your test book.

(A) The man is looking at a monitor.
(B) The man is talking on the phone. ∨
(C) The man is crossing his legs.
(D) The man is holding a pen.

DAY 01 | 인물 사진 Part 1

1 인물 사진 핵심 사항 🔊 01-1.mp3

■ 인물의 동작/상태를 나타내는 동사 형태

사람의 동작이나 상태는 주로 현재 진행형으로 나타냅니다. 현재 진행형은 be동사(is/are)와 -ing로 표현하며 '~하고 있다'라고 해석합니다.

She **is wearing** eyeglasses.
여자가 안경을 착용한 상태이다.

❶ 옷, 모자, 장갑 등을 착용한 상태일 때 is/are wearing으로 묘사

A woman **is reading** a book.
여자가 책을 읽고 있다.

■ 인물 사진 주어 표현

여러 사람이 등장하는 사진에서 주어를 어떻게 표현하는지 알아두세요.

등장인물 전부: They / People
전체 중 일부 사람들: Some people
남자들 중 한 명: One of the men / A man
여자들 중 한 명: One of the women / A woman

2 인물 사진 동사 표현 필수 암기 ① 🔊 01-2.mp3

보다	**reading** a book	책을 읽고 있다
	looking at a map	지도를 보고 있다
	looking in a drawer	서랍 안을 들여다보고 있다
	examining an item	물건을 자세히 들여다보고 있다
	browsing through merchandise	(상점 등에서) 상품을 둘러보고 있다
앉다, 서다	**sitting** on a bench	벤치에 앉아 있다
	standing behind a counter	카운터 뒤에 서 있다
	waiting in line	줄 서서 기다리고 있다

in front of ~의 앞에
behind ~의 뒤에
near ~의 근처에
next to / beside ~의 옆에

PRACTICE 1

🎧 01-3.mp3

음원을 듣고 주어진 사진을 바르게 묘사한 문장이면 O, 아니면 X에 표시해 보세요.

1
(A) She is looking into a bag. O X
(B) She is examining some clothing. O X

2
(A) Some people are waiting in line. O X
(B) One of the men is moving some boxes. O X

3
(A) They are looking in a drawer. O X
(B) A woman is sitting on a chair. O X

4
(A) They're standing near a building. O X
(B) One of the men is talking on the phone. O X

5
(A) A woman is drinking from a cup. O X
(B) A woman is reading in an armchair. O X

2 인물 사진 동사 표현 필수 암기 ② 🎧 01-4.mp3

작업하다	**typing** on a keyboard	키보드로 타자를 치고 있다
	serving food	음식을 서빙하고 있다
	preparing some food	음식을 준비하고 있다
	pushing a wheelbarrow	외바퀴 손수레를 밀고 있다
	adjusting some equipment	장비를 조정하고 있다
	cleaning a window	창문을 닦고 있다
착용하다, 들다	**wearing** a jacket	재킷을 착용한 상태이다
	holding a cup	컵을 들고 있다
	carrying a briefcase	서류가방을 지니고 있다
걷다, 오르다	**walking** on a street	길을 걷고 있다
	crossing a street	길을 건너고 있다
	walking up some stairs	계단을 오르고 있다
	cf. walking down the stairs	계단을 내려가고 있다
자세	**facing** each other	서로 마주보고 있다
	leaning against a wall	벽에 기대어 있다
	reaching for an item	물건에 손을 뻗고 있다
	cf. removing an item	물건을 꺼내고 있다
	bending over some boxes	상자들 위로 몸을 굽히고 있다
타다	**boarding** a train	기차에 오르고 있다
	getting on a bus	버스에 오르고 있다
	riding a bicycle	자전거를 타고 있다

> sweep 빗자루로 쓸다
> mop 대걸레로 닦다

> merchandise, item, product
> 상품, 제품

점수 UP TIP

시험에 꼭 나오는 함정

A man **is wearing** a jacket.
남자가 재킷을 입고 있다.
❗ 착용한 상태를 묘사

A man **is putting** on a jacket.
남자가 재킷을 입고 있다.
❗ 착용하는 동작을 묘사

Part 1에서는 옷 뿐만 아니라 모자, 썬글라스, 헤드폰, 양말, 신발 등으로 [동작 vs. 상태] 함정을 만듭니다. 참고로, 상점 같은 곳에서 착용해 보는 동작은 trying on으로 표현한다는 것을 알아두세요.

PRACTICE 2

🎧 01-5.mp3

음원을 듣고 주어진 사진을 바르게 묘사한 문장이면 O, 아니면 X에 표시해 보세요.

1
(A) A woman is carrying a bag. (O X)
(B) A woman is crossing a street. (O X)

2
(A) Some people are wearing aprons. (O X)
(B) Some people are looking into a display case. (O X)

3
(A) A woman is leaning against a wall. (O X)
(B) A woman is putting on a helmet. (O X)

4
(A) One of the women is boarding a bus. (O X)
(B) One of the men is holding a suitcase. (O X)

5
(A) A man is reaching for some merchandise. (O X)
(B) A man is pushing a shopping cart. (O X)

실전 TEST 🎧 01-6.mp3

1

2

3

4

5

6

7

8

9

10

11

12

DAY 02 | 사물 / 인물+사물 사진 Part 1

1 사물 사진 핵심 사항 🎧 02-1.mp3

■ 사물의 상태를 나타내는 동사 형태 (1)

사물의 상태는 주로 현재 수동태나 현재완료 수동태로 나타냅니다. 현재 수동태는 「be동사 + 과거분사(p.p.)」로, 현재완료 수동태는 「have/has been + 과거분사(p.p.)」로 각각 표현하며, 둘 사이에 큰 의미 차이는 없습니다.

Boxes **are stacked**.
Boxes **have been stacked**.
상자들이 쌓여 있다.

■ 사물의 상태를 나타내는 동사 형태 (2)

사물의 현재 위치나 상태를 묘사할 때 현재 시제가 자주 사용됩니다. 주로 '주어가 ~에 있다'라는 의미이며, 이때 위치를 나타내는 전치사구와 함께 쓰입니다.

A potted plant **is on the desk**.
There is a potted plant **on the desk**.
화분이 책상 위에 있다.

점수 UP TIP

위치 전치사구

1. (표면에 붙어) ~ 위에, ~에
   on the table, on the wall

2. (표면에서 떨어져서) ~ 위에
   above the table

3. ~ 앞에
   in front of a building

4. ~ 뒤에
   behind the fence

5. 한 줄로 / 여러 줄로
   in a row / in rows

6. ~ 주변에
   around the house

7. 나란히
   side by side

8. ~를 따라
   along the street, alongside the coast

PRACTICE 1

음원을 듣고 주어진 사진을 바르게 묘사한 문장이면 O, 아니면 X에 표시해 보세요.

1
(A) Shelves are filled with books. (O X)
(B) Some books are stacked on the floor. (O X)

2
(A) Picnic tables are lined up in a row. (O X)
(B) Food has been placed on the tables. (O X)

3
(A) Some bicycles have been parked side by side. (O X)
(B) Some vehicles are parked in the garage. (O X)

4
(A) Trees are growing along the road. (O X)
(B) Lines have been painted on a road. (O X)

5
(A) Some artworks have been mounted on the wall. (O X)
(B) Some light fixtures are hanging above a table. (O X)

2 사물 사진 동사 표현 필수 암기 🎧 02-3.mp3

상점	Bags **are displayed** on the shelves. The shelves **have been filled** with items. The tables are **occupied**.	가방들이 선반에 진열되어 있다. 선반이 제품들로 가득 채워져 있다. 테이블들이 점유되어 있다.
사무실	A laptop computer **is** on a desk. Monitors **are positioned** side by side.	노트북 컴퓨터가 책상 위에 있다. 모니터들이 나란히 위치해 있다.
주택 실내	Cushions **have been arranged** on a couch. Some artwork **has been mounted** on the wall. A potted plant **has been placed** in the corner.	쿠션들이 소파 위에 정렬되어 있다. 미술품이 벽에 걸려 있다. 화분이 구석에 놓여 있다.
야외	Some garden tools **are propped against** a wall. Some stairs **lead to** the beach. Trees **have been planted** around the house. **There's** a fountain in front of a building.	정원용 도구들이 벽에 기대어져 있다. 계단이 해변으로 이어져 있다. 나무들이 집 주변에 심어져 있다. 분수대가 건물 앞에 있다.
교통 수단	Some boats **are docked** at a pier. Cars **are parked** in a row.	보트들이 부두에 정박되어 있다. 차들이 한 줄로 주차되어 있다.

점수 UP TIP

생소하지만 자주 나오는 부둣가 사진

dock, pier 부두

A boat **is docked** at a pier.
보트 한 대가 부두에 정박해 있다.
A boat **is tied** to a dock.
보트 한 대가 부두에 매여 있다.

3 사물 주어로 동작 표현하기 🎧 02-4.mp3

사물에 행해지는 동작을 나타낼 때 사물 주어와 함께 '~되고 있다, ~되는 중이다'라는 뜻의 현재진행 수동태 (be동사 + being + p.p.)가 사용됩니다.

A table **is being cleaned**.
테이블이 닦이고 있다.

A shopping cart **is being pushed**.
쇼핑 카트가 밀리고 있다.

A tire **is being repaired**.
타이어가 수리되고 있다.

PRACTICE 2

🎧 02-5.mp3

음원을 듣고 주어진 사진을 바르게 묘사한 문장이면 O, 아니면 X에 표시해 보세요.

1
(A) Some boats are docked at a pier. Ⓞ Ⓧ
(B) Some people are boarding a boat. Ⓞ Ⓧ

2
(A) An office is unoccupied. Ⓞ Ⓧ
(B) Some laptop computers are being used. Ⓞ Ⓧ

3
(A) Some merchandise is on display. Ⓞ Ⓧ
(B) Some products are being arranged. Ⓞ Ⓧ

4
(A) A picnic area is covered by a roof. Ⓞ Ⓧ
(B) A picnic area has been set up near some trees. Ⓞ Ⓧ

5
(A) Some Monitors are positioned side by side. Ⓞ Ⓧ
(B) A computer station has been set up on a desk. Ⓞ Ⓧ

실전 TEST

1

2

3

4

5

6

7

8

9

10

11

12

처음토익 550⁺

PART 2

DAY 03	When / Where / Who 의문문
DAY 04	What / Which 의문문
DAY 05	Why / How 의문문
DAY 06	일반 의문문 / 부정 의문문
DAY 07	제안·요청 의문문 / 선택 의문문
DAY 08	평서문 / 부가 의문문

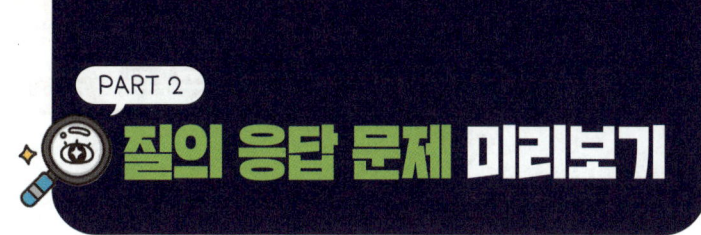

PART 2 질의 응답 문제 미리보기

▷ 문항 수: 25문항 (7번~31번)
▷ 한 개의 질문을 들려주고, 이에 대한 세 개의 응답 중 가장 적절한 응답을 고르는 문제입니다.
▷ 할 수 있는 최대한의 집중력을 발휘하여 질문의 첫 부분을 반드시 들어야 합니다.
▷ 소거법을 이용해 오답을 가려내는 방식으로 풀어야 합니다.

 문제지

7. Mark your answer on your answer sheet.

 음원

Number 7. When will you return from your vacation?

(A) Next Tuesday. ✓
(B) Because I don't have time.
(C) To Europe.

DAY 03 | When / Where / Who 의문문 Part 2

1 When 의문문 🎧 03-1.mp3

When 의문문은 '언제'라는 의미로, 주로 과거나 미래의 일을 묻는 의문문입니다. 질문이 시작되는 순간에 집중해서 의문사 When을 잘 듣고 시점 표현을 포함한 선택지를 고를 수 있어야 합니다.

■ 미래 시점 표현 응답

Q	**When** will the renovations be finished?	언제 개조 공사가 끝날까요?
A1	Next Friday, I think.	다음 주 금요일인 것 같아요.
A2	Sometime in August.	8월 중에요.
A3	In two weeks.	2주일 후에요.

▶ Not until next Friday(다음 주 금요일은 되어야 해요)라는 표현도 알아 두세요.

■ 과거 시점 표현 응답

Q	**When** did the recycling program start?	언제 재활용 프로그램이 시작되었죠?
A1	Several years ago.	몇 년 전에요.
A2	Last week.	지난주에요.
A3	In June.	6월에요.

2 Where 의문문 🎧 03-2.mp3

Where 의문문은 '어디'라는 의미로 주로 사물이나 장소가 어디에 위치해 있는지, 물건을 어디에 두어야 하는지 등을 묻습니다. 의문사 Where를 잘 듣고 장소/위치 표현으로 된 정답을 고르면 됩니다.

■ 위치, 장소

Q	**Where** did you leave the yellow folder?	어디에 노란색 폴더를 두었나요?
A	In your mailbox.	당신의 우편함에요.

Q	**Where**'s the closest supermarket?	어디에 가장 가까운 수퍼마켓이 있죠?
A	**There's one** on Main Street.	메인 스트리트에 하나 있어요.

▶ Where 의문문에 There's one ~으로 대답하면 90% 이상 정답!

Q	**Where** can I find Mr. Chang's office?	장 씨의 사무실을 어디에서 찾을 수 있을까요?
A	It's on the 3rd floor.	3층에 있습니다.

PRACTICE 1

🎧 03-3.mp3

음원을 듣고 각각의 선택지가 질문에 알맞은 응답이면 O, 아니면 X에 표시해 보세요.

1   (A) Yes, I bought some milk.   O X
    (B) It's on Main Street.   O X
    (C) At 7 P.M.   O X

2   (A) On my desk.   O X
    (B) A week ago.   O X
    (C) Sometime last week.   O X

3   (A) In two weeks.   O X
    (B) Down the hall to the left. O X
    (C) Near the main entrance.   O X

4   (A) By tomorrow afternoon.   O X
    (B) Two samples, please.   O X
    (C) From the warehouse.   O X

5   (A) About two years ago.   O X
    (B) In Europe.   O X
    (C) Last month.   O X

6   (A) In the cabinet under the sink.   O X
    (B) Every Monday.   O X
    (C) I put them in the storage room. O X

NOTES

DAY 03 When / Where / Who 의문문

3 Who 의문문 🎧 03-4.mp3

Who 의문문은 '누구'에 관해 묻는 의문문이며, Who를 듣자마자 사람 이름이나 직책 등의 답변이 나올 것을 예상하고 선택지를 듣도록 하세요.

■ 사람 이름, 직책/부서명

Q	**Who** requested the sales report?	누가 매출 보고서를 요청했죠?
A1	Mr. Looper did.	루퍼 씨가 했습니다.
A2	Jerry, the marketing director.	마케팅 이사인 제리 씨요.

Q	**Who** can I talk to about my vacation?	누구에게 제 휴가에 관해 얘기할 수 있죠?
A1	Your supervisor.	당신의 상사요.
A2	Call the Personnel Department.	인사부에 전화해 보세요.

4 우회적 응답 🎧 03-5.mp3

질문이 무엇이든 '모르겠어요', '~에게 물어보세요', '아직 결정되지 않았어요'라고 말하는 답변은 거의 정답입니다.

■ 모르겠어요

Q	**When** was the last safety inspection?	언제 마지막 점검이 있었죠?
A1	I'm not sure.	모르겠습니다.
A2	I have no idea.	모르겠습니다.

■ ~에게 물어보세요, ~을 찾아보세요

Q	**Where** is the main conference room?	어디에 주 회의실이 있나요?
A1	Ask the receptionist.	접수 직원에게 물어보세요.
A2	Check the floor plan.	평면도를 확인해 보세요.

■ 아직 결정되지 않았어요

Q	**Who** will lead the design workshop next month?	누가 다음 주에 디자인 워크숍을 이끌 건가요?
A1	It hasn't been decided yet.	아직 안 정해졌어요.
A2	We're still deciding.	여전히 결정하는 중입니다.

PRACTICE 2

음원을 듣고 각각의 선택지가 질문에 알맞은 응답이면 O, 아니면 X에 표시해 보세요.

1
(A) At 9 A.M.   O X
(B) Just down the street.   O X
(C) Check their Web site.   O X

2
(A) I believe Jenny will.   O X
(B) Ten seats, please.   O X
(C) The personnel manager will.   O X

3
(A) Sometime next month.   O X
(B) Near the front entrance.   O X
(C) Ask the manager.   O X

4
(A) Tomorrow morning.   O X
(B) Mr. Tackett, I guess.   O X
(C) The project manager.   O X

5
(A) At the furniture store down the street.   O X
(B) I have no idea.   O X
(C) Jerry did.   O X

6
(A) Every year.   O X
(B) It hasn't been decided yet.   O X
(C) The management is still deciding.   O X

NOTES

점수 UP TIP

의문사 의문문 실수 안 하는 비법 🎧 03-7.mp3

문제풀이를 할 때 의문사 의문문이 나오면 재빨리 문제지에 의문사를 적어 두는 것이 좋습니다. 선택지를 듣다가 '질문이 뭐였지?'하고 깜빡하면 아주 쉬운 문제인데도 정답을 고를 수가 없어요.

Q When are we going out for lunch?

(A) That sounds great.
(B) At noon.
(C) A new Mexican restaurant.

우리 언제 점심 먹으러 나가나요?

(A) 좋습니다.
(B) 정오에요.
(C) 새로운 멕시칸 식당이요.

❶ 의문사를 Where로 착각하면 (C)를 정답으로 고를 수 밖에 없어요. 의문사는 듣자마자 꼭 적어 두세요.

Q Where will the marketing conference be held this year?

(A) In Singapore.
(B) This Friday.
(C) Yes, I've been there.

올해는 어디에서 마케팅 컨퍼런스가 열리나요?

(A) 싱가폴에서요.
(B) 이번 금요일이요.
(C) 네, 저 거기 가봤어요.

❶ 영국/호주 성우가 Where를 발음할 때 [r] 발음을 안 하기 때문에 순간적으로 의문사 When으로 착각할 수 있으니 주의하세요.

실전 TEST

1. Mark your answer. (A) (B) (C)
2. Mark your answer. (A) (B) (C)
3. Mark your answer. (A) (B) (C)
4. Mark your answer. (A) (B) (C)
5. Mark your answer. (A) (B) (C)
6. Mark your answer. (A) (B) (C)
7. Mark your answer. (A) (B) (C)
8. Mark your answer. (A) (B) (C)
9. Mark your answer. (A) (B) (C)
10. Mark your answer. (A) (B) (C)
11. Mark your answer. (A) (B) (C)
12. Mark your answer. (A) (B) (C)
13. Mark your answer. (A) (B) (C)
14. Mark your answer. (A) (B) (C)
15. Mark your answer. (A) (B) (C)

DAY 04 | What / Which 의문문 Part 2

1 What 의문문 🎧 04-1.mp3

■ What + 동사

의문사 What은 '무엇'이라고 해석하며, What으로 매우 다양한 질문을 할 수 있습니다. What 의문문에서는 동사를 놓치지 않고 들어야 합니다.

Q **What** should we **prepare** for Mr. Otta's retirement party?
A Let's decorate the room.

오타 씨의 은퇴 기념 파티를 위해 어떤 준비를 해야 할까요?
방을 장식합시다.

Q **What** are you **going to do** during the vacation?
A I'm going to visit my family in France.

휴가 때 뭐 하실 거예요?
프랑스에 있는 가족들을 방문할 거예요.

Q **What do you think** about this coffee shop?
A It's my favorite place.

이 커피숍에 대해 어떻게 생각해요?
제가 가장 좋아하는 곳이에요.

▶ 의견을 묻는 What do you think about[of] ~? 질문은 통째로 기억해 두는 것이 좋아요.

■ What's + 명사 / What + 명사

What 뒤에 명사가 이어져서 시간, 날짜, 이름, 주제, 금액 등을 묻는 질문이 될 수 있습니다. 이때 뒤에 이어지는 명사가 가장 중요한 단어라서 강세가 들어가는데, 이 명사를 놓치지 말고 들어야 합니다.

- What's the fastest way ~? 무엇이 가장 빠른 길[방법]인가요?
- What's the date ~? 며칠에 ~인가요?
- What time ~? 몇 시에 ~인가요?
- What kind of ~? 무슨 종류의 ~인가요?

Q **What's the price** of this computer?
A 800 dollars.

이 컴퓨터 가격이 얼마인가요?
800달러입니다.

Q **What time** can we check in to the hotel?
A Any time after two.

몇 시에 호텔에 체크인할 수 있나요?
2시 후에 언제든지요.

PRACTICE 1

🎧 04-2.mp3

음원을 듣고 각각의 선택지가 질문에 알맞은 응답이면 O, 아니면 X에 표시해 보세요.

1. (A) Yes, I will attend the meeting.   O X
   (B) Conference room B.   O X
   (C) At noon.   O X

2. (A) At the bookstore.   O X
   (B) A science fiction novel.   O X
   (C) The library is still open.   O X

3. (A) It's a new model.   O X
   (B) Over $20,000.   O X
   (C) No, a sofa and table.   O X

4. (A) 800 dollars a month.   O X
   (B) At the real estate agency.   O X
   (C) A one-bedroom apartment.   O X

5. (A) In Room 305.   O X
   (B) Leadership skills.   O X
   (C) A lot of people attended.   O X

6. (A) On my mobile phone.   O X
   (B) Because of the contract.   O X
   (C) By e-mail.   O X

NOTES

DAY 04 What / Which 의문문

2 Which 의문문 🔊 04-3.mp3

의문사 Which는 '어느' 또는 '어느 것'이라고 해석하며, 「Which + 명사 ~?」 혹은 「Which of + 명사 ~?」의 형태로 출제됩니다.

■ Which + 명사 (어느 ~)

Q **Which backpack** did you buy?
A The cheapest **one**.

어느 백팩을 샀나요?
가장 저렴한 것이요.

> Which로 묻는 질문에는 대명사 one을 이용한 응답이 정답이 되는 경우가 많아요.
> 이때 one은 질문에 언급된 명사와 같은 종류의 것 하나를 지칭하는 대명사로 '~인 것'이라고 해석합니다.

Q **Which hall** are we going to use?
A The **one** on the third floor.

우리가 어느 홀을 이용하는 거죠?
3층에 있는 것이요.

■ Which of + 명사 (~중에 어느 것)

Q **Which of these colors** do you like?
A I prefer gray.

이 색상들 중 어느 것이 좋으세요?
저는 회색을 선호합니다.

3 우회적 응답 🔊 04-4.mp3

질문에서 요구하는 정보 대신 관련된 다른 정보를 제공하거나 오히려 질문을 하는 유형으로, 고난도 유형입니다.

Q **What** was today's **meeting about**?
A1 It was canceled.
A2 Didn't you check the e-mail?

오늘 미팅은 무엇에 관한 것이었나요?
취소되었어요.
이메일 확인 안 하셨어요?

Q **What kind of tablet computer** do you have?
A1 I only use a laptop.
A2 Are you thinking of buying one?

어떤 종류의 태블릿 컴퓨터를 갖고 계세요?
전 노트북만 써요.
하나 사시려고요?

Q **What** was the **total charge** for the hotel stay?
A1 I need to look at the receipt.
A2 I'm not sure, my company covered it.

호텔 숙박비가 총 얼마였나요?
영수증을 봐야 해요.
잘 모르겠어요, 회사에서 비용을 부담해서요.

PRACTICE 2

🎧 04-5.mp3

음원을 듣고 각각의 선택지가 질문에 알맞은 응답이면 O, 아니면 X에 표시해 보세요.

1. (A) The fifth. (O X)
   (B) About marketing. (O X)
   (C) At 9:30 tomorrow. (O X)

2. (A) It was very fun. (O X)
   (B) We need to print some handouts. (O X)
   (C) Emily is in charge of that. (O X)

3. (A) Yes, I have a ticket. (O X)
   (B) There's one right across the street. (O X)
   (C) The office is closed. (O X)

4. (A) We discussed the new targets. (O X)
   (B) I missed it, too. (O X)
   (C) I like that shop. (O X)

5. (A) A round-trip ticket. (O X)
   (B) No, I don't mind. (O X)
   (C) The one on King Street. (O X)

6. (A) Just last week. (O X)
   (B) The one next to HR. (O X)
   (C) I'll be in room 201. (O X)

NOTES

점수 UP **TIP**

What 의문문 빈출 답변 유형 🎧 04-6.mp3

What do you think of ~? (~에 대해 어떻게 생각하세요?) ➡ 긍정적 답변
· It's better than the old one. 전에 것보다 좋아요.
· It sounds like a great idea. 정말 좋은 생각 같아요.

What should I [we] do ~? (무엇을 할까요?) ➡ 정보 제공, 제안 답변
· Send it to Mr. Jung. 정 씨에게 보내세요.
· Put them on the shelf. 선반 위에 놓으시면 돼요.

What happened to ~? (~에 무슨 일이 있었나요?) ➡ 부정적 답변
· The meeting was canceled. 회의가 취소되었어요.
· It's out of order. 고장 났어요.

실전 TEST

1   Mark your answer.   (A)   (B)   (C)
2   Mark your answer.   (A)   (B)   (C)
3   Mark your answer.   (A)   (B)   (C)
4   Mark your answer.   (A)   (B)   (C)
5   Mark your answer.   (A)   (B)   (C)
6   Mark your answer.   (A)   (B)   (C)
7   Mark your answer.   (A)   (B)   (C)
8   Mark your answer.   (A)   (B)   (C)
9   Mark your answer.   (A)   (B)   (C)
10 Mark your answer.   (A)   (B)   (C)
11 Mark your answer.   (A)   (B)   (C)
12 Mark your answer.   (A)   (B)   (C)
13 Mark your answer.   (A)   (B)   (C)
14 Mark your answer.   (A)   (B)   (C)
15 Mark your answer.   (A)   (B)   (C)

DAY 05 | Why / How 의문문 Part 2

1 Why 의문문 🎧 05-1.mp3

Why는 '왜'라는 의미로 원인이나 이유를 물을 때 사용하는 의문사입니다. 질문의 전체적인 내용을 정확히 이해해야 적절한 정답을 고를 수 있는 난이도 높은 유형입니다.

■ Because (of)를 포함한 응답

Q	**Why** is South Avenue closed?	왜 사우스 애비뉴가 폐쇄되어 있나요?
A1	**Because** it's undergoing repairs.	수리 작업을 하는 중이기 때문입니다.
A2	**Because of** construction.	공사 때문입니다.

→ Because + 문장
Because of + 명사(구)

■ Because 없이 응답

Q	**Why** did you leave early yesterday?	왜 어제 일찍 가신 건가요?
A1	I had a doctor's appointment.	병원 예약이 있었어요.
A2	I had to pick up a client from the airport.	공항에 고객을 모시러 가야 했어요.

■ 우회적 응답

Q	**Why** did our sales decrease last month?	왜 우리 매출이 지난 달에 감소했나요?
A	Leslie will find out.	레슬리 씨가 알아볼 겁니다.

Q	**Why** is this computer making noise?	왜 이 컴퓨터에서 소음이 날까요?
A	Let me check the manual.	제가 설명서를 확인해 볼게요.

Q	**Why** is the cafeteria closed today?	왜 구내식당이 오늘 문을 닫았죠?
A	There's a notice on the door.	문에 공지가 붙어 있어요.

PRACTICE 1

음원을 듣고 각각의 선택지가 질문에 알맞은 응답이면 O, 아니면 X에 표시해 보세요.

1. (A) To London. (O X)
   (B) A round-trip ticket. (O X)
   (C) Because I had an important meeting. (O X)

2. (A) Because it's being serviced right now. (O X)
   (B) It's out of toner. (O X)
   (C) I need three copies. (O X)

3. (A) I enjoy working with numbers. (O X)
   (B) I've always been interested in finance. (O X)
   (C) At an accounting department. (O X)

4. (A) Yes, he's busy these days. (O X)
   (B) He was out of town on a business trip. (O X)
   (C) No, I haven't received the invitation yet. (O X)

5. (A) I didn't know there was an event. (O X)
   (B) Because I had to work. (O X)
   (C) Yes, it's a great exhibit. (O X)

6. (A) Did you check the cables? (O X)
   (B) Since yesterday. (O X)
   (C) A notice was posted yesterday. (O X)

NOTES

2 How 의문문 🎧 05-3.mp3

How의 기본 뜻은 '어떻게'로서, 방법이나 수단을 물을 때 사용하기도 하고, 의견을 물을 때 사용하기도 합니다. 두 경우 모두 시험에 잘 나오므로 아래 예시를 통해 확실히 익혀 두세요.

■ 방법이나 수단을 묻는 How

Q **How** do I register for the conference? 어떻게 컨퍼런스에 등록하나요?
A Fill out this form. 이 서식을 작성하세요.

■ 의견을 묻는 How

Q **How do you like** your new office? 당신의 새 사무실은 어떤가요?
A Great. It's very spacious. 아주 좋아요. 매우 넓거든요.

Q **How was** the workshop yesterday? 어제 워크숍은 어땠나요?
A I really enjoyed it. 정말로 즐거웠어요.

■ How + 형용사/부사

How는 뒤에 형용사나 부사를 동반하여 '얼마나 ~한/~하게'라는 의미로 가격, 수량, 기간, 거리, 정도 등을 물을 때 사용하기도 합니다. 뒤에 오는 형용사/부사에 따라 다양한 의미를 나타내므로, 「How + 형용사/부사」를 덩어리째 듣고 그 의미를 정확히 파악해야 합니다.

• How much[many] ~?	얼마나 많이/많은 ~인가요?
• How long ~?	얼마나 오래 ~인가요?
• How often ~?	얼마나 자주 ~인가요?
• How soon ~?	얼마나 곧 ~인가요?

Q **How many** people attended the meeting? 얼마나 많은 사람들이 회의에 참석했나요?
A About 20. 약 20명이요.

> 숫자 표현 앞에 쓰이는 '약, 대략'
> about, around, approximately

Q **How much** does this jacket cost? 이 재킷은 값이 얼마나 하나요?
A It's on sale for $99. 99달러에 할인 판매 중입니다.

Q **How often** do you check your e-mail account? 얼마나 자주 이메일 계정을 확인하세요?
A Two to three times a day. 하루에 2~3번이요.

PRACTICE 2

음원을 듣고 각각의 선택지가 질문에 알맞은 응답이면 O, 아니면 X에 표시해 보세요.

NOTES

1. (A) 50 dollars a month. O X
   (B) You need to fill out this form. O X
   (C) Of course, you can. O X

2. (A) About two hours. O X
   (B) Because of a delay. O X
   (C) The flight leaves tomorrow. O X

3. (A) I learned a lot and met great people. O X
   (B) It went well. O X
   (C) Yes, it was. O X

4. (A) Every 6 months. O X
   (B) Let's check the manual. O X
   (C) Sure, I'll change it. O X

5. (A) Some milk and sugar. O X
   (B) It has a great selection. O X
   (C) I prefer the old one. O X

6. (A) By typing in a password. O X
   (B) You need to request access from IT first. O X
   (C) The meeting was rescheduled. O X

점수 UP TIP

Why don't we[you] ~? 주의 🔊 05-5.mp3

토익에서 Why don't we[you] ~?는 주로 '~하는 게 어때?'와 같이 제안을 나타낼 때 쓰입니다. 이 경우엔 수락이나 거절을 언급하는 응답을 골라야 합니다. Why만 듣고 무작정 because가 있는 선택지를 고르는 실수를 해서는 안 됩니다. 여기서 잠깐!「Why don't we ~?」가 제안이 아니라 이유를 묻는 질문으로 출제된 적도 있으니 주의하세요.

제안

Q	**Why don't we** discuss it again after lunch?	점심 이후에 그 일에 대해 다시 논의하는 게 어때요?
A1	Sure, I'll come back then.	좋아요, 그때 다시 올게요.
A2	Well, I don't have time this afternoon.	글쎄요, 오늘 오후엔 시간이 없어요.

이유

Q	**Why don't we** have refreshments in the meeting room?	왜 회의실에 다과가 없죠?
A	**Because** the delivery is getting here late.	이곳으로 배달이 늦어지고 있기 때문이에요.

실전 TEST

1. Mark your answer.   (A) (B) (C)
2. Mark your answer.   (A) (B) (C)
3. Mark your answer.   (A) (B) (C)
4. Mark your answer.   (A) (B) (C)
5. Mark your answer.   (A) (B) (C)
6. Mark your answer.   (A) (B) (C)
7. Mark your answer.   (A) (B) (C)
8. Mark your answer.   (A) (B) (C)
9. Mark your answer.   (A) (B) (C)
10. Mark your answer.   (A) (B) (C)
11. Mark your answer.   (A) (B) (C)
12. Mark your answer.   (A) (B) (C)
13. Mark your answer.   (A) (B) (C)
14. Mark your answer.   (A) (B) (C)
15. Mark your answer.   (A) (B) (C)

DAY 06 | 일반 의문문 / 부정 의문문 Part 2

1 일반 의문문 🔊 06-1.mp3

사실이나 정보를 확인하기 위한 의문문이에요. 여기서 Be동사/Do/Have는 형식적인 말일 뿐이기 때문에 뒤에 나오는 동사와 명사, 형용사 등을 잘 듣는 것이 중요해요. 답변은 Yes/No로 시작하는 것이 기본이지만, Yes/No를 생략한 답변도 정답으로 자주 나오므로, 이에 유의해야 합니다.

■ Be동사 의문문

Q Are you **registered** for the computer **training**? 컴퓨터 교육 시간에 등록되어 있으세요?
A Yes, for the afternoon session. 네, 오후 시간으로요.

Q Is the **printer out of order**? 프린터가 고장 났나요?
A It's working fine. ·····▶ No 생략 잘 작동되고 있어요.

Q Was the 2 o'clock **meeting canceled**? 2시 회의가 취소되었나요?
A That's what I heard. ·····▶ Yes 생략 그렇게 들었어요.

■ Do/Have 조동사 의문문

시제와 주어의 단/복수에 따라 Do는 Do, Does, Did로, Have는 Have, Has로 쓰입니다. 하지만 리스닝에서 이 형태는 크게 중요하지 않고, 뒤에 나오는 「주어+동사」가 중요합니다.

Q   Does this supermarket **sell cookies**? 이 슈퍼마켓에서 쿠키를 판매하나요?
A1 You can find them in aisle 3. ·····▶ Yes 생략 3번 통로에서 찾으실 수 있어요.
A2 There's a bakery next door. ·····▶ No 생략 옆 건물에 제과점이 있습니다.

Q   Have you **tried the new printer**? 새 프린터를 사용해 보셨나요?
A1 Yes, it's very fast. 네, 아주 빠릅니다.
A2 I didn't know we got a new one. ·····▶ No 생략 우리가 새것을 구입한지 몰랐어요.

PRACTICE 1

🎧 06-2.mp3

음원을 듣고 각각의 선택지가 질문에 알맞은 응답이면 O, 아니면 X에 표시해 보세요.

1. (A) Yes, someone is coming. O X
   (B) No, not yet. O X
   (C) It's not working well. O X

2. (A) Yes, I'm free in the afternoon. O X
   (B) No, I'll be out of the office. O X
   (C) Sure. What is it about? O X

3. (A) Their salad is so good. O X
   (B) A table for two, please. O X
   (C) Yes, I went last weekend. O X

4. (A) There's a subway station right by my place. O X
   (B) That's an expensive model. O X
   (C) Yes, I drive most days. O X

5. (A) Yes, due to bad weather. O X
   (B) That's what I heard. O X
   (C) No, it's still on schedule. O X

6. (A) I'll pick you up at the bus stop. O X
   (B) No, but there's a subway station around the corner. O X
   (C) There's one across the street. O X

NOTES

2 부정 의문문 🎧 06-3.mp3

'~이지 않나요?', '~하지 않았어요?'와 같이 부정문의 형태로 물어보는 의문문을 부정 의문문이라고 합니다. 부정 의문문은 not이 없는 것으로 간주해 긍정 의문문과 똑같이 해석해야 헷갈리지 않습니다.

■ Be동사 / Do 조동사 / Have 조동사 + not

Q Isn't your **office on the third floor**? ❗ not 빼고 생각하기
= Is your office on the third floor?
A No, it's on the fourth floor.

당신 사무실이 3층에 있지 않나요?
= 당신 사무실이 3층에 있죠?
아뇨, 4층에 있어요.

Q Didn't you **go to the concert** last night? ❗ not 빼고 생각하기
= Did you go to the concert last night?
A I had to work late. ----▶ No 생략

어젯밤에 콘서트에 가지 않았어요?
= 어젯밤에 콘서트에 갔죠?
전 야근해야 했어요.

Q Haven't you **finished writing the report**? ❗ not 빼고 생각하기
= Have you finished writing the report?
A Yes, an hour ago.

보고서 작성을 끝내지 않았나요?
= 보고서 작성을 끝냈죠?
네, 한 시간 전에요.

점수 UP TIP⭐

부정 의문문의 not과 주어의 연음 🎧 06-4.mp3

Isn't your appointment at 2 o'clock?
이즌츄얼
당신의 예약은 2시에 있지 않나요?

Aren't you coming to the party tonight?
안츄
오늘 밤 파티에 오지 않나요?

Won't you be at the client meeting tomorrow?
워운츄
내일 고객 미팅에 오시지 않나요?

Didn't you order more paper?
디튼츄
종이를 더 많이 주문하지 않았나요?

Haven't you already got tickets for the concert?
해븐츄
콘서트 티켓을 이미 구하지 않았나요?

PRACTICE 2

🎧 06-5.mp3

음원을 듣고 각각의 선택지가 질문에 알맞은 응답이면 O, 아니면 X에 표시해 보세요.

1. (A) There's one on Oak Avenue. (O X)
   (B) No, I'm still looking for one. (O X)
   (C) Several new menu items. (O X)

2. (A) At a hotel downtown. (O X)
   (B) It was a surprise party. (O X)
   (C) No, I'm too busy. (O X)

3. (A) Yes, a 10% discount. (O X)
   (B) An inventory check. (O X)
   (C) It's broken again. (O X)

4. (A) No, we stay open all year. (O X)
   (B) Yes, we usually close in July. (O X)
   (C) It's close to my house. (O X)

5. (A) Yes, it was finalized in the afternoon. (O X)
   (B) It was about time management. (O X)
   (C) Adrian would know. (O X)

6. (A) No, she had to work late. (O X)
   (B) At the hotel nearby. (O X)
   (C) I didn't see her there. (O X)

NOTES

점수 UP TIP

주어의 인칭에 따라 달라지는 be/do/have 의문문 형태 총정리 🔊 06-6.mp3

Was I ~? Was 3인칭 단수주어 ~? Were you ~? Were 복수주어 ~?	**Was your train** delayed yesterday? 당신의 기차가 어제 연착되었나요? **Were you** able to arrive at the airport on time? 공항에 제시간에 도착할 수 있었나요?
Do you/복수주어 ~? Does 3인칭 단수주어 ~? Did you/단수주어/복수주어 ~?	**Do you** like your job? 당신의 일이 마음에 드세요? **Does this bus** stop at the shopping mall? 이 버스가 쇼핑몰에 서나요? **Did you** like the movie? 그 영화 좋았나요? **Did John** move to New York? 존이 뉴욕으로 이사했나요? **Did the clients** like our proposal? 고객들이 우리 제안을 마음에 들어 했나요?
Has 3인칭 단수주어 ~? Have you ~? Have 복수주어 ~?	**Has the manager** approved your vacation? 부장님이 휴가를 승인하셨나요? **Have you** printed out the schedule? 일정표를 인쇄하셨나요? **Have the invitations** been mailed out? 초대장들이 우편으로 발송되었나요? **Have we** sold more cars this week than last week? 우리가 지난주보다 이번주에 더 많은 자동차를 판매했나요?

실전 TEST

1. Mark your answer.   (A)   (B)   (C)
2. Mark your answer.   (A)   (B)   (C)
3. Mark your answer.   (A)   (B)   (C)
4. Mark your answer.   (A)   (B)   (C)
5. Mark your answer.   (A)   (B)   (C)
6. Mark your answer.   (A)   (B)   (C)
7. Mark your answer.   (A)   (B)   (C)
8. Mark your answer.   (A)   (B)   (C)
9. Mark your answer.   (A)   (B)   (C)
10. Mark your answer.   (A)   (B)   (C)
11. Mark your answer.   (A)   (B)   (C)
12. Mark your answer.   (A)   (B)   (C)
13. Mark your answer.   (A)   (B)   (C)
14. Mark your answer.   (A)   (B)   (C)
15. Mark your answer.   (A)   (B)   (C)

DAY 07 | 제안·요청 의문문 / 선택 의문문 Part 2

1 제안·요청 의문문 🎧 07-1.mp3

상대방에게 제안이나 요청하는 의문문에는 여러 형태가 있습니다. 이 유형의 의문문에서는 반드시 동사구의 의미를 정확히 파악해야 합니다. 제안·요청에 대해 Yes(수락) 또는 No(거절)로 대답하는 것이 기본이지만, 실제 시험에서는 Yes/No 대신 Sure, Of course, Okay, That's a good idea, I'm sorry 등으로 답하거나, 간접적으로 돌려 말하는 경우가 많이 출제됩니다.

■ 다양한 제안·요청 형태

• Why don't you[we] ~?	~하는 게 어때요?
• Would[Could] you ~?	해 주시겠어요?
• Would you like[prefer] to ~?	~하시겠어요?
• Would you mind -ing ~?	~해 주시겠어요?
• Do you want to ~?	~하시겠어요?
• Do you mind if I ~?	~해도 되겠습니까?
• Why don't I ~? / Would you like me to ~? / Do you want me to ~?	제가 ~할까요?

■ 수락

Q **Why don't we meet** at the bus terminal at 5? 5시에 버스 터미널에서 만나는 게 어때요?
A That's a good idea. 좋은 생각입니다.

■ 직접 거절

Q **Would you like to have** more salad? 샐러드 좀 더 드시고 싶으세요?
A No, thank you. I'm full. 아뇨, 괜찮습니다. 배불러요.

■ 우회적 거절

Q **Can I start** the presentation now? 발표를 지금 시작해도 될까요?
A Mr. Gust hasn't come yet. 거스트 씨가 아직 안 오셨어요.

■ 의외의 응답

Q **Could you help** me set up the meeting room? 회의실에 준비 작업을 하도록 도와 주시겠어요?
A Right now? 지금 당장요?

PRACTICE 1

음원을 듣고 각각의 선택지가 질문에 알맞은 응답이면 O, 아니면 X에 표시해 보세요.

1. (A) It was delicious. Thanks. (O X)
   (B) I have to finish this report. (O X)
   (C) Sorry, I have other plans. (O X)

2. (A) Sure, when can we start? (O X)
   (B) Sorry, I was about to leave. (O X)
   (C) Yes, last week. (O X)

3. (A) Yes, it was already sold out. (O X)
   (B) I'll be out of town. (O X)
   (C) At Broncos Stadium. (O X)

4. (A) Katlyn already took care of it. (O X)
   (B) At the printing shop. (O X)
   (C) Sure, that'd be nice. (O X)

5. (A) Sure, I'd be happy to. (O X)
   (B) I have a meeting now. (O X)
   (C) Yes, I turned it on. (O X)

6. (A) Not at all. (O X)
   (B) Yes, the party was a lot of fun. (O X)
   (C) What's your e-mail address? (O X)

NOTES

2 선택 의문문 🎧 07-3.mp3

선택 의문문에 대해 답변할 때 질문에 'A or B'의 구조로 제시되는 두 가지 대상 중의 하나를 선택해 답변하는 경우가 가장 많습니다. 이때 질문에서 제시한 표현을 직접 언급하는 대신 다른 표현을 사용해서 우회적으로 의미를 전달하는 경우를 조심해야 합니다. 또한, 질문자가 제시한 A나 B 대신 전혀 다른 것을 말하는 경우도 있습니다.

■ A, B 둘 중 하나 선택 _ 직접 표현

Q Would you like some **juice or water**?
A Water sounds good.

주스를 드시겠어요, 아니면 물을 드시겠어요?
물이 좋겠네요.

■ A, B 둘 중 하나 선택 _ 우회적 표현

Q Should I pick you up **at 8 or 9** tomorrow?
A Earlier is better.

내일 당신을 8시에 데리러 갈까요, 9시에 갈까요?
빠른 게 더 좋겠네요.

❶ 8시라고 콕 집어 대답하지 않고 '더 일찍'이라고 돌려서 말하고 있어요.

Q Do you want me to send this package **by express mail or by regular mail**?
A It has to arrive by tomorrow.

제가 이 소포를 빠른 우편으로 보낼까요, 아니면 일반 우편으로 보낼까요?
그거 내일까지 도착해야 해요.

❶ express mail이라고 콕 집어 대답하지 않고 '내일까지 도착해야 한다'라고 돌려서 말하고 있어요.

■ 기타 답변

Q Do you want to get the concert ticket for **Thursday or Friday**?
A1 I prefer Saturday, actually.
A2 Let me check my schedule.

목요일로 콘서트 입장권을 구입하고 싶으세요, 아니면 금요일로 하고 싶으세요?
전 사실 토요일이 좋아요.
제 스케줄 좀 확인할게요.

Q Would you like some **pizza or sandwiches**?
A1 I'm not very hungry.
A2 Either is fine with me.

피자로 하시겠어요, 샌드위치로 하시겠어요?
전 별로 배고프지 않아요.
둘 중 아무거나 좋아요.

PRACTICE 2

음원을 듣고 각각의 선택지가 질문에 알맞은 응답이면 O, 아니면 X에 표시해 보세요.

1. (A) I prefer to sit indoors. (O X)
   (B) Yes, that'd be great. (O X)
   (C) It's too cold outside. (O X)

2. (A) It'd be better to call after 2 o'clock. (O X)
   (B) I called them already. (O X)
   (C) Yes, it's in the supply room. (O X)

3. (A) I'd rather sit by the windows. (O X)
   (B) An aisle seat, please. (O X)
   (C) A round-trip ticket to New York. (O X)

4. (A) I think I just broke that. (O X)
   (B) Let's have a short break. (O X)
   (C) I'd rather finish this now. (O X)

5. (A) A new assistant manager. (O X)
   (B) We really need two. (O X)
   (C) We're not very busy these days. (O X)

6. (A) Three dollars an hour. (O X)
   (B) I took the subway. (O X)
   (C) It is held in the park. (O X)

NOTES

점수 UP TIP

시험에 잘 나오는 다양한 수락/거절 표현 🎧 07-5.mp3

수락/동의	That's a good idea. 그거 좋은 생각이에요. That sounds good. 좋아요. Sure. 물론이죠. I'd be happy to. / I'd be glad to. 기꺼이 할게요. Okay. 좋아요. Go ahead. 그렇게 하세요. Not at all. 천만에요. Of course. / Absolutely. / Certainly. 물론이죠. I'd appreciate that. 그럼 감사하죠.
거절	I have other plans. 전 다른 계획이 있어서요. I'm afraid I can't. 유감스럽지만 못해드릴 것 같아요. Sorry, I'm busy that day. 죄송해요, 저 그날 바빠요. I'd like to, but I have a lot to do. 그러고 싶지만, 할 일이 많아요.

실전 TEST

1 Mark your answer.   (A) (B) (C)
2 Mark your answer.   (A) (B) (C)
3 Mark your answer.   (A) (B) (C)
4 Mark your answer.   (A) (B) (C)
5 Mark your answer.   (A) (B) (C)
6 Mark your answer.   (A) (B) (C)
7 Mark your answer.   (A) (B) (C)
8 Mark your answer.   (A) (B) (C)
9 Mark your answer.   (A) (B) (C)
10 Mark your answer.   (A) (B) (C)
11 Mark your answer.   (A) (B) (C)
12 Mark your answer.   (A) (B) (C)
13 Mark your answer.   (A) (B) (C)
14 Mark your answer.   (A) (B) (C)
15 Mark your answer.   (A) (B) (C)

DAY 08 | 평서문 / 부가 의문문 Part 2

1 평서문 🎧 08-1.mp3

평서문이란 의문문이 아닌 「주어 + 동사」 또는 명령문 구조로 된 일반 문장을 말합니다. 강하게 발음되는 동사나 명사 등의 내용어를 중심으로 핵심 내용을 빠르게 파악해야 하는 고난도 유형입니다. 제시되는 평서문 유형이 다양한 만큼 답변 유형도 매우 많은데, 그 중 가장 자주 나오는 유형은 상대의 말에 맞장구를 치는 유형, 해결책을 말하는 유형, 다른 의견을 제시하는 유형, 그리고 내용에 대해 되묻는 유형입니다.

■ 제안·요청 ➡ 수락·동의

Q Let's discuss the design after lunch.   점심 식사 후에 그 디자인을 논의해 봅시다.
A OK. I'll see you soon.   좋아요. 곧 뵙겠습니다.

■ 문제점 언급 ➡ 해결책 제시

Q The printer is not working.   프린터가 작동이 되지 않아요.
A You can use the one upstairs.   위층에 있는 걸 쓸 수 있어요.

■ 의견 제시 ➡ 다른 의견 제시

Q I think we should really buy a new copier.   우리는 정말로 새 복사기를 구입해야 할 것 같아요.
A But our copy machine is working fine.   하지만 우리 복사기는 잘 작동되고 있어요.

■ 정보 전달 ➡ 정정 혹은 추가 정보 전달

Q Dr. Pei's office is on the second floor.   페이 박사님의 진료실은 2층에 있어요.
A Actually, it's just down the hall.   사실은 바로 복도 끝에 있어요.

■ 질문으로 답하기

Q I'm going on a picnic this weekend.   저 이번 주말에 나들이하러 가요.
A Did you check the weather forecast?   일기 예보를 확인해 보셨나요?

PRACTICE 1

08-2.mp3

음원을 듣고 각각의 선택지가 질문에 알맞은 응답이면 O, 아니면 X에 표시해 보세요.

1. (A) He is interested in it. (O X)
   (B) You're right. It was great. (O X)
   (C) Yes, I'd like to. (O X)

2. (A) I can't open the window. (O X)
   (B) Will it be near our office? (O X)
   (C) This bus goes to the City Hall. (O X)

3. (A) I really enjoyed it. (O X)
   (B) What time does it start? (O X)
   (C) Okay, I'll be there. (O X)

4. (A) I just called maintenance. (O X)
   (B) I usually walk there. (O X)
   (C) I'll call the building manager. (O X)

5. (A) The printer needs more paper. (O X)
   (B) I went to the wrong airport. (O X)
   (C) The project is ahead of schedule. (O X)

6. (A) Do you have the receipt? (O X)
   (B) Is something wrong with it? (O X)
   (C) I don't think it's been changed. (O X)

NOTES

2 부가 의문문 🔊 08-3.mp3

부가 의문문은 「평서문, 꼬리말?」 구조로 되어 있으며, 상대에게 동의를 얻거나 사실을 확인하기 위해 쓰입니다. 이때 꼬리말은 굳이 해석하자면 '그렇지? 안 그래?'라는 의미이지만 형태가 어떻든 전혀 신경 쓸 필요가 없고, 앞에 평서문으로 제시되는 의견/계획/제안 등의 의미를 명확히 파악하는 것이 중요합니다.

■ Yes/No 답변

Q You're having lunch with the client, ~~aren't you~~?
A Yes, at noon.

당신은 고객과 점심 식사를 하실 거죠, 그렇지 않나요?
네, 정오에요.

Q These shirts look nice, ~~don't they~~?
A Yes, why don't you try them on?

이 셔츠들 멋져 보이죠, 그렇지 않나요?
네 한 번 입어 보시는 게 어때요?

Q That project's been finished, ~~hasn't it~~?
A No, I'm still working on it.

그 프로젝트는 끝났죠, 그렇지 않나요?
안 끝났어요, 저 아직 하고 있어요.

Q The meeting is at 11 A.M., ~~right~~?
A No, at 10 A.M.

회의가 오전 11시에 있죠, 맞죠?
아뇨, 10시에 있어요.

Q It's too warm in the office, ~~don't you think~~?
A Yes, maybe we should open a window.

사무실이 너무 덥죠, 안 그래요?
네, 창문을 열어야 할 것 같아요.

■ Yes/No 생략 혹은 우회적 응답

Q Mr. Yang will be here to welcome the investors, ~~won't he~~?
A He's away on a business trip.

양 씨가 여기 와서 투자자들을 맞이할 거죠, 그렇지 않나요?
그분은 출장 중이세요.

Q The new sales director will be hired soon, ~~right~~?
A Didn't you check your e-mail?

새 영업이사가 곧 채용될 거죠, 그렇죠?
이메일 확인 안하셨어요?

PRACTICE 2

음원을 듣고 각각의 선택지가 질문에 알맞은 응답이면 O, 아니면 X에 표시해 보세요.

1. (A) I don't think he was there.   (O X)
   (B) It will take 5 hours by airplane.   (O X)
   (C) Yes, it was a great experience.   (O X)

2. (A) Yes, with Mr. Kim.   (O X)
   (B) No, they haven't.   (O X)
   (C) That's what I'm doing now.   (O X)

3. (A) Lots of interesting articles.   (O X)
   (B) No, but Mr. Cohen does.   (O X)
   (C) It will probably be tomorrow.   (O X)

4. (A) No, it's actually at two.   (O X)
   (B) It has been canceled.   (O X)
   (C) I'll send you the agenda.   (O X)

5. (A) Yes, it was set up yesterday.   (O X)
   (B) No, we only need two packs.   (O X)
   (C) We're expecting delivery tomorrow.   (O X)

6. (A) No, I've already ordered.   (O X)
   (B) I'll call to make sure.   (O X)
   (C) I've never been there.   (O X)

NOTES

Part 2 빈출 고난도 어휘 🔊 08-5.mp3

due + 일시	~이 (지불) 기한인	When is the rent **due**? 집세 납입 기한이 언제까지인가요?
attendance	참석률	The **attendance** at last week's workshop was low, wasn't it? 지난주 워크숍 참석률이 낮았죠, 그렇지 않나요?
agenda	회의 안건	Would you like me to print out the meeting **agenda**? 제가 회의 안건을 인쇄할까요?
opening	빈 자리, 공석	Are there any **openings** on your design team? 당신의 디자인 팀에 빈 자리가 있나요?
take inventory	재고를 파악하다	Can you help me **take inventory** tomorrow? 내일 재고 파악하는 것 좀 도와줄래요?
fundraising event = fundraiser	모금 행사	We're holding a **fundraising event** next month to support local schools. 저희는 지역 학교들을 후원하기 위해 다음 달에 모금 행사를 개최합니다.
break	휴식 시간	Let's take a short **break**. 우리 잠깐 쉽시다.
place an order	주문하다	We need to **place an order** for more paper. 종이를 더 주문해야 해요.
push back	미루다	We'll need to **push back** the meeting to 3 P.M. because the manager is running late. 부장님이 늦으셔서 회의를 3시로 미뤄야 할 것 같아요.
lease	명 임대차 계약서 동 임대하다	Please review the apartment **lease** before signing it. 서명하기 전에 아파트 임대 계약서를 살펴 보세요.

실전 TEST 08-6.mp3

1. Mark your answer.   (A)   (B)   (C)
2. Mark your answer.   (A)   (B)   (C)
3. Mark your answer.   (A)   (B)   (C)
4. Mark your answer.   (A)   (B)   (C)
5. Mark your answer.   (A)   (B)   (C)
6. Mark your answer.   (A)   (B)   (C)
7. Mark your answer.   (A)   (B)   (C)
8. Mark your answer.   (A)   (B)   (C)
9. Mark your answer.   (A)   (B)   (C)
10. Mark your answer.   (A)   (B)   (C)
11. Mark your answer.   (A)   (B)   (C)
12. Mark your answer.   (A)   (B)   (C)
13. Mark your answer.   (A)   (B)   (C)
14. Mark your answer.   (A)   (B)   (C)
15. Mark your answer.   (A)   (B)   (C)

PART 3

처음토익 550⁺

- **DAY 09** 주제 / 목적 / 문제점 문제
- **DAY 10** 장소 / 업종 / 직업 문제
- **DAY 11** 제안·요청 사항 / do next 문제
- **DAY 12** 의도파악 문제
- **DAY 13** 시각자료 연계 문제

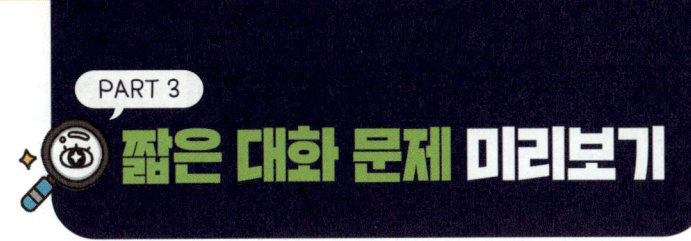

PART 3 짧은 대화 문제 미리보기

▷ 문항 수: 39문항 (32번~70번)
▷ 두 명, 혹은 세 명이 나누는 대화를 듣고 관련 질문에 대한 정답을 고르는 유형입니다.
▷ 총 13개 대화가 나오고, 대화 한 개당 세 문제씩 제시됩니다.
▷ 대화를 듣기 전에 문제지에 제시된 문제들을 미리 읽어 두어야 합니다.

 문제지

32. Where are the speakers?
    (A) In a gym
    (B) In an office
    (C) In a clinic
    (D) In a store ∨

33. What does the man inquire about?
    (A) Size options ∨
    (B) Special discounts
    (C) Available colors
    (D) Product prices

34. What does the woman suggest?
    (A) Coming back tomorrow
    (B) Looking for an item together ∨
    (C) Trying out a different product
    (D) Purchasing an item online

 음원

Questions 32-34 refer to the following conversation.

M Hello, I'm looking for some running shoes. They're the Ultra Boost 301s. Do you carry them?
W Actually, we do. In fact, that style is currently available at 40 percent off.
M Great! And I was wondering if they're available in large sizes such as size 295 or 300.
W I'm not sure. Let's go to the display stands and take a look at what we have available.

Number 32. Where are the speakers?
Number 33. What does the man inquire about?
Number 34. What does the woman suggest?

DAY 09 | 주제 / 목적 / 문제점 문제 Part 3

1 주제/목적을 묻는 문제 🔊 09-1.mp3

Part 3에서는 대화 하나당 세 문제씩 출제되는데, 그 중 첫 번째 문제로 대화의 주제 혹은 전화를 건 목적을 묻는 문제가 잘 나옵니다. 대화의 첫 부분에 힌트가 나오므로, 첫 번째 화자의 말을 반드시 제대로 들어야 합니다.

> M: Are we on schedule to **move our store to the new location** next month?
> W: Yes, and I already told the building manager that we'll be moving out on July 1.

Q 대화 주제는?
A 매장 위치를 옮기는 것

■ 주제/목적이 드러나는 문장 유형

첫 번째 화자의 질문
What do you think about the new e-mail policy?
새 이메일 정책에 대해 어떻게 생각해요?

I'm wondering if these tires can be repaired this afternoon.
이 타이어들이 오늘 오후에 수리될 수 있는지 궁금합니다.

❗ 첫 번째 화자가 하는 질문에 두 번째 화자가 답하면서 대화가 전개되기 때문에 첫 번째 화자의 질문에 주제가 포함되어 있을 가능성이 커요.

전화한 용건을 말하는 문장
Hi, **I'm calling to** inquire about shipping some books.
안녕하세요, 책을 배송하는 것에 대해 문의하려고 전화했어요.

❗ 전화를 건 목적을 묻는 문제의 정답 단서는 I'm calling to/because ~ 다음에 나오기 때문에 절대 놓치지 말아야 할 표현이에요.

원하는 것을 말하는 문장
Good morning, **I'd like to** rent a car for a family trip I'm going on this weekend.
이번 주말에 가는 가족 여행 때문에 차를 한 대 빌리고 싶습니다.

❗ 원하는 것을 밝히는 문장에 대화의 주제가 숨어 있는 경우가 많습니다. 주로, would like to, need to, want to 등의 동사가 쓰입니다.

■ 주제/목적을 묻는 문제 유형

- **What** is the conversation **mainly about**? — 대화는 주로 무엇에 관한 것인가?
- **What** are the speakers **mainly discussing**? — 화자들은 주로 무엇을 얘기하고 있는가?
- **What** is the **main topic** of the conversation? — 대화의 주제는 무엇인가?
- **Why** is the man **calling**? — 남자는 왜 전화하는가?
- **What** is the **purpose** of the **call**? — 전화의 목적은 무엇인가?

PRACTICE 1

문제를 먼저 읽고, 대화를 들은 뒤 질문에 알맞은 답을 골라보세요.

1 What are the speakers mainly discussing?
   (A) Traffic conditions
   (B) A construction project

> **W**: Hello, George. I'd like an update on the highway construction. How's the work coming along? Are there any delays?
> **M**: No, we're on schedule. We'll be finished by May.

2 What is the purpose of the woman's call?
   (A) To make a reservation
   (B) To reschedule an appointment

> **W**: Hi, I'm calling to see if I can make an appointment with Dr. Towner tomorrow. Do you have an opening in the afternoon?
> **M**: Let me see… Yes, he has time at 2 P.M.

3 What are the speakers mainly discussing?
   (A) A bicycle rental
   (B) A guided tour

> **W**: Hi, I'd like to rent a bicycle for the day. Do you have any available?
> **M**: Yes, and that's a great choice. The weather will be beautiful all day long today.

4 What are the speakers discussing?
   (A) Checking in at a hotel
   (B) Reserving a meeting space

> **M**: Hello. I'm calling to reserve a space at your hotel for a conference on June 22.
> **W**: No problem. How many people are you expecting to attend the event?
> **M**: Around 50.

2 문제점이 무엇인지 묻는 문제 🎧 09-3.mp3

문제가 무엇인지 묻는 문제가 나오면 대화에서 부정적인 내용(작동이 안 된다 / 너무 비싸다 / 재고가 없다 / 늦었다 등) 이 나올 것을 예상합니다. 특히, 첫 번째 화자가 문제 상황을 꺼내는 경우가 많으므로 첫 번째 화자의 말을 놓치지 말고 잘 들어야 합니다.

> W: Hello, I'm interested in attending this conference. I'd like to register, **but my credit card isn't working**.
> M: That's no problem. You can sign up now and then pay the fee later.

Q 여자가 말하는 문제점은?
A 신용카드를 사용할 수 없다.

■ 문제점이 드러나는 문장 유형

문제가 있다 ┈┈┈▶ = I'm having trouble
I'm **having a problem** with the lights. They **aren't working properly**.
조명에 문제가 있어요. 제대로 작동하지 않고 있어요.

~할 수 없다
I **can't** stay for the whole conference.
전 컨퍼런스가 열리는 내내 있을 수 없어요.

부정적인 내용을 말하기 위한 신호
Unfortunately, that train has been delayed.
안타깝게도, 그 기차는 연착되었어요.
I'm afraid I forgot to make a reservation.
제가 예약하는 것을 깜빡했어요.

걱정된다
I'm worried about the tight deadline.
빠듯한 마감 일정이 걱정입니다.

■ 문제점/걱정거리를 묻는 문제 유형

- **What** is the **problem**? — 무엇이 문제인가?
- **What problem** does the **man mention**? — 남자는 무슨 문제를 언급하는가?
- **What** is the **woman concerned about**? — 여자는 무엇에 대해 걱정하는가?
- **Why** is the **man worried**? — 남자는 왜 걱정하는가?

점수 UP TIP ★

자주 출제되는 문제점

- 기술적인 문제: (기계, 웹사이트, 컴퓨터 등)이 제대로 작동하지 않는다
- 일정 문제: 늦었다, 일정이 겹친다, 배송품이 도착하지 않았다
- 부족한 문제: 예산이 부족하다, 물품이 다 떨어졌다, 공간이 모자라다

PRACTICE 2

🔊 09-4.mp3

문제를 먼저 읽고, 대화를 들은 뒤 질문에 알맞은 답을 골라보세요.

1 What problem does the woman mention?
   (A) A product is not selling well.
   (B) A machine is not working properly.

> **W:** I'm afraid we've had some problems with the oven in our store. It won't turn on. That's why I called the technician.
> **M:** Oh, I'm glad you called him. We should get it fixed as soon as possible.

2 What problem does the man mention?
   (A) A Web site is not working.
   (B) A payment was not accepted.

> **M:** Hi. I was trying to order a book from your Web site, but it seems to be down.
> **W:** Oh, I'm sorry about that. Some Web site maintenance was scheduled for today.

3 What is the man worried about?
   (A) Ticket sales
   (B) An event schedule

> **M:** We sold 1,000 tickets last year, but we had a famous guest speaker then. I'm worried we won't sell as many tickets this year.
> **W:** Well, we're offering discounts this year, so that should encourage more people to buy tickets.

4 What problem does the woman mention?
   (A) There is a scheduling conflict.
   (B) A client canceled a meeting.

> **W:** Hi, Mike. I received your e-mail about the presentation at 3 P.M. this Thursday. But, I have to meet with a client at that time.
> **M:** Oh, I'm sorry. I completely forgot that you had an important meeting.

실전 TEST

1. What are the speakers discussing?
   (A) Clothing
   (B) A new program
   (C) Meeting schedules
   (D) Some events

2. What do the speakers say about a product?
   (A) It is not advertised enough.
   (B) It sells very well now.
   (C) It will be discounted.
   (D) It has beautiful designs.

3. What does the man suggest doing?
   (A) Holding events more often
   (B) Offering a membership
   (C) Providing more options
   (D) Having a meeting with managers

4. Why is the man calling?
   (A) To purchase an item
   (B) To enroll in a class
   (C) To register for an event
   (D) To inquire about a bill

5. According to the woman, what does the man have to do?
   (A) Attend an event
   (B) Complete a form
   (C) Call another number
   (D) Read a manual

6. What does the woman request from the man?
   (A) His payment information
   (B) His home address
   (C) His company's name
   (D) His phone number

7 What problem does the woman report?

(A) A machine is not working properly.
(B) A delivery is late.
(C) A meeting was canceled.
(D) A payment was delayed.

8 Why does the man say he cannot help?

(A) He is unfamiliar with some equipment.
(B) He is waiting for a part to arrive.
(C) He is not responsible for repairs.
(D) He has to attend a meeting.

9 What will the woman most likely do next?

(A) Move a machine
(B) Complete a form
(C) Contact customer support
(D) Clean the break room

10 What are the speakers mainly discussing?

(A) A training course
(B) A job opening
(C) A recent promotion
(D) A manager's retirement

11 What is the woman concerned about?

(A) Relocating to another branch
(B) Lack of experience
(C) Working with a new supervisor
(D) Meeting her sales target

12 What does the woman say she will do?

(A) Check a Web site
(B) Speak to a colleague
(C) Write a budget report
(D) Register for a training session

DAY 10 | 장소 / 업종 / 직업 문제 Part 3

1 대화 장소 / 근무 장소를 묻는 문제 🎧 10-1.mp3

대화 장소나 근무 장소를 묻는 문제가 나오면 제품이나 서비스 종류, 직책 등과 같이 장소를 유추할 수 있는 키워드를 파악해 정답을 찾아야 합니다. 이때 2개 이상의 키워드를 듣고 정답을 찾는 것이 안전합니다.

> M: Hi, I'm looking for some **running shoes**. They're the JoyRun 200s. Do you have them?
> W: Of course we do. That model is currently **on sale**. **What size do you want?**

Q 대화 장소는?
A 매장

■ 필수 암기 어휘

매장 (store)	관련 직업	store clerk 매장 점원 sales representative 판매 직원 customer service representative 고객 서비스 담당 직원 salesperson 판매 사원
	관련 키워드	in stock 재고가 있는 out of stock 재고가 없는 receipt 영수증 discount 할인 refund 환불, 환불해주다 exchange 교환, 교환하다
호텔 (hotel)	관련 직업	front desk clerk / hotel receptionist 프런트 직원 hotel staff 호텔 직원
	관련 키워드	check in 입실 수속을 하다 check out 퇴실 수속을 하다 stay 머물다 reservation 예약 room service 룸서비스 banquet room 연회실
여행사 (travel agency)	관련 직업	travel agent 여행사 직원
	관련 키워드	book a flight 항공편을 예약하다 round-trip ticket 왕복 티켓 vacation 휴가 package tour 패키지 여행
도서관 (library)	관련 직업	librarian 도서관 사서
	관련 키워드	bookshelf 책장 section 구역 author 작가 book signing 도서 사인회 check out a book 책을 대출하다 return a book 책을 반납하다

■ 대화 장소 / 근무 장소를 묻는 문제 유형

- **Where** (most likely) are the **speakers**? most likely는 '가장 가능성이 높은'이라는 뜻으로, 크게 신경 쓰지 않아도 돼요.
  화자들은 어디에 있겠는가? most likely에 괄호를 치면 질문의 핵심이 더 잘 보입니다.

- **Where** is the **conversation** taking place?
  대화는 어디에서 이루어지고 있는가?

- **Where** do the **speakers** (most likely) **work**? 화자들은 어디에서 근무하겠는가?

- **Where** does the **man** (most likely) **work**? 남자는 어디에서 근무하겠는가?

문제를 먼저 읽고, 대화를 들은 뒤 질문에 알맞은 답을 골라보세요.

1. Where do the speakers most likely work?
   (A) At the library
   (B) At the post office

   > M: I finished arranging all the books that were returned today.
   > W: Good. Will you check the children's books section and make sure no books are on the tables?

2. What type of business is the man calling?
   (A) A travel agency
   (B) A repair shop

   > M: Hello, I'm calling to see if I can get discounted tickets to Bangkok. I saw your advertisement about them earlier this week.
   > W: Oh, I'm afraid they are all booked.

3. Where is the conversation most likely taking place?
   (A) At a furniture store
   (B) At a medical clinic

   > M: Hi, I'm looking for a new office chair. I spend a lot of time at my desk, so I need something comfortable with good back support.
   > W: OK. All of our chairs are displayed right here.

4. Where are the speakers?
   (A) At a hotel
   (B) At a shopping center

   > M: Hi, I have a reservation for tonight. My name is Marcus Tremmel.
   > W: OK, here it is. You'll be staying with us for three nights, right?

2 화자가 누구인지 묻는 문제 🎧 10-3.mp3

화자가 누구인지 묻는 문제에서는 두명의 화자 모두(speakers)에 대해 묻는지, 남자(man), 혹은 여자(woman)에 대해 묻는지, 아니면 제3자에 대해 묻는지를 파악해서 그 사람의 직업을 유추할 수 있는 키워드를 잘 들어야 합니다.

> W: Hi, I'm calling to let you know that **I found an apartment you might like**. It's conveniently located in the city center.
> M: Oh, great. Can we meet to **look at the property** tomorrow?

Q 여자의 직업은?
A 부동산 중개인

■ 필수 암기 어휘

식당 (restaurant)	관련 직업	server 서빙 직원 chef 주방장 restaurant staff 식당 직원
	관련 키워드	today's special 오늘의 요리 ready to order 주문할 준비가 된 menu item 메뉴 항목 serve 음식 등을 제공하다 reserve a table 테이블을 예약하다
부동산 중개소 (real estate agency)	관련 직업	real estate agent 부동산 중개인 property manager 부동산 관리인
	관련 키워드	resident 주민 tenant 세입자 lease 임대차 계약 rent 임대하다, 임대(료) office space 사무 공간 property 부동산, 건물
병원 (medical clinic)	관련 직업	medical doctor 의사 dentist 치과의사 receptionist 접수 담당자
	관련 키워드	make an appointment (진료) 예약을 하다 patient 환자 reschedule an appointment 예약 시간을 다시 잡다 check-up 검진
언론인, 기자 (journalist)	관련 키워드	press conference 기자 회견 article for the newspaper 신문 기사 our newspaper editor 우리 신문 편집장 request an interview 인터뷰를 요청하다
배관공 (plumber)	관련 키워드	leak 누수 burst 터지다 replace the pipe 파이프를 교체하다 under the kitchen sink 부엌 싱크대 아래 drainage problem 배수 문제
인테리어 디자이너	관련 키워드	remodel a bathroom 욕실을 리모델링하다 choose floor tiles and wallpaper 바닥 타일과 벽지를 선택하다

■ 화자가 누구인지 묻는 문제 유형

- **Who** (most likely) are the (speakers)?
  화자들은 누구이겠는가?

- **Who** (most likely) is the (woman)?
  여자는 누구이겠는가?

❶ 질문을 읽을 때 누구에 대해 묻는지 해당 부분에 동그라미를 치면 헷갈리지 않아요.

PRACTICE 2

🔊 10-4.mp3

문제를 먼저 읽고, 대화를 들은 뒤 질문에 알맞은 답을 골라보세요.

1 Who most likely is the man?
(A) A medical doctor
(B) A receptionist

> W: Hello, I'd like to make an appointment with Dr. Mathew for an eye exam today.
> M: I'm sorry, but he is out sick today. Dr. Clark is available instead.

2 Who most likely is the woman?
(A) A delivery person
(B) A customer service employee

> W: Thanks for calling Tescom's Customer service. How may I help you?
> M: Hi, I ordered a tablet computer from your Web site. It was supposed to arrive on Friday. Now it's Saturday, and it's still not here.

3 Who most likely is the man?
(A) A travel agent
(B) A server

> M: These are the desserts your table ordered — lemon tart, vanilla cheesecake, and caramel pudding.
> W: Our meals were fantastic. I'm always impressed by the food every time I come here.

4 Who most likely are the speakers?
(A) Interior designers
(B) Plumbers

> W: Jake, check this out. The water leak was caused by yesterday's cold weather — the pipe under the kitchen sink froze and burst.
> M: Hmm, we'll need to replace the whole pipe.

실전 TEST 🎧 10-5.mp3

1. Where most likely are the speakers?

   (A) In an electronics store
   (B) In a printing shop
   (C) In a hotel
   (D) In an office

2. What does the woman want to do?

   (A) Call a technician
   (B) Print some documents
   (C) Buy a new computer
   (D) Schedule a meeting

3. What does the man suggest?

   (A) Postponing a meeting
   (B) Purchasing a new printer
   (C) Using a different computer
   (D) Making extra copies

4. Where does the woman work?

   (A) At a hotel
   (B) At a restaurant
   (C) At a travel agency
   (D) At a fitness center

5. What does the man say he will be doing next week?

   (A) Meeting with some clients
   (B) Starting a business
   (C) Traveling overseas
   (D) Retiring from his job

6. What does the woman ask the man to do?

   (A) Arrive early
   (B) Make a phone call
   (C) Complete a form
   (D) Meet a deadline

7 Who most likely is the man?

(A) An architect
(B) A security guard
(C) A real estate agent
(D) A financial advisor

8 Why is the woman disappointed?

(A) A space is too large.
(B) A location is not ideal.
(C) A contract is not ready.
(D) An office lacks parking.

9 What will the speakers do on Saturday?

(A) Compare pricing online
(B) Sign a contract
(C) Visit a property
(D) Rent a vehicle

10 Where do the speakers most likely work?

(A) At a party supply store
(B) At a catering company
(C) At a grocery store
(D) At a convention center

11 What caused a delay in preparation?

(A) A delivery van is arriving late.
(B) A staff member called in sick.
(C) A client wanted to make a change.
(D) A machine was out of order.

12 What does the man say he will do?

(A) Check an address
(B) Inform a client
(C) Review an order list
(D) Talk to a supervisor

DAY 11 | 제안·요청 / do next 문제 Part 3

1 제안·요청 사항을 묻는 문제 🎧 11-1.mp3

화자 한 명이 상대방에게 무엇을 하라고 제안 또는 요청하는지를 묻는 문제가 나옵니다. 그 단서가 제안·요청을 나타내는 표현과 함께 제시되므로 여러 가지 제안·요청 표현들을 미리 알고 있으면 쉽게 풀 수 있습니다.

> M: Welcome to ACE Electronics. How may I help you?
> W: Hi, I'm looking for a wireless mouse. **Would you mind recommending** one?

Q 여자가 남자에게 요청하는 것?
A 제품 추천

■ 제안·요청 사항 단서 및 정답

- **Could you e-mail me** the notes you wrote?　　　　필기한 내용을 이메일로 보내 주시겠어요?
  - (정답) Send some information　　　　　　　　　정보 보내기

- **I was wondering if you could take a look** at the budget report.　　예산 보고서를 한번 봐주실 수 있을지 궁금합니다.
  - (정답) Review a report　　　　　　　　　　　　보고서 검토하기

- **Please fill out** this form.　　　　　　　　　　　이 서식을 작성하십시오.
  - (정답) Complete a form　　　　　　　　　　　　서식 작성하기

- **Why don't you call** Jim and say that we'll be late?　짐한테 전화해서 우리가 늦을 거라고 말해 줄래요?
  - (정답) Make a phone call　　　　　　　　　　　전화하기

■ 제안·요청 사항을 묻는 문제 유형

- **What** does **the man ask** the woman to do? ·····▶ 남자가 하는 말에 집중
  남자는 여자에게 무엇을 하도록 요청하는가?

- **What is the man asked** to do? ·····▶ 상대방인 여자가 하는 말에 집중
  남자는 무엇을 하도록 요청 받는가?

- **What** does **the man suggest** the woman do?
  남자는 여자에게 무엇을 하도록 제안하는가?

- **What** does **the man recommend doing**?
  남자는 무엇을 할 것을 추천하는가?

❗ 가장 중요한 것은 누가 누구에게 제안하는지를 잘 파악하는 것입니다. 특히 남자 또는 여자가 요청하는 것을 묻는지(능동태) 요청 받는 것을 묻는지(수동태) 구분할 수 있어야 해요

PRACTICE 1

문제를 먼저 읽고, 대화를 들은 뒤 질문에 알맞은 답을 골라보세요.

1 What does the woman ask the man to do?
   (A) Fix a computer
   (B) Complete a form

   M: I'd like the computer fixed as soon as possible because I need it for work.
   W: Alright, just fill out this form, and we'll have one of our technicians take a look at it.

2 What is the woman asked to do?
   (A) Make a guest list
   (B) Decorate a room

   M: Tara, I need to know how many people are coming to our party. I'd like you to make a list of all the guests.
   W: Sure!

3 What does the woman suggest the man do?
   (A) Visit a Web site
   (B) Go on a vacation

   W: Are you ready to enjoy your vacation?
   M: I booked my flight to Hawaii, but the resort that was offering good rates is completely full.
   W: That's too bad. But I know of a good Web site that gives discounts on global hotel chains. Why don't you check it out?

4 What is the man asked to do?
   (A) Post a workshop schedule
   (B) Review some information

   W: I'm just about to post the workshop schedule online, but I want to make sure everything looks correct. Could you take a look at it first and let me know if anything needs to be changed?
   M: No problem, I'll check it right away.

2 do next 문제 🔊 11-3.mp3

특정 화자 또는 화자들의 다음 행동을 묻는 문제로, 그 힌트는 대화의 맨 마지막에 나옵니다. 주로 미래 시제 (I will ~, I'm going to ~)로 자신의 계획을 밝히는 문장, 또는 상대방의 제안에 대해 동의를 나타내는 부분에서 단서를 찾을 수 있습니다.

> W: We offer front row seats to members only. **If you don't have a membership, you can sign up for one** here.
> M: Oh, great. I'll do that right now.

Q 남자가 이어서 할 일은?
A 회원권 신청

■ do next 단서 및 정답

• You can **order tickets through our homepage**. 　(정답) Visit[Go to] a Web site	저희 홈페이지에서 티켓을 주문할 수 있습니다. 웹 사이트 방문하기
• I need your **signature on this registration form**. 　(정답) Sign a form	이 등록 양식에 당신의 서명이 필요해요. 양식에 서명하기
• Please **fill it out** with your name, **phone number, and e-mail address**. 　(정답) Provide his contact information	거기에 귀하의 이름, 전화번호, 이메일 주소를 기입해 주세요. 연락처 정보를 제공하기
• Let me **call Jamie in Technical Support** right away. 　(정답) Contact a coworker[colleague]	기술 지원부의 제이미 씨에게 지금 바로 전화해 볼게요. 동료에게 연락하기
• Now, I'll **show you a video clip** to demonstrate how the product works. 　(정답) Watch a video	이제, 제품이 어떻게 작동하는지 보여드리기 위해 동영상을 하나 보여드리겠습니다. 동영상 보기

■ do next 문제 유형

• **What** will the **speakers** (most likely) **do next**?
화자들은 다음에 무엇을 하겠는가?

• **What** will the **woman** probably **do next**?
여자는 다음에 무엇을 하겠는가?

❶ 문제에서 do next가 보이면 다음 할 일을 묻는 문제라고 생각하고 대화의 마지막 부분에 초집중하세요.

PRACTICE 2

🎧 11-4.mp3

문제를 먼저 읽고, 대화를 들은 뒤 질문에 알맞은 답을 골라보세요.

1 What will the woman probably do next?
   (A) Speak with a coworker
   (B) Cancel a meeting

> M: Amber said she could help you with the presentation slides for the meeting tomorrow.
> W: Oh, great. I'll give her a call and see if she can start working on them right away.

2 What will the man most likely do next?
   (A) Prepare a stage
   (B) Make a reservation

> W: There are some amazing performances scheduled at the outdoor stage. You need to reserve your seat in advance, though — there aren't many available.
> M: I can do that right now.

3 What will the woman do next?
   (A) Try on some items
   (B) Visit another store

> M: We're having a promotional sale on wireless headphones right now. If you buy one pair, you can get a second one for half the price.
> W: That's great. Can I test out a few different models to see which one I like best?
> M: Sure!

4 What will the woman most likely do next?
   (A) Watch a video
   (B) Purchase a software program

> M: I'll send you a link to the support page. There's a really helpful video that shows how to install the accounting software. I recommend you watch it first.
> W: Alright, thanks! That should help.

실전 TEST

1. What is the problem?

   (A) A delivery was delayed.
   (B) An event was rescheduled.
   (C) A meeting was canceled.
   (D) A device is faulty.

2. What does the woman suggest the man do?

   (A) Talk to his manager
   (B) Get a full refund
   (C) Borrow another machine
   (D) Schedule a repair service

3. What does the man need to do?

   (A) Visit a different department
   (B) Fill out a form
   (C) Prepare for a meeting
   (D) Call a repairperson

4. Where most likely are the speakers?

   (A) At a car repair shop
   (B) At a museum
   (C) At a warehouse
   (D) At an electronics store

5. What is the woman concerned about?

   (A) Some repair fees
   (B) The number of employees
   (C) The quality of a service
   (D) A delivery time

6. What will the man probably do next?

   (A) Contact other stores
   (B) Make a presentation
   (C) Visit the headquarters
   (D) Talk to his coworker

7 What are the speakers preparing for?

(A) An awards ceremony
(B) A shareholder meeting
(C) A staff orientation
(D) A press conference

8 What does the woman say will be discussed?

(A) A business merger
(B) A product launch
(C) A recruitment plan
(D) A project budget

9 What will the man most likely do next?

(A) Contact a CEO
(B) Repair some equipment
(C) Clean a floor
(D) Print some documents

10 Where are the speakers?

(A) At a museum
(B) At a botanical garden
(C) At a travel agency
(D) At a library

11 What does the man suggest that the woman do?

(A) Visit a location
(B) Talk to a tour guide
(C) Download an app
(D) Take some photos

12 What does the man give to the woman?

(A) A brochure
(B) A receipt
(C) A map
(D) A membership form

DAY 12 | 의도파악 문제 Part 3

1 화자가 한 말의 의미/속뜻은 무엇인가? 🎧 12-1.mp3

한 명의 화자가 대화 중에 하게 될 말을 문제에서 미리 보여주고, 대화 흐름상 그 말이 어떤 의미/속뜻을 갖는지 묻는 문제가 나옵니다.

> W: Mike, it's Becky. Would you mind giving me a ride to work this morning? My car won't start for some reason.
> M: Actually, I'm at the airport now. I have an important meeting in Carson City today.

Q 이 말의 속뜻은 무엇인가?
A 여자를 도와줄 수 없다.

🔒 이렇게 풀어요!

1 인용 문장 해석
Actually, I'm at the airport now 사실 제가 지금 공항에 있어요.

➤➤➤

2 대화 들으며 흐름 파악
여자가 남자에게 전화를 걸어 자신의 차에 문제가 생겨 회사까지 차를 태워줄 수 있는지 묻자 남자가 "전 지금 공항에 있어요."라고 대답

➤➤➤

3 속뜻 파악
타도시에서 회의가 있어서 지금 공항에 와 있다는 말은 여자가 부탁한대로 사무실까지 태워줄 수 없다, 즉 '도와줄 수가 없다'는 뜻

■ 문제 형태

• What does the woman **mean** when she says, "**I'm not sure**"?
여자가 "확실하지 않아요"라고 말할 때 그 말의 의미는 무엇인가?

• What does the man **imply** when he says, "**I'll be out of town next week**"?
남자가 "전 다음 주에 다른 지역에 가 있을 거예요"라고 말할 때 그 말의 속뜻은 무엇인가?

❶ 대화를 듣기 전에 반드시 미리 인용 문장을 읽고 해석해 두어야 합니다.

■ 자주 출제되는 유형

• 일정이 있어요, 바빠요 ➡ 도와줄 수 없다
• ~가 잘 합니다, 경험이 있어요 ➡ 도와줄 수 있다, ~을 할 수 있다
• 곧 매진됩니다, 아주 인기가 많아요, 벌써 많은 사람들이 신청했어요 ➡ 빨리 행동해야 한다

PRACTICE 1

🎧 12-2.mp3

문제를 먼저 읽고, 대화를 들은 뒤 질문에 알맞은 답을 골라보세요.

1   What does the man mean when he says, "over a hundred people have already applied"?
    (A) An ad was effective.
    (B) The woman should act quickly.

> W: I saw the job posting for the marketing position. Do you think I still have a chance if I apply now?
> M: The position is still open, but over a hundred people have already applied.
> W: Wow, that's a lot! I'd better submit my application right away.

2   What does the man mean when he says, "You're in luck"?
    (A) Another option is available.
    (B) A product return is possible.

> M: How do you like this laptop? It's lightweight and has a large screen.
> W: It's great. But, I don't like that color.
> M: You're in luck. The company also has a silver model. Let me find one to show you.

3   What does the woman imply when she says, "I was just about to leave"?
    (A) She is offering the man a ride.
    (B) She does not have much time to talk.

> M: Hi, Ms. Keller. I was looking for you. I finally heard back from our client about the ad campaign.
> W: I was just about to leave, but what did he say?
> M: He said he's open to running the ads on TV.

2 화자가 왜 ~라고 말하는가? 🎧 12-3.mp3

한 명의 화자가 어떤 말을 하는 이유를 묻는 문제로, 이 유형의 문제에서 선택지는 To부정사구(~하기 위해) 형태로 제시되는 경우가 많습니다.

> W: Hi, this is Lynne Adams. I'd like to confirm my appointment with Dr. Lee.
> M: Yes, we have your name at 4 o'clock. Please note that our parking area is not available because of construction. **But our building is very close to the subway station.**

Q 왜 이 말을 하는가?
A 지하철을 이용하도록 권하기 위해

🔒 이렇게 풀어요!

❶ 인용 문장 해석
But our building is very close to the subway station. 하지만 저희 건물은 지하철역에서 매우 가까워요.

➠

❷ 대화 들으며 흐름 파악
진료예약을 확인하는 여자에게 남자가, 예약이 되어 있음을 확인해 주며, 주차장이 공사 중이라고 알리면서 병원 건물이 지하철 역과 매우 가깝다는 말을 덧붙임

➠

❸ 속뜻 파악
주차장을 이용할 수 없으니 지하철을 이용하기를 권하기 위함

■ 문제 형태

• **Why** does the woman **say**, "I did that work when I was an intern"?
여자가 "저도 인턴 때 그 일을 했어요"라고 말하는 이유는 무엇인가?

■ 자주 출제되는 유형

• 이 일을 해본 적 있어요 ➡ 안심시키기 위해(To offer reassurance), 도와주기 위해(To offer assistance)
• 가까운 곳에 ~이 있어요, ~도 좋아요 ➡ 제안하기 위해(To make a suggestion), 해결책을 제시하기 위해(To offer a solution), 대안을 제시하기 위해(To suggest an alternative)
• 마감일이 얼마 안 남았어요, 이 일을 해본 적이 없어요 ➡ 우려를 표하기 위해(To express concern)

PRACTICE 2

🎧 12-4.mp3

문제를 먼저 읽고, 대화를 들은 뒤 질문에 알맞은 답을 골라보세요.

1. Why does the man say, "Mario studied in China"?
   (A) To suggest that Mario can help the woman.
   (B) To recommend Mario for a promotion.

   > **W**: I just got a fax from a client in China, and it's all written in Chinese. I need someone to translate it.
   > **M**: You know, Mario studied in China.
   > **W**: That's right. I'll contact him right away.

2. Why does the woman say, "I've worked in situations like this before"?
   (A) To offer reassurance
   (B) To make an apology

   > **M**: We have tight deadlines, and I'm worried we won't get everything done on time.
   > **W**: I've worked in situations like this before. We just need to stay organized and focused — we'll get through it. I can help prioritize the tasks.

3. Why does the man say, "There's a supermarket right there"?
   (A) To request a new location
   (B) To suggest a solution

   > **W**: I forgot to bring lunch today. Do you know where I can grab something quickly?
   > **M**: There's a supermarket right there. You could pick up something fresh.
   > **W**: Oh, perfect! That'll save me some time.

실전 TEST 12-5.mp3

1. What are the speakers planning to do?

   (A) Interview job candidates
   (B) Attend a sporting event
   (C) Lead a training session
   (D) Meet with a client

2. Why does the man say, "I already reserved a section"?

   (A) To suggest a venue
   (B) To explain a delay
   (C) To reassure the woman
   (D) To ask for payment

3. What does the man think a business should do?

   (A) Hire more employees
   (B) Expand its seating area
   (C) Improve food options
   (D) Lower ticket prices

4. What position is the man most likely inquiring about?

   (A) Web designer
   (B) Editor
   (C) Branch manager
   (D) Accountant

5. What does the man mean when he says, "then it should be okay"?

   (A) He is qualified for a job.
   (B) He can change a schedule.
   (C) He will be available.
   (D) He can come up with an idea.

6. What does the woman ask the man to do?

   (A) Write an article
   (B) Check out a Web site
   (C) Provide a photograph
   (D) Send a document

7 Where do the speakers most likely work?

(A) At a print shop
(B) At a television studio
(C) At a conference center
(D) At a concert hall

8 What does the woman mean when she says, "I'm on my way to lead a session right now"?

(A) She cannot help with a task.
(B) She has arrived late for a meeting.
(C) She wants to reschedule the session.
(D) She needs assistance with a presentation.

9 What does the woman ask the man to do?

(A) Reserve a meeting room
(B) Print some name badges
(C) Confirm reservations
(D) Pick up lunch for all attendees

10 What event are the speakers planning?

(A) A medical seminar
(B) A farewell gathering
(C) A charity fundraiser
(D) A staff orientation

11 What has Dr. Mason advised the man about?

(A) Managing patient records
(B) Speaking with patients
(C) Using medical equipment
(D) Scheduling appointments

12 Why does the man say, "I heard they're very popular"?

(A) To encourage quick action
(B) To suggest an alternative
(C) To explain a delay
(D) To recommend some music

DAY 13 | 시각자료 연계 문제 Part 3

1 표/리스트 🎧 13-1.mp3

시각자료 문제로 가장 많이 출제되는 유형입니다. 이 유형에서는 가격목록, 일정표, 건물의 층별 안내, 명부(사무실 호수/내선번호와 업무 담당자) 등이 골고루 출제되고 있습니다.

Blue Horizon Hotel	
Floor 4	Restaurant
Floor 3	Fitness Center
Floor 2	Business Center
Floor 1	Guest Rooms

Q 시각자료를 보시오. 남자는 몇 층에 가겠는가?
A 2층

M: Excuse me, is there a place in the hotel where I can print some documents? I need to do it right away.
W: You can use a printer at our Business Center.

🔒 이렇게 풀어요!

① 문제 읽고 시각자료 파악
남자가 몇 층으로 갈 것인지를 묻고 있고, 시각자료로 호텔의 층별 안내가 제시되어 있음

② 대화 들으며 정답 단서 잡기
남자가 문서 출력을 할 수 있는 곳이 있는지 묻자, 여자가 비즈니스 센터에서 할 수 있다고 함

③ 시각자료와 매칭해 정답 선택
시각자료에서 비즈니스 센터를 찾아 몇 층인지 확인

■ 표/리스트에 잘 나오는 어휘

- **building directory** 건물의 층별 안내
- **content** 목차, 내용물
- **price estimate** 가격 견적서
- **purchase** 구매
- **rate** 요금
- **board meeting** 이사회 회의
- **conference call** 전화 회의
- **itinerary** 여행 일정
- **lunch break** 점심 휴게 시간
- **tour** 견학
- **departure** 출발 **arrival** 도착
- **destination** 행선지
- **status** 진행 상태
- **delayed** 지연된, 연착된

PRACTICE 1

문제를 먼저 읽고, 대화를 들은 뒤 질문에 알맞은 답을 골라보세요.

Employee Directory	
Name	Extension No.
Ira Fowler	11
Clayton Casey	15
Amelia Cannon	16
Steve Simmons	17

1 Look at the graphic. What number will the woman most likely call?
(A) 11
(B) 15
(C) 16
(D) 17

W: I have a bad toothache. I think I'll have to leave work early today to see my dentist. Do you know who I should contact to discuss this?
M: Call Steve Simmons in Personnel and get approval from him.

Course Title	Time
Mentoring	7 p.m. – 9 p.m.
Communication	4 p.m. – 6 p.m.
Motivation	8 p.m. – 10 p.m.
Time management	6 p.m. – 8 p.m.

2 Look at the graphic. Which course will the man most likely recommend?
(A) Mentoring
(B) Communication
(C) Motivation
(D) Time management

M: Which course are you interested in?
W: I'll just sign up for the one that best suits my schedule.
M: OK. When are you available?
W: I finish work quite late. So, one that starts at 8 P.M. would be perfect.

2 지도 🎧 13-3.mp3

표 다음으로 자주 출제되는 유형입니다. 특정 위치를 찾아야 하는 유형이므로 지도나 평면도가 시각자료로 제시되면 대화 중에 결정적인 단서가 되는 위치나 방향 관련 표현에 집중해야 합니다.

Meeting Room	Office 1	Kitchen	Office 2
Office 4	Employee Lounge	Office 3	Supply Room

Q 시각자료를 보시오. 여자가 추천하는 사무실은?
A 3번 사무실

M: Well, I have no preference. Any recommendations?
W: How about the office between the employee lounge and the supply room?

🔒 이렇게 풀어요!

1 문제 읽고 시각자료 파악
여자가 어떤 사무실을 추천하는지 묻고 있고, 시각자료로 안내도가 나와 있음

➡️

2 대화 들으며 정답 단서 잡기
여자가 Employee Lounge와 Supply Room 사이에 있는 사무실을 추천하고 있음

➡️

3 시각자료와 매칭해 정답 선택
시각자료에서 직원 휴게실과 비품실 사이에 있는 사무실이 Office 3임을 확인

■ 위치 관계 묘사 표현

- go straight 직진하다
- next to ~의 바로 옆에
- at the end of ~의 끝에
- in front of ~의 앞에
- between A and B A와 B 사이에

- turn left[right] 좌[우]회전하다
- on[to] one's left ~의 왼쪽에
- (right) across from ~의 (바로) 맞은편에
- on the other side of ~의 반대편에
- first door by the entrance 출입구 옆 첫번째 문

- Building A is **next to** the hospital.
  건물 A는 병원 옆에 있다.
- Building B is **right across from** the hospital.
  건물 B는 병원의 바로 맞은편에 있다.
- Building C is **between** the post office and the supermarket.
  건물 C는 우체국과 슈퍼마켓의 사이에 있다.
- Building D is on Main Street.
  건물 D는 메인스트리트에 있다.

PRACTICE 2

🎧 13-4.mp3

문제를 먼저 읽고, 대화를 들은 뒤 질문에 알맞은 답을 골라보세요.

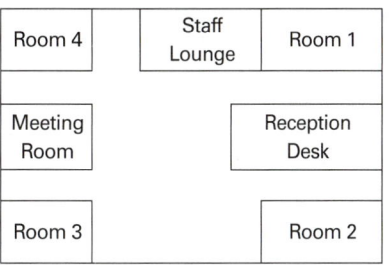

1. Look at the graphic. Which room should the man go to?
   (A) Room 1
   (B) Room 2
   (C) Room 3
   (D) Room 4

M: I'm scheduled to see Dr. Bailey at 3:00. Would you tell me which room to go to?
W: Just go behind this reception desk. It's right next to the staff lounge.

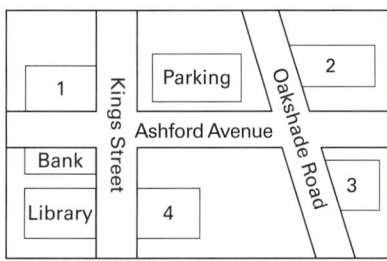

2. Look at the graphic. Which location is the woman mentioning?
   (A) Location 1
   (B) Location 2
   (C) Location 3
   (D) Location 4

W: Hello, this is Annie from First Realty. I just found a really good property for your new café.
M: That's fantastic. Where is it located?
W: It's right across from the library, on Kings Street.

실전 TEST 13-5.mp3

Destination	Departure	Status
Denver	2:00 PM	Canceled
Chicago	2:30 PM	On time
Seattle	3:00 PM	Delayed – 45 mins
Dallas	3:30 PM	On time

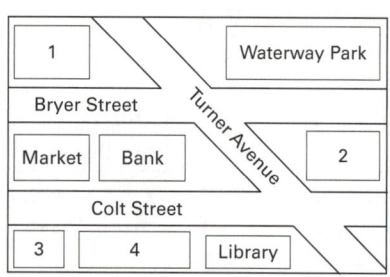

1 What problem does the woman report?

(A) She forgot her ticket.
(B) She is delayed in traffic.
(C) She missed the train.
(D) She left something on the bus.

2 Look at the graphic. Where are the speakers going?

(A) Denver
(B) Chicago
(C) Seattle
(D) Dallas

3 What does the woman ask the man to do?

(A) Buy her a ticket
(B) Reserve a seat
(C) Cancel a booking
(D) Inform a hotel

4 Where do the speakers most likely work?

(A) An interior design firm
(B) A publishing company
(C) An art gallery
(D) A bookstore

5 Look at the graphic. Which building will the speakers go to on Friday?

(A) Building 1
(B) Building 2
(C) Building 3
(D) Building 4

6 What does the man offer to do?

(A) Change a contract
(B) Reschedule a meeting
(C) Give the woman a ride
(D) Contact a colleague

Bluetooth earphones	
Breeze 500	$69.99
Breeze 300	$59.99
Flyte 500	$49.99
Flyte 200	$39.99

7 Look at the graphic. Which price needs to be updated in a product catalog?
(A) $69.99
(B) $59.99
(C) $49.99
(D) $39.99

8 According to the woman, what most likely is the reason for the price change?
(A) Some parts are no longer available.
(B) Some products are selling poorly.
(C) Manufacturing costs have increased.
(D) Customer demand has been rising.

9 What will the man do next?
(A) Speak with a manager
(B) Sell a product
(C) Update a price list
(D) Receive a delivery

10 What event are the speakers preparing for?
(A) An awards dinner
(B) A product launch
(C) A retirement party
(D) A training session

11 What does the man suggest doing during the event?
(A) Sharing messages
(B) Handing out awards
(C) Distributing gift bags
(D) Taking group photos

12 Look at the graphic. Where will the woman most likely sit?
(A) Table 1
(B) Table 2
(C) Table 3
(D) Table 4

처음토익 550⁺

PART 4

DAY 14 최빈출 담화 유형 1

DAY 15 최빈출 담화 유형 2

- 문항 수: 30문항 (71번~100번)
- 전화메시지, 방송, 광고 등 한 사람이 말하는 담화를 듣고 관련 질문에 대한 정답을 고르는 유형입니다.
- 총 10개 담화가 나오고, 담화 한 개당 세 문제씩 제시됩니다.
- 대화를 듣기 전에 문제지에 제시된 문제들을 미리 읽어 두어야 합니다.

 문제지

71. What is the purpose of the talk?
(A) To announce a job opening
(B) To introduce a speaker
(C) To welcome new employees
(D) To describe an event ∨

72. Where should the listeners go when they arrive?
(A) To the basement
(B) To the box office ∨
(C) To the banquet hall
(D) To the conference room

73. What will be given to all participants?
(A) A free meal
(B) A software package
(C) A reference letter
(D) A personal evaluation ∨

 음원

Questions 71-73 refer to the following announcement.

Good afternoon. I'd like to invite you to Career Showcase, which is scheduled to be held in the Atlantica Center. This career fair will connect you with employers who can offer you several job opportunities. When you turn up at the center, just go to the box office to get a visitor's pass. At the end of the job fair, you will be given a personal report evaluating your strengths as a job candidate.

Number 71. What is the purpose of the talk?
Number 72. Where should the listeners go when they arrive?
Number 73. What will be given to all participants?

DAY 14 | 최빈출 담화 유형 1 Part 4

1 전화 메시지 🎧 14-1.mp3

전화 메시지의 내용은 예약 확인, 약속 시간 변경, 정보 요구, 부탁, 주문 확인, 업무 관련 문의나 지시 등 매우 다양합니다. 하지만 내용이 전개되는 방식이 거의 일정하기 때문에 그 흐름을 알고 있으면 담화 내용이 훨씬 잘 들립니다. 아래 예시를 통해 전화 메시지의 내용 흐름을 확실히 익혀 두세요.

> Hello, **this message is for** Lynn Powell.
> **This is** Charlie Moyer from Food To You Catering. ◀ 자기 소개
>
> **I'm calling about** the dishes you ordered. The meals are ready, but there's a delay with the dessert. Should I send both items together at 5 o'clock, or do you want the meals first, and the cookies later? ◀ 전화 건 용건
>
> **Please contact me** at 345-5655 and let me know your decision. ◀ 당부 및 요청 사항

■ 필수 암기 표현

• This message is for + 사람 이름	○○○ 씨에게 전하는 메시지입니다
• This is 사람 이름 + at/from + 소속	저는 ~에서 근무하는 ○○○입니다
• I'm calling about/regarding/because ~	~에 관한 내용으로/~ 때문에 전화 드립니다
• I'm calling to do	~하기 위해 전화 드립니다
• I was wondering if you could ~	~해주실 수 있는지 궁금합니다
• I'd like you to do	귀하께서 ~ 해주셨으면 합니다
• Please call/contact me at + 전화번호	제게 ~번으로 전화/연락 주세요

■ 필수 암기 어휘

- shipment 선적물, 배송품 ship 배송하다
- delivery 배달, 배송
- order n. 주문품 v. 주문하다
- order status 주문 상태
- payment 지불, 지불금
- track 추적하다
- replacement part 교체 부품
- booking 예약
- confirm (사실임을) 확인하다
- remind 상기시키다
- call A back = return A's call
  A에게 답신 전화를 하다

PRACTICE 1

🎧 14-2.mp3

문제를 먼저 읽고, 대화를 들은 뒤 질문에 알맞은 답을 골라보세요.

1 Where does the speaker most likely work?
(A) At a hardware store
(B) At a supermarket
(C) At an art gallery
(D) At a furniture store

2 What problem does the speaker call about?
(A) An address cannot be found.
(B) A payment was not received.
(C) A shipment is late.
(D) An item was damaged.

3 What does the speaker ask the listener to do?
(A) Visit a Web site
(B) Check an address
(C) Sign a form
(D) Send an e-mail

NOTES

Hello, it's Urban Living Interiors.

Your company ordered a few of our chairs for your office, and we're preparing to ship them. However, we cannot send them until we receive your payment. As soon as we have that, we'll proceed with the shipment of your order.

Please check your order status on our Web site. You can call me anytime if you have any questions.

2 회의 🎧 14-3.mp3

회사에서 직원들에게 업무 일정 변경, 새로운 정책 소개, 공사 일정, 행사 일정, 업무 관련 지시 사항 등을 공지하는 내용이 Part 4에 자주 나옵니다. 특히, 회의 시간에 공지 사항을 이야기하는 상황이 잘 나오며, 주로 다음과 같이 전개됩니다.

> **Thank you for attending** this all-staff meeting. ◀ 인사 및 회의 주제 안내
> **The first thing I'd like to talk about** is the painting project.
>
> The workers will be here tomorrow to paint the office. ◀ 세부사항 안내
> They're going to start early on Saturday morning, and they told me they can finish the job by Sunday evening.
>
> Before you leave tonight, **please be sure to** cover your desks and ◀ 당부 및 요청 사항
> chairs with these cloths.

■ 필수 암기 표현

• The first thing I'd like to talk about is ~	가장 먼저 드리고 싶은 말씀은 ~입니다
• The next item on our agenda is ~	다음 회의 안건은 ~입니다
• I've called this meeting to do	~하기 위해 이 회의를 소집했습니다
• Let me start by -ing	~하는 것으로 오늘 일정을 시작하겠습니다
• I'd like to remind you that + 절	~라는 점을 상기시켜드리고자 합니다
• I want to give you an update on ~	~에 대한 새로운 소식을 알려드리고자 합니다
• Please be sure to do	반드시 ~하십시오

■ 필수 암기 어휘

- agenda 회의 안건
- address ~을 다루다
- quarter 분기 quarterly 분기의
- budget 예산
- sales figures 매출액
- meet the goal[target] 목표를 달성하다
- market share 시장 점유율
- profit 이윤, 수익

- demand 수요
- shift 교대근무
- volunteer n. 자원자 v. 자원하다
- sign up / register 등록하다, 신청하다
- company retreat 회사 단합 대회
- reminder (주요 소식을 상기시키기 위한) 알림
- policy 방침
- safety inspection 안전 점검

PRACTICE 2

문제를 먼저 읽고, 대화를 들은 뒤 질문에 알맞은 답을 골라보세요.

1 Who most likely is the speaker?
   (A) A manager
   (B) A factory supervisor
   (C) A customer service representative
   (D) A computer technician

2 Why does the speaker congratulate a team?
   (A) The team finished a project early.
   (B) The team won an award.
   (C) The team reached its goal.
   (D) The team developed a new product.

3 What are the listeners asked to do?
   (A) Review some data
   (B) Attend a seminar
   (C) Fill out a form
   (D) Submit a report

Welcome to the company staff meeting.

Before I begin my report on last quarter's sales figures, I'd like to congratulate our marketing team for meeting their quarterly targets. All employees are invited to attend a dinner this Friday to recognize their hard work.

Now, let's look at last quarter's figures. We need to decide if our current sales strategy is effective.

실전 TEST

1. What is the topic of the upcoming seminar?
   (A) How to lead a team
   (B) How to give effective presentations
   (C) How to write business proposals
   (D) How to organize office files

2. What does the speaker say about registration?
   (A) It must be done by the end of the week.
   (B) It will require manager approval.
   (C) It comes with a certificate.
   (D) It is open to the public.

3. What will seminar participants be asked to do?
   (A) Design a program
   (B) Watch a video
   (C) Create some slides
   (D) Read part of a book

4. Where does the speaker probably work?
   (A) At a furniture store
   (B) At a local bank
   (C) At a car repair shop
   (D) At an electronics shop

5. What does the speaker imply when he says, "And, that's just the beginning"?
   (A) He is disappointed with some results.
   (B) He found some better options.
   (C) He needs assistance now.
   (D) He noticed more problems.

6. What does the speaker say he will do?
   (A) Purchase some machines
   (B) Read an e-mail
   (C) Visit a local shop
   (D) Send an estimate

7 Who most likely is the listener?

(A) A café owner
(B) A product reviewer
(C) A service technician
(D) A delivery truck driver

8 Why does the speaker apologize?

(A) The wrong product was delivered.
(B) A shipment was delayed.
(C) An order could not be fully filled.
(D) An invoice contained an error.

9 What does the speaker offer the listener?

(A) An extended warranty
(B) A refund
(C) A price discount
(D) A product catalog

Building Directory	
Floor	Department
1	Marketing
2	Human Resources
3	Finance
4	Customer Service

10 What is the speaker mainly discussing?

(A) A new manager
(B) An office renovation
(C) Tour schedules
(D) Computer upgrades

11 What problem does the speaker mention?

(A) An employee is absent today.
(B) A delivery has been rescheduled.
(C) Some devices are causing trouble.
(D) Some programs were not installed.

12 Look at the graphic. Which department are the listeners asked to go to?

(A) Marketing
(B) Human Resources
(C) Finance
(D) Customer Service

DAY 15 | 최빈출 담화 유형 2 Part 4

1 연설 🎧 15-1.mp3

사회자가 각종 행사(시상식, 은퇴식, 개업식 등)를 소개하는 연설과 인물(강연자, 수상자, 새로 온 직원 등)을 소개하는 연설 두 가지 유형이 주로 나옵니다. 환영 인사로 시작하여, 행사의 목적이나 인물을 소개하고 진행 일정을 안내한 뒤, 특정 인물을 무대로 부르거나 다음 순서를 소개하는 것으로 끝맺습니다.

> Good evening, and thank you for attending Robo Clothing's **Awards Dinner**. ◀ 인사말 및 행사 소개
>
> It's my pleasure to present Mr. Dalton with the Employee of the Year Award. This year, **he expanded our company internationally by opening five stores in Europe**. ◀ 행사의 목적 및 인물 소개
>
> Now, **Mr. Dalton will be talking to us** about his challenges. Let's give him a warm welcome! ◀ 다음 순서 소개 / 무대 호출

■ 필수 암기 표현

- Let me introduce 사람 이름   ○○ 씨를 소개해드리겠습니다
- It's my pleasure to do   ~하게 되어 기쁩니다
- 사람 이름 will be talking about ~   ○○ 씨가 ~에 대해 말씀해 주실 것입니다
- 사람 이름 is well known for ~   ○○ 씨는 ~로 잘 알려져 있습니다
- 사람 이름 has served as ~   ○○ 씨는 ~로서 근무해 오셨습니다
- Let's give a warm welcome to 사람 이름   ○○ 씨를 따뜻하게 맞아 주시기 바랍니다.

■ 필수 암기 어휘

- awards ceremony 시상식
- winner 수상자
- be recognized for ~로 인정받다
- found ~을 설립하다
- celebration 축하 행사
- specialize in ~을 전문으로 하다
- on behalf of ~을 대신하여
- commitment to ~에 대한 헌신
- contribution 공헌, 기여
- raffle / drawing 추첨
- press conference 기자 회견
- fundraising event / fundraiser 모금 행사

PRACTICE 1

문제를 먼저 읽고, 대화를 들은 뒤 질문에 알맞은 답을 골라보세요.

1 Where most likely are the listeners?
(A) At an awards ceremony
(B) At a company meeting
(C) At a press conference
(D) At a grand opening

2 What does the speaker say about a product?
(A) It is available in multiple colors.
(B) It includes a reusable filter.
(C) It works with a mobile app.
(D) It requires professional installation.

3 According to the speaker, what will happen in May?
(A) A manufacturing plant will open.
(B) A product will become available for purchase.
(C) A new version of an app will launch.
(D) A new advertising campaign will begin.

Thank you for attending tonight's banquet. It's my great pleasure to announce this year's Innovation in Home Technology Award.

The award goes to… Jonas Rivera, for his smart air purifier, the AirSense Pro. This device not only filters air efficiently but also adjusts its settings automatically based on room conditions. Shoppers will especially love that it can be operated remotely through a mobile app.

Starting in May, the AirSense Pro will be on sale in stores across the country. Let's give a big round of applause to Jonas Rivera!

2 라디오 방송 🎧 15-3.mp3

라디오 방송도 Part 4에 자주 나오는 담화 중 하나입니다. 주로 초대 손님 소개, 일기 예보, 교통 방송, 지역 뉴스 등의 내용이 나오며, 방송에서 잘 쓰이는 특수한 표현들이 있기 때문에 이 표현들을 미리 익혀 두면 방송 내용이 훨씬 잘 들어옵니다.

> Good morning, **thanks for tuning in to** Seoul Delight. ─ 방송 주제
> This is Jun Kim, and I'll begin the show with the morning traffic report.
>
> This morning, you should expect a delay on Highway 34. ─ 구체적인 정보
> A car crash is slowing the traffic in the area. So, **I recommend taking Highway 30 instead**.
>
> I'll be back after a short **commercial break**. ─ 다음 순서 안내

■ 필수 암기 표현

• Thanks for tuning in to + 프로그램명	~을 청취해 주셔서 감사합니다.
• I'm your host, 사람 이름	저는 진행자인 ○○○입니다
• Today, we're happy to have 사람 이름	오늘, ○○○ 씨를 모시게 되어 기쁩니다
• We're expecting a rainy day.	비가 올 것으로 예상합니다.
• Stay tuned for more details on ~	~에 대한 더 상세한 소식을 듣기 위해 계속 청취해 주세요
• Drivers are advised to do ~	운전자들은 ~하시기 바랍니다
• Coming up next is ~	다음 순서로 ~가 이어지겠습니다
• I'll be back after a commercial break.	광고 방송 후에 다시 돌아오겠습니다.

■ 필수 암기 어휘

- update 최신 소식
- host 진행자
- join ~와 함께 하다
- share ~을 나누다, 공유하다
- author 작가
- expert 전문가
- field 분야
- release n. 출시(작) v. ~을 출시하다
- weather report 날씨 보도
- commuter 통근자 commute 통근하다
- rush hour 출퇴근 혼잡 시간대
- due to ~ 때문에
- traffic congestion 교통 혼잡
- alternative route 우회 도로, 다른 도로
- avoid ~을 피하다
- public transportation 대중 교통

PRACTICE 2

문제를 먼저 읽고, 대화를 들은 뒤 질문에 알맞은 답을 골라보세요.

1 What is the main topic of the broadcast?
(A) Modern lifestyles
(B) Conflicts at work
(C) Market research
(D) Recent movies

2 Who is Brian Gray?
(A) A famous author
(B) A business owner
(C) A movie director
(D) A radio show host

3 What will the listeners hear next?
(A) A movie soundtrack
(B) An advertisement
(C) A weather forecast
(D) A traffic report

NOTES

Thanks for tuning in to *CineChat Radio*. This is Melanie, your host for this week's movie talk on radio station KTEC.

We've invited Brian Gray to join us today. He'll be talking about the movie he recently directed. Also, Chris Jin, the editor of *Cinema Today*, will be here in the studio. Mr. Jin will review some new releases and share his recommendations.

Now it's time for a weather report. But stay tuned, we'll be right back with our guests.

실전 TEST

1. Who is Gerald Nilson?
   (A) A sales director
   (B) A celebrity
   (C) A university professor
   (D) An organization leader

2. What is the subject of Mr. Nilson's speech?
   (A) Effective advertisements
   (B) Eco-friendly items
   (C) Urban development methods
   (D) Customer relations

3. What will the listeners probably do after the speech?
   (A) Fill out a survey
   (B) Tour a building
   (C) Have a discussion
   (D) Register for an event

4. What is the broadcast mainly about?
   (A) A new shopping mall
   (B) A construction proposal
   (C) A road maintenance schedule
   (D) A business relocation plan

5. What concern do some business owners have?
   (A) Lower customer visits
   (B) Rising rental costs
   (C) Increased competition
   (D) Reduced parking space

6. According to the speaker, what can listeners do on a Web site?
   (A) Register for an event
   (B) Submit comments
   (C) Reserve a seat
   (D) Watch a video

7 Where is the speaker most likely speaking?

(A) At a press conference
(B) At a company retreat
(C) At a school board meeting
(D) At a training session

Friday	Saturday	Sunday	Monday
⛅	🌧️	☀️	☁️

8 What is being introduced in September?

(A) A new bus route
(B) Free Wi-Fi on buses
(C) Expanded parking spaces
(D) Reduced ticket prices

10 What event is being described?

(A) A film festival
(B) An art fair
(C) A musical concert
(D) A cooking contest

9 What is one goal of some changes?

(A) To increase parking availability
(B) To reduce the traffic congestion
(C) To improve commuting experience
(D) To lower travel expenses

11 According to the speaker, what can the listeners find on a Web site?

(A) A schedule of performances
(B) Discount coupons for food vendors
(C) A list of participating artists
(D) A map of the venue

12 Look at the graphic. Which day is the event being held?

(A) Friday
(B) Saturday
(C) Sunday
(D) Monday

READING COMPREHENSION

토익 기초특강

01 | 영어의 품사

1 명사

사람 또는 사물의 이름을 나타내는 단어를 명사라고 합니다. 명사에는 일반적인 사람이나 사물처럼 셀 수 있는 가산명사와 감정, 추상적 개념처럼 셀 수 없는 불가산명사가 있습니다. 토익에서는 동사의 수에 맞게 명사의 단수/복수 형태가 달라지는 것에 대한 문제가 주로 출제됩니다.

■ 명사의 주요 용법
- 형용사의 수식을 받음
- 동사의 주어, 목적어, 또는 보어로 사용됨
- 가산명사의 경우, 단수형일 때는 관사(a, an, the) 또는 소유격이 앞에 와야 함
- 복수 형태를 가지는 가산명사의 경우, 수 개념이 들어간 형용사 및 동사와 수가 일치해야 함

All **participants** will receive a **gift**. 모든 참가자들이 선물을 받을 것이다.
형용사   관사

Our **department** received many **complaints** related to unclear **communication**.
소유격   형용사   형용사
우리 부서는 모호한 소통과 관련된 많은 불만 사항들을 받았다.

2 대명사

영어에서는 같은 단어의 반복 사용을 피하기 위해 앞에 나온 명사를 그대로 사용하지 않고 대신 다른 말로 바꾸어 나타내는데, 이와 같이 앞에 사용된 명사 대신 사용되는 단어를 대명사라고 합니다.

■ 대명사의 주요 용법
- 사람을 가리킬 때는 인칭대명사(you, he, they 등), 사물, 장소, 특정한 사람을 가리킬 때는 지시대명사(this, that 등)를 사용
- 가리키는 명사의 수(단수, 복수)와 격(주격, 목적격, 소유격)에 맞는 대명사를 사용

■ 인칭대명사
인칭대명사는 성별, 수, 문장 내에서의 자리에 따라 다양한 형태로 사용됩니다. 인칭대명사가 사용될 자리를 '격'이라고 합니다.

주격	주어 자리에 사용 동사 앞에 위치	James said **he** enjoyed the experience of living abroad. 제임스는 해외 생활 경험이 즐거웠다고 말했다.
목적격	목적어 자리에 사용 동사/전치사 뒤에 위치	When Miranda returned, the manager asked **her** to train the new employees. 미란다가 돌아왔을 때, 매니저는 그녀에게 신입 직원 교육을 해줄 것을 요청했다.
소유격	명사 앞에 위치	We do our best to satisfy **our** clients. 우리는 우리의 고객들을 만족시키기 위해 최선을 다한다.

■ 소유대명사

인칭대명사의 모양이지만 사람이 아니라 사람이 소유한 것을 가리키는 대명사가 있는데, 이것을 소유대명사라고 하며, '~의 것'이라고 해석합니다. 명사 앞에 사용하는 소유격과 헷갈릴 수 있지만, 소유대명사는 목적격과 같은 자리에 사용되므로 확실하게 구분할 수 있습니다.

mine = my friends
A friend of **mine** just started a new job in another city.
내 친구들 중 한 명이 타도시에서 이제 막 새로운 일을 시작했다.

■ 인칭대명사 및 소유대명사 종류

	주격	소유격	목적격	소유대명사
1인칭 단수	I 나는/내가	my 나의	me 내게/나를	mine 나의 것
1인칭 복수	we 우리는/우리가	our 우리의	us 우리에게/우리를	ours 우리의 것
2인칭 단수/복수	you 너는/너희들이	your 너의/너희들의	you 네게/너희들을	yours 너희의 것
3인칭 단수	he 그는/그가 she 그녀는/그녀가 it 그것은/그것이	his 그의 her 그녀의 its 그것의	him 그에게/그를 her 그녀에게/그녀를 it 그것에게/그것을	his 그의 것 hers 그녀의 것
3인칭 복수	they 그들은/그들이	their 그들의	them 그들에게/그들을	theirs 그들의 것

QUIZ 1

1 Users can find [inform / information] on our product in the manual.
2 [Apply / Applications] will be considered if they are received before June 6.
3 Please let me know if [you / your] can work this weekend.
4 We have thirty workers at the factory, and some of [they / them] will retire next month.
5 Mr. Robinson is considering quitting [him / his] job because [he / him] is unhappy with his current role.

3 동사

동사는 주어의 동작이나 상태를 나타내는 단어입니다. 문장의 의미에서 핵심 역할을 하는 품사이며, 토익 문법 문제에서도 절반 이상의 비중을 차지하는 매우 중요한 영역입니다.

■ 동사의 주요 용법
- 앞에 행위자를 나타내는 주체(= 주어)가 반드시 와야 함 (예외: 명령문에서는 주어 you 생략)
- 뒤에 행위를 받는 대상(= 목적어)을 가질 수 있음
- 주어의 수(단수/복수)에 따라 동사의 형태를 구분하여 사용함
- 행위가 일어나는 시점에 따라 적절한 시제 형태로 변화함

■ 자동사와 타동사
- 자동사: 목적어가 필요하지 않음

    Jake **works** late. 제이크는 늦게까지 일한다.
    　　　　　부사: 수식어

- 타동사: 목적어가 필요함

    The manager **reviewed** my report. 매니저가 내 보고서를 검토했다.
    　　　　　　　　　　　목적어

■ 동사의 수 일치
- 단수주어 + 단수동사: 단수동사는 동사의 기본형+(e)s

    Mr. Gordon **wants** to open a store downtown. 고든 씨는 시내에 가게를 열고 싶어 한다.
    　단수명사

- 복수주어 + 복수동사: 복수동사는 동사의 기본형

    All employees **attend** the weekly meetings. 모든 직원들이 주간 회의에 참석한다.
    　　복수명사

QUIZ 2

1. The meeting [lasted / lasting] for three hours.
2. We [received / receiving] a bulk order from our customer yesterday.
3. Ms. Hawkins [travels / travel] for work frequently.
4. The managers [submits / submit] their weekly reports every Wednesday.
5. The team members and the project manager [communicates / communicate] regularly.

■ 동사의 시제

시제	시제별 동사 형태	
현재시제	동사원형 또는 동사원형(e)s	
과거시제	동사원형ed	❗ 전혀 다른 형태를 사용하는 불규칙변화도 있음
미래시제	will 동사원형 / be going to 동사원형	
현재진행시제	am/are/is 동사원형ing	❗ be동사의 수 변화 형태에 유의
과거진행시제	was/were 동사원형ing	❗ be동사의 수 변화 형태에 유의
미래진행시제	will be 동사원형ing	
현재완료시제	have/has p.p.	
과거완료시제	had p.p.	❗ 과거의 어느 시점보다 더 이전에 일어난 일을 나타냄
미래완료시제	will have p.p.	
현재완료진행시제	have/has been 동사원형ing	
과거완료진행시제	had been 동사원형ing	
미래완료진행시제	will have been 동사원형ing	

■ 동사의 수동태

목적어가 동사의 주어 자리에 오는 경우가 있는데, 이 형태를 수동태라고 하며, '~받다, ~되다, ~지다, ~당하다'처럼 해석합니다.

> 수동태 동사 형태: be동사 + p.p.

Mr. Muller repaired the car. 뮐러 씨가 차를 수리했다. ❗ 능동태
  주어   목적어

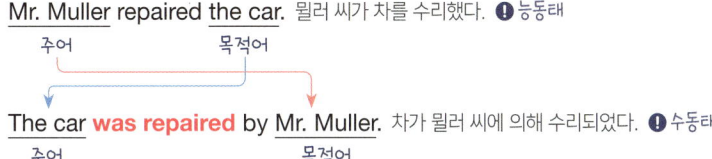

The car **was repaired** by Mr. Muller. 차가 뮐러 씨에 의해 수리되었다. ❗ 수동태
  주어   목적어

📖 QUIZ 3

1 The company currently [owns / owned] several retail stores.
2 Max Electronics [will launch / launched] a new product last week.
3 The CEO [will attend / attended] the trade show tomorrow.
4 The package [delivered / was delivered] to your office this morning.
5 Ms. Norris realized that she [has ordered / had ordered] the wrong size.

4 형용사

형용사는 명사의 크기, 모습, 상태, 성질 등과 같은 특징을 설명하는 말입니다.

■ **형용사의 주요 용법**
- 명사 수식: 주로 명사의 앞에서 명사를 수식함
- 보어의 기능: 주어나 목적어의 상태를 설명하는 보어 자리에 쓰임

new employees 신입 직원들
형용사 명사

The meeting room is clean. 회의실이 깨끗하다.
명사(주어)   형용사(주격보어)

❶ 동사 뒤에 위치하여 주어인 명사를 설명하는 형용사는 주격 보어

5 부사

부사는 행위나 상태를 강조하는 말입니다. 주로 행위를 나타내는 동사, 상태를 나타내는 형용사/부사를 꾸며 줍니다.

■ **부사의 주요 용법**
- 동사, 형용사, 다른 부사, 문장 전체를 수식하며, 꾸며주는 단어의 앞 또는 뒤에 올 수 있음

Full-time staff **normally** work 40 hours a week. 정규직 직원들은 보통 주 40시간을 근무한다.
동사

The item was **highly** successful. 그 제품은 대단히 성공적이었다.
형용사

The new employee performs **surprisingly** well. 그 신입 직원은 놀라울 정도로 일을 잘한다.
부사

Unfortunately, the event was canceled due to bad weather.
문장
안타깝게도, 그 행사는 악천후로 인해 취소되었다.

📖 QUIZ 4

1 The [important / importantly] decision will be made next week.
2 The recent advertising campaign was highly [effective / effectively].
3 Our client was [extreme / extremely] satisfied with the proposal.

6 접속사

접속사는 성질이 같은 모든 요소를 연결할 수 있으며, 단어 뿐만 아니라 구와 구, 절과 절도 연결할 수 있습니다.

We sell high-quality bags for men **and** women. 저희는 남녀를 위한 고급 가방을 판매하고 있습니다.
　　　　　　　　　　　　　　　단어　접속사　단어

Feel free to contact me by e-mail **or** in person. 제게 이메일을 보내시거나 직접 연락 주세요.
　　　　　　　　　　　　구　　접속사　구

Bella Wear began as a small company, **but** it soon became a leading brand in fashion industry.
　　　　　　　절　　　　　　　　접속사　　　　　　절
벨라 웨어는 작은 회사로 시작하였으나 곧 패션 업계에서 선두 브랜드가 되었다.

The manager said **that** there will be a new project soon.
　　　주절　　　　　　　　종속절
관리자는 새로운 프로젝트가 곧 있을 거라고 말했다.

> 주절: 문장의 중심이 되는 절
> 종속절: 주절에 의존하는 절

Please show your ID **when** you enter the building.
　　주절　　　　　　　　종속절
건물에 들어오실 때는 신분증을 보여주시기 바랍니다.

7 전치사

전치사는 명사 또는 대명사 앞에 쓰이며, 앞뒤의 단어들을 특별한 관계로 연결합니다.

The schedule is posted **on** the wall. 일정표가 벽에 게시되어 있다.
　　　　　　　동사　　[전치사 + 명사]

I talked **with** him yesterday. 나는 어제 그와 이야기를 나누었다.
동사　[전치사 + 대명사]

📖 QUIZ 5

1. I believe [that / in] the new policy will improve our productivity.
2. The board meeting will be held [in / and] the conference room.
3. We need to discuss this issue [with / at] the manager first.

토익 기초특강

02 | 구와 절

1 구와 절의 구분

■ 구
- 절이나 문장의 일부를 구성하는 둘 이상 단어의 모음을 '구'라고 함
- 구는 문장에서 하나의 품사 역할을 함
- 이 단어 덩어리가 명사 역할을 하면 명사구, 형용사 역할을 하면 형용사구, 부사 역할을 하면 부사구

> new employees 신입 직원들
> the most effective way of marketing 가장 효과적인 마케팅 방식
> scheduled for 3 o'clock 3시에 예정된
> to increase sales 매출을 증대시키기 위해서
> in the park 공원에서

■ 절
- 절은 반드시 주어와 동사로 구성되며, 동사의 종류에 따라 뒤에 목적어나 보어를 동반
- 하나의 절이 하나의 문장이 될 수도 있고, 둘 이상의 절이 하나의 문장을 구성할 수도 있음
- 단, 두 개 이상의 절이 하나의 문장을 구성할 경우, 이 절들은 접속사로 연결되어야 함
- 명령문은 주어가 없지만 동사원형 앞에 주어 You가 생략된 형태이므로 절이라고 할 수 있음

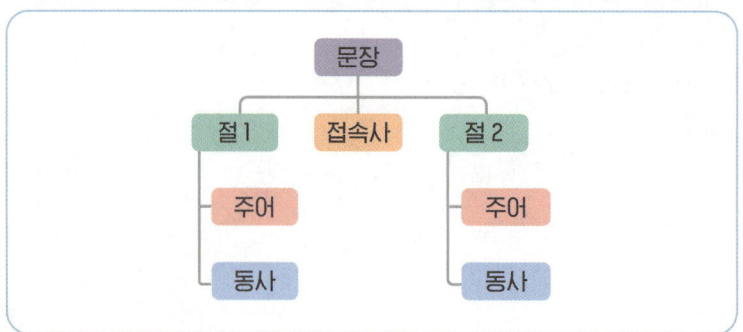

Guests should show an ID **when** they check in to the hotel.
        절   접속사   절
투숙객들은 호텔에 체크인할 때 신분증을 보여줘야 한다.

The company announced **that** it will open its factory in Bangkok.
    절   접속사   절
회사는 방콕에 공장을 열 것이라고 발표했다.

2 명사구 / 명사절

■ 명사구
- 명사구는 2개 이상의 단어가 모여 명사의 역할을 하는 구
- 명사구는 문장 내에서 주어, 목적어, 보어로 사용

The company's revenue grew by 10% last month. 회사의 수익이 지난달에 10% 증가했다.
명사구: 주어

Ms. Shultz has extensive knowledge of the industry. 슐츠 씨는 업계에 대한 광범위한 지식을 가지고 있다.
명사구: 목적어

Susan is the head of the marketing department. 수잔은 마케팅 부서장이다.
명사구: 보어

■ 명사절
- 주어와 동사가 포함된 절이 하나의 명사와 같은 역할을 하는 것을 명사절이라고 함
- 명사절이 다른 동사와 한 문장 안에 쓰일 때에는 that이나 whether같은 명사절을 이끄는 접속사가 반드시 필요
- 명사절은 단독으로 사용할 수 없으며, 반드시 주절에 종속되어 쓰여야 함
- 명사절은 문장의 주어나 목적어, 또는 보어로 사용 가능

▶ 명사절 접속사
Whether Mr. Cook will accept the offer depends on the salary.
　　　　명사절(주어)　　　　　　　동사
쿡 씨가 그 제안을 수락할지는 연봉에 달려 있다.
❗ 접속사 whether(~인지)가 이끄는 절이 동사 depends의 주어 역할

▶ 명사절 접속사
The invoice shows **that** we ordered ten cooling fans.
　　　　동사　　　　　　명사절 (목적어)
거래명세서는 우리가 10개의 쿨링 팬을 주문했다는 것을 보여준다.
❗ 접속사 that이 이끄는 절이 동사 shows의 목적어 역할

▶ 명사절 접속사
The problem is **that** you missed a deadline.
　　　　동사　　　　명사절(보어)
문제는 당신이 마감 기한을 놓쳤다는 것이다.
❗ 접속사 that이 이끄는 절이 동사 is의 보어 역할

3 형용사구 / 형용사절

■ 형용사구
- 형용사구는 2개 이상의 단어가 모여 형용사의 역할을 하는 구
- 형용사구는 명사를 수식할 수 있음

The company announced a **plan** **to hire more employees**.
　　　　　　　　　　　　　명사　　　형용사구(to부정사구)

회사는 더 많은 직원들을 고용하고자 하는 계획을 발표했다.

Kim's Velo is a **shop** **specializing in folding bikes**.
　　　　　　　　명사　　　형용사구(현재분사구)

킴스 벨로는 접이식 자전거를 전문으로 하는 가게이다.

The **program** **created by Mr. Choi** was impressive.
　　　명사　　　형용사구(과거분사구)

최 씨에 의해 만들어진 프로그램은 인상적이었다.

■ 형용사절
- 주어와 동사가 포함된 절이 하나의 명사를 뒤에서 수식할 때 형용사절이라고 부름
- 형용사절을 쓰기 위해서는 형용사절을 이끌 수 있는 접속사인 관계대명사가 반드시 필요
- 형용사절은 단독으로 사용할 수 없으며, 반드시 주절에 종속되어 사용되어야 함

I spoke with the **manager** **who will be joining our team**.　나는 우리 팀에 합류할 매니저와 이야기했다.
　　　　　　　　명사(사람)　　　형용사절

❶ who는 명사 the manager를 수식하는 절을 이끌면서 동시에 형용사절의 동사 will be joining의 주어 역할을 하는 관계대명사

I received the **jacket** **which I ordered** yesterday.　나는 어제 주문한 자켓을 받았다.
　　　　　　명사(사물)　　　형용사절

❶ which는 명사 the jacket을 수식하는 절을 이끌면서 동시에 형용사절의 동사 ordered의 목적어 역할을 하는 관계대명사

4 부사구 / 부사절

■ 부사구
- 부사구는 2개 이상의 단어가 모여 부사의 역할을 하는 구
- 부사구는 형용사, 동사, 또는 문장 전체 수식 가능

I visited the museum **for the first time**. 나는 그 박물관을 처음 방문했다.
　　동사　　　　　　　　부사구

❶ 전치사구가 동사 visited를 수식: 방문한 횟수를 설명

I went to the bookstore **to buy my favorite magazine**. 나는 가장 좋아하는 잡지를 사기 위해 서점에 갔다.
　　문장 전체　　　　　　　　부사구

❶ to부정사구가 문장 전체를 수식: 서점에 간 목적을 설명

■ 부사절
- 주어와 동사가 포함된 절이 부사와 같은 역할을 할 때 부사절이라고 함
- 부사절은 단독으로 사용할 수 없고, 반드시 주절과 함께 나오며, 이때 주절과 이어주는 부사절 접속사가 필요
- 부사절은 주절의 앞 또는 뒤에 위치할 수 있음
- 부사절 접속사는 주절과 부사절의 의미 관계에 맞는 것으로 써야 함

▶ 이유를 나타내는 부사절 접속사
I was late for the meeting **because** I missed the train.
　　　주절　　　　　　　　　　　부사절
내가 기차를 놓쳤기 때문에, 나는 그 회의에 늦었다.

▶ 시간을 나타내는 부사절 접속사
When he called me, I was reading a book.
그가 나에게 전화했을 때, 나는 책을 읽고 있었다.

▶ 조건을 나타내는 부사절 접속사
Please let me know **if** you are able to attend the seminar.
세미나에 참석할 수 있다면 제게 알려주시기 바랍니다.

▶ 양보를 나타내는 부사절 접속사
Although I live in Korea, I can learn how to speak English fluently.
비록 내가 한국에 살고 있기는 하지만, 영어를 유창하게 말하는 법을 배울 수 있다.

> 토익 기초특강

03 | 문장의 형식

1 문장의 성분

영어 문장을 만드는 요소를 문장 성분이라고 합니다. 영어 문장의 성분에는 주어, 동사, 목적어, 보어, 수식어가 있습니다. 이 5개의 성분을 조합하여 영어 문장을 만드는데, 문장은 기본적으로 주어와 동사를 최소 1개씩 포함해야 합니다.

- **주어**
  행위나 동작, 상태의 주체를 나타내는 문장 성분
  The negotiations went smoothly. 그 협상들은 순조롭게 진행됐다.

- **동사**
  사람 또는 사물의 행위나 동작, 상태를 나타내는 문장 성분
  Mr. Cole **will travel** to Mexico. 콜 씨는 멕시코로 여행을 갈 것이다.

- **목적어**
  동사 행위나 동작의 대상이 되는 문장 성분
  Mr. Jones obtained a license recently. 존스 씨는 최근에 면허를 취득했다.

- **보어**
  주어나 목적어의 성질이나 상태를 보충 설명하는 문장 성분
  주어를 보충 설명하면 주격보어, 목적어를 보충 설명하면 목적격보어
  Our budget is **limited**. 예산이 제한적이다.
  ┈┈▶ 주어 Our budget의 상태를 보충 설명

  I found Mr. Myler's advice **useful**. 나는 마일러 씨의 조언이 유용하다고 생각했다.
  ┈┈▶ 목적어 Mr. Myler's advice의 성질을 보충 설명

- **수식어**
  문장에 반드시 필요하지는 않지만 수식의 역할을 하여 의미를 더하는 문장 성분
  Please check the schedule **carefully**. 일정을 주의 깊게 확인하십시오.

2 문장의 형식

■ 1형식: 「주어 + 동사」

「주어 + 동사」만으로 문장이 성립되는 구조입니다. 여기서 동사는 목적어나 보어가 필요 없는 자동사입니다. 부사/부사구 같은 수식어가 자동사 뒤에 여러 개 와도 문장 형식은 여전히 1형식입니다.

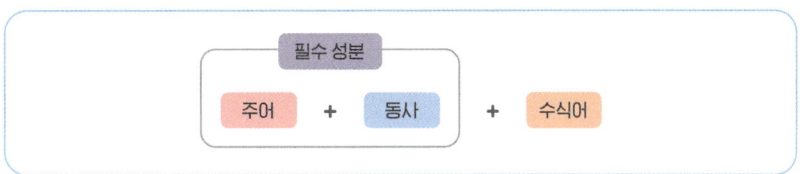

I go to school early. 나는 일찍 학교에 간다.
주어 동사 수식어1 수식어2

1형식 자동사	go 가다 come 오다 arrive 도착하다 depart 떠나다 run 달리다 occur 발생하다 happen 발생하다 be동사 있다 exist 존재하다 live 살다 stay 머무르다

■ 2형식: 「주어 + 동사 + 주격보어」

「주어 + 자동사 + 주격보어」로 구성된 문장입니다. 동사 뒤에 주어를 보충 설명해줄 주격보어가 와야 하는데, 주격보어 자리에는 명사 또는 형용사가 사용됩니다.

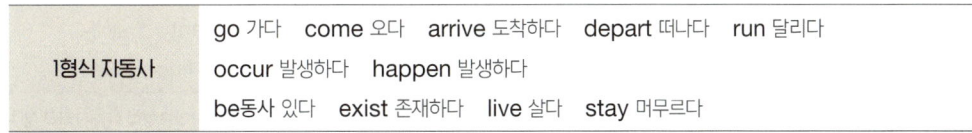

Mr. Moreno is the new CEO. 모레노 씨가 신임 CEO이다.
주어   동사   주격보어(명사)
❗ Mr. Moreno = the new CEO

The company became successful in the fashion industry. 그 회사는 패션 업계에서 성공적이었다.
주어   동사   주격보어(형용사)
❗ 회사가 성공적이라는 상태를 설명

2형식 자동사	be동사 ~이다 become ~이 되다 look ~하게 보이다 seem ~하게 보이다 grow 점점 ~해지다 get ~해지다 remain ~한 상태로 남아있다 stay ~한 상태로 있다 go ~한 상태가 되다

3형식: 「주어 + 동사 + 목적어」

3형식에 쓰이는 타동사는 동사 뒤에 동사 행위의 대상을 필요로 하므로 1개의 목적어가 동반되어야 합니다. 명사나 대명사, 또는 to부정사나 동명사와 같이 명사 역할을 할 수 있는 것은 모두 목적어로 사용할 수 있습니다.

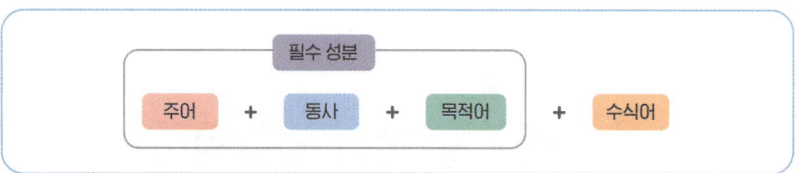

The store manager ordered new uniforms for all staff members.
　　　주어　　　　　동사　　목적어
매장 매니저는 모든 직원들을 위한 새 유니폼을 주문했다.

3형식 타동사	meet ~을 만나다　like ~을 좋아하다　order ~을 주문하다　want ~을 원하다 read ~을 읽다　think ~을 생각하다　consider ~을 고려하다　find ~을 찾다

❶ 영어에서 3형식 타동사는 셀 수 없이 많습니다. 1,2형식 자동사, 4,5형식 타동사를 제외한 거의 모든 동사가 3형식 타동사라고 생각하면 됩니다.

4형식: 「주어 + 동사 + 간접목적어 + 직접목적어」

4형식 타동사 뒤에는 간접목적어(~에게)와 직접목적어(~를)에 해당되는 2개의 목적어가 옵니다.

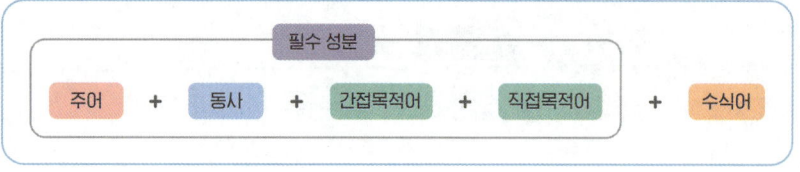

Ms. Sanders　sent　me　an e-mail. 샌더스 씨가 내게 이메일을 보냈다.
　주어　　　　동사　간접목적어　직접목적어

Baylon Gym offers all customers a discount. 베이론 체육관은 모든 고객에게 할인을 제공한다.
　주어　　　동사　간접목적어　직접목적어

4형식 타동사	show ~에게 …을 보여주다　send ~에게 …을 보내다　teach ~에게 …을 가르쳐주다 ask ~에게 …을 물어보다　bring ~에게 …을 가져다 주다 offer ~에게 …을 제공하다　make ~에게 …을 만들어주다　buy ~에게 …을 사주다 give ~에게 …을 주다　grant ~에게 …을 주다

- **5형식: 「주어 + 동사 + 목적어 + 목적격보어」**

5형식은 「주어 + 타동사 + 목적어 + 목적격보어」로 구성된 문장 형식입니다. 5형식 타동사 뒤에는 목적어가 나오고, 그 다음에 목적어의 성질이나 상태를 보충 설명하는 목적격보어가 나옵니다. 목적격보어 자리에는 명사, 형용사, to부정사가 올 수 있는데, 명사가 목적격보어 자리에 오는 경우에는 목적어와 동일한 대상이어야 합니다.

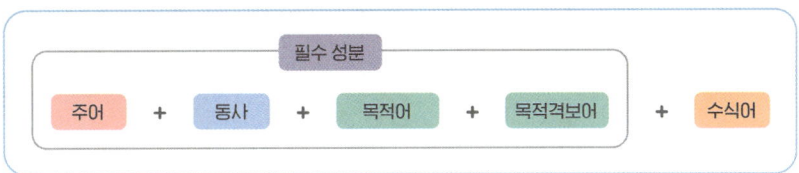

We call him our hero. 우리는 그를 우리의 영웅이라고 부른다.
주어 동사 목적어 목적격보어

❶ him = our hero

The staff keeps the store clean. 직원들이 매장을 깨끗한 상태로 유지한다.
주어 동사 목적어 목적격보어

❶ 목적격보어 clean은 목적어 the store가 깨끗한 상태임을 설명

5형식 타동사	call ~을 …라고 부르다 name ~을 …라고 이름 짓다 keep ~을 …한 상태로 유지하다 make ~을 …로 만들다 leave ~을 …한 상태로 두다 consider ~을 …하다고 여기다 find ~을 …하다고 생각하다

5형식 타동사의 목적격보어 자리에 to부정사가 쓰이는 문장이 토익에 자주 나옵니다. 이런 구조를 갖는 동사들이 따로 있으므로 외워야 합니다.

I expected him to come home early. 나는 그가 집에 일찍 오기를 기대했다.
주어 동사 목적어 목적격보어

❶ 집에 오는 주체는 목적어인 him

5형식 타동사 + 목적어 + to부정사	want ~에게 …하기를 원하다 expect ~에게 …하기를 기대하다 allow ~에게 …하는 것을 허락하다 encourage ~에게 …하도록 권하다 ask ~에게 …하도록 요청하다 advise ~에게 …하라고 조언하다 require ~에게 …하도록 요구하다 remind ~에게 …할 것을 상기시키다

처음토익 550⁺

PART 5

DAY 01 명사	**DAY 07** to부정사
DAY 02 대명사	**DAY 08** 형용사 / 부사
DAY 03 동사의 종류	**DAY 09** 접속사
DAY 04 동사의 특성	**DAY 10** 관계사
DAY 05 동명사	**DAY 11** 전치사
DAY 06 분사	

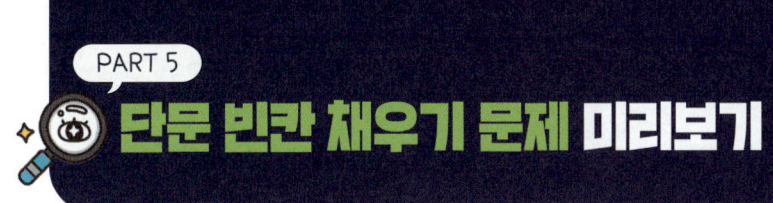

PART 5

단문 빈칸 채우기 문제 미리보기

▷ 문항 수: 30문항 (101번~130번)
▷ 한 문장의 빈칸에 알맞은 단어나 표현을 고르는 유형입니다.
▷ 문법 문제와 어휘 문제가 섞여 나오는데, 출제 비중은 대략 문법 60%, 어휘 40% 정도입니다.
▷ 문제 당 권장 풀이 시간이 20초 정도로 매우 짧기 때문에 일일이 해석해서 풀 수 없으므로, 해석이 필요 없는 문법 문제들은 단서만 가지고 최대한 빠르게 처리하도록 합니다.

 문법 문제

101. Ms. Brown requests that weekly reports ------- submitted to her no later than 4 P.M. each Friday.
(A) having been
(B) be V
(C) being
(D) were

 어휘 문제

102. To attract more people to join Glow Fitness Center, memberships are ------- by 50 percent this month.
(A) selected
(B) expected
(C) discounted V
(D) taken

DAY 01 | 명사 Part 5

1 명사의 기본 개념

- 셀 수 있는 명사(가산명사) 하나를 나타내는 단수명사는 앞에 부정관사 a/an이 옵니다.
- 셀 수 있는 명사 둘 이상을 나타내는 복수명사는 끝에 -s/-es가 붙습니다.
- 셀 수 없는 명사(불가산명사) 앞에는 부정관사가 오지 않고 복수형이 될 수도 없습니다.
- 명사는 문장의 주어, 목적어, 보어로 사용됩니다.

2 명사의 형태

영어 단어는 기본적으로 단어의 끝 모양만 보면 어떤 품사인지 구분할 수 있습니다.

We rescheduled your **appointment**.
저희가 귀하의 예약을 재조정했습니다.

명사의 대표적인 형태

기본 단어	끝 모양	예
동사	-tion, -sion, -ment, -ance	renovation 보수공사 production 생산(량) decision 결정 assignment 과제, 임무 payment 지불 appointment 약속, 예약 attendance 참석(자 수)
	-al	proposal 제안(서) approval 승인 removal 제거 renewal 갱신 rental 임대
	-ive	alternative 대안 representative 대표, 직원
	-ing	cleaning 청소 recycling 재활용 spending 지출 accounting 회계 opening 공석 advertising 광고
	-er, -or, -ee, -ant	advertiser 광고주 manufacturer 제조업체 supervisor 관리자, 상사 attendee 참석자 guarantee 보증 assistant 보조직원 applicant 지원자
	특별한 형태	receipt 영수증 pleasure 즐거움 response 응답, 대응
형용사	-ist	specialist 전문가 environmentalist 환경운동가
	-ty, -cy, -ce, -ness	privacy 사생활 diligence 근면함 happiness 행복
	-ity	popularity 인기 responsibility 책임 personality 성격 productivity 생산성

PRACTICE 1

빈칸에 알맞은 것을 고르세요.

1. Ms. Harper reserved a [flight / flights] to New York for me.

2. We are considering opening new [store / stores] in eastern Europe.

3. [Payment / Paid] can be made by cash or credit card.

4. Mr. Jones made the [decision / decide] to retire next month.

5. Ms. Sloan's first [assignment / assign] has been completed with great success.

6. You must get [approval / approves] from your supervisor before you leave early.

7. Mr. Talor will meet all sales [representatives / represents] in person.

8. Only successful [applicants / applied] will be notified.

9. In [response / respond] to higher demand, we have decided to hire temporary workers.

10. This upgrade will increase our [productive / productivity].

NOTES

3 명사의 위치

명사는 기본적으로 관사, 대명사 소유격, 전치사, 형용사 뒤에 사용됩니다.

■ 관사(a/an, the) 뒤

The **opening** of our downtown mall was a great success.
우리 시내 쇼핑몰의 개장은 대성공이었습니다.

We are hiring a **specialist** in wedding photography.
우리는 결혼 사진 전문가 한 명을 채용하고 있습니다.

■ 소유격(my, your, his, her, our, their, 명사's 등) 뒤

Your **application** must be received by October 31.
귀하의 신청서는 반드시 10월 31일까지 접수되어야 합니다.

■ 전치사 뒤

The city government will plan the construction of **a bridge**.
정부는 다리의 건설을 계획할 것입니다.

■ 형용사의 뒤

Green Food is the top **supplier** of organic produce in the area.
그린푸드 사는 이 지역에서 최고의 건강 식품 공급 업체이다.

Child safety is the main concern of many **parents**.
어린이 안전은 많은 부모들의 주요 관심사이다.

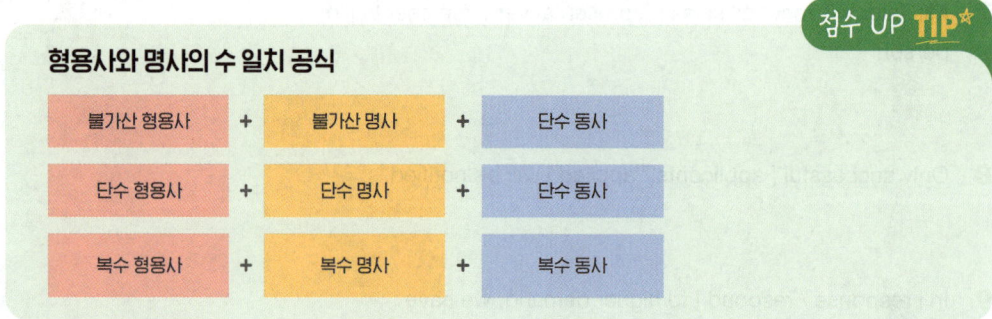

점수 UP TIP

형용사와 명사의 수 일치 공식

불가산 형용사	+	불가산 명사	+	단수 동사
단수 형용사	+	단수 명사	+	단수 동사
복수 형용사	+	복수 명사	+	복수 동사

■ 동사 앞 주어 자리 / 동사 뒤 목적어 자리

Attendance at the concert **reached** 50,000 people.
콘서트 참가자 수는 5만 명에 달했다.

The band received **compliments** from the audience.
그 밴드는 관객들로부터 찬사를 받았다.

PRACTICE 2

빈칸에 알맞은 것을 고르세요.

1. Our suitcases meet all the [requirements / required] for carry-on regulations.

2. Our [records / record] show that your order was delivered 2 days ago.

3. Half of the show's [subscribers / subscribe] are teenagers.

4. The shop is closed for [cleaning / clean] between 2 p.m. and 3 p.m. every day.

5. All [profitable / profits] from the event will be donated.

6. The judges evaluated each [performance / performers] carefully before giving their scores.

7. Joane's presentation attracted much [interest / interests].

8. We have several [open / openings] for certified technicians.

9. [Attendees / Attend] will be asked to write a feedback card.

10. New employees need [encouragement / encourage] to feel confident in their roles.

NOTES

4 선택지에 명사가 둘 이상 나올 때 정답을 고르는 방법

선택지에 두 개 이상의 명사가 제시되는 경우가 종종 있는데, 다음 세 가지 방법으로 해결합니다.
1. 단수명사 vs. 복수명사: 앞에 부정관사가 있다면 단수명사가 정답
2. 단수명사 vs. 복수명사: 가산명사인데 앞에 관사가 없다면 복수명사 선택
   앞에 사용된 형용사로 구분
3. 단수/복수 가산명사 (사람명사) vs. 셀 수 없는 명사 (행위명사): 해석으로 사람인지 행위인지 구분

	명사		
수 구분	셀 수 있는 가산명사		셀 수 없는 불가산명사
특징	사람/사물 단수	사람/사물 복수	행위, 집합, 물질, 개념
관사 단서	앞에 a/an (o)	앞에 a/an (x) 단수형+(e)s	앞에 a/an (x) 단수형
형용사 단서	another 또 하나의 each 각각의 every 모든	many 많은 several 몇몇의 other 다른	much 많은 little 적은
불가산 전용 명사			information 정보 access 접근(권한) research 연구
사람 vs. 사물	a surveyor 설문자 a survey 설문조사	suppliers 공급업자 supplies 물품, 비품	

사람/사물		행위
a researcher 연구자	researchers 연구자들	research 연구
a payer 지불자	payers 지불자들	payment 지불
a permit 허가서	permits 허가서들	permission 허가
an applicant 지원자	applicants 지원자들	application 지원
an assistant 보조직원	assistants 보조직원들	assistance 보조
an attendee 참석자	attendees 참석자들	attendance 참석(자 수)
an advisor 조언자	advisors 조언자들	advice 조언
a supervisor 감독관	supervisors 감독관들	supervision 감독
an advertiser 광고주	advertisers 광고주들	advertising 광고
a subscriber 구독자	subscribers 구독자들	subscription 구독

Talk to your [**supervisor** / supervision] about your work schedule.
→ 사람명사와 행위명사가 함께 선택지에 제시된 경우 해석하여 결정: 동사 talk to가 '~에게 이야기하다'라는 의미이므로 이야기하는 대상을 나타내는 사람명사가 정답

업무 일정에 관해 여러분의 상사와 얘기하세요.

PRACTICE 3

빈칸에 알맞은 것을 고르세요.

1. Each new employee will be assigned a [mentor / mentors].

2. Contact Ms. Hall to arrange [appointment / appointments].

3. Premium subscribers have unlimited [access / accesses] to our content.

4. Mr. Ableton will conduct a [survey / surveyor] about potential office locations.

5. We advise our [subscriptions / subscribers] to pay yearly.

6. Any renovation work requires [permit / permission] from the landlord.

7. Your [application / applicant] must include a portfolio of your previous work.

8. We offer financial [advisor / advice] at competitive rates.

9. Automatic [payments / payer] will help you avoid late fees.

10. Ms. Harris requested [assistant / assistance] from Mr. Park.

NOTES

실전 TEST

1. Anyone who wants to return an ------- should bring the original receipt.
   (A) item
   (B) items
   (C) itemize
   (D) itemized

2. ------- to the party have been sent to everyone on the mailing list.
   (A) Invitations
   (B) Invite
   (C) Inviting
   (D) Invitation

3. Those who make their monthly ------- early receive a 5 percent discount.
   (A) paid
   (B) payer
   (C) paying
   (D) payment

4. The Wiley Publishing Group recently hired several new -------.
   (A) advertising
   (B) advertised
   (C) advertisement
   (D) advertisers

5. Managers should have the ability to make ------- on business strategies.
   (A) decide
   (B) decidedly
   (C) decisive
   (D) decisions

6. Mr. Heywood finally got ------- to launch a large media campaign.
   (A) approval
   (B) approving
   (C) approve
   (D) approves

7. Marketing ------- will collect survey responses regarding our products and services.
   (A) assists
   (B) assisted
   (C) assisting
   (D) assistants

8. The parking lot behind the building will be closed for ------- until next month.
   (A) renovations
   (B) renovate
   (C) renovated
   (D) renovates

9. ------- about the leadership workshop have been sent to the managers by Ms. Robbins.
   (A) Reminders
   (B) Reminding
   (C) Reminded
   (D) Remind

10. The Kay Logistics' new tracking system increased the ------- of its delivery operations.
    (A) producer
    (B) produced
    (C) productive
    (D) productivity

11 I wanted to meet Ms. Hanna at the conference, but she had another -------.

(A) obligated
(B) obligations
(C) obligate
(D) obligation

12 To solve this problem, please speak with one of our shipping -------.

(A) represent
(B) represents
(C) representatives
(D) representation

13 Prospective conference ------- should register early due to limited space.

(A) attendance
(B) attend
(C) attendees
(D) attending

14 The James Parker Monument is one of the largest tourist ------- in the city.

(A) attract
(B) attracts
(C) attracting
(D) attractions

15 Paper ------- is the easiest way to save on expenses at KMC Corporation.

(A) recycle
(B) recycler
(C) recycles
(D) recycling

16 Only some ------- for the director's position will receive a notification for an interview.

(A) applies
(B) applications
(C) applicants
(D) applied

17 We are proud of exceeding our customers' -------.

(A) expect
(B) expected
(C) expectantly
(D) expectations

18 ------- at this year's International Technology Expo was lower than ever.

(A) Attendant
(B) Attending
(C) Attendees
(D) Attendance

19 We recommend that ------- of our Internet service pay yearly to save money.

(A) subscribers
(B) subscription
(C) subscribing
(D) subscribed

20 At Mayville's Music Festival, each ------- is reviewed by a panel of special guests.

(A) perform
(B) performed
(C) performers
(D) performance

DAY 02 | 대명사 Part 5

1 대명사의 기본 개념

- 앞에 나온 명사를 대신합니다.
- 가리키는 명사와 수(단수/복수)가 일치해야 합니다.
- 격(주격/소유격/목적격)에 맞게 사용되어야 합니다.

2 인칭대명사: 사람이나 사물의 이름을 대신함

	주격		소유격		목적격		소유대명사	
	단수	복수	단수	복수	단수	복수	단수	복수
1인칭 (나)	I	we	my	our	me	us	mine	ours
2인칭 (너)	you	you	your	your	you	you	yours	yours
3인칭 (제3자)	he / she / it	they	his / her / its	their	him / her / it	them	his / hers / 없음	theirs

■ **주격**: 동사의 앞 주어 자리에서 동사의 행위자를 나타냄

She is giving a speech in front of a large audience.
그녀는 많은 청중 앞에서 연설을 하고 있습니다.

■ **소유격**: 명사의 앞에서 명사의 소유자를 나타냄

Please indicate **your** food preference on this card.
이 카드에 귀하의 음식 취향을 적어 주세요.

■ **목적격**: 동사/전치사의 뒤에서 동사의 행위 대상을 나타냄

I will call Ms. Toledo and ask **her** to review the proposal.
톨레도 씨에게 전화를 걸어 그녀에게 제안서를 검토하도록 요청할 것입니다.

■ **소유대명사**: 주어/목적어/보어 자리에 사용함

소유격과 명사가 합쳐진 형태로, 명사와 마찬가지로 주어, 목적어, 또는 보어로 사용됩니다.

Mr. Wilson finished his report, but I haven't finished **mine** yet.
윌슨 씨는 자신의 보고서를 끝냈지만, 나는 내 것을 아직 끝내지 못했습니다.

▶ mine = my report

> 소유격을 강조할 때는 「소유격 + own」 형태를 사용
> at their own pace
> 그들 자신의 속도로

PRACTICE 1

빈칸에 알맞은 것을 고르세요.

1. Mr. Lee accepted the proposal when we offered [it / them].

2. Mr. Hughes canceled our meeting with [him / he].

3. Each team will choose [its / us] guide to lead the tour.

4. [We / Ours] are ready to launch a new service this week.

5. A client of [me / mine] inquired about the new service.

6. Under our flexible work system, employees can choose [their own / theirs] working hours.

7. Mr. Hall announced that [he / him] will retire soon.

8. The CEO has postponed [her / she] visit to the local factory due to a scheduling conflict.

9. Mr. and Mrs. Keys claimed that the item damaged during delivery was [them / theirs].

10. My suggestion is similar to [you / yours].

3 재귀대명사

재귀대명사는 주어와 동일한 목적어를 가리킬 때 사용하며 주어의 인칭과 수에 맞추어 사용해야 합니다. 목적어를 완전히 대체하므로 재귀대명사는 목적어가 빠진 불완전한 문장에 사용됩니다.
반면, 동일한 형태의 재귀대명사가 강조 용법으로 쓰이는 경우도 있습니다. 이때는 주어, 목적어, 보어의 뒤에 추가로 사용되어 앞의 명사를 강조합니다. 강조 용법은 완전한 문장에 사용되며, 재귀대명사를 제거해도 문장이 성립합니다. 최근 토익에는 강조 용법이 재귀대명사의 일반적인 쓰임보다 많이 출제되고 있습니다.

	1인칭	2인칭	3인칭	부정칭
단수	myself	yourself	himself / herself / itself ❗ 출제 빈도 가장 높음	oneself
복수	ourselves	yourselves	themselves	없음

■ 재귀대명사: 동사/전치사의 목적어 자리

「주어 = 목적어」인 특수한 상황에서 목적어로 사용되는 대명사로, 주어의 인칭/수/성별에 맞게 선택합니다. 재귀대명사는 주어 자리에 사용되지 않으며, 목적어를 대체합니다.

Johnson motivates **himself** to go to the gym every day.
존슨은 체육관에 매일 가도록 스스로에게 동기를 부여했다.

Ms. Anderson always arranges overseas trips **by herself**.
앤더슨 씨는 항상 해외 출장 준비를 직접 한다.

↖ 토익에서는 by+재귀대명사 형태가 주로 출제되므로 숙어로 암기

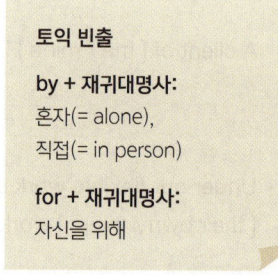

토익 빈출

by + 재귀대명사:
혼자(= alone),
직접(= in person)

for + 재귀대명사:
자신을 위해

■ 강조 용법: 주어/목적어/보어의 바로 뒤 또는 절의 끝 자리

주어/목적어의 바로 뒤 또는 절의 끝에 추가로 사용되어 '바로 ~가, ~가 직접, 다름아닌 ~을'처럼 본인이 한다는 것을 강조하는 의미로 사용됩니다. 토익에서는 주로 주어를 강조합니다.

The CEO **himself** praised employees for their hard work.
= The CEO praised employees for their hard work **himself**.
대표이사가 직접 직원들의 노고를 치하했다.

Mr. Durant will conduct the product presentation **himself** tomorrow.
듀런트 씨가 내일 제품 설명회를 직접 진행할 것이다.

↖ 목적어 뒤에 위치하지만, 인칭대명사이므로 사람인 주어를 강조

PRACTICE 2

빈칸에 알맞은 것을 고르세요.

1 Please familiarize [you / yourself] with the new manual.

2 We found [us / ourselves] exhausted from overworking.

3 Mr. Goo proved [him / himself] to be a renowned artist.

4 We challenge [us / ourselves] to provide the best service to each client.

5 The error resulted from the new software [itself / themselves], not the operator.

6 Ms. Harris completed the entire contract by [herself / her].

7 Ms. Reeves always dedicates [her / herself] to satisfying customers.

8 All employees must make travel reservations [them / themselves].

9 It is not necessary to make a report by [you / yourself].

10 The head chef [she / herself] introduced the menu.

4 지시대명사

지시대명사 this는 토익에서 주로 형용사로 출제됩니다. 다수의 사람들을 가리키는 those가 토익에서 가장 자주 출제됩니다. 이 점을 참고하되, 수에 맞는 지시대명사를 고르는 것이 가장 중요합니다.

토익 빈출 지시대명사

this / these	that / those
these 앞에 언급된 것 (이것들)	that / those 앞에 언급된 것 (그것/그것들)
❶ this는 주로 형용사로 출제	❶ those는 주로 부정대명사로 출제

We need to raise the rates for weekend classes, as **these** are very popular.
주말 강좌들의 요금을 올릴 필요가 있는데, 이것들이 인기가 아주 높기 때문입니다.

The room rates at Blue Lake Hotel are significantly lower than **those** of its competitors.
블루레이크 호텔의 객실 요금은 경쟁사들의 것보다 훨씬 낮다.

Those who are attending the seminar should arrive by 9 A.M.
세미나에 참석하는 사람들은 오전 9시까지 도착해야 합니다.

> those who (= people who)를 숙어로 암기!

5 부정대명사

'어떤 사람, 어떤 것'처럼 하나의 불특정 대상 또는 '다수, 일부, 전부'처럼 복수의 불특정 대상을 나타냅니다.

토익 빈출 부정대명사

단수	one 어떤 하나 another 같은 것 또 하나 the other 둘 중 다른 하나 anyone 어느 누구든 each 각각 ❶ another와 each는 형용사로도 자주 출제
복수	others 여럿 중 일부 the others 여럿 중 나머지 다
수량	all/some/most/few of the + 복수명사 + 복수동사 모두/일부/대부분/약간의 ~

If you lose your ID card, the personnel department will issue **another**.
만약 신분증을 분실한다면, 인사부에서 또 다른 것으로 발급해 줄 것입니다.

You can easily transfer music to **anyone** who is connected to our server.
여러분은 우리 서버에 연결된 누구에게나 쉽게 음악을 전송할 수 있습니다.

Strawberry is our most popular flavor, but **others** are also available.
딸기가 가장 인기있는 맛이지만, 다른 맛들도 있습니다.

All of the employees want another lecture on marketing strategies.
직원들 모두가 마케팅 전략에 관한 또 다른 강연을 원합니다.

PRACTICE 3

빈칸에 알맞은 것을 고르세요.

1. The price differed from [that / this] listed on the Web site.

2. Our offer is perfect for [those / this] who have a limited budget.

3. Only [most / those] with relevant experience will be hired.

4. We ask [those / which] willing to pay to try the service.

5. The new model consumes less power than the previous [one / us].

6. Users can send files from one account to [it / another].

7. Please make sure that [several / each] employee registers for the conference.

8. [All / Any] of the candidates are well qualified for the post.

9. One problem has been solved, but [they / others] are still being discussed.

10. [Some / Those] of our customers were selected for a tour of our production facilities.

실전 TEST

1. Please note that the service contract for ------- machinery expires next month.
   (A) us
   (B) ourselves
   (C) ours
   (D) our

2. SW Motors is experiencing higher demand for ------- SUV models.
   (A) they
   (B) their
   (C) themselves
   (D) them

3. The proposal approved by the board yesterday is one of -------.
   (A) me
   (B) my
   (C) mine
   (D) myself

4. Passengers will receive full refunds if ------- of the cruises are canceled due to bad weather.
   (A) all
   (B) what
   (C) no one
   (D) much

5. The CEO, Ms. Lopez -------, spoke during the opening of the shareholders' meeting.
   (A) she
   (B) her
   (C) hers
   (D) herself

6. Wing Motors has transformed ------- into a global carmaker by acquiring GM Co.
   (A) it
   (B) them
   (C) themselves
   (D) itself

7. After Ms. Soma left the company, she opened ------- café.
   (A) she
   (B) herself
   (C) her own
   (D) hers

8. The HR manager summarized the new policies and distributed ------- to all staff by e-mail.
   (A) them
   (B) they
   (C) their
   (D) theirs

9. Mr. Heisting and a colleague of ------- plan to attend the IT conference in Seoul.
   (A) he
   (B) himself
   (C) him
   (D) his

10. Even when Ms. Evans was on vacation, ------- handled some customer complaints very well.
    (A) she
    (B) her
    (C) hers
    (D) herself

11 We found that your address was different from ------- in our customer database.
(A) all
(B) that
(C) others
(D) one

12 We are planning a local festival, and ------- schedule will be announced soon.
(A) it
(B) its
(C) these
(D) those

13 A farewell party will be held to honor ------- who retire from the company this month.
(A) this
(B) those
(C) that
(D) it

14 All volunteers at the Noam Library dedicate ------- to helping patrons find useful resources.
(A) themselves
(B) them
(C) their
(D) their own

15 Mr. Smith began the project by ------- but later invited a colleague to assist him.
(A) he
(B) him
(C) his
(D) himself

16 The employee handbook provides guidance on how employees can set up ------- own workstation.
(A) they
(B) their
(C) theirs
(D) themselves

17 Most employees wanted to attend the event, but ------- were allowed to do so.
(A) often
(B) few
(C) much
(D) far

18 If ------- wants to transfer to an overseas location, please contact Ms. Caroline.
(A) it
(B) anyone
(C) some
(D) you

19 We apologize that the size differs from ------- of your order and will immediately send the correct one.
(A) that
(B) including
(C) except
(D) only

20 Ms. Bentley successfully responded to some tricky questions, but ------- confused her.
(A) ones
(B) others
(C) that
(D) themselves

DAY 03 | 동사의 종류 Part 5

1 동사의 기본 개념

- 문장에는 최소 하나 이상의 동사가 필요합니다.
- 동사 앞에는 주어, 동사 뒤에는 보어, 목적어, 부사를 씁니다.
- 동사는 주어와 수[단수/복수]가 일치해야 합니다.

2 자동사

자동사는 목적어를 가지지 않지만, 부사 또는 보어의 보조를 받을 수 있습니다.

■ 1형식 자동사: 「주어 + 동사」 구조가 기본이며 부사의 보조를 받을 수 있음

움직임	go 가다 come 오다 arrive 도착하다 leave 떠나다 depart 떠나다 approach 다가오다 return 돌아오다 (3형식: 돌려주다) proceed 진행하다 respond 반응하다 travel 이동하다
존재	be동사 있다 exist 존재하다 live 살다 stay 머무르다
발생	begin 시작하다 end 끝나다 happen 발생하다 occur 발생하다 expire 만료하다
증감	increase 증가하다 decrease 감소하다 rise 상승하다 drop 하락하다 grow 자라다
기타	look 보다 work 일하다 succeed 성공하다 fail 실패하다 vary 다양하다

Mr. Simpson always **arrives** at work on time.
심슨 씨는 항상 제시간에 사무실에 도착한다.

■ 2형식 자동사: 「주어 + 동사 + 보어」 구조로 보어가 필수

자동사 뒤에 주어의 상태 또는 자격을 나타내는 보어가 필요합니다. 일반적으로 주어의 상태를 나타내는 형용사가 보어로 사용되지만, 주어의 자격이나 신분을 나타내기 위해 명사 보어가 사용될 수도 있습니다.

be ~이다 become ~하게 되다 stay 계속 ~한 상태이다 (1형식: 머무르다)	+ 형용사
appear ~처럼 보이다 (1형식: 나타나다) prove ~라고 입증되다 (3형식: ~을 입증하다) remain 계속 ~상태이다 (1형식: 남다) seem ~처럼 보이다	+ (to be) + 형용사

Emerson Steel Inc. has **remained** the top steel manufacturer for a decade.
에머슨 철강사는 10년 동안 최고 철강회사 자리를 유지하고 있다.

> 보어가 순위처럼 자격을 나타낼 때는 명사(구)를 사용

Please **stay** informed of the latest updates.
최신 업데이트에 계속 귀 기울이십시오.

PRACTICE 1

빈칸에 알맞은 것을 고르세요.

1. We guarantee that your order will [arrive / arrival] on time.

2. Mr. Garcia [arrived / reached] at the presentation early.

3. Our printer [comes / includes] with a 5-year warranty.

4. Your warranty will [install / expire] on June 30.

5. The video instructions proved to be [helpful / help] to me.

6. Your proposal [appears / arranges] to need further revision.

7. Job competition has become [intense / intensity] lately.

8. Many of our machines have become outdated, but they still remain [production / productive].

9. Mr. Collins [appeared / seemed] on a TV show after he released a new book.

10. Customer service staff must [remain / respond] quickly to all complaints.

NOTES

3 타동사

타동사는 목적어를 가지는 동사로, 목적어로는 명사, 동명사, to부정사, 명사절이 사용됩니다.

■ 직접목적어만 가지는 3형식 타동사

Due to high demand, the company will **hire** more **staff** next month.
높은 수요 때문에, 회사는 다음 달에 더 많은 직원들을 채용할 것이다.

→ 동사와 명사의 연결 확인
hire의 목적어는 사람

■ 간접목적어와 직접목적어를 가지는 4형식 타동사

사람 목적어(= 간접목적어)와 사물 목적어(= 직접목적어) 두 개의 목적어를 나란히 가지며, 대부분 '사람에게 사물을 주다'라는 의미를 나타내므로 수여동사라고도 부릅니다.

토익 빈출 4형식 타동사

수여동사	give 주다 award 상을 주다 grant 허락하다 offer 제공하다 send 보내주다 ❶ 직접목적어만 가지는 3형식 동사로도 사용 가능

We **offer** all customers a 5 percent discount this week. ❶ 4형식
　　　　　간접목적어　　　직접목적어

We **offer** a 5 percent discount to all customers this week. ❶ 3형식
　　　　직접목적어
우리는 금주에 모든 고객에게 5% 할인을 제공합니다.

■ 목적어와 목적보어를 가지는 5형식 타동사

목적어를 설명하는 보어가 필요하며, 목적보어로는 주로 명사, 형용사, to부정사, 분사 등이 사용됩니다.

name …을 ~로 이름 짓다, …을 ~에 임명하다 call …을 ~로 부르다	+ 목적어 + 명사 보어
find …가 ~임을 알게 되다 keep …을 계속 ~하게 하다 make …을 ~로 만들다	+ 목적어 + 형용사 보어
ask …에게 ~하도록 요청하다 require …에게 ~하도록 요구하다 recommend …에게 ~하도록 권하다 advise …에게 ~하도록 조언하다 encourage …에게 ~하도록 권고하다 allow …가 ~하도록 허용하다 enable …가 ~할 수 있게 하다 expect …가 ~하리라 기대하다 help …가 ~할 수 있게 돕다 ❶ 목적보어로 동사원형 또는 to부정사 모두 가능	+ 목적어 + to부정사 보어

This program will **keep** our IT technicians informed about global technology.
　　　　　　　　　　목적어　　　　　목적보어
이 프로그램은 우리 IT 기술자들이 계속 세계적인 기술에 정통하도록 만들 것입니다.

The company **expects** all employees to wear their ID badges.
　　　　　　　　　　목적어　　　　　목적보어
= All employees **are expected to wear** their ID badges.
모든 직원들은 사원증을 착용해야 한다.

PRACTICE 2

빈칸에 알맞은 것을 고르세요.

1. [Read / Proceed] your contract carefully before signing it.

2. Due to privacy issues, we [choose / give] our customers the option to use a secure phone number.

3. We [offer / request] customers more affordable options.

4. The renovation project is [expected / located] to be finished in five months.

5. Please [allow / send] us your feedback on our product.

6. We [require / grant] employees an additional 10-day vacation when they have worked for three years.

7. Mr. Webb was [named / hired] Director of Sales.

8. The merger will be [made / become] public soon.

9. Management at Silver Care [presents / encourages] nursing staff to treat patients with utmost care.

10. All staff are [required / considered] to renew their ID tags.

실전 TEST

1. Despite a slow economy, Herman Restaurant's profits have ------- the same this year.
   (A) resulted
   (B) remained
   (C) announced
   (D) decided

2. Some employees will ------- to overseas offices to learn about the global market.
   (A) travel
   (B) visit
   (C) prefer
   (D) open

3. The budget director is ------- to propose next year's financial plan tomorrow.
   (A) canceled
   (B) expected
   (C) revised
   (D) continued

4. The new CEO would like to ------- costs by introducing an automatic packaging system.
   (A) happen
   (B) succeed
   (C) rise
   (D) reduce

5. Mr. Sullivan has been ------- a bonus for exceeding his sales targets.
   (A) awarded
   (B) applied
   (C) accepted
   (D) approved

6. After 15 years of service, Mr. Bradley has been ------- Director of Overseas Operations.
   (A) hired
   (B) named
   (C) admitted
   (D) established

7. Your new salary will become ------- on the first day of next year.
   (A) effect
   (B) effects
   (C) effective
   (D) effectively

8. Please make a report on your trip when you ------- to work.
   (A) visit
   (B) organize
   (C) return
   (D) provide

9. We ------- our customer database secure by hiring a top network security company.
   (A) give
   (B) keep
   (C) offer
   (D) reuse

10. This revision of our policies is supposed to ------- long-term employees more benefits.
    (A) recommend
    (B) donate
    (C) accept
    (D) grant

11 All sales representatives are ------- to attend the Personal Data Security workshop.

(A) revised
(B) required
(C) canceled
(D) regarded

12 Attracting potential customers is ------- more expensive than before.

(A) proving
(B) searching
(C) increasing
(D) achieving

13 In order to ------- factory workers vital protection, management requires them to wear a hard hat.

(A) qualify
(B) equip
(C) complete
(D) give

14 Before ------- from the convention site, please take any waste with you.

(A) attending
(B) arranging
(C) departing
(D) surrounding

15 Global Tech ------- many opportunities for personal and professional development.

(A) departs
(B) allows
(C) offers
(D) remains

16 Please keep track of social media to stay ------- of the current market situation.

(A) inform
(B) informed
(C) informing
(D) information

17 Mr. Lesley found the job ------- when he learned about its benefits.

(A) attraction
(B) attractive
(C) attracted
(D) attracts

18 Survey results show that the food preferences of our customers -------.

(A) watch
(B) vary
(C) approve
(D) cover

19 The company helps new workers ------- essential skills through various training programs.

(A) learned
(B) learn
(C) learns
(D) learning

20 After a lengthy interview, Mr. Lewis was ------- head of the Home Appliances Division.

(A) decided
(B) interviewed
(C) appointed
(D) reminded

DAY 04 | 동사의 특성 Part 5

1 동사의 기본 특성

- 동사는 주어(= 행위자)의 수에 맞추어 형태 변화(=수 일치)를 합니다.
- 동사는 주어(= 행위자)와 행위 대상 사이의 관계에 따른 형태 변화(= 능동태/수동태)를 합니다.
- 동사는 행위의 발생 시점에 따라 형태 변화(= 시제 변화)를 합니다.

2 수 일치

■ 3인칭 단수 주어 + 단수 동사

동사는 주어가 가산명사 단수/불가산명사/3인칭 단수일 때 끝에 -(e)s를 붙인 독특한 형태를 사용합니다.

Mr. Weaver goes on a business trip overseas once a month.
위버 씨는 한 달에 한 번 해외로 출장을 갑니다.

The number of customer reviews on our Web site **is** continually growing.
우리 웹사이트의 고객 사용기가 꾸준히 늘어나고 있다.

be동사의 수 일치

be동사	현재 단수	현재 복수	과거 단수	과거 복수
1인칭	am	are	was	were
2인칭	are	are	were	were
3인칭	is	are	was	were

❶ 일반동사와 have 조동사는 3인칭 단수에서만 수 일치하며 나머지 경우는 형태가 동일

■ 단수형 부정대명사/부정형용사 + 단수 동사

대표적 단수형 부정대명사는 everything/everyone, anything/anyone 그리고 부정형용사는 each입니다.

Anyone who **wants** to attend the conference must contact Ms. Harris.
회의에 참석하고자 하는 분은 누구든지 해리스 씨에게 연락하시기 바랍니다.

■ 복수 주어 + 복수 동사

명사 뒤에 (e)s가 붙는 복수 형태의 주어에는 복수형 동사가 사용되며, 일반적으로 동사의 복수형은 기본형입니다.

Factory **managers recommend** all workers wear safety gear at all times.
공장 관리자들은 모든 근로자들에게 항상 안전장구를 착용하도록 권고합니다.

PRACTICE 1

빈칸에 알맞은 것을 고르세요.

1. A-Mart [launch / launches] a new delivery service on July 1.

2. The popularity of his books [enable / has enabled] Mr. Brooks to win the Harry Wong prize.

3. Patrons who [wish / wishes] to have a designated seat must reserve one through our mobile application.

4. Ms. Chang is very busy and [need / needs] to order in a meal.

5. The items on our Web site [is discounting / have been discounted] for this day only.

6. [Those / Anyone] who arrives at the concert late must present their ticket to security personnel.

7. [Each / All] order of our cakes is specially packaged to prevent damage.

8. [Everyone / All] on the team has conflicting opinions.

9. The levels of fine dust [have been monitored / is monitored] by government scientists for many years.

10. Employees who [attend / has attended] the IT Expo must keep all receipts for reimbursement.

NOTES

3 시제

■ 현재시제: ~이다, ~하다

현재시제는 주로 긴 시간 동안 반복되는 습관, 관행, 규정, 기업 활동 등을 나타냅니다.

Elsa Financial Group **holds** a staff meeting **every Monday morning**.
엘사 금융그룹은 매주 월요일 아침에 직원회의를 엽니다.

현재시제의 정답 단서로 자주 쓰이는 부사

- now 지금
- always 항상
- usually 일반적으로
- often / frequently 종종
- currently 현재
- 「every + 시간명사」 ~마다
- 「on + 요일의 복수형」 ~마다
- 「명령문 + when/if ~」
  ~할 때[한다면] …하시오

■ 과거시제: ~였다, ~했다

Due to heavy traffic, Mr. Simon **missed** the meeting **yesterday**.
교통 혼잡 때문에, 사이먼 씨는 어제 회의에 참석하지 못했다.

과거시제의 정답 단서로 자주 쓰이는 부사(절)

- ~ ago ~전에
- yesterday 어제
- recently 최근에
- 「last + 시간명사」 지난 ~에
- 「when + 과거」 ~했을 때

■ 미래시제: ~일 것이다, ~할 것이다

We **will ship** your order **tomorrow morning**.
저희는 내일 아침에 귀하의 주문품을 발송할 것입니다.

미래시제의 정답 단서로 자주 쓰이는 부사(절)

- tomorrow 내일
- later / in the future 나중에
- soon 곧
- 「next + 시간명사」 다음 ~에
- 「when/if + 현재시제」 ~할 때
- 「this + 시점명사」 이번 ~에

■ 완료시제: ~했다(완료), ~해왔다(계속) ❶ 과거에 시작된 행위 또는 결과가 계속 지속됨

Mr. Jefferson **has worked** for us **for 10 years since** he graduated from university.
제퍼슨 씨는 대학교를 졸업한 이래로 10년 간 우리와 일해오고 있습니다. (아직도 일하는 중)

완료시제의 정답 단서로 자주 쓰이는 부사(절)

계속	「for/over + 기간」 ~동안 「over/during/in the past + 기간」 지난 ~기간에 since 그 이후로 「since + 과거시점 명사」 ~이후로 계속 「since + 주어 + 과거시제」 ~이후로 계속
완료	just 방금, 막 yet 아직 already 이미, 벌써

PRACTICE 2

빈칸에 알맞은 것을 고르세요.

1. Senior members of our team [meet / have met] on Tuesdays.

2. We usually [will target / target] customers under the age of thirty.

3. Please have your account number ready when you [call / called] our customer service.

4. Last year, tourism in Asia [witnessed / has witnessed] a boom.

5. The restaurant [is offering / has been offering] a special menu on Fridays for the past decade.

6. The shopping center's opening ceremony [was held / will be held] this Friday at 2 P.M.

7. The meeting [was canceled / is canceled] when some members complained about it.

8. Alice Dillan [has led / will lead] the client presentation tomorrow.

9. Next month, we [will add / added] 20 new movies.

10. Mr. Olson [has stressed / stresses] safety at the assembly lines ever since the accident happened.

NOTES

4 시제 주요 출제 포인트

■ **주절과 종속절의 시제 일치: 종속절의 시제는 주절과 같거나 그 이전 시제**

A news report **stated** that the mayor **approved** the budget for park maintenance.
　　　주절　　　　　　　　　　　　종속절
　　　　　　　　　　　　　　　　　→ 과거 또는 과거완료만 가능
뉴스 보도에서 시장이 공원 유지보수 예산을 승인했다고 밝혔다.

Mr. Watson **announced** that he **will retire** as CEO **next month**.
　　　　　주절　　　　　　　　　종속절
왓슨 씨는 자신이 다음 달에 대표이사 자리에서 물러날 것이라고 발표했다.
　　　　　　　　　　　→ 예외적으로, 종속절에 명확한 시제 단서가 있으면
　　　　　　　　　　　　주절의 시제가 아니라 시제 단서에 맞춤

■ **조동사 will, can, may 그리고 명령문에 쓰이는 Please 뒤는 동사원형**

Friday's presentation **will be postponed** until next Tuesday.
금요일의 발표회는 다음 주 화요일로 연기될 것입니다.

5 태

행위 주체인 주어와 행위 대상인 목적어 사이의 관계를 나타내는 태는 행위 주체가 주어인 능동태와 행위 대상이 주어인 수동태 두 가지로 구분됩니다.

■ **능동태와 수동태 비교**

	특징	동사 형태	동사 뒤	해석
능동태	행위자가 주어	능동태	목적어	~한다/했다
수동태	행위 대상자가 주어	be + 과거분사	by + 행위자	~된다/되었다

Mr. Hawkins **predicted** an increase in SUV sales next year in his report.
호킨스 씨는 보고서에서 내년에 SUV 차량의 매출이 증가할 것으로 예측했다.

Heavy traffic **is predicted** on Main Street this afternoon. ----→ 행위자를 꼭 밝혀야 할 이유가 없다면
오늘 오후에 메인 가에서 극심한 교통정체가 예측된다.　　　　　　「by + 행위자」는 생략 가능

■ **태 + 수 일치 복합 유형**

Sunset Street is now closed while a parade [**is taking** / take / was taken] place.
지금 선셋 스트리트는 퍼레이드가 진행되는 동안 폐쇄되어 있다.
　　　　　　　　　　　　　　　　→ a parade → 단수동사 → 자동사 take place → 능동태

PRACTICE 3

빈칸에 알맞은 것을 고르세요.

1 The express bus will only [make / makes] emergency stops when necessary.

2 Please [be advised / advise] that our store will be closed on Monday.

3 Residents [have been discarded / can discard] large furniture at a designated site for a small fee.

4 After all surveys [were conducted / have been conducted], the marketing team will analyze them.

5 Our system [will be tracked / tracks] packages in real time.

6 The update [postpones / has been postponed] until July 31.

7 More than 20 candidates [applied / were applied] for the position of operations director.

8 Clients [are encouraged / encourage] to update their account information.

9 Our Web site is [simplifying / simplified] for smaller devices.

10 Applications for the opening [must submit / must be submitted] on our Web site or by e-mail.

실전 TEST

1. ------- in the employee handbook is listed on the company's Intranet site.
   (A) Few
   (B) Some
   (C) Everything
   (D) Another

2. Many highly qualified candidates ------- for the Director of Finance opening.
   (A) applied
   (B) applying
   (C) were applied
   (D) apply

3. After NeoRun Sportswear ------- its production process, it experienced a significant increase in sales.
   (A) streamlines
   (B) streamlined
   (C) will have streamlined
   (D) has been streamlined

4. The interface of the social networking app M-Chat is ------- for better readability.
   (A) simplification
   (B) simplified
   (C) simplifies
   (D) simplifying

5. Returns for items at Jade Fashion ------- at the customer service counter.
   (A) to handle
   (B) have handled
   (C) being handled
   (D) are handled

6. Mr. Heywood ------- the need for better network security before the cyberattack occurred.
   (A) stresses
   (B) stressing
   (C) having stress
   (D) had stressed

7. Clients of Prime Bank ------- to update their account information, including their billing address.
   (A) are encouraged
   (B) encouraging
   (C) will encourage
   (D) encourages

8. ------- who need access to the lab area must obtain a special pass from the security office.
   (A) Each
   (B) Those
   (C) Everything
   (D) Anyone

9. Mr. Davis was happy that he ------- a supplier that could meet the increasing demand.
   (A) found
   (B) was found
   (C) finds
   (D) finding

10. Applications for the marketing manager position ------- by July 10 to be considered.
    (A) submitted
    (B) are submitting
    (C) must submit
    (D) must be submitted

11 Yesterday, Gilbert Manufacturing announced that it ------- into Europe next year.

(A) will expand
(B) expand
(C) expanding
(D) had expanded

12 ------- candidate will be interviewed and notified of their results individually.

(A) Each
(B) Several
(C) All
(D) Few

13 The large amount of donations ------- Baytown schools to grant scholarships.

(A) enable
(B) has enabled
(C) have been enabled
(D) to be enabling

14 Chefs at the restaurant ------- busy all day with orders for the new menu item.

(A) to be
(B) is
(C) have been
(D) is being

15 World Cinema ------- a 50% discount on all comedy films next week.

(A) was offered
(B) offered
(C) will offer
(D) has been offering

16 The price trends in the market ------- by a group of economists for several months.

(A) have been monitored
(B) monitors
(C) is monitoring
(D) will monitor

17 Drivers are advised to take a detour around Derby Street where repaving ------- place.

(A) take
(B) is taking
(C) is taken
(D) had been taken

18 Mr. Tate ------- a mobile application to provide traffic information in real time.

(A) develop
(B) developing
(C) developed
(D) development

19 A consumer report ------- that customers had overpaid for CM sedans.

(A) having revealed
(B) revealing
(C) to reveal
(D) revealed

20 Last year, the healthy food market in North America ------- strong growth.

(A) witness
(B) witnessed
(C) has witnessed
(D) to witness

DAY 05 | 동명사 Part 5

1 동명사의 기본 개념

- 동사를 명사처럼 사용하기 위해 동사 끝에 ing를 추가한 형태입니다.
- 명사와 같은 점: 주어, 목적어, 보어로 사용되며, 앞에 소유격을 사용(토익에는 안 나옴)합니다.
- 명사와 다른 점: 앞에 관사가 없으며, 항상 단수 취급하며, 형용사가 아닌 부사로 꾸며줍니다.

The company reduced costs by **removing** unnecessary expenses.
remove (X)
회사는 불필요한 지출을 없앰으로써 비용을 절감했다.

■ 목적어와 부사 등 동사의 요소를 그대로 유지

Carefully **reviewing** the contract is highly recommended. ❗ 동명사 주어는 단수 취급
부사   reviewing의 목적어
계약서를 신중하게 검토하는 것이 강력히 권고됩니다.

2 동명사의 동사적 특성

동명사는 기존의 동사 구조를 그대로 사용하는 것입니다. 그러므로, 목적어, 부사 또는 보어를 가질 수 있습니다. 하지만 동사처럼 조동사를 가지는 것은 불가능합니다.

■ 자동사는 부사구 동반 가능

We're focusing on **expanding** into the Asian markets.
우리는 아시아 시장으로 확장하는 데 초점을 맞추고 있습니다.

■ 타동사는 목적어가 필수

Mr. Jones signed the guestbook before **entering** the conference room.
entrance (X)
존스 씨는 회의실에 들어오기 전에 방명록에 서명했다.
▶ 전치사(before) 뒤에 명사도 가능하지만, 여기서 명사 entrance는 뒤에 나오는 the conference room과 직접 연결되지 못함

■ 5형식 타동사는 목적어 뒤에 목적보어가 필요

Simply **keeping** your workplace organized can increase productivity.
그저 업무 공간을 정돈하기만 해도 생산성을 증가시킬 수 있습니다.

■ 동명사는 태 또는 시점을 반영한 형태로 사용 가능

Mr. Wilson received big applause after **being named** the award winner.
수상자로 지명된 후에 윌슨 씨는 큰 박수를 받았다.

PRACTICE 1

빈칸에 알맞은 것을 고르세요.

1. Ms. White successfully met the deadline by [replacement / replacing] the old printer with the latest model.

2. [Managing / Management] a close relationship with customers can improve your reputation.

3. You can access our hotline by simply [entering / enters] your security code.

4. Our professional representatives will begin [assistance / assisting] you whenever you call us.

5. Thank you for [patient / patiently] listening to our concerns.

6. Mr. Caine is focused on obtaining [approval / approves] from the board.

7. The CEO praised Mr. Brown for increasing [productive / production] while maintaining high quality.

8. Thank you for promptly making [adjusted / adjustments] to the incorrect billing statement.

9. Ms. Dawson is responsible for making our personnel services [accessible / accessibly] to all employees.

10. Despite [having received / received] detailed instructions, Mr. Harris made several errors during the installation.

NOTES

3 동명사의 명사적 특성

동사를 명사로 사용하기 위한 변형 형태인 동명사는 명사가 가지는 3대 기능인 주어, 목적어, 보어로 사용할 수 있습니다. 동사의 특성을 유지하지만, 문장의 동사로 사용될 수는 없습니다.

■ 주어 또는 보어로 사용

▶ 동명사 주어는 단수 취급

Due to limited space, **arriving** early is recommended.
자리가 부족하므로 행사장에 일찍 도착하는 것이 좋습니다.

Mr. Horne's primary responsibility is **training** new employees.
혼 씨의 주된 직무는 신입사원들을 교육하는 것이다.

■ 전치사의 목적어로 사용

토익에서 가장 많이 출제되는 동명사의 특성이므로, 「전치사 + 동명사」 표현들을 암기해야 합니다.

Since **joining** the team last year, Ms. Bailey has proven to be a great asset to us.
작년에 팀에 합류한 이래로, 베일리 씨는 우리에게 대단한 자산임을 입증해 왔다.

The new CEO is always interested in **receiving** employee feedback.
신임 대표이사는 항상 직원 의견을 듣는 것에 관심이 있습니다.

토익 빈출 「전치사+동명사」 표현

- be committed to -ing ~하는 것에 전념하다
- be dedicated to -ing ~하는 것에 전념하다
- be accustomed to -ing ~하는 것에 익숙하다
- be used to -ing ~하는 것에 익숙하다
- look forward to -ing ~하기를 고대하다
- be responsible for -ing ~을 책임지다
- by -ing ~함으로써
- be interested in -ing ~하는 것에 관심이 있다
- succeed in -ing ~하는 것에 성공하다
- be capable of -ing ~할 수 있다
- on[upon] -ing ~하자마자
- before/after -ing ~하기 전에/후에
- be skilled at -ing ~에 뛰어나다
- have difficulty (in) -ing ~하는 데 어려움을 겪다

■ 타동사의 목적어로 사용

다음 동사들은 토익에서 동명사를 목적어로 가지는 동사로 자주 출제되므로 암기해두는 것이 좋습니다.

동명사를 목적어로 가지는 토익 빈출 타동사

- avoid 피하다
- consider 고려하다
- recommend 권하다
- suggest 제안하다
- enjoy 즐기다
- mind 꺼리다

Please return your book, which is a week overdue, to **avoid paying** a late fee.
연체료 지불을 피하시려면, 대출 기한이 일주일 초과된 도서를 반납하시기 바랍니다.

PRACTICE 2

빈칸에 알맞은 것을 고르세요.

1. [Creation / Creating] a lasting impression is most important in a job interview.

2. Our priority is [won / winning] the government contract.

3. Before [leave / leaving] the office, please make sure all the lights are off.

4. Mr. Rio is skilled at [negotiate / negotiating] with clients.

5. We are committed to [provide / providing] exceptional service to our customers.

6. By [registering / registration] your credit card, you can make purchases easily.

7. At GreenTech Inc. technicians are responsible for [maintain / maintaining] all laboratory equipment.

8. Employees must set their phones to silent mode to [avoid / remove] distracting others.

9. Management is considering [to replace / replacing] the current supplier.

10. I [recommend / accept] making extra copies of the report.

NOTES

실전 TEST

1. Thank you for ------- testing our new product and providing helpful feedback.
   (A) careful
   (B) carefully
   (C) care
   (D) caring

2. Mr. Riverman is dedicated to making advanced technology ------- to small businesses.
   (A) accesses
   (B) accessibility
   (C) more accessibly
   (D) more accessible

3. We easily receive feedback from customers by ------- them with an online chat room.
   (A) being provided
   (B) provides
   (C) provided
   (D) providing

4. All attendees are advised to turn off their phones to ------- disrupting other viewers.
   (A) listen
   (B) remain
   (C) decide
   (D) avoid

5. ------- a strong customer base before a product release will ensure success.
   (A) Create
   (B) Creating
   (C) Creation
   (D) Creative

6. Since ------- at the Sunny Rock Festival, the band has continued to expand its audience.
   (A) performance
   (B) performing
   (C) perform
   (D) performed

7. If you are ------- expanding into overseas markets, thorough research is needed.
   (A) aiming
   (B) observing
   (C) persuading
   (D) considering

8. After ------- several proposals, Sherman Furniture has chosen a local provider.
   (A) compares
   (B) compared
   (C) to compare
   (D) comparing

9. The Silver Care House is dedicated ------- seniors with the highest quality of care.
   (A) will provide
   (B) to providing
   (C) provides
   (D) provided

10. After upgrading the software, our customers began ------- connection problems.
    (A) experiences
    (B) experienced
    (C) experience
    (D) experiencing

11 Mr. Hammond was praised for responding ------- to customer inquiries.
(A) prompt
(B) promptly
(C) prompted
(D) prompts

12 If you need extended leave, obtaining ------- from your supervisor is required.
(A) approve
(B) approves
(C) to approve
(D) approval

13 After ------- closed for renovation, the Lakeside Resort reopened this week.
(A) has been
(B) having been
(C) had been
(D) will have been

14 This warning is to prevent the driver from ------- the vehicle while the door is open.
(A) start
(B) starts
(C) starting
(D) started

15 Our legal office is ------- to ensuring all decisions are made in compliance with the law.
(A) attached
(B) expanded
(C) committed
(D) concerned

16 Please contact Mr. McNeil if you are interested in ------- the new task force.
(A) join
(B) joining
(C) to join
(D) joined

17 Having lived overseas for so long, Mr. Roy had difficulty ------- to life in his home country.
(A) readjusting
(B) readjustment
(C) readjust
(D) readjusted

18 The CEO of Wings Fashion praised Ms. Meyers for ------- its outdated brands.
(A) streamline
(B) streamlined
(C) streamlining
(D) to streamline

19 We suggest significantly ------- production capacity to prepare for rising demand.
(A) enhance
(B) enhancing
(C) enhancement
(D) enhances

20 Mr. Hughes is leading a program aimed at ------- employees to develop new skills.
(A) to encourage
(B) encouraging
(C) encourages
(D) encourage

DAY 06 | 분사 Part 5

1 분사의 기본 개념

- 현재분사 = 동사+ing (진행형, 능동태) / 과거분사 = 동사+ed (완료시제, 수동태)
- 명사를 앞 또는 뒤에서 수식하는 형용사로도 사용되며, 토익에서 분사는 형용사 기능이 출제됩니다.
- 형용사로 사용되는 분사는 주로 출제되는 태가 정해져 있으므로 어휘처럼 암기합니다.

2 분사의 종류

	형태	태	기능	예시
현재분사	동사+ing	능동	진행형, 분사구문	increasing, choosing, remaining, rising
과거분사	동사+ed 불규칙변화	수동	완료형, 수동태	increased, chosen, damaged, returned

■ 현재분사: 동사원형 + ing (~하는)

동사의 진행 시제에 쓰이거나, 수식하는 명사가 행위를 하는 능동 형용사를 나타냅니다.

An **increasing** number of people are **working** remotely. 점점 더 많은 수의 사람들이 원격으로 근무하고 있다.
　　능동 형용사　　　　　　　　　진행

토익 빈출 현재분사 형용사

- leading 일류의, 선두의
- upcoming 다가오는
- lasting 지속적인
- rising 증가하는
- challenging 어려운
- surrounding 주위의
- remaining 남아있는
- participating 참여한, 가맹의
- promising 유망한
- entertaining 재미있는
- demanding 까다로운
- fascinating 매력적인

■ 과거분사: 동사원형 + ed (~된)

동사의 완료 시제에 쓰이거나, 수식 받는 명사에 대한 행위 결과(~된)인 수동 형용사를 나타냅니다.

The company has **found** a **qualified** engineer for the new project.
　　　　　　　　완료　　　수동 형용사
회사는 새 프로젝트에 적격인 엔지니어를 찾았다.

토익 빈출 과거분사 형용사

- qualified 적격인
- experienced 숙련된
- dedicated 헌신한
- appointed 임명된
- satisfied 만족하는
- advanced 고급(첨단)의
- proposed 제안된
- reduced 감축된, 인하된
- improved 향상된
- detailed 상세한
- attached 첨부된
- limited 제한된

PRACTICE 1

빈칸에 알맞은 것을 고르세요.

1 I have already [renewed / renewing] my subscription.

2 Travel expenses have been [risen / rising] due to the increase in transportation fees.

3 Our plan guarantees [increase / increased] profits this year.

4 The CEO of a [led / leading] automaker will visit us to tour our facilities this week.

5 This special offer is valid at all [participated / participating] stores in the city.

6 Mr. Lowe has proved to be a very [demanding / demanded] negotiator during the Randal contract.

7 We are committed to matching businesses with [qualified / qualification] suppliers in their area.

8 A group of [experienced / experiencing] IT specialists provides a free consulting service every Friday.

9 This position requires an [advanced / advancing] degree in computer graphics.

10 Mr. Tyson will send you [detailed / detailing] information on the upcoming event.

NOTES

3 분사의 기능

분사는 명사를 수식하는 형용사의 기능과 절을 수식하는 부사의 기능(= 분사구문)을 합니다.

■ 형용사 기능: 명사를 앞 또는 뒤에서 수식

- 명사를 앞에서 수식할 때는 분사 단독으로 또는 「부사+분사」 형태로 사용됩니다.
- 명사를 수식하는 분사구가 복잡한 구조일 경우 명사 뒤에 위치합니다.

The two surveys produced **conflicting** results.
두 개의 설문조사가 상반된 결과를 도출했다.

↳ 부사+분사
Greenland is one of the most **frequently visited** destinations for adventure.
그린란드는 모험 여행으로 가장 많이 찾는 여행지들 중 하나이다.

↳ = who specialize in
We work with many clients **specializing in** AI and other related fields.
우리는 인공지능 및 다른 관련 영역을 전문으로 하는 많은 고객들과 일하고 있습니다.

■ 감정 형용사: 사람에게 감정을 일으키는 분사는 태로 구분

	구조	뜻	예시
감정 형용사 (수동)	ed 분사 + 사람	~을 느끼는	interested 관심있는 satisfied 만족하는 dedicated 헌신적인 motivated 의욕적인
감정 형용사 (능동)	ing 분사 + 사물	~을 느끼게 만드는	charming 매력적인 fascinating 매력적인 surprising 놀라운 disappointing 실망스러운 moving 감동적인 exciting 흥미로운

satisfied users 만족한 사용자들
satisfying results 만족스러운 결과

■ 부사 기능: 종속접속사절이 분사구로 단순화되어 주절을 수식

접속사의 의미에 맞추어 해석이 달라지며, 보통 접속사가 분사 앞에 남습니다.

↳ = when you contact
Please have your customer ID number ready **when contacting** our customer service.
저희 고객서비스부에 연락을 하실 때, 고객 아이디 번호를 미리 준비해 놓으시기 바랍니다.

❶ 분사 앞에 남는 접속사: when(~할 때), while(~하는 동안), once/if(~하면), as(~대로)

↳ = Because it had arrived
Having arrived past the deadline, Mr. Palmer's application **was** not considered.
마감이 지나 도착했기 때문에, 파머 씨의 지원서는 검토되지 않았습니다.

❶ 분사구문과 주절 동사의 발생 시점의 차이가 명백하다면, 분사구문이 「having+과거분사」와 같은 완료의 형태가 됨

PRACTICE 2

빈칸에 알맞은 것을 고르세요.

1. The city's tennis courts are open to the public on weekends with [limited / limiting] hours.

2. We decided to hire Mason Tech for its regularly [scheduled / scheduling] cleaning service.

3. The Berkshire Mansion is the oldest historic structure [remained / remaining] in the area.

4. Your proposal looks very [promising / promised] with its detailed financial goals.

5. We believe that [satisfied / satisfying] clients will return.

6. We are seeking experienced, [motivated / motivator] applicants for the PR manager position.

7. Attached is a list of [charming / charm] venues for your corporate or personal events.

8. Director Ryan's new movie is based on a [movement / moving] story about a family reuniting.

9. Employees must exercise great care when [formulating / formulated] a response to customers.

10. [Having worked / Working] at the Royal Art Museum for 20 years, Ms. Eilin is its longest-serving employee.

NOTES

실전 TEST

1. Toward the end, everyone ------- the event will be asked to complete a brief feedback card.
   (A) attending
   (B) attends
   (C) to be attended
   (D) has been attending

2. Experts warn that favorable reviews by ------- customers could mislead the public.
   (A) satisfy
   (B) satisfied
   (C) satisfaction
   (D) satisfying

3. Ms. Lena appears to be the most qualified among the ------- candidates for CEO.
   (A) led
   (B) leader
   (C) leading
   (D) leads

4. The speech ------- by Ms. Lewis moved the majority of the audience.
   (A) delivered
   (B) delivery
   (C) to deliver
   (D) delivering

5. The city stadium looks less ------- than it did before the renovation.
   (A) crowd
   (B) crowds
   (C) crowded
   (D) crowding

6. The lifeguard position requires ------- first aid certification.
   (A) advancement
   (B) advancing
   (C) advances
   (D) advanced

7. All staff will receive a special bonus after the ------- outcome of winning an industry award.
   (A) surprised
   (B) surprises
   (C) surprising
   (D) surprisingly

8. Bell HomeCare provides both regularly ------- maintenance and on-demand assistance.
   (A) schedule
   (B) scheduling
   (C) scheduled
   (D) to schedule

9. We have few seats ------- for the show due to its popularity.
   (A) remains
   (B) remainder
   (C) remained
   (D) remaining

10. The festival guide has ------- information about all the performers and musicians.
    (A) details
    (B) detail
    (C) detailed
    (D) detailing

11 We are now considering merging with a company ------- in AI technology.
(A) specialty
(B) specializes
(C) specialists
(D) specializing

12 Long-term potential will be our top priority when ------- a partnership.
(A) choose
(B) choosing
(C) chosen
(D) chooses

13 The Event page on our Web site includes a list of our partners ------- by industry type.
(A) classifies
(B) classified
(C) classification
(D) classify

14 We note that the Leman Medical Center operates on ------- hours on Saturdays.
(A) limit
(B) limited
(C) limiting
(D) limitation

15 In response to ------- feedback from testers, SimTech postponed the app's release.
(A) disappointment
(B) disappointing
(C) disappointed
(D) disappoints

16 A team of ------- engineers will visit our facility to investigate the recent accident.
(A) experience
(B) experienced
(C) experiencing
(D) experiences

17 ------- Mr. Cobbs at the last minute, we were fortunate that he was still available for the meeting today.
(A) To contact
(B) Was contacting
(C) Having contacted
(D) Contacting

18 Please inform Lydia Chapman of your ------- flight arrangements, and she will make the reservations.
(A) preferring
(B) preferably
(C) preferred
(D) prefer

19 Mr. Webster is a highly ------- employee who demonstrates strong initiative in every task.
(A) motivated
(B) strengthened
(C) extended
(D) advanced

20 The play, which opened last night at Grandview Theater, tells a ------- story about love and loss.
(A) mover
(B) movement
(C) moving
(D) movingly

DAY 07 | to부정사 Part 5

1 to부정사의 기본 개념

- 기본 형태는 「to + 동사원형」이며, 명사, 형용사, 부사처럼 사용합니다.
- 명사, 형용사, 부사를 뒤에서 수식하며, 절을 수식할 때는 앞 또는 뒤에 위치합니다.

2 to부정사의 명사 기능

■ 3형식 타동사의 목적어

GH Automobiles plans **to invest** $10 million in artificial intelligence.
GH 자동차 사는 인공지능 분야에 1천억 달러를 투자할 계획이다.

to부정사를 목적어로 가지는 토익 빈출 3형식 타동사

• aim 목표하다	• intend 의도하다	• plan 계획하다	• prefer 선호하다
• regret 유감이다	• promise 약속하다	• strive 애쓰다	• hope/want/wish/
• afford 여유가 있다	• decide 결정하다	• help 돕다	would like 바라다, 원하다

■ 5형식 타동사의 목적보어

Your feedback will help us **to improve** our products and services.
귀하의 의견은 저희가 제품과 서비스를 개선하는 데 도움이 될 것입니다.

Our employees are allowed **to choose** their preferred workstation.
우리 회사 직원들은 자신이 선호하는 자리에서 근무하도록 허용된다. ❶ allowed가 빈칸인 동사 어휘문제로도 출제

to부정사를 목적어로 가지는 토익 빈출 5형식 타동사

· 주로 능동태 출제
enable A to do ~할 수 있도록 하다   help A (to) do ~하도록 돕다 ❶ help는 목적보어로 동사원형 가능

· 능동태/수동태 모두 출제
allow A to do ~하도록 허락하다   ask A to do ~하도록 요청하다   advise A to do ~하도록 충고하다
expect A to do ~할 것을 기대하다   encourage A to do ~하도록 권장하다 permit A to do ~하도록 허락하다
require A to do ~하도록 요구하다   urge A to do ~하기를 촉구하다

· 주로 수동태 출제
be determined to do ~할 결심이다   be reminded to do ~하도록 상기되다   be set[scheduled] to do ~할 예정이다
be relieved to do ~하여 안심하다

PRACTICE 1

빈칸에 알맞은 것을 고르세요.

1. Mr. Turner promised [to consider / considering] Mr. Baker for promotion after completing the project.

2. Aiming [to increase / increasing] productivity, we plan to replace some old machines.

3. The CEO would like [deliver / to deliver] an opening speech at the upcoming seminar.

4. During his election campaign, the mayor [promised / replied] to build more parks in the city.

5. Anyone [intending / completing] to attend the seminar must request approval a week in advance.

6. Customers prefer [to take out / take out] food to save on delivery fees these days.

7. The hotel's proximity to the commercial district enables guests [enjoy / to enjoy] local food and entertainment.

8. The new restaurant allows customers [bring / to bring] their own beverages.

9. Employees are not [permitting / permitted] to use the basement parking spaces during the renovation.

10. We are [relieved / delightful] to learn that the deadline has been extended by a week.

3 to부정사의 형용사 기능

■ 명사를 수식

The company cut travel expenses **in an effort to reduce** costs.

그 회사는 비용을 줄이기 위한 노력으로 출장 경비를 삭감했다. ❶ in an effort to do ~하려는 노력으로

After interviewing candidates, we finally decided **which one to choose**.

후보자들을 인터뷰한 후에, 우리는 마침내 어느 후보를 선택할지 결정했다. ❶ 의문사 또는 「의문형용사 + 명사」도 수식

to부정사의 수식을 받는 토익 빈출 명사

- ability to do ~하는 능력
- capacity to do ~하는 능력
- chance to do ~할 기회
- effort to do ~하는 노력
- motivation to do ~할 의욕
- opportunity to do ~할 기회
- permission to do ~하라는 허락
- plan to do ~할 계획
- proposal to do ~하는 제안
- request to do ~하라는 요청
- time to do ~할 시간
- way to do ~하는 방법

4 to부정사의 부사 기능

부사처럼 형용사, 부사 또는 절을 수식하는 to부정사는 특히 목적을 나타내는 용법으로 자주 출제됩니다.

■ 형용사/부사를 수식

Any customer who spends over $100 **is eligible to receive** a discount voucher.

100달러 이상을 지출한 고객이면 누구나 할인 바우처를 받을 대상자입니다. ❶ 형용사 수식

Alley's Restaurant **is** spacious **enough to host** our company's year-end party.

앨리즈 레스토랑은 우리 회사 망년회를 열기에 충분히 넓습니다. ❶ 부사 수식

to부정사의 수식을 받는 토익 빈출 형용사

- be able to do ~할 수 있다
- be available to do ~할 수 있다
- be designed to do ~하는 목적이다
- be eligible to do ~할 자격이 있다
- be hesitant to do ~하기를 주저하다
- be likely to do 아마도 ~할 것이다
- be pleased to do ~하여 기쁘다
- be proud to do ~하여 자랑스럽다
- be sure to do 확실히 ~하다
- be 형용사 enough to do ~하기에 충분히 …하다
- be too 형용사 to do 너무 …하여 ~할 수 없다
- It is advisable to do ~하는 것이 좋다 ❶ 주어인 to부정사가 보어 위치로 이동

■ 절을 수식

To apply for the free trial service, please sign up on our Web site.

무료 보기 서비스를 신청하려면, 저희 웹사이트에서 등록하시기 바랍니다.

▶ In order to(~하기 위해)로도 종종 출제

PRACTICE 2

빈칸에 알맞은 것을 고르세요.

1. It is time [to start / started] preparing for the annual conference.

2. Mr. Hopkins has made plans [to expand / expanded] his business overseas next year.

3. Anyone can receive [permission / permit] to participate in the book fair if they make a request by Friday.

4. All the candidates are well qualified, so I'm not sure which person [choose / to choose].

5. This meeting is an [impression / opportunity] to share your valuable insights with others.

6. Anyone with more than 10 years of service is [careful / eligible] to apply for the sales director position.

7. We are [necessary / pleased] to offer an additional discount on all purchases of over $100.

8. Your suggestion to replace all the machines will be too costly [implemented / to implement].

9. Our conference halls are spacious [much / enough] to accommodate over 200 people each.

10. [To upgrade / Upgrading] to our VIP membership, you must meet the minimum spending requirement.

NOTES

실전 TEST

1. Many businesses now offer free meals in an effort ------- qualified candidates.

   (A) will be attracting
   (B) to attract
   (C) is attracting
   (D) attracted

2. Due to a slow economy, Mr. Clark promised not ------- his consulting fees.

   (A) raised
   (B) raising
   (C) to raise
   (D) had raised

3. This partnership will give us the ------- to expand market share for both parties.

   (A) impression
   (B) preference
   (C) opportunity
   (D) selection

4. Everbridge Shipping is ------- to announce it has recorded the highest profits ever this year.

   (A) capable
   (B) remarkable
   (C) interested
   (D) pleased

5. Any customer ------- to tour our production facilities will be invited upon request.

   (A) intending
   (B) allowing
   (C) containing
   (D) departing

6. Mr. Omar gave an excellent presentation despite having little time -------.

   (A) to prepare
   (B) should prepare
   (C) preparing
   (D) prepared

7. All sales staff are reminded ------- customer information with extreme care.

   (A) can handle
   (B) having handled
   (C) to handle
   (D) handling

8. The HR manager said that the plan to hire additional workers was too risky -------.

   (A) implement
   (B) implemented
   (C) will be implementing
   (D) to implement

9. Conducting another survey could help ------- management to reorganize our brands.

   (A) persuade
   (B) persuading
   (C) persuaded
   (D) persuades

10. ByteFlow Company released a mobile app that is sure ------- online shopping more convenient.

    (A) having made
    (B) made
    (C) to make
    (D) will make

11 We implemented a new reporting system ------- our decision-making process.

(A) streamlines
(B) has streamlined
(C) to streamline
(D) streamlined

12 Mr. Rogers prefers ------- to work for the afternoon shift because there is less traffic.

(A) drive
(B) to drive
(C) having driven
(D) is driving

13 Our laptops include protective covers ------- them clean and safe.

(A) keep
(B) keeps
(C) to keep
(D) kept

14 Customer feedback greatly helped our engineers ------- the defect in the product.

(A) to identify
(B) identifying
(C) identified
(D) identification

15 I recommend Cabin B, as it is spacious ------- to accommodate a large family of eight.

(A) such
(B) much
(C) enough
(D) so

16 With 15 years of service, Ms. Brooks is ------- to retire early with full benefits.

(A) average
(B) excellent
(C) careful
(D) eligible

17 ------- for a repair service, please press 3 and enter your customer code.

(A) To register
(B) Registering
(C) Have registered
(D) Registers

18 Ms. Foster was ------- to find out the issue had already been resolved by Mr. Ross.

(A) easy
(B) delightful
(C) relieved
(D) experienced

19 Ortiz Shoes is launching a new range of casual footwear ------- its product lines.

(A) diversified
(B) diversify
(C) to diversify
(D) diversification

20 Sun Cruz Inc. has introduced eco-friendly packaging ------- reduce its environmental impact.

(A) due to
(B) in order to
(C) before
(D) enough

DAY 08 | 형용사 / 부사 Part 5

1 형용사의 기본 개념

- 형용사는 사람/사물의 고유한 성질을 나타내며, 명사를 앞이나 뒤에서 수식하거나, 주어 또는 목적어의 보어로 사용됩니다.

2 형용사의 특징

■ 명사 수식

Several customers are complaining about items **damaged** while in transit.
  수일치 유의 / 명사를 수식하는 긴 형용사구는 명사 뒤에서 수식
몇몇 고객들이 배송 중 손상된 제품들에 대해 항의하고 있습니다.

■ 2형식/5형식 동사의 보어 자리

The technology workshop is **open** to the public during weekends.
기술 워크샵이 주말 동안에 대중에게 무료로 공개됩니다.

The goal of Mr. Givens is to make his service **available** throughout the nation.
기븐스 씨의 목표는 자신의 서비스가 전국 곳곳에서 이용 가능하도록 만드는 것이다.

■ It is + 형용사 + 진주어 [to do / that절]

It is surprising that Ms. Green was elected CEO despite her limited experience.
  긴 주어는 형용사 보어 뒤로 이동
그린 씨가 짧은 경력에도 불구하고 대표이사로 선출되었다는 것이 놀랍다.

■ 비교급에 사용

The new product line generated **higher** revenue **than** we expected.
신제품 라인이 우리가 예상한 것보다 더 큰 소득을 가져왔다.

■ 특정 전치사와 결합

➤ be compliant with(~을 준수하다)를 숙어처럼 외우기

Our facility is fully **compliant** with the safety standards.
우리 시설은 안전 기준을 철저히 준수한다.

■ 분사와 형용사 중에 선택: 형용사는 명사의 본질을 표현

[Complimenting / **Complimentary**] refreshments are available in lobby.
로비에서 무료 다과를 드실 수 있습니다.

> 형용사 vs. 분사
> 형용사: 불변의 성질
> 분사: 일회성, 특정 사례

PRACTICE 1

빈칸에 알맞은 것을 고르세요.

1. We offer a special guarantee for half of the normal cost [this / those] week.

2. The hiring committee will select [several / another] candidates for interviews.

3. Our new chat application is fully [compliant / comply] with government privacy and security regulations.

4. The manager feels [confident / confidently] that the project will be completed on time.

5. Please be reminded that the law requires businesses to keep customer information [secure / securely].

6. I will take anything that is less [expensive / expense].

7. It is [essential / essence] for sales representatives to be persuasive.

8. It is [advisable / advising] for employees to replace their old ID with a new one.

9. All of our customer support representatives have [considerable / considering] experience in the field.

10. Beverage cans are [recycled / recyclable], so please separate them from general waste.

NOTES

3 부사의 기본 개념

- 행위의 정도나 방법을 나타내거나 상태 또는 특정 대상을 강조합니다.
- 부사는 동사, 형용사, 부사 등을 추가로 강조하기 때문에 부사가 없어도 문장 구조가 완전합니다.
- 부사의 특수 용법으로, 초점부사는 명사를 강조할 수 있으며, 문장부사는 절을 강조합니다.

4 부사의 특징

■ 구조가 완전한 문장을 보조

Our financial consultants **cautiously** manage client investments. ❶ 부사 없어도 완전한 문장
저희 재무 상담가들은 고객의 투자를 신중하게 관리합니다.

■ 동사를 앞에서 수식

동사를 수식하는 부사는 주로 동사 앞, 조동사(be, have)와 분사 사이, 또는 문장 뒤에 위치합니다.

▶ 동사 앞이 가장 일반적
Jean's Hair Shop **quickly** became popular for offering personalized styling consultations.
진스 헤어샵은 맞춤형 스타일링 상담을 제공하는 것으로 빠르게 인기를 얻었다.

Our profits have **notably** improved since implementing a new cost-cutting strategy.
우리 수익은 새로운 비용 절감 전략을 실행한 이후로 눈에 띄게 향상되었습니다.

■ 형용사를 앞에서 수식

The company remained **financially** stable despite the economic slowdown.
경제 침체에도 불구하고 회사는 재정적으로 안정된 상태를 유지했다.

■ 비교급에 사용

Buying a printer is **less** expensive **than** paying monthly rent for it.
프린터를 구입하는 것이 대여하고 월별 임대료를 지불하는 것보다 덜 비싸다.

▶ 비교급 강조부사: much, a lot, far, considerably
Using graphs will make your report **much** easier to understand.
그래프 사용이 보고서를 훨씬 더 이해하기 쉽게 만들 것이다.

■ 특수한 부사 용법

▶ 대상을 한정하는 초점부사
Only licensed personnel are allowed to operate the machine.
면허증이 있는 직원들만이 그 기계를 조작하도록 허용된다.

Fortunately, we completed the project ahead of schedule.
다행히도 우리는 프로젝트를 예정보다 빨리 완료했습니다.

▶ 문장부사: 전체 문장을 수식

> **빈출 초점부사**
> only, just, merely 오직, 단지
> especially, particularly 특히
> even ~조차 nearly 거의

PRACTICE 2

빈칸에 알맞은 것을 고르세요.

1. Mr. Trejo is [active / actively] hiring a few temporary assistants.

2. A rumor about a merger with a rival company [positive / positively] affected Hound Tour's sales.

3. Mr. Joy's plans for starting his own business are proceeding [slow / slowly].

4. A small fountain inside the building has [remarkably / remarkable] improved the workplace atmosphere.

5. Mr. Abbot is still considered a [highly / higher] promising candidate to lead the company.

6. Recruiting a leading AI expert has made the company [notably / notable] more appealing to investors.

7. Our system can identify errors [very / more] quickly than those of our competitors.

8. We are sure that the new plan will cost [considerably / considerable] more than the previous one.

9. [Even / As] the most experienced agents made a mistake analyzing the market trends.

10. [Unfortunately / Approximately], the position you applied for has already been filled.

5 형용사와 부사의 형태

■ 형용사는 동사/명사 끝에 -able, -ive, -al, -ic, -ful 등을 추가

형용사의 대표적 형태

동사+able	preferable 더 나은 available 구할 수 있는 acceptable 용인되는 responsible 책임을 지는 affordable 저렴한 noticeable 눈에 띄는 suitable 적합한 considerable 상당한, 중요한
동사+ive	creative 창의적인 extensive 넓은 competitive 경쟁력 있는 attentive 주의하는 effective 효과적인
명사+al	personal 개인의 managerial 관리직의 essential 필수적인 optional 선택적인 additional 추가적인
명사+ic	basic 기초의 scenic 아름다운 enthusiastic 열정적인 diagnostic 진료의 strategic 전략적인
명사+ful	useful, helpful 유용한 thoughtful 사려 깊은 delightful 즐거운 careful 주의하는 successful 성공적인

■ 동사의 분사형(ing, ed)을 형용사로 사용

Despite **disappointing** sales figures, the company plans to expand into new markets.
실망스러운 매출 수치에도 불구하고, 회사는 새로운 시장으로 확장할 계획이다.

■ 부사는 형용사 끝에 ly를 추가

Mr. Miller [**briefly** / brief] outlined the expansion plan at the press conference.
밀러 씨는 기자회견에서 확장 계획의 개요를 간략하게 요약했다.

■ 불규칙한 형태의 부사

Mr. Alison lives outside the city, but he is **seldom** late to work.
앨리슨 씨는 시외에 살지만, 좀처럼 회사에 지각하지 않는다.

토익 빈출 불규칙 부사

일반	well 잘 soon 곧 very 매우 almost, nearly 거의 enough 충분히 often 종종 rather 다소 early 일찍, 초기에 later 나중에, 늦게 quite 매우
비교급	less 덜 ~ more 더 ~ least 가장 덜 ~ most 가장 더 ~
비교급 강조	much 훨씬 a lot 훨씬 far 훨씬 considerably 상당히
부정	seldom 좀처럼 ~않다 hardly 거의 ~않다 rarely 거의 ~않다 barely 간신히, 겨우

■ 형용사가 부사로 변형되면서 의미가 바뀐 경우

We **highly** value the trust of our customers.
우리는 고객들의 신뢰를 매우 중요하게 여깁니다.

> 형용사 high 높은 → 부사 highly 몹시, 매우
> 형용사 late 늦은 → 부사 lately 최근에
> 형용사 close 가까운 → 부사 closely 엄밀하게

PRACTICE 3

빈칸에 알맞은 것을 고르세요.

1. Extra tickets are now [available / availability] on the Web site.

2. I truly appreciate your [helpful / help] advice for my report.

3. Social media has become the most [effect / effective] way of communicating with our customers.

4. Mr. Barron likes the original report, but I prefer the [revise / revised] version.

5. Our new store is [conveniently / convenient] situated in the downtown area.

6. We will implement a new marketing strategy [soon / easy].

7. Ms. Lee was [quite / soon] productive during her first week as team leader.

8. Mr. White is [often / most] mistaken for Mr. Willis on the phone.

9. Due to high demand, [simply / hardly] any seats are available for Friday's concert.

10. GlobalTrust Bank's mobile service has been in high demand [later / lately].

NOTES

실전 TEST

1. It is ------- to turn off your devices in the theater to avoid disturbing other guests.
   (A) advising
   (B) advice
   (C) advises
   (D) advisable

2. Laurain's Bakery offers a ------- beverage to anyone who orders a full meal.
   (A) compliment
   (B) complimented
   (C) complimentary
   (D) compliments

3. After the presentation, our staff will ------- contact each of you by phone.
   (A) brief
   (B) briefed
   (C) briefly
   (D) briefs

4. Please be advised that it is your responsibility to keep your belongings -------.
   (A) save
   (B) safety
   (C) saving
   (D) safe

5. The Hainan Hotel is ------- located just a 3-minute walk from a subway station.
   (A) convenient
   (B) conveniently
   (C) convenience
   (D) conveniences

6. Ms. Sanders responds ------- to customer inquiries submitted through the Web site.
   (A) directs
   (B) directly
   (C) directness
   (D) directing

7. ------- half of the factory's production capacity has been affected by the flooding.
   (A) Nearly
   (B) Near
   (C) Nearer
   (D) Nearest

8. ------- employees interested in applying for the internal opening must contact Mr. Tate.
   (A) Every
   (B) Which
   (C) Those
   (D) This

9. Please unload the packages as ------- as possible to avoid blocking the street.
   (A) quick
   (B) quicker
   (C) quickly
   (D) quickness

10. Customers who feel ------- that they are valued are more likely to remain loyal to us.
    (A) confiding
    (B) confidential
    (C) confident
    (D) confidentiality

11 The work environment has improved ------- since the new CEO was appointed.
(A) consider
(B) considerable
(C) considerably
(D) considerate

12 CMS Tech's online security policies are fully ------- with government regulations.
(A) compliantly
(B) compliance
(C) compliant
(D) complied

13 Ms. Maurice has ------- restructured the hiring process to make it clearer.
(A) note
(B) noted
(C) notable
(D) notably

14 The team is reviewing several proposals to identify the most ------- option.
(A) effect
(B) effective
(C) effectively
(D) effectiveness

15 I am afraid that we have openings ------- at the Southwest location.
(A) only
(B) later
(C) often
(D) each

16 Using public transportation costs ------- less than renting a car during business trips.
(A) any
(B) further
(C) much
(D) only

17 By lowering prices, SimTech is making its products ------- to young adults.
(A) afford
(B) affordable
(C) affording
(D) affordably

18 Ms. Reed is ------- monitoring the market situation to respond quickly to any changes.
(A) close
(B) closer
(C) closest
(D) closely

19 Please follow our social media accounts to stay ------- about the latest developments.
(A) inform
(B) informed
(C) informing
(D) information

20 The roads are ------- slippery due to the rain, so drivers should exercise extra caution.
(A) soon
(B) rather
(C) closely
(D) far

DAY 09 | 접속사 Part 5

1 접속사의 기본 개념

- 문장에서 단어와 단어, 구와 구, 그리고 절과 절을 연결합니다.
- 대등한 관계로 연결하는 등위접속사와 절을 다른 절의 부속 요소로 만드는 종속접속사가 있습니다.

2 등위접속사: 두 요소를 대등한 관계로 연결

■ 토익 빈출 등위접속사

구조	해석	연결 논리
A and B	A와 B	[순접] A와 맥락이 같은 B를 연결
A but B	A 하지만 B	[역접] A와 맥락이 상반된 B를 연결
A or B	A 또는 B	[선택] A와 B 중에서 하나를 선택
A, so B	A 따라서 B	[인과] A의 결과로 B를 제시

Mr. Penn has proven himself to be a talented actor and director.
펜 씨는 자신이 재능 있는 배우이자 감독임을 입증하였다.

Please return your books within the week, or risk paying a late fee.
대출 도서들을 금주 내로 반납하시기 바라며, 그렇지 않으면 연체 수수료를 물 수도 있습니다.

Rain is expected tomorrow, so we will cancel our hiking plans.
내일 비가 예상되므로, 우리는 하이킹 계획을 취소할 것입니다.

■ 상관접속사: 등위접속사 구문 앞에 부사를 추가하여 연결 관계를 강조

상관접속사	해석	연결 논리
both A and B	A와 B 둘 다	A와 B를 모두 포함
either A or B	A와 B 중 하나	A와 B 중 하나 선택
neither A nor B	A와 B 아무도 (부정)	A와 B 모두 부정
not only A but also B	A뿐만 아니라 B도	A와 B 모두 포함 ❗ not only 또는 but also가 빈칸으로 출제

We at Nanotech value both customer satisfaction and employee well-being.
우리 나노테크 사는 고객 만족과 직원 복지 둘 다 소중하게 여깁니다.

PRACTICE 1

빈칸에 알맞은 것을 고르세요.

1 Our experienced technicians will check your car [and / but] repair it on site.

2 Both films deeply moved the viewers, [but / or] neither won the award.

3 For details about our services [or / so] to request an estimate, please contact our sales team.

4 Mr. Hill enjoyed reading the newspaper during his school days, [or / so] he became a journalist later.

5 Mr. Gomez rejected the plan after considering [both / either] time and cost.

6 We always offer our clients both short-term [and / or] long-term solutions.

7 Customers can easily cancel their membership [either / both] by e-mail or phone.

8 Employees can choose either fixed [but / or] flexible work hours.

9 Mr. Malin canceled his relocation because neither the cost of living [nor / but] housing was affordable.

10 The heavy storm affected not only residential areas [nor / but also] the commercial district.

3 명사절 종속접속사: 절을 다른 절의 명사 요소로 만드는 기능

■ 명사절을 목적어로 가지는 토익 빈출 동사

전달	announce, state, report 발표하다 indicate, suggest, show, reveal, signal 알려주다 know, find, notice 알다 claim 주장하다	+ that
확인	ensure 보장하다 confirm, verify 확인하다 agree 동의하다	+ that
요청	request, ask, remind 요청하다 recommend, advise 권고하다	+ that
기대	expect, predict, anticipate 예상하다	+ that
결정	conclude, determine, decide 결론짓다	+ that / whether / wh-의문사

Our policy states **that** returning merchandise without a receipt is not permitted.
저희 정책은 영수증 없이 제품을 반품하는 것은 허용되지 않는다고 명시하고 있습니다.

The committee is still deciding **who** will lead the Northwest branch.
위원회는 노스웨스트 지사를 누가 이끌 것인지에 대해 아직 결정 중이다.

■ 형용사의 내용을 설명하는 명사절 접속사 that

인지된 내용	aware 알고 있는 hopeful 바라는 confident, positive, certain 확신하는 doubtful 의심하는 apparent 확실한 clear 분명한
진주어 구문	important, essential, critical, imperative 중요한 surprising 놀라운

The sales director is confident **that** sales will improve this week.
영업 이사는 이번 주에 매출이 향상될 것이라고 자신하고 있다.

It is important **that** we initiate another marketing drive soon.
곧 또 다른 마케팅 공세를 개시하는 것이 중요합니다.

■ 명사의 내용을 설명하는 동격 접속사 that ❶ that 앞의 명사를 찾는 문제로 출제

다음 명사들은 뒤에 그 내용을 밝히는 that절을 동반하며, 이 절을 동격절이라고 부릅니다.

- fact 사실
- assurance 보장
- complaint 불만
- alert 경고
- evidence 증거
- notification 통지
- confirmation 확인

This e-mail serves as confirmation **that** your account has been created.
이 이메일로써 귀하의 계정이 생성되었음을 확인해 드립니다.

PRACTICE 2

빈칸에 알맞은 것을 고르세요.

1. The employee handbook [enables / states] that all vacation requests require prior approval from the supervisor.

2. Workers must wear safety gear to [obtain / ensure] that they are well protected on site.

3. Please evacuate promptly when alarms [rely / signal] that a fire has broken out in the building.

4. We [adjust / recommend] that all air conditioning be set to 18 degrees during the summer months.

5. Everyone is [hoped / hopeful] that Ms. Raven will be promoted for her outstanding contributions.

6. It is not surprising [that / more] Gold Beach is many surfers' favorite destination, given its high tides and warm waters.

7. The sanitation regulations make it absolutely [clear / cleared] that kitchen floors must be kept dry.

8. It is [essential / essence] that customer service representatives respond quickly and with courtesy.

9. Mr. Morris is [positively / positive] that he can close the deal by the end of this week.

10. The supplier gave me [assurance / assurer] that the shipment would arrive on time.

NOTES

4 부사절 종속접속사: 절이 다른 절을 수식하게 만드는 부사 기능

연결된 두 절의 내용 흐름에 알맞은 접속사를 사용하는 것이 중요합니다.

■ 토익 빈출 부사절 접속사

이유	because ~ 하기 때문에 as, since ~이므로, ~이니까	+ 주절
시간	as ~할 때 when ~할 때 while ~하는 동안 after ~한 후에 before ~하기 전에 until ~할 때까지 since ~한 이후로 once ~하자마자	+ 주절
양보	although, though 비록 ~하지만 even though 비록 ~했지만 even if ~한다 해도	+ 주절
조건	if 만약 ~한다면 unless ~가 아니라면	+ 주절
대조	while, whereas ~인 반면	+ 주절

▶ 타당한 이유 또는 근거
We are currently searching for a replacement, [**as** / until] our manager has resigned unexpectedly.
매니저가 예기치 않게 사임해서, 우리는 현재 후임을 찾고 있다.

▶ 발생 순서
Your subscription will become active [**once** / nor] you make the payment.
지불이 끝나자마자, 귀하의 구독이 효력을 지니게 될 것입니다.

▶ 종속접속사의 오답으로 그 자리에 올 수 없는 부사나 전치사를 종종 사용
You can take a detour to Fifth Street, [**though** / then] it is not advisable at this time.
5번가로 우회할 수 있기는 하지만, 이 시간대에는 바람직하지 않습니다.

■ 구로 이루어진 부사절 접속사

이유	given that ~임을 고려하면 provided that ~하는 전제로 in case ~을 대비하여	+ 주절
시간	by the time ~할 무렵에 (주절이 과거 또는 미래완료) as soon as ~하자마자	+ 주절
목적	so that ~ can/could ~하도록 in order that ~하기 위해서	+ 주절
조건	as long as ~하는 한 whether A or B A든 B든 상관없이 (문장 앞)	+ 주절

The weekly meeting will resume [**as soon as** / including] Mr. Robinson returns from Dundee.
주간 회의는 로빈슨 씨가 던디에서 돌아오시자마자 재개될 것입니다.

■ 접속사 + 분사구문

분사편에서 학습한 것처럼 종속접속사절이 분사구문으로 축소될 수 있고, 이때 접속사가 남을 수 있습니다.

시간	when -ing ~할 때 while -ing ~하는 동안 while + 전치사구 ~동안에	+ 주절
조건	once -ed 일단 ~되면 if -ed 만약 ~라면 if + 형용사 만약 ~라면	+ 주절
이유	as -ed ~하듯이, ~처럼	+ 주절

Please turn off your phones [**while** / during] **attending** the staff meeting.
직원회의에 참석 중일 때는 전화기를 꺼두시기 바랍니다.

PRACTICE 3

빈칸에 알맞은 것을 고르세요.

1. Mr. Adams started his own business [while / once] he retired.

2. All workstations must be cleaned [before / lately] the inspection begins tomorrow.

3. All staff will receive a day off, [furthermore / even if] our attempt to win the bid fails.

4. Mr. Silver accepted the job offer [rather / even though] the pay was lower than his previous position.

5. Welington Street will be closed [until / while] road repairs are underway.

6. We have decided to extend the deadline [so that / cautiously] more participants can submit their applications.

7. We will hire any maintenance company [especially / as long as] the price requirement is met.

8. You may use the front parking lot, [consequently / provided that] you are visiting an office in this building.

9. [Once / Even though] submitted, the proposal will undergo review by the board of executives.

10. Please dress in formal attire [when / why] meeting clients.

실전 TEST

1. The factory manager considers ------- productivity and safety equally important.
   (A) of
   (B) under
   (C) both
   (D) to

2. Director Diaz is ------- that he can finish the task on time, as several team members are out sick.
   (A) doubtful
   (B) remote
   (C) objective
   (D) active

3. New studies indicate ------- using social media excessively may lead to increased anxiety.
   (A) but
   (B) that
   (C) while
   (D) so

4. The meeting will be delayed by one hour ------- any attendees arrive late due to traffic.
   (A) so
   (B) as of
   (C) during
   (D) in case

5. On Tuesday, production facilities will stop operations ------- they are being inspected.
   (A) apart
   (B) until
   (C) or
   (D) while

6. Employees are ------- asked nor required to work overtime without proper compensation.
   (A) often
   (B) sometimes
   (C) even
   (D) neither

7. The consultant suggested ------- we revise our marketing strategy to target younger consumers.
   (A) that
   (B) while
   (C) either
   (D) must

8. The flashing red light serves as an ------- that the machine is overheating.
   (A) allowance
   (B) example
   (C) alert
   (D) authentication

9. Visitors are asked to stay in the lobby ------- waiting for their appointment.
   (A) since
   (B) while
   (C) yet
   (D) as

10. Ms. Foster made it ------- that any changes to the design require her review.
    (A) clearing
    (B) clear
    (C) clearly
    (D) cleared

11 In light of the current market situation, it is surprising ------- we are still making a profit.

(A) so
(B) that
(C) there
(D) more

12 Writer Neil Johnson decided to publish e-books ------- he could reach young readers.

(A) as if
(B) so that
(C) considering
(D) except when

13 The service technician has offered us ------- that there will be no service charge at all.

(A) assurance
(B) assuredly
(C) assuring
(D) assures

14 Reynolds Studio ceased outsourcing editors ------- the cost became too high.

(A) accordingly
(B) rather than
(C) because
(D) as with

15 ------- you wish to change your reservation, call our front desk at least a day in advance.

(A) Moreover
(B) Besides
(C) If
(D) Rather

16 A consumer organization reported ------- most consumers do not trust online reviews.

(A) as
(B) that
(C) with
(D) though

17 The testing team had to wait a week ------- the prototype was released.

(A) until
(B) further
(C) meanwhile
(D) then

18 As financial director, you will plan our yearly budget ------- oversee spending for stability.

(A) because
(B) in addition
(C) and
(D) only

19 The revised policy states ------- items unclaimed for 30 days will go to charity.

(A) so
(B) that
(C) since
(D) for

20 K-Mobile is confident ------- it will soon regain its lost market share.

(A) that
(B) also
(C) about
(D) of

DAY 10 | 관계사 Part 5

1 관계사의 기본 개념

- 앞 절의 명사를 받는 대명사의 역할과, 절을 다른 절의 부속 요소로 연결시키는 종속접속사의 역할을 동시에 합니다.
- 관계사를 쓸 때는 관계사의 연결을 받는 명사(=선행사)의 수, 격, 그리고 사람/사물이 일치해야 합니다.

2 관계사의 생성 원리

■ **관계대명사**: 연결되는 절에서 중복되는 명사 요소를 관계대명사로 바꾸어 연결

Mr. Rogers is a sales manager. + **Mr. Rogers** was hired last week.
⇒ Mr. Rogers is a sales manager **who** was hired last week.
로저스 씨는 지난주에 채용된 판매부장이다.

■ **관계부사**: 연결되는 절에서 중복되는 부사구를 관계부사로 바꾸어 연결

Mr. Rogers has joined our company. + He will work as a sales manager **at our company**.
⇒ Mr. Rogers has joined our company **at which** he will work as a sales manager.
⇒ Mr. Rogers has joined our company **where** he will work as a sales manager.
로저스 씨가 막 우리 회사에 막 입사했으며, 앞으로 영업부장으로 일할 것이다.

> 「장소 + in/at which」 ~에서
> 「모임 + during which」 ~ 동안

3 관계사절의 구조적 특징

■ 관계대명사가 이끄는 절은 주어, 목적어 또는 보어가 빠진 불완전한 구조

The company built a new factory, **which** will create hundreds of jobs.
회사에서 새 공장을 지었는데, 그곳은 수 백 개의 일자리를 창출할 것이다.
→ 주어가 없는 불완전한 구조이므로 앞에 주어를 대신하는 관계대명사 필요

■ 관계부사가 이끄는 절은 보조 요소인 부사가 빠진 완전한 구조

Ms. Mitchell moved to the city **where** she attended university.
미첼 씨는 자신이 대학을 다녔던 도시로 이사했다.
→ 주어, 동사, 목적어를 갖춘 완전한 구조이므로 앞에 관계부사 필요

■ 전치사 + 관계대명사 = 관계부사

We will hold video conferences **in which** all staff members can join from their own desks.
우리는 전 직원이 자신의 자리에서 참여하는 화상회의를 실시할 것입니다.
→ 주어, 자동사, 부사구로 이루어진 완전한 구조이므로 앞에 관계부사가 필요하다. 그런데 보이지 않는다면, 대신「전치사+관계대명사」를 선택

PRACTICE 1

빈칸에 알맞은 것을 고르세요.

1. Mr. Javis is the candidate [he / who] is most likely to win the election.

2. Friday is the earliest day [when / for] I can visit your office.

3. This is a full package that [include / includes] transportation, accommodation, and insurance.

4. The team members [who / they] wish to visit the book fair must contact Mr. Green by Tuesday.

5. Our Miami branch is the place [where / that] most of our employees wish to work.

6. This year, we have recorded remarkable sales, [most of which / because of them] came from our Seoul office.

7. You have to prepare for any questions [that / you] may be raised during the client meeting.

8. The new AI classes, all of [which / them] are taught by Mr. Marco, sold out in a day.

9. June 15 is the date [what / when] the RP-3 model will be released to the public.

10. We will have a product demonstration, during [which / who] participants can use the device themselves.

NOTES

4 관계대명사의 특징

■ 대명사처럼 수와 격, 사람/사물에 맞추어 사용

선행사	주격	목적격 (생략 가능)	소유격
사람	who + 동사	whom + 명사 + 동사	whose + 명사 + 동사
사물	which + 동사	which + 명사 + 동사	of which + 명사 + 동사 whose + 명사 + 동사
사람&사물	that + 동사	that + 명사 + 동사	없음

■ 선행사가 사람 명사이면 관계대명사 who, 사물이면 which ❶ that은 사람과 사물 모두 가능

All staff members **who** attended yesterday's workshop must submit a report.
어제 워크샵에 참석한 모든 직원은 보고서를 제출해야 합니다.

Luma Design Group, **which** consists of 20 architects, specializes in designing commercial spaces.
루마 디자인 그룹은 20인의 건축가들로 구성되어 있으며, 상업 공간 디자인을 전문으로 한다.

■ 선행사를 직접 수식하는 that은 콤마(,) 뒤 삽입구 위치에 사용 불가

The client meeting, **which** was scheduled for Friday, has been canceled.
　　　　　　　　　that (X) ········▶ 관계대명사 that은 추가 정보를 나타내는 콤마 뒤 삽입구 위치에 사용 불가
고객 회의가 금요일로 예정되어 있었는데, 취소되었다.

■ 관계대명사의 수 표시

We have hired three assistants, two of **whom** are assigned to the marketing team.
우리는 세 명의 보조직원을 채용했고, 그 중 두 명은 마케팅팀에 배정되었습니다.
　　　　　　　　　　　········▶ 단수 선행사와 단수 동사의 수 일치
Anyone **who** wishes to participate must register by Friday.
참가를 희망하는 누구든 금요일까지 등록해야 합니다.

■ 소유격 관계대명사: whose / of + 관계대명사

Businesses **whose** staff receive regular training tend to perform better.
직원들이 정기 교육을 받는 회사들은 실적을 더 잘 내는 경향이 있다.

The company launched an employee wellness program, **the aim of which** is to reduce stress.
　　　　　　　　　　　　　　　　　　　　　　　········▶ 전치사 뒤는 목적격 / whose (x)
회사는 스트레스를 줄이는 것이 목적인 직원 건강 프로그램을 도입했다.

■ 선행사를 포함하는 관계대명사 what

The storm has caused **what** people described as the worst flooding in decades.
　　　　　　　　　　= the thing that ❶ 관계대명사 what 앞에 has caused의 목적어인 선행사가 없음
그 폭풍은 사람들이 수십 년 만에 최악이라고 말하는 홍수를 일으켰다.

PRACTICE 2

빈칸에 알맞은 것을 고르세요.

1. Please name a person or a community [that / them] has influenced your decision to choose us.

2. Only those [who / which] submit their portfolio will be eligible for promotion.

3. Mr. Anderson will deliver a speech at an international convention, [which / that] he organized himself.

4. The most popular lecturer at the leadership workshop was Jimmy Holms, [who / whose] book is a national bestseller.

5. The company has opened five new branches, two of [which / whose] are in Seoul.

6. The department [that / whose] staff members record the highest sales will be given five days of paid leave.

7. We received several proposals, all of [whom / which] exceeded our expectations.

8. A special committee, the goal of [whose / which] is to restructure the company, will start holding meetings this week.

9. The results of the survey showed [that / what] the marketing director had anticipated.

10. Many viewers were asked to give comments on [which / anything] they had felt about the movie.

NOTES

5 관계부사의 특징

관계부사는 앞 절의 명사와 뒤 절의 부사 표현을 연결합니다.

선행사	관계부사	예시
시간 time	when	until the next week, when ~하는 다음 주까지
장소 place	where	in the downtown area, where ~한 도심 지역에서
이유 reason	why	That is (the reason 생략) why 그것이 내가 ~한 이유이다 ❗ Part 6에서 간혹 출제

Gametopia decided to return to France, **where** it was established 10 years ago.
　　　　　　　　　　　　　　　　　　　장소 선행사
게임토피아는 10년 전에 회사가 설립되었던 프랑스로 돌아가기로 결정했다.

Mr. Reed's resignation was not known until last Friday, **when** he held a press conference.
　　　　　　　　　　　　　　　　　　시간 선행사
리드 씨의 사임은 그가 기자회견을 열었던 지난 금요일까지 알려지지 않았다.

That is **why** an additional charge has been applied to your invoice.
선행사 the reason과 why가 중복되므로 선행사를 생략
그런 이유로 귀하의 청구서에 추가 요금이 적용되었던 것입니다.

6 복합관계사

- 관계대명사 또는 관계부사의 끝에 ever를 붙여서 '~이든 상관없이'와 같은 양보의 의미로 강조합니다.
- 복합관계대명사는 불완전한 절을 이끌며, 문장에서 명사절(주어나 목적어 등 명사 역할) 혹은 부사절(주절을 수식하는 부사 역할)로 쓰입니다.
- 복합관계부사절은 완전한 절을 이끌며, 주절을 수식하는 부사절로 사용됩니다.

복합관계대명사	whatever 무엇이든지(= anything that = no matter what) whoever/whomever 누구이든지/누구에게든지(= anyone who/whom = no matter who/whom) whichever 어느 쪽이든지(= any one which = no matter which)
복합관계부사	whenever 언제 ~하든지(= at any time when = no matter when) wherever 어디서 ~하든지(= in any place where = no matter where) however 어떻게 ~하든지(= in any way how = no matter how) 　└──▶ 토익에서는 주로 접속부사(그러나, 하지만)로 출제됨

Our team will do **whatever** is needed to meet the deadline.
우리 팀은 마감을 맞추는 데 필요한 것은 무엇이든 할 것입니다. ❗ 복합관계대명사 (명사절)

The warranty covers one year or 20,000 kilometers, **whichever** comes first.
보증은 1년 또는 2만 킬로 중 어느 쪽이든 먼저 도래하는 시점까지 적용됩니다. ❗ 복합관계대명사 (부사절)

Employees should contact IT support **whenever** they notice a system malfunction.
직원들은 시스템 오류를 발견할 때마다 IT 지원팀에 연락해야 합니다. ❗ 복합관계부사

PRACTICE 3

빈칸에 알맞은 것을 고르세요.

1. Please review the night shift schedule and let us know the time [which / when] you prefer to work.

2. We are preparing for an exhibition [that / where] our latest products will be on display.

3. The weather forecast predicted heavy rain, which is [where / why] the event was postponed.

4. [Whoever / Who] collects the most blue chips within the given time wins the game.

5. We will provide [anything / whatever] is needed to complete your project successfully.

6. I assure you that [whichever / another] you select will satisfy you with its performance.

7. You can receive a refund or an exchange for a damaged item, [whichever / whoever] is more convenient.

8. [Whoever / Who] is the first one to arrive at the office in the morning, please open the windows to let in fresh air.

9. Please follow the on-screen instructions [whenever / until] the copy machine displays an error message.

10. All visitors must wear their visitor badges [wherever / rather than] they go in the facility.

NOTES

실전 TEST

1. During the interview, Ms. Stewart mentioned the people ------- have influenced her career the most.
   (A) whose
   (B) who
   (C) whomever
   (D) whom

2. Mr. Kayle, ------- contribution is vital to the community, has been honored with an award.
   (A) those
   (B) itself
   (C) whose
   (D) each other

3. ------- class you select will offer a two-month free trial and an additional ten-hour session.
   (A) Whichever
   (B) Another
   (C) Neither
   (D) More

4. Please evacuate the building in a timely manner ------- you hear the fire alarm.
   (A) otherwise
   (B) whenever
   (C) besides
   (D) nevertheless

5. We will give customers gift vouchers when they write a review about ------- they buy.
   (A) most
   (B) both
   (C) anything
   (D) other

6. The first week of every month is ------- the expenses from the previous month are reported.
   (A) how
   (B) for
   (C) when
   (D) what

7. We offer a one-year warranty ------- includes technical support and software updates.
   (A) that
   (B) who
   (C) what
   (D) it

8. Employees should wear their badge ------- they go on company premises.
   (A) always
   (B) instead of
   (C) as well as
   (D) wherever

9. Mr. Moore suggested a campaign, the aim of ------- is to improve brand recognition.
   (A) one
   (B) which
   (C) whose
   (D) another

10. Eastern Air announced that ------- offers the most innovative idea will become its CEO.
    (A) what
    (B) whoever
    (C) whose
    (D) whichever

11 Mr. Walsh hosts a TV show ------- people share their thoughts on recent market trends.

(A) in which
(B) whom
(C) in order to
(D) along with

12 Mary Vaughn donated a large sum of money to the city ------- she grew up.

(A) through
(B) where
(C) which
(D) from

13 Participants are permitted to bring ------- they can use for the group activity.

(A) whatever
(B) whoever
(C) everyone
(D) another

14 We are currently seeking those ------- are experienced in digital marketing.

(A) who
(B) they
(C) what
(D) some

15 Because of scheduling conflicts, the board meeting will be moved to a date ------- everyone can attend.

(A) despite
(B) whereas
(C) rather than
(D) when

16 We have five legal advisors, two of ------- will be resigning this month.

(A) whoever
(B) whom
(C) what
(D) where

17 A pipe burst on Main Street caused ------- looked like a multi-car crash.

(A) it
(B) that
(C) which
(D) what

18 ExpressWay has a fleet of 40 trucks, half of ------- are used for interstate deliveries.

(A) whose
(B) which
(C) either
(D) other

19 The trial period ends after 14 days or 10 logins, ------- comes first.

(A) whoever
(B) either
(C) whichever
(D) another

20 You are a Premium member ------- card can be engraved with a personal photo.

(A) whose
(B) what
(C) whatever
(D) whoever

DAY 11 | 전치사 Part 5

1 전치사의 기본 개념

- 전치사는 명사와 명사 또는 동사와 명사/대명사/동명사를 연결합니다.
- 전치사는 장소, 시간, 주제, 소유, 목적, 수단 등 다양한 연결 논리에 알맞은 단어를 사용해야 합니다.

2 다양한 의미로 사용되는 토익 대표 전치사

	시간	장소	기타
at	[특정 시점, 나이] at 2 p.m. 오후 2시에 at the time of purchase 구매할 때 at one's convenience 편한 시간에 at the end of ~가 끝날 때	[특정 목적 장소, 특정 지점] at the airport 공항에서 at a luncheon 오찬에서 at the front of ~ 앞에 We at Sky Tours 스카이 투어 직원들	[비용] at no cost 무료로 at a reasonable price 합리적인 가격에
on	[요일, 날짜, 진행 시점] on Monday 월요일에 on June 20 6월 20일에 on the opening day 개장일에 on arrival 도착하자마자 on display 전시 중인	[도로, 표면] on Fifth Street 5번가에서 on the agenda 의제에 포함된 on the top (shelf) (선반) 위에 advertise on roadside billboards 도로 광고판에 광고하다	[주제, 관심, 대상] a workshop on ~에 관한 워크샵 be focused on ~에 초점을 맞추다 collaborate on ~에 대해 협업하다 be based on ~에 근거를 두다 discounts on ~에 대한 할인
in	[긴 시간, 시간 경과] in the second half of ~ 후반에 in the summer 여름에 in two weeks 2주 후에	[장소] in New York City 뉴욕시에 enclosed in ~에 동봉된 be held in the park 공원에서 열리다	[분야] specialize in ~이 전문이다 play a role in ~에서 역할을 맡다 a decline in ~에서의 하락
for	[기간, 시점] for the past 3 years 지난 3년간 valid for 3 years 3년간 유효한 scheduled for + 날짜 ~로 예정된 for a limited time 한정된 시간 동안	[목적, 이유] be prepared for ~을 준비하다 be grateful for ~에 감사하다 a candidate for the job 취업 지원자 for a refund 환불을 받으려면	[요구, 대체, 책임, 기회] a demand for ~에 대한 수요 a substitute for ~의 대체물 responsible for ~에 대해 책임지는 eligible for ~을 받을 수 있는
within	[기한] within 3 weeks 3주 이내에 within 5 business days 영업일로 5일 내에 within 30 days of purchase 구매 후 30일 내에	[거리, 공간] within the city limits 시 경계 내에 within walking distance 도보 범위에 within our service area 서비스 지역 내에	[범위] within the system 시스템 내에서 within the company 사내에서 within the limit of our budget 예산 한도 내에서

PRACTICE 1

빈칸에 알맞은 것을 고르세요.

1. Our new retail store is located [to / in] the city center.

2. The password for your Intranet account should be changed [at / to] the end of each month.

3. We can print your photo [above / on] your credit card upon request.

4. Our new factory is expected to become operational [in / on] the second quarter of this year.

5. You must research the target business when preparing [to / for] a job.

6. Our professional service technicians will respond to your requests [between / within] one hour.

7. Mr. Wayne and I have been collaborating [by / on] the Cambridge deal.

8. Mr. Harris will be awarded a bonus for his role [at / in] closing an important contract with Mega Trading Co.

9. You can choose a substitute [of / for] any dressings you don't like on our menu.

10. Same-day delivery is available for customers [among / within] the city limits.

3 연결 의미별 전치사 분류

전치사는 앞뒤로 연결되는 단어의 연결 맥락에 맞추어 사용되어야 합니다. 따라서 앞뒤 단어의 성격을 파악하면 쉽게 정답을 고를 수 있습니다. 또한 전치사는 접속사의 혼동 오답으로 자주 사용됩니다.

연결 관계	전치사	의미	예
시간	during	~ 동안	**during** the award ceremony 시상식 동안 ❶ 기간 명사 필요
	for	~ 동안	**for** the next ten years 앞으로 10년 동안 ❶ 기간을 나타내는 숫자 필요
	over	~ 동안	**over** the next 5 years 앞으로 5년에 걸쳐 ❶ 긴 기간 동안에 죽
	by	~까지	ship your order **by** Friday 금요일까지 주문을 발송하다 ❶ 행위 발생 기한
	until	~까지	will be closed **until** tomorrow 내일까지 닫을 것이다 ❶ 진행 상황 종료
	before	~ 앞에	one day **before** the deadline 마감 시한 하루 전
	after	~ 후에	**after** each use 매 사용 후에
	since	~ 이래로 죽	**since** its establishment 5 years ago 5년 전 설립 이래로 ❶ 이유 x
	around	~ 근처에	end **around** 2 P.M. 2시경에 끝나다
	throughout	~ 전체에	be offered **throughout** the week 일주일 내내 제공되다
장소 위치	under	~ 아래, ~중	**under** the direction of ~의 지도 아래 **under** construction 공사중
	along	~을 따라서	be found **along** the shore 해변을 따라 발견되다
	beside	~ 옆에	stand **beside** the screen 화면 옆에 서있다
	throughout	~ 전체에	be mentioned **throughout** the report 보고서 곳곳에서 언급되다
	near	~ 근처에	be located **near** the museum 박물관 근처에 있다
	behind	~ 뒤에	be stacked **behind** the table 탁자 뒤에 쌓여 있다
	to/toward	~로	be secured **to** the wall 벽에 고정되다 work **toward** ~을 지향하다
	through	~을 샅샅이	sort **through** the documents 문서들을 샅샅이 훑어보다
	across	걸쳐서, 맞은편에	**across** the country 전국 곳곳에 **across** the park 공원을 가로질러
출처 선택	from	~에서	**from** outside 외부로부터 resign **from** ~을 사임하다
	among	~ 중에	choose A **among** various models 여러 모델 중 선택하다
	between	~ 사이에	transfer money **between** accounts 계좌 사이로 송금하다
수단 경로	by	~로써	**by** hiring additional workers 추가 인력을 고용함으로써
	through	~을 통해	manage your account **through** our app 앱을 통해 계정을 관리하다
동반 추가 제외	with	~와 함께	come **with** ~가 딸려오다 **with** any questions 질문이 있다면
	except (for)	~은 제외하고	open every day **except** Sunday 일요일을 제외하고 매일 문을 열다
	besides	~외에도	other benefits **besides** the lower cost 낮은 비용 외에 다른 혜택
	plus	~ 외에	enjoy all the games, **plus** the movies 모든 게임 외에 영화도 즐기다
주제	on/about/over	~에 관하여	debate **over** the proposed budget 예산안에 대해 토의하다
양보	despite	~에도 불구하고	**despite** the high cost 높은 비용에도 불구하고
자격	as	~로서	serve **as** a practical solution 실질적 해결책의 기능을 하다
제공	with	~로	be tasked **with** ~ 임무를 맡다 be provided **with** ~을 제공받다
차이	by	~만큼	increase **by** ~만큼 증가하다

PRACTICE 2

빈칸에 알맞은 것을 고르세요.

1. Joan Lopez has served as a legal consultant [during / while] her 10-year service at MC Logistics.

2. Artificial intelligence has seen significant changes [over / since] the past five years.

3. Anyone who wishes to attend the IT convention next week must register [by / in] tomorrow.

4. Factory workers must wear protective equipment [among / throughout] the manufacturing process.

5. The big trees planted [between / along] Main Street provide shade for pedestrians.

6. New employees are invited to a luncheon [with / to] the CEO this Friday.

7. Recycling bins are placed [from / beside] the refrigerator in the break room.

8. Mr. Raul has been tasked [with / upon] training the new employees on safety procedures.

9. Speedway is well known among young adults for its fast service [unless / despite] its small space.

10. Please contact Mr. Raymond in Human Resources [with / where] any questions about the upcoming workshop.

4 분사형 전치사

분사가 아예 전치사로 품사가 굳어져 쓰이기도 하는데, 토익에서는 다음의 전치사들이 주로 출제됩니다.

연결 관계	전치사	의미	예
시간	starting	~부터 (= from)	**starting on** Monday 월요일부터
	following	~후에 (= after)	**following** the meeting 회의 후에, 회의가 끝난 뒤
주제	concerning	~에 대해 (= on, about)	the policy **concerning** overtime pay 야근 수당에 관한 정책
	regarding	~에 관해 (= on, about)	contact you **regarding** the delay 지연에 관해 연락을 하다
비교	considering	~을 고려하면	**Considering** its quality, the price is affordable. 품질을 고려하면 가격이 저렴하다.
포함	including	~을 포함해(= along with)	benefits **including** free delivery 무료 배송을 포함한 이점들

Following the luncheon, the investors will tour the new facility.
오찬 후에, 투자자들은 새 시설을 둘러볼 것이다.
▶ '뒤따라서'라는 뜻의 분사구문이 주어와의 연결성이 약한 전치사로 기능 변화

5 복합전치사

「명사+전치사」 또는 「부사+전치사」처럼 두 단어 이상의 구가 하나의 전치사 역할을 하는 경우입니다.

연결 관계	전치사	의미	예
이유 인과	due to	~로 인해	**due to** the lack of interest 관심 부족 때문에
	because of	~때문에	**because of** timely measures 빠른 조치 덕분에
	owing to	~때문에	have been closed **owing to** the flood 홍수로 폐쇄되었다
	as a result of	~의 결과로	**as a result of** strong consumer interest 높은 소비자 관심의 결과로
시간 순서	prior to	~이전에	**prior to** making any purchases 구매하기 전에
예시	such as	예를 들면 ~	activities **such as** hiking and cycling 하이킹, 자전거타기 등의 활동
동반 제외	in addition to	~와 더불어	sell vegetables **in addition to** meat 육류와 더불어 야채도 판매한다
	along with	~와 함께	send a catalog **along with** samples 견본과 함께 카탈로그를 보내다
	instead of	~하는 대신	**instead of** hiring more employees 직원을 더 채용하는 대신
대리	on behalf of	~을 대신하여	**on behalf of** his company 회사를 대신하여
양보	in spite of	~에도 불구하고	**in spite of** bad weather 악천후에도 불구하고
	regardless of	~와 상관없이	get a discount **regardless of** the amount 수량과 상관없이 할인받는다
근거	according to	~에 따라, 덕분에	**according to** the updated schedule 업데이트된 일정에 따라
비교	compared with	~에 비해서	rose slightly **compared with** last year 작년에 비해 약간 올랐다
대응	in response to	~에 대응하여	**in response to** rising demand 수요 증가에 대응하여

Several flights were canceled **due to** severe weather conditions.
몇몇 항공편이 악천후 때문에 취소되었다.

PRACTICE 3

빈칸에 알맞은 것을 고르세요.

1. Our customers gave us positive feedback [following / concerning] our design.

2. Mr. Whistler provides various financial services, [including / along] budget planning, cost analysis, and consulting.

3. Reserving tickets early is recommended [due to / since] the high demand for this concert.

4. This year's revenue has reached record highs [because of / although] the innovative marketing campaigns.

5. The final round of testing is scheduled for June 20, [prior to / including] the product launch.

6. [In addition to / Compared with] its affordable prices, Green Juice House boasts a wide range of drinks.

7. Lakeside Lodging offers various activities, [such as / whereas] paddling, fishing, and hiking.

8. AM Trading's management prefers offering overtime pay [instead of / except for] hiring temporary workers.

9. Ms. Park's performance is impressive [compared with / part of] that of the rest of the team.

10. We will hire the most qualified among the three candidates [nevertheless / regardless of] their age.

NOTES

실전 TEST

1. GreenHarvest Market is committed to providing fresh produce ------- a low cost.
   (A) on
   (B) at
   (C) in
   (D) to

2. Since the renovation, sales at Ms. Rosa's hair salon have increased ------- 60 percent.
   (A) since
   (B) with
   (C) by
   (D) on

3. Ms. Rohan will get a bonus for her role ------- successfully launching the new product.
   (A) in
   (B) at
   (C) except
   (D) apart

4. We have extended our business hours ------- the high volume of customers.
   (A) regarding
   (B) as
   (C) on
   (D) due to

5. The company outing will proceed as planned ------- the forecast for light rain.
   (A) despite
   (B) although
   (C) so that
   (D) in effect

6. When preparing ------- a factory inspection, make sure all the safety protocols are clearly posted.
   (A) of
   (B) to
   (C) for
   (D) among

7. Jenny's Clothing offers a 50% discount ------- any returned items.
   (A) on
   (B) to
   (C) about
   (D) between

8. Leona Brooks will be honored for her latest bestseller, *Amber Key*, ------- the ceremony.
   (A) during
   (B) herself
   (C) then
   (D) because

9. The best way to find qualified employees in your area is ------- the JobExpress Web site.
   (A) through
   (B) beside
   (D) among
   (D) upon

10. Mr. Green usually comes to work at 9:00 A.M., ------- Tuesdays when he starts his shift at noon.
    (A) except for
    (B) around
    (C) naturally
    (D) away

11 Mr. Calahan was ------- the ten delegates sent to the Global Economy Forum in Paris.
(A) around
(B) upon
(C) among
(D) beyond

12 We will exchange items damaged in transit, ------- the cause of the damage.
(A) regardless of
(B) against
(C) nevertheless
(D) except for

13 Expenses of over 50 dollars should be approved in advance, ------- the employee handbook.
(A) except for
(B) such as
(C) according to
(D) so that

14 Phoenix Inc. manufactures a wide range of home appliances, ------- TVs and refrigerators.
(A) until
(B) following
(C) including
(D) along

15 We are planning to coordinate a "Save Earth" campaign ------- local businesses.
(A) across
(B) past
(C) beside
(D) against

16 The use of this voucher is restricted to participating stores ------- the city limits.
(A) among
(B) within
(C) during
(D) onto

17 SC Bank has changed significantly ------- the past three years under Mr. Lim's leadership.
(A) over
(B) into
(C) since
(D) beside

18 Employees must direct any inquiries ------- damaged items to the Shipping Department.
(A) regarding
(B) except for
(C) in order to
(D) through

19 Participants in the mentoring program can enjoy various benefits, ------- meal support.
(A) such as
(B) whereas
(C) even though
(D) likewise

20 We will have a brief break with refreshments ------- the Q&A session.
(A) rather
(B) including
(C) where
(D) following

처음토익 550⁺

PART 6

DAY 12 접속부사 문제

DAY 13 문맥 유형 문제

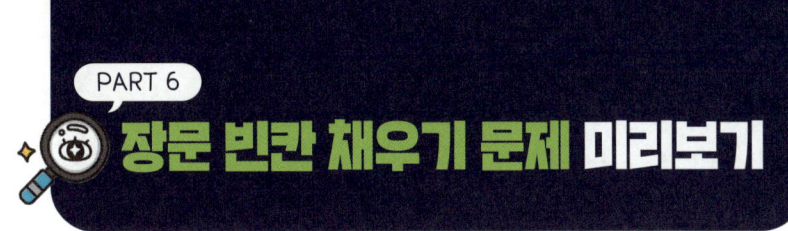

PART 6 장문 빈칸 채우기 문제 미리보기

▷ 문항 수: 16문항 (131번~146번)
▷ 한 개의 지문에 네 개의 빈칸이 들어있고, 그 빈칸에 들어갈 알맞은 어휘/문장을 고르는 유형으로서, 총 네 개의 지문이 출제됩니다.

Questions 131-134 refer to the following instruction.

Thank you for purchasing plants from our store. Stick to these easy-to-follow guidelines to ------- your plants and help them to flourish.
                                    131.

First, your plants require water, light, and warmth in order to survive. Place your plants in suitable pots or troughs filled with nutrient-rich soil. Then, -------
                                                                                        132.
position them somewhere where they can receive ample sunlight. Make sure that you water your plants on a regular basis. -------, they will begin to wither and
                                                                133.
will eventually die. -------.
                    134.

131. (A) preserve
 (B) select V
 (C) order
 (D) review

132. (A) simplify
 (B) simply V
 (C) simple
 (D) simplistically

133. (A) Meanwhile
 (B) However
 (C) Thus
 (D) Otherwise V

134. (A) By following these instructions, you can keep your plants healthy. V
 (B) These can be purchased at affordable prices from Palmerstone Plants.
 (C) We wish to apologize for any inconvenience this may have caused you.
 (D) Please note that the devices should be cleaned on a regular basis.

DAY 12 | 접속부사 문제 Part 6

1 접속부사의 기본 개념

- 문장 앞에 쓰여 앞문장과 자신이 속한 문장을 논리적으로 연결하는 부사를 접속부사라고 합니다.
- 접속부사를 고르는 문제에서는 앞문장과의 논리적 연결 관계를 파악해야 합니다.
- 앞문장과의 논리적 연결 관계에 맞는 접속부사를 고를 수 있으려면 시험에 나오는 다양한 접속부사들의 종류를 알고 있어야 합니다.

▶ 앞문장(원인)과 뒷문장(결과)을 논리적으로 연결하는 접속부사

Our budget was recently reduced. **Therefore**, we are unable to hire additional staff.
우리 예산이 최근에 축소되었습니다. 그래서, 추가 인력을 고용할 수 없습니다.

2 접속부사의 종류

접속부사는 앞 문장과의 연결 관계를 나타내므로, 해석을 통해 이 연결 관계를 파악해야 합니다.

■ 양보·대조·상반 관계를 나타내는 접속부사

앞 문장에 제시된 내용에서 기대되는 것과 상반된 내용을 연결합니다.

- However 하지만
- Nevertheless, Nonetheless 그럼에도 불구하고
- On the other hand 하지만, 한편
- On the contrary, Conversely 반대로
- Even so 그럴지라도, 그렇긴 하지만
- Unfortunately 안타깝게도
- Fortunately 다행히도

Some employees still find our employee handbook helpful. [**However** / For example], most others say it doesn't reflect our current practices.
일부 직원들은 우리 직원편람이 여전히 유용하다고 생각한다. 하지만, 대부분의 다른 이들은 그것이 현재의 관행을 반영하지 못한다고 말한다.

🔒 이렇게 풀어요!

❶ 의미 비교
직원편람이 유용하다 → 현재 관행을 반영하지 못한다

❷ 연결 관계 확인
긍정적인 내용과 부정적인 내용의 상반된 연결 관계

❸ 접속 부사 선택
'하지만'의 의미로 대조되는 내용을 연결하는 However가 정답

PRACTICE 1

빈칸에 알맞은 것을 고르세요.

1. We agree that the proposed design looks good. [Thus / However], we still need to enhance the color of the logo.

2. Thank you for applying for our managerial position. [Unfortunately / Likewise], the post has already been filled.

3. We will stop selling outdoor clothing in the domestic market. [Otherwise / Conversely], we will continue to expand our presence in international markets.

4. Our budget is quite limited right now. [For example / Even so], I will give serious consideration to collaborating with you in the near future.

5. During the renovation, we will remain open. [Nevertheless / Therefore], some of our services may be unavailable temporarily.

6. Please note that your account will expire at the end of the month. [For that reason / Nevertheless], you need to back up all your data by then.

NOTES

■ 추가 관계를 나타내는 접속부사

앞 문장의 내용과 맥락이 같은 내용을 추가로 제시합니다.

- In addition, Additionally 덧붙이면
- Also 또한, 역시
- Moreover, Furthermore 게다가, 또한, 더 나아가
- Besides, Plus 그밖에
- Likewise 마찬가지로
- Similarly 유사하게

You will receive the highest quality consultation possible. [However / **Moreover**], you won't be limited by location, as we are licensed in 30 states.
귀하는 가능한 최고의 상담 서비스를 받으실 것입니다. 또한, 저희가 30개 주에서 면허를 소지하고 있으므로, 귀하는 위치의 제약을 받지도 않으실 것입니다.

🔒 이렇게 풀어요!

 의미 비교
최고의 상담 서비스 → 지리적 제약을 받지 않을 것

 연결 관계 확인
앞에 언급된 거래의 장점(최고의 상담 서비스)에 또 다른 장점(지리적 제약 없음)을 추가

 접속 부사 선택
'또한, 그 밖에, 덧붙여'라는 의미로 추가 관계를 나타내는 Moreover가 정답

■ 인과·결론 관계를 나타내는 접속부사

앞 문장의 내용에 의해 발생하는 결과 또는 앞 문장의 내용이 이르는 최종 결론을 이끕니다.

- Therefore 그러므로, 따라서
- As a result 그 결과
- Accordingly 그에 따라서
- Thus 그리하여
- Consequently, Ultimately 결국
- Eventually 결국, 마침내

The Wilberg Business Center will host an event soon. [Similarly / **Therefore**], you will have a chance to meet many potential business partners there.
윌버그 비즈니스 센터가 곧 행사를 주최할 것입니다. 따라서, 귀하는 그곳에서 많은 예비 사업 파트너들을 만날 기회를 가질 것입니다.

🔒 이렇게 풀어요!

 의미 비교
비즈니스 행사가 열린다 → 그곳에서 많은 예비 사업 파트너들을 만날 기회가 있다

 연결 관계 확인
비즈니스 행사가 열리고 그 결과 많은 예비 사업 파트너들을 만날 수 있다는 인과 관계

 접속 부사 선택
'그러므로'라는 의미로 결과를 이끄는 Therefore가 정답

PRACTICE 2

빈칸에 알맞은 것을 고르세요.

1. I have attached our price list to this e-mail. [However / Also], I've included an image of the list for your quick reference.

2. We are seeking recommendations on the party location. [Furthermore / Even so], we'd like to hear about your food preferences.

3. We have finished analyzing employee feedback. [Therefore / Instead], significant improvements will be made to our work environment soon.

4. This furniture comes with a 2-year limited warranty. [Finally / Plus], comprehensive maintenance services are included.

5. Rena's Bistro is temporarily closed for renovation. [Accordingly / Likewise], you can look forward to an even better experience later on.

6. Mr. Folley delivered remarkable results in his first year. [Even so / Consequently], he was promoted to marketing manager the following year.

■ 시간 관계를 나타내는 접속부사

앞 문장의 내용을 기준으로 그 이전, 이후 또는 그와 같은 시점에 발생하는 내용을 연결합니다.

- Afterward(s) 나중에
- Then 그 다음에
- Since then 그 이래로
- After this/that 그 이후에
- First 우선
- At the same time 동시에
- In the meantime 그 동안, 한편
- Previously 이전에
- Finally, Eventually 마침내

Currently, Amey's Supermarket is relocating its main store to Helm Street. [**In the meantime** / Previously], you can continue shopping with us through our online store for your convenience.
에이미 슈퍼마켓이 본점을 헬름가로 이전하려고 합니다. 그 동안, 저희 온라인 매장을 통해 편리하게 계속 이용하실 수 있습니다.

🔒 이렇게 풀어요!

① 의미 비교
슈퍼마켓 매장을 이전할 예정 → 온라인 매장에서 계속 이용할 수 있음

② 연결 관계 확인
오프라인 매장이 이전하는 동안, 그 대안으로 온라인 매장을 통해 계속 이용할 수 있음

③ 접속 부사 선택
'그 동안, 한편'이라는 의미로, 같은 시기에 발생하는 일을 이끄는 In the meantime이 정답

점수 UP TIP

기타 토익 빈출 접속부사

- (대체) Instead, Alternatively 그 대신
- (예시) For example, For instance 예를 들면
- (강조) In fact, Indeed, Actually 사실은
- (가정) Otherwise 그렇지 않다면 If so 그렇다면
- (초점) In particular 특히

PRACTICE 3

빈칸에 알맞은 것을 고르세요.

1. You will receive brief training from our professional consultants at headquarters. [Instead / Afterward], you will be assigned to one of our foreign offices.

2. Our company will move to a new headquarters next spring. [In the meantime / Finally], employees will continue working from their current location.

3. According to your subscription plan, all services are free for a month. [Then / Plus], you will be charged $9 per month.

4. This application was originally designed for time management. [Eventually / Firstly], it has evolved into a must-have tool for businesspeople.

5. Please avoid using a drying machine. [Instead / However], air-dry the shirt away from direct sunlight.

6. There are many ways to reduce office waste. [For example / Previously], switching to digital documents can significantly cut down paper use.

NOTES

Questions 1-4 refer to the following e-mail.

Dear Mr. Gordon,

I'm pleased to inform you that we ------- Gordon Cleaning Services' proposal to provide cleaning and maintenance services for our laboratory. Your team will have access to the facilities ------- June 1.
   1.   2.

As outlined in the attached agreement, your company will oversee daily cleaning operations. -------, you'll be responsible for providing monthly deep cleaning services throughout the facility. If you have any questions, feel free to contact me directly.
                                3.

-------.
   4.

Best regards,
Lewis Webber
Operations Manager

1. (A) may accept
   (B) would accept
   (C) have accepted
   (D) were accepting

2. (A) starts
   (B) started
   (C) starting
   (D) starter

3. (A) After all
   (B) Additionally
   (C) Eventually
   (D) For instance

4. (A) Unfortunately, we offered the contract to a different firm.
   (B) We look forward to working with your team on this project.
   (C) We will inform you of the final decision as soon as possible.
   (D) I will be happy to review your proposal and share my input.

Questions 5-8 refer to the following notice.

The Parks and Recreation Department would like to inform residents that the Old Pine Ridge Trail will be ------- closed from June 15 to September 30 for renovation work.
       5.
-------. It will also enhance the visitor experience by upgrading the signs along the route.
  6.
During the renovation, all access to the trail will be restricted. -------, hikers may use the
                                                                         7.
nearby Maple Creek Trail, which offers similar scenic views.

Updates on the progress of the renovation ------- regularly on the department's Web site
                                                 8.
and community bulletin boards. We appreciate your understanding and cooperation.

5 (A) formerly
   (B) continuously
   (C) approximately
   (D) temporarily

6 (A) We are currently hiring a contractor to maintain all the trails in the city.
   (B) This project aims to improve safety by repairing damaged sections of the trail.
   (C) There have been complaints about noise from residents living nearby.
   (D) Instead, we will notify you as soon as we have information about the reopening.

7 (A) If so
   (B) After all
   (C) On the contrary
   (D) In the meantime

8 (A) is posted
   (B) will be posted
   (C) being posted
   (D) had been posted

DAY 13 | 문맥 유형 문제 Part 6

1 문법 문맥 유형

시제와 대명사 문제는 단서가 다른 문장에 주어지는 대표적인 문법 문맥 유형입니다.

■ 다른 문장에서 시간 단서를 찾아 시제 유추하기

> Metro Transit **has announced a revised subway transfer policy. Accordingly**, the transfer time between bus and subway [**will be increased** / has been increased] from 20 minutes to 30 minutes.
> 메트로 트랜짓 사가 개정된 지하철 환승 정책을 발표했다. 이에 따라, 버스와 지하철간 환승 시간이 20분에서 30분으로 늘 것이다.

🔒 이렇게 풀어요!

① 문맥 파악
결과를 나타내는 접속부사 Accordingly가 이끄는 절의 시제는 원인을 나타내는 앞 문장을 단서로 찾음

② 단서 찾기
지하철 환승 정책 개정이 이제 막 발표됨 → 개정된 정책은 앞으로 시행될 정책을 의미

③ 시제 선택
앞으로 시행될 정책의 발생 시점은 미래이므로 미래시제가 정답

■ 앞 문장에서 대명사가 가리키는 명사를 찾기

> Fire safety officers will conduct a routine inspection on all **fire alarm systems** in our building. The aim of the inspection is to ensure that [**they** / both] remain operational.
> 소방 안전 담당자들이 우리 건물의 모든 화재 경보 시스템에 대해 정기 점검을 실시할 예정입니다. 이 점검의 목적은 그것들이 계속 정상 작동하도록 보장하는 것입니다.

🔒 이렇게 풀어요!

① 문맥 파악
대명사는 반드시 앞에 자신이 가리키는 명사를 동반하므로 앞 문장에서 확인

② 단서 찾기
앞 문장의 명사들 중 작동하는 것과 관련한 것은 fire alarm systems임

③ 대명사 선택
사물 복수명사를 받을 수 있는 대명사 they가 정답. both는 별개의 '두 개, 두 명'을 지칭

PRACTICE 1

빈칸에 알맞은 것을 고르세요.

1. Tom & Neilson announced that it [will contribute / had contributed] 5 million dollars to local public schools. The funds were donated through the local education board last week.

2. Two lanes on Wilson Street have been severely damaged, requiring a month of repair work. We apologize for any inconvenience this [may cause / caused].

3. Westley's Flower Shop is celebrating its 10th anniversary today! We [offered / are offering] a 20% discount on all our products.

4. The rails along the hiking trails are always beneficial. Among other things, [they / we] provide support on steep sections and help prevent accidents.

5. We have more than 30 years of experience in the gardening business. We assure you that [our / its] expertise is second to none.

6. Ms. Ashton excelled at helping her associates improve their overall performance. [Her / Their] retirement came as a surprise to many colleagues.

NOTES

2 어휘 찾기

Part 6의 어휘는 단어 자체의 뜻을 묻기보다는, 연결되는 다른 문장에 주어진 단서의 내용에 문맥상 부합하는 어휘를 고르도록 출제되며, 일반적으로 패러프레이징 된 것을 고르면 됩니다. 하지만 고난도 문제의 경우에는 추론을 요구하기도 합니다.

■ 앞 문장에 언급된 단어 키워드의 동의어 어휘 찾기

정답의 단서가 앞 문장에 동의어나 유사 표현으로 제시되는 경우입니다.

> **Further information** will be uploaded on their Web site. **For the** [**particulars** / approvals] about the event, please visit www.travelfree.com.
> 상세한 정보는 그들의 웹사이트에 업로드될 것입니다. 행사에 대한 세부사항들을 원하신다면, 웹사이트 www.travelfree.com을 방문하십시오.

🔒 이렇게 풀어요!

① 문맥 파악
상세정보가 업로드 될 것 → 「For the ------, please ~」 구문에서 for는 '원한다면'의 뜻

② 단서 찾기
빈칸의 원하는 대상 → 앞에 언급된 업로드 될 '상세한 정보'

③ 어휘 선택
'상세정보'를 의미하는 명사 particulars가 정답

■ 앞 문장에 언급된 내용의 문맥에 부합하는 어휘 찾기

주어진 문장의 내용에 부합하는 문맥상의 단서를 앞문장에서 찾은 후, 약간의 추론을 해야 합니다. 주로 순차적인 지시 또는 안내에서 이러한 유형이 출제됩니다.

> Unfortunately, the delivery vehicle carrying your order was involved in an accident yesterday. Another truck was dispatched right away, but **a one-day delay is unavoidable**. Thank you for your [**patience** / experience].
> 안타깝게도 어제 귀하의 주문품을 운송 중이던 차량이 사고를 당했습니다. 신속히 다른 트럭을 보냈지만, 하루의 배송 지연이 불가피합니다. 참고 기다려 주시면 고맙겠습니다.

🔒 이렇게 풀어요!

① 문맥 파악
배송 트럭 사고로 불가피하게 배송이 하루 지연된다는 안내

② 단서 유추
사고로 배송이 하루 지연된 고객에게 업체가 요청할 만한 것은?

③ 어휘 선택
하루 더 기다리는 사람이 가져야 하는 것은 인내심이므로 patience가 정답. 이런 문맥에서 understanding(이해심)이 정답으로 사용될 수도 있음

PRACTICE 2

빈칸에 알맞은 것을 고르세요.

1. I understand you had dinner with our customers several times during the convention. Please send me the receipts for the [meals / events] so I can process your reimbursement.

2. The swimming pools at the community center will be closed for inspection for one week. We apologize for any [inconvenience / damage] this may cause.

3. We have replaced a few suppliers due to quality issues. We hope this [change / distinction] will improve our image.

4. As of June 10, we will implement a new parking system at our headquarters. All [vehicles / devices] must be registered at the parking office before that date.

5. Chef Johannes has created an innovative menu with unique flavors. It is now providing customers with a truly [familiar / memorable] dining experience.

6. Some useful functions have been added to help public libraries recover overdue books. The app sends alert messages when items are not [returned / offered] on time.

NOTES

3 빈칸에 들어갈 문장 찾기

■ 지시어, 대명사 또는 접속부사 단서로 연결 문맥 파악하기

지시대명사(this/these), 정관사, 대명사 등의 지시어와 접속부사는 강력한 연결 대상을 동반합니다.

> -------. Please review **it** and send me feedback.
>
> (A) **The improved design** will be sent out via e-mail.
> (B) We will have a meeting with our clients tomorrow.
>
> ---
>
> 개선된 디자인이 이메일로 발송될 것입니다. 그것을 검토하시고 제게 의견을 주시기 바랍니다.
> (A) 개선된 디자인이 이메일로 발송될 것입니다.
> (B) 우리는 내일 고객들과 회의를 열 것입니다.

🔒 이렇게 풀어요!

① 문맥 파악
뒤의 문장은 그것(it)에 대해 검토하라는 요청

➡

② 단서 찾기
검토 대상인 대명사 it이 가리킬 수 있는 것은 개선된 디자인 (improved design)

➡

③ 문장 선택
개선된 디자인(The improved design)을 주어로 하는 (A)가 정답

■ 주제어와 연관된 표현 단서로 연결 문맥 파악하기

지시어/대명사/접속부사 등의 연결 단서가 없는 경우에는, 직접 앞뒤 문장을 해석해서 문맥 흐름을 찾아야 합니다. 앞 또는 뒤 문장에서 유사어로 연결되는 문맥을 파악하면 되는데, 이때 주제어와 연관이 깊은 표현을 가진 선택지가 정답 가능성이 높습니다.

> The booming tourism has been revitalizing **the local hospitality industry**. -------.
>
> (A) Demand for **hotel rooms** is already increasing steadily.
> (B) They are no longer leading the local economy.
>
> ---
>
> 관광업의 호황으로 지역의 접객산업이 되살아나고 있다. 호텔 객실의 수요가 벌써 꾸준히 증가하고 있다.
> (A) 호텔 객실의 수요가 벌써 꾸준히 증가하고 있다.
> (B) 그들은 더 이상 지역 경제를 이끌지 못하고 있다.

🔒 이렇게 풀어요!

① 문맥 파악
관광업 호황이 접객산업을 되살리고 있다는 문맥

➡

② 단서 찾기
접객산업이 되살아난다고 주장한 후에는 그에 대한 근거를 제시하는 것이 합리적

➡

③ 문장 선택
접객산업에 속하는 호텔 객실의 수요 증가를 언급하면서 근거를 제시하는 (A)가 정답

PRACTICE 3

빈칸에 알맞은 것을 고르세요.

1. -------. One of them is the issue of cyber theft involving personal information.
   (A) The webinar will cover a variety of topics.
   (B) We are planning to host a global webinar.

2. We offer customized service for each customer. -------.
   (A) So, feel free to contact us with your specific preferences.
   (B) We look forward to partnering with you soon.

3. Section B of the parking lot is temporarily closed for repainting. -------.
   (A) Shipping trucks can no longer use the parking lot.
   (B) In the meantime, visitors should use the basement space.

4. I value personal development alongside work. -------. However, I'm concerned that a manager role might not allow enough time for such growth.
   (A) I'm grateful to be considered for the manager position.
   (B) For example, I recently enrolled in French language courses.

5. Selecting special packaging may require an additional day for delivery. -------.
   (A) Please plan your order accordingly.
   (B) We often provide it for this purpose.

NOTES

실전 TEST

Questions 1-4 refer to the following e-mail.

Dear Mr. Holland,

We appreciate you ------- the issue with your monthly electricity bill to our attention. We
                      1.
have looked into the matter, and, as you pointed out, there was a miscalculation. You
were ------- overcharged by $15. The error occurred due to a technical issue in our meter
     2.
reading system. As a result, your usage was recorded incorrectly.

-------. The overcharged amount will be deducted from your next bill. If you have any
3.
further questions or need clarification about -------, please feel free to contact our
                                              4.
customer service team.

Sincerely,
Marylin Goh, Customer Service Team

1 (A) will bring
    (B) brought
    (C) bringing
    (D) bring

2 (A) quickly
    (B) frequently
    (C) mistakenly
    (D) lastly

3 (A) We have recently launched a new payment plan.
    (B) We hope to fill several positions in the billing department.
    (C) The electricity supply will be temporarily disrupted this week.
    (D) We sincerely apologize for the inconvenience this may have caused.

4 (A) us
    (B) it
    (C) you
    (D) them

Questions 5-8 refer to the following article.

Chicago, Dallas, and Los Angeles will soon get a taste of Tasty Bites, as the fast-growing fast-food chain ------- new locations in these cities next month. Known for its fresh ingredients, bold flavors, and affordable prices, Tasty Bites has built a loyal fanbase since establishing its first store. -------. Since then, it has grown into a nationwide favorite, thanks to her ------- to quality and innovation. "We're determined to keep on surprising our customers with new flavors and fresh ideas," says Kim. -------, Tasty Bites is known for its signature loaded burgers, crispy chicken wraps, and plant-based options that appeal to a wide range of customers.

5. (A) open
   (B) opens
   (C) opening
   (D) opened

6. (A) The brand was founded by chef Laura Kim as a small burger stand.
   (B) The founder considered expanding the business into overseas markets.
   (C) More difficulties for the fast-food industry were anticipated.
   (D) Lower prices for ingredients caused intense competition.

7. (A) decision
   (B) commitment
   (C) satisfaction
   (D) reduction

8. (A) Conversely
   (B) Similarly
   (C) However
   (D) As a result

처음토익 550⁺

PART 7

DAY 14 세부사항 / 목적 / 요청사항 문제

DAY 15 동의어 / 표현의도 / 문장삽입 문제

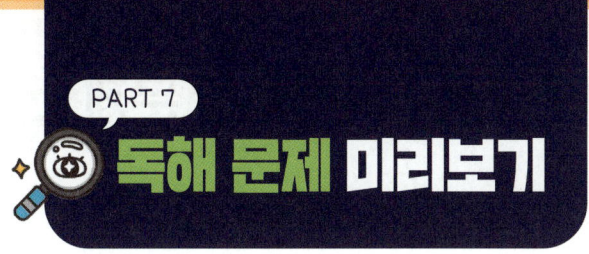

PART 7 독해 문제 미리보기

▷ 문항 수: 54문항 (147번~200번)
▷ 주어진 글을 읽고 질문에 답하는 유형입니다. 한 개의 지문을 읽고 푸는 유형, 두 개의 지문을 읽고 푸는 유형, 세 개의 지문을 읽고 푸는 유형이 있으며, 지문당 문제 개수는 지문에 따라 2~5개로 달라집니다.
▷ 단어 암기를 꾸준히 하고 지문 유형을 미리 익혀 두어야 합니다.

Questions 151-152 refer to the following memo.

To: All Customer Service Staff
From: Human Resources
Date: May 8

In order to serve the needs of our clients, we will be opening an additional shift. The schedule for this shift will be Saturday through Thursday, 4 P.M. to 12:30 A.M. Current employees who volunteer to move to this shift will earn an extra 50% pay per hour.

Interested employees should send a cover letter expressing their interest to Carrie Waters in Human Resources at cwaters@abccompany.com. There are 23 customer service slots open, and 2 management slots. Remember: successful applicants you refer will earn YOU $100 after their first 30 days of employment!

151. What is being announced in the memo?
(A) A training schedule
(B) An additional time slot V
(C) A chance for promotion
(D) A new vacation policy

152. What incentive is offered to employees who work the new time shift?
(A) A $100 bonus
(B) Extra time off
(C) A higher rate V
(D) A decrease in weekly hours

DAY 14 | 목적 / 요청 / 세부사항 문제 Part 7

1 목적 찾기

- 글의 목적을 묻는 문제에 대한 단서는 주로 아래의 두 가지 패턴으로 제시됩니다.

  글 초반: The purpose of this letter is to ~, I'm writing to ~, This e-mail is to ~, We are currently looking to ~, This survey aims to ~, We're pleased to ~ 등 목적의 표현 뒤 또는 광고 제목

  글 후반: Can you ~?, Could you ~?, Would you ~?, Please ~ 등 요청의 표현 뒤

■ 빈출 질문 유형

목적

What is the **purpose** of the notice? 이 공지의 목적은 무엇인가?

What is the e-mail **about**? 이 이메일은 무엇에 관한 것인가?

이유

Why was the memo **written**? 이 메모가 쓰여진 이유는 무엇인가?

Why was the information **sent**? 이 정보가 보내진 이유는 무엇인가?

My name is Scott Reilly, and I am the Director of Strategic Planning at Global Packaging. I am writing to explore a potential collaboration in which we can create valuable opportunities for mutual growth and success.

Q. What is the purpose of the e-mail?
(A) To introduce a product
(B) To propose a partnership

저는 스콧 라일리입니다. 글로벌 패키징 사에서 전략기획실장을 맡고 있습니다. 제가 이렇게 글을 드리는 것은, 저희가 상호 성장과 성공의 소중한 기회를 창출할 수 있는 협력 가능성을 타진해 보기 위함입니다.

Q. 이 이메일의 목적은 무엇인가?
(A) 제품을 소개하기
(B) 사업 협력을 제안하기

🔒 이렇게 풀어요!

 질문 파악하기
purpose를 보고 글의 목적을 묻는 문제임을 확인

 단서 찾기
이메일 초반에 목적의 단서를 이끄는 I am writing to 다음의 동사 부분을 파악

 패러프레이징 확인하기
explore a potential collaboration을 propose a partnership으로 패러프레이징한 (B)가 정답

PRACTICE 1

지문에서 단서를 찾아 밑줄을 긋고, 정답을 골라 보세요.

NOTES

All Staff Members,

To prevent any stolen or lost ID badges from being used to enter our building, the maintenance office has decided to introduce a fingerprint-scanning security system.
Please note that by June 28, all employees are required to electronically register their fingerprint so that they can be allowed to enter.

1 What is the purpose of the notice?
(A) To call for the registration of personal information
(B) To promote an advanced security device

Your Subscription Has Expired — Renew Now and Save!
Don't miss out. This is your last chance to get 36 issues for just $34.99. That's a full year free, plus exclusive online access — all at an unbeatable price.
Act now. Fill out the attached form to keep getting more for less.

2 What is the purpose of the letter?
(A) To confirm a new subscription
(B) To offer a special deal

2 요청 사항 찾기

- 무엇을 하도록 요청 또는 지시된 구체적인 행위를 묻는 유형입니다.
- 정답의 단서는 주로 글의 후반에 Can you ~?, Could you ~?, Would you ~?, Please ~, Feel free to ~ 등 요청의 표현 뒤에 제시됩니다.
- 문제에 요청자의 이름이 제시되는 경우, 요청자의 이름을 지문에서 찾으면 그 뒤에 단서가 나옵니다.

■ 빈출 질문 유형

저자의 요청
What are the readers **asked to do**? 글을 읽은 사람들은 무엇을 하도록 요청 받는가?

What is Ms. Johnson **advised to do**? 존슨 씨는 무엇을 하도록 권고받는가? ❶ 존슨 씨가 이메일이나 편지의 수신인인 경우

제3자의 요청
What has **Mr. Rooney asked to do**? 루니 씨는 무엇을 하라고 요청하는가?

What does **Mr. Givens recommend Ms. Turner to do**? 기븐스 씨는 터너 씨에게 무엇을 하라고 권하는가?

Applicants must have registered with Winsey Design Studio to submit their application. If you have not yet done so, please visit www.winseystudio.com for more information on how to register.

Q. What are applicants advised to do?
(A) Read directions about how to register
(B) Visit the studio to submit their documents

지원자들이 신청서를 제출하려면 윈지 디자인 스튜디오에 등록되어야 합니다. 만약 아직 등록하지 않으셨다면, www.winseystudio.com을 방문하셔서 등록 방법에 대한 상세 정보를 확인하시기 바랍니다.

Q. 지원자들은 무엇을 하도록 권고받는가?
(A) 등록 방법에 대한 안내를 읽어보기
(B) 서류를 제출하기 위해 스튜디오를 방문하기

🔒 이렇게 풀어요!

질문 파악하기
질문의 동사 advised를 통해 요청 사항을 묻는 질문임을 파악

단서 찾기
후반부에서 요청을 이끄는 표현인 Please 뒤의 visit www.winseystudio.com for more information on에 주목

패러프레이징 확인하기
「for more information on how to register」는 등록 방법에 대한 상세 정보를 읽으라는 뜻이므로, 이를 패러프레이징한 (A)가 정답

PRACTICE 2

지문에서 단서를 찾아 밑줄을 긋고, 정답을 골라 보세요.

> Enjoy a More Comfortable Stay – Limited-Time Offer! Until June 30, Hotel Rima guests can upgrade to a deluxe room for just $5 extra. Relax in a more spacious setting with premium amenities and a stunning view. Feel free to show the receptionist the attached coupon upon check-in to take advantage of this offer. For hotel locations near you, please visit our Web site at www.hotelrima.com.

1 What are guests asked to do to receive an upgrade?
(A) Present a voucher at the front desk
(B) Make a reservation on the hotel's Web site

> Management has decided to replace our main supplier, effective next month, to reduce defect rates and lower costs. We understand that this change may present challenges for employees managing tight production schedules. If this applies to you, please contact your supervisor to discuss alternative supply arrangements and stay on schedule.

2 What are employees affected by the change advised to do?
(A) Consider alternative options
(B) Adjust their work schedules

3 세부사항 찾기

단편적인 사실을 묻는 질문 유형으로, 질문에 주어진 특정 사물 또는 사람의 이름을 지문에서 찾아 관련 정보를 선택지와 비교합니다. 단서가 어렵지는 않지만, 분산된 정보를 취합하면서 약간의 유추가 필요할 수도 있습니다.

■ 빈출 질문 유형

단순 정보: What (무엇인가?)
What does Ms. Anderson request by e-mail? 앤더슨 씨는 이메일로 무엇을 요청하는가?
What special offer is mentioned/stated? 어떤 특별 조건이 언급되는가?

직업/신분: Who (누구인가?)
Who (most likely) is Mr. Peterson? 피터슨 씨는 누구이겠는가?
For whom is the notice intended? 이 공지는 누구를 대상으로 하는가?

시점: When (언제인가?)
When did Ms. Hallow join the company? 할로우 씨는 언제 입사했는가?
When will Mr. Green return from the trip? 그린 씨는 언제 출장에서 돌아올 것인가?

장소/위치: Where (어디인가?)
Where would the information most likely be found? 이 정보는 어디에서 볼 수 있겠는가?

As the Operations Director of Wang's Hotel Group, I am grateful for your continued dedication and professionalism that have helped us remain the top choice for international travelers in Asia.
— Tony Kesler

Q. Who is Tony Kesler?
(A) A business travel agent
(B) An executive director

왕 호텔그룹의 전무이사로서, 저는 우리가 계속 국제 여행자들에게 아시아 최고로 선택받는 데 기여한 귀하의 꾸준한 헌신과 전문성에 감사드립니다.
- 토니 케슬러

Q. 토니 케슬러 씨는 누구인가?
(A) 기업 출장 대행사   (B) 기업 중역

🔒 이렇게 풀어요!

① 질문 파악하기
Who를 통해 직업 또는 신분을 묻는 질문임을 파악

② 단서 찾기
질문에 나온 사람 이름 Tony Kesler를 지문에서 찾기

③ 단서 비교하기
신분 전치사 As 뒤의 직책 the Operations Director를 보고 기업 중역인 (B)를 정답으로 고르기

PRACTICE 3

지문에서 단서를 찾아 밑줄을 긋고, 정답을 골라 보세요.

> As you may know, our director, Mr. Jerome Denver, will be leaving us to start his own business, effective June 15. To thank him for his dedicated service and significant contributions over the years, we will be holding a farewell party on his last day in the staff lounge. All are welcome to join us in expressing our gratitude and best wishes.

1 According to the memo, what will happen on June 15?
(A) Mr. Denver will announce his retirement.
(B) A gathering will be held to honor Mr. Denver.

> Please be advised that the Oakridge Bridge will be closed for renovation from June 10 to August 25. During this period, all traffic will be redirected to Maple Avenue and Riverbend Road as designated detour routes. Detour signs will be posted in advance to help guide drivers safely around the construction zone.
> Thank you for your patience and cooperation.

2 When will the signs likely be put up?
(A) On June 5
(B) On June 10

Questions 1-2 refer to the following notice.

Volunteer Opportunity

We are currently organizing a volunteer aid initiative to help the Lakeside Community recover from damage caused by a recent hurricane that severely impacted the area. The volunteer group will depart on April 11 and return on April 19. They will distribute basic supplies—water, food, toothbrushes and toothpaste, soap, and blankets—to displaced families. We are in need of five more volunteers to join the group. Lodging and meals will be provided, and you will be on paid vacation during the period. But please be advised that travel expenses will not be reimbursed. If you are interested or know someone who might want to participate, please contact Michael Lee in Human Resources at m.lee@winstonair.com.

1. What is the purpose of the notice?
   (A) To raise funds for charity efforts
   (B) To help residents evacuate from damaged homes
   (C) To recruit volunteers to help those in need
   (D) To provide medical assistance to poor families

2. What are volunteers asked to do?
   (A) Bring water and food
   (B) Wear warm clothing
   (C) Finance their own travel expenses
   (D) Contact Michael Lee to lead the group

Questions 3-4 refer to the following sign.

Welcome to Eastbrook Business Center

First Floor
- *WellSpring Family Clinic – Suite 101*
- *Eastbrook Dental Care – Suite 104*
- *Harmony Physical Therapy – Suite 106*

Second Floor
- *A&D Property Management – Suite 201*
- *Pell's Security & Maintenance – Suite 203*

Visitors must check in at the main reception desk.
For assistance, call 923-267-0543.

---

3 Where would the sign most likely be found?
(A) On a company bulletin board
(B) In a hospital waiting room
(C) At an entrance to a construction site
(D) In the lobby of an office complex

4 What type of businesses are located on the first floor?
(A) Tourism
(B) Advertising
(C) Health care
(D) Consulting services

DAY 15 | 동의어 / 표현의도 / 문장삽입 문제 Part 7

1 동의어

- 지문에 사용된 문맥과 같은 의미의 동의어를 고르는 유형입니다.
- 둘 이상의 의미를 가진 단어들이 출제되고 선택지에도 각각의 동의어들이 제시됩니다.
- 반드시 문장에서 사용된 의미를 파악하고 그것에 맞는 동의어를 선택해야 합니다.

■ 빈출 질문 유형

The word "terms" in paragraph 1, line 3, is closest in meaning to
첫째 단락 세째 줄의 단어 "terms"와 의미가 가장 가까운 것은?

In the memo, the word "extend" in paragraph 1, line 2, is closest in meaning to
메모에서 첫째 단락 둘째 줄의 단어 "extend"와 의미가 가장 가까운 것은?

"Once you set a goal—whatever it may be—you must stop asking yourself whether you can meet it or not." Mr. Rhee adds. "What you learn along the way is more meaningful."

Q. The word "meet" in paragraph 2, line 2, is closest in meaning to
(A) fulfill   (B) encounter

일단 목표를 설정하면, 그것이 무엇이 될지라도, 그것을 달성할 수 있을 것인지 아닌지에 대해 자문하는것을 멈춰야 합니다. 리 씨가 덧붙여 말한다. "여러분이 과정에서 배우는 것이 더 의미 있습니다."

Q. 둘째 단락 첫째 줄의 "meet"와 의미가 가장 가까운 것은?
(A) 달성하다   (B) 마주치다

 이렇게 풀어요!

1 단어 파악하기
meet은 만나다, 기대를 충족하다, 목표를 성취하다 등 다양한 의미로 사용됨

2 문맥 확인하기
meet it의 it은 앞의 goal을 받으므로 goal과 관련한 의미를 지닌 동의어를 선택해야 함

3 선택지 비교하기
(A) 달성하다 (B) 만나다 중에서 goal과 어울리는 정답은 달성한다 는 뜻인 (A)

PRACTICE 1

지문에서 정답 단서를 찾아 밑줄을 그으며 풀어보세요.

> Thank you for completing our recent customer satisfaction survey. We truly **appreciate** your feedback, as it helps us improve our services and better meet your expectations. If you have any additional comments, feel free to reach out to us anytime.

1 The word "appreciate" in paragraph 1, line 2, is closest in meaning to
 (A) praise
 (B) value

> Dear Team,
>
> Next Monday, we will **launch** a new marketing campaign to promote our summer product line. The campaign includes a mix of online ads, social media content, and e-mail newsletters. We are counting on your cooperation to ensure a successful kickoff.

2 The word "launch" in paragraph 1, line 1, is closest in meaning to
 (A) announce
 (B) start

2 표현의도

- 표현의도 유형은 단어보다는 긴 표현이 주어진 것만 다를 뿐, 동의어 유형과 출제 논리가 같습니다.
- 표현 자체의 의미가 아니라, 문장에서 사용된 맥락을 묻는 것이므로 앞 또는 뒤에서 연결되는 다른 사람의 대사에 단서가 있습니다.

■ 빈출 질문 유형

At 3:25 p.m., what does Ms. Cook imply when she writes, "I'm sorry, I'm at the office now"?
오후 3시 25분에, 쿡 씨는 어떤 의미로 "I'm sorry, I'm at the office now"라고 쓰는가?

At 10:20 a.m., what does Ms. Holmes (most likely) mean when she writes, "I agree"?
오전 10시 20분에, 홈즈 씨는 어떤 의미로 "I agree"라고 쓰는가?

Jenna (3:21 P.M.) I just got a call—our main speaker, Mr. Jesse Webbs, was in a traffic accident and can't attend tomorrow's presentation. I'm worried we won't find a replacement in time.
Mark (3:22 P.M.) Fortunately, I have some backup contacts from last year.
Chris (3:23 P.M.) That's a relief! Let's start reaching out to the people on that list right away.

Q. At 3:23 p.m., what does Chris mean when he writes, "That's a relief"?
(A) The list can help them find a replacement.
(B) Mark will register as a backup speaker.

제나 (오후 3시 21분): 방금 전화 받았어요. 주 연사인 제시 웹스 씨가 교통사고를 당해서 내일 발표회에 참석할 수 없다고 합니다. 제때 대타를 찾을 수 있을지 걱정되네요.
마크 (오후 3시 22분): 다행히도, 제가 작년에 쓰던 백업용 명단을 가지고 있습니다.
크리스 (오후 3시 23분): 천만다행이군요! 당장 그 명단에 있는 사람들에게 연락을 시작합시다.

Q. 오후 3시 23분에, 크리스는 어떤 의미로 "That's a relief!"라고 쓰는가?
(A) 그 명단이 대타를 찾는 데 도움이 될 수 있다.
(B) 마크가 보조 연사로 등록할 것이다.

🔒 이렇게 풀어요!

❶ 표현 파악하기
"That's a relief"는 안도감을 나타내는 표현이지만, 무엇에 대한 안도감인지 정보가 더 필요

➤

❷ 문맥 파악하기
표현 앞의 상황은, 교통사고로 연사가 갑자기 불참을 통보하고, 대타를 구할 수 없어 불안해하는 중임

➤

❸ 의도 알아내기
명단을 통해 참석할 수 없는 연사의 대타를 구할 수 있다는 안도감을 나타내므로 (A)가 정답

PRACTICE 2

지문에서 정답 단서를 찾아 밑줄을 그으며 풀어보세요.

> **Jenna (3:12 P.M.)** Mark, did you see the e-mail about the new bonus vacation policy? Anyone who works overtime will get extra vacation days based on their overtime hours.
> **Mark (3:15 P.M.)** Yeah, I saw it. We all deserve it.

1 At 3:15 p.m., what does Mark most likely mean when he writes, "We all deserve it"?
(A) They have been working overtime lately.
(B) They must be paid for unused vacations days.

> **Lena (9:15 A.M.)** I'm trying to book a room for my trip. I'm surprised that a room at Hotel Paris is around $180 a night.
> **Drew (9:16 A.M.)** Really? That's similar to the five-star Ashville Hotel. I guess that's the going rate during peak season.

2 At 9:16 a.m., what does Drew mean when he writes, "That's similar to the five-star Ashville Hotel"?
(A) Hotel Paris is overcharging.
(B) The Ashville Hotel has raised its rates lately.

3 문장삽입

- 주어진 문장을 문맥 흐름상 가장 적절한 곳에 넣은 유형입니다.
- 지시어(대명사, 정관사) 또는 연결어(접속부사) 단서 등을 사용하여 빠르게 해결할 수 있습니다.

■ 빈출 질문 유형

In which of the positions marked [1], [2], [3], and [4] does the following sentence best belong?
"However, some items may be limited or unavailable."

[1], [2], [3], 그리고 [4] 중에서 다음 문장이 가장 잘 어울리는 위치는 어느 것인가?
"하지만, 일부 품목은 수량이 제한되거나 제공하지 못할 수도 있습니다."

My favorite thing about the package was that it offered a wide range of price options. — [1] —. For example, when we visited the Grand Canyon, some people enjoyed the marvelous landscape from a small plane, while others chose to watch a movie instead, saving on flight costs. — [2] —.

Q. In which of the positions marked [1] and [2] does the following sentence best belong?
  "That was a thoughtful way to accommodate different preferences, too."

(A) [1]
(B) [2]

제가 그 패키지 상품에서 가장 좋았던 것은 아주 다양한 가격 옵션을 제공했다는 점입니다. 예를 들면, 우리가 그랜드캐년을 방문했을 때, 몇몇 그룹은 소형 비행기에서 그랜드캐년의 놀라운 경관을 감상한 반면, 다른 그룹들은 그 대신 영화 관람을 선택하면서 비행 요금을 절감했습니다. 그것은 또한 다른 취향을 인정하는 사려 깊은 방법이기도 했습니다.

Q. [1], [2], [3], 그리고 [4] 중에서 다음 문장이 가장 잘 어울리는 위치는 어느 것인가?
  "그것은 또한 다른 취향을 배려하는 사려 깊은 방법이기도 했습니다."

(A) [1]
(B) [2]

🔒 이렇게 풀어요!

❶ 질문 파악하기
주어진 문장의 주어가 지시대명사 That이므로 앞에 이것이 가리키는 어떤 방법이 제시된다는 것을 알 수 있음

❷ 단서 찾기
그 방법이 다른 취향(different preferences)을 배려하는 것이므로, 다른 취향들이 언급되는 문장을 앞에서 찾기

❸ 문맥 비교하기
비행기를 타는 취향과 영화를 감상하는 취향을 모두 만족시킨 사례가 제시된 문장에 연결되는 것이 자연스러우므로 (B)가 정답

PRACTICE 3

지문에서 정답 단서를 찾아 밑줄을 그으며 풀어보세요.

> With our premium plan, you gain a significant price advantage—starting at just $29 a month, compared to $39 a month from our competitors. — [1] —. That's 100 more than the best option you can get on the market. — [2] —.

1 In which of the positions marked [1] and [2] does the following sentence best belong?

"Plus, you can download up to 400 high-resolution images per month."

(A) [1]
(B) [2]

> Our collection features over 300,000 professionally designed presentation templates to help you make an impact. — [1] —. You can explore and download the full range from our Web site for free. — [2] —.

2 In which of the positions marked [1] and [2] does the following sentence best belong?

"This one-month trial offer ends at the end of July."

(A) [1]
(B) [2]

NOTES

실전 TEST

Questions 1-2 refer to the following online chat discussion.

Nick Maurice (9:07 A.M.)
Hi, Carol. I have a question about my remaining yearly paid vacation days. I'm a bit confused and hope you can help. Sorry to bother you if you're busy.

Carol Becket (9:08 A.M.)
No problem, Nick. What seems to be the issue? Do you have your leave balance handy?

Nick Maurice (9:11 A.M.)
Yes, I do. It shows fewer vacation days left than I expected. I thought that my time off for the convention last month would count as paid leave, but it looks like it was deducted.

Carol Becket (9:13 A.M.)
Ah, I see. Actually, voluntary participation in external events is not considered paid leave under company policy, so those days were deducted from your vacation balance.

Nick Maurice (9:14 A.M.)
Oh, I didn't realize that. Thanks for explaining it to me!

---

1 In what department does Ms. Becket most likely work?
(A) Sales
(B) Engineering
(C) Personnel
(D) Customer Service

2 At 9:14 A.M., what does Mr. Maurice mean when he writes, "Oh, I didn't realize that"?
(A) He knows why Ms. Becket made a mistake.
(B) He recognizes the cause of an issue.
(C) He understands how important a convention was.
(D) He is not sure whether Ms. Becket can help him.

Questions 3-5 refer to the following e-mail.

Dear Mr. Southwick,

As the Director of Member Services at Viewport Country Club, I'm writing to inform you that we cannot proceed with your application until some missing information is provided. When I reviewed your form this morning, I noticed that you did not include the name of the current club member who is referring you—this is one of the key requirements for issuing a new membership. — [1] —.

I'd also like to take this opportunity to let you know about some upcoming club events for the rest of the month, which you'll be eligible to participate in once your membership is approved. On Saturday, June 15, we will host a fundraising banquet in our dining hall, with all proceeds going to local charities. — [2] —. Any member is welcome to join for a fee of $25. On the following Saturday, June 22, we will hold a bake sale in the gardens. — [3] —. Finally, on Saturday, June 29, we will host our annual tennis tournament on our recently renovated courts in the recreation building. — [4] —. If you'd like more information about any of these events, please don't hesitate to ask.

I look forward to your reply.

Sincerely,
Emma Hartstone
Director of Member Services

3 What is the main purpose of the e-mail?
(A) To suggest new members for a club
(B) To confirm the approval of a membership
(C) To request additional information
(D) To describe changes to an event schedule

4 The word "rest" in paragraph 2, line 2, is closest in meaning to
(A) holder
(B) settlement
(C) break
(D) remainder

5 In which of the positions marked [1], [2], [3], and [4] does the following sentence best belong?

"Please note that this could be rescheduled in the event of rain."

(A) [1]
(B) [2]
(C) [3]
(D) [4]

VOCABULARY

DAY 01 | 최빈출 정답 어휘_명사 ①

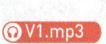 

01	**figure**	명 수치, 인물 동 생각하다	look over the sales **figures** 매출 수치를 살펴보다
02	**experience**	명 경험, 경력 동 경험하다	have a good **experience** with the company 회사에서 좋은 경험을 하다
03	**proposal**	명 제안(서)	make a **proposal** 제안하다
04	**preference**	명 선호(도), 선호하는 것, 취향	an increasing **preference** for online shopping 온라인 쇼핑에 대해 증가하는 선호도
05	**measure**	명 조치, 측정, 치수 동 재다, 측정하다	take strict **measures** 엄격한 조치를 취하다
06	**view**	명 견해, 관점, 경관 동 보다, 여기다	rooms with a **view** of the ocean 바다 경관이 보이는 객실들
07	**defect**	명 결함, 하자, 흠	discover serious product **defects** 심각한 제품 결함을 발견하다
08	**effort**	명 노력, 수고	in an **effort** to boost sales 매출을 증대하기 위한 노력으로
09	**practice**	명 관행, 실행, 연습, (병원) 영업 동 연습하다, 행하다	environmentally friendly **practices** 환경 친화적인 관행
10	**order**	명 주문(품), 순서, 지시, 명령 동 주문하다	place[make] an **order** 주문하다

11 **rate**	명 요금, 등급, 비율, 속도 동 등급을 매기다, 평가하다	special rates for students 학생들을 위한 특별 요금 the production rate 생산율
12 **concern**	명 우려, 걱정, 관심(사) 동 걱정시키다	growing concern about the issue 그 문제에 대해 늘어나는 우려
13 **demand**	명 수요, 요구 동 요구하다	meet the demand for the new product 신제품에 대한 수요를 충족하다
14 **right**	명 권리	reserve the right to change the schedule without notice 통보 없이 일정을 변경할 권리를 갖고 있다
15 **damage**	명 손상, 손해, 피해 동 손상시키다, 피해를 입히다	cause damage to the goods in transit 운송 중인 상품에 손상을 초래하다
16 **result**	명 결과(물)	the results of the recent survey 최근의 설문 조사 결과
17 **purpose**	명 목적	be used for commercial purposes 상업적인 목적으로 사용되다
18 **promotion**	명 승진, 홍보, 판촉 활동	receive a promotion at work 직장에서 승진하다 This promotion ends on May 31st. 이 판촉 행사는 5월 31일에 끝납니다.
19 **location**	명 장소, 위치, 사무소, 지점	open a new location in New York 뉴욕에 신규 지점을 개장하다
20 **refund**	명 환불(액) 동 환불해주다	for a full refund 전액 환불을 받기 위해
21 **benefit**	명 혜택, 이득, (급여 외의) 특전 동 유익하다, 이득을 보다	offer attractive benefits 매력적인 혜택을 제공하다

22	**opportunity**	몡 기회	an opportunity to join the team 팀에 합류할 기회
23	**ability**	몡 능력	her exceptional problem-solving ability 그녀의 탁월한 문제 해결 능력
24	**contribution**	몡 기여, 공헌, 기부(금), 기고(문)	make a contribution to ~에 기여하다, ~에 기부하다
25	**release**	몡 출시, 공개, 발표 동 출시하다, 공개하다	the release of a new book 신간 도서의 출시
26	**advancement**	몡 발전, 승진	the widespread advancement in social networking 소셜 네트워킹 분야의 광범위한 발전
27	**value**	몡 가치, 값어치, 유용성 동 소중하게 여기다	The item is of great value. 그 물품은 대단한 가치가 있다.
28	**initiative**	몡 (문제 해결, 목적 달성을 위한) 계획 주도권, 진취성	the city's recycling initiative 시의 재활용 추진 계획 take the initiative 주도권을 잡다, 솔선수범하다
29	**survey**	몡 설문조사	The results of the survey will be released next week. 설문조사 결과가 다음 주에 발표될 것이다.
30	**maintenance**	몡 유지보수, 점검	for regular maintenance of your vehicle 귀하의 차량 정기 점검을 위해

실전 TEST

1. A workshop was held in an ------- to improve workplace communication.
   (A) effort
   (B) experience
   (C) emergency
   (D) exception

2. There was a growing ------- about our company's financial issues.
   (A) difference
   (B) rate
   (C) concern
   (D) result

3. Ms. Johnson's ------- for next year's budget has been accepted.
   (A) proposal
   (B) defect
   (C) value
   (D) measure

4. Full ------- can be offered within 15 days of purchase.
   (A) advancements
   (B) opportunities
   (C) differences
   (D) refunds

5. This software has the ------- to analyze large datasets in just a few seconds.
   (A) ability
   (B) problem
   (C) decision
   (D) statement

6. We are pleased to announce the ------- of a new product.
   (A) interest
   (B) challenge
   (C) request
   (D) release

7. The elevator in Building A is out of service now for routine -------.
   (A) safety
   (B) history
   (C) search
   (D) maintenance

8. The results of the ------- on customer satisfaction showed a strong preference for faster service.
   (A) treatment
   (B) survey
   (C) payment
   (D) contribution

9. The company is looking for a ------- to open its second retail store.
   (A) promotion
   (B) situation
   (C) topic
   (D) location

10. The resort created an online ------- to boost bookings during the off-season.
    (A) demand
    (B) practice
    (C) promotion
    (D) order

DAY 02 | 최빈출 정답 어휘_명사 ②

01	**term**	명 조건, 용어, 기간	**terms** of the contract[agreement] 계약 조건
02	**request**	명 요청(서) 동 요청하다	make a **request** 요청하다
03	**condition**	명 상태, 조건, 환경, 질병	arrive in damaged **condition** 손상된 상태로 도착하다
04	**source**	명 근원, 출처, 소식통	seek new **sources** of income 새로운 소득원을 찾다
05	**application**	명 신청(서), 지원(서), 적용	a completed **application** 작성 완료된 신청서
06	**response**	명 반응, 대응, 응답	**response** to your presentation 당신의 발표에 대한 반응
07	**reach**	명 도달, 손이 닿는 범위 동 도달하다, 연락하다	out of the **reach** of children 아이들의 손이 닿는 곳 외에
08	**permission**	명 허가	have **permission** to build a parking facility 주차 시설을 건축하도록 허가를 받다
09	**conduct**	명 행동, 처신 동 실시하다, 수행하다	appropriate[proper] **conduct** 적절한 처신
10	**appointment**	명 약속, 예약, 임명	make an **appointment** 약속을 잡다, 예약하다
11	**advice**	명 충고, 조언	offer excellent **advice** on ~에 관한 훌륭한 조언을 제공하다

12	**appearance**	명 외관, 외형, 외모, 등장, 출연	improve the appearance of the office 사무실의 외관을 개선하다
13	**suggestion**	명 제안, 의견, 암시	We welcome your suggestions regarding any of our products. 어느 저희 제품과 관련된 제안이든 환영합니다.
14	**employment**	명 고용, 취업, 직장	seek[look for] employment 직장을 구하다
15	**admission**	명 입장 (허가), 입회, 인정	receive free admission to ~로의 무료 입장 허가를 받다
16	**reputation**	명 평판, 명성	gain a reputation as an expert in corporate law 기업법 전문가로서 명성을 얻다
17	**registration**	명 등록	fill in the registration form 등록 양식을 작성하다
18	**operation**	명 운영, 작동, 조작, 운행	expand its operations nationwide 전국적으로 운영을 확대하다
19	**access**	명 접근, 이용	have access to the customer database 고객 데이터에 접근할 수 있다
20	**notice**	명 공지	until further notice 추후 공지가 있을 때까지
21	**need**	명 요구사항, 필요	meet the needs of customers 고객들의 필요를 충족시키다
22	**range**	명 상품의 종류, 범위	offer a range of vacation packages 다양한 휴가 패키지를 제공하다
23	**phase**	명 단계	in the first phase of testing 실험의 첫 번째 단계에서

24	**competition**	명 경쟁	Competition among sales representatives is beneficial to company profits. 영업사원들 간의 경쟁이 회사 수익에 유익하다.
25	**arrangement**	명 준비, 마련	make travel arrangements (숙박, 교통편 등) 여행 준비를 하다
26	**agreement**	명 계약(서), 합의(서)	sign an agreement 계약서[합의서]에 서명하다
27	**reception**	명 환영회, 접수	host a reception next week 다음 주에 환영회를 개최하다
28	**reservation**	명 예약	make reservations at least one month ahead of time 적어도 한 달 전에 예약하다
29	**replacement**	명 교체(품), 대체(자), 후임	train Ms. Lin's replacement 린 씨의 후임자를 교육하다
30	**branch**	명 지사, 지점	visit several branches in New York 뉴욕의 몇몇 지사들을 방문하다

실전 TEST

1. We do not yet have ------- to build the new warehouse near the port.
   (A) permission
   (B) advice
   (C) reception
   (D) phase

2. All required documents and the ------- must be submitted by the end of the month.
   (A) reservation
   (B) term
   (C) application
   (D) experience

3. The company has gained a ------- as a reliable service provider.
   (A) registration
   (B) reputation
   (C) range
   (D) response

4. Mr. Jeong plans to visit several ------- in Chicago next week to talk with their managers.
   (A) copies
   (B) branches
   (C) agreements
   (D) plans

5. Only authorized personnel have ------- to the customer database.
   (A) access
   (B) notice
   (C) need
   (D) range

6. The main entrance will remain closed until further ------- due to ongoing renovations.
   (A) reservation
   (B) concern
   (C) notice
   (D) care

7. The company is hosting a ------- next week to welcome its new international clients.
   (A) registration
   (B) society
   (C) branch
   (D) reception

8. We at Grand Palace Hotel recommend making ------- at least one month ahead of time.
   (A) reservations
   (B) observations
   (C) exceptions
   (D) suggestions

9. Employees are offered a ------- of options when selecting training workshops.
   (A) quality
   (B) place
   (C) way
   (D) range

10. In the first ------- of testing, users preferred simpler instructions over detailed explanations.
    (A) opinion
    (B) transfer
    (C) material
    (D) phase

DAY 03 | 최빈출 정답 어휘_동사 ①

01	**operate**	통 운영하다, 작동하다, 운행하다	learn how to **operate** the machine 기계를 작동하는 방법을 배우다
02	**attract**	통 끌어들이다, 마음을 끌다	**attract** tourists to the area 지역으로 관광객들을 끌어들이다
03	**announce**	통 발표하다, 알리다	**announce** the sales figures for December 12월에 대한 매출 수치를 발표하다
04	**delay**	통 연기하다, 지연시키다 명 지연, 지체	**delay** the opening until May 개장을 5월까지 연기하다
05	**decline**	통 하락하다, 줄어들다, 거절하다	typically **decline** during the winter season 일반적으로 겨울철에 하락하다 **decline** the job offer 취업 제안을 거절하다
06	**support**	통 지원하다, 지지하다, 후원하다 명 지원, 지지, 후원	**support** the nationwide effort to save our economy 경제를 살리기 위한 전국적 노력을 지지하다
07	**promote**	통 홍보하다, 촉진하다, 승진시키다	**promote** the ideas to potential customers 잠재 고객들에게 아이디어를 홍보하다
08	**recommend**	통 추천하다, 권장하다	strongly **recommend** a new product 신제품을 강력히 추천하다
09	**include**	통 포함하다	**include** one's account number 계좌 번호를 포함하다

10	**issue**	동 발급하다, 지급하다, 발표하다 명 문제, 사안, (출판물의) 호	**issue** employee identification badges 사원증을 발급하다
11	**determine**	동 결정하다, 알아내다	**determine** what caused the damage 무엇이 손상을 초래했는지 알아내다
12	**access**	동 접근하다, 이용하다 명 접근(권한), 이용(권한)	**access** important files 중요한 파일에 접근하다
13	**continue**	동 계속하다, 계속되다	**continue** enjoying the convenience of online payments 온라인 결제의 편리함을 누리는 것을 계속하다
14	**remain**	동 남아 있다, (~인 상태를) 유지하다	**remain** open for a limited time only 제한된 시간에만 문을 연 상태를 유지하다
15	**organize**	동 조직하다, 준비하다	**organize** a charity event 자선 행사를 조직하다
16	**exchange**	동 교환하다 명 교환	**exchange** the printer for a more portable one 프린터를 더 휴대성이 좋은 것으로 교환하다
17	**participate**	동 참가하다	**participate** in the program[event] 프로그램[행사]에 참가하다
18	**increase**	동 증가시키다, 인상하다 명 증가, 인상	**increase** the production rate 생산율을 증가시키다
19	**accept**	동 받아들이다, 수락하다	**accept** an invitation 초대를 수락하다
20	**address**	동 연설하다, (문제 등을) 다루다, 처리하다 명 주소	**address** many issues at the meeting 회의에서 많은 사안들을 다루다

21	present	동 발표하다, 제시하다, (선물, 상 등을) 주다 형 현재의, 참석한	request that customers present their ID 고객들에게 신분증을 제시할 것을 요청하다
22	apply	동 지원하다, 신청하다, 적용하다, 바르다	apply for a position 일자리에 지원하다
23	reduce	동 줄이다, 낮추다	reduce waste by 40 percent 쓰레기를 40퍼센트 줄이다
24	acquire	동 얻다, 획득하다, (회사 등을) 인수하다	acquire necessary skills 필요한 기술을 습득하다
25	join	동 참여하다, 가입하다, 합류하다	join a company 회사에 입사하다
26	replace	동 교체하다, 대체하다	replace our current e-mail system 우리의 현 이메일 시스템을 교체하다
27	prevent	동 방지하다, 예방하다, 못하게 하다	prevent unexpected failures 예기치 못한 고장을 방지하다
28	provide	동 제공하다	provide customers with excellent services 고객들에게 훌륭한 서비스를 제공하다
29	express	동 (감정을) 표현하다, 나타내다 형 급행의, 신속한	express one's interest in publishing the story 그 이야기를 출간하는 것에 관심을 표현하다
30	encourage	동 권장하다, 장려하다	encourage employees to submit suggestions 직원들에게 의견을 제출하도록 권하다

실전 TEST

p.156

1. We will create an advertisement to ------- our new mobile device.
   (A) promote
   (B) attract
   (C) operate
   (D) exchange

2. Please make sure to ------- your phone number and e-mail address in your résumé.
   (A) accept
   (B) access
   (C) include
   (D) announce

3. You will need a secure password to ------- confidential files on the server.
   (A) continue
   (B) promote
   (C) encourage
   (D) access

4. The factory hired additional workers to ------- the production rate and meet rising demand.
   (A) consider
   (B) expect
   (C) acquire
   (D) increase

5. Employees need to ------- their company badge when entering restricted areas.
   (A) reduce
   (B) present
   (C) continue
   (D) organize

6. The technician was called in to ------- the parts that had worn out due to constant use.
   (A) replace
   (B) avoid
   (C) question
   (D) promote

7. Selected clients were invited to ------- in the product testing event before the launch.
   (A) include
   (B) organize
   (C) apply
   (D) participate

8. The company is expanding its facilities to ------- the growing demand for its products.
   (A) reduce
   (B) continue
   (C) determine
   (D) address

9. The items are packed with extra cushioning in order to ------- damage during shipping.
   (A) interrupt
   (B) prevent
   (C) delay
   (D) replace

10. The city will ------- a building permit once the architectural plans are approved.
    (A) encourage
    (B) issue
    (C) express
    (D) construct

DAY 04 | 최빈출 정답 어휘_동사 ②

01	**launch**	동 공개하다, 출시하다, 착수하다 명 공개, 출시, 착수	**launch** a new service[product] 새로운 서비스[제품]을 출시하다
02	**face**	동 직면하다, 마주보다	**face** a serious problem 심각한 문제에 직면하다
03	**develop**	동 개발하다, 발전시키다, 성장하다, 발달하다	**develop** a new residential area 새로운 주택 지구를 개발하다
04	**require**	동 요구하다, 필요로 하다	**require** employees to attend the meeting 직원들에게 회의에 참석하도록 요구하다
05	**consider**	동 고려하다, 간주하다, 여기다	**consider** relocating to London 런던으로 이전하는 것을 고려하다
06	**expect**	동 예상하다, 기대하다	**expect** to receive the orders within two days 이틀 내로 주문품을 받을 것으로 예상하다
07	**attend**	동 참석하다	sign up to **attend** the workshop 워크숍에 참석하기 위해 신청하다
08	**offer**	동 제공하다, 제안하다 명 제공(되는 것), 제안	**offer** a 10 percent discount to customers 고객들에게 10퍼센트 할인을 제공하다
09	**select**	동 선택하다, 선정하다	**select** candidates for interviews 면접 후보자들을 선정하다
10	**allow**	동 허용하다, 하게 해 주다, 감안하다	**allow** us to access the system 우리에게 시스템에 접근하게 해 주다

11	**handle**	동 다루다, 처리하다, 취급하다	**handle** customer complaints efficiently 고객 불만을 효율적으로 처리하다
12	**intend**	동 의도하다, 계획하다	**intend** to raise money 돈을 모금할 계획이다
13	**anticipate**	동 예상하다, 기대하다	**anticipate** significant revenue increases 상당한 수입 증가를 예상하다
14	**seek**	동 찾다, 구하다	**seek** new sources of income 새로운 소득원을 찾다
15	**recognize**	동 인정하다, 표창하다, 알아보다, 인식하다	be **recognized** as one of the top architects 최고의 건축가들 중 한 명으로 인정받다
16	**cancel**	동 취소하다	**cancel** an appointment 예약을 취소하다
17	**distinguish**	동 구별하다, 식별하다	can be **distinguished** by their unique designs 그것들의 독특한 디자인으로 구별될 수 있다
18	**boost**	동 증대하다(= increase), 촉진하다 명 증대, 촉진	will **boost** our revenue next year 내년에 우리의 수익을 증대할 것이다
19	**obtain**	동 얻다, 획득하다	**obtain** approval from the head office 본사로부터 허가를 얻다
20	**resume**	동 재개하다, 재개되다 명 이력서	will **resume** as soon as possible 가능한 빨리 재개될 것이다
21	**ensure**	동 보장하다	**ensure** timely delivery 신속한 배송을 보장하다
22	**finalize**	동 마무리 짓다	**finalize** the details of the deal 계약의 세부사항을 마무리 짓다

23	**vary**	동 각기 다르다, 다양하다	Prices vary slightly among stores. 가격은 매장마다 조금씩 다르다.
24	**improve**	동 향상시키다	improve our customer service 고객서비스를 개선하다
25	**expire**	동 (기한이) 만료되다	Your credit card has expired. 귀하의 신용카드가 만료되었습니다.
26	**depart**	동 출발하다, 떠나다	be scheduled to depart at 11:00 A.M. 오전 11시에 출발할 예정이다
27	**remove**	동 제거하다	use a dry cloth to remove dirt 먼지 제거를 위해 마른 헝겊을 사용하다
28	**serve**	동 서비스를 제공하다, 근무하다, (음식) 제공하다	be served after 6 P.M. daily 매일 저녁 6시 이후에 제공되다
29	**review**	동 검토하다 명 검토, 평론, 평가, (사용) 후기	review the enclosed instructions 동봉된 지시사항을 검토하다
30	**exceed**	동 (범위, 한도를) 초과하다, 넘다, ~을 능가하다	exceeded the expectations of analysts 분석가들의 기대치를 뛰어넘었다

실전 TEST

1. The company has ------- a new Internet service that includes unlimited data.
   (A) launched
   (B) expressed
   (C) attended
   (D) participated

2. Staff are required to ------- the safety manual at least annually as part of their duties.
   (A) seek
   (B) review
   (C) resume
   (D) intend

3. We have decided to ------- discounts to regular customers.
   (A) intend
   (B) select
   (C) obtain
   (D) offer

4. All new employees must ------- the training session before starting work on the production floor.
   (A) attend
   (B) invite
   (C) anticipate
   (D) exceed

5. Shipping fees may ------- based on the delivery location and package size.
   (A) vary
   (B) exceed
   (C) resume
   (D) variably

6. Your parking permit has ------- and needs to be renewed immediately.
   (A) recognized
   (B) handled
   (C) expired
   (D) allowed

7. We will recognize employees who constantly ------- company expectations at the annual awards ceremony.
   (A) exceed
   (B) improve
   (C) intend
   (D) launch

8. We launched a promotional campaign to ------- our revenue during the holiday season.
   (A) handle
   (B) boost
   (C) require
   (D) serve

9. You must ------- approval from the manager before placing any bulk orders.
   (A) obtain
   (B) continue
   (C) remove
   (D) approach

10. Our firm is frequently ------- as a company with outstanding customer service.
    (A) recognized
    (B) permitted
    (C) resumed
    (D) encouraged

DAY 05 | 최빈출 정답 어휘_형용사 ①

01	**particular**	형 특별한, 특정한	pay **particular** attention to ~에 특별한 관심을 기울이다
02	**helpful**	형 유익한, 도움이 되는	provide some **helpful** services 몇몇 유익한 서비스를 제공하다
03	**pleased**	형 기쁜, 즐거운, 만족하는	be **pleased** to release a new item 신제품을 출시하게 되어 기쁘다
04	**current**	형 현재의	add new members to the **current** staff 현재의 직원 규모에 새 인원들을 추가하다
05	**qualified**	형 자격 있는, 적격인	**qualified** repair technicians 자격 있는 수리 기사들
06	**accessible**	형 접근 가능한, 이용 가능한(= available)	easily **accessible** by bus 버스로 쉽게 접근 가능한
07	**additional**	형 추가적인, 별도의	If you need **additional** information 추가 정보가 필요하다면
08	**comparable**	형 비슷한, 비교할 만한	other products of **comparable** quality 비슷한 품질의 다른 제품들
09	**significant**	형 상당한, 중대한, 심각한	offer a **significant** discount 상당한 할인을 해주다
10	**necessary**	형 필요한, 필수의	take the **necessary** steps 필요한 조치를 취하다
11	**valuable**	형 소중한, 값비싼	an extremely **valuable** asset to our team 우리 팀에 매우 소중한 자산

12 **appropriate**	형 적합한, 적절한	recommend an appropriate place 적절한 장소를 추천하다
13 **various**	형 여러 가지의, 다양한	combine information from various sources 다양한 소식통으로부터 나온 정보를 종합하다
14 **complicated**	형 복잡한, 난해한	resolve complicated issues 복잡한 문제들을 해결하다
15 **familiar**	형 익숙한, 잘 아는	be familiar with accounting theory 회계 이론을 잘 알고 있다
16 **effective**	형 효과적인, 효력을 발생하는, 시행되는	highly effective measures to reduce costs 비용을 줄이기 위한 매우 효과적인 조치
17 **popular**	형 인기 있는, 대중적인	the most popular event ever 지금까지 중에서 가장 인기 있는 행사
18 **extensive**	형 폭넓은, 광범위한	have extensive knowledge of science 과학에 대한 광범위한 지식을 갖고 있다
19 **successful**	형 성공적인	write successful business proposals 성공적인 비즈니스 제안서를 작성하다
20 **available**	형 (사물) 이용 가능한, (사람) 시간이 나는	be available beginning next week 다음 주부터 이용 가능하다
21 **responsible**	형 책임이 있는, 담당하는	be responsible for marketing planning 마케팅 기획을 담당하다
22 **convenient**	형 편리한	offer convenient customer service hours 편리한 고객 서비스 시간을 제공하다

23	**outstanding**	형 우수한, 뛰어난	receive awards for one's outstanding work 뛰어난 업무에 대해 상을 받다
24	**detailed**	형 상세한	a detailed report of the department's expenditures 부서의 지출에 대한 상세한 보고서
25	**comfortable**	형 편안한, 안락한, 쾌적한	create a comfortable work environment 편안한 근무 환경을 만들다
26	**ideal**	형 이상적인, 가장 알맞은	look for an ideal candidate 이상적인 후보를 찾다
27	**beneficial**	형 이로운, 유익한	beneficial to the environment 환경에 이로운
28	**specific**	형 구체적인, 특정한	consider specific features such as size and location 크기 및 위치와 같은 구체적인 특징들을 고려하다
29	**potential**	형 잠재적인 명 잠재력	attract potential customers 잠재적인 고객을 끌어들이다
30	**equal**	형 같은, 동등한(to)	receive a bonus equal to one month's salary 한 달 월급과 동등한 보너스를 받다

실전 TEST

 p.160

1. We are ------- to inform you that your Internet service has been upgraded.
   (A) familiar
   (B) particular
   (C) pleased
   (D) necessary

2. The company is seeking ------- applicants for an accounting manager position.
   (A) current
   (B) qualified
   (C) detailed
   (D) beneficial

3. Before finalizing the advertising budget, we need to discuss the most ------- marketing strategy.
   (A) particular
   (B) comparable
   (C) effective
   (D) additional

4. Ms. Blake is ------- for designing the company logo that will be unveiled at the launch event.
   (A) responsible
   (B) accessible
   (C) extensive
   (D) specific

5. Our new line of eco-friendly products will be ------- starting next week at select stores.
   (A) convenient
   (B) outstanding
   (C) comfortable
   (D) available

6. Offering free product samples is an effective way to attract ------- customers.
   (A) qualified
   (B) apparent
   (C) potential
   (D) effective

7. The museum offers interactive exhibits that are ------- for all ages.
   (A) equal
   (B) responsible
   (C) appropriate
   (D) various

8. With her ------- knowledge of digital marketing, Ms. Slown improved the company's online presence.
   (A) extensive
   (B) successful
   (C) comfortable
   (D) comparable

9. The store offers a ------- discount to customers who make bulk purchases.
   (A) significant
   (B) detailed
   (C) efficient
   (D) successful

10. For ------- information on our refund policy, please visit our Web site.
    (A) detailed
    (B) responsible
    (C) accessible
    (D) familiar

DAY 06 | 최빈출 정답 어휘_형용사 ②

01	**limited**	형 제한된, 한정된	remain open for a **limited** time only 제한된 시간 동안만 문을 연 상태로 있다
02	**apparent**	형 분명한, 명백한(= clear)	There is no **apparent** difference between the two candidates. 두 후보자들 사이에 분명한 차이가 없다.
03	**defective**	형 결함이 있는	return **defective** merchandise 결함 있는 상품을 반품하다
04	**protective**	형 보호하는, 방어적인	provide **protective** equipment 보호 장비를 제공하다
05	**enclosed**	형 동봉된	Please sign the **enclosed** contract. 동봉된 계약서에 서명해 주세요.
06	**initial**	형 처음의, 초기의	the **initial** response to the product launch 제품 출시에 대한 초기 반응
07	**skilled**	형 숙련된, 노련한	highly **skilled** technician 고도로 숙련된 기술자
08	**reliable**	형 믿을 수 있는	provide **reliable** information 신뢰할 만한 정보를 제공하다
09	**creative**	형 창의적인	the **creative** image on the book cover 책 표지의 창의적인 이미지
10	**steady**	형 꾸준한, 한결같은	maintain **steady** sales 꾸준한 매출을 유지하다

11	**lengthy**	형 긴, 장황한	for a lengthy period of time 오랜 기간 동안
12	**urgent**	형 긴급한	require urgent attention 긴급한 관심이 요구되다
13	**accurate**	형 정확한	an accurate description of the problem 문제의 정확한 설명
14	**personal**	형 개인적인, 사적인	personal belongings 개인 소지품
15	**fragile**	형 파손되기 쉬운, 깨지기 쉬운	proper care for fragile items 파손되기 쉬운 물품에 대한 적절한 주의
16	**functional**	형 작동하는, 가동 중인	will be fully functional by March 1 3월 1일쯤 완전 가동될 것이다
17	**positive**	형 긍정적인	receive positive feedback[reviews] from users 사용자들로부터 긍정적인 피드백[평가]을 받다
18	**diverse**	형 다양한	diverse experience 다양한 경험
19	**durable**	형 튼튼한	made from highly durable materials 아주 튼튼한 재료로 만들어진
20	**critical**	형 중요한, 결정적인, 비판적인	critical updates to our software program 우리 소프트웨어 프로그램의 중요한 업데이트 Customers were critical of the new product's quality. 고객들은 신제품의 품질에 대해 비판적이었다.
21	**experienced**	형 경험 많은, 노련한	hire two experienced graphic designers 노련한 그래픽 디자이너 두 명을 채용하다

22	**impressive**	형 인상적인, 놀라운	obtain impressive results 인상적인 결과를 얻다
23	**unique**	형 독특한, 특이한	a unique case 독특한 사례
24	**whole**	형 전체의, 온전한 명 전체	spend one's whole career in the tech industry 기술 분야에서 전체 경력을 보내다
25	**leading**	형 주도하는, 선도적인	become a leading manufacturer 선도적인 제조사가 되다
26	**similar**	형 비슷한, 유사한	slightly heavier than similar models 비슷한 모델들보다 약간 무거운
27	**stable**	형 안정적인	considered financially stable 재정적으로 안정적인 것으로 여겨지는
28	**incorrect**	형 부정확한	labeled with an incorrect name 부정확한 명칭으로 표시된
29	**risky**	형 위험한	Real estate investments can be risky. 부동산 투자는 위험할 수 있다.
30	**essential**	형 필수적인, 본질적인	It is essential that절 ~하는 것이 필수이다

실전 TEST

1. During the system upgrade, users may have ------- access to some services.
   (A) steady
   (B) limited
   (C) similar
   (D) functional

2. To register for the seminar, please complete the ------- application form and return it by Friday.
   (A) enclosed
   (B) enclosing
   (C) enclosure
   (D) encloses

3. Mr. Tanaka is ------- at negotiating contracts with international clients.
   (A) fragile
   (B) lengthy
   (C) skilled
   (D) diverse

4. Our company is known for providing ------- delivery service to customers nationwide.
   (A) reliable
   (B) initial
   (C) positive
   (D) durable

5. Our graphic designer recently designed one of the most ------- logos in the industry.
   (A) creative
   (B) fragile
   (C) accurate
   (D) available

6. Our latest smartphone model has enjoyed ------- sales since it was released in May.
   (A) correct
   (B) detailed
   (C) steady
   (D) final

7. If a problem requires ------- attention, please contact the supervisor immediately.
   (A) urgent
   (B) potential
   (C) stable
   (D) impressive

8. The item must be wrapped securely, as it is ------- and easily damaged.
   (A) fragile
   (B) unique
   (C) brief
   (D) individual

9. The company hopes to add two ------- sales representatives to increase regional sales.
   (A) extensive
   (B) remaining
   (C) critical
   (D) experienced

10. The new safety gear is made from highly ------- materials to withstand extreme conditions.
    (A) durable
    (B) gradual
    (C) potential
    (D) apparent

DAY 07 | 최빈출 정답 어휘_부사 ①

01	**regularly**	🖳 정기적으로, 규칙적으로	**regularly** participate in the training program 정기적으로 교육 프로그램에 참가하다
02	**rather**	🖳 다소, 오히려, 좀, 약간	**rather** slow in the second quarter 2분기에 다소 둔화된
03	**nearly**	🖳 거의(= almost, approximately)	**nearly** 10 thousand people 거의 1만명의 사람들
04	**immediately**	🖳 즉시, 당장	**immediately** after the items went on sale 제품들이 판매에 돌입한 후에 즉시
05	**carefully**	🖳 조심스럽게, 신중하게	handle the plates **carefully** 접시들을 조심스럽게 다루다
06	**easily**	🖳 쉽게, 수월하게	can **easily** enroll online 온라인으로 쉽게 등록할 수 있다
07	**actively**	🖳 활발히, 적극적으로	**actively** engage employees in wellness programs 직원들을 복지 프로그램에 적극적으로 참여시키다
08	**usually**	🖳 보통, 일반적으로	**usually** leave work at 7 P.M. 보통 오후 7시에 퇴근하다
09	**increasingly**	🖳 점점 더, 더욱	became **increasingly** popular 점점 더 인기 있는 상태가 되었다
10	**recently**	🖳 최근에	**recently** purchased a few items 최근에 몇몇 제품을 구입했다

#	단어	뜻	예문
11	**exactly**	🟦 정확하게	know exactly when the product will be released 정확히 언제 제품이 출시될지 알다
12	**generally**	🟦 보통, 일반적으로	It generally takes one day to process the request. 그 요청을 처리하는 데 보통 하루가 걸린다.
13	**gradually**	🟦 점차적으로, 점점	gradually replace traditional methods 전통적인 방법들을 점차적으로 대체하다
14	**directly**	🟦 직접적으로, 곧바로	contact the personnel manager directly 인사부장에게 곧바로 연락하다
15	**cautiously**	🟦 조심스럽게, 신중히	cautiously predict an increase in revenue 수익의 증가를 조심스럽게 예측하다
16	**relatively**	🟦 상대적으로, 비교적	at relatively affordable prices 상대적으로 저렴한 가격에
17	**once**	🟦 한 번, (과거에) 한때	have been to Beijing once 베이징에 한 번 가본 적이 있다 Sean Kim, once a marketing executive at NovaPulse Tech, 한때 노바펄스 테크 사의 마케팅 임원이었던 션 킴
18	**highly**	🟦 대단히, 매우	a highly regarded businessman 매우 존경받는 기업가
19	**already**	🟦 이미	employees who have already participated in the event 이미 그 행사에 참가했던 직원들
20	**finally**	🟦 마침내, 드디어	be finally accepted by management 경영진에 의해 마침내 수락되다

21	**long**	🖣 오래	The seminar lasted long. 그 세미나는 오래 지속되었다.
22	**conveniently**	🖣 편리하게	conveniently located in the center of the city 도심 지역에 편리하게 위치한
23	**completely**	🖣 완전히, 전적으로	fill out[in] the form completely 양식을 완전히 작성하다
24	**soon**	🖣 곧, 조만간	be expected to rise soon 곧 상승할 것으로 예상되다
25	**currently**	🖣 현재, 지금	be currently inaccessible 현재 접근할 수 없다
26	**largely**	🖣 주로, 대체로 (= primarily, mostly)	largely responsible for the decrease in sales 매출 하락에 대해 대체로 책임이 있는
27	**specifically**	🖣 특히, 구체적으로	focus specifically on ~에 특히 집중하다
28	**consistently**	🖣 지속적으로, 끊임없이	be consistently late for work 지속적으로 회사에 지각하다
29	**properly**	🖣 제대로, 적절하게	check if the device is properly installed 장치가 제대로 설치되어 있는지 확인하다
30	**considerably**	🖣 상당히(= significantly)	have decreased considerably 상당히 감소했다

실전 TEST

1 The company ------- announced its plan to expand into Southeast Asia.
(A) largely
(B) recently
(C) continually
(D) patiently

2 Passengers are ------- required to present their tickets before boarding the train.
(A) usually
(B) completely
(C) nearly
(D) relatively

3 The brand has maintained a reputation for excellence for ------- 100 years.
(A) nearly
(B) increasingly
(C) generally
(D) properly

4 Mr. Craig is a ------- regarded consultant with over 20 years of experience.
(A) immediately
(B) highly
(C) exactly
(D) recently

5 Maple Ridge Mall is ------- located near the central train station.
(A) usually
(B) commonly
(C) conveniently
(D) relatively

6 Employees should check if the new software is ------- installed.
(A) actively
(B) properly
(C) largely
(D) specifically

7 Please let me know if this product is ------- what you are seeking.
(A) easily
(B) helpfully
(C) exactly
(D) carefully

8 Due to some upcoming retirements, there will ------- be two job openings in the finance department.
(A) already
(B) currently
(C) once
(D) soon

9 The conference room is ------- unavailable because of a maintenance issue.
(A) directly
(B) currently
(C) separately
(D) relatively

10 All delivery drivers are reminded to drive ------- in the parking lot to prevent accidents.
(A) gradually
(B) cautiously
(C) exactly
(D) nearly

DAY 08 | 최빈출 정답 어휘_부사 ②

01	**unexpectedly**	부 예기치 않게, 뜻밖에	train schedules have changed **unexpectedly** 기차 스케줄이 예기치 않게 바뀌었다
02	**promptly**	부 시간을 엄수하여, 지체 없이, ~ 정각에	CityRide Taxi Service always arrives **promptly**. 시티라이드 택시 서비스는 늘 제 시간에 도착한다. begin **promptly** at 3 P.M. 오후 3시 정각에 시작하다
03	**closely**	부 면밀하게, 꼼꼼하게, 밀접하게, 긴밀하게	be **closely** monitored 면밀하게 관찰되다 work **closely** with one's mentor 멘토와 긴밀하게 협업하다
04	**strongly**	부 강력하게, 적극적으로	be **strongly** encouraged[recommended] to do ~하도록 적극 권고되다
05	**fairly**	부 상당히, 꽤, 공평하게	a **fairly** large number of chairs 상당히 많은 수의 의자
06	**commonly**	부 보통, 일반적으로	**commonly** used 일반적으로 사용되는
07	**temporarily**	부 임시로	be **temporarily** out of stock 일시적으로 품절이다
08	**eventually**	부 결국, 마침내	when the funding **eventually** becomes available 자금이 마침내 확보되면

09	**totally**	완전히, 전적으로	make containers totally out of plastic 용기를 완전히 플라스틱으로 만들다
10	**early**	일찍, 초기에 이른, 초기의	Be sure to arrive early. 일찍 도착해주세요.
11	**unfortunately**	안타깝게도, 아쉽게도	Unfortunately, the shipment is missing an item. 아쉽게도 배송에서 물품이 하나 빠져 있습니다.
12	**extremely**	극도로, 대단히	be extremely pleased to win the award 상을 타게 되어 대단히 기쁘다
13	**clearly**	분명히, 또렷하게	describe the nature of the problem clearly 문제의 본질을 명확하게 기술하다
14	**normally**	보통, 통상적으로	normally takes three days to ship online purchases 온라인 구매품을 발송하는데 보통 3일이 소요되다
15	**tightly**	단단히, 꽉	tightly secured 단단히 고정된
16	**shortly**	곧, 금방	shortly after graduation 졸업 직후에
17	**annually**	연례적으로, 해마다	be updated annually 해마다 업데이트되다
18	**hardly**	거의 ~않다	hardly noticeable from a distance 먼 거리에서 거의 보이지 않다
19	**slightly**	약간, 조금	The temperatures fell slightly overnight. 기온이 밤 사이에 조금 떨어졌다.
20	**heavily**	대단히, 극심하게	depend[rely] heavily on ~에 심하게 의존하다

21	**typically**	부 일반적으로, 보통, 전형적으로	typically receive more than 10 e-mails a day 보통 하루에 10건이 넘는 이메일을 받다
22	**rapidly**	부 빠르게, 신속히	the rapidly growing field of AI 급속도로 성장하고 있는 인공지능 분야
23	**briefly**	부 간단히, 잠시	briefly review the results 결과를 간략하게 검토하다
24	**widely**	부 널리, 광범위하게	widely respected 널리 존경받는
25	**financially**	부 재정적으로	do well financially 재정적으로 운영을 잘 하다
26	**perfectly**	부 완벽하게	be perfectly located 최적의 장소에 위치하다
27	**formerly**	부 예전에, 이전에(= previously)	be formerly a famous chef 예전에 유명한 요리사였다
28	**thoroughly**	부 철저하게	review the report thoroughly 보고서를 철저하게 검토하다
29	**dramatically**	부 극적으로, 급격히(= drastically)	rise dramatically 급격히 상승하다
30	**continually**	부 계속, 꾸준히	continually update one's equipment 장비를 꾸준히 최신화하다

실전 TEST

1. It's important to respond to customer complaints -------.
   (A) promptly
   (B) closely
   (C) extremely
   (D) generally

2. Our company works ------- with vendors to establish long-term partnerships.
   (A) nearly
   (B) closely
   (C) recently
   (D) newly

3. Severe weather conditions may cause flight schedules to change -------.
   (A) commonly
   (B) unexpectedly
   (C) apparently
   (D) nearly

4. The store will be ------- closed on Friday for inventory checks.
   (A) temporarily
   (B) competitively
   (C) recently
   (D) collectively

5. The sales team is ------- pleased to gain several new clients this month.
   (A) shortly
   (B) widely
   (C) extremely
   (D) perfectly

6. The presentation slides will be available for downloading ------- after the seminar ends.
   (A) formerly
   (B) thoroughly
   (C) typically
   (D) fairly

7. Wearing protective gear is ------- recommended when entering the construction site.
   (A) strongly
   (B) rapidly
   (C) briefly
   (D) tightly

8. The building, ------- a retail store, has been converted into office space.
   (A) widely
   (B) shortly
   (C) typically
   (D) formerly

9. The committee will review each application ------- before making a final decision.
   (A) thoroughly
   (B) previously
   (C) temporarily
   (D) unexpectedly

10. Many startups rely ------- on digital marketing to reach new customers.
    (A) annually
    (B) instantly
    (C) easily
    (D) heavily

DAY 09 | 최빈출 숙어 / Collocation ①

01	**be likely to do**	~할 가능성이 있다, ~할 것 같다	Mr. Hillman is likely to be promoted. 힐먼 씨는 승진될 가능성이 있다.
02	**be satisfied with**	~에 만족하다	Customers are satisfied with the new item. 고객들이 신제품에 만족하고 있다.
03	**be willing to do**	~할 의향이 있다, 기꺼이 ~하다	We are willing to accept your proposal. 저희는 귀하의 제안을 받아들일 의향이 있습니다.
04	**in a timely manner**	시기 적절하게	He completed his assignments in a timely manner. 그는 자신의 업무를 제때 완수했다.
05	**apply for**	~에 지원하다, ~을 신청하다	Mr. Kim applied for the manager position. 김 씨는 책임자 직책에 지원했다.
06	**routine[regular] maintenance**	정기 점검, 정기 유지보수	The parking garage is closed for routine maintenance today. 오늘 주차장은 정기 유지보수 작업을 위해 문을 닫습니다.
07	**be dedicated to -ing** **be committed to -ing**	~하는 데 전념하다, 헌신하다	We are dedicated to improving our environment. 저희는 환경을 개선하는 데 전념하고 있습니다.
08	**participate in**	~에 참가하다	All employees should participate in the upcoming workshop. 모든 직원들이 다가오는 워크숍에 참가해야 한다.
09	**inform A of B** **notify A of B**	A에게 B에 대해 알리다	Please inform him of the delay. 그에게 지연에 대해 알려 주세요.
10	**provide A with B**	A에게 B를 제공하다	The supplier provided us with an updated price list. 공급업자는 우리에게 업데이트된 가격 목록을 제공했다.

11	**specialize in**	~을 전문으로 하다	We specialize in sportswear. 저희는 스포츠 의류를 전문으로 합니다.
12	**search for**	~을 찾다, ~을 검색하다	He searched for some information online. 그는 온라인으로 약간의 정보를 검색했다.
13	**conduct a survey**	설문조사를 실시하다	We will conduct a survey to analyze customer satisfaction. 고객 만족도를 분석하기 위해 설문조사를 실시할 것입니다.
14	**be responsible for**	~에 대한 책임이 있다	We are not responsible for the damage. 저희는 그 손상에 대한 책임이 없습니다.
15	**fill out fill in complete**	~을 작성하다	Please fill out the form immediately. 즉시 그 양식을 작성해 주십시오.
16	**be pleased to do be delighted to do**	~해서 기쁘다	We are pleased to announce an upgrade. 저희는 업그레이드를 알려 드리게 되어 기쁩니다.
17	**contrary to**	~와 반대로	Contrary to our expectations, the new marketing strategy did not improve sales. 기대와는 반대로, 새로운 마케팅 전략이 매출을 증대시키지 못했다.
18	**make a change**	변경하다, 변화시키다	We are planning to make a change to the policy. 우리는 그 정책을 변경할 계획입니다.
19	**get in touch with**	~에게 연락하다	We need to get in touch with him right away. 우리는 당장 그에게 연락해야 합니다.
20	**a majority of**	대부분의, 대다수의 ~	A majority of customers prefer online shopping. 대다수의 고객들이 온라인 쇼핑을 선호한다.

21	**be concerned [worried] about**	~을 우려하다, 걱정하다	The residents are concerned about the issue. 주민들이 그 문제를 우려하고 있다.
22	**make an appointment**	예약하다, 약속을 잡다	I'd like to make an appointment for Thursday. 목요일로 예약하고자 합니다.
23	**be able[unable] to do**	~할 수 있다[없다]	They are able to solve the problem. 그들은 그 문제를 해결할 수 있다.
24	**place an order**	주문하다	Joanne placed an order for office supplies. 조앤이 사무용품을 주문했다.
25	**sign up for register for enroll in**	~에 등록하다, ~을 신청하다	Please sign up for the membership program. 회원 프로그램에 등록하시기 바랍니다.
26	**free of charge for free**	무료로	We will deliver the product free of charge. 저희는 무료로 그 제품을 배송해 드릴 것입니다.
27	**make[give] a presentation**	발표하다	He is going to make a presentation at the seminar. 그가 세미나에서 발표할 예정입니다.
28	**refrain from -ing**	~하는 것을 삼가다	Please refrain from using mobile phones in the meeting room. 회의실에서 휴대폰 사용을 삼가 주시기 바랍니다.
29	**have access to**	~을 이용할 수 있다, ~에 접근할 수 있다	Only authorized personnel have access to the data. 오직 승인된 직원들만 그 데이터를 이용할 수 있다.
30	**remind A to do**	A에게 ~할 것을 상기시키다, ~해야 함을 알리다	The director reminded employees to submit their reports by Friday. 부장은 직원들에게 보고서를 금요일까지 제출할 것을 상기시켰다. ❶ 수동태인 be reminded to do(~하라는 알림을 받다)도 자주 출제됨

실전 TEST

1. Ms. Taylor completed all her assignments in a ------- manner despite the tight deadline.
   (A) time
   (B) timely
   (C) timed
   (D) timing

2. Our team is ------- to providing excellent customer service.
   (A) dedicated
   (B) dedicating
   (C) dedicates
   (D) dedication

3. The store provides its customers ------- quality office supplies.
   (A) with
   (B) for
   (C) on
   (D) to

4. Sales are ------- to increase during the holiday season.
   (A) important
   (B) likely
   (C) stable
   (D) recent

5. Most customers that we surveyed were ------- with the quality of our products.
   (A) satisfying
   (B) satisfied
   (C) satisfaction
   (D) satisfactory

6. The HR team will ------- a survey to determine employee satisfaction levels.
   (A) remain
   (B) act
   (C) decide
   (D) conduct

7. Attendees are asked to ------- from using mobile phones during the lecture.
   (A) refrain
   (B) allow
   (C) apply
   (D) hesitate

8. The elevator will be out of service tomorrow due to routine -------.
   (A) communication
   (B) maintenance
   (C) change
   (D) search

9. The database is used to search ------- customer records quickly and efficiently.
   (A) for
   (B) by
   (C) as
   (D) to

10. The new intern is ------- for managing the company's social media accounts.
    (A) valuable
    (B) responsible
    (C) able
    (D) possible

DAY 10 | 최빈출 숙어 / Collocation ②

01	**a variety of** **a selection of** **a range of**	다양한 ~	The firm introduced **a variety of** interesting items. 그 회사는 다양한 흥미로운 제품들을 소개했다.
02	**at a reasonable price**	알맞은 가격에	The product is available **at a reasonable price**. 그 제품은 알맞은 가격에 구입 가능하다.
03	**give[deliver] a speech**	연설하다	**give a speech** on brand development 브랜드 개발에 대해 연설하다
04	**work remotely**	원격으로 일하다	**work remotely** from home 집에서 원격으로 일하다
05	**designated area**	지정된 장소	need to park in the **designated area** 지정된 장소에 주차를 해야한다
06	**consist of**	~로 구성되다	The team **consists of** five local experts. 그 팀은 5명의 지역 전문가로 구성되어 있다.
07	**be eligible for**	~에 자격이 있다, ~의 대상이 되다	All customers **are eligible for** a 15% discount. 모든 고객이 15% 할인의 대상이 된다.
08	**raise funds**	기금을 모으다	**raise funds** for the new public library 신규 공공 도서관을 위해 기금을 모으다
09	**comply with**	~을 준수하다, 지키다	**comply with** industry safety standards 산업 안전 규정을 준수하다
10	**respond to**	~에 대응하다, 답하다, 반응하다	**respond to** the customer complaints 고객 불만에 대응하다

11 **be compatible with**	~와 호환되다	Our device **is compatible with** most laptops on the market. 자사 장비는 시중에 있는 대부분의 노트북과 호환된다.
12 **substitute for**	~의 대체품, 대체할 사람	Social media promotion is a good **substitute for** traditional advertising. 소셜 미디어 홍보는 전통적인 광고의 좋은 대안이다.
13 **be known for**	~으로 유명하다	**be known for** creative software tools 창의적인 소프트웨어 도구들로 유명하다
14 **arrive punctually**	제시간에 도착하다	be expected to **arrive punctually** 제시간에 도착하도록 기대된다
15 **issue a refund**	환불해 주다	**issue a refund** on the returned shoes 반품된 신발에 대해 환불해주다
16 **advance notice**	사전 통보	a 24 hours' **advance notice** is required 24시간 이전의 사전 통보가 요구된다
17 **be capable of**	~할 수 있다	The team **is capable of** solving financial issues. 그 팀은 재정 문제를 해결할 수 있다.
18 **be useful for**	~에 유용하다	Yesterday's seminar **was useful for** improving employee productivity. 어제의 세미나는 생산성 향상에 유용했다.
19 **call a meeting**	회의를 소집하다	**call a meeting** to discuss the project 프로젝트에 대해 논의하기 위해 회의를 소집하다
20 **be scheduled to do**	~할 예정이다	The shipment **is scheduled to** arrive by Friday. 배송품이 금요일까지 도착할 예정이다.
21 **regular customer**	단골 고객	a rewards program for **regular customers** 단골 고객들을 위한 보상 프로그램

22	**subscribe to**	~을 구독하다	Customers can subscribe to our monthly newsletter. 고객들은 우리의 월간 소식지를 구독할 수 있다.
23	**under construction**	건설 중인, 공사 중인	The road is under construction. 도로가 공사 중이다.
24	**newly hired**	새로 채용된, 신입의	newly hired employees 신입 직원들
25	**affordably priced**	적당한 가격의	affordably priced office equipment 적당한 가격의 사무실 장비
26	**use caution**	주의하다, 조심하다	Please use caution when sharing sensitive company information. 회사 기밀정보를 공유할 때는 주의해주세요.
27	**top priority**	최우선 순위	Customer satisfaction is our top priority. 고객 만족이 저희의 최우선 순위입니다.
28	**locally grown**	현지에서 기른, 지역에서 자란	locally grown ingredients 현지에서 기른 음식 재료들
29	**lasting effect**	지속적인 영향	a lasting effect on job performance 업무 성과에 미치는 지속적인 영향
30	**adjust to**	~에 적응하다	adjust to changes in company policy 회사 규정의 변화에 적응하다

실전 TEST

1. This tour package offers a ------- of activities for all age groups.
   (A) variety
   (B) sale
   (C) supply
   (D) price

2. The meeting is ------- to begin at 10 A.M. in Conference Room B.
   (A) given
   (B) scheduled
   (C) found
   (D) considered

3. The hotel offers comfortable accommodations at a ------- price.
   (A) reasonable
   (B) potential
   (C) specific
   (D) detailed

4. All staff members are encouraged to work ------- during severe weather conditions.
   (A) strongly
   (B) remotely
   (C) finally
   (D) closely

5. Food and drinks are allowed only in ------- areas of the facility.
   (A) potential
   (B) reasonable
   (C) designated
   (D) qualified

6. Staff members with outstanding performance are ------- for a raise.
   (A) eligible
   (B) accessible
   (C) beneficial
   (D) fragile

7. The construction project must ------- with local safety regulations.
   (A) comply
   (B) access
   (C) continue
   (D) consider

8. All customer service employees must ------- to customer inquiries within 24 hours.
   (A) respond
   (B) apply
   (C) announce
   (D) offer

9. Customers who ------- to our magazine will save 20 percent on their first purchase.
   (A) expect
   (B) propose
   (C) intend
   (D) subscribe

10. Factory visitors are advised to use ------- when walking on wet floors.
    (A) cautious
    (B) caution
    (C) cautioned
    (D) cautiously

과목별 스타 강사진 영입, 기대하세요!

시원스쿨LAB 강사 라인업

20년 노하우의 토익/토스/오픽/지텔프/텝스/아이엘츠/토플/SPA/듀오링고
기출 빅데이터 심층 연구로 빠르고 효율적인 목표 점수 달성을 보장합니다.

시험영어 전문 연구 조직
시원스쿨어학연구소

시험영어 전문	기출 빅데이터	264,000시간
TOEIC/TOEIC Speaking/OPIc/G-TELP/TEPS/IELTS/TOEFL/SPA/Duolingo 공인 영어시험 콘텐츠 개발 경력 20년 이상의 국내외 연구원들이 포진한 전문적인 연구 조직입니다.	본 연구소 연구원들은 매월 각 전문 분야의 시험에 응시해 시험에 나온 모든 문제를 철저하게 해부하고, 시험별 기출문제 빅데이터 분석을 통해 단기 고득점을 위한 학습 솔루션을 개발 중입니다.	각 분야 연구원들의 연구시간 모두 합쳐 264,000시간 이 모든 시간이 쌓여 시원스쿨어학연구소가 탄생했습니다.

히트브랜드 토익·토스·오픽 인강 1위
시원스쿨LAB 교재 라인업
*2020-2024 5년 연속 히트브랜드대상 1위 토익·토스·오픽 인강

시원스쿨 토익 교재 시리즈

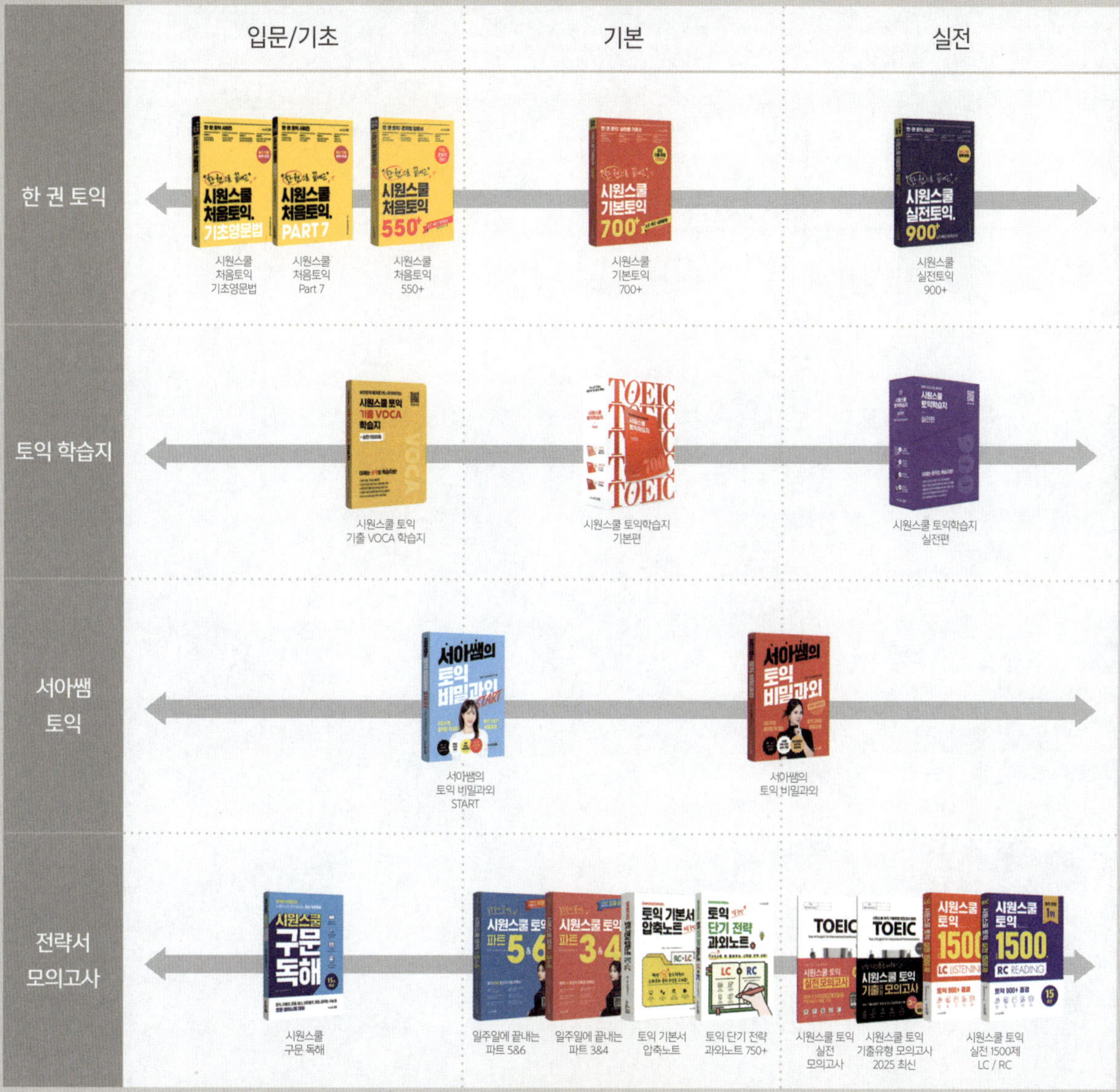

	입문/기초	기본	실전
한 권 토익	시원스쿨 처음토익 기초영문법 / 시원스쿨 처음토익 Part 7 / 시원스쿨 처음토익 550+	시원스쿨 기본토익 700+	시원스쿨 실전토익 900+
토익 학습지	시원스쿨 토익 기출 VOCA 학습지	시원스쿨 토익학습지 기본편	시원스쿨 토익학습지 실전편
서아쌤 토익		서아쌤의 토익 비밀과외 START	서아쌤의 토익 비밀과외
전략서 모의고사	시원스쿨 구문 독해	일주일에 끝내는 파트 5&6 / 일주일에 끝내는 파트 3&4 / 토익 기본서 압축노트 / 토익 단기 전략 과외노트 750+	시원스쿨 토익 실전 모의고사 / 시원스쿨 토익 기출유형 모의고사 2025 최신 / 시원스쿨 토익 실전 1500제 LC/RC

시원스쿨 토익스피킹·오픽 교재 시리즈

10가지 문법으로 시작하는 토익스피킹 기초영문법 | 28시간에 끝내는 토익스피킹 START | 5일 만에 끝내는 토익스피킹 | 15개 템플릿으로 끝내는 토익스피킹 | 멀캠X시원스쿨 오픽 진짜학습지 IM 실전 | 멀캠X시원스쿨 오픽 진짜학습지 IH 실전 | 멀캠X시원스쿨 오픽 진짜학습지 AL 실전 | OPIc All in one PACKAGE IM-AL

시원스쿨 처음토익 550+

정답 및 해설

시원스쿨 LAB

"한 권으로 끝내는"
시원스쿨 처음토익 550+

정답 및 해설

시원스쿨LAB

LISTENING

토익 기초특강

QUIZ

1. A window seat would be better.
   창가 좌석이 더 좋을 것 같아요.
   어휘 window seat 창가 좌석 *cf.* aisle seat 통로 좌석

2. One of the men is standing on a ladder.
   남자들 중 한 명이 사다리 위에 서 있다.
   어휘 ladder 사다리

3. Where will the conference be held this year?
   올해 학회는 어디에서 열리나요?
   어휘 be held 열리다, 개최되다

4. Let me check the schedule.
   제가 일정을 확인해 보겠습니다.
   어휘 let A do: A가 ~하도록 하다 schedule 일정(표)

5. Flowers have been put in a vase.
   꽃들이 화병에 꽂혀 있다.
   어휘 put ~을 놓다 vase 꽃병

6. You can't get us an earlier flight, can you?
   저희에게 더 빨리 출발하는 비행편을 구해주실 수 없죠, 그렇죠?
   어휘 get A B: A에게 B를 구해주다

7. Did you park in the garage?
   차고에 주차하셨나요?
   어휘 park 주차하다 garage 차고

8. Some people are boarding an airplane.
   몇몇 사람들이 비행기에 타고 있다.
   어휘 board ~에 오르다, 타다

9. That model is the newest one.
   그 모델이 가장 최신 거예요.

10. Do you have a copy of the report?
    보고서 사본을 갖고 계세요?
    어휘 copy 사본

DAY 01 인물 사진

PRACTICE ❶

1.
(A) She is looking into a bag. [X]
(B) She is examining some clothing. [O]
(A) 여자가 가방 속을 들여다보고 있다.
(B) 여자가 옷을 자세히 보고 있다.
어휘 examine ~을 자세히 들여다 보다 clothing 의류, 옷

2.
(A) Some people are waiting in line. [O]
(B) One of the men is moving some boxes. [X]
(A) 몇몇 사람들이 줄을 서서 기다리고 있다.
(B) 남자들 중 한 명이 상자들을 옮기고 있다.
어휘 wait in line 줄 서서 기다리다 move ~을 옮기다

3.
(A) They are looking in a drawer. [O]
(B) A woman is sitting on a chair. [X]
(A) 사람들이 서랍 속을 들여다보고 있다.
(B) 여자가 의자 위에 앉아 있다.
어휘 drawer 서랍

4.
(A) They're standing near a building. [O]
(B) One of the men is talking on the phone. [X]
(A) 사람들이 건물 근처에 서 있다.
(B) 남자들 중 한 명이 전화 통화를 하고 있다.

어휘 near ~ 근처에

5.
(A) A woman is drinking from a cup. [X]
(B) A woman is reading in an armchair. [O]
(A) 여자가 컵으로 마시고 있다.
(B) 여자가 안락 의자에서 읽고 있다.
어휘 armchair 안락의자

PRACTICE 2

1.
(A) A woman is carrying a bag. [O]
(B) A woman is crossing a street. [O]
(A) 여자가 가방을 지니고 있다.
(B) 여자가 길을 건너고 있다.
어휘 carry ~을 휴대하다, 지니다 cross ~을 건너다

2.
(A) Some people are wearing aprons. [O]
(B) Some people are looking into a display case. [O]
(A) 몇몇 사람들이 앞치마를 맨 채로 있다.
(B) 몇몇 사람들이 진열장을 들여다보고 있다.
어휘 apron 앞치마 display case 진열장

3.
(A) A woman is leaning against a wall. [O]
(B) A woman is putting on a helmet. [X]
(A) 여자가 벽에 기대어 있다.
(B) 여자가 헬멧을 착용하는 중이다.
어휘 lean against ~에 기대다 put on ~을 착용하다 (동작)

4.
(A) One of the women is boarding a bus. [O]
(B) One of the men is holding a suitcase. [O]
(A) 여자들 중 한 명이 버스에 오르고 있다.
(B) 남자들 중 한 명이 여행가방을 잡고 있다.
어휘 board ~에 타다, 오르다 suitcase 여행가방

5.
(A) A man is reaching for some merchandise. [O]
(B) A man is pushing a shopping cart. [X]
(A) 남자가 상품에 손을 뻗고 있다.
(B) 남자가 쇼핑 카트를 밀고 있다.
어휘 reach for ~에 손을 뻗다 merchandise 상품, 제품 push ~을 밀다

실전 TEST

1. (C)	2. (C)	3. (D)	4. (D)	5. (B)
6. (B)	7. (A)	8. (C)	9. (A)	10. (C)
11. (B)	12. (D)			

1.
(A) He's standing on some grass.
(B) He's putting on a helmet.
(C) He's climbing a ladder.
(D) He's painting a wall.
(A) 남자가 잔디 위에 서 있다.
(B) 남자가 헬멧을 쓰는 중이다.
(C) 남자가 사다리를 오르고 있다.
(D) 남자가 벽을 칠하고 있다.
해설 남자가 사다리를 오르고 있는 모습이므로 (C)가 정답이다. 헬멧을 이미 쓴 상태이므로(wearing) 헬멧을 착용하는 동작을 나타내는(putting on) (B)는 오답이다.
어휘 grass 잔디 put on ~을 착용하다(동작) climb ~을 오르다 ladder 사다리 paint ~을 칠하다

2.
(A) A woman is watering some flowers.
(B) A woman is writing on a notepad.
(C) A woman is holding a pen.
(D) A woman is putting on a sweater.
(A) 여자 한 명이 몇몇 꽃에 물을 주고 있다.
(B) 여자 한 명이 노트에 쓰고 있다.
(C) 여자 한 명이 펜을 들고 있다.
(D) 여자 한 명이 스웨터를 착용하는 중이다.
해설 여자가 펜을 들고 있는 자세를 취하고 있으므로 (C)가 정답이다. 여자가 스웨터를 이미 착용한 상태이므로 착용하는 동작을 묘사하는 (D)는 오답이다.
어휘 water v. ~에 물을 주다 notepad 공책 hold ~을 들다, 붙잡다 put on (동작) ~을 착용하다, 입다

3.
(A) The woman is picking up packages.
(B) The woman is looking in a display case.
(C) The woman is putting shoes in the bag.
(D) The woman is trying on shoes.
(A) 여자가 소포를 집어 들고 있다.
(B) 여자가 진열장 안을 들여다보고 있다.
(C) 여자가 신발을 가방에 넣고 있다.

(D) 여자가 신발을 착용해 보고 있다.

해설 여자가 신발을 착용해 보는 동작을 하고 있으므로 (D)가 정답이다.

어휘 pick up ~을 집어 들다 package 소포, 꾸러미 look in ~ 안을 들여다보다 display case 진열장 try on ~을 착용해 보다

4.
(A) She's sweeping a walkway.
(B) She's building a greenhouse.
(C) She's trimming some bushes.
(D) She's pushing a wheelbarrow.
(A) 여자가 인도를 빗자루로 쓸고 있다.
(B) 여자가 온실을 짓고 있다.
(C) 여자가 덤불을 다듬고 있다.
(D) 여자가 외바퀴 손수레를 밀고 있다.

해설 여자가 외바퀴 손수레(wheelbarrow)를 밀고 있는 모습이므로 이를 묘사한 (D)가 정답이다. 토익 Part 1에서 매우 자주 출제되는 정답 문장이니 반드시 알아두자.

어휘 sweep ~을 빗자루로 쓸다 walkway 보도, 인도 greenhouse 온실 trim ~을 (잘라서) 다듬다, 손질하다

5.
(A) They're shaking hands.
(B) They're walking on a path.
(C) They're carrying some plants.
(D) They're facing each other.
(A) 사람들이 악수하고 있다.
(B) 사람들이 길에서 걷고 있다.
(C) 사람들이 몇몇 식물을 나르고 있다.
(D) 사람들이 서로 바라보고 있다.

해설 두 사람이 함께 길을 걷고 있으므로 이를 묘사한 (B)가 정답이다. 참고로, walking 대신 strolling(거닐다)가 정답이 되는 경우도 종종 출제된다.

어휘 shake hands 악수하다 path 길, 통행로 carry ~을 나르다, 갖고 다니다, 휴대하다 plant 식물 face ~을 향하다 each other 서로

6.
(A) They're entering a building.
(B) They're walking down some stairs.
(C) One of the men is putting on his jacket.
(D) One of the women is holding onto a railing.
(A) 사람들이 건물로 들어가고 있다.
(B) 사람들이 걸어서 계단을 내려가고 있다.
(C) 남자들 중 한 명이 재킷을 착용하는 중이다.
(D) 여자들 중 한 명이 난간을 잡고 있다.

해설 사람들이 함께 걸어서 계단을 내려가고 있는 모습을 묘사한 (B)가 정답이다. 남자 한 명은 이미 재킷을 착용한 상태(wearing)이므로 (C)는 오답이다. railing이 보이지만 난간을 잡고 있는 사람은 없으므로 (D)도 오답이다.

어휘 enter ~에 들어가다 walk down ~을 걸어서 내려가다 stairs 계단 put on (동작) ~을 착용하다 hold onto ~을 붙들다 railing 난간

7.
(A) A man is sitting by a window.
(B) A man is opening a laptop computer.
(C) A man is holding a coffee cup.
(D) A man is typing on a keyboard.
(A) 남자가 창가에 앉아 있다.
(B) 남자가 노트북 컴퓨터를 열고 있다.
(C) 남자가 커피잔을 들고 있다.
(D) 남자가 키보드에 타이핑하고 있다.

해설 남자가 창가에 앉아 있는 모습을 묘사한 (A)가 정답이다. 노트북은 이미 열려 있고, 키보드를 사용하고 있지 않으므로 (B), (D)는 오답이다.

어휘 by ~ 옆에 hold ~을 잡다, 들다 type 타자를 치다, 타이핑하다

8.
(A) Some people are attending a performance.
(B) Some people are looking at a monitor.
(C) A woman is speaking to a group of people.
(D) A woman is writing on a whiteboard.
(A) 몇몇 사람들이 공연에 참석하고 있다.
(B) 몇몇 사람들이 모니터를 보고 있다.
(C) 한 여자가 모여 있는 사람들에게 이야기하고 있다.
(D) 한 여자가 화이트보드에 글씨를 쓰고 있다.

해설 화이트보드 앞에 서 있는 여자가 나머지 사람들에게 이야기하는(speaking to a group of people) 모습을 묘사한 (C)가 정답이다.

어휘 attend ~에 참석하다 performance 공연, 연주 look at ~을 보다

9.
(A) A man is sweeping the stairs.
(B) A man is repairing a fence.
(C) A man is leaning against a railing.
(D) A man is standing on a ladder.
(A) 남자가 계단을 쓸고 있다.
(B) 남자가 울타리를 고치고 있다.
(C) 남자가 난간에 기대고 있다.
(D) 남자가 사다리에 올라서 있다.

해설 남자가 빗자루를 들고 계단을 쓸고 있으므로 이를 sweeping the stairs라고 표현한 (A)가 정답이다. 참고로, 계단을 지칭할 때 steps, stairs, staircase 등을 쓰는데, 모두 Part 1에 등장한 단어들이니 함께 외워두자.

어휘 sweep (빗자루로) ~을 쓸다 stairs 계단, 층계 repair ~을 고치다, 수리하다 fence 울타리 lean against ~에 기대다 railing 난간 ladder 사다리

10.
(A) A man is arranging some chairs.
(B) A man is cleaning some dishes.
(C) A man is bending over a table.
(D) A man is standing behind a counter.
(A) 남자가 의자들을 정리하고 있다.
(B) 남자가 그릇을 닦고 있다.
(C) 남자가 테이블 위로 몸을 숙이고 있다.
(D) 남자가 카운터 뒤에 서 있다.

해설 남자가 천으로 테이블 위를 닦고 있는 모습을 '테이블 위로 몸을 숙이고 있다(bending over a table)'라고 묘사한 (C)가 정답이다.

어휘 arrange ~을 정리하다, 정렬하다 dish 그릇, 접시 wipe ~을 문질러 닦다

11.
(A) She's pushing a shopping cart.
(B) She's removing an item from a shelf.
(C) She's placing an item into a basket.
(D) She's paying for some groceries.
(A) 여자가 쇼핑 카트를 밀고 있다.
(B) 여자가 선반에서 물건을 꺼내고 있다.
(C) 여자가 물건을 바구니 안에 넣고 있다.
(D) 여자가 식료품에 대해 지불하고 있다.

해설 여자가 마트의 진열 선반에서 어떤 물건을 들어 올리고 있는데, 이를 동사 remove(~을 제거하다, 치우다)를 사용해 나타낸 (B)가 정답이다.

어휘 push ~을 밀다 remove A from B: B에서 A를 꺼내다, 치우다 place A into B: A를 B에 넣다 pay for ~대해 값을 지불하다 grocery 식료품

12.
(A) She is resting on a couch.
(B) She is setting a table.
(C) She is planting some flowers.
(D) She is placing a vase on a table.
(A) 여자가 소파에서 쉬고 있다.
(B) 여자가 식탁을 차리고 있다.
(C) 여자가 꽃을 심고 있다.
(D) 여자가 테이블 위에 화병을 놓고 있다.

해설 여자가 유리로 된 화병을 들고 테이블에 놓고 있는 모습을 묘사한 (D)가 정답이다. Part 1에서 '(물건 등을) ~에 놓다, 두다'를 묘사할 때 동사 place 또는 put이 쓰인다는 것을 알아두자.

어휘 rest 쉬다, 휴식하다 couch 소파, 긴 의자 set a table 테이블을 차리다 plant v. ~을 심다 place v. ~을 놓다, ~을 두다 vase 화병

DAY 02 사물 / 인물+사물 사진

PRACTICE 1

1.
(A) Shelves are filled with books. [O]
(B) Some books are stacked on the floor. [X]
(A) 선반들이 책으로 가득 차 있다.
(B) 몇몇 책들이 바닥 위에 쌓여 있다.

어휘 shelf 선반 cf. 복수형은 shelves be filled with ~로 가득 차다 stack ~을 쌓다

2.
(A) Picnic tables are lined up in a row. [O]
(B) Food has been placed on the tables. [X]
(A) 피크닉 테이블들이 일렬로 정렬되어 있다.
(B) 음식이 테이블들 위에 놓여 있다.

어휘 line up ~을 정렬시키다 in a row 일렬로 place ~을 놓다

3.
(A) Some bicycles have been parked side by side. [O]
(B) Some vehicles are parked in the garage. [X]
(A) 자전거들이 나란히 세워져 있다.
(B) 차량 몇 대가 차고에 주차되어 있다.

어휘 side by side 나란히 garage 차고, 차량 보관소

4.
(A) Trees are growing along the road. [O]
(B) Lines have been painted on a road. [O]
(A) 나무들이 도로를 따라 자라고 있다.
(B) 도로 위에 선들이 그려져 있다.

어휘 along ~을 따라 paint (선 등을) 그리다

5.
(A) Some artworks have been mounted on the wall. [O]

(B) Some light fixtures are hanging above a table. [O]

(A) 예술 작품들이 벽에 걸려 있다.
(B) 조명 기구들이 테이블 위에 매달려 있다.

어휘 mount ~을 설치하다, 고정하다 light fixture 조명 기구 hang 매달리다

PRACTICE 2

1.
(A) Some boats are docked at a pier. [O]
(B) Some people are boarding a boat. [X]
(A) 보트 몇 척이 부두에 정박해 있다.
(B) 사람들이 보트에 탑승하고 있다.

어휘 be docked 정박해 있다 pier 부두 board ~에 타다

2.
(A) An office is unoccupied. [O]
(B) Some laptop computers are being used. [X]
(A) 사무실이 비어 있다.
(B) 노트북 컴퓨터들이 사용되고 있다.

어휘 unoccupied 비어 있는 be used 사용되다

3.
(A) Some merchandise is on display. [O]
(B) Some products are being arranged. [X]
(A) 일부 상품들이 진열되어 있다.
(B) 제품들이 정리되고 있는 중이다.

어휘 merchandise 상품 be on display 진열되어 있다 arrange ~을 정리하다

4
(A) A picnic area is covered by a roof. [O]
(B) A picnic area has been set up near some trees. [O]
(A) 피크닉 구역이 지붕으로 덮여 있다.
(B) 피크닉 구역이 나무 근처에 마련되어 있다.

어휘 be covered by ~로 덮여 있다 set up ~을 설치하다, 마련하다

5.
(A) Some monitors are positioned side by side. [O]
(B) A computer station has been set up on a desk. [O]
(A) 모니터들이 나란히 배치되어 있다.
(B) 컴퓨터 장비가 책상 위에 설치되어 있다.

어휘 be positioned 위치해 있다 side by side 나란히 computer station 컴퓨터 장비(작업 공간)

실전 TEST

1. (D)	2. (A)	3. (A)	4. (D)	5. (A)
6. (D)	7. (C)	8. (A)	9. (A)	10. (A)
11. (B)	12. (C)			

1.
(A) One of the women is putting on a shirt.
(B) One of the women is sipping from a coffee cup.
(C) Some clothes have been placed in a bag.
(D) Some clothes are hanging on racks.
(A) 여자가 셔츠를 착용하는 중이다.
(B) 여자들 중 한 명이 커피잔으로 커피를 마시고 있다.
(C) 몇몇 옷이 상자에 담겨 있다.
(D) 몇몇 옷이 옷걸이에 걸려 있다.

해설 여러 벌의 셔츠와 바지가 옷걸이에 걸려 있는 모습을 묘사한 (D)가 정답이다.

어휘 put on ~을 착용하다 sip from ~으로 조금씩 마시다 clothes 옷, 의복 place ~을 넣다 hang 매달리다 rack 옷걸이

2.
(A) Books have been arranged on shelves.
(B) Books are stacked in the corner.
(C) A man is assembling some shelves.
(D) A man is climbing up the stairs.
(A) 책들이 선반에 정리되어 있다.
(B) 책들이 구석에 쌓여 있다.
(C) 남자가 몇몇 선반을 조립하고 있다.
(D) 남자가 계단을 올라가고 있다.

해설 책들이 선반에 정리되어 있는 상태를 묘사한 (A)가 정답이다.

어휘 arrange ~을 정리하다, 정렬하다 shelf 선반 stack ~을 쌓다 in the corner 구석에 assemble ~을 조립하다 climb up ~을 올라가다 stairs 계단

3.
(A) Some jewelry is on display.
(B) They're looking in a drawer.
(C) Items are being placed into boxes.
(D) A woman is purchasing a watch.
(A) 일부 장신구가 진열되어 있다.
(B) 사람들이 서랍 안을 들여다보고 있다.
(C) 제품들이 상자 안에 놓이는 중이다.
(D) 여자 한 명이 시계를 구입하고 있다.

해설 장신구가 진열되어 있는 상태를 묘사한 (A)가 정답이다. 사람들이 들여다보고 있는 것은 서랍이 아니라 진열장(display case)이므로 (B)는 오답이다.

어휘 jewelry 장신구, 보석 on display 진열 중인, 전시 중인 look in ~ 안을 들여다보다 drawer 서랍 place A into B: A를 B 안에 놓다, 넣다 purchase ~을 구입하다

4.
(A) People are resting on a beach.
(B) People are swimming in the water.
(C) Some plants are being watered.
(D) Some steps lead to a beach.
(A) 사람들이 해변에서 쉬고 있다.
(B) 사람들이 물에서 수영하고 있다.
(C) 몇몇 식물에 물이 뿌려지는 중이다.
(D) 몇몇 계단이 해변으로 이어져 있다.
해설 계단이 해변으로 이어져 있는 상태를 lead to(~로 이어지다)라는 표현으로 묘사한 (D)가 정답이다.
어휘 rest 쉬다, 휴식하다 plant 식물 water v. ~에 물을 주다 steps 계단 lead to ~로 이어지다, 연결되다

5.
(A) Light fixtures are hanging from the ceiling.
(B) People are setting up a meeting room.
(C) Some windows are being cleaned.
(D) Papers are spread out on a desk.
(A) 조명 기구들이 천장에 매달려 있다.
(B) 사람들이 회의실을 세팅하고 있다.
(C) 창문들이 청소되는 중이다.
(D) 서류가 책상에 펼쳐져 있다.
해설 조명 기구들이 천장에 매달려 있는 상태를 묘사한 (A)가 정답이다. 참고로, 무엇인가가 위에 매달려 있는 모습을 be hanging, be hung, be suspended 등으로 묘사한다는 것을 알아 두자.
어휘 light fixture 조명 기구 hang from ~에 매달려 있다, 걸려 있다 ceiling 천장 set up ~을 설치하다, 준비하다 clean ~을 청소하다, 닦다 spread out ~을 펼치다, 펼쳐 놓다

6.
(A) A pathway leads to a parking area.
(B) Wheelbarrows are being pushed.
(C) Some trees are being trimmed.
(D) Some equipment is propped against a wall.
(A) 산책로가 주차장으로 이어져 있다.
(B) 손수레들이 밀리고 있다.
(C) 나무들이 다듬어지고 있다.
(D) 몇몇 장비가 벽에 기대어 놓여 있다.
해설 외바퀴 손수레들이 건물 외벽에 기대어 놓여 있는 모습인데, 외바퀴 손수레를 equipment(장비)라고 칭하여 be propped against(~에 기대어 놓여 있다)라는 표현으로 묘사한 (D)가 정답이다.

어휘 pathway (산책용) 길, 통로 lead to ~로 이어지다 wheelbarrow 외바퀴 손수레 trim ~을 다듬다 equipment 장비 be propped against ~기대어 놓여 있다

7.
(A) Cars are parked on the road.
(B) The bus is approaching the bus stop.
(C) The bus is stopped at the bus stop.
(D) Some pedestrians are crossing a street.
(A) 자동차들이 도로에 주차되어 있다.
(B) 버스가 정류장으로 다가오고 있다.
(C) 버스가 정류장에 멈춰 있다.
(D) 몇몇 보행자들이 길을 건너고 있다.
해설 버스가 사람을 태우기 위해 정류장에 멈춰 있는 모습을 묘사한 (C)가 정답이다. 버스가 움직이는 모습이 아니므로 정류장에 다가오고 있다고(approaching) 묘사한 (B)는 오답이다.
어휘 road 도로 approach ~에 다가가다 bus stop 버스 정류장 be stopped 정지되어 있다 pedestrian 보행자 cross a street 길을 건너다

8.
(A) Some flowerpots have been hung in a greenhouse.
(B) Some plants are being loaded onto a cart.
(C) Some shelves are being assembled.
(D) Some potted plants have been placed near the entrance.
(A) 화분들이 온실 안에 걸려 있다.
(B) 식물들이 수레에 실리는 중이다.
(C) 선반들이 조립되는 중이다.
(D) 화분들이 입구 근처에 놓여 있다.
해설 온실 안에 화분들이 매달려 있는 모습을 묘사한 (A)가 정답이다. 화분이 놓인 선반들은 이미 조립되어 있으므로 조립 중인 동작을 묘사한 (C)는 오답이며, 화분들이 놓여 있긴 하지만 입구 근처인지 확인할 수 없으므로 (D) 역시 오답이다.
어휘 flowerpot 꽃이 심겨진 화분 greenhouse 온실 be loaded onto ~에 실리다 assemble ~을 조립하다 potted plant 화분 식물 entrance 입구 be placed 놓여 있다

9.
(A) Some skyscrapers are overlooking a lake.
(B) Some trees are being trimmed.
(C) Some boats are lined up at the water's edge.
(D) A bridge has been built over a river.
(A) 몇몇 고층 건물들이 호수를 내려다보고 있다.
(B) 나무들이 다듬어지고 있다.

(C) 보트들이 물가에 정렬되어 있다.
(D) 다리가 강 위에 세워져 있다.

해설 고층 건물들이 있고 그 아래로 숲과 호수가 보이는 사진이다. 이 모습을 동사 overlook(~을 내려다보다)을 이용해 묘사한 (A)가 정답이다. 참고로, 고층 건물을 skyscraper라고 한다는 것을 알아두자.

어휘 skyscraper 고층 건물 overlook ~을 내려다보다 trim ~을 다듬다 be lined up 정렬되어 있다 water's edge 물가 build ~을 짓다 over ~ 위에 river 강

10.
(A) A light fixture is being repaired.
(B) The man is leaning against the wall.
(C) The man is carrying a ladder.
(D) The ceiling is being painted.
(A) 조명 기구가 수리되고 있다.
(B) 남자가 벽에 기대어 있다.
(C) 남자가 사다리를 들고 있다.
(D) 천장에 페인트 칠이 되고 있다.

해설 남자가 장비를 허리에 차고 조명 기구를 열려고 하는 모습인데, 이는 조명 기구를 수리하는 모습으로 볼 수 있으므로 (A)가 정답이다. 참고로, 무엇을 수리하는 모습을 동사 repair 또는 fix를 써서 묘사한다는 것을 알아두자.

어휘 light fixture 조명 기구 repair ~을 수리하다 lean against ~에 기대다 carry ~지니다, 가지고 가다 ladder 사다리 ceiling 천장

11.
(A) The boxes are filled with items.
(B) Some boxes have been stacked.
(C) Some chairs are being arranged.
(D) A box is being loaded onto a cart.
(A) 상자들에 물건이 가득 차 있다.
(B) 몇몇 상자들이 쌓여 있다.
(C) 몇몇 의자들이 정리되는 중이다.
(D) 상자 한 개가 카트에 실리고 있다.

해설 여자 뒤에 많은 박스들이 쌓여 있는데, 이 모습을 묘사한 (B)가 정답이다. 참고로, 무엇이 쌓여 있는 모습을 묘사할 때 be stacked, be piled가 잘 쓰인다는 것을 알아두자.

어휘 stack ~을 쌓다, 포개다 arrange ~을 정렬하다, 정리하다 load ~을 싣다, 적재하다

12.
(A) A lamp has been placed on the floor.
(B) A floor is being polished.
(C) Pillows are arranged on a couch.
(D) Some curtains have been pulled closed.
(A) 램프가 바닥 위에 놓여 있다.
(B) 바닥이 윤이 나게 닦이고 있다.
(C) 쿠션이 소파 위에 정리되어 있다.
(D) 커튼이 닫혀 있다.

해설 여러 개의 쿠션이 소파 위에 정리되어 있는 모습을 묘사한 (C)가 정답이다. 바닥은 이미 윤이 나는 상태이므로 닦아서 윤을 내는 동작을 묘사하는 (B)는 오답이다. 참고로, 쿠션을 영어로 pillow라고도 한다는 것을 알아두자.

어휘 be placed 놓여 있다 floor 바닥, 마루 polish ~을 윤이 나도록 닦다 pillow 쿠션, 베개 couch 소파, 긴 의자 be pulled closed 당겨져 닫혀 있다

DAY 03 When / Where / Who 의문문

PRACTICE 1

1. When does the supermarket close on Sundays?
(A) Yes, I bought some milk. [X]
(B) It's on Main Street. [X]
(C) At 7 P.M. [O]
슈퍼마켓이 일요일엔 언제 닫나요?
(A) 네, 전 우유를 좀 샀어요.
(B) 그것은 메인 스트리트에 있어요.
(C) 오후 7시에요.

2. When did Sandra ask for a computer upgrade?
(A) On my desk. [X]
(B) A week ago. [O]
(C) Sometime last week. [O]
산드라 씨가 언제 컴퓨터 업그레이드를 요청하셨죠?
(A) 제 책상에요.
(B) 일주일 전에요.
(C) 지난주 중에요.

어휘 ask for ~을 요청하다 ago ~ 전에

3. Where can I find the service desk?
(A) In two weeks. [X]
(B) Down the hall to the left. [O]
(C) Near the main entrance. [O]
어디에서 서비스 데스크를 찾을 수 있나요?
(A) 2주 후에요.
(B) 복도를 따라 가시다가 왼쪽에서요.
(C) 중앙 출입구 근처에서요.

어휘 in 기간: ~ 후에 down the hall 복도를 따라 to the left 왼쪽에, 왼편에 near ~ 근처에, 가까이 main entrance 중앙 출입구

4. When will I receive the product samples?
   (A) By tomorrow afternoon. [O]
   (B) Two samples, please. [X]
   (C) From the warehouse. [X]
   언제 제가 제품 샘플을 받게 될까요?
   (A) 내일 오후까지요.
   (B) 샘플 두 개 부탁드려요.
   (C) 창고로부터요.

어휘 warehouse 창고

5. When was the last time you traveled abroad?
   (A) About two years ago. [O]
   (B) In Europe. [X]
   (C) Last month. [O]
   마지막으로 해외여행을 다녀온 건 언제인가요?
   (A) 약 2년 전이에요.
   (B) 유럽에서요.
   (C) 지난달에요.

어휘 travel abroad 해외여행을 하다 about 대략, 약 ago ~ 전에 last month 지난달

6. Where are the cleaning supplies?
   (A) In the cabinet under the sink. [O]
   (B) Every Monday. [X]
   (C) I put them in the storage room. [O]
   청소 용품은 어디에 있나요?
   (A) 싱크대 아래 캐비닛 안에 있어요.
   (B) 매주 월요일에요.
   (C) 창고에 넣어뒀어요.

어휘 cleaning supplies 청소 용품 cabinet 수납장 under the sink 싱크대 아래 put A in B: A를 B에 넣다 storage room 저장실, 창고

PRACTICE 2

1. When will the library open tomorrow?
   (A) At 9 A.M. [O]
   (B) Just down the street. [X]
   (C) Check their Web site. [O]
   도서관이 내일 언제 문을 여나요?
   (A) 오전 9시에요.
   (B) 바로 길 저쪽에요.
   (C) 그곳 웹사이트를 확인해 보세요.

어휘 down the street 길 저쪽에, 길을 따라 their 그들의 (여기서는 '도서관의'라는 뜻. 단체나 기관을 지칭할 때 그곳에 속한 사람들을 가리키는 의미로 they/their/them을 쓸 수 있음)

2. Who's booking the flights for our trip?
   (A) I believe Jenny will. [O]
   (B) Ten seats, please. [X]
   (C) The personnel manager will. [O]
   저희 여행 항공편은 누가 예약할 건가요?
   (A) 제 생각엔 제니가 할 거예요.
   (B) 좌석 10개 주세요.
   (C) 인사부장이 할 거예요.

어휘 book ~을 예약하다 flight 항공편 I believe ~ 내 생각엔 ~이다 personnel manager 인사부장

3. Where should I put these pamphlets?
   (A) Sometime next month. [X]
   (B) Near the front entrance. [O]
   (C) Ask the manager. [O]
   이 팸플릿들을 어디에 두면 될까요?
   (A) 다음 달 중 언젠가요.
   (B) 정문 근처에 두세요.
   (C) 매니저에게 물어보세요.

어휘 pamphlet 팸플릿 near ~ 근처에 put ~을 놓다, 두다 front entrance 정문

4. Who's in charge of scheduling meetings?
   (A) Tomorrow morning. [X]
   (B) Mr. Tackett, I guess. [O]
   (C) The project manager. [O]
   누가 회의 일정을 정하는 일을 맡고 있나요?
   (A) 내일 아침이요.
   (B) 타케트 씨인 것 같아요.
   (C) 프로젝트 책임자요.

어휘 be in charge of ~을 맡고 있다, 책임지고 있다 schedule v. ~의 일정을 정하다 I guess (문장 뒤에 덧붙여) ~인 것 같다

5. Who ordered the new office chairs?
   (A) At the furniture store down the street. [X]
   (B) I have no idea. [O]
   (C) Jerry did. [O]
   누가 새 사무용 의자들을 주문했나요?
   (A) 길 아래쪽 가구점에서요.
   (B) 잘 모르겠어요.

(C) 제리가 했어요.

어휘 order ~을 주문하다 office chair 사무용 의자 furniture store 가구점 I have no idea 잘 모르겠어요

6. Where will the company picnic be next year?
(A) Every year. [X]
(B) It hasn't been decided yet. [O]
(C) The management is still deciding. [O]

내년도 회사 야유회는 어디에서 열릴 예정인가요?
(A) 매년이요.
(B) 아직 결정되지 않았어요.
(C) 경영진이 아직 결정 중이에요.

어휘 decide ~을 결정하다 management 경영진 still 아직도

실전 TEST

1. (A)	2. (C)	3. (C)	4. (C)	5. (A)
6. (A)	7. (B)	8. (A)	9. (C)	10. (A)
11. (B)	12. (A)	13. (B)	14. (B)	15. (B)

1. When will you come back from your trip?
(A) Next Friday.
(B) I don't have enough time.
(C) I'm going downtown.

언제 여행에서 돌아오시나요?
(A) 다음주 금요일이요.
(B) 저는 시간이 충분하지 않아요.
(C) 저는 시내로 갈 겁니다.

해설 여행에서 언제 돌아오는지 묻는 When 의문문에 대해 특정 미래시점으로 답변하는 (A)가 정답이다. (B)는 When과 관련 있게 들리는 time을 활용한 답변이지만 시점을 말하는 내용이 아니므로 오답이다.

어휘 come back from ~에서 돌아오다 trip 여행 enough 충분한 downtown 시내로, 시내에

2. Where did you get that file folder?
(A) A few minutes ago.
(B) For the upcoming reception.
(C) I purchased it at the shop.

어디서 그 파일 폴더를 구하셨나요?
(A) 몇 분 전에요.
(B) 곧 있을 축하 행사를 위해서요.
(C) 상점에서 구입했어요.

해설 파일 폴더를 구한 곳을 묻는 Where 의문문에 대해 장소 전치사구와 함께 구입 장소를 언급하는 (C)가 정답이다.

어휘 get ~을 구하다, 얻다, 가져오다 upcoming 곧 있을,

다가오는 reception 축하 행사, 기념 행사 purchase ~을 구입하다

3. When will the new program be installed?
(A) I don't want to buy it.
(B) It's not working well.
(C) In a few days.

언제 새로운 프로그램이 설치되는 거죠?
(A) 저는 그것을 구입하고 싶지 않아요.
(B) 그게 잘 작동되지 않아요.
(C) 며칠 후에요.

해설 새로운 프로그램이 언제 설치되는지 묻는 When 의문문에 대해 (C)는 특정 미래시점으로 답변하고 있으므로 정답이다.

어휘 install ~을 설치하다 work (기기 등이) 작동되다

4. Where is the computer workshop being held?
(A) At five o'clock.
(B) The newest laptop computer.
(C) In conference room A.

어디에서 컴퓨터 워크숍이 열리나요?
(A) 5시에요.
(B) 최신형 노트북 컴퓨터입니다.
(C) 대회의실 A에서요.

해설 워크숍이 열리는 곳을 묻는 Where 의문문에 대해 (C)는 특정 장소로 답변하는 정답이다. (B)는 질문에 포함된 computer를 그대로 활용한 답변으로 워크숍 개최 장소와 관련 없는 오답이다.

어휘 be held 열리다, 개최되다 conference room 대회의실

5. Who should I call to get some office supplies?
(A) Contact Mr. Jeong on the 3rd floor.
(B) No, they're not.
(C) Last weekend.

사무용품을 좀 받으려면 누구에게 전화해야 하죠?
(A) 3층에 있는 정 씨에게 연락해 보세요.
(B) 아뇨, 그것들은 그렇지 않아요.
(C) 지난 주말이요.

해설 사무용품을 받기 위해 누구에게 전화해야 하는지 묻는 Who 의문문이다. (A)는 Who에 어울리는 사람 이름과 함께 그 사람에게 연락해 보도록 권하는 말이므로 정답이다.

어휘 get ~을 받다, 얻다, 구하다 supplies 용품, 물품 contact ~에게 연락하다

6. Where is the closest grocery store?
(A) Across the street.
(B) Not until tomorrow.
(C) For several hours.

가장 가까운 식료품점이 어디에 있죠?
(A) 길 건너편에요.
(B) 내일이나 되어야 해요.
(C) 몇 시간 동안이요.

해설 가장 가까운 식료품점이 어디에 있는지 묻는 Where 의문문에 대해 (A)는 위치 전치사구로 답변하고 있으므로 정답이다.

어휘 closest 가장 가까운 (close-closer-closest) grocery store 식료품점 across ~ 건너편에 not until 시점: ~나 되어야 하다, ~전까지는 아니다 several 여럿의, 몇몇의

7. Who will be our new team leader?
(A) I didn't know that.
(B) I heard it's Ms. Kim.
(C) Do you think he can handle it?

누가 우리의 새로운 팀장님이 될까요?
(A) 그런 줄 몰랐습니다.
(B) 김 씨라고 들었습니다.
(C) 그가 그것을 처리할 수 있다고 생각하시나요?

해설 누가 새 팀장이 될 것인지 묻는 Who 의문문에 대해 (B)는 Who에 어울리는 사람 이름을 말하는 것으로 자신이 들어서 알고 있는 정보를 언급하는 답변이므로 정답이다.

어휘 hear (that) ~라는 말을 듣다, 소식을 듣다 handle ~을 처리하다, 다루다

8. When does the post office close?
(A) I have no idea.
(B) By express mail, please.
(C) It's close to the theater.

언제 우체국이 문을 닫죠?
(A) 모르겠어요.
(B) 빠른 우편으로 해주세요.
(C) 그곳은 극장과 가까워요.

해설 우체국이 언제 문을 닫는지 묻는 When 의문문에 대해 (A)는 잘 모르겠다는 말로 불확실성을 나타내는 정답이다. (C)는 close의 다른 의미(닫다/가까운)를 활용한 답변이며, 두 지점 사이의 거리를 나타내는 내용으로 Where 의문문에 어울리는 반응이므로 오답이다.

어휘 close v. 문을 닫다, 영업을 끝내다 a. (to와 함께) (~와) 가까운

9. When did Ms. Chang return from her vacation?
(A) From New York.
(B) She just brought it.
(C) Yesterday, I think.

창 씨가 언제 휴가에서 돌아오셨나요?
(A) 뉴욕에서부터요.
(B) 그녀가 방금 그것을 가져왔어요.
(C) 어제인 것 같아요.

해설 창 씨가 언제 휴가에서 돌아왔는지 묻는 When 의문문에 대해 (C)는 '어제'라는 과거시점 표현으로 돌아온 시점을 말하고 있으므로 정답이다.

어휘 return from ~에서 돌아오다 vacation 휴가 bring ~을 가져오다 (bring-brought-brought)

10. Where does Mr. Kim work?
(A) In the Accounting Department.
(B) By taking the subway.
(C) He joined the team last week.

김 씨가 어디서 근무하나요?
(A) 회계부에서요.
(B) 지하철을 이용해서요.
(C) 그분은 지난 주에 팀에 합류하셨어요.

해설 김 씨가 어디서 근무하는지 묻는 Where 의문문에 대해 (A)는 Where에 어울리는 장소 전치사구로 답변하고 있으므로 정답이다.

어휘 accounting department 회계부 by (방법) ~함으로써, ~해서 take (교통 수단) ~을 타다, 이용하다 join ~에 합류하다, ~와 함께 하다

11. Who asked you to work on the budget report?
(A) They already asked for it.
(B) Ms. Mendes did.
(C) I'm not working tomorrow.

누가 당신에게 예산 보고서 작업을 하도록 요청했나요?
(A) 그들은 이미 그것을 요청했어요.
(B) 멘데스 씨께서 하셨어요.
(C) 저는 내일 일하지 않아요.

해설 상대방에게 특정한 일을 하도록 요청한 사람이 누구인지 묻는 Who 의문문에 대해 (B)는 Who에 어울리는 사람 이름과 asked를 대신하는 did로 답변하고 있으므로 정답이다.

어휘 ask A to do: A에게 ~하도록 요청하다 work on ~에 대한 일을 하다 ask for ~을 요청하다

12. When can I get the copy of the document?
(A) Before the end of the week.
(B) Sure, you can do it.
(C) That's the new copy machine.

언제 제가 그 서류의 사본을 받을 수 있죠?
(A) 이번 주 말 전에요.
(B) 그럼요, 그렇게 하셔도 됩니다.
(C) 그게 새 복사기입니다.

해설 언제 서류의 사본을 받을 수 있는지 묻는 When 의문문에 대해 (A)는 When에 어울리는 대략적인 시점 표현으로 답변하는 정답이다.

어휘 get ~을 받다, 얻다 copy (서류 등의) 사본, 1부, 1장 document 서류, 문서 before ~ 전에

13. Who will take the interns to the restaurant?
 (A) Yes, I enjoyed the internship.
 (B) Maria said she would.
 (C) It was delicious.

누가 인턴들을 식당에 데려갈 건가요?
 (A) 네, 전 인턴 기간이 즐거웠어요.
 (B) 마리아가 하겠다고 말했어요.
 (C) 맛있었어요.

해설 누가 인턴들을 데리고 갈 것인지 묻는 Who 의문문에 대해 (B)는 Who에 어울리는 사람 이름으로 답변하는 정답이다.

어휘 take A to B: A를 B에 데리고 가다 intern 인턴 사원 delicious 맛있는

14. Who is making the presentation now?
 (A) I think it was great.
 (B) Our marketing director.
 (C) Thank you for attending.

누가 지금 발표하고 있나요?
 (A) 그것이 훌륭했다고 생각해요.
 (B) 우리 마케팅 이사님이요.
 (C) 참석해 주셔서 감사합니다.

해설 누가 지금 발표 중인지 묻는 Who 의문문에 대해 (B)는 Who에 어울리는 특정 직책으로 답변하는 정답이다.

어휘 make a presentation 발표하다 director 이사, 부장, 감독

15. Who is going to set up the meeting room?
 (A) In the new conference room.
 (B) Jerry said he can do it.
 (C) No, that's not today.

누가 회의실에 준비 작업을 할 예정인가요?
 (A) 새로운 대회의실에서요.
 (B) 제리가 할 수 있다고 말했습니다.
 (C) 아뇨, 그건 오늘이 아닙니다.

해설 누가 회의실에 준비 작업을 하는 것인지 묻는 Who 의문문에 대해 (B)는 회의실에 준비 작업을 하는 일을 it으로 가리켜 그 일을 할 수 있다고 말한 사람 이름을 언급하는 정답이다. 의문사 의문문에 Yes/No로 답할 수 없으므로 (C)는 쉽게 소거할 수 있다.

어휘 be going to do ~할 것이다, ~할 예정이다 set up ~을 준비하다, 설치하다, 설정하다 conference room 대회의실

DAY 04 What / Which 의문문

PRACTICE 1

1. What time are we meeting with the clients?
 (A) Yes, I will attend the meeting. [X]
 (B) Conference room B. [X]
 (C) At noon. [O]

몇 시에 우리가 그 고객들과 만나나요?
 (A) 네, 저는 그 회의에 참석할 겁니다.
 (B) 대회의실 B요.
 (C) 정오예요.

어휘 meet with (약속하여) ~와 만나다 attend ~에 참석하다 noon 정오

2. What are you reading right now?
 (A) At the bookstore. [X]
 (B) A science fiction novel. [O]
 (C) The library is still open. [X]

지금 무엇을 읽고 있나요?
 (A) 서점에서요.
 (B) 공상과학 소설이요.
 (C) 도서관은 아직 열려 있어요.

어휘 right now 지금 science fiction novel 공상과학 소설

3. What's the total cost to remodel the lobby?
 (A) It's a new model. [X]
 (B) Over $20,000. [O]
 (C) No, a sofa and table. [X]

로비를 리모델링하는 총 비용이 얼마인가요?
 (A) 그것은 새 모델이에요.
 (B) 2만 달러가 넘어요.
 (C) 아니요, 소파와 테이블이에요.

어휘 total cost 총 비용 remodel ~을 리모델링하다 lobby 로비 over ~이 넘는

4. What kind of property are you looking for?
 (A) 800 dollars a month. [X]
 (B) At the real estate agency. [X]
 (C) A one-bedroom apartment. [O]

어떤 종류의 부동산을 찾고 계신가요?
 (A) 한 달에 800달러요.
 (B) 부동산 중개소에서요.
 (C) 침실이 하나 있는 아파트요.

어휘 property 부동산 look for ~을 찾다 real estate agency 부동산 중개소 one-bedroom apartment 침실 하나짜리 아파트

5. What's the topic of the workshop?
   (A) In Room 305. [X]
   (B) Leadership skills. [O]
   (C) A lot of people attended. [X]
   그 워크숍의 주제는 무엇인가요?
   (A) 305호에서요.
   (B) 리더십 기술이요.
   (C) 많은 사람들이 참석했어요.

어휘 topic 주제 workshop 워크숍 leadership skill 리더십 기술

6. What's the best way to contact you?
   (A) On my mobile phone. [O]
   (B) Because of the contract. [X]
   (C) By e-mail. [O]
   당신에게 연락하는 가장 좋은 방법은 무엇인가요?
   (A) 제 휴대폰으로요.
   (B) 계약 때문에요.
   (C) 이메일로요.

어휘 contact ~에게 연락하다 mobile phone 휴대전화 contract 계약 by e-mail 이메일로

PRACTICE 2

1. Which floor is the seminar on?
   (A) The fifth. [O]
   (B) About marketing. [X]
   (C) At 9:30 tomorrow. [X]
   어느 층에서 세미나가 있나요?
   (A) 5층이요.
   (B) 마케팅에 관해서요.
   (C) 내일 9시 30분이요.

어휘 floor 층, 바닥

2. What should we prepare for next week's workshop?
   (A) It was very fun. [X]
   (B) We need to print some handouts. [O]
   (C) Emily is in charge of that. [O]
   다음 주 워크숍을 위해 무엇을 준비해야 하나요?
   (A) 아주 재미있었어요.
   (B) 유인물을 몇 장 인쇄해야 해요.
   (C) 에밀리가 그걸 맡고 있어요.

어휘 prepare ~을 준비하다 handout 유인물 be in charge of ~을 맡고 있다

3. Which bus stop is closest to your office?
   (A) Yes, I have a ticket. [X]
   (B) There's one right across the street. [O]
   (C) The office is closed. [X]
   당신 사무실에서 가장 가까운 버스 정류장은 어디인가요?
   (A) 네, 표는 있어요.
   (B) 길 건너편에 하나 있어요.
   (C) 사무실은 문 닫았어요.

어휘 bus stop 버스 정류장 closest 가장 가까운 across the street 길 건너편에

4. What happened at the sales meeting yesterday?
   (A) We discussed the new targets. [O]
   (B) I missed it, too. [O]
   (C) I like that shop. [X]
   어제 영업 회의에서 무슨 일이 있었나요?
   (A) 새로운 목표들에 대해 논의했어요.
   (B) 저도 회의에 못 갔어요.
   (C) 그 가게가 마음에 들어요.

어휘 happen 발생하다 sales meeting 영업 회의 discuss ~에 대해 논의하다 target 목표 miss ~을 놓치다

5. Which travel agency do you recommend?
   (A) A round-trip ticket. [X]
   (B) No, I don't mind. [X]
   (C) The one on King Street. [O]
   어느 여행사를 추천하시나요?
   (A) 왕복 티켓이요.
   (B) 아니요, 상관없어요.
   (C) 킹 스트리트에 있는 곳이요.

어휘 travel agency 여행사 recommend ~을 추천하다

6. Which office are you moving to?
   (A) Just last week. [X]
   (B) The one next to HR. [O]
   (C) I'll be in room 201. [O]
   어느 사무실로 이사 가시나요?
   (A) 바로 지난주에요.
   (B) 인사부 옆에 있는 곳이요.
   (C) 201호에 있을 거예요.

어휘 move 이사하다 next to ~ 옆에 HR (Human Resources) 인사부

실전 TEST

1. (A)	2. (B)	3. (C)	4. (A)	5. (C)
6. (C)	7. (C)	8. (C)	9. (A)	10. (B)
11. (B)	12. (A)	13. (C)	14. (C)	15. (B)

1. What do you think of the movie?
  (A) It's funny and interesting.
  (B) I will move next week.
  (C) I don't know what he likes.

  그 영화에 대해서 어떻게 생각해요?
  (A) 웃기고 흥미로워요.
  (B) 저는 다음 주에 이사할 거예요.
  (C) 그가 무엇을 좋아하는지 잘 모르겠어요.

해설 영화에 대한 의견을 묻는 What do you think ~?에 대해 (A)는 영화의 특징으로 답변하고 있으므로 정답이다. (B)의 move는 질문에서 또렷하게 들리는 movie와 순간적으로 혼동하도록 한 함정이다.

어휘 What do you think of A? A에 대해서 어떻게 생각하세요? funny 웃기는, 재미있는 move 이사하다, 옮기다

2. What was the monthly meeting about?
  (A) At 11 A.M.
  (B) A new security system.
  (C) I'm meeting with a client soon.

  월간 회의가 무엇에 관한 것이었나요?
  (A) 오전 11시에요.
  (B) 새로운 보안 시스템이요.
  (C) 저는 곧 고객 한 분과 만납니다.

해설 월간 회의의 주제를 묻는 What 의문문에 대해 회의 주제를 묻는 What에 어울리는 새로운 보안 시스템을 언급하는 (B)가 정답이다. (C)는 meeting을 반복 사용해 혼동을 유발하는 답변으로 월간 회의 주제와 관련 없는 오답이다.

어휘 What's A about? A는 무엇에 관한 것인가요? monthly 월간의, 달마다의 security 보안 meet with (약속하여) ~와 만나다

3. What are you going to do this evening?
  (A) That's not mine.
  (B) I'm planning to visit my friend.
  (C) Not until this weekend.

  오늘 저녁에 무엇을 할 예정이세요?
  (A) 그건 제 것이 아닙니다.
  (B) 친구 집을 방문할 계획입니다.
  (C) 이번 주말이나 되어야 합니다.

해설 오늘 저녁에 무엇을 할 예정인지 묻는 What 의문문에 대해 (B)는 is going to do와 어울리는 앞으로의 일로서 친구 집을 방문하는 계획을 언급하고 있으므로 정답이다.

어휘 be going to do ~할 예정이다, ~할 것이다 plan to do ~할 계획이다 visit ~을 방문하다 not until 시점: ~나 되어야 한다

4. What's the price of that black chair?
  (A) It's sixty-five dollars.
  (B) Yes, we need it in the meeting room.
  (C) A prize will be given.

  저 검정색 의자의 가격은 얼마인가요?
  (A) 65달러입니다.
  (B) 네, 우리는 회의실에 그것이 필요해요.
  (C) 상품이 주어질 것입니다.

해설 제품 가격을 묻는 What 의문문에 대해 (A)는 What's the price에 어울리는 금액으로 답변하고 있으므로 정답이다. What 의문문은 다양한 의미를 나타낼 수 있으므로 바로 뒤에 이어지는 명사를 반드시 함께 확인하며 들어야 한다.

어휘 What's the price of A? A의 가격이 얼마인가요? prize 상, 상품, 경품

5. What kind of device do you want?
  (A) In my backyard.
  (B) I agree with that.
  (C) Something easy to carry.

  어떤 종류의 기기를 원하시나요?
  (A) 저희 집 뒤뜰이에요.
  (B) 그 부분에 동의합니다.
  (C) 뭔가 휴대하기 쉬운 것이요.

해설 상대방이 찾고 있는 기기의 종류를 묻는 What 의문문에 대해 (C)는 What kind에 어울리는 한 가지 특징을 언급하고 있으므로 정답이다.

어휘 What kind of ~? 무슨 종류의 ~? device 기기, 장치 backyard 뒤뜰 agree with ~에 동의하다 carry ~을 휴대하다, 갖고 다니다, 나르다

6. Which train station is near the office?
  (A) It already left.
  (B) About $7.
  (C) There's a map online.

  사무실 인근의 기차역은 어디인가요?
  (A) 그건 이미 떠났어요.
  (B) 약 7달러입니다.
  (C) 온라인상에 지도가 있어요.

해설 사무실 근처의 기차역이 어디인지 묻는 질문으로, (C)는 온라인에서 위치를 확인할 수 있다는 정보 제공 응답으로 정답이다. (A)는 기차의 출발 여부에 대한 말이고, (B)는 요금을 말

하고 있어 혼동을 유발하는 오답이다.

어휘 train station 기차역 near ~의 근처에 map 지도 online 온라인상에, 온라인으로

7. What kind of food should we order for the party?
(A) I went to a new restaurant.
(B) No, I'm not that hungry.
(C) Mexican is always a good choice.

파티를 위해 어떤 종류의 음식을 주문할까요?
(A) 저는 새 식당에 갔었어요.
(B) 아니요, 그렇게 배고프진 않아요.
(C) 멕시코 음식이 항상 좋은 선택이에요.

해설 파티에 주문할 음식 종류를 묻는 What kind 의문에 대해 (C)는 음식 종류와 의견을 함께 제시한 응답이므로 정답이다. (A)는 restaurant, (B)는 hungry 등 질문과 관련된 단어들을 활용해 혼동을 유도하는 오답이다. What kind of ~? 의문문은 종류나 형태를 구체적으로 설명하는 답변을 요구한다.

어휘 What kind of ~? 어떤 종류의 ~? order ~을 주문하다 choice 선택

8. What did your supervisor think about our proposal?
(A) The accounting manager.
(B) By next week.
(C) I'm meeting with her tomorrow.

당신의 상사가 우리 제안서에 대해 어떻게 생각했나요?
(A) 회계 부서 매니저요.
(B) 다음 주까지요.
(C) 내일 그녀를 만날 예정이에요.

해설 상사가 제안서를 어떻게 평가했는지 묻는 질문에 대해 (C)는 아직 평가를 듣지 못했으며 내일 만날 예정이라는 상황을 설명하는 정답이다. (A), (B)는 각각 인물 언급과 시점을 나타내며 질문의 핵심에서 벗어난 오답이다.

어휘 supervisor 상사, 감독관 proposal 제안서 think about ~에 대해 생각하다 meet with ~와 만나다

9. Which client project are you working on?
(A) Unfortunately, it's been canceled.
(B) Monday through Friday.
(C) Yes, that's correct.

어떤 고객 프로젝트를 진행 중이신가요?
(A) 안타깝게도 그건 취소됐어요.
(B) 월요일부터 금요일까지요.
(C) 네, 맞아요.

해설 현재 어떤 고객 프로젝트를 진행하고 있는지 묻는 질문이다. (A)는 고객 프로젝트가 이미 취소되었다는 상황 설명으로 간접적인 응답이지만 질문의 맥락과 부합하여 정답이다. (B)와 (C)는 질문의 요지인 프로젝트 이름이나 상황을 전혀 언급하

지 않고 있어 오답이다.

어휘 client 고객 work on ~에 대해 작업하다 cancel ~을 취소하다

10. What's the rent on this office space?
(A) It's just around the corner.
(B) Eight hundred dollars a month.
(C) I'll rent it for three months.

이 사무실 공간의 임대료는 얼마인가요?
(A) 바로 근처에 있어요.
(B) 한 달에 800달러입니다.
(C) 3개월 동안 임대할 거예요.

해설 사무 공간의 임대료를 묻는 질문에 대해 (B)는 구체적인 비용을 제시하고 있어 정답이다. (A)는 위치 설명, (C)는 임대 기간을 말하고 있어 혼동을 유발하는 오답이다. What's the rent ~? 는 가격/비용을 묻는 질문이므로 수치 또는 금액을 언급하는 답변이 정답이 된다.

어휘 rent n. 임대료 v. ~을 임대하다 office space 사무실 공간

11. What kind of novels do you write?
(A) Yes, I like novels.
(B) Mostly science fiction.
(C) At least twice a week.

어떤 종류의 소설을 쓰시나요?
(A) 네, 저는 소설을 좋아해요.
(B) 대부분 공상과학 소설이요.
(C) 적어도 주 2회는요.

해설 쓰고 있는 소설의 종류를 묻는 질문으로, (B)는 공상과학 소설이라는 구체적 장르를 제시하고 있으므로 정답이다. (A)는 질문을 일반적인 취향에 대한 질문으로 오해한 오답이고, (C)는 빈도 표현으로 질문과 관련이 없다. What kind of ~? 질문에는 구체적인 분류나 유형으로 답해야 한다.

어휘 novel 소설 mostly 대부분 science fiction 공상과학 소설 at least 적어도

12. What should we include in the report?
(A) Only the sales figures.
(B) It's due next week.
(C) He's working on it now.

보고서에 무엇을 포함시켜야 하나요?
(A) 매출 수치만요.
(B) 다음 주가 마감이에요.
(C) 그가 지금 작업 중이에요.

해설 보고서에 포함할 내용을 묻는 What 의문문에 대해 (A)는 매출 수치라는 구체적인 내용을 제시하고 있어 정답이다. (B)는 마감일, (C)는 진행자 언급으로 질문의 요구에 부합하지 않는다.

어휘 include ~을 포함하다 report 보고서 sales figures 매출

수치 due 일시: ~이 마감인

13. What did you think of the art exhibit?
(A) I think so, too.
(B) It opens at nine o'clock.
(C) It was very impressive.

그 미술 전시회는 어떻게 보셨어요?
(A) 저도 그렇게 생각해요.
(B) 9시에 개장해요.
(C) 정말 인상 깊었어요.

해설 미술 전시회에 대한 의견이나 느낌을 묻는 What 의문문에 대해 (C)는 전시회를 인상 깊었다고 평가하는 내용으로 정답이다. (A)는 동의 표현이지만 맥락이 불분명하고, (B)는 개장 시간으로 질문과 완전히 동떨어진 답변이다.

어휘 think of ~에 대해 생각하다 art exhibit 미술 전시회 impressive 인상적인

14. What did you learn at the marketing seminar?
(A) Thanks, I already signed up for it.
(B) It's in the conference room.
(C) Chris went instead of me.

마케팅 세미나에서 무엇을 배우셨나요?
(A) 고마워요. 이미 등록했어요.
(B) 그건 회의실에서 열려요.
(C) 크리스가 저 대신 갔어요.

해설 세미나에서 무엇을 배웠는지 묻는 What 의문문이다. (C)는 대신 참석한 사람이 있었음을 밝히며 자신이 배운 내용이 없음을 나타내는 응답으로 정답이다. (A), (B)는 각각 등록 여부와 장소만 언급하며 질문의 핵심에 부합하지 않는다.

어휘 learn ~을 배우다 instead of ~ 대신 sign up for ~에 등록하다

15. Which car is the least expensive?
(A) Yes, I bought a new car.
(B) The white one by the door.
(C) No, it's not mine.

가장 저렴한 차는 어떤 건가요?
(A) 네, 새 차 샀어요.
(B) 문 옆에 있는 흰색 차요.
(C) 아니요, 제 것이 아니에요.

해설 가장 저렴한 차량이 어떤 것인지 묻는 질문에 대해 (B)는 특정 차량의 색상과 위치를 함께 제시하는 정답이다. (A), (C)는 각각 질문과 관련 없는 정보나 소유 여부만 말하고 있어 오답이다. 「Which + 비교급」 표현이 있는 의문문은 구체적 대상을 선택해주는 응답이 적절하다.

어휘 the least expensive 가장 저렴한 by the door 문 옆에

DAY 05 Why / How 의문문

PRACTICE 1

1. Why did you cancel your trip?
(A) To London. [X]
(B) A round-trip ticket. [X]
(C) Because I had an important meeting. [O]

왜 여행을 취소하셨나요?
(A) 런던으로요.
(B) 왕복 티켓이요.
(C) 중요한 회의가 있었기 때문입니다.

어휘 cancel ~을 취소하다 round trip ticket 왕복 티켓

2. Why can't we use the printer on the second floor?
(A) Because it's being serviced right now. [O]
(B) It's out of toner. [O]
(C) I need 3 copies. [X]

왜 2층 프린터를 사용할 수 없나요?
(A) 지금 수리 중이라서요.
(B) 토너가 다 떨어졌어요.
(C) 복사본 3장이 필요해요.

어휘 be serviced 수리 중이다 be out of ~이 다 떨어지다

3. Why do you want to be an accountant?
(A) I enjoy working with numbers. [O]
(B) I've always been interested in finance. [O]
(C) At an accounting department. [X]

왜 회계사가 되고 싶으신가요?
(A) 숫자 다루는 것을 즐깁니다.
(B) 항상 금융에 관심이 많았어요.
(C) 회계 부서에서요.

어휘 accountant 회계사 enjoy ~을 즐기다 finance 금융

4. Why didn't we see Mr. Chen at the grand opening?
(A) Yes, he's busy these days. [X]
(B) He was out of town on a business trip. [O]
(C) No, I haven't received the invitation yet. [X]

왜 개장 행사에서 첸씨를 못 본 거죠?
(A) 네, 요즘 그분 바쁘세요.
(B) 그는 출장 중이었어요.
(C) 아니요, 아직 초대장을 못 받았어요.

어휘 grand opening 개장 행사 out of town 외근 중, 출장 중 business trip 출장

5. Why didn't you go to the gallery last night?
   (A) I didn't know there was an event. [O]
   (B) Because I had to work. [O]
   (C) Yes, it's a great exhibit. [X]

   왜 어제 밤에 갤러리에 안 가셨어요?
   (A) 행사가 있는 줄 몰랐어요.
   (B) 일해야 했어요.
   (C) 네, 멋진 전시예요.

   어휘 gallery 미술관 exhibit 전시

6. Why is the Internet connection so slow?
   (A) Did you check the cables? [O]
   (B) Since yesterday. [X]
   (C) A notice was posted yesterday. [O]

   인터넷이 왜 이렇게 느린 거죠?
   (A) 케이블 확인해 보셨어요?
   (B) 어제부터요.
   (C) 어제 공지가 올라왔어요.

   어휘 connection 연결 cable 전선, 케이블 notice 공지사항

PRACTICE 2

1. How do I become a member?
   (A) 50 dollars a month. [X]
   (B) You need to fill out this form. [O]
   (C) Of course, you can. [X]

   어떻게 하면 회원이 되나요?
   (A) 한 달에 50달러입니다.
   (B) 이 양식을 작성하셔야 합니다.
   (C) 물론이죠, 하실 수 있습니다.

   어휘 become ~이 되다 member 회원 fill out ~을 작성하다 form 양식, 서식

2. How long is the flight to Los Angeles?
   (A) About two hours. [O]
   (B) Because of a delay. [X]
   (C) The flight leaves tomorrow. [X]

   로스앤젤레스까지 비행 시간이 얼마나 걸리나요?
   (A) 약 2시간입니다.
   (B) 지연 문제 때문입니다.
   (C) 그 항공편은 내일 출발합니다.

   어휘 flight 비행, 항공편 about 약, 대략 because of ~ 때문에 delay 지연, 지체 leave 출발하다, 떠나다

3. How was the conference in Singapore?
   (A) I learned a lot and met great people. [O]
   (B) It went well. [O]
   (C) Yes, it was. [X]

   싱가포르에서 열린 회의는 어땠나요?
   (A) 많은 걸 배웠고 멋진 사람들도 만났어요.
   (B) 잘 진행됐어요.
   (C) 네, 그랬어요.

   어휘 conference 회의 learn ~을 배우다 go well 잘 진행되다

4. How often should we change the water filter?
   (A) Every six months. [O]
   (B) Let's check the manual. [O]
   (C) Sure, I'll change it. [X]

   얼마나 자주 물 필터를 교체해야 하나요?
   (A) 6개월마다요.
   (B) 설명서를 확인해 보죠.
   (C) 알겠어요, 교체할게요.

   어휘 how often 얼마나 자주 water filter 정수 필터 manual 설명서

5. How do you like the new supermarket?
   (A) Some milk and sugar. [X]
   (B) It has a great selection. [O]
   (C) I prefer the old one. [O]

   새로 생긴 슈퍼마켓 어때요?
   (A) 우유랑 설탕이요.
   (B) 물건 구성이 정말 좋아요.
   (C) 예전 가게가 더 좋아요.

   어휘 How do you like ~? ~은 어때요? selection 구색, 제품 구성 prefer ~을 선호하다

6. How do you access the client database?
   (A) By typing in a password. [O]
   (B) You need to request access from IT first. [O]
   (C) The meeting was rescheduled. [X]

   어떻게 고객 데이터베이스에 접속하나요?
   (A) 비밀번호를 입력해서요.
   (B) 먼저 IT 부서에 접근 요청을 해야 해요.
   (C) 회의가 일정이 변경됐어요.

   어휘 access ~에 접속하다, ~을 이용하다 database 데이터베이스 type in ~을 타자로 입력하다 password 비밀번호 request ~을 요청하다

실전 TEST

1. (B)	2. (B)	3. (C)	4. (C)	5. (B)
6. (C)	7. (B)	8. (A)	9. (B)	10. (C)
11. (B)	12. (A)	13. (C)	14. (B)	15. (C)

1. Why did you come to my office this morning?
   (A) No, I didn't.
   (B) I wanted to talk about the schedule.
   (C) He asked for some help.

   오늘 아침에 왜 제 사무실에 오셨죠?
   (A) 아뇨, 저는 그러지 않았어요.
   (B) 일정에 관해 얘기하고 싶었습니다.
   (C) 그가 도움을 좀 요청했어요.

   해설 오늘 아침에 사무실로 찾아온 이유를 묻는 Why 의문문에 대해 (B)는 과거 시제 동사 wanted와 함께 일정에 관해 얘기하고 싶었다는 말로 과거시점에 상대방의 사무실을 찾아간 이유를 언급하는 정답이다. 의문사 의문문에 (A)처럼 Yes/No로 답변하는 것은 적절하지 않고, (C)는 He가 누구인지 불분명하다.

   어휘 schedule 일정(표) ask for ~을 요청하다

2. How was your business trip to Asia?
   (A) In a few days.
   (B) It was very successful.
   (C) It's a direct flight.

   아시아 지역으로의 출장은 어떠셨나요?
   (A) 며칠 후에요.
   (B) 매우 성공적이었습니다.
   (C) 직항편이에요.

   해설 과거시점의 출장에 대한 의견 또는 진행 상황 등을 묻는 How 의문문에 대해 (B)는 business trip을 It으로 지칭해 성공적이었다는 말로 출장의 성과를 알리는 답변이므로 정답이다.

   어휘 How is ~? ~는 어떤가요? business trip 출장 in 기간: ~ 후에 successful 성공적인 direct flight 직항편

3. Why are there so many cars on the street now?
   (A) Mine was in the repair shop.
   (B) I don't want to get stuck in traffic.
   (C) Because there is a parade.

   지금 거리에 왜 이렇게 자동차들이 많은 거죠?
   (A) 제 차는 수리소에 있어요.
   (B) 저는 교통 체증에 갇히고 싶지 않아요.
   (C) 퍼레이드가 있기 때문입니다.

   해설 거리에 자동차들이 많은 이유를 묻는 Why 의문문에 대해 (C)는 Because와 함께 퍼레이드가 있다는 말로 자동차들이 많은 이유를 언급하는 정답이다. (B)는 질문에 포함된 car와 관련 있게 들리는 get stuck과 traffic을 활용한 오답이다.

   어휘 get stuck in ~에 갇히다 traffic 교통(량), 차량들 parade 퍼레이드, 행진

4. Why is Chris out of town?
   (A) You can take a taxi.
   (B) I came here early.
   (C) He has a meeting with a client.

   크리스가 왜 다른 지역에 가 있나요?
   (A) 택시를 타시면 됩니다.
   (B) 저는 여기에 일찍 왔어요.
   (C) 고객 한 분과 회의가 있습니다.

   해설 크리스가 왜 다른 지역에 가 있는지 묻는 Why 의문문에 대해 (C)는 크리스를 He로 지칭해 고객과 회의를 한다는 말로 다른 지역에 가 있는 이유를 언급하는 정답이다.

   어휘 out of town 다른 지역에 가 있는 take (교통편) ~을 타다, 이용하다

5. How long does it take to get to the Grand Hotel?
   (A) The room number is 507.
   (B) Usually 30 minutes.
   (C) Yes, it does.

   그랜드 호텔로 가는 데 얼마나 오래 걸리나요?
   (A) 방 번호가 507입니다.
   (B) 보통 30분이요.
   (C) 네, 그렇습니다.

   해설 특정 호텔로 가는 데 얼마나 오래 걸리는지 묻는 How long 의문문에 대해 (B)는 시간 길이로 답변하는 정답이다. (A)는 질문의 호텔과 관련 있게 들리는 내용으로 혼동을 유도하는 오답이다.

   어휘 How long ~? 얼마나 오래 ~? take 시간: ~의 시간이 걸리다 get to ~로 가다, ~에 도착하다 usually 보통, 일반적으로

6. Why is the restaurant closed this week?
   (A) It will be closed soon.
   (B) She is a regular customer.
   (C) I heard it's being renovated.

   그 레스토랑이 이번 주에 왜 문을 닫은 거죠?
   (A) 그곳은 곧 문을 닫을 거예요.
   (B) 그녀는 단골 고객입니다.
   (C) 개조 공사가 되고 있는 중이라고 들었어요.

   해설 레스토랑이 이번 주에 왜 문을 닫는지 묻는 Why 의문문에 대해 (C)는 개조 공사가 진행 중이라는 말로 자신이 들은 정보를 이유로 언급하는 정답이다.

   어휘 closed 문을 닫은, 폐쇄된 regular customer 단골 고객 hear (that) ~라는 말을 듣다, 소식을 듣다 renovate ~을

개조하다, 보수하다

7. How much does it cost to buy a ticket?
  (A) You can download it online.
  (B) Twenty dollars a person.
  (C) The concert starts at 5 P.M.

  티켓을 구입하는 데 얼마나 드나요?
  (A) 온라인으로 다운로드 할 수 있어요.
  (B) 1인당 20달러입니다.
  (C) 콘서트가 오후 5시에 시작해요.

해설 티켓 구입 가격을 묻는 How much 의문문에 대해 (B)는 How much에 어울리는 1인당 가격 정보를 알리는 답변이므로 정답이다. (A)와 (C)는 ticket에서 연상하기 쉬운 내용으로 혼동을 유발하는 오답이다.

어휘 How much ~? 얼마나 많이 ~? cost v. ~의 비용이 들다 purchase ~을 구입하다 online 온라인으로, 온라인에서 a person 1인당

8. How often do you have a meeting?
  (A) At least three times a week.
  (B) A presentation about the new item.
  (C) We already discussed it.

  얼마나 자주 회의를 하시나요?
  (A) 최소한 일주일에 세 번이요.
  (B) 신제품에 관한 발표요.
  (C) 저희는 이미 그것을 논의했어요.

해설 얼마나 자주 회의를 하는지 묻는 How often 의문문에 대해 (A)는 주 3회라는 빈도를 말하고 있어 정답이다.

어휘 How often ~? 얼마나 자주 ~? have a meeting 회의하다 at least 최소한, 적어도 presentation 발표(회) item 제품, 물품, 품목 discuss ~을 논의하다, 이야기하다

9. How do you come to work every morning?
  (A) Another work assignment.
  (B) I use the subway.
  (C) I went there, too.

  매일 아침에 어떻게 출근하시나요?
  (A) 또 다른 할당 업무요.
  (B) 지하철을 이용합니다.
  (C) 저도 그곳에 갔어요.

해설 매일 아침에 어떻게 출근하는지 묻는 How 의문문에 대해 (B)는 How에 어울리는 교통 수단으로 답변하는 정답이다.

어휘 come to work 출근하다, 회사에 오다 another 또 다른 하나의 work assignment 할당된 일, 배정된 일

10. How many handouts do you need for the workshop?
  (A) Applying for a job.
  (B) We don't need more workers.
  (C) At least 50, I think.

  워크숍에 얼마나 많은 유인물이 필요하시죠?
  (A) 일자리에 지원하는 일이요.
  (B) 우리는 추가 직원이 필요하지 않습니다.
  (C) 제 생각에는 최소한 50장이요.

해설 워크숍에 얼마나 많은 유인물이 필요한지 묻는 How many 의문문에 대해 수량 표현(At least 50)으로 답변하는 (C)가 정답이다.

어휘 How many ~? 얼마나 많은 ~? handout 유인물 apply for ~에 지원하다, ~을 신청하다 at least 최소한, 적어도

11. How far away is your office?
  (A) No, I haven't been there.
  (B) It's only a few minutes' walk from here.
  (C) It has been remodeled.

  당신의 사무실은 얼마나 멀리 있나요?
  (A) 아니요, 저는 거기 가본 적 없어요.
  (B) 여기서 도보로 몇 분 거리예요.
  (C) 그것은 리모델링되었어요.

해설 사무실까지의 거리를 묻는 How far 의문문에 대해 (B)는 '도보로 몇 분 거리'라는 거리 표현을 제공하고 있어 정답이다. (A)는 장소 방문 여부를, (C)는 사무실 상태에 대해 말하고 있어 오답이다. How far 의문문은 거리 단위나 시간 표현이 포함된 답변이 적절하다.

어휘 walk n. 걷기, 도보 a few minutes 몇 분 remodel ~을 개조하다

12. Why are you going to cancel the meeting?
  (A) Because I'm not feeling well.
  (B) No, I made the reservation early.
  (C) The café across the street.

  왜 회의를 취소하려고 하시나요?
  (A) 몸이 안 좋아서요.
  (B) 아니요, 저는 일찍 예약했어요.
  (C) 길 건너편 카페요.

해설 회의를 취소하려는 이유를 묻는 Why 의문문에 대해 (A)는 몸이 좋지 않다는 구체적인 이유를 Because와 함께 제시하고 있어 정답이다. (B)는 예약 여부이고, (C)는 장소를 말할 뿐 질문의 요지와 무관하다.

어휘 cancel ~을 취소하다 not feeling well 몸 상태가 좋지 않은 reservation 예약 across the street 길 건너편에

13. How many people are coming to the luncheon?
   (A) I'd like a sandwich, please.
   (B) At least two hours.
   (C) I haven't received the guest list yet.

오찬에는 몇 명이 참석할 예정인가요?
(A) 샌드위치 하나 주세요.
(B) 적어도 두 시간입니다.
(C) 아직 참석자 명단을 받지 못했어요.

해설 오찬 참석 인원 수를 묻는 How many 의문문에 대해 (C)는 아직 정확한 인원을 알 수 없다는 상황 설명으로 정답이다. (A)는 음식 주문이고, (B)는 시간 표현으로 오답이다.

어휘 luncheon 오찬 guest list 참석자 명단 receive ~을 받다

14. Why did you decide to become a doctor?
   (A) Next to the medical clinic.
   (B) I enjoy helping people.
   (C) About 10 years ago.

왜 의사가 되기로 결심하셨나요?
(A) 병원 옆이에요.
(B) 사람들을 돕는 게 좋아서요.
(C) 약 10년 전이에요.

해설 의사가 되기로 한 이유를 묻는 Why 의문문에 대해 (B)는 의사라는 직업 선택의 동기를 설명하고 있어 정답이다. (A)는 장소 설명, (C)는 시점을 말하고 있어 오답이다.

어휘 decide to ~하기로 결심하다 become a doctor 의사가 되다 enjoy ~을 즐기다

15. How much do you pay for your Internet service?
   (A) A very good service.
   (B) You can register online.
   (C) I'll have to look at my bill.

인터넷 서비스에 얼마를 지불하시나요?
(A) 아주 좋은 서비스입니다.
(B) 온라인으로 등록하실 수 있어요.
(C) 청구서를 봐야 할 것 같아요.

해설 인터넷 서비스 요금을 묻는 How much 의문문에 대해 (C)는 금액을 정확히 모르지만 확인할 필요가 있다는 관련 정보로 답하고 있어 정답이다. (A)는 품질에 대한 의견이고, (B)는 등록 방법에 대한 설명이므로 질문 의도와 맞지 않는다.

어휘 pay for ~에 대한 비용을 지불하다 register 등록하다 online 온라인으로, 온라인에서 bill 청구서

DAY 06 일반 의문문 / 부정 의문문

PRACTICE 1

1. Did you call a repairman?
   (A) Yes, someone is coming. [O]
   (B) No, not yet. [O]
   (B) It's not working well. [X]

수리 기사에게 전화하셨나요?
(A) 네, 누군가 오고 있어요.
(B) 아뇨, 아직이요.
(B) 그게 잘 작동되지 않고 있습니다.

어휘 repairman 수리 기사 not yet (앞선 말에 대해) 아직 아니다 work (기계 등이) 작동되다

2. Are you available for a meeting this afternoon?
   (A) Yes, I'm free in the afternoon. [O]
   (B) No, I'll be out of the office. [O]
   (B) Sure. What is it about? [O]

오늘 오후에 회의할 시간이 있으신가요?
(A) 네, 오후에 시간이 있습니다.
(B) 아뇨, 저는 사무실에 없을 겁니다.
(B) 물론이죠. 무엇에 관한 것인가요?

어휘 available (사람이) 시간이 나는, (사물이) 이용 가능한 free 시간이 나는, 한가한 out of ~ 밖에, ~ 외부에 about ~에 관한

3. Have you tried the new restaurant on Main Street?
   (A) Their salad is so good. [O]
   (B) A table for two, please. [X]
   (B) Yes, I went last weekend. [O]

메인 스트리트에 있는 새 식당 가보셨어요?
(A) 거기 샐러드 정말 맛있어요.
(B) 두 명 테이블이요.
(B) 네, 지난 주말에 갔어요.

어휘 try ~을 시도하다, 가보다

4. Do you usually drive your car to the office?
   (A) There's a subway station right by my place. [O]
   (B) That's an expensive model. [X]
   (B) Yes, I drive most days. [O]

보통 차를 운전해서 출근하세요?
(A) 제 집 근처에 지하철역이 있어요.
(B) 그건 비싼 모델이에요.

(B) 네, 대부분 차로 가요.

어휘 usually 보통 subway station 지하철역 model (제품) 모델

5. Was the 1 o'clock flight to Chicago canceled?
 (A) Yes, due to bad weather. [O]
 (B) That's what I heard. [O]
 (B) No, it's still on schedule. [O]

1시 시카고행 비행편이 취소되었나요?
 (A) 네, 악천후 때문에요.
 (B) 저도 그렇게 들었어요.
 (B) 아니요, 아직 예정대로입니다.

어휘 due to ~ 때문에 on schedule 예정대로

6. Is there a bus stop nearby?
 (A) I'll pick you up at the bus stop. [X]
 (B) No, but there's a subway station around the corner. [O]
 (B) There's one across the street. [O]

근처에 버스 정류장이 있나요?
 (A) 제가 버스 정류장에 데리러 갈게요.
 (B) 아니요, 하지만 모퉁이 근처에 지하철역이 있어요.
 (B) 길 건너편에 하나 있어요.

어휘 bus stop 버스 정류장 nearby 근처에, 인근에 pick (someone) up ~를 데리러 가다 subway station 지하철역 around the corner 모퉁이 근처에, 아주 가까운 곳에 across the street 길 건너편에

PRACTICE ❷

1. Haven't you found a good restaurant?
 (A) There's one on Oak Avenue. [O]
 (B) No, I'm still looking for one. [O]
 (B) Several new menu items. [X]

좋은 레스토랑을 찾지 않으셨어요? (⇒ 찾으셨나요?)
 (A) 오크 애비뉴에 하나 있어요.
 (B) 아뇨, 아직도 찾는 중입니다.
 (B) 여러 가지 새 메뉴 품목들이요.

어휘 find ~을 찾다, 발견하다 (find-found-found) still 여전히, 아직도 look for ~을 찾다 several 여럿의, 몇몇의 item 품목, 제품

2. Aren't you coming to the party tonight?
 (A) At a hotel downtown. [X]
 (B) It was a surprise party. [X]
 (B) No, I'm too busy. [O]

오늘밤 파티에 오시지 않나요? (⇒ 오시나요?)
 (A) 시내에 있는 한 호텔에서요.
 (B) 깜짝 파티였어요.
 (B) 아뇨, 너무 바빠요.

어휘 downtown 시내에 too 너무

3. Isn't there a discount on this desk?
 (A) Yes, a 10% discount. [O]
 (B) An inventory check. [X]
 (B) It's broken again. [X]

이 책상에 대한 할인이 있지 않나요? (⇒ 할인 있나요?)
 (A) 네, 10퍼센트 할인 있어요.
 (B) 재고 조사입니다.
 (B) 다시 고장 났어요.

어휘 discount 할인 inventory check 재고 조사 broken 고장 난

4. Won't your shop be closed during the summer?
 (A) No, we stay open all year. [O]
 (B) Yes, we usually close in July. [O]
 (B) It's close to my house. [X]

여름 동안 가게 문을 닫지 않나요? (⇒ 닫나요?)
 (A) 아뇨, 저희는 연중 내내 영업합니다.
 (B) 네, 보통 7월에 닫아요.
 (B) 제 집 근처에 있어요.

어휘 stay open 문을 연 상태로 있다 all year 일 년 내내 close (가게 등이) 문을 닫다

5. Didn't management approve the budget yesterday?
 (A) Yes, it was finalized in the afternoon. [O]
 (B) It was about time management. [X]
 (B) Adrian would know. [O]

어제 경영진이 예산안을 승인하지 않았나요? (⇒ 승인했나요?)
 (A) 네, 오후에 최종 승인됐어요.
 (B) 시간 관리에 대한 내용이었어요.
 (B) 에이드리언이 알 거예요.

어휘 approve 승인하다 budget 예산 finalize ~을 최종 확정하다

6. Wasn't Ms. Parker at the party yesterday?
 (A) No, she had to work late. [O]
 (B) At the hotel nearby. [X]
 (B) I didn't see her there. [O]

어제 파티에 파커 씨가 계시지 않았나요? (⇒ 파티에 계셨나요?)
 (A) 아뇨, 그녀는 야근해야 했어요.

(B) 근처 호텔에서요.
(B) 그녀를 거기서 못 봤어요.

어휘 work late 야근하다 nearby 근처의

실전 TEST

1. (A)	2. (B)	3. (A)	4. (A)	5. (B)
6. (B)	7. (A)	8. (B)	9. (B)	10. (B)
11. (B)	12. (B)	13. (B)	14. (C)	15. (A)

1. Did you order a new monitor?
   (A) No, I have been quite busy.
   (B) I like the bigger one.
   (C) Only for a few hours.

   새 모니터를 주문하셨나요?
   (A) 아뇨, 제가 꽤 바빴어요.
   (B) 저는 더 큰 것이 좋습니다.
   (C) 겨우 몇 시간 동안이요.

해설 새 모니터를 주문했는지 확인하는 일반 의문문에 대해 (A)는 부정을 나타내는 No와 함께 '꽤 바빴다'는 말로 주문하지 못한 이유를 언급하는 정답이다.

어휘 order ~을 주문하다 quite 꽤, 상당히 a few 몇몇의

2. Is the new restaurant open now?
   (A) We already had lunch.
   (B) No, not until May 5.
   (C) They don't serve seafood.

   새 레스토랑이 지금 문을 열었나요?
   (A) 저희는 이미 점심 식사를 했습니다.
   (B) 아뇨, 5월 5일이나 되어야 합니다.
   (C) 그곳은 해산물을 제공하지 않습니다.

해설 새 레스토랑이 지금 문을 열었는지 확인하는 일반 의문문에 대해 (B)는 레스토랑 개업 여부와 관련해 부정을 뜻하는 No와 함께 영업을 시작하는 특정 미래시점으로 답변하는 정답이다. (C)는 질문에 포함된 restaurant와 관련 있게 들리는 메뉴의 특징(serve seafood)을 언급하는 오답이다.

어휘 have lunch 점심 식사를 하다 not until 시점: ~나 되어야 한다 serve (음식 등) ~을 제공하다, 내오다

3. Are you available this afternoon?
   (A) I'm free after two.
   (B) Yes, it's available online.
   (C) It was this morning.

   오늘 오후에 시간 있으세요?
   (A) 2시 이후엔 한가해요.
   (B) 네, 온라인에서 이용할 수 있어요.
   (C) 그건 오늘 아침이었어요.

해설 오늘 오후에 시간이 나는지 확인하는 일반 의문문에 대해 (A)는 오후의 특정 시점 이후에 시간이 있음을 알리는 답변이므로 정답이다. (B)는 긍정을 나타내는 Yes로 시작되고 있지만 뒤에 이어지는 내용이 오후에 시간이 나는 것과 관련 없는 오답이다.

어휘 available (사람이) 시간이 나는(= free)

4. Don't you think this room is small?
   (A) Yes, it's not big enough.
   (B) No, we didn't reserve a room.
   (C) Why don't you look for a small one?

   이 방이 작다고 생각하지 않으세요? (⇒ 작다고 생각하세요?)
   (A) 네, 충분히 크지 않네요.
   (B) 아뇨, 저희는 방을 예약하지 않았어요.
   (C) 작은 것을 찾아보시는 게 어떠세요?

해설 방이 작다고 생각하는지 확인하는 부정 의문문에 대해 (A)는 긍정을 의미하는 Yes와 함께 small과 비슷한 의미를 지니는 not big enough를 사용해 질문에 동의하는 정답이다.

어휘 형용사 enough: 충분히 ~한 reserve ~을 예약하다 look for ~을 찾다

5. Have you reviewed the proposal?
   (A) The marketing conference.
   (B) Sorry, I need more time.
   (C) Right next to the break room.

   그 제안서를 검토해 보셨나요?
   (A) 마케팅 컨퍼런스입니다.
   (B) 죄송해요, 시간이 더 필요합니다.
   (C) 휴게실 바로 옆에요.

해설 제안서를 검토해 보았는지 확인하는 일반 의문문에 대해 (B)는 검토 작업이 완료되지 않았음을 나타내는 부정어 Sorry와 함께 시간이 더 필요하다는 말로 그 이유를 말하는 정답이다.

어휘 review ~을 검토하다, 살펴보다 proposal 제안(서) right next to ~ 바로 옆에 break room 휴게실

6. Do you know who's giving a speech?
   (A) I don't know how to use it.
   (B) One of our directors.
   (C) It's very helpful.

   누가 연설하는지 알고 계세요?
   (A) 저는 그것을 사용하는 법을 알지 못합니다.
   (B) 우리 이사님들 중의 한 분이요.
   (C) 그것은 매우 유용합니다.

해설 Do you know who 구조로 연설하는 주체가 누구인지 묻는 일반 의문문이다. (B)는 Do you know who에 어울리는 직책으로 답변하고 있으므로 정답이다. 「Do you know + 의문

사」 구조로 된 일반 의문문은 know 뒤에 이어지는 의문사를 반드시 들어야 한다.

어휘 give a speech 연설하다 how to do ~하는 법 director 이사, 부서장, 책임자, 감독 helpful 유용한, 도움이 되는

7. Isn't the cafeteria still being renovated?
(A) Yes, they'll complete it next week.
(B) I found a nice restaurant.
(C) Soup and sandwiches.

구내 식당이 여전히 보수되고 있지 않나요? (⇒ 보수되고 있나요?)
(A) 네, 다음 주에 완료할 겁니다.
(B) 제가 아주 좋은 레스토랑을 발견했어요.
(C) 수프와 샌드위치요.

해설 구내 식당이 여전히 보수되고 있는지 확인하는 부정 의문문에 대해 (A)는 긍정을 뜻하는 Yes 및 보수 작업을 가리키는 it과 함께 다음 주에 완료한다는 말로 여전히 보수 중임을 나타내는 정답이다. 여기서 they는 정황상 보수 작업을 하는 사람들을 가리킨다.

어휘 cafeteria 구내 식당 renovate ~을 개조하다, 보수하다 complete ~을 완료하다 find ~을 찾다, 발견하다 (find-found-found)

8. Have you seen the new office building?
(A) No, I think it's 11 A.M.
(B) Yes, my team was there yesterday.
(C) A local construction company.

새 사무실 건물을 보신 적 있나요?
(A) 아뇨, 오전 11시인 것 같아요.
(B) 네, 저희 팀이 어제 거기 있었어요.
(C) 지역 건설 회사요.

해설 새 사무실 건물을 본 적이 있는지 확인하는 일반 의문문에 대해 (B)는 긍정을 나타내는 Yes와 함께 방문했던 시점을 언급하는 것으로 본 적이 있음을 의미하는 정답이다.

어휘 Have you seen ~? ~을 본 적이 있으세요? local 지역의, 현지의 construction 건설, 공사

9. Aren't you going to the reception?
(A) It's on Main Street.
(B) Yes, but I'll be a little late.
(C) I prefer to take a taxi.

축하 연회에 안 가시나요? (⇒ 가시나요?)
(A) 그곳은 메인 스트리트에 있습니다.
(B) 네, 하지만 조금 늦을 거예요.
(C) 저는 택시를 타는 게 더 좋습니다.

해설 축하 연회에 가는지 확인하는 부정 의문문이다. 이에 대해 (B)는 긍정을 나타내는 Yes와 함께 참석 시점과 관련된 말을 덧붙인 정답이다.

어휘 reception 축하 연회, 환영 연회 a little 조금, 약간 prefer to do ~하는 것을 선호하다, 더 좋아하다 take (교통편) ~을 타다, 이용하다

10. Hasn't the technician found the problem?
(A) Actually, I haven't finished it yet.
(B) No, not yet.
(C) At the technology company.

기술자가 문제점을 발견하지 않았나요? (⇒ 발견했나요?)
(A) 실은, 제가 아직 그것을 못 끝냈어요.
(B) 아뇨, 아직이요.
(C) 기술 회사에서요.

해설 기술자가 문제점을 발견했는지 확인하는 부정 의문문이다. 이에 대해 (B)는 부정을 의미하는 No와 함께 '아직 아니다(not yet)'라는 말로 질문에서 언급한 일이 완료되지 않았음을 의미하는 정답이다.

어휘 technician 기술자, 기사 actually 실은, 사실은 not yet (앞서 언급된 일과 관련해) 아직 아니다

11. Wasn't the sales meeting rescheduled for next week?
(A) They've been low lately.
(B) Right, to Monday afternoon.
(C) Some staff didn't attend.

영업 회의가 다음 주로 일정이 변경되지 않았나요?
(A) 최근에 매출이 낮았어요.
(B) 맞아요, 월요일 오후로 변경됐어요.
(C) 몇몇 직원들이 참석하지 않았어요.

해설 영업 회의 일정이 변경되었는지를 묻는 부정 의문문이다. (B)는 긍정 응답 Right와 함께 구체적인 변경 일정을 제시하고 있으므로 정답이다. (A)와 (C)는 매출 및 참석 여부에 대한 말로 질문에 대한 직접적인 답이 아니므로 오답이다.

어휘 reschedule ~의 일정을 변경하다 sales meeting 영업 회의 staff 직원

12. Isn't the highway closed due to construction?
(A) Marvin signed the contract.
(B) No, they completed it last week.
(C) On Highway 25.

고속도로가 공사로 인해 폐쇄되어 있지 않나요? (⇒ 폐쇄되어 있나요?)
(A) 마빈이 계약서에 서명했어요.
(B) 아니요, 지난주에 공사가 끝났어요.
(C) 25번 고속도로에서요.

해설 고속도로 폐쇄 여부를 묻는 부정 의문문에 대해 (B)는 부정 응답 No와 함께 공사가 완료되었음을 알려주고 있어 정답이다.

(A)와 (C)는 전혀 다른 내용을 언급하고 있어 오답이다.

어휘 highway 고속도로 closed 폐쇄된 due to ~ 때문에 complete ~을 완료하다

13. Weren't you going on a business trip this week?
(A) I went there on business.
(B) The client rescheduled our meeting.
(C) Through a travel agency.

이번 주에 출장 가시는 것 아니었나요? (⇒ 출장 가시는 거였죠?)
(A) 저는 출장으로 거기 갔었어요.
(B) 고객이 우리 회의를 연기했어요.
(C) 여행사를 통해서요.

해설 출장을 갈 계획이 있었는지를 확인하는 부정 의문문이다. 이에 대해 (B)는 질문 내용과 직접 연관된 이유를 제시하고 있어 정답이다. (A)와 (C)는 모두 이번 주에 출장을 가는지 여부와 관련 없는 대답이다.

어휘 business trip 출장 client 고객 reschedule ~의 일정을 변경하다 travel agency 여행사

14. Hasn't the meeting room been cleaned yet?
(A) I attended that meeting.
(B) New office equipment.
(C) Mike is about to do it.

회의실이 아직 청소되지 않았나요? (⇒ 청소되었나요?)
(A) 저는 그 회의에 참석했어요.
(B) 새 사무 기기입니다.
(C) 마이크가 지금 막 하려는 참이에요.

해설 회의실 청소 여부를 묻는 부정 의문문에 대해 (C)는 청소 작업이 곧 시작될 예정임을 알리는 말로 질문에 가장 적절한 답변이므로 정답이다. (A)와 (B)는 회의나 기기에 대한 언급으로 질문의 요지에서 벗어나 있다.

어휘 meeting room 회의실 clean 청소하다 equipment 장비 be about to do 막 ~하려던 참이다

15. Does the new accounting software work well?
(A) I haven't used it yet.
(B) About 50 dollars.
(C) The recent software update.

새 회계 소프트웨어가 잘 작동하나요?
(A) 아직 사용해 보지 않았어요.
(B) 약 50달러입니다.
(C) 최근의 소프트웨어 업데이트입니다.

해설 회계 프로그램의 작동 여부를 묻는 일반 의문문에 대해 (A)는 아직 사용하지 않아 작동 상태를 알 수 없다고 답함으로써, 질문 의도에 맞게 반응한 답변으로 정답이다. (B)와 (C)는 작동 여부와는 무관한 가격이나 정보에 대한 내용으로, 질문의 의

도에 부합하지 않으므로 오답이다.

어휘 accounting 회계 software 소프트웨어 work 작동하다 use ~을 사용하다 yet 아직

DAY 07 제안·요청 의문문 / 선택 의문문

PRACTICE ❶

1. Why don't you join us for dinner?
(A) It was delicious. Thanks. [X]
(A) I have to finish this report. [O]
(C) Sorry, I have other plans. [O]

저희와 함께 저녁 식사하시는 건 어떠세요?
(A) 맛있었어요. 감사합니다.
(A) 저는 이 보고서를 끝마쳐야 합니다.
(C) 죄송하지만, 다른 계획이 있습니다.

어휘 Why don't you ~? ~하는 게 어때요? join ~와 함께 하다, ~에 합류하다 finish ~을 끝마치다 report 보고(서) plan 계획

2. Could you help me clean up the employee lounge?
(A) Sure, when can we start? [O]
(A) Sorry, I was about to leave. [O]
(C) Yes, last week. [X]

직원 휴게실을 깨끗이 치울 수 있도록 저 좀 도와주시겠어요?
(A) 그럼요, 언제 시작할 수 있나요?
(A) 죄송하지만, 전 지금 막 나가려던 참이었어요.
(C) 네, 지난주예요.

어휘 Could you ~? ~해 주시겠어요? help A do: A가 ~하도록 돕다, ~하는 데 도움을 주다 clean up ~을 깨끗이 치우다 employee lounge 직원 휴게실 be about to do 막 ~하려는 참이다 leave 나가다, 떠나다, 출발하다

3. Would you like to go to the baseball game this Friday?
(A) Yes, it was already sold out. [X]
(A) I'll be out of town. [O]
(C) At Broncos Stadium. [X]

이번 주 금요일에 야구 경기를 보러 가시겠어요?
(A) 네, 그건 이미 매진되었습니다.
(A) 저는 다른 지역에 가 있을 겁니다.
(C) 브롱코스 경기장에서요.

어휘 Would you like to do? ~하시겠어요? be out of town 다른 지역에 있다 sold out 매진된

4. Would you like me to print out the handouts?
   (A) Katlyn already took care of it. [O]
   (A) At the printing shop. [X]
   (C) Sure, that'd be nice. [O]

   제가 유인물을 출력해 드릴까요?
   (A) 케이틀린이 이미 처리했습니다.
   (A) 인쇄소에서요.
   (C) 네, 그렇게 해 주시면 좋겠어요.

   어휘 print out ~을 출력하다 handout 유인물 take care of ~을 처리하다 printing shop 인쇄소

5. Could you please change the filter in the air conditioner?
   (A) Sure, I'd be happy to. [O]
   (A) I have a meeting now. [O]
   (C) Yes, I turned it on. [X]

   에어컨 필터를 교체해 주실 수 있나요?
   (A) 물론, 기꺼이 하겠습니다.
   (A) 제가 지금 회의가 있어요.
   (C) 네, 제가 그것을 켰어요.

   어휘 air conditioner 에어컨 turn on ~을 켜다

6. Would you mind sending me the guest list?
   (A) Not at all. [O]
   (A) Yes, the party was a lot of fun. [X]
   (C) What's your e-mail address? [O]

   손님 명단을 저에게 보내 주시겠어요?
   (A) 물론이죠.
   (A) 네, 파티가 아주 재미있었어요.
   (C) 이메일 주소가 어떻게 되시죠?

   어휘 Would you mind -ing? ~해 주시겠어요? cf. 이 질문에 대해 not at all이라고 답하는 것은 '전혀 개의치 않는다', 즉 '기꺼이 그렇게 하겠다'라는 수락의 뜻 guest list 손님 명단 e-mail address 이메일 주소

PRACTICE ❷

1. Would you like to sit inside or outside on the patio?
   (A) I prefer to sit indoors. [O]
   (A) Yes, that'd be great. [X]
   (C) It's too cold outside. [O]

   실내에 앉고 싶으세요, 아니면 야외 테라스에 앉고 싶으세요?
   (A) 저는 실내에 앉는 것을 선호해요.
   (A) 네, 그렇게 하면 아주 좋을 거예요.
   (C) 밖은 너무 추워요.

   어휘 inside 실내에, 안에(= indoors) outside 실외에, 밖에 patio 테라스 prefer to do ~하는 것을 선호하다, 더 좋아하다

2. Should I call the supplier in the morning or afternoon?
   (A) It'd be better to call after 2 o'clock. [O]
   (A) I called them already. [O]
   (C) Yes, it's in the supply room. [X]

   공급업체에 오전에 전화할까요, 아니면 오후에 할까요?
   (A) 2시 이후에 전화하는 게 더 좋겠어요.
   (A) 제가 이미 전화했어요.
   (C) 네, 그건 비품 보관실에 있어요.

   어휘 supplier 공급업체 already 이미 supply room 비품 보관실

3. Would you like an aisle seat or a window seat?
   (A) I'd rather sit by the windows. [O]
   (A) An aisle seat, please. [O]
   (C) A round-trip ticket to New York. [X]

   복도 쪽 좌석이 좋으세요, 아니면 창가 좌석이 좋으세요?
   (A) 창가 쪽에 앉는 게 더 좋아요.
   (A) 복도 쪽 좌석으로 해 주세요.
   (C) 뉴욕행 왕복 티켓이요.

   어휘 aisle seat 복도 좌석 window seat 창가 좌석 I'd rather 동사원형: 저는 ~하는 게 좋겠어요 round-trip 왕복

4. Do you want to take a break now or keep working?
   (A) I think I just broke that. [X]
   (A) Let's have a short break. [O]
   (C) I'd rather finish this now. [O]

   지금 잠깐 쉬고 싶으세요, 아니면 계속 일하고 싶으세요?
   (A) 방금 그걸 부순 것 같아요.
   (A) 잠깐 쉬는 게 좋겠어요.
   (C) 지금 이걸 끝내는 게 좋겠어요.

   어휘 take a break 잠시 휴식을 취하다 break ~을 부수다 finish ~을 끝내다

5. Do you think we need to hire one assistant or two?
   (A) A new assistant manager. [X]
   (A) We really need two. [O]
   (C) We're not very busy these days. [O]

   보조 직원을 한 명 채용해야 한다고 생각하세요, 아니면 두 명을 채용해야 할까요?
   (A) 새로운 부점장님이요.
   (A) 두 명이 정말 필요해요.
   (C) 요즘은 그렇게 바쁘지 않아요.

   어휘 hire ~을 채용하다 assistant 보조 직원, 조수 assistant manager 부점장, 부매니저 these days 요즘

6. Did you park on the street or in the parking lot?
(A) Three dollars an hour. [X]
(C) I took the subway. [O]
(C) It is held in the park. [X]

길거리에 주차하셨나요, 아니면 주차장에 하셨나요?
(A) 시간당 3달러입니다.
(A) 저는 지하철을 탔습니다.
(C) 그것은 공원에서 열립니다.

어휘 park ~을 주차하다 parking lot 주차장 take the subway 지하철을 타다 be held 열리다, 개최되다

실전 TEST

1. (A)	2. (A)	3. (A)	4. (A)	5. (B)
6. (B)	7. (C)	8. (B)	9. (A)	10. (A)
11. (A)	12. (B)	13. (C)	14. (B)	15. (B)

1. Why don't you buy this camera?
(A) It's out of my price range.
(B) It has many features.
(C) Because I had it repaired.

이 카메라를 구입하시는 게 어떠세요?
(A) 제가 생각한 가격대를 벗어나네요.
(B) 많은 기능을 지니고 있어요.
(C) 왜냐하면 그걸 수리 받았거든요.

해설 카메라를 구입할 것을 권하는 제안 의문문에 대해 (A)는 생각한 가격대를 벗어난다는 말로 우회적으로 거절하는 정답이다. (C)는 Why don't you ~?를 이유를 묻는 질문으로 착각할 경우에 고를 수 있는 Because를 이용한 오답이다.

어휘 out of ~을 벗어난 price range 가격대 feature 기능, 특징 have A p.p.: A를 ~되게 하다

2. Would you like to sit at a table inside or outside?
(A) An inside table sounds good.
(B) I'd like the soup of the day.
(C) How about tomorrow?

실내에 있는 테이블에 앉으시겠어요, 아니면 밖에 있는 테이블에 앉으시겠어요?
(A) 실내 테이블이 좋은 것 같아요.
(B) 오늘의 수프로 하겠습니다.
(C) 내일은 어떠세요?

해설 'A or B'의 구조로 실내 테이블과 실외 테이블 중의 하나를 묻는 선택 의문문에 대해 (A)는 질문에 제시된 두 가지 선택 사항 중 하나인 '실내'를 선택한 응답이므로 정답이다.

어휘 inside ad. 실내에, 안에 a. 실내의, 안에 있는 outside ad. 밖에, 실외에 a. 밖에 있는, 실외의 sound 형용사: ~한 것 같다 would like 명사: ~를 원하다 How about ~? ~는 어떠세요?

3. Do you want to share a cab to the convention center?
(A) That's a good idea.
(B) No, by airplane.
(C) I'm considering buying a car.

컨벤션 센터까지 함께 택시를 타고 가시겠어요?
(A) 좋은 생각입니다.
(B) 아뇨, 비행기로요.
(C) 자동차를 한 대 구입하는 것을 고려 중입니다.

해설 컨벤션 센터까지 함께 택시를 타고 가길 원하는지 묻는 제안 의문문에 대해 (A)는 함께 자동차를 타고 가는 일을 That으로 지칭해 좋은 아이디어라는 말로 수락을 나타내고 있어 정답이다.

어휘 share ~을 공유하다, 함께 하다 by (수단) ~을 타고, ~을 이용해 consider -ing ~하는 것을 고려하다

4. Should I order the supplies today or next week?
(A) You can do it later.
(B) At least 20, I think.
(C) Just some paper and pencils.

용품을 오늘 주문해야 하나요, 아니면 다음 주에 해야 하나요?
(A) 나중에 하셔도 됩니다.
(B) 제 생각에 최소한 20개요.
(C) 종이랑 연필 몇 개만요.

해설 주문 시점과 관련해 'A or B'의 구조로 이번 주와 다음 주 중 하나를 선택하도록 묻는 선택 의문문이다. 이에 대해 (A)는 나중에 해도 된다는 말로 다음 주를 선택하는 답변이므로 정답이다.

어휘 order ~을 주문하다 supplies 용품, 물품 later 나중에 at least 최소한, 적어도

5. Why don't we meet this afternoon to discuss the proposal?
(A) Yes, last week.
(B) Let me check my schedule.
(C) I didn't meet with the client.

오늘 오후에 만나서 제안서에 대해 논의하는 게 어떠세요?
(A) 네, 지난 주예요.
(B) 제 일정을 확인해 볼게요.
(C) 저는 그 고객과 만나지 않았어요.

해설 제안서에 대해 논의하기 위해 오늘 오후에 만나자고 묻는 제안 의문문이다. 이에 대해 (B)는 상대방의 제안에 대해 일정을 확인해 보겠다는 말로 수락 또는 거절에 대한 조건을 먼저 언급하는 정답이다.

어휘 discuss ~을 논의하다 proposal 제안(서) Let me do 제가 ~하겠습니다

6. Could you give me a ride to the headquarters?
   (A) No, there isn't any.
   (B) Sure, when do you want to leave?
   (C) About two hours.

   저를 본사까지 차로 태워 주실 수 있으세요?
   (A) 아니요, 하나도 없습니다.
   (B) 그럼요, 언제 출발하고 싶으세요?
   (C) 약 2시간 정도요.

   해설 본사까지 차로 태워 달라고 묻는 요청 의문문에 대해 (B)는 상대방의 요청에 Sure로 긍정을 나타내면서 출발 시점을 확인하기 위해 되묻는 답변이므로 정답이다.

   어휘 **give A a ride**: A를 차로 태워 주다 **headquarters** 본사 **leave** 출발하다, 떠나다, 나가다 **about** 약, 대략

7. Are we going to rent a car or use public transportation?
   (A) Yes, I am.
   (B) In the repair shop.
   (C) Let's get a rental.

   우리 차를 한 대 빌릴까요, 아니면 대중 교통을 이용할까요?
   (A) 네, 그렇습니다.
   (B) 수리소예요.
   (C) 한 대 빌립시다.

   해설 'A or B'의 구조로 두 가지 이동 수단 중의 하나를 묻는 선택 의문문에 대해 (C)는 질문에 언급된 두 가지 선택 사항 중 자동차를 빌리는 것을 선택하는 정답이다.

   어휘 **be going to do** ~할 것이다, ~할 예정이다 **rent** ~을 빌리다, 대여하다 **public transportation** 대중 교통 **repair shop** 수리소 **get a rental** 빌리다

8. Would you like a refund for your purchase?
   (A) I'll try that on.
   (B) Yes, I would.
   (C) Let me take a look.

   구입하신 물건에 대해 환불을 받고 싶으신가요?
   (A) 저것을 한 번 착용해 볼게요.
   (B) 네, 그러고 싶어요.
   (C) 제가 한번 볼게요.

   해설 환불을 원하는지 묻는 제안 의문문에 대해 (B)는 상대방의 제안에 대해 수락을 나타내는 Yes와 함께 질문에 사용된 조동사 would를 반복해 답변하는 정답이다.

   어휘 **Would you like 명사?** ~을 드릴까요?, ~을 원하시나요? **refund** 환불 **purchase** 구매(품) **try A on**: A를 한번 착용해 보다 **Let me do** 제가 ~하겠습니다 **take a look** 한번 보다

9. Would you rather see the movie today or tomorrow?
   (A) Either is okay with me.
   (B) No, by the end of today.
   (C) It was really interesting.

   영화를 오늘 보시겠어요, 아니면 내일 보시겠어요?
   (A) 둘 중 어느 것이든 좋습니다.
   (B) 아뇨, 오늘 중으로요.
   (C) 정말 재미있었어요.

   해설 'A or B'의 구조로 두 가지 관람 시점 중 하나를 묻는 선택 의문문이다. (A)는 선택 대상에 대해 '둘 중 어느 것이든 좋다'는 말로 둘 중 어느 날에 봐도 상관없음을 알리므로 자연스러운 응답이다. 선택 의문문에서 either를 이용하여 '둘 중 어느 것이든 좋다'를 의미하는 말은 정답 확률이 높은 답변이다.

   어휘 **Would you rather do?** ~하시겠어요? **either** 둘 중 어느 것이든

10. Would you like to join us for dinner?
   (A) No, I have to finish my work now.
   (B) Yes, I found a nice one.
   (C) That table is reserved.

   저희와 함께 저녁 식사하러 가시겠어요?
   (A) 아뇨, 저는 지금 제 일을 끝내야 해요.
   (B) 네, 좋은 것을 하나 발견했습니다.
   (C) 그 테이블은 예약되어 있습니다.

   해설 함께 저녁 식사하러 가자고 묻는 제안 의문문에 대해 (A)는 상대방의 제안에 대해 거절을 나타내는 No와 함께 지금 일을 끝내야 한다는 말로 함께 갈 수 없는 이유를 언급하는 정답이다.

   어휘 **Would you like to do?** ~하시겠어요? **join** ~와 함께 하다, ~에 합류하다 **finish** ~을 끝내다 **reserved** 예약된

11. Would you like to eat now or wait?
   (A) I'm very hungry now.
   (B) It was delicious.
   (C) The waiting room is empty.

   지금 식사하시겠어요, 아니면 기다리시겠어요?
   (A) 지금 배가 많이 고파요.
   (B) 맛있었어요.
   (C) 대기실이 비어 있어요.

   해설 '지금 식사할 것인지 아니면 기다릴 것인지'를 묻는 선택 의문문에 대해 (A)는 배가 고프다는 말로 지금 식사하고 싶다는 의사를 우회적으로 표현하고 있어 정답이다.

   어휘 **hungry** 배고픈 **delicious** 맛있는 **waiting room** 대기실 **empty** 비어 있는

12. Should I put these boxes near the front door or in the storage room?
(A) I need a larger box.
(B) Ask the store manager.
(C) They will be moved tomorrow.

이 상자들을 현관 근처에 둘까요, 아니면 보관실에 둘까요?
(A) 더 큰 상자가 필요해요.
(B) 점장에게 물어보세요.
(C) 내일 옮겨질 거예요.

해설 상자를 어디에 둘 것인지 묻는 선택 의문문에 대해 (B)는 매장 관리자에게 물어보라는 제안으로, 위치 결정에 대한 지시를 미룬 형태지만 질문에 대한 타당한 대응이므로 정답이다. (A)는 상자의 크기에 대한 언급으로 질문의 초점과 맞지 않다.

어휘 Should I ~? ~할까요? front door 현관문 storage room 보관실 store manager 매장 관리자 move ~을 옮기다

13. Are you going to the dentist today or tomorrow?
(A) At the new dental clinic.
(B) Sure, I'll schedule an appointment.
(C) Tomorrow at 10 o'clock.

치과에 오늘 가시나요, 아니면 내일 가시나요?
(A) 새 치과 병원에서요.
(B) 물론이죠. 제가 예약 일정을 잡을게요.
(C) 내일 10시에요.

해설 '오늘 또는 내일 중 언제 치과에 가는지'를 묻는 선택 의문문에 대해 (C)는 내일이라는 구체적인 시점과 시간을 언급하고 있으므로 정답이다. (A)는 치과의 장소에 대한 정보로, 질문 의도와 맞지 않다.

어휘 dentist 치과의사 appointment 약속, 예약 schedule v. ~의 일정을 잡다

14. Do you want me to come into work early tomorrow?
(A) A department meeting.
(B) Well, we have a lot to do.
(C) The subway is the quickest way.

제가 내일 일찍 출근하길 원하세요?
(A) 부서 회의입니다.
(B) 음, 우리가 해야 할 일이 많아요.
(C) 지하철이 가장 빠른 방법입니다.

해설 내일 일찍 출근하길 원하는지를 묻는 제안 의문문에 대해 (B)는 일이 많기 때문에 일찍 출근하는 것이 좋을 것 같다는 맥락의 답변이므로 정답이다.

어휘 come into work 출근하다 early 일찍 department 부서 have a lot to do 할 일이 많다

15. Why don't you join a gym?
(A) Here's my driver's license.
(B) I prefer jogging in the park.
(C) A regular exercise schedule.

헬스장에 등록하시는 건 어떠세요?
(A) 운전면허증 여기 있습니다.
(B) 저는 공원에서 조깅하는 것을 선호합니다.
(C) 규칙적인 운동 일정입니다.

해설 헬스장에 등록할 것을 제안하는 제안 의문문에 대해 (B)는 공원에서 운동하는 개인의 선호를 언급하며 헬스장 등록 제안에 대해 우회적으로 거절을 표현하고 있으므로 정답이다.

어휘 join ~에 등록하다, 가입하다 gym 헬스장 prefer ~을 선호하다 jogging 조깅 regular 규칙적인 exercise 운동

DAY 08 평서문 / 부가 의문문

PRACTICE 1

1. That was an interesting speech.
(A) He is interested in it. [X]
(B) You're right. It was great. [O]
(C) Yes, I'd like to. [X]

아주 흥미로운 연설이었어요.
(A) 그가 그것에 관심이 있습니다.
(B) 맞아요. 아주 좋았어요.
(C) 네, 그렇게 하고 싶습니다.

어휘 speech 연설

2. There's a new shopping mall opening in town.
(A) I can't open the window. [X]
(B) Will it be near our office? [O]
(C) This bus goes to the City Hall. [X]

시내에 새로운 쇼핑몰이 생긴대요.
(A) 창문을 열 수 없어요.
(B) 우리 사무실 근처에 생기나요?
(C) 이 버스는 시청으로 갑니다.

어휘 near ~ 근처에

3. There'll be a party at the office tomorrow.
(A) I really enjoyed it. [X]
(B) What time does it start? [O]
(C) Okay, I'll be there. [O]

내일 사무실에서 파티가 있을 거예요.
(A) 정말 즐거웠어요.
(B) 몇 시에 시작하나요?
(C) 알겠어요, 참석할게요.

어휘 be there 참석하다

4. The air conditioner is not working again.
   (A) I just called maintenance. [O]
   (B) I usually walk there. [X]
   (C) I'll call the building manager. [O]

   에어컨이 또 작동하지 않아요.
   (A) 방금 유지보수 부서에 전화했어요.
   (B) 저는 보통 거기 걸어서 가요.
   (C) 건물 관리자에게 전화할게요.

어휘 air conditioner 에어컨 work 작동하다 maintenance 유지보수 building manager 건물 관리자

5. Please make sure the progress report is ready by Friday.
   (A) The printer needs more paper. [X]
   (B) I went to the wrong airport. [X]
   (C) The project is ahead of schedule. [O]

   진행 보고서가 금요일까지 준비되도록 해 주세요.
   (A) 프린터에 종이가 부족해요.
   (B) 저는 잘못된 공항으로 갔어요.
   (C) 프로젝트가 예정보다 앞서 있어요.

어휘 make sure ~을 확실히 하다 progress report 진행 보고서 ahead of schedule 예정보다 앞서

6. I think I'm going to exchange this jacket.
   (A) Do you have the receipt? [O]
   (B) Is something wrong with it? [O]
   (C) I don't think it's been changed. [X]

   이 재킷을 교환할까 해요.
   (A) 영수증 있으세요?
   (B) 무슨 문제가 있나요?
   (C) 아직 바뀌지 않은 것 같아요.

어휘 exchange ~을 교환하다 receipt 영수증 be wrong with ~에 문제가 있다

PRACTICE 2

1. You've worked in London, haven't you?
   (A) I don't think he was there. [X]
   (B) It will take 5 hours by airplane. [X]
   (C) Yes, it was a great experience. [O]

   런던에서 일해 보신 적 있죠, 그렇지 않나요?
   (A) 그분이 그곳에 있었던 것 같지 않아요.
   (B) 비행기로 5시간 걸릴 겁니다.
   (C) 네, 아주 좋은 경험이었어요.

어휘 take 시간: ~의 시간이 걸리다 by airplane 비행기로 experience 경험, 경력

2. You're organizing the conference, aren't you?
   (A) Yes, with Mr. Kim. [O]
   (B) No, they haven't. [X]
   (C) That's what I'm doing now. [O]

   당신이 컨퍼런스를 준비하고 있죠, 그렇지 않나요?
   (A) 네, 김 씨와 함께요.
   (B) 아뇨, 그들은 그러지 않았어요.
   (C) 그게 제가 지금 하고 있는 일입니다.

어휘 organize ~을 준비하다, 조직하다

3. You don't have today's newspaper, do you?
   (A) Lots of interesting articles. [X]
   (B) No, but Mr. Cohen does. [O]
   (C) It will probably be tomorrow. [X]

   오늘 자 신문 없으시죠, 그렇죠?
   (A) 흥미로운 기사들이 많아요.
   (B) 없어요, 코언 씨가 가지고 있어요.
   (C) 아마 내일쯤 일 거예요.

어휘 newspaper 신문 article 기사 probably 아마

4. The meeting is scheduled to start at 1 o'clock, right?
   (A) No, it's actually at two. [O]
   (B) It has been canceled. [O]
   (C) I'll send you the agenda. [O]

   회의는 1시에 시작될 예정이죠, 그렇죠?
   (A) 아뇨, 실제로는 2시에요.
   (B) 회의는 취소되었어요.
   (C) 제가 안건을 보내드릴게요.

어휘 be scheduled to do ~할 예정이다 actually 실제로 agenda 안건, 의사 일정

5. The new packaging machine's been installed, hasn't it?
   (A) Yes, it was set up yesterday. [O]
   (B) No, we only need two packs. [X]
   (C) We're expecting delivery tomorrow. [O]

   새 포장 기계가 설치됐죠, 그렇지 않나요?
   (A) 네, 어제 설치됐어요.
   (B) 아뇨, 저희는 두 팩만 필요해요.
   (C) 저희는 내일 배송을 기다리고 있어요.

어휘 packaging machine 포장 기계 install ~을 설치하다 set up ~을 설치하다 expect ~을 기대하다, 예상하다 delivery 배송

6. That restaurant has outdoor tables, doesn't it?
(A) No, I've already ordered. [X]
(B) I'll call to make sure. [O]
(C) I've never been there. [O]

그 식당에는 야외 테이블이 있죠, 그렇지 않나요?
(A) 아뇨, 저는 이미 주문했어요.
(B) 확실히 하기 위해 전화해 볼게요.
(C) 저는 거기 가 본 적이 없어요.

어휘 outdoor table 야외 테이블 already 이미 make sure 확실히 하다, 확인하다 never ~한 적이 없다

실전 TEST

1. (A)	2. (A)	3. (C)	4. (A)	5. (C)
6. (B)	7. (B)	8. (B)	9. (B)	10. (C)
11. (A)	12. (A)	13. (A)	14. (B)	15. (C)

1. I can't find my pen.
(A) You can borrow mine.
(B) No, thanks.
(C) In the storage room.

제 펜을 찾을 수가 없어요.
(A) 제 것을 빌려 가셔도 됩니다.
(B) 아뇨, 괜찮습니다.
(C) 보관실에요.

해설 자신의 펜을 찾을 수 없다는 사실을 알리는 평서문이다. 이에 대해 (A)는 상대방이 언급한 pen에 대해 '나의 것'을 의미하는 mine과 함께 자신의 것을 사용하도록 제안하는 말이므로 정답이다.

어휘 find ~을 찾다, 발견하다 borrow ~을 빌리다 mine 나의 것 storage 보관, 저장

2. The new intern starts working today, doesn't he?
(A) Yes, that's what I heard.
(B) It was installed yesterday.
(C) Actually, I worked on it.

신입 인턴 직원이 오늘 근무를 시작하죠, 그렇지 않나요?
(A) 네, 그렇다고 들었어요.
(B) 그것은 어제 설치되었어요.
(C) 실은, 제가 그것에 대해 작업했어요.

해설 신입 인턴 직원이 오늘 근무를 시작하는지 확인하기 위해 묻는 부가 의문문이다. 이에 대해 (A)는 긍정을 의미하는 Yes와 함께 신입 인턴 직원이 오늘 근무를 시작하는 일을 that으로 지칭해 자신도 동일한 정보를 들었다는 말로 확인해 주는 답변이므로 정답이다.

어휘 start -ing ~하는 것을 시작하다 that's what I heard (앞서 언급된 말에 대해) 그렇다고 들었어요 install ~을 설치하다 actually 실은, 사실은 work on ~에 대한 작업을 하다

3. I'd like to submit my application form.
(A) Sometime last week.
(B) There are many jobs.
(C) Which position is it for?

제 지원서를 제출하고자 합니다.
(A) 지난 주 중에요.
(B) 많은 일자리가 있습니다.
(C) 어느 직책에 대한 지원서인가요?

해설 지원서를 제출하기를 원한다는 의사를 밝히는 평서문이다. 이에 대해 (C)는 상대방이 말하는 application form의 목적과 관련해 되묻는 질문이므로 정답이다.

어휘 would like to do ~하고자 하다, ~하고 싶다 submit ~을 제출하다 application form 지원서, 신청서 job 일, 일자리 position 직책, 일자리

4. You'll send the document today, won't you?
(A) Yes, but it will be a little late.
(B) I watched some documentaries.
(C) I was interested in it.

오늘 그 문서를 보낼 거죠, 그렇지 않나요?
(A) 네, 하지만 조금 늦을 겁니다.
(B) 몇 편의 다큐멘터리를 보았어요.
(C) 저는 그것에 관심이 있었습니다.

해설 상대방이 오늘 특정 문서를 보낼 것인지 확인하는 부가 의문문이다. 이에 대해 (A)는 긍정을 뜻하는 Yes와 함께 오늘 보내기는 하지만 조금 늦을 것이라는 정보를 덧붙이는 답변이므로 정답이다.

어휘 document 문서, 서류 a little 조금, 약간

5. You can order the item on our Web site.
(A) No, he didn't.
(B) You can see it on the menu.
(C) Is it available right now?

저희 웹사이트에서 그 제품을 주문하실 수 있습니다.
(A) 아뇨, 그는 그렇게 하지 않았습니다.
(B) 메뉴에서 그것을 보실 수 있습니다.
(C) 지금 바로 구매 가능한가요?

해설 웹사이트에서 특정 제품을 주문할 수 있다는 정보를 제공하는 평서문이다. 이에 대해 (C)는 the item을 it으로 지칭해 웹사이트에서 주문하는 일과 관련해 지금 바로 구매 가능한지 확

인하기 위해 되묻는 질문이므로 정답이다.

어휘 order ~을 주문하다 item 제품, 물품, 품목 available 구매 가능한, 이용 가능한 right now 지금 바로, 당장

6. Let's visit our new branch office this afternoon.
(A) From Monday to Friday.
(B) That's a good idea.
(C) He gave us a tour yesterday.

오늘 오후에 우리의 새 지사를 방문합시다.
(A) 월요일부터 금요일까지요.
(B) 좋은 생각입니다.
(C) 그가 어제 저희에게 견학시켜 주었어요.

해설 오후에 새 지사를 방문하자고 제안하는 평서문이다. 이에 대해 (B)는 상대방의 제안에 '좋은 생각이다'라는 말로 동의하는 답변이므로 정답이다.

어휘 visit ~을 방문하다 branch office 지사 give A a tour: A에게 견학시켜주다

7. The air conditioner is out of order.
(A) No, the weather will be fine.
(B) It will be repaired soon.
(C) I prefer the red one.

에어컨이 고장 났어요.
(A) 아뇨, 날씨가 좋을 겁니다.
(B) 곧 수리될 겁니다.
(C) 저는 빨간색으로 된 것이 더 좋습니다.

해설 에어컨이 고장 난 상태라는 정보를 제공하는 평서문이다. 이에 대해 (B)는 air conditioner를 It으로 지칭해 곧 수리된다는 말로 고장 난 기기에 대한 조치 방법을 알리는 말이므로 정답이다.

어휘 air conditioner 에어컨 out of order 고장 난 repair ~을 수리하다 soon 곧, 머지않아 prefer ~을 더 좋아하다, 선호하다

8. That woman in the red dress is Ms. Parker, right?
(A) At the reception desk.
(B) No, that's Ms. Nelson.
(C) The blue one looks nicer.

빨간 드레스를 입은 저 여자 분이 파커 씨죠, 맞죠?
(A) 접수처에서요.
(B) 아뇨, 저 분은 넬슨 씨입니다.
(C) 파란 색이 더 멋있어 보여요.

해설 빨간 드레스를 입은 여자의 이름을 확인하는 부가 의문문이다. 이에 대해 (B)는 부정을 나타내는 No와 함께 정확한 정보를 제공하는 것으로 상대방이 잘못 알고 있음을 알리는 답변이므로 정답이다.

어휘 in the red dress 빨간 드레스를 입은 reception desk 접수 데스크, 안내 데스크 look 형용사: ~하게 보이다, ~한 것 같다 nicer 더 좋은, 더 나은

9. You've been working here for many years, haven't you?
(A) Yes, I work ten hours a day.
(B) Yes, seventeen years.
(C) No, there aren't many left.

여기서 오랫동안 근무해 오고 계시죠, 그렇지 않나요?
(A) 네, 저는 하루에 10시간 근무해요.
(B) 네, 17년이요.
(C) 아뇨, 남아 있는 것이 많지 않아요.

해설 상대방이 오랫동안 근무해 오고 있다는 사실을 확인하는 부가 의문문이다. 이에 대해 (B)는 긍정을 나타내는 Yes와 함께 그 동안 근무해 온 기간과 관련해 17년이라는 정확한 정보를 제공하는 정답이다.

어휘 for many years 오랫동안, 여러 해 동안 a day 하루에, 하루마다 there are A left: 남아 있는 A가 있다 cf. left는 leave(~을 남기다)의 과거분사형 (leave-left-left)

10. The retirement party for Mr. Wong is this Friday, isn't it?
(A) Let's meet this afternoon.
(B) Just a few hours.
(C) Yes, but I won't be able to make it.

웡 씨의 퇴직 기념 파티가 이번 주 금요일에 있죠, 그렇지 않나요?
(A) 오늘 오후에 만납시다.
(B) 단지 몇 시간이요.
(C) 네, 하지만 전 갈 수 없을 것 같아요.

해설 퇴직 기념 파티가 예정된 요일을 확인하는 부가 의문문이다. 이에 대해 (C)는 파티 개최 일정을 확인해주는 Yes와 함께 자신은 참석하지 못한다고 알리는 말을 덧붙인 정답이다.

어휘 retirement 퇴직, 은퇴 a few 몇몇의 won't will not의 축약형 be able to do ~할 수 있다 make it (한 장소에) 도착하다, 가다

11. You know the new supervisor, don't you?
(A) Yes, we've worked together before.
(B) On the third floor.
(C) Several new employees.

당신은 새로 오신 부장님을 알고 계시죠, 그렇지 않나요?
(A) 네, 전에 함께 근무한 적이 있어요.
(B) 3층에요.
(C) 몇몇 신입 직원들이요.

해설 새로 온 부장님을 알고 있는지 확인하는 부가 의문문이다. 이에 대해 (A)는 긍정을 나타내는 Yes와 함께 과거에 함께 일했다는 경험을 언급하여 해당 인물을 알고 있다는 사실을 뒷받

침하므로 정답이다.

어휘 supervisor 감독관, 부장 work together 함께 일하다 before 이전에

12. I'm thinking of bringing a piano into our café.
   (A) There's not enough space.
   (B) The coffee is great.
   (C) It's located on the second floor.

   우리 카페에 피아노를 들여올까 생각 중이에요.
   (A) 공간이 충분하지 않아요.
   (B) 커피가 정말 맛있어요.
   (C) 2층에 위치해 있어요.

해설 카페에 피아노를 들여올 계획을 알리는 말에 (A)는 공간 부족이라는 현실적인 제약을 언급하여 화자의 제안에 반응하고 있으므로 정답이다. (B)와 (C)는 피아노 설치와는 관련 없는 정보로 오답이다.

어휘 think of ~을 생각하다 bring ~을 들여오다, 가져오다 space 공간 not enough 충분하지 않은

13. The hair salon will be closing early during the holidays, won't it?
   (A) Yes, at 4 P.M. each day.
   (B) She is a good stylist.
   (C) There are some job openings.

   그 미용실이 연휴 기간 동안 일찍 문을 닫는다고 하던데, 맞죠?
   (A) 네, 매일 오후 4시에 닫아요.
   (B) 그녀는 실력 있는 스타일리스트예요.
   (C) 일자리가 몇 개 있어요.

해설 연휴 동안 미용실이 일찍 문을 닫는다는 사실을 확인하는 부가 의문문이다. 이에 대해 (A)는 Yes라고 긍정한 뒤 구체적인 시간 정보를 덧붙여 문장의 내용을 확정해주는 정답이다.

어휘 hair salon 미용실 holiday 휴일, 연휴 each day 매일

14. Let's start organizing the fundraising event.
   (A) The usual catering company.
   (B) Okay, I have some ideas.
   (C) For a local organization.

   기금 마련 행사 준비를 시작합시다.
   (A) 늘 쓰는 케이터링 회사요.
   (B) 좋아요, 제게 아이디어가 좀 있어요.
   (C) 지역 단체를 위한 것이에요.

해설 기금 마련 행사를 준비하자는 제안형 평서문이다. 이에 대해 (B)는 상대방의 제안에 긍정적으로 반응하며 본인의 아이디어를 공유하려는 의지를 보이는 내용이므로 정답이다. (A)와 (C)는 행사 내용에 대한 부가 설명일 수는 있지만, '시작하자'라는 제안에 대한 직접적 반응이 아니므로 오답이다.

어휘 organize ~을 준비하다, 조직하다 fundraising 기금 모금 event 행사

15. Please close the door so that the meeting can start.
   (A) I'll look at the agenda.
   (B) I prefer morning meetings.
   (C) We're waiting for a few more participants.

   회의가 시작될 수 있도록 문을 닫아 주세요.
   (A) 제가 안건을 볼게요.
   (B) 저는 오전 회의를 더 선호해요.
   (C) 저희는 몇 명의 참석자들이 더 오기를 기다리고 있어요.

해설 회의를 시작할 수 있도록 문을 닫아달라는 요청이 담긴 평서문이다. 이에 대해 (C)는 회의가 아직 시작되지 않은 상황을 설명하는, 발화자의 의도와 잘 맞는 응답이므로 정답이다. (A)와 (B)는 질문의 요지와 관련 없는 행동이나 선호를 표현하고 있어 적절하지 않다.

어휘 agenda 안건, 회의 주제 prefer ~을 선호하다 participant 참석자

DAY 09 주제 / 목적 / 문제점 문제

1 주제/목적을 묻는 문제

남: 우리 가게를 다음 달에 새 위치로 이전하는 일정이 제대로 진행되고 있나요?
여: 네, 그리고 7월 1일에 이사할 거라고 건물 관리자에게 이미 말했어요.

어휘 be on schedule 일정대로 진행되다 move ~을 옮기다 location 위치, 장소 move out 이사 나가다

PRACTICE 1

Question 1 refers to the following conversation.

여: 안녕하세요, 조지. 고속도로 공사에 대한 최신 상황을 알고 싶어요. 작업이 어떻게 되어가고 있나요? 지연이 있나요?
남: 아니요, 일정대로 진행 중이에요. 우리는 5월까지 마무리할 예정입니다.

1. 화자들은 주로 무엇에 대해 이야기하고 있는가?
   (A) 교통 상황
   (B) 건설 프로젝트

어휘 I'd like 명사: ~을 원하다 update 최신 정보, 새로운 소식 highway construction 고속도로 공사 come along

(일이) 되어 가다 delay 지연, 지체

Question 2 refers to the following conversation.

> 여: 안녕하세요, 타우너 박사님과 내일 진료 예약을 잡을 수 있을까 해서 전화드렸어요. 오후에 빈 시간이 있을까요?
> 남: 잠시만요... 네, 오후 2시에 시간 있으십니다.

2. 여자가 전화를 한 목적은 무엇인가?
   (A) 예약을 하기 위해서
   (B) 예약일을 다시 잡기 위해서

어휘 call to see if ~인지 알아보기 위해 전화하다 make an appointment 약속을 잡다, 예약하다 opening 빈 자리, 빈 시간대 make a reservation 예약하다 reschedule ~의 일정을 다시 잡다

Question 3 refers to the following conversation.

> 여: 안녕하세요, 하루 동안 자전거를 빌리고 싶어요. 가능한 게 있을까요?
> 남: 네, 정말 좋은 선택이에요. 오늘 하루 종일 날씨가 아주 좋을 거예요.

3. 화자들은 주로 무엇에 대해 이야기하고 있는가?
   (A) 자전거 대여
   (B) 가이드 투어

어휘 rent ~을 대여하다 for the day 하루 동안 available 이용할 수 있는 all day long 하루 종일 rental 대여 guided tour 가이드가 안내하는 여행

Question 4 refers to the following conversation.

> 남: 안녕하세요. 6월 22일에 있을 회의를 위해 귀 호텔에 공간을 예약하려고 전화드렸습니다.
> 여: 문제 없습니다. 행사에 몇 분 정도 참석하실 예정인가요?
> 남: 약 50명 정도요.

4. 화자들은 무엇에 대해 이야기하고 있는가?
   (A) 호텔 체크인 하기
   (B) 회의 장소 예약하기

어휘 reserve ~을 예약하다 space 공간, 장소 conference 회의, 학회 expect to do ~할 것으로 예상하다 attend ~에 참석하다 around 대략, 약 check in 호텔에 체크인하다

2 문제점이 무엇인지 묻는 문제

> 여: 안녕하세요, 이 회의에 참석하는 데 관심이 있습니다. 등록하고 싶은데 제 신용카드가 작동하지 않아요.
> 남: 괜찮습니다. 지금 등록하시고 나중에 참가비를 결제하셔도 됩니다.

어휘 be interested in ~에 관심 있다 register 등록하다 work 작동하다, 일이 되다 sign up 등록하다 pay the fee 요금을 내다 later 나중에

PRACTICE 2

Question 1 refers to the following conversation.

> 여: 저희 매장 오븐에 문제가 좀 생긴 것 같아요. 전원이 켜지지 않아요. 그래서 기술자에게 전화드렸어요.
> 남: 아, 전화 잘하셨어요. 가능한 한 빨리 고쳐야겠어요.

1. 여자는 어떤 문제점을 언급하는가?
   (A) 제품이 잘 팔리지 않고 있다.
   (B) 기계가 제대로 작동하지 않고 있다.

어휘 I'm afraid ~인 것 같다 (부정적인 내용을 말할 때) have problems with ~에 문제가 있다 won't turn on 전원이 켜지지 않는다 technician 기술자 get A fixed: A를 수리 받다 as soon as possible 가능한 한 빨리 product 제품 sell well 잘 팔리다 work properly 제대로 작동하다

Question 2 refers to the following conversation.

> 남: 안녕하세요. 귀사 웹사이트에서 책을 주문하려고 했는데, 접속이 안 되는 것 같아요.
> 여: 아, 죄송합니다. 오늘 웹사이트 점검이 예정되어 있었어요.

2. 남자는 어떤 문제점을 언급하는가?
   (A) 웹사이트가 접속이 안 된다.
   (B) 결제가 이루어지지 않았다.

어휘 try to do ~하려고 하다 order ~을 주문하다 seem to do ~하는 것 같다 down (컴퓨터 등이) 작동이 안되는, 다운된 maintenance 유지보수, 점검 be scheduled for 일시: ~로 예정되어 있다 payment 지불(금), 납입금 accept ~을 받아들이다

Question 3 refers to the following conversation.

> 남: 작년에 티켓을 1,000장이나 팔았지만, 그때는 유명한 초청 연사가 있었어요. 올해는 그렇게 많이 팔지 못할까 봐 걱정이에요.
> 여: 음, 올해는 할인 혜택을 제공하고 있어서 더 많은 사람들이 티켓을 사도록 유도할 수 있을 거예요.

3. 남자는 무엇에 대해 걱정하는가?
   (A) 티켓 판매
   (B) 행사 일정

어휘 guest speaker 초청 연사 then 그때 I'm worried ~일까 봐 걱정이다 offer ~을 제공하다 discount 할인

encourage A to do: A가 ~하도록 장려하다 sales 판매, 매출

Question 4 refers to the following conversation.

여: 안녕하세요, 마이크. 이번 주 목요일 오후 3시에 있을 프레젠테이션에 관한 당신의 이메일을 받았어요. 그런데 제가 그 시간에 고객을 만나야 해요.
남: 아, 죄송해요. 당신이 중요한 미팅이 있다는 걸 완전히 잊고 있었어요.

4. 여자는 어떤 문제점을 언급하는가?
   (A) 일정상의 충돌이 있다.
   (B) 고객이 회의를 취소했다.

어휘 meet with ~와 (약속하고) 만나다 client 고객 completely 완전히 forget that ~임을 잊다 scheduling conflict 일정상의 충돌 cancel ~을 취소하다

실전 TEST

1. (A)	2. (A)	3. (C)	4. (B)	5. (B)
6. (A)	7. (A)	8. (C)	9. (C)	10. (B)
11. (B)	12. (B)			

Questions 1-3 refer to the following conversation.

W: Why do you think ■1 **people are not interested in our new line of T-shirts?**
M: Well, I think ■2 **we should run more advertisements so that more people can know about them.**
W: Hmm… Some department managers pointed that out during the meeting this morning. But you know, our advertising budget is limited.
M: In that case, ■3 **how about trying to offer the items in various designs?**

여: 사람들이 왜 우리의 새 티셔츠 제품 라인에 관심이 없다고 생각하세요?
남: 저, 저는 더 많은 사람들이 그것들에 관해 알 수 있도록 우리가 더 많은 광고를 운영해야 한다고 생각합니다.
여: 흠… 몇몇 부서장님들도 오늘 아침에 열린 회의 중에 그 부분을 지적하셨어요. 하지만 아시다시피, 우리 광고 예산이 제한적이잖아요.
남: 그렇다면, 다양한 디자인으로 그 제품들을 제공해 보도록 하면 어떨까요?

어휘 be interested in ~에 관심이 있다 line 제품 라인, 종류 run an advertisement 광고를 운영하다 so that (목적) ~하도록, (결과) 그래서, 그러므로 department manager 부서장 point A out: A를 지적하다 during ~ 중에, ~ 동안 advertising 광고 (활동) budget 예산 limited 제한적인 in that case (앞서 언급된 일에 대해) 그렇다면, 그런 경우라면 how about -ing? ~하면 어떨까요? try to do ~하려 하다 offer ~을 제공하다 item 제품, 품목 various 다양한

1. 화자들이 무엇을 이야기하고 있는가?
   (A) 의류
   (B) 새 프로그램
   (C) 회의 일정
   (D) 몇몇 행사들

해설 여자가 대화를 시작하면서 왜 사람들이 새 티셔츠 제품 라인에 관심이 없는지(~ people are not interested in our new line of T-shirts?) 물은 뒤로, 그 해결 방법들과 관련된 내용으로 대화가 진행되고 있다. 따라서, 새 티셔츠 제품이 대화 주제임을 알 수 있는데, 이는 의류이므로 (A)가 정답이다.

어휘 clothing 의류
Paraphrase T-shirts ⇒ Clothing

2. 화자들이 제품에 관해 무슨 말을 하는가?
   (A) 충분히 광고되지 않는다.
   (B) 지금 아주 잘 판매되고 있다.
   (C) 할인될 것이다.
   (D) 아름다운 디자인을 지니고 있다.

해설 사람들이 왜 새 티셔츠 제품에 관심이 없는지와 관련해, 대화 중반부에 남자가 더 많은 사람들이 알 수 있도록 더 많은 광고를 운영해야 한다고(~ we should run more advertisements ~) 답변하고 있다. 이는 광고가 충분히 되지 않아 사람들이 잘 모른다는 의미로 하는 말이므로 (A)가 정답이다.

어휘 advertise ~을 광고하다 discount ~을 할인하다

3. 남자가 무엇을 하도록 제안하는가?
   (A) 더 자주 행사들을 개최하는 것
   (B) 회원 자격을 제공하는 것
   (C) 더 많은 선택 사항을 제공하는 것
   (D) 부서장들과 회의하는 것

해설 대화 마지막 부분에 남자가 'how about ~?' 제안 표현과 함께 다양한 디자인으로 제품을 제공해 보도록(~ how about trying to offer the items in various designs?) 제안하고 있다. 이는 고객들에게 더 많은 선택 사항을 제공하는 것을 뜻하므로 (C)가 정답이다.

어휘 suggest -ing ~하도록 제안하다 hold ~을 개최하다 more often 더 자주 provide ~을 제공하다 option 선택 (사항) have a meeting with ~와 회의하다

Paraphrase offer the items in various designs
⇒ Providing more options

Questions 4-6 refer to the following conversation.

> M: Hello. **4 I'm calling to sign up for one of the exercise classes at your gym.** I saw an advertisement on the Internet.
> W: Thank you for calling, but **5 you'll need to visit our Web site and fill out a form.**
> M: Actually, I tried to do that, but I think there is a problem with the payment page.
> W: Oh, I see. Then, **6 could you give me your credit card number?** You can pay over the phone.
>
> 남: 안녕하세요. 그쪽 체육관의 운동 강좌들 중 하나에 등록하기 위해 전화 드립니다. 인터넷에서 광고를 봤어요.
> 여: 전화 주셔서 감사합니다만, 저희 웹사이트를 방문하셔서 양식을 작성하셔야 할 겁니다.
> 남: 실은, 그렇게 해 보려 했지만, 결제 페이지에 문제가 있는 것 같아요.
> 여: 아, 알겠습니다. 그러시면, 신용카드 번호를 알려 주시겠습니까? 전화상에서 지불하실 수 있습니다.

어휘 sign up for ~에 등록하다, ~을 신청하다 exercise 운동 gym 체육관 advertisement 광고 will need to do ~해야 할 것이다 fill out ~을 작성하다 form 양식, 서식 actually 실은, 사실은 try to do ~하려 하다 payment 결제(액), 지불(액) then 그럼, 그렇다면, 그때, 그런 다음 over the phone 전화상에서

4. 남자가 왜 전화하는가?
(A) 제품을 구입하기 위해
(B) 강좌에 등록하기 위해
(C) 행사에 등록하기 위해
(D) 청구서에 관해 문의하기 위해

해설 남자가 전화를 거는 이유를 나타낼 때 사용하는 'I'm calling to ~'와 함께 운동 강좌들 중 하나에 등록하려고(~ sign up for one of the exercise classes at your gym) 전화했다고 알리고 있으므로 (B)가 정답이다.

어휘 purchase ~을 구입하다 item 제품, 물품, 품목 enroll in ~에 등록하다(= register for) inquire about ~에 관해 문의하다 bill 청구서, 고지서, 계산서

Paraphrase sign up for ⇒ enroll in

5. 여자의 말에 따르면, 남자가 무엇을 해야 하는가?
(A) 행사에 참석하는 일
(B) 양식을 작성 완료하는 일

(C) 다른 번호로 전화하는 일
(D) 설명서를 읽어보는 일

해설 질문에 According to the woman이라는 말이 있으므로 여자의 말에서 정보를 찾아야 한다. 남자가 전화를 건 이유를 들은 여자가 웹사이트를 방문해 양식을 작성해야 한다고(~ you'll need to visit our Web site and fill out a form) 알리고 있으므로 (B)가 정답이다.

어휘 complete ~을 완료하다 manual (사용) 설명서

6. 여자가 남자에게 무엇을 요청하는가?
(A) 남자의 지불 정보
(B) 남자의 집 주소
(C) 남자의 회사명
(D) 남자의 전화 번호

해설 여자가 대화 후반부에 'could you ~?' 요청 표현과 함께 신용카드 번호를 알려 달라고(~ give me your credit card number) 요청하고 있는데, 이는 남자의 지불 정보를 묻는 것이므로 (A)가 정답이다.

어휘 request ~을 요청하다

Paraphrase credit card number ⇒ payment information

Questions 7–9 refer to the following conversation.

> W: Excuse me, Mr. Daniels. **7 The vending machine in the break room seems to be broken.** I pressed the button for tea and nothing came out, even though it took my coins.
> M: Oh, I see. Unfortunately, I can't fix that. **8 The machine is managed by an outside company, so only their staff can repair it.**
> W: Is there any way I can get a refund for the money I lost?
> M: Sure. **9 You'll need to call their customer service department.** Their phone number is posted on the machine.
>
> 여: 실례합니다, 대니얼스 씨. 휴게실에 있는 자판기가 고장 난 것 같아요. 차가 나오는 버튼을 눌러도 아무것도 나오지는 않았지만, 제 동전은 먹었어요.
> 남: 아, 알겠습니다. 유감스럽게도, 저는 그걸 고칠 수 없습니다. 그 기계가 외부 회사에 의해 관리되고 있기 때문에, 오직 그곳 직원들만 수리할 수 있습니다.
> 여: 제가 잃어버린 돈에 대해 환불 받을 수 있는 방법이라도 있을까요?
> 남: 물론입니다. 그곳 고객 서비스부에 전화하셔야 할 겁니다. 그 전화 번호는 자판기에 게시되어 있습니다.

어휘 vending machine 자판기 break room 휴게실 seem to do ~하는 것 같다, ~하는 것처럼 보이다 broken 고장

난, 망가진, 깨진 press ~을 누르다 even though (비록) ~이기는 하지만 unfortunately 유감스럽게도, 안타깝게도 fix ~을 고치다, ~을 바로잡다 repair ~을 수리하다 way 방법, 방식 refund 환불(액) will need to ~해야 할 것이다 post ~을 게시하다

7. 여자가 어떤 문제를 알리는가?
   (A) 기계가 제대로 작동하지 않고 있다.
   (B) 배송이 늦은 상태이다.
   (C) 회의가 취소되었다.
   (D) 지불이 지연되었다.

해설 여자가 대화를 시작하면서 휴게실에 있는 자판기가 고장 난 것 같다는(The vending machine in the break room seems to be broken) 문제를 언급하고 있으므로 이러한 문제에 해당하는 (A)가 정답이다.

어휘 work (기계 등이) 작동하다 properly 제대로, 적절히 deliver 배송(품) cancel ~을 취소하다 payment 지불(액), 결제(액) delay ~을 지연시키다

Paraphrase The vending machine ~ seems to be broken ⇒ A machine is not working properly.

8. 남자가 왜 자신이 도울 수 없다고 말하는가?
   (A) 일부 장비에 익숙하지 않다.
   (B) 부품이 도착하기를 기다리고 있다.
   (C) 수리에 대한 책임이 있지 않다.
   (D) 회의에 참석해야 한다.

해설 대화 중반부에 남자가 기계가 외부 회사에 의해 관리되고 있어서 오직 그곳 직원들만 수리할 수 있다는(The machine is managed by an outside company, so only their staff can repair it) 사실을 언급하고 있다. 이는 자신이 해당 기계의 수리 업무에 대한 책임이 있지 않다는 뜻이므로 (C)가 정답이다.

어휘 be unfamiliar with ~에 익숙하지 않다, ~을 잘 알지 못하다 equipment 장비 part 부품 arrive 도착하다 be responsible for ~에 대한 책임이 있다 attend ~에 참석하다

Paraphrase an outside company / only their staff can repair it ⇒ He is not responsible for repairs.

9. 여자가 곧이어 무엇을 할 것 같은가?
   (A) 기계를 옮기는 일
   (B) 양식을 작성 완료하는 일
   (C) 고객 지원부에 연락하는 일
   (D) 휴게실을 청소하는 일

해설 남자가 대화 마지막 부분에 여자에게 해당 업체 고객 서비스부에 전화해야 할 것이라고(You'll need to call their customer service department) 알리고 있으므로 (C)가 정답이다.

어휘 complete ~을 완료하다 form 양식, 서식 contact ~에 연락하다

Paraphrase call their customer service department ⇒ Contact customer support

Questions 10-12 refer to the following conversation.

M: Hey, Amanda, have you heard that **10 the store manager position is going to be open soon?** I really think you should apply. You've been doing great work.
W: Thanks. **11 But I've never managed a team before, so I'm a little worried.**
M: Don't worry about that. The company has a good training program for new managers. It covers everything - supervising staff, handling budgets, and more.
W: That's good to know. **12 I'll talk to the head of Human Resources** and find out more about what the role involves.

남: 있잖아요, 아만다 씨, 점장 직책이 곧 공석이 될 거라는 소식 들으신 적 있으세요? 저는 정말로 당신이 지원해 보셔야 한다고 생각해요. 계속 훌륭하게 일해 오고 계시잖아요.
여: 감사합니다. 하지만 제가 전에 팀을 관리해 본 적이 없기 때문에, 조금 걱정이 됩니다.
남: 그 부분에 대해서는 걱정하지 마세요. 회사에 신임 부서장들을 위한 좋은 교육 프로그램이 있습니다. 그것이 모든 부분을 다루는데, 직원 관리와 예산 문제 처리를 비롯해, 많은 것이 있습니다.
여: 알아두면 좋은 정보네요. 제가 인사부장님께 말씀 드려서 그 역할이 무엇을 포함하는지에 대해 더 알아보겠습니다.

어휘 position 직책, 일자리 apply 지원하다, 신청하다 do great work 훌륭하게 일하다 a little 조금, 약간 worried (사람이) 걱정하는 training 교육, 훈련 cover (주제 등) ~을 다루다, ~을 포함하다 supervise ~을 관리하다, ~을 감독하다 handle ~을 처리하다, ~을 다루다 budget 예산 head 책임자, ~장 Human Resources 인사(부), 인적 자원 find out more about ~에 관해 더 알아보다 involve ~을 포함하다, ~와 관련되다

10. 화자들이 주로 무엇을 이야기하고 있는가?
    (A) 교육 과정
    (B) 공석
    (C) 최근의 승진
    (D) 책임자의 은퇴

해설 남자가 대화를 시작하면서 점장 직책이 곧 공석이 될 거라는 소식을 들었는지(~ the store manager position is going to be open soon?) 물은 뒤로, 그 직책에 여자가 지원하는 것과 관련해 이야기하고 있으므로 (B)가 정답이다.

어휘 job opening 공석, 빈 자리 recent 최근의 promotion 승진, 촉진, 판촉 (행사) retirement 은퇴, 퇴직

Paraphrase store manager position / be open
⇒ A job opening

11. 여자가 무엇에 대해 우려하는가?
(A) 다른 지점으로 자리를 옮기는 것
(B) 경험 부족
(C) 신임 부서장과 함께 일하는 것
(D) 자신의 판매량 목표를 충족하는 것

해설 대화 중반부에 여자가 전에 팀을 관리해 본 적이 없어서 조금 걱정이 된다고(But I've never managed a team before, so I'm a little worried) 말하고 있다. 이는 경험이 부족하다는 문제를 언급하는 것이므로 (B)가 정답이다.

어휘 be concerned about ~에 대해 우려하다 relocate to ~로 옮기다, ~로 이전하다 branch 지점, 지사 lack 부족 supervisor 부서장, 책임자, 감독 meet (조건 등) ~을 충족하다 sales 판매(량), 영업, 매출

Paraphrase have never managed a team before
⇒ Lack of experience

12. 여자가 무엇을 할 것이라고 말하는가?
(A) 웹사이트를 확인하는 일
(B) 동료 직원과 이야기하는 일
(C) 예산 보고서를 작성하는 일
(D) 교육 시간에 등록하는 일

해설 대화 후반부에 여자가 인사부장에게 말해서 해당 역할이 무엇을 포함하는지와 관련해 더 알아보겠다고(I'll talk to the head of Human Resources and find out more about what the role involves) 언급하고 있다. 이는 회사 동료와 이야기하는 것을 의미하므로 (B)가 정답이다.

어휘 colleague 동료 (직원) register for ~에 등록하다 session (특정 활동을 위한) 시간

Paraphrase talk to the head of Human Resources
⇒ Speak to a colleague

DAY 10 장소 / 업종 / 직업 문제

1 대화 장소/근무 장소를 묻는 문제

남: 안녕하세요, 조깅화를 찾고 있는데요. 조이런 200 모델이에요. 혹시 있나요?
여: 물론 있습니다. 그 모델은 현재 세일 중이에요. 어떤 사이즈를 원하세요?

어휘 look for ~을 찾다 running shoes 조깅화 currently 현재 on sale 판매 중인

PRACTICE 1

Question 1 refers to the following conversation.

남: 오늘 반납된 책들은 모두 정리해 뒀어요.
여: 좋아요. 아동 도서 구역도 확인해서 책이 테이블 위에 없도록 해줄래요?

1. 화자들은 어디에서 일하고 있을 것 같은가?
(A) 도서관
(B) 우체국

어휘 arrange ~을 정리하다 return ~을 반환하다 make sure (that) ~임을 확실히 하다 section 구역, 구간

Question 2 refers to the following conversation.

남: 안녕하세요. 방콕 행 할인 항공권을 구할 수 있을까 해서 전화 드렸어요. 이번 주 초에 그에 대한 귀사의 광고를 봤거든요.
여: 아, 죄송하지만 모두 예약이 완료됐습니다.

2. 남자는 어떤 유형의 업체에 전화하고 있는가?
(A) 여행사
(B) 수리점

어휘 call to see if ~인지 알아보기 위해 전화하다 discounted ticket 할인 티켓 advertisement 광고 earlier this week 이번 주 초에 be all booked 전부 예약되다 travel agency 여행사

Question 3 refers to the following conversation.

남: 안녕하세요, 새 사무용 의자를 찾고 있어요. 책상에서 오랜 시간을 보내서 편하고 등받이가 좋은 의자가 필요해요.
여: 알겠습니다. 저희 의자는 모두 바로 이쪽에 진열되어 있어요.

3. 대화는 어디에서 이뤄지고 있을 것 같은가?
   (A) 가구점
   (B) 병원

어휘 spend time 시간을 보내다 comfortable 편안한, 안락한 back support 등받이 be display 진열되다, 전시되다

Question 4 refers to the following conversation.

> 남: 안녕하세요, 오늘 밤 예약이 되어 있습니다. 제 이름은 마커스 트레멜이에요.
> 여: 네, 여기 있네요. 3박 하실 예정이시죠?

4. 화자들은 어디에 있는가?
   (A) 호텔
   (B) 쇼핑 센터

어휘 reservation 예약 stay 머물다, (호텔 등에서) 숙박하다

2 화자가 누구인지 묻는 문제

> 여: 안녕하세요, 마음에 드실 만한 아파트를 찾았다고 알려드리려고 전화드렸어요. 그 아파트는 도심에 편리하게 위치해 있어요.
> 남: 아, 좋네요. 내일 만나서 그 건물을 보러 갈 수 있을까요?

어휘 let A know: A에게 알려주다 be conveniently located 편리하게 위치해 있다 city center 도심 property 부동산

PRACTICE 2

Question 1 refers to the following conversation.

> 여: 안녕하세요, 오늘 매튜 박사님께 안과 검진 예약을 하고 싶어요.
> 남: 죄송하지만, 오늘 매튜 박사님은 병가 중이십니다. 대신 클라크 박사님 진료가 가능합니다.

1. 남자는 누구이겠는가?
   (A) 의사
   (B) 접수 직원

어휘 make an appointment (진료) 예약을 하다, 약속을 잡다 eye exam 안과 검사 be out sick 병가 중이다 available 시간이 나는 instead 그 대신에

Question 2 refers to the following conversation.

> 여: 테스컴 고객센터에 전화 주셔서 감사합니다. 무엇을 도와드릴까요?
> 남: 안녕하세요, 귀사 웹사이트에서 태블릿 PC를 주문했는데요. 금요일에 도착하기로 되어 있었어요. 그런데 지금 토요일인데 아직 안 왔습니다.

2. 여자는 누구이겠는가?
   (A) 배달원
   (B) 고객 서비스 직원

어휘 order ~을 주문하다 be supposed to do ~하기로 되어 있다 employee 직원

Question 3 refers to the following conversation.

> 남: 이건 손님 테이블에서 주문하신 디저트입니다 — 레몬 타르트, 바닐라 치즈케이크, 그리고 캐러멜 푸딩입니다.
> 여: 식사가 정말 훌륭했어요. 여기 올 때마다 음식에 항상 감탄하게 돼요.

3. 남자는 누구이겠는가?
   (A) 여행사 직원
   (B) 서빙 직원

어휘 meal 식사 fantastic 환상적인, 대단히 훌륭한 be impressed by ~에 감명 받다 every time + 절: ~할 때마다 travel agent 여행사 직원

Question 4 refers to the following conversation.

> 여: 제이크, 이것 좀 봐요. 물 새는 건 어제 추운 날씨 때문이었어요 — 부엌 싱크대 아래 있는 파이프가 얼어서 터졌어요.
> 남: 흠, 파이프 전체를 교체해야 할 것 같습니다.

4. 화자들은 누구이겠는가?
   (A) 인테리어 디자이너
   (B) 배관공

어휘 check A out: A를 확인하다 water leak 누수 be caused by ~때문에 발생되다 cold weather 추운 날씨 sink 싱크대 freeze 얼다 (freeze-froze-frozen) burst 터지다 (burst-burst-burst) replace ~을 교체하다 whole 전체의 plumber 배관공 cf. 'b'가 묵음으로 '플러머'라고 발음

실전 TEST

1. (D)	2. (B)	3. (C)	4. (B)	5. (A)
6. (B)	7. (C)	8. (B)	9. (C)	10. (B)
11. (C)	12. (B)			

Questions 1-3 refer to the following conversation.

> W: Hey, Mike. **2** I need to print out some documents before the meeting, but **1** the computer in my office keeps showing error messages.
> M: Did you check if your computer is connected to the printer?

W: It is, but I don't have time to wait for a technician. What should I do?
M: Well, e-mail the documents to me, and then **3 you can print them from my computer.**

여: 안녕하세요, 마이크 씨. 제가 회의 전에 몇몇 문서들을 출력해야 하는데, 제 사무실에 있는 컴퓨터가 계속 오류 메시지를 나타내고 있어요.
남: 컴퓨터가 프린터에 연결되어 있는지 확인해 보셨나요?
여: 되어 있기는 한데, 제가 기술자를 기다릴 시간이 없어요. 어떻게 해야 하죠?
남: 음, 저에게 그 문서들을 이메일로 보내 주시면, 그 후에 제 컴퓨터를 통해 출력하실 수 있어요.

어휘 print out ~을 출력하다, 인쇄하다 keep -ing 계속 ~하다 check if ~인지 확인하다 connect A to B: A를 B에 연결하다 have time to do ~할 시간이 있다 wait for ~을 기다리다 technician 기술자 e-mail v. ~을 이메일로 보내다 then 그 후에, 그런 다음, 그때, 그렇다면

1. 화자들이 어디에 있을 것 같은가?
(A) 전자 제품 매장에
(B) 인쇄소에
(C) 호텔에
(D) 사무실에

해설 대화 시작 부분에 여자가 the computer in my office라는 말로 사무실에 있음을 나타내고 있으므로 (D)가 정답이다.

어휘 electronics 전자 제품 printing shop 인쇄소

2. 여자가 무엇을 하고 싶어 하는가?
(A) 기술자에게 전화하는 일
(B) 몇몇 문서를 출력하는 일
(C) 새 컴퓨터를 구입하는 일
(D) 회의 일정을 정하는 일

해설 대화를 시작하면서 여자가 몇몇 문서를 출력해야 한다는(I need to print out some documents ~) 필요성을 언급하고 있으므로 (B)가 정답이다.

어휘 call ~에게 전화하다 schedule v. ~의 일정을 정하다

3. 남자가 무엇을 제안하는가?
(A) 회의를 연기하는 일
(B) 새 프린터를 구입하는 일
(C) 다른 컴퓨터를 이용하는 일
(D) 추가 사본을 만드는 일

해설 대화 마지막 부분에 남자가 'you can ~' 제안 표현과 함께 자신에게 이메일로 문서를 보내 자신의 컴퓨터에서 출력하도록 제안하고(~ you can print them from my computer) 있다. 이는 다른 컴퓨터를 이용하는 일을 뜻하므로 (C)가 정답이다.

어휘 suggest ~을 제안하다 postpone ~을 연기하다, ~을 미루다 purchase ~을 구입하다 make a copy 사본을 만들다 extra 추가의, 별도의

Paraphrase print them from my computer
⇒ Using a different computer

Questions 4-6 refer to the following conversation.

W: **4 Thank you for calling Lamplight Italian Bistro. How may I help you?**
M: Hello, my name is Aaron Schwartz, with Bluewave International. **4 I'd like to reserve a table for six on Wednesday or Thursday night. 5 We have some important clients visiting next week.**
W: Well, let me see what's available. We have a few tables open on Wednesday. Is 7 P.M. okay?
M: That will be perfect. Thank you.
W: Great. **6 Please give us a call** if there's any schedule change.

여: 램프라이트 이탈리안 비스트로에 전화 주셔서 감사합니다. 무엇을 도와 드릴까요?
남: 안녕하세요, 제 이름은 애런 슈워츠이며, 블루웨이브 인터내셔널 소속입니다. 수요일이나 목요일 저녁에 6인석 테이블을 하나 예약하고자 합니다. 다음 주에 저희를 방문하시는 중요한 고객들이 있거든요.
여: 저, 무엇이 이용 가능한지 확인해 보겠습니다. 수요일에 이용 가능한 몇몇 테이블이 있습니다. 오후 7시 괜찮으신가요?
남: 그렇게 해 주시면 완벽할 겁니다. 감사합니다.
여: 좋습니다. 어떤 일정 변경이든 있으시면 저희에게 전화 주십시오.

어휘 How may I help you? 무엇을 도와 드릴까요? would like to do ~하고자 하다, ~하고 싶다 reserve ~을 예약하다 have A -ing: ~하는 A가 있다 client 고객 let me do (제가) ~해 보겠습니다 available (사물) 이용 가능한, (사람) 시간이 있는 a few 몇 개의, 몇 명의 open (자리, 시간대 등이) 이용 가능한, 비어 있는 give A a call: A에게 전화하다

4. 여자가 어디에 근무하는가?
(A) 호텔에
(B) 레스토랑에
(C) 여행사에
(D) 피트니스 센터에

해설 대화를 시작하면서 여자가 램프라이트 이탈리안 비스트로라고 소속을 밝히자(Thank you for calling Lamplight Italian Bistro), 곧바로 남자가 테이블을 예약하고 싶다고(I'd like to reserve a table ~) 알리는 상황이다. 이는 레스토랑에 근무하는 사람에게 할 수 있는 말이므로 (B)가 정답이다.

5. 남자가 다음 주에 무엇을 할 것이라고 말하는가?
(A) 몇몇 고객과 만나는 일
(B) 사업을 시작하는 일
(C) 해외로 출장가는 일
(D) 자신의 일자리에서 퇴직하는 일

해설 남자가 대화 중반부에 중요한 고객이 다음 주에 방문한다는 (We have some important clients visiting next week) 사실을 알리고 있는데, 고객이 방문하는 것은 고객과 만난다는 뜻이므로 (A)가 정답이다.

어휘 meet with (약속하여) ~와 만나다 overseas 해외로, 해외에서 retire 퇴직하다, 은퇴하다

Paraphrase have some important clients visiting
⇒ Meeting with some clients

6. 여자가 남자에게 무엇을 하도록 요청하는가?
(A) 일찍 도착하 것
(B) 전화할 것
(C) 양식을 작성 완료할 것
(D) 마감 기한을 충족할 것

해설 대화 마지막 부분에 여자가 'Please ~' 요청 표현과 함께 일정 변경이 있을 경우에 전화해 달라고(Please give us a call ~) 요청하고 있으므로 (B)가 정답이다.

어휘 ask A to do: A에게 ~하도록 요청하다 arrive 도착하다 make a phone call 전화하다 complete ~을 완료하다 form 양식, 서식 meet (조건 등) ~을 충족하다 deadline 마감 기한

Paraphrase give us a call ⇒ Make a phone call

Questions 7-9 refer to the following conversation.

M: Hi, Leslie. **7** I've been looking for an office space for your design studio. The buildings you were interested in downtown are above your budget. But I found another space that fits your needs.
W: **8** I was really hoping to be located downtown to attract more clients.
M: I understand, but **9** this space is in a newer building, and it comes with two months of free rent.
W: That's good. Let's schedule a time to check it out. Are you free this weekend?
M: Yes, **9** I can show it to you on Saturday morning.

남: 안녕하세요, 레즐리 씨. 귀하의 디자인 스튜디오에 필요한 사무 공간을 계속 찾아 보고 있습니다. 시내에서 관심이 있으셨던 건물들은 예산을 넘어섭니다. 하지만 귀하의 요구 사항에 어울리는 또 다른 공간을 발견했습니다.
여: 저는 더 많은 고객들을 끌어들이기 위해 정말로 시내에 위치하기를 바라고 있었습니다.
남: 이해하기는 하지만, 이 공간은 더 새로운 건물에 있고, 두 달 동안의 무료 임대료를 포함하고 있습니다.
여: 좋네요. 그곳을 확인해 볼 일정을 잡아 보죠. 이번 주말에 시간 있으세요?
남: 네, 토요일 오전에 그곳을 보여 드릴 수 있습니다.

어휘 look for ~을 찾다 downtown 시내에 budget 예산 fit ~에 어울리다, ~에 적합하다 hope to do ~하기를 바라다 be located 위치해 있다 attract ~을 끌어들이다 come with ~을 포함하다, ~이 딸려 있다 free (제품 등) 무료의, (사람) 시간이 있는 rent 임대료 check A out: A를 확인해 보다

7. 남자가 누구일 것 같은가?
(A) 건축가
(B) 보안 직원
(C) 부동산 중개업자
(D) 재무 상담 전문가

해설 대화를 시작하면서 남자가 여자의 디자인 스튜디오에 필요한 사무 공간을 계속 찾아 보고 있다고 밝히는 점, 그리고 여자가 시내에서 관심이 있었던 건물들은 예산을 넘어선다고 말하는 점 등을 통해(I've been looking for an office space for your design studio. The buildings you were interested in downtown are above your budget) 부동산 중개업 종사자임을 알 수 있으므로 (C)가 정답이다.

8. 여자가 왜 실망하는가?
(A) 공간이 너무 넓다.
(B) 장소가 이상적이지 않다.
(C) 계약서가 준비되어 있지 않다.
(D) 사무실에 주차 공간이 부족하다.

해설 대화 중반부에 여자가 더 많은 고객들을 끌어들이기 위해 정말로 시내에 위치하기를 바라고 있었다는(I was really hoping to be located downtown to attract more clients) 사실을 밝히고 있다. 이는 남자가 제안하는 곳이 크게 마음에 들지 않는다는 뜻이므로 이러한 의미로 쓰인 (B)가 정답이다.

어휘 disappointed (사람이) 실망한 location 장소, 위치, 지점 ideal 이상적인 contract 계약(서) lack ~이 부족하다 parking 주차 (공간)

Paraphrase was really hoping to be located downtown
⇒ A location is not ideal

9. 화자들이 토요일에 무엇을 할 것인가?
   (A) 온라인으로 가격을 비교하는 일
   (B) 계약서에 서명하는 일
   (C) 건물을 방문하는 일
   (D) 차량을 대여하는 일

해설 남자가 대화 마지막 부분에 토요일 오전에 보여 줄 수 있다고(I can show it to you on Saturday morning) 밝히고 있는데, 이는 대화 중에 남자가 제안하는 새 건물에 속한 공간을 보여 줄 수 있다는 뜻이므로 (C)가 정답이다.

어휘 compare ~을 비교하다 pricing 가격 (책정) property 건물, 부동산 rent ~을 대여하다 vehicle 차량

Paraphrase a newer building / show it to you
⇒ Visit a property

Questions 10–12 refer to the following conversation.

M: Camille, **10** how's the food preparation going for the birthday party this afternoon? The van is ready to leave.
W: Almost done. **11** The client requested a few menu changes early this morning, so we had to make some adjustments. But the kitchen staff is finishing everything up now.
M: Alright. **12** I'll call the client and let them know we might arrive a little later than expected.

남: 카밀 씨, 오늘 오후에 있을 생일 축하 파티에 필요한 음식 준비가 어떻게 되어 가고 있나요? 승합차가 출발할 준비가 되어 있어요.
여: 거의 완료되었어요. 그 고객께서 오늘 오전에 일찍 몇 가지 메뉴 변경을 요청하셨기 때문에, 약간의 조정을 해야 했습니다. 하지만 주방 직원들이 지금 모든 것을 마무리 짓고 있어요.
남: 알겠습니다. 제가 그 고객께 전화해서 우리가 예상보다 약간 더 늦게 도착할지도 모른다고 알리겠습니다.

어휘 how's A going? A는 어떻게 되어 가고 있나요? preparation 준비 van 승합차 be ready to do ~할 준비가 되다 leave 출발하다, 떠나다 done 완료된 request ~을 요청하다 make an adjustment 조정하다, 조절하다 finish A up: A를 마무리 짓다 let A know A에게 알리다 arrive 도착하다 a little 약간, 조금 than expected 예상보다

10. 화자들이 어디에 근무하고 있을 것 같은가?
   (A) 파티 용품점에
   (B) 출장 요리 전문 회사에
   (C) 식료품점에
   (D) 컨벤션 센터에

해설 대화를 시작하면서 남자가 오늘 오후에 있을 생일 축하 파티에 필요한 음식 준비가 어떻게 되어 가고 있는지(~ how's the food preparation going for the birthday party this afternoon?) 묻고 있으므로 (B)가 정답이다.

어휘 supply 용품, 공급(품) catering 출장 요리 제공(업)

11. 무엇이 준비 과정에서 지연을 초래했는가?
   (A) 배달용 승합차가 늦게 도착한다.
   (B) 직원 한 명이 전화로 병가를 냈다.
   (C) 고객이 변경을 원했다.
   (D) 기계가 고장 났다.

해설 여자가 대화 중반부에 고객이 메뉴 변경을 요청한 사실을 (The client requested a few menu changes ~) 언급하고 있으므로 (C)가 정답이다.

어휘 cause ~을 초래하다 delay 지연, 지체 call in sick 전화로 병가를 내다 make a change 변화를 주다, 변경하다 out of order 고장 난

Paraphrase The client requested a few menu changes
⇒ A client wanted to make a change.

12. 남자가 무엇을 할 것이라고 말하는가?
   (A) 주소를 확인하는 일
   (B) 고객에게 알리는 일
   (C) 주문 목록을 살펴 보는 일
   (D) 책임자에게 말하는 일

해설 대화 후반부에 남자가 고객에게 전화해서 예상보다 약간 더 늦게 도착할 수도 있음을 알리겠다고(I'll call the client and let them know ~) 밝히고 있으므로 (B)가 정답이다.

어휘 inform ~에게 알리다 review ~을 살펴 보다, ~을 검토하다 supervisor 책임자, 부서장, 상사

Paraphrase call the client and let them know
⇒ Inform a client

DAY 11 제안·요청 / do next 문제

1 제안·요청 사항을 묻는 문제

남: 에이스 전자에 오신 것을 환영합니다. 무엇을 도와드릴까요?
여: 안녕하세요, 무선 마우스를 찾고 있어요. 하나 추천해 주시겠어요?

어휘 wireless 무선의 Would you mind -ing? ~ 해주겠어요? recommend ~을 추천하다

PRACTICE 1

Question 1 refers to the following conversation.

> 남: 업무에 필요해서 컴퓨터를 최대한 빨리 고치고 싶어요.
> 여: 알겠습니다. 이 양식만 작성해 주세요. 그러면 저희 기술자들 중 한 명이 점검할 거예요.

1. 여자는 남자에게 무엇을 할 것을 요청하는가?
　(A) 컴퓨터를 수리하기
　(B) 서식을 작성하기

어휘 fix ~을 고치다, 수리하다　as soon as possible 가능한 한 빨리　fill out ~을 작성하다　technician 기술자　take a look at ~을 점검하다, 살펴보다

Question 2 refers to the following conversation.

> 남: 타라, 우리 파티에 몇 명이 오는지 알아야 해요. 당신이 모든 손님 명단을 작성해 줬으면 해요.
> 여: 알겠습니다!

2. 여자는 무엇을 하라는 요청을 받는가?
　(A) 손님 명단 만들기
　(B) 방을 장식하기

어휘 make a list ~을 목록으로 작성하다　guest 손님

Question 3 refers to the following conversation.

> 여: 휴가 즐길 준비됐어요?
> 남: 하와이행 비행기는 예약했는데, 좋은 요금을 제공하던 리조트는 전부 예약이 찼어요.
> 여: 안됐네요. 그런데 제가 세계 호텔 체인들에 대해 할인을 제공하는 좋은 웹사이트를 하나 알고 있어요. 한번 확인해보는 게 어때요?

3. 여자는 남자에게 무엇을 할 것을 제안하는가?
　(A) 웹사이트에 방문하기
　(B) 휴가를 떠나기

어휘 book ~을 예약하다　be full 가득 차 있다　offer ~을 제공하다　give a discount 할인을 제공하다　check out ~을 확인해보다

Question 4 refers to the following conversation.

> 여: 지금 막 워크숍 일정을 온라인에 게시하려고 하는데, 모든 내용이 맞는지 확인하고 싶어요. 먼저 한번 보시고 수정할 부분이 있으면 알려주시겠어요?
> 남: 물론이죠. 바로 확인해볼게요.

4. 남자는 무엇을 하라는 요청을 받는가?
　(A) 워크숍 일정을 게시하기
　(B) 정보를 검토하기

어휘 post ~을 게시하다, ~을 올리다　online 온라인으로　make sure ~을 확실히 하다　look correct 정확해 보이다　take a look 살펴보다　right away 즉시

2 do next 문제

> 여: 저희는 맨 앞줄 좌석을 회원에게만 제공합니다. 회원이 아니시면 여기에서 가입하실 수 있어요.
> 남: 아, 좋아요. 지금 바로 가입할게요.

어휘 offer ~을 제공하다　front row 앞줄　seat 좌석　member 회원　membership 회원 자격, 회원권　sign up for ~에 가입하다　right now 지금 바로

PRACTICE 2

Question 1 refers to the following conversation.

> 남: 앰버가 내일 회의를 위한 발표 자료 작업을 도와줄 수 있다고 했어요.
> 여: 아, 정말 다행이에요. 지금 바로 전화해서 그녀가 바로 작업을 시작할 수 있는지 알아볼게요.

1. 여자는 이어서 무엇을 할 것인가?
　(A) 동료와 이야기하기
　(B) 회의 취소하기

어휘 help ~을 돕다　presentation slides 발표 자료　give A a call: A에게 전화하다　see if ~인지 알아보다　start working on ~을 시작하다　right away 즉시　coworker 동료　cancel ~을 취소하다

Question 2 refers to the following conversation.

> 여: 야외 무대에서 정말 멋진 공연들이 예정되어 있어요. 하지만 좌석이 많지 않으니 미리 예약하셔야 해요.
> 남: 지금 바로 예약할게요.

2. 남자는 이어서 무엇을 하겠는가?
　(A) 무대를 준비하기
　(B) 예약하기

어휘 performance 공연　be scheduled ~로 예정되어 있다　outdoor stage 야외 무대　reserve ~을 예약하다　in advance 미리　available 이용 가능한　make a reservation 예약하다

Question 3 refers to the following conversation.

> 남: 저희가 지금 무선 헤드폰 프로모션 세일을 진행 중입니다. 한 개를 구매하시면 두 번째는 반값에 구매하실 수 있어요.
> 여: 정말 좋네요. 어떤 것이 가장 마음에 드는지 알아보기 위해 몇 가지 모델을 착용해봐도 될까요?
> 남: 물론이죠!

3. 여자는 이어서 무엇을 할 것인가?
   (A) 몇 가지 제품을 사용해 보기
   (B) 다른 매장 방문하기

어휘 promotional sale 판촉 세일 wireless 무선의 headphones 헤드폰 buy ~을 사다 get ~을 받다, 얻다 test out ~을 시험해보다 model 모델, 제품 like ~을 좋아하다 try on ~을 착용해보다 visit ~을 방문하다

Question 4 refers to the following conversation.

> 남: 지원 페이지 링크를 보내드릴게요. 거기 회계 소프트웨어 설치 방법을 보여주는 정말 유용한 영상이 있어요. 먼저 그걸 보시는 걸 추천드립니다.
> 여: 네, 감사합니다! 큰 도움이 될 것 같아요.

4. 여자는 이어서 무엇을 할 것인가?
   (A) 비디오 시청하기
   (B) 소프트웨어 프로그램 구매하기

어휘 send ~을 보내다 support page 지원 페이지 helpful 도움이 되는 install ~을 설치하다 accounting software 회계 소프트웨어 recommend ~을 추천하다 purchase ~을 구매하다 software program 소프트웨어 프로그램

실전 TEST

1. (A)	2. (C)	3. (C)	4. (D)	5. (D)
6. (A)	7. (D)	8. (A)	9. (C)	10. (B)
11. (C)	12. (C)			

Questions 1-3 refer to the following conversation.

> W: Good morning, John. Have you checked if the new projector arrived?
> M: Yes, **1** it was supposed to be delivered this morning, but I just heard from the shipping company that it will arrive tomorrow morning.
> W: Well, then, **2** we should contact the technical support team to borrow one for now.
> M: Yeah. That way, **3** I'll be able to set it up in the conference room for the meeting this afternoon.

> 여: 안녕하세요, 존 씨. 새 프로젝터가 도착했는지 확인해 보셨나요?
> 남: 네, 오늘 아침에 도착하기로 되어 있었는데, 방금 배송 회사로부터 내일 아침에 도착할 것이라는 말을 들었어요.
> 여: 저, 그럼, 일단은 우리가 기술 지원팀에 연락해서 한 대 빌려야 해요.
> 남: 네. 그렇게 하면, 제가 오늘 오후에 있을 회의를 위해 대회의실에 설치할 수 있을 거예요.

어휘 check if ~인지 확인하다 arrive 도착하다 be supposed to do ~하기로 되어 있다, ~할 예정이다 deliver ~을 배송하다, ~을 전달하다 hear from A that: A로부터 ~라는 말을 듣다 then 그럼, 그렇다면, 그때, 그런 다음 contact ~에게 연락하다 technical support 기술 지원 borrow ~을 빌리다 for now 일단은, 지금으로서는 that way 그렇게 하면, 그런 방법으로 be able to do ~할 수 있다 set A up: A를 설치하다, A를 마련하다, A를 설정하다

1. 무엇이 문제인가?
   (A) 배송이 지연되었다.
   (B) 행사 일정이 재조정되었다.
   (C) 회의가 취소되었다.
   (D) 기기에 결함이 있다.

해설 대화 초반부에 여자의 질문을 들은 남자가 오늘 배송되기로 되어 있던 제품이 내일 배송된다는 말을 들었다고(~ it was supposed to be delivered this morning ~ it will arrive tomorrow morning) 알리고 있다. 배송이 하루 뒤로 변경된 것은 지연되었다는 뜻이므로 (A)가 정답이다.

어휘 delay ~을 지연시키다 reschedule ~의 일정을 재조정하다 cancel ~을 취소하다 device 기기, 장치 faulty 결함이 있는

Paraphrase was supposed to be delivered this morning ~ it will arrive tomorrow morning
⇒ A delivery was delayed.

2. 여자가 남자에게 무엇을 하도록 제안하는가?
   (A) 책임자와 이야기하는 일
   (B) 전액 환불을 받는 일
   (C) 다른 기계를 빌리는 일
   (D) 수리 서비스 일정을 잡는 일

해설 대화 중반부에 여자는 'we should ~' 제안 표현과 함께 기술 지원팀에 연락해서 하나 빌리도록(~ contact the technical support team to borrow one) 제안하고 있다. 여기서 one은 앞서 언급된 프로젝터와 같은 종류의 것 하나, 즉 기술 지원 팀에 있는 프로젝터를 의미하므로 다른 기계를 빌리도록 제안하고 있음을 알 수 있다. 따라서, (C)가 정답이다.

어휘 full refund 전액 환불 schedule v. ~의 일정을 잡다 repair 수리

3. 남자가 무엇을 해야 하는가?
(A) 다른 부서를 방문하는 일
(B) 양식을 작성하는 일
(C) 회의를 준비하는 일
(D) 수리 기사에게 전화하는 일

해설 대화 마지막 부분에 남자가 대회의실에 프로젝터를 설치하는 것을(I'll be able to set it up in the conference room for the meeting this afternoon) 언급하고 있는데, 이는 회의 준비를 하는 것에 해당하므로 (C)가 정답이다.

어휘 department 부서 fill out ~을 작성하다 form 양식, 서식 prepare for ~을 준비하다 repairperson 수리 기사

Paraphrase set it up in the conference room for the meeting ⇒ Prepare for a meeting

Questions 4-6 refer to the following conversation.

W: Excuse me. **4** I like this laptop computer, but I wonder if it comes in another color. I want to purchase a white one.
M: Unfortunately, we don't have it in stock at the moment. But you could order one from our warehouse. **5** It might take a week to have it delivered.
W: Well, **5** the problem is... I have an important presentation in two days, and I would like to use the new one because my old one is out of order now.
M: **6** Let me call some other branches to see if they have the white model. Then, you can pick it up in person.

여: 실례합니다. 이 노트북 컴퓨터가 마음에 드는데, 다른 색상으로도 나오는지 궁금합니다. 흰색 제품을 구입하고 싶어서요.
남: 유감스럽게도, 저희가 현재 그 제품을 재고로 보유하고 있지 않습니다. 하지만 저희 창고에 한 대 주문하실 수도 있습니다. 그것을 배송되도록 하는 데 일주일이 걸릴지도 모릅니다.
여: 저, 문제는… 제가 이틀 후에 중요한 발표가 있는데, 기존의 것이 지금 고장 나 있어서 새 것을 이용하려고 합니다.
남: 몇몇 다른 지점에 전화해서 흰색 모델이 있는지 알아보겠습니다. 그런 다음, 직접 가져 가실 수 있습니다.

어휘 wonder if ~인지 궁금하다 come in ~한 상태로 나오다 purchase ~을 구입하다 unfortunately 유감스럽게도, 안타깝게도 have A in stock: A를 재고로 보유하다 at the moment 현재 order ~을 주문하다 warehouse 창고 take 시간: ~의 시간이 걸리다 have A p.p.: A를 ~되게 하다 presentation 발표(회) in 기간: ~ 후에 out of order 고장 난 Let me do ~해 드리겠습니다 branch 지점, 지사 see if ~인지 알아보다 then 그런 다음, 그럼, 그렇다면, 그때 pick A up: A를 가져 가다, A를 가져 오다

in person 직접

4. 화자들이 어디에 있을 것 같은가?
(A) 자동차 수리점에
(B) 박물관에
(C) 창고에
(D) 전자 제품 매장에

해설 여자가 대화를 시작하면서 노트북 컴퓨터가 마음에 든다는 말과 함께 구매를 원하는 색상을 알리고 있다(I like this laptop computer ~ I want to purchase a white one). 따라서, 노트북 컴퓨터를 구매할 수 있는 장소에 있다는 것을 알 수 있으므로 (D)가 정답이다.

어휘 repair 수리 electronics 전자 제품

Paraphrase laptop computer ⇒ electronics

5. 여자가 무엇과 대해 우려하는가?
(A) 수리 비용
(B) 직원 수
(C) 서비스 품질
(D) 배송 시간

해설 대화 중반부에 남자가 배송에 일주일이 걸릴지도 모른다고 말하자(It might take a week to have it delivered), 여자가 문제점이 있음을 뜻하는 the problem is와 함께 이틀 후에 발표가 있어 새 제품을 사용해야 한다고(I have an important presentation in two days ~) 말하고 있다. 이는 여자가 배송 시간에 대해 우려하고 있음을 뜻하는 말이므로 (D)가 정답이다.

어휘 be concerned about ~에 대해 우려하다 quality 품질

6. 남자가 곧이어 무엇을 할 것 같은가?
(A) 다른 매장에 연락하는 일
(B) 발표하는 일
(C) 본사를 방문하는 일
(D) 동료 직원과 이야기하는 일

해설 남자가 대화 후반부에 다른 지점에 전화해 보겠다고(Let me call some other branches ~) 알리고 있는데, 이는 다른 매장에 연락해 보겠다는 뜻이므로 (A)가 정답이다.

어휘 contact ~에 연락하다 make a presentation 발표하다 headquarters 본사 coworker 동료 (직원)

Paraphrase call some other branches
 ⇒ Contact other stores

Question 7-9 refer to the following conversation.

W: Edward, **7** could you please set up the microphones and cameras in the lobby for the press conference?
M: No problem. It begins at 11 A.M., right?

W: Yes. **8** **Our CEO will be speaking about the proposed merger with Crest Financial Group.**
M: Oh, right. Many people are wondering about how the merger will impact our company.
W: Exactly. The CEO wants to clarify the benefits and answer any questions. **9** **Oh, the floor of the lobby is dirty,** so before you can set up the equipment, **9** **please make sure it gets cleaned.**

여: 에드워드 씨, 기자 회견을 위해 로비에 마이크와 카메라 좀 설치해 주시겠어요?
남: 알겠습니다. 오전 11시에 시작하는 게 맞죠?
여: 네. 우리 대표이사님께서 크레스트 파이낸셜 그룹과의 제안된 합병에 관해 말씀하실 예정입니다.
남: 아, 맞네요. 많은 사람들이 어떻게 이 합병이 우리 회사에 영향을 미칠 것인지에 관해 궁금해하고 있죠.
여: 바로 그렇습니다. 대표이사님께서 그 이점들을 분명히 밝히시고 어떤 질문이든 답변하시기를 원하세요. 아, 로비 바닥이 더럽기 때문에, 장비를 설치할 수 있기 전에, 반드시 청소되도록 하시기 바랍니다.

어휘 set up ~을 설치하다, ~을 마련하다, ~을 설정하다 press conference 기자 회견 propose ~을 제안하다 merger 합병, 통합 wonder 궁금해하다 impact ~에 영향을 미치다 Exactly. (강한 긍정) 바로 그렇습니다. clarify ~을 분명히 밝히다 benefit 이점, 혜택 dirty 더러운 equipment 장비 make sure (that) 반드시 ~하도록 하다 get p.p. ~되다, ~된 상태가 되다

7. 화자들이 무엇을 준비하고 있는가?
   (A) 시상식
   (B) 주주 총회
   (C) 직원 오리엔테이션
   (D) 기자 회견

해설 대화 시작 부분에 여자가 남자에게 기자 회견을 위해 로비에 마이크와 카메라 좀 설치해 달라고(~ could you please set up the microphones and cameras in the lobby for the press conference?) 요청하고 있으므로 (D)가 정답이다.

어휘 ceremony 기념식, 의식 shareholder 주주

8. 여자가 무엇이 이야기될 것이라고 말하는가?
   (A) 업체 합병
   (B) 제품 출시
   (C) 직원 모집 계획
   (D) 프로젝트 예산

해설 여자가 대화 중반부에 대표이사가 크레스트 파이낸셜 그룹과 제안된 합병에 관해 말할 것이라고(Our CEO will be speaking about the proposed merger with Crest Financial Group) 알리고 있으므로 (A)가 정답이다.

어휘 launch 출시, 공개, 시작 recruitment 직원 모집, 인력 채용 budget 예산

Paraphrase the proposed merger with Crest Financial Group ⇒ A business merger

9. 남자가 곧이어 무엇을 할 것 같은가?
   (A) 대표이사에게 연락하는 일
   (B) 일부 장비를 수리하는 일
   (C) 바닥을 청소하는 일
   (D) 일부 문서를 출력하는 일

해설 여자가 대화 후반부에 남자에게 로비 바닥이 더럽기 때문에 장비를 설치하기 전에, 반드시 청소해야 한다고(~ the floor of the lobby is dirty, ~, please make sure it gets cleaned) 밝히고 있으므로 (C)가 정답이다.

어휘 contact ~에 연락하다 repair ~을 수리하다 equipment 장비

Paraphrase floor / gets cleaned ⇒ Clean a floor

Questions 10-12 refer to the following conversation.

W: Hi there. **10** **This is my first time at the Lakeside Botanical Garden.** Do you offer any guided walks?
M: We're not offering guided walks today, unfortunately, but **11** **we do have a mobile app you can download.** It has detailed information about all the plants in each section of the garden.
W: That sounds helpful. I'll check it out. Also, **12** **do you have a garden map I could use?**
M: **12** **Of course — here you are.** It was just updated to include our new greenhouse area.

여: 안녕하세요. 이번에 제가 레이크사이드 식물원에 처음 왔습니다. 가이드 동반 도보 시간을 제공하시나요?
남: 유감스럽게도, 저희가 오늘은 제공하지 않지만, 다운로드하실 수 있는 모바일 앱이 분명히 있습니다. 거기에 식물원의 각 구역에 있는 모든 식물들에 관한 상세 정보가 있습니다.
여: 그게 도움이 될 것 같아요. 확인해 볼게요. 그리고, 제가 이용할 수 있는 식물원 안내도가 있나요?
남: 물론이죠, 여기 있습니다. 막 업데이트되어서 저희 새 온실 구역을 포함하고 있습니다.

어휘 guided 가이드를 동반하는 offer ~을 제공하다 unfortunately 유감스럽게도, 안타깝게도 detailed 상세한 plant 식물 section 구역, 부분, 일부 sound 형용사: ~하는 것 같다, ~하게 들리다 helpful 도움이 되는

check A out: A를 확인해 보다 include ~을 포함하다
greenhouse 온실

10. 화자들이 어디에 있는가?
  (A) 박물관에
  (B) 식물원에
  (C) 여행사에
  (D) 도서관에

해설 여자가 대화를 시작하면서 이번에 레이크사이드 식물원에 처음 왔다고(This is my first time at the Lakeside Botanical Garden) 밝히고 있으므로 (B)가 정답이다.

11. 남자가 여자에게 무엇을 하도록 제안하는가?
  (A) 한 장소를 방문하는 일
  (B) 투어 가이드와 이야기하는 일
  (C) 앱을 다운로드하는 일
  (D) 몇몇 사진을 촬영하는 일

해설 대화 중반부에 남자가 다운로드할 수 있는 모바일 앱이 있다고(~ we do have a mobile app you can download) 강조하는 것으로 앱을 다운로드하도록 제안하고 있으므로 (C)가 정답이다.

어휘 location 장소, 위치, 지점 take a photo 사진을 촬영하다

12. 남자가 여자에게 무엇을 주는가?
  (A) 안내 책자
  (B) 영수증
  (C) 안내도
  (D) 회원 가입 양식

해설 대화 후반부에 여자가 식물원 안내도가 있는지(~ do you have a garden map I could use?) 묻자, 남자가 긍정을 뜻하는 Of course와 함께 물품을 건네 줄 때 사용하는 here you are로 대답하고 있으므로 (C)가 정답이다.

어휘 brochure 안내 책자, 소책자 receipt 영수(증), 수령, 수취 form 양식, 서식

DAY 12 의도파악 문제

1 화자가 한 말의 의미/속뜻은 무엇인가?

여: 마이크 씨, 저 베키예요. 오늘 아침에 직장까지 태워다주실 수 있을까요? 차가 무슨 이유에서인지 시동이 안 걸리네요.
남: 사실, 지금 공항에 와 있습니다. 오늘 카슨시티에서 중요한 회의가 있어서요.

어휘 Would you mind ~ing ~해주시겠어요? (정중한 요청 표현) give A a ride: A를 차로 태워주다 won't start (차가) 시동이 걸리지 않다 for some reason 무슨 이유에서인지 actually 사실은

PRACTICE ❶

Question 1 refers to the following conversation.

여: 마케팅 직책 공고를 봤어요. 지금 지원해도 아직 가능성이 있을까요?
남: 그 자리는 아직 열려 있지만, 이미 100명이 넘는 사람들이 지원했어요.
여: 와, 정말 많네요! 바로 지원서를 제출해야겠어요.

1. 남자가 "이미 100명이 넘는 사람들이 지원했어요"라고 말할 때 이것이 의미하는 것은 무엇인가?
  (A) 광고가 효과적이었다.
  (B) 여자가 빠르게 행동해야 한다.

어휘 apply 지원하다 submit ~을 제출하다 posting 구인 공고 be open 열려 있다, 비어 있다 right away 즉시

Question 2 refers to the following conversation.

남: 이 노트북 어떠세요? 가볍고 화면도 큽니다.
여: 좋아요. 그런데 색상이 마음에 들지 않네요.
남: 마침 잘 됐네요. 이 회사에서 실버 색상 모델도 판매하고 있어요. 하나 찾아서 보여드릴게요.

2. 남자가 "마침 잘 됐네요"라고 말할 때 이것이 의미하는 것은 무엇인가?
  (A) 또 다른 선택사항이 있다.
  (B) 제품 반품이 가능하다.

어휘 lightweight 가벼운 model (제품) 모델 option 선택지 be in luck 운이 좋다, 운 좋은 상황이다

Question 3 refers to the following conversation.

남: 안녕하세요, 켈러 씨. 당신을 찾고 있었어요. 광고 캠페인 관련해서 드디어 고객사로부터 답변을 받았어요.
여: 이제 막 나가려던 참이었는데요. 뭐라고 하시던가요?
남: TV에 광고를 하는 데 열려 있는 입장이라고 하셨습니다.

3. 여자가 "이제 막 나가려던 참이었어요"라고 말할 때 이것이 암시하는 것은 무엇인가?
  (A) 남자에게 차를 태워주려고 한다.
  (B) 이야기할 시간이 별로 없다.

어휘 look for ~을 찾다 hear back from ~로부터 회신을 받다 be open to ~에 열려 있다, 수용 가능하다 run ~을 실행하다, 게재하다 be about to do ~하려던 참이다

2 화자가 왜 ~라고 말하는가?

여: 안녕하세요, 린 애덤스입니다. 리 박사님과의 예약을 확인하고 싶어요.
남: 네, 오후 4시로 예약되어 있습니다. 다만, 공사로 인해 주차 공간을 이용하실 수 없다는 점 참고해 주세요. 하지만 저희 건물은 지하철역에서 매우 가깝습니다.

어휘 confirm ~을 확인하다 appointment 약속, 진료 예약 note ~을 주의하다, 유념하다 parking area 주차 공간, 주차 구역 be not available 이용할 수 없다 due to ~ 때문에 construction 공사 subway station 지하철역 close to ~에 가까운

PRACTICE 2

Question 1 refers to the following conversation.

여: 방금 중국에 있는 고객에게서 팩스를 받았는데, 전부 중국어로 되어 있어요. 누군가 번역해 줄 사람이 필요해요.
남: 있잖아요, 마리오 씨가 중국에서 공부했잖아요.
여: 맞아요. 지금 바로 그에게 연락해볼게요.

1. 남자는 왜 "마리오 씨가 중국에서 공부했잖아요"라고 말하는가?
(A) 마리오가 여자를 도와줄 수 있음을 암시하기 위해
(B) 마리오를 승진에 추천하기 위해

어휘 fax 팩스 client 고객 translate ~을 번역하다 contact ~에게 연락하다 right away 즉시 suggest ~임을 암시하다, 시사하다

Question 2 refers to the following conversation.

남: 마감 기한이 촉박해서 모든 일을 제시간에 끝내지 못할까 봐 걱정이에요.
여: 제가 전에 이런 상황에서 일해본 경험이 있어요. 우리가 체계적으로 집중해서 일하면 잘 해낼 수 있어요. 제가 업무 우선순위를 정하는 걸 도와드릴게요.

2. 여자는 왜 "제가 전에 이런 상황에서 일해본 경험이 있어요"라고 말하는가?
(A) 안심시켜주기 위해
(B) 사과를 하기 위해

어휘 tight deadline 촉박한 마감 기한 on time 제시간에 get through ~을 극복하다 stay organized 체계적으로 유지하다 focused 집중된 prioritize ~의 우선순위를 정하다 reassurance 안심 make an apology 사과하다

Question 3 refers to the following conversation.

여: 오늘 점심을 깜빡하고 안 가져왔어요. 빨리 뭐라도 사 먹을 만한 곳 아세요?
남: 바로 저기에 슈퍼마켓이 하나 있어요. 신선한 거 하나 고르시면 될 것 같아요.
여: 아, 딱 좋네요! 시간도 절약되겠어요.

3. 남자는 왜 "바로 저기에 슈퍼마켓이 하나 있어요"라고 말하는가?
(A) 새로운 장소를 요청하기 위해
(B) 해결책을 제시하기 위해

어휘 grab something ~을 (빠르게/간단히) 집다, 가져오다, 사다 pick up (음식 등을) 사다, 구입하다 fresh 신선한 save time 시간을 절약하다 supermarket 슈퍼마켓 suggest a solution 해결책을 제시하다

실전 TEST

1. (B)	2. (C)	3. (B)	4. (B)	5. (A)
6. (D)	7. (C)	8. (A)	9. (B)	10. (B)
11. (B)	12. (A)			

Questions 1-3 refer to the following conversation.

W: I'm glad **1** we're able to take the new employees to Eastside Stadium for a baseball game on Friday.
M: Me, too. I thought it would be a fun way for everyone to relax.
W: **2** But that venue is usually packed. Why don't you call the stadium and request seats in one of the group sections?
M: I already reserved a section.
W: Perfect! Last time I tried to book seats there, they were completely sold out.
M: That's frustrating. **3** Eastside Stadium should consider expanding its seating capacity to accommodate more groups.

여: 우리가 금요일에 신입 사원들을 데리고 야구 경기를 보러 이스트사이드 경기장에 갈 수 있어서 기뻐요.
남: 저도요. 저는 그게 모든 사람이 여유롭게 즐길 수 있는 재미있는 방법일 거라고 생각했어요.
여: 하지만 그 장소가 평소에 사람들로 가득해요. 경기장에 전화하셔서 단체 구역들 중 한 곳에 있는 좌석들을 요청해 보시면 어떨까요?
남: 이미 한 구역을 예약했습니다.

여: 완벽해요! 지난번에 제가 그곳에 좌석을 예약하려 했을 때, 완전히 매진이었어요.
남: 실망스럽네요. 이스트사이드 경기장은 더 많은 단체 관람객을 수용할 수 있도록 좌석 수용 규모를 확장하는 것을 고려해야 해요.

어휘 be able to do ~할 수 있다 take A to B: A를 B로 데려가다 way for A to do: A가 ~할 수 있는 방법 venue 행사장, 개최 장소 usually 평소에, 일반적으로 packed 사람들로 가득한 request ~을 요청하다 section 구역, 부분, 일부 reserve ~을 예약하다(= book) last time + 주어 + 동사: 지난번에 ~가 …했을 때 try to do ~하려 하다 completely 완전히 sold out 매진된, 품절된 frustrating (사람을) 실망시키는, 좌절시키는 considering ~하는 것을 고려하다 expand ~을 확장하다, ~을 확대하다 capacity 수용 규모, 수용력 accommodate ~을 수용하다

1. 화자들이 무엇을 할 계획을 세우고 있는가?
(A) 구직 지원자들을 면접 보는 일
(B) 스포츠 행사에 참여하는 일
(C) 교육 시간을 진행하는 일
(D) 고객과 만나는 일

해설 여자가 대화 초반부에 금요일에 신입 사원들을 데리고 야구 경기를 보러 이스트사이드 경기장에 갈 수 있다고(~ we're able to take the new employees to Eastside Stadium for a baseball game on Friday) 언급하고 있으므로 (B)가 정답이다.

어휘 candidate 지원자, 후보자 lead ~을 진행하다, ~을 이끌다 training 교육, 훈련 session (특정 활동을 위한) 시간

Paraphrase take the new employees to Eastside Stadium for a baseball game
⇒ Attend a sporting event

2. 남자가 왜 "이미 한 구역을 예약했습니다"라고 말하는가?
(A) 장소를 제안하기 위해
(B) 지연 문제를 설명하기 위해
(C) 여자를 안심시키기 위해
(D) 비용 결제를 요청하기 위해

해설 화자의 의도 파악 문제는 질문에 제시된 인용문을 먼저 확인한 후에 대화를 들어야 하며, 인용문 자체의 의미보다 대화의 흐름에 어울리는 의미를 파악하는 것이 중요하다. 여자가 대화 중반부에 평소에 사람들로 가득하다는 말과 함께 단체 구역들 중 한 곳에 있는 좌석들을 요청하도록 제안하자 (But that venue is usually packed. Why don't you call the stadium and request seats in one of the group sections?), 남자가 '이미 한 구역을 예약했습니다'라고 대답하는 흐름이다. 이는 여자의 제안대로 이미 예약했기 때문에

안심해도 된다는 뜻이므로 (C)가 정답이다.

어휘 suggest ~을 제안하다, ~을 권하다 explain ~을 설명하다 delay 지연, 지체 reassure ~을 안심시키다 ask for ~을 요청하다 payment 결제(액), 지불(액)

3. 남자는 업체가 무엇을 해야 한다고 생각하는가?
(A) 추가 직원을 고용하는 일
(B) 좌석 구역을 확장하는 일
(C) 음식 선택 사항을 개선하는 일
(D) 입장권 가격을 내리는 일

해설 대화 후반부에 남자가 이스트사이드 경기장이 좌석 수용 규모를 확장하는 것을 고려해야 한다고(Eastside Stadium should consider expanding its seating capacity ~) 말하고 있으므로 (B)가 정답이다.

어휘 hire ~을 고용하다 improve ~을 개선하다 lower v. ~을 내리다, ~을 낮추다

Paraphrase expanding its seating capacity
⇒ Expand its seating area

Questions 4-6 refer to the following conversation.

M: Hello, I saw an advertisement about a position at your publishing company. I'm wondering if I can still apply for it.
W: Yes, you can. **4 We're seeking an applicant who has a lot of experience working as an editor.**
M: Well, then it should be okay. **5 I have been in charge of many different magazines and newspapers before.**
W: Sounds good. **6 Could you e-mail me your résumé today?** I'd love to take a look at it and schedule an interview.

남: 안녕하세요, 귀하의 출판사에 있는 한 직책에 관한 광고를 봤습니다. 제가 여전히 지원할 수 있는지 궁금합니다.
여: 네, 하실 수 있습니다. 저희는 편집자로서 근무하신 경험이 많은 지원자를 찾고 있습니다.
남: 저, 그럼 괜찮을 겁니다. 제가 전에 많은 다른 잡지와 신문을 맡아 본 적이 있습니다.
여: 좋습니다. 오늘 이메일로 제게 이력서를 보내 주시겠어요? 꼭 한번 살펴 보고 면접 일정을 잡아보고 싶습니다.

어휘 advertisement 광고 position 직책, 일자리 publishing company 출판사 wonder if ~인지 궁금하다 apply for ~에 지원하다, ~을 신청하다 seek ~을 찾다, 구하다 applicant 지원자, 신청자 experience 경험, 경력 as (자격, 신분 등) ~로서 editor 편집자 then 그럼, 그렇다면, 그런 다음, 그때 in charge of ~을 맡고 있는, ~을 책임지고

있는 Sounds good. (동의 등을 나타내어) 좋습니다.
e-mail v. ~을 이메일로 보내다 résumé 이력서 would
love to do 꼭 ~하고 싶다 take a look at ~을 한번 보다
schedule v. ~의 일정을 잡다

4. 남자가 어떤 직책에 관해 문의하고 있는 것 같은가?
(A) 웹 디자이너
(B) 편집자
(C) 지점장
(D) 회계사

해설 남자가 자신이 본 채용 광고를 언급하자, 여자가 대화 중반부에 편집자로서 일할 지원자를 찾고 있다고(We're seeking an applicant who has a lot of experience working as an editor) 밝히고 있으므로 (B)가 정답이다.

어휘 inquire about ~에 관해 문의하다 branch 지점, 지사

5. 남자가 "그럼 괜찮을 겁니다"라고 말할 때 무엇을 의미하는가?
(A) 일자리에 대해 자격을 갖추고 있다.
(B) 일정을 변경할 수 있다.
(C) 시간이 날 것이다.
(D) 아이디어를 생각해 낼 수 있다.

해설 여자가 대화 중반부에 편집자로서 근무한 경험이 많은 지원자를 찾고 있다고 밝힌 것에 대해 남자가 '그럼 괜찮을 겁니다'라고 말하면서 여러 가지 잡지와 신문을 맡아 본 적이 있음을 (I have been in charge of many different magazines and newspapers before) 언급하는 흐름이다. 이는 자신이 그러한 경험이 많기 때문에 지원 자격이 충분하다는 뜻을 나타내는 말이므로 (A)가 정답이다.

어휘 be qualified for ~에 대한 자격이 있다, ~에 적격이다 available (사람) 시간이 나는, (사물) 이용 가능한, 구매 가능한 come up with (아이디어 등) ~을 생각해 내다

6. 여자가 남자에게 무엇을 하도록 요청하는가?
(A) 기사를 작성하는 일
(B) 웹사이트를 확인하는 일
(C) 사진을 제공하는 일
(D) 문서를 보내는 일

해설 대화 후반부에 여자가 'Could you ~' 요청 표현과 함께 이력서를 이메일로 보내도록 요청하는(Could you e-mail me your résumé today?) 말이 있는데, 이는 문서를 보내는 일을 뜻하므로 (D)가 정답이다.

어휘 ask A to do: A에게 ~하도록 요청하다 article (잡지 등의) 기사 check out ~을 확인해 보다 provide ~을 제공하다 photograph 사진

Paraphrase e-mail your résumé ⇒ Send a document

Questions 7-9 refer to the following conversation.

M: The staff have finished **7 setting up the presentation** stage in the East Hall. The keynote **speakers** will be seated at the front table. **8 Can you help me finalize the rest of the seating arrangement** for the welcome luncheon?
W: I'm on my way to lead a session right now.
M: Okay, once you're done, let's go over what still needs to be handled.
W: Sounds good. Oh, I just remembered — **9 we need to print name badges** for all attendees before check-in starts. Can you take care of that?

남: 직원들이 이스트 홀에 발표 무대를 설치하는 일을 끝마쳤습니다. 기조 연설자들께서 앞쪽 테이블에 착석하실 겁니다. 환영 오찬을 위한 나머지 좌석 배치를 최종 확정하도록 도와 주시겠어요?
여: 제가 지금 바로 한 세션을 진행하러 가는 길입니다.
남: 알겠습니다, 일단 완료하시는 대로, 무엇이 여전히 처리되어야 하는지 살펴 보죠.
여: 좋습니다. 아, 방금 기억이 났는데, 입장 확인 절차가 시작되기 전에 모든 참석자들을 위한 이름표를 출력해야 합니다. 이 일을 처리해 주시겠어요?

어휘 set up ~을 설치하다, ~을 마련하다, ~을 설정하다 presentation 발표(회) keynote speaker 기조 연설자 be seated 착석하다 help A do: ~하도록 A를 돕다 finalize ~을 최종 확정하다 the rest of ~의 나머지 seating 좌석 (공간) arrangement 배치, 준비, 조치, 조정 luncheon 오찬 on one's way to ~로 가는 길인 lead ~을 진행하다, ~을 이끌다 session (특정 활동을 위한) 시간 once 일단 ~하는 대로, ~하자마자 done 완료된 go over ~을 살펴 보다, ~을 검토하다 handle ~을 처리하다(= take care of) attendee 참석자 check-in (행사장 등의) 입장 확인 절차, (공항, 호텔 등의) 탑승 수속, 입실 수속

7. 화자들이 어디에 근무하고 있을 것 같은가?
(A) 인쇄소에
(B) 텔레비전 스튜디오에
(C) 컨퍼런스 센터에
(D) 콘서트 홀에

해설 남자가 대화를 시작하면서 이스트 홀에 발표 무대를 설치하는 일을 끝마친 사실과 함께 기조 연설자를 언급하고(~ setting up the presentation stage in the East Hall. The keynote speakers ~) 있다. 따라서, 발표가 진행될 수 있는 장소인 (C)가 정답이다.

8. 여자가 "제가 지금 바로 한 세션을 진행하러 가는 길입니다"라고 말할 때 무엇을 의미하는가?
(A) 일을 도울 수 없다.
(B) 회의 시간에 늦게 도착했다.
(C) 해당 시간의 일정을 재조정하고 싶어 한다.
(D) 발표에 도움이 필요하다.

해설 남자가 대화 초반부에 환영 오찬을 위한 나머지 좌석 배치를 최종 확정하도록 도와 달라고(Can you help me finalize the rest of the seating arrangement for the welcome luncheon?) 요청하는 것에 대해 '제가 지금 바로 한 세션을 진행하러 가는 길입니다'라고 대답하는 흐름이다. 이는 다른 일로 인해 남자의 요청하는 일을 도와 줄 수 없다는 뜻이므로 (A)가 정답이다.

어휘 help with ~에 대해 도움을 주다 task 일, 업무
arrive 도착하다 reschedule ~의 일정을 재조정하다
assistance 도움, 지원

9. 여자가 남자에게 무엇을 하도록 요청하는가?
(A) 회의실을 예약하는 일
(B) 몇몇 이름표를 출력하는 일
(C) 예약을 확인해 주는 일
(D) 모든 참석자들을 위해 점심 식사를 가져오는 일

해설 대화 후반부에 여자가 'Can you ~' 요청 표현과 함께 이름표를 출력해야 하기 때문에 남자에게 그 일을 처리해 달라고(~ we need to print name badges for all attendees before check-in starts. Can you take care of that?) 요청하고 있으므로 (B)가 정답이다.

어휘 reserve ~을 예약하다 confirm ~을 확인해 주다
reservation 예약 pick up ~을 가져오다, ~을 가져가다

Questions 10-12 refer to the following conversation.

> W: Hank, 10 thanks for helping me **organize the farewell party for Dr. Mason.**
> M: I'm happy to help. She's given me so much great guidance over the years, 11 **especially on how to communicate with patients effectively.**
> W: Yes, she's been an incredible mentor, and we want to make sure this party is special.
> M: How about hiring that jazz band we saw at the hospital fundraiser last month?
> W: 12 **That's a lovely idea. Let's book them for the event.**
> M: I heard they're very popular.
> W: Okay, I'll check their availability right now.

여: 행크 씨, 메이슨 의사 선생님을 위한 송별회를 준비하는 데 도움을 주셔서 감사합니다.
남: 도와 드릴 수 있어서 기쁩니다. 그분께서 수년 동안에 걸쳐 제게 아주 많은 훌륭한 가르침을 제공해 주셨는데, 특히 환자들과 효과적으로 의사 소통하는 방법과 관련해서 그랬습니다.
여: 네, 그분은 너무나 훌륭한 멘토이셨기 때문에, 우리는 이 파티가 꼭 특별하기를 원하고 있습니다.
남: 우리가 지난달에 병원 모금 행사에서 본 그 재즈 밴드를 고용하면 어떨까요?
여: 아주 멋진 아이디어입니다. 행사를 위해 그분들을 예약합시다.
남: 그분들이 아주 인기가 많다고 들었어요.
여: 알겠어요, 제가 지금 바로 그분들의 가능한 시간을 확인해 볼게요.

어휘 organize ~을 준비하다, ~을 조직하다 farewell party 송별회 guidance 가르침, 지도 especially 특히 how to do ~하는 방법 communicate with ~와 의사 소통하다 patient 환자 effectively 효과적으로 incredible 믿기 힘든, 믿기 힘들 정도로 훌륭한 mentor 멘토(조언 등을 제공하는 유경험자나 선배) make sure (that) 반드시 ~하도록 하다 How about ~? ~하면 어떨까요? hire ~을 고용하다 fundraiser 모금 행사 book ~을 예약하다 popular 인기 있는 availability (사람) 시간 활용 가능성, (사물) 이용 가능성, 구매 가능성

10. 화자들이 어떤 행사를 계획하고 있는가?
(A) 의료 세미나
(B) 송별 모임
(C) 자선 모금 행사
(D) 직원 오리엔테이션

해설 대화를 시작하면서 여자가 메이슨 의사 선생님을 위한 송별회를 준비하는 데 도움을 준 것에 대해 남자에게 감사하고(~ thanks for helping me organize the farewell party for Dr. Mason) 있으므로 (B)가 정답이다.

어휘 gathering 모임 charity 자선 (활동), 자선 단체
Paraphrase the farewell party ⇒ A farewell gathering

11. 메이슨 박사가 남자에게 무엇에 관해 조언해 주었는가?
(A) 환자 기록을 관리하는 일
(B) 환자들과 이야기하는 일
(C) 의료 장비를 이용하는 일
(D) 예약 일정을 잡는 일

해설 메이슨 박사가 남자에게 무엇에 관해 조언해 주었는지 묻고 있으므로 메이슨 박사의 이름이 언급되는 부분에서 함께 제시되는 정보를 파악해야 한다. 대화 중반부에 남자가 메이슨 박사로부터 가르침을 받은 사실과 함께 특히 환자들과 효과적으로 의사 소통하는 방법을(~ especially on how to communicate with patients effectively) 언급하고 있으므로 (B)가 정답이다.

어휘 equipment 장비 schedule v. ~의 일정을 잡다

appointment 예약, 약속

Paraphrase communicate with patients
⇒ Speaking with patients

12. 남자가 왜 "그분들이 아주 인기가 많다고 들었어요"라고 말하는가?

(A) 신속한 조치를 권하기 위해
(B) 대안을 제안하기 위해
(C) 지연 문제를 설명하기 위해
(D) 일부 음악을 추천하기 위해

해설 여자가 대화 후반부에 아주 멋진 아이디어라는 말과 함께 남자가 언급한 재즈 밴드를 예약하자고(That's a lovely idea. Let's book them for the event) 제안하는 것에 대해 남자가 '그분들이 아주 인기가 많다고 들었어요'라고 대답하는 흐름이다. 이는 아주 인기가 많기 때문에 빨리 예약해야 한다는 뜻으로서 신속히 조치하도록 권하는 말에 해당하므로 (A)가 정답이다.

어휘 encourage ~을 권하다, ~을 장려하다 action 조치, 움직임 alternative n. 대안 explain ~을 설명하다 delay 지연, 지체

DAY 13 시각자료 연계 문제

1 표/리스트

남: 실례합니다. 이 호텔 내에서 문서를 출력할 수 있는 곳이 있을까요? 지금 바로 출력해야 해서요.
여: 비즈니스 센터에 있는 프린터를 이용하실 수 있습니다.

블루 호라이즌 호텔	
4층	식당
3층	피트니스 센터
2층	비즈니스 센터
1층	객실

어휘 print ~을 인쇄하다 document 문서 right away 즉시, 당장

PRACTICE 1

Question 1 refers to the following conversation and directory.

여: 제가 치통이 너무 심해서요, 오늘은 조퇴하고 치과에 가야 할 것 같아요. 이 일에 대해 얘기하기 위해 누구에게 연락하면 될지 아세요?
남: 인사팀의 스티브 시먼스 씨에게 전화해서 승인을 받으세요.

직원 연락처 목록	
이름	내선 번호
아이라 파울러	11
클레이튼 케이시	15
아멜리아 캐넌	16
스티브 시먼스	17

1. 시각자료를 보시오. 여자가 전화할 가능성이 가장 높은 번호는 무엇인가?

(A) 11
(B) 15
(C) 16
(D) 17

어휘 severe 심한 toothache 치통 leave work early 일을 일찍 마치다, 조퇴하다 dentist 치과 의사 contact ~에게 연락하다 discuss ~을 논의하다 get approval from ~로부터 승인을 받다 Personnel 인사부

Question 2 refers to the following conversation and list.

남: 어떤 과정에 관심이 있으신가요?
여: 제 일정에 가장 잘 맞는 걸로 등록할게요.
남: 알겠습니다. 가능하신 시간이 언제신가요?
여: 제가 퇴근이 좀 늦어요. 그래서 저녁 8시에 시작하는 과정이면 딱 좋을 것 같아요.

과정명	시간
멘토링	오후 7시 – 오후 9시
의사소통 기술	오후 4시 – 오후 6시
동기부여	오후 8시 – 오후 10시
시간 관리	오후 6시 – 오후 8시

2. 시각자료를 보시오. 남자가 추천할 가능성이 가장 높은 과정은 무엇인가?

(A) 멘토링
(B) 의사소통
(C) 동기부여

(D) 시간 관리

어휘 sign up for ~에 등록하다 suit ~에게 잘 맞다, 적합하다 be available 시간이 가능하다 finish work 일을 끝내다 recommend ~을 추천하다 course 과정, 강좌 perfect 완벽한, 이상적인

2 지도

남: 음, 특별히 선호하는 건 없어요. 추천해 주실 만한 데 있나요?
여: 직원 휴게실과 비품 보관실 사이에 있는 사무실은 어떠세요?

회의실	사무실 1	부엌	사무실 2
사무실 4	직원 휴게실	사무실 3	비품 보관실

어휘 preference 선호 have no preference 특별히 선호하지 않다 recommendation 추천 recommend ~을 추천하다 between A and B: A와 B 사이에 employee lounge 직원 휴게실 supply room 비품 보관실

PRACTICE 2

Question 1 refers to the following conversation and map.

남: 저는 3시에 베일리 박사님 진료가 예정되어 있습니다. 어느 진료실로 가야 하는지 알려주실 수 있나요?
여: 이 접수 데스크 뒤로 가세요. 바로 직원 휴게실 옆에 있습니다.

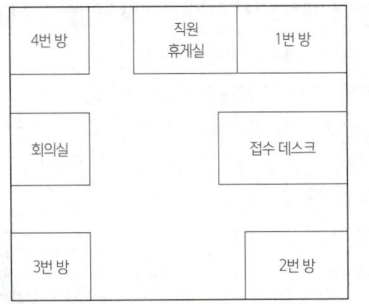

1 시각자료를 보시오. 남자가 어느 방으로 갈 가능성이 가장 높은가?
(A) 방 1
(B) 방 2
(C) 방 3
(D) 방 4

어휘 be scheduled to do ~하기로 예정되어 있다 see a doctor 진료를 받다 reception desk 접수 데스크, 안내 데스크 go behind ~ ~의 뒤로 가다 right next to ~ ~의

바로 옆에 staff lounge 직원 휴게실 which room to go to 어느 방으로 가야 할지

Question 2 refers to the following conversation and map.

여: 안녕하세요, 퍼스트 부동산의 애니입니다. 당신의 새 카페 부지로 적합한 부동산을 발견했습니다.
남: 훌륭하네요. 위치는 어디인가요?
여: 도서관 바로 맞은편이에요, 킹스 스트리트에 있어요.

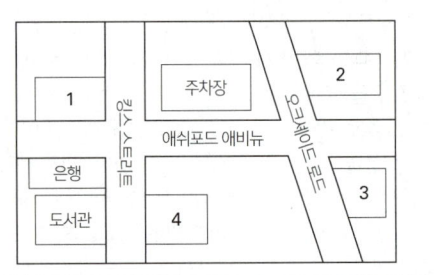

2. 시각자료를 보시오. 여자가 언급한 장소는 어디인가?
(A) 장소 1
(B) 장소 2
(C) 장소 3
(D) 장소 4

어휘 property 부동산, 소유물, 자산 realty 부동산업, 부동산 café 카페 fantastic 훌륭한, 멋진 be located 위치해 있다 across from ~의 맞은편에 right across from 바로 맞은편에 find ~을 찾다, 발견하다 mention ~을 언급하다 look at ~을 보다, 주목하다

실전 TEST

1. (B)	2. (C)	3. (D)	4. (B)	5. (A)
6. (C)	7. (A)	8. (C)	9. (D)	10. (C)
11. (A)	12. (A)			

Question 1-3 refer to the following conversation and departure board.

W: Hey, Marcus. Are you at the station already? I'm almost there, **1** but I'm still on the bus — it got stuck behind an accident. I don't think I'll make it on time.
M: Don't worry. I'm at the platform now, and the departure board says **2** our train has been delayed by 45 minutes. You still have time.
W: Oh, that's good to hear. Hey, could you do me a favor? **3** Please let the hotel know that we'll be

arriving for check-in around 9 P.M. instead of 8.

여: 안녕하세요, 마커스 씨. 이미 역에 가 계신가요? 제가 거의 다 오긴 했지만, 여전히 버스에 있는데, 버스가 사고 지점 뒤쪽에 갇혀 있었어요. 저는 제때 가지 못할 것 같아요.

남: 걱정하지 마세요. 제가 지금 승강장에 있는데, 출발 안내판에 우리 기차가 45분 지연되었다고 나와요. 여전히 시간이 있습니다.

여: 아, 그 얘기를 듣게 되어 다행입니다. 있잖아요, 부탁 하나만 들어 주시겠어요? 우리가 8시 대신 저녁 9시쯤 입실 수속을 위해 도착할 거라고 호텔에 알려 주세요.

목적지	출발 시각	현황
덴버	오후 2:00	취소
시카고	오후 2:30	정시 출발
시애틀	오후 3:00	지연 - 45분
댈러스	오후 3:30	정시 출발

어휘 get stuck 갇히다, 꼼짝 못하다 accident 사고 make it 가다, 도착하다 on time 제때 departure 출발, 떠남 say (문서, 표지판 등에) ~라고 쓰여 있다 delay ~을 지연시키다 by (차이) ~만큼, ~ 정도 do A a favor: A의 부탁을 들어 주다 let A know that: A에게 ~라고 알리다 arrive 도착하다 check-in (공항, 호텔 등의) 탑승 수속, 입실 수속, (행사장 등의) 입장 확인 절차 around ~쯤, 약, 대략 instead of ~ 대신 destination 목적지, 도착지 status 현황, 상태 cancel ~을 취소하다

1. 여자가 어떤 문제를 알리는가?
(A) 자신의 티켓을 잊었다.
(B) 교통 문제로 지체된 상태이다.
(C) 기차를 놓쳤다.
(D) 버스에 뭔가 두고 왔다.

해설 대화 초반부에 여자가 여전히 버스에 있다는 말과 함께 사고 지점 뒤쪽에 갇혀 있었다는(~ but I'm still on the bus — it got stuck behind an accident) 사실을 알리고 있다. 이는 지체된 사실 및 그 이유가 교통 문제임을 밝히는 것이므로 (B)가 정답이다.

어휘 traffic 교통, 차량들 miss ~을 놓치다, ~을 지나치다, ~에 빠지다 leave ~을 두고 오다, ~을 남기다

Paraphrase still on the bus / got stuck behind an accident ⇒ is delayed in traffic

2. 시각자료를 보시오. 화자들이 어디로 가는가?
(A) 덴버
(B) 시카고
(C) 시애틀
(D) 댈러스

해설 목적지 정보가 선택지에 제시되어 있으므로 시각자료에 표기된 출발 시각 및 현황과 관련된 정보가 대화 중에 단서로 언급된다는 점에 유의하면서 들어야 한다. 대화 중반부에 남자가 자신들의 기차가 45분 지연되었다고(~ our train has been delayed by 45 minutes) 나온다는 사실을 알리고 있으며, 시각자료의 세 번째 줄에 Delayed – 45 mins로 표기된 목적지가 Seattle이므로 (C)가 정답이다.

3. 여자가 남자에게 무엇을 하도록 요청하는가?
(A) 자신에게 티켓을 사 줄 것
(B) 좌석을 예약할 것
(C) 예약을 취소할 것
(D) 호텔에 알릴 것

해설 여자가 요청하는 일을 묻고 있으므로 여자의 말에서 요청 표현과 함께 제시되는 정보를 파악해야 한다. 대화 후반부에 여자가 'Please ~' 요청 표현과 함께 도착 시간과 관련해 호텔에 알리라고(Please let the hotel know ~) 요청하고 있으므로 (D)가 정답이다.

어휘 ask A to do: A에게 ~하도록 요청하다 reserve ~을 예약하다 booking 예약 inform ~에게 알리다

Paraphrase let the hotel know ⇒ Inform a hotel

Questions 4-6 refer to the following conversation and map.

M: Hello, Krista, this is Mark. I'm calling because the writer, Sam Cooper, wants to discuss some details with us.
W: Oh, yeah. He didn't like 4 **our cover design for his new book that we are publishing.**
M: That's right. He said he's available anytime on Friday afternoon, so 5 **I told him we would meet him at Strand Café. It's on Bryer Street, across from the market.**
W: Sure, I've been there before. But, I just remembered that my car will be at the repair shop that day.
M: No problem. 6 **You can ride with me from the office.**

남: 안녕하세요, 크리스타 씨, 마크입니다. 제가 전화 드리는 이유는 샘 쿠퍼 작가님께서 우리와 몇 가지 세부 사항을 논의하고 싶어 하시기 때문입니다.
여: 아, 네. 그분께서 우리가 출판하는 그분의 신간 도서에 쓸 우리의 표지 디자인을 마음에 들어 하지 않으셨죠.
남: 그렇습니다. 그분께서 금요일 오후에 아무때나 시간이 있으시다고 말씀하셨기 때문에, 스트랜드 카페에서 뵙겠다고 말씀 드렸어요. 시장 맞은편에 위치한, 브라이어 스트리트에 있는

곳입니다.
여: 네, 전에 그곳에 가 본 적이 있어요. 하지만, 제 자동차가 그날 수리소에 가 있을 거라는 사실이 막 기억 났어요.
남: 괜찮습니다. 사무실에서 저와 함께 타고 가시면 됩니다.

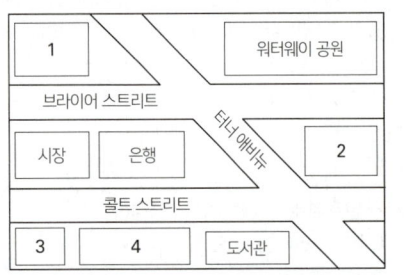

어휘 discuss ~을 논의하다, 이야기하다 details 세부 사항, 상세 정보 cover (책 등의) 표지 publish ~을 출판하다, 발간하다 available (사람) 시간이 나는, (사물) 이용 가능한, 구매 가능한 anytime 언제든지 tell A (that) A에게 ~라고 말하다 across from ~ 맞은편에, 건너편에 remember that ~임을 기억하다 repair 수리 ride (자동차 등을) 타고 가다

4. 화자들이 어디에 근무하고 있을 것 같은가?
(A) 실내 디자인 업체
(B) 출판사
(C) 미술관
(D) 서점

해설 여자가 대화 초반부에 소속 회사를 our와 we로 지칭해 '우리가 출판할 그의 새 책에 대한 표지 디자인(our cover design for his new book that we are publishing)'이라고 말하는 부분에서 단서를 찾을 수 있다. 이를 통해 화자들이 출판사 직원임을 알 수 있으므로 (B)가 정답이다.

어휘 firm 업체, 회사

5. 시각자료를 보시오. 화자들이 금요일에 어느 건물로 갈 것인가?
(A) 건물 1
(B) 건물 2
(C) 건물 3
(D) 건물 4

해설 안내도나 지도가 시각자료로 제시되는 경우, 각 건물과 거리 등의 정보를 미리 확인해 둬야 하며, 특히 기준점과 이동 방향, 위치 관계 등을 나타내는 정보에 유의해 들어야 한다. 남자가 대화 중반부에 스트랜드 카페에서 만난다는 사실과 함께 시장 맞은편에 위치한, 브라이어 스트리트에 있는 곳이라고(~ I told him we would meet him at Strand Café. It's on Bryer Street, across from the market) 알리고 있다. 시각자료에서 '브라이어 스트리트의 시장 맞은편'이 1번 건물이므로 (A)가 정답이다.

6. 남자가 무엇을 하겠다고 제안하는가?
(A) 계약서를 변경하는 일
(B) 회의 일정을 재조정하는 일
(C) 여자를 차로 태워주는 일
(D) 동료 직원에게 연락하는 일

해설 대화 마지막 부분에 남자가 'You can ~' 제안 표현과 함께 사무실에서 자신과 함께 차를 타고 가면 된다고(You can ride with me from the office) 말하고 있는데, 이는 차로 태워주겠다는 뜻이므로 (C)가 정답이다.

어휘 offer to do ~하겠다고 제안하다 contract 계약(서) reschedule ~의 일정을 재조정하다 give A a ride: A를 차로 태워주다 contact ~에게 연락하다 colleague 동료 (직원)

Paraphrase ride with me ⇒ Give the woman a ride

Question 7-9 refer to the following conversation and price list.

M: Hi, Alison. The manager asked if we could update the product catalog. **7 The price of the Breeze 500 Bluetooth earphones is going up** due to increased production costs, so the new price needs to be reflected.
W: **8 I've heard that manufacturing costs for electronics have been rising lately.** I'll double-check the new price with the purchasing team and update the catalog accordingly.
M: Thanks. **9 I need to take care of a new shipment of earphone cases that just arrived.** Let me know if you need any help.

남: 안녕하세요, 앨리슨 씨. 부장님께서 우리가 제품 카탈로그를 업데이트할 수 있는지 여쭤 보셨어요. 브리즈 500 블루투스 이어폰의 가격이 증가된 생산 비용으로 인해 올라가고 있기 때문에, 새로운 가격이 반영되어야 합니다.
여: 전자 제품에 대한 제조 비용이 최근에 계속 상승하고 있다는 얘기를 들었어요. 제가 구매팀에 새로운 가격을 재확인해서 그에 따라 카탈로그를 업데이트할게요.
남: 감사합니다. 저는 방금 도착한 이어폰 케이스 배송품을 처리해야 합니다. 어떤 도움이든 필요하시면 알려 주세요.

블루투스 이어폰	
브리즈 500	69.99달러
브리즈 300	59.99달러
플라이트 500	49.99달러
플라이트 200	39.99달러

어휘 ask if ~인지 묻다 catalog 카탈로그(제품 정보를

담은 책자) **due to** ~로 인해, ~ 때문에 **increase** ~을 증가시키다, ~을 늘리다 **reflect** ~을 반영하다 **manufacturing** 제조(업) **electronics** 전자 제품 **rise** 상승하다, 오르다 **lately** 최근에 **double-check** ~을 재확인하다 **purchasing** 구매 **accordingly** 그에 따라, 따라서 **take care of** ~을 처리하다, ~을 다루다 **shipment** 배송(품) **arrive** 도착하다 **let A know if** ~인지 A에게 알리다

7. 시각자료를 보시오. 어느 가격이 제품 카탈로그에서 업데이트 되어야 하는가?
(A) 69.99달러
(B) 59.99달러
(C) 49.99달러
(D) 39.99달러

해설 가격이 선택지에 제시되어 있으므로 시각자료에 표기된 제품명이 대화 중에 단서를 언급된다는 점에 유의하면서 들어야 한다. 남자가 대화 초반부에 브리즈 500 블루투스 이어폰을 언급하면서 새로운 가격이 반영되어야 한다고(The price of the Breeze 500 Bluetooth earphones is going up ~) 언급하고 있다. 시각자료에서 Breeze 500이 표기된 첫 번째 줄에 가격이 $69.99로 쓰여 있으므로 (A)가 정답이다.

8. 여자의 말에 따르면, 무엇이 가격 변동에 대한 이유일 것 같은가?
(A) 일부 부품을 더 이상 구할 수 없다.
(B) 일부 제품이 저조하게 판매되고 있다.
(C) 제조 비용이 증가했다.
(D) 고객 수요가 계속 상승하고 있다.

해설 대화 중반부에 여자가 전자 제품에 대한 제조 비용이 최근에 계속 상승하고 있다는 얘기를 들은(I've heard that manufacturing costs for electronics have been rising lately) 사실을 언급하고 있으므로 (C)가 정답이다.

어휘 **part** 부품 **no longer** 더 이상 ~ 않다 **available** (사물) 이용 가능한, 구매 가능한, (사람) 시간이 있는 **poorly** 저조하게, 좋지 못하게 **demand** 수요, 요구

Paraphrase have been rising ⇒ have increased

9. 남자가 곧이어 무엇을 할 것인가?
(A) 책임자와 이야기하는 일
(B) 제품을 판매하는 일
(C) 가격 목록을 업데이트하는 일
(D) 배송품을 받는 일

해설 대화 후반부에 남자가 방금 도착한 이어폰 케이스 배송품을 처리해야 한다고(I need to take care of a new shipment of earphone cases that just arrived) 알리고 있으므로 배송품 관련 업무에 해당하는 (D)가 정답이다.

어휘 **receive** ~을 받다 **delivery** 배송(품)

Paraphrase shipment ⇒ delivery

Questions 10-12 refer to the following conversation and room layout.

M: **10** **Everything's ready for Ms. Hwang's retirement party tomorrow, right?**
W: Yes, I just confirmed the catering and sent out the final reminder e-mails to the staff.
M: Perfect. **11** **I thought it might be nice to display some messages** from her former team members during the closing remarks.
W: That's a great idea — she'll love that. Also, since I'll be giving the farewell speech, could you seat me near the microphone stand?
M: Of course. **12** **I'll reserve you a spot at the table right in front of the stage.**

남: 내일 있을 황 씨의 은퇴 기념 파티에 필요한 모든 게 준비된 것이 맞죠?
여: 네, 제가 방금 출장 요리 업체도 확정했고, 직원들에게 최종 알림 이메일도 발송했어요.
남: 완벽합니다. 마무리 축사 중에 그분의 이전 팀원들이 전하는 몇몇 메시지를 게시하면 아주 좋을 것 같다고 생각했어요.
여: 아주 좋은 아이디어네요, 그분께서 아주 마음에 들어 하실 거예요. 그리고, 제가 송별 고별사를 할 예정이기 때문에, 마이크 스탠드와 가까운 곳에 앉게 해 주시겠어요?
남: 물론이죠. 무대 바로 앞쪽에 있는 테이블에 자리를 하나 지정해 드릴게요.

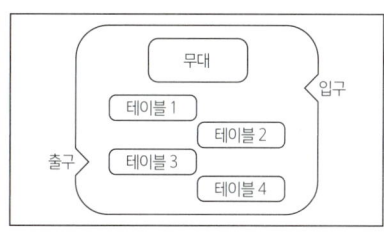

어휘 **retirement** 은퇴, 퇴직 **confirm** ~을 확정하다, ~을 확인해 주다 **reminder** (상기시키는) 알림, 메시지 **display** ~을 게시하다, ~을 진열하다 **former** 이전의, 전직 ~의 **remark** 말, 발언 **since** ~하기 때문에, ~한 이후로 **farewell speech** 고별사 **seat** ~을 앉히다 **reserve A B**: A에게 B를 지정해 주다, A에게 B를 예약해 주다 **spot** 자리, 지점, 장소 **in front of** ~ 앞에

10. 화자들이 어떤 행사를 준비하고 있는가?
(A) 시상식 만찬
(B) 제품 출시회
(C) 은퇴 기념 파티
(D) 교육 시간

해설 대화를 시작하면서 남자가 내일 있을 황 씨의 은퇴 기념 파티에 필요한 모든 게 준비되어 있는지(Everything's ready for Ms. Hwang's retirement party tomorrow, right?) 묻고 있으므로 (C)가 정답이다.

어휘 prepare for ~을 준비하다 launch 출시, 공개, 시작

11. 남자가 행사 중에 무엇을 하도록 제안하는가?
(A) 메시지를 공유하는 일
(B) 상을 나눠 주는 일
(C) 선물 가방을 나눠 주는 일
(D) 단체 사진을 촬영하는 일

해설 대화 중반부에 남자가 'I thought it might be nice ~' 제안 표현과 함께 이전 팀원들이 전하는 몇몇 메시지를 게시하면 좋을 것 같다고 생각한(I thought it might be nice to display some messages ~) 사실을 언급하고 있으므로 (A)가 정답이다.

어휘 share ~을 공유하다, ~을 함께 나누다 hand out ~을 나눠 주다(= distribute)

Paraphrase display some messages
⇒ Sharing messages

12. 시각자료를 보시오. 여자가 어디에 앉을 것 같은가?
(A) 테이블 1
(B) 테이블 2
(C) 테이블 3
(D) 테이블 4

해설 실내 배치도가 시각자료로 제시되는 경우, 각 사물의 명칭과 위치 등을 미리 확인해 둬야 하며, 특히 기준점과 위치 관계 등을 나타내는 정보에 유의해 들어야 한다. 남자가 대화 후반부에 여자에게 무대 바로 앞쪽에 있는 테이블에 자리를 하나 지정해 주겠다고(I'll reserve you a spot at the table right in front of the stage) 알리고 있다. 시각자료에서 상단의 무대와 가장 가까운 테이블이 TABLE 1이므로 (A)가 정답이다.

DAY 14 최빈출 담화 유형 1

1 전화 메시지

안녕하세요, 이 메시지는 린 파웰 님에게 드리는 것입니다. 저는 푸드 투 유 케이터링의 찰리 모이어입니다. 주문하신 음식에 관해 연락드렸습니다. 식사는 준비가 되었지만, 디저트는 지연이 되고 있습니다. 두 가지 모두 오후 5시에 함께 보내드릴까요, 아니면 식사를 먼저 보내드리고 쿠키는 나중에 보내드릴까요? 345-5655번으로 제게 연락 주셔서 결정 사항을 알려주세요.

어휘 message 메시지, 전달 사항 catering 출장 연회 서비스 dish 요리, 음식 order ~을 주문하다 meal 식사 delay 지연, 연기 contact ~에게 연락하다 decision 결정, 판단

PRACTICE ①

Questions 1-3 refer to the following telephone message.

안녕하세요, 어반 리빙 인테리어입니다. 귀사에서 사무실용으로 저희 의자를 몇 개 주문하셨고, 현재 배송 준비 중입니다. 하지만 결제가 되기 전에는 발송이 불가능합니다. 결제가 확인되는 대로 주문하신 상품의 배송을 진행하겠습니다. 주문 상태를 저희 웹사이트에서 확인해 주세요. 문의 사항이 있으시면 언제든지 전화 주세요.

어휘 order ~을 주문하다 prepare 준비하다 ship ~을 배송하다, 발송하다 receive ~을 받다 payment 지불, 결제 as soon as ~하자마자 proceed with ~을 진행하다 shipment 배송, 발송 status 상태, 진행 상황 anytime 언제든지

1. 청자는 어디에서 일하고 있을 것 같은가?
(A) 철물점에서
(B) 슈퍼마켓에서
(C) 미술관에서
(D) 가구점에서

어휘 hardware store 철물점 art gallery 미술관

2. 화자는 어떤 문제로 전화하고 있는가?
(A) 주소를 찾을 수 없다.
(B) 결제가 이루어지지 않았다.
(C) 배송이 지연되었다.
(D) 물품이 파손되었다.

어휘 shipment 선적(물), 배송(물) damaged 손상된, 파손된

3. 화자는 청자에게 무엇을 하라고 요청하는가?
(A) 웹사이트를 방문하기
(B) 주소를 확인하기
(C) 양식에 서명하기
(D) 이메일을 보내기

어휘 ask A to do: A에게 ~하도록 요청하다 form 양식, 서식

2 회의

이번 전 직원 회의에 참석해 주셔서 감사합니다. 먼저 말씀드리고 싶은 것은 도색 작업에 관한 것입니다. 작업자들이 내일

사무실을 칠하기 위해 이곳에 올 예정입니다. 토요일 아침 일찍 작업을 시작할 예정이며, 일요일 저녁까지 작업을 마칠 수 있다고 했습니다. 오늘 저녁 퇴근하시기 전에, 책상과 의자 위에 이 천들로 꼭 덮어 주세요.

어휘 all-staff meeting 전 직원 회의 paint ~을 칠하다, 페인트칠하다 before you leave 떠나기 전에 be sure to do 반드시 ~하다 cover ~을 덮다 cloth 천, 헝겊

PRACTICE ②

Questions 1-3 refer to the following excerpt from a meeting.

회사 직원 회의에 오신 것을 환영합니다. 지난 분기 매출 수치에 대한 보고를 시작하기에 앞서, 마케팅팀이 분기 목표를 달성한 것에 대해 축하의 말씀을 드리고 싶습니다. 모든 직원들은 마케팅팀의 노고를 기리기 위해 이번 주 금요일에 열리는 저녁 식사에 초대됩니다. 이제 지난 분기의 수치를 살펴보겠습니다. 현재의 우리 판매 전략이 효과적인지 여부를 결정할 필요가 있습니다.

어휘 staff meeting 직원 회의 quarter 분기 sales figures 매출액 congratulate A for B: B에 대해 A를 축하하다 meet one's targets ~의 목표를 달성하다 quarterly 분기의 be invited to do ~하도록 권장되다 attend ~에 참석하다 recognize ~을 인정하다 hard work 노고 figures 수치 자료 decide if ~인지 결정하다 current 현재의 sales strategy 판매 전략 effective 효과적인

1. 화자는 누구일 가능성이 가장 높은가?
(A) 관리자
(B) 공장 감독관
(C) 고객 서비스 담당자
(D) 컴퓨터 기술자

어휘 supervisor 감독관, 관리자 representative 대표자, 직원

2. 화자는 왜 팀을 축하하는가?
(A) 팀이 프로젝트를 일찍 끝냈다.
(B) 팀이 상을 받았다.
(C) 팀이 목표를 달성했다.
(D) 팀이 신제품을 개발했다.

어휘 win an award 상을 타다 reach one's goal 목표를 달성하다 develop ~을 개발하다

Paraphrase meeting their quarterly targets
⇒ reached its goal

3. 청자들은 무엇을 하도록 요청받는가?
(A) 데이터를 검토하기
(B) 세미나에 참석하기
(C) 양식을 작성하기
(D) 보고서를 제출하기

어휘 review ~을 검토하다 fill out ~을 작성하다 form 서식 submit ~을 제출하다

Paraphrase look at last quarter's figures
⇒ Review some data

실전 TEST

1. (B)	2. (A)	3. (D)	4. (C)	5. (D)
6. (D)	7. (A)	8. (C)	9. (A)	10. (D)
11. (C)	12. (B)			

Questions 1–3 refer to the following excerpt from a meeting.

Before we wrap up our weekly staff meeting, I have one last announcement. **1** Several of you mentioned wanting to improve your presentation skills, so we've arranged a public speaking seminar on May 10th. **2** If you'd like to attend, make sure to register by Friday so we can finalize the list of participants. The session will be led by Carlos Dunn, a professional speaker and author of *Speak to Inspire*. **3** Everyone who signs up will need to review the first three chapters of the book before attending.

주간 직원 회의를 마무리하기 전에, 한 가지 마지막 공지 사항이 있습니다. 여러분 중 여러 사람이 발표 능력을 향상시키기를 원한다고 언급해 주셨기 때문에, 5월 10일에 대중 연설 세미나를 마련해 두었습니다. 참석하고자 하시는 경우, 반드시 금요일까지 등록하셔야 우리가 참가자 명단을 최종 확정할 수 있습니다. 이 시간은 카를로스 던 씨께서 진행하실 것이며, 이분은 전문 연사이시자 <영감을 주는 연설>의 저자이십니다. 신청하시는 모든 분은 참석하시기 전에 이 책에서 첫 세 챕터를 살펴 보셔야 할 것입니다.

어휘 wrap up ~을 마무리하다 announcement 공지, 발표, 알림 mention -ing ~하기를 언급하다 improve ~을 향상시키다 presentation 발표(회) skill 능력, 기술 arrange ~을 마련하다, ~을 조치하다 make sure to do 반드시 ~하도록 하다 register 등록하다 by (기한) ~까지 finalize ~을 최종 확정하다 participant 참가자 session (특정 활동을 위한) 시간 lead ~을 진행하다, ~을 이끌다

author 저자, 작가 sign up 등록하다, 신청하다 review ~을 살펴 보다, ~을 검토하다

1. 곧 있을 세미나의 주제가 무엇인가?
   (A) 팀을 이끄는 방법
   (B) 효과적인 발표를 하는 방법
   (C) 사업 제안서를 작성하는 방법
   (D) 사무용 파일을 체계화하는 방법

해설 화자가 담화 초반부에 사람들이 발표 능력을 향상시키기를 원한다고 언급한 것에 따라 5월 10일에 대중 연설 세미나를 마련했다고(Several of you mentioned wanting to improve your presentation skills, so we've arranged a public speaking seminar ~) 알리고 있으므로 (B)가 정답이다.

어휘 upcoming 곧 있을, 다가오는 how to do ~하는 방법 effective 효과적인 proposal n. 제안(서) organize ~을 체계화하다, ~을 정리하다, ~을 조직하다

Paraphrase improve your presentation skills / a public speaking ⇒ How to give effective presentations

2. 화자가 등록과 관련해 무슨 말을 하는가?
   (A) 반드시 이번 주 말까지 완료되어야 한다.
   (B) 책임자의 승인을 필요로 할 것이다.
   (C) 수료증을 포함한다.
   (D) 일반인들에게 공개되어 있다.

해설 담화 중반부에 화자가 참석하려는 사람은 반드시 금요일까지 등록해야 한다고(If you'd like to attend, make sure to register by Friday ~) 밝히고 있으므로 (A)가 정답이다.

어휘 require ~을 필요로 하다 approval 승인 come with ~을 포함하다, ~이 딸려 있다 certificate 수료증, 증명서 the public 일반인들, 대중

Paraphrase by Friday ⇒ by the end of the week

3. 세미나 참가자들이 무엇을 하도록 요청 받을 것인가?
   (A) 프로그램을 디자인하는 일
   (B) 동영상을 시청하는 일
   (C) 몇몇 슬라이드를 만드는 일
   (D) 책의 일부를 읽어 보는 일

해설 담화 후반부에 화자가 책 한 권을 언급하면서 그 책에서 첫 세 개의 챕터를 살펴 보도록(Everyone who signs up will need to review the first three chapters of the book ~) 요청하고 있으므로 (D)가 정답이다.

어휘 be asked to do ~하도록 요청 받다 create ~을 만들어 내다

Paraphrase review the first three chapters of the book ⇒ Read part of a book

Questions 4-6 refer to the following telephone message.

Hello, Ms. Mitchell. This is Harry calling from 4 One-stop Auto Repair. I just took a look at your car and found that it needs some urgent repairs. The first thing you need to know is that 5 the tires are too old. And, that's just the beginning. 5 There are some other parts that have to be replaced right away. If I perform all the repair work, it might cost you a lot of money. Anyway, 6 I'll create an estimate and e-mail it to you soon. Please take a look at it and let me know how you would like to proceed. Thank you.

안녕하세요, 미첼 씨. 저는 원스톱 오토 리페어에서 전화 드리는 해리입니다. 방금 귀하의 자동차를 한 번 살펴 봤는데, 몇몇 긴급한 수리 작업이 필요하다는 사실을 알게 되었습니다. 가장 먼저 알고 계셔야 하는 것은 타이어들이 너무 낡았다는 점입니다. 그리고, 그것은 시작에 불과합니다. 지금 바로 교체되어야 하는 몇몇 다른 부품들도 있습니다. 제가 모든 수리 작업을 실시한다면, 귀하께서 많은 돈을 들이셔야 할지도 모릅니다. 어쨌든, 제가 견적서를 만들어서 곧 이메일로 보내 드리겠습니다. 한 번 살펴 보시고 어떻게 진행하고 싶으신지 제게 알려 주시기 바랍니다. 감사합니다.

어휘 take a look at ~을 한 번 보다 find that ~임을 알게 되다 urgent 긴급한 repair 수리 beginning 시작 part 부품, 부분, 일부 replace ~을 교체하다 right away 지금 바로, 당장 perform ~을 실시하다, ~을 수행하다 cost A B: A에게 B의 비용을 들이게 하다 anyway 어쨌든 create ~을 만들어 내다 estimate 견적(서) e-mail v. ~을 이메일로 보내다 let A know: A에게 알리다 proceed 일을 진행하다

4. 화자가 어디에서 일하고 있을 것 같은가?
   (A) 가구 매장에서
   (B) 지역 은행에서
   (C) 자동차 수리소에서
   (D) 전자 제품 매장에서

해설 담화를 시작하면서 화자가 One-stop Auto Repair라는 업체 이름과 함께 자동차를 살펴 본 사실을(I just took a look at your car ~) 언급하고 있으므로 자동차 수리소에 근무하는 것으로 판단할 수 있다. 따라서, (C)가 정답이다.

어휘 local 지역의, 현지의 electronics 전자 제품

5. 화자가 "그리고, 그것은 시작에 불과합니다"라고 말할 때 무엇을 암시하는가?
   (A) 몇몇 결과에 실망한 상태이다.
   (B) 더 나은 선택 사항을 찾았다.

(C) 지금 도움이 필요하다.
(D) 더 많은 문제점들을 인식했다.

해설 화자가 담화 중반부에 타이어가 너무 낡은 사실을(~ the tires are too old) 밝히면서 '그것이 시작에 불과하다'라고 말한 다음, 다른 부품들도 당장 교체되어야 한다는(There are some other parts that have to be replaced right away) 사실을 덧붙이는 흐름이다. 따라서, 타이어 외에 다른 문제들이 더 있다는 사실을 알리기 위해 한 말이라는 것을 알 수 있으므로 이에 해당되는 의미로 쓰인 (D)가 정답이다.

어휘 be disappointed with ~에 실망하다 result 결과(물) option 선택 사항 assistance 도움, 지원 notice ~을 인식하다, ~을 알아차리다

6. 화자가 무엇을 할 것이라고 말하는가?
(A) 일부 기계를 구입하는 일
(B) 이메일을 읽어 보는 일
(C) 지역 매장을 방문하는 일
(D) 견적서를 보내는 일

해설 담화 후반부에 화자가 견적서를 만들어 이메일로 보내겠다고(I'll create an estimate and e-mail it to you soon) 말하고 있으므로 (D)가 정답이다.

Paraphrase e-mail ⇒ send

Questions 7-9 refer to the following telephone message.

Hi, this is Paul Kim from FreshBrew Coffee Supplies. **7** I'm calling about the order you placed for four commercial coffee machines. **8** Unfortunately, I currently only have two in stock, and I shipped those to **7** your café this morning. **8** I apologize for not being able to deliver all the machines right away. I expect to receive more units early next week and will send the remaining machines as soon as they arrive. To thank you for your patience, **9** we're extending your service warranty by an additional six months.

안녕하세요, 저는 프레시브루 커피 서플라이즈의 폴 킴입니다. 귀하께서 네 대의 상업용 커피 기계를 주문하신 것과 관련해 전화 드립니다. 유감스럽게도, 제가 현재 오직 두 대만 재고로 보유하고 있으며, 이 제품들은 오늘 오전에 귀하의 카페로 발송해 드렸습니다. 지금 바로 모든 기계를 배송해 드릴 수 없다는 점에 대해 사과 드립니다. 제가 다음 주 초에 더 많은 기기들을 받을 것으로 예상하고 있으며, 이것들이 도착하는 대로 남은 기계를 보내 드리겠습니다. 기다려 주신 데 대한 감사의 뜻으로, 귀하의 품질 보증 서비스를 추가로 6개월 연장해 드립니다.

어휘 place an order 주문하다 commercial 상업의 unfortunately 유감스럽게도, 안타깝게도 currently 현재 have A in stock: A를 재고로 보유하다 ship ~을 발송하다, ~을 배송하다 apologize for ~에 대해 사과하다 be able to do ~할 수 있다 right away 지금 바로, 당장 expect to do ~할 것으로 예상하다 unit (상품의) 한 대, 한 개, 구성 단위 remaining 남아 있는, 나머지의 as soon as ~하는 대로, ~하자마자 patience 인내(심) extend ~을 연장하다, ~을 확장하다 warranty 품질 보증(서) by (차이) ~만큼, ~ 정도 additional 추가적인

7. 청자가 누구일 것 같은가?
(A) 카페 소유주
(B) 제품 후기 작성자
(C) 서비스 기사
(D) 배송 트럭 기사

해설 화자가 담화 초반부에 청자가 상업용 커피 기계를 네 대 주문한(I'm calling about the order you placed for four commercial coffee machines) 사실과 귀하의 카페(your café)라고 언급하고 있다. 따라서, 상업용 커피 기계를 이용해 카페를 운영하는 사람인 (A)가 정답이다.

어휘 owner 소유주, 주인 reviewer 후기 작성자, 평가자

8. 화자가 왜 사과하는가?
(A) 엉뚱한 제품이 배송되었다.
(B) 배송품이 지연되었다.
(C) 주문이 완전히 이행될 수 없었다.
(D) 거래 내역서가 오류를 포함하고 있다.

해설 담화 중반부에 화자가 지금 바로 모든 기계를 배송해 줄 수 없다는 점에 대해 사과한다고(I apologize for not being able to deliver all the machines right away) 말하고 있다. 이는 애초의 주문 사항이 완전히 이행되지 못한 문제에 대해 사과하는 것이므로 (C)가 정답이다.

어휘 delay ~을 지연시키다 fully 완전히, 전부, 최대로 fill ~을 이행하다, ~을 충족하다, ~을 채우다 invoice 거래 내역서 contain ~을 포함하다, ~을 담고 있다

Paraphrase not being able to deliver all the machines ⇒ An order could not be fully filled.

9. 화자가 청자에게 무엇을 제공하는가?
(A) 연장된 품질 보증 서비스
(B) 환불
(C) 가격 할인
(D) 제품 카탈로그

해설 담화 후반부에 화자가 품질 보증 서비스를 추가로 6개월 연장해 준다고(~ we're extending your service warranty by an additional six months) 알리고 있으므로 (A)가 정답이다.

어휘 refund 환불(액) catalog 카탈로그(제품 정보를 담은 책자)

Questions 10-12 refer to the following excerpt from a meeting and directory.

Good morning, everyone. I'd like to start the staff meeting by announcing that **10 we have upgraded all the computers on each floor.** However, **11 some employees said their computers are not working properly.** So, we are going to visit each department to check out those computers and perform additional work today. If you think your computer has any problem, please let me know. Also, we'll inspect printers and photocopiers. So, **12 those who want to print out documents should go to the second floor while we carry out the inspection.**

안녕하세요, 여러분. 저희가 각 층에 있는 모든 컴퓨터를 업그레이드했다는 사실을 알려 드리는 것으로 직원 회의를 시작하고자 합니다. 하지만, 일부 직원들께서 컴퓨터가 제대로 작동되고 있지 않다고 말씀해 주셨습니다. 따라서, 저희가 오늘 그 컴퓨터들을 확인하고 추가 작업을 실시하기 위해 각 부서를 방문할 예정입니다. 여러분의 컴퓨터에 어떤 문제라도 있다고 생각되시면, 저에게 알려 주십시오. 또한, 저희가 프린터와 복사기도 점검할 것입니다. 따라서, 저희가 점검 작업을 수행하는 동안 문서를 출력하고자 하는 분들께서는 2층으로 가시기 바랍니다.

건물 층별 안내	
층	부서
1	마케팅
2	인사
3	재무
4	고객 서비스

어휘 announce that ~라고 알리다 however 하지만, 그러나 work (기계 등이) 작동하다, 기능하다 properly 제대로, 적절히 department 부서 check out ~을 확인하다 perform ~을 실시하다, ~을 수행하다(= carry out) additional 추가적인 inspect ~을 점검하다 photocopier 복사기 those who ~하는 사람들 print out ~을 출력하다, ~을 인쇄하다 while ~하는 동안, ~인 반면 inspection 점검 directory (건물 입구 등에 있는) 층별 안내 Human Resources 인사(부) finance 재무, 재정, 금융

10. 화자가 주로 무엇에 관해 이야기하는가?
(A) 신임 부서장
(B) 사무실 개조 공사
(C) 견학 일정
(D) 컴퓨터 업그레이드

해설 화자가 담화를 시작하면서 각 층의 컴퓨터를 업그레이드한 사실을(~ we have upgraded all the computers on each floor) 알린 뒤로, 그로 인해 발생된 문제점 및 조치 방법을 말하는 것으로 담화가 진행되고 있으므로 (D)가 정답이다.

어휘 renovation 개조, 보수

11. 화자가 어떤 문제를 언급하는가?
(A) 한 직원이 오늘 결근한 상태이다.
(B) 배송 일정이 재조정되었다.
(C) 일부 기기가 문제를 야기하고 있다.
(D) 일부 프로그램이 설치되지 않았다.

해설 화자가 담화 초반부에 일부 직원들이 컴퓨터가 제대로 작동되지 않는 문제를 말한(~ some employees said their computers are not working properly) 사실을 밝히고 있는데, 이는 기기가 문제를 야기하고 있는 상황이므로 (C)가 정답이다.

어휘 absent 결근한, 자리를 비운 delivery 배송(품) reschedule ~의 일정을 재조정하다 device 기기, 장치 cause ~을 야기하다, 초래하다 install ~을 설치하다

Paraphrase computers are not working properly
⇒ devices are causing trouble

12. 시각자료를 보시오. 청자들이 어느 부서로 가도록 요청 받는가?
(A) 마케팅팀
(B) 인사팀
(C) 재무팀
(D) 고객 서비스팀

해설 부서명이 선택지에 제시되어 있으므로 시각자료에 표기된 층 숫자가 담화 중에 단서로 언급된다는 점에 유의하면서 들어야 한다. 화자가 담화 마지막 부분에 문서를 출력하고자 하는 사람들에게 2층으로 가도록(~ those who want to print out documents should go to the second floor ~) 요청하고 있는데, 시각자료에서 2층으로 표기된 부서가 Human Resources이므로 (B)가 정답이다.

어휘 be asked to do ~하도록 요청 받다

DAY 15 최빈출 담화 유형 2

1 연설

안녕하세요, 로보 의류 시상식 만찬에 참석해 주셔서 감사합니다. 올해의 직원상을 달튼 씨에게 수여하게 되어 매우 기쁩니다. 올해 그는 유럽에 매장 다섯 곳을 열어 당사를 국제적으로 확장시켰습니다. 이제 달튼 씨가 그가 겪은 도전에 대해 이야

기해 줄 예정입니다. 그를 따뜻하게 맞이해 주세요!

어휘 It's my pleasure to do ~하게 되어 기쁘다 present ~을 수여하다, 발표하다 Employee of the Year Award 올해의 직원상 expand ~을 확장하다 internationally 국제적으로 open ~을 열다, 개점하다 challenge 도전, 어려움 give A a warm welcome: A를 따뜻하게 맞이하다

PRACTICE 1

Questions 1-3 refer to the following speech.

오늘 밤 연회에 참석해 주셔서 감사합니다. 올해의 가정용 기술 혁신상을 발표하게 되어 매우 기쁩니다. 수상자는… 조나스 리베라 씨로, 그의 스마트 공기청정기 에어센스 프로가 선정되었습니다. 이 제품은 공기를 효율적으로 정화할 뿐만 아니라, 실내 환경에 따라 자동으로 설정을 조절합니다. 소비자들은 모바일 앱을 통해 원격으로 작동시킬 수 있다는 점을 특히 좋아할 것입니다. 5월부터 에어센스 프로가 전국 매장에서 판매될 예정입니다. 조나스 리베라 씨에게 큰 박수를 부탁드립니다!

어휘 banquet 연회, 만찬 announce ~을 발표하다 air purifier 공기청정기 filter ~을 정화하다, 걸러내다 efficiently 효율적으로 adjust ~을 조절하다 setting 설정, 조정 automatically 자동으로 based on ~을 기반으로 room condition 실내 상태, 환경 operate ~을 작동시키다 remotely 원격으로 mobile app 모바일 앱 on sale 판매 중인 across the country 전국적으로 a round of applause 박수갈채

1. 청자들은 어디에 있겠는가?
(A) 시상식
(B) 회사 회의
(C) 기자 회견
(D) 개업 행사

어휘 awards ceremony 시상식 press conference 기자회견 grand opening 개업식, 개장식

2. 화자는 제품에 대해 뭐라고 말하는가?
(A) 다양한 색상으로 제공된다.
(B) 재사용 가능한 필터가 포함되어 있다.
(C) 모바일 앱과 함께 작동한다.
(D) 전문가의 설치가 필요하다.

어휘 available 이용 가능한, 구할 수 있는 in multiple colors 다양한 색상으로 include ~을 포함하다 reusable 재사용 가능한 work 작동하다 require ~을 필요로 하다 professional 전문적인 installation 설치

3. 화자에 따르면, 5월에 어떤 일이 있을 예정인가?
(A) 생산 공장이 문을 열 것이다.
(B) 제품이 구매 가능해질 것이다.
(C) 앱의 새로운 버전이 출시될 것이다.
(D) 새로운 광고 캠페인이 시작될 것이다.

어휘 manufacturing plant 제조 공장 become available for purchase 구매가 가능해지다 launch 출시되다 advertising campaign 광고 캠페인

2 라디오 방송

안녕하세요, 서울 딜라이트에 채널을 맞춰 주셔서 감사합니다. 저는 김준이고, 아침 교통 상황부터 전해드리겠습니다. 오늘 아침에는 34번 고속도로에서 지체가 예상됩니다. 자동차 충돌 사고로 인해 해당 구간의 교통이 느려지고 있습니다. 따라서 30번 고속도로를 대신 이용하시는 것을 권장드립니다. 잠시 후 광고를 마치고 다시 돌아오겠습니다.

어휘 tune in to ~에 채널을 맞추다, 방송을 듣다/보다 traffic report 교통 정보 expect a delay 지연이 예상되다 highway 고속도로 car crash 자동차 충돌사고 recommend ~을 추천하다, 권장하다 instead 대신에 commercial break 광고 시간

PRACTICE 2

Questions 1-3 refer to the following broadcast.

시네챗 라디오에 채널을 맞춰 주셔서 감사합니다. KTEC 라디오 방송의 이번 주 영화 토크 진행자 멜라니입니다. 오늘은 브라이언 그레이 씨를 초대했습니다. 그는 최근 자신이 감독한 영화에 대해 이야기해 줄 예정입니다. 또한, 시네마 투데이의 편집자인 크리스 진 씨도 이 스튜디오에 함께할 예정입니다. 진 씨는 신작 영화들을 리뷰하고, 추천작도 소개해 줄 것입니다. 이제 날씨 소식을 전해드릴 시간입니다. 하지만 채널을 고정해 주세요. 곧 초대 손님들과 함께 다시 돌아오겠습니다.

어휘 tune in to ~에 채널을 맞추다, 방송을 청취하다 host 진행자 radio station 라디오 방송국 invite ~을 초대하다 direct ~을 감독하다 editor 편집장 review ~을 비평하다, 검토하다 new release 신작, 새로 개봉한 영화 recommendation 추천 stay tuned 채널을 고정하다 be right back 곧 돌아오다

1. 방송의 주제는 무엇인가?
(A) 현대인의 생활 방식

(B) 직장 내 갈등
(C) 시장 조사
(D) 최근 영화들

어휘 modern 현대의 conflict 갈등 research 조사, 연구 recent 최근의

2. 브라이언 그레이는 누구인가?
   (A) 유명한 작가
   (B) 사업가
   (C) 영화 감독
   (D) 라디오 쇼 진행자

어휘 author 작가 business owner 사업가 director 감독 host 진행자

3. 청취자들은 다음에 무엇을 듣게 되는가?
   (A) 영화 사운드트랙
   (B) 광고
   (C) 일기예보
   (D) 교통 정보

어휘 weather forecast 일기예보 traffic report 교통 정보 뉴스

실전 TEST

1. (D)	2. (B)	3. (C)	4. (B)	5. (A)
6. (B)	7. (A)	8. (C)	9. (C)	10. (B)
11. (C)	12. (B)			

Questions 1-3 refer to the following speech.

Welcome to the 7th annual Environment & Business Convention. At this year's event, we have prepared a wider variety of lectures and presentations. Today's keynote speaker is Gerald Nilson. **1** **Mr. Nilson is the president of G&N Environmental Group, a non-profit organization** based in New York. Today, **2** **he will talk about the importance of manufacturing eco-friendly products.** Following his speech, **3** **there will be small group discussions,** so please remain seated if you are interested in participating.

제7회 연례 환경과 비즈니스 컨벤션에 오신 것을 환영합니다. 올해의 행사에서, 저희는 더욱 다양한 강연과 발표를 준비했습니다. 오늘 기조 연설자는 제럴드 닐슨 씨입니다. 닐슨 씨는 뉴욕을 기반으로 하는 비영리 단체인 G&N 환경 그룹의 대표이십니다. 오늘, 닐슨 씨께서 친환경적인 제품을 제조하는 것의 중요성에 관해 이야기해 주실 것입니다. 이분의 연설 후에, 소그룹 토론이 있을 것이므로, 참여하는 데 관심이 있으신 분은 자리에 남아 주시기 바랍니다.

어휘 annual 연례적인, 해마다의 prepare ~을 준비하다 a wide variety of 아주 다양한 lecture 강연, 강의 presentation 발표(회) keynote speaker 기조 연설자 president 대표, 사장 non-profit 비영리의 organization 단체, 기관 based in ~을 기반으로 하는, ~에 본사를 둔 importance 중요성 manufacture ~을 제조하다 eco-friendly 친환경적인 following ~ 후에, ~ 다음에 speech 연설 discussion 토론, 논의 remain 형용사: ~한 상태로 남아 있다, 계속 ~한 상태를 유지하다 seated 착석한, 자리에 앉은 participate 참여하다, 참가하다

1. 제럴드 닐슨 씨가 누구인가?
   (A) 영업 이사
   (B) 유명인
   (C) 대학 교수
   (D) 단체 대표

해설 화자가 담화 중반부에 닐슨 씨의 이름을 언급하면서 한 환경 관련 단체의 대표라고(Mr. Nilson is the president of G&N Environmental Group, a non-profit organization) 소개하고 있으므로 (D)가 정답이다.

어휘 director 이사, 부서장, 책임자, 감독 celebrity 유명인 professor 교수

Paraphrase president of G&N Environmental Group
⇒ organization leader

2. 닐슨 씨 연설의 주제가 무엇인가?
   (A) 효과적인 광고
   (B) 친환경적인 제품
   (C) 도시 개발 방식
   (D) 고객 관리

해설 화자가 담화 중반부에 닐슨 씨의 연설을 언급하면서 닐슨 씨를 he로 지칭해 친환경적인 제품을 제조하는 것의 중요성에 관해 이야기한다고(~ he will talk about the importance of manufacturing eco-friendly products) 언급하고 있으므로 (B)가 정답이다.

어휘 effective 효과적인 advertisement 광고 item 제품, 물품, 품목 urban 도시의 development 개발, 발전 method 방식, 방법 customer relations 고객 관리

Paraphrase products ⇒ items

3. 청자들이 연설 후에 무엇을 할 것 같은가?
   (A) 설문지를 작성하는 일
   (B) 건물을 견학하는 일

(C) 토론을 하는 일
(D) 행사에 등록하는 일

해설 화자가 담화 후반부에 청자들을 대상으로 소그룹 토론이 있다는 말과 함께 그것에 관심이 있으면 자리에 남아있도록 (~ there will be small group discussions, so please remain seated ~) 요청하고 있다. 따라서, 연설 후에 청자들이 토론에 참석하는 것으로 볼 수 있으므로 (C)가 정답이다.

어휘 fill out ~을 작성하다 survey 설문 조사(지) tour v. ~을 견학하다 register for ~에 등록하다

Questions 4-6 refer to the following broadcast.

And now for our last news item: **4 the City Planning Committee is reviewing a proposal to build a public park** near the downtown business district. Supporters say it would provide more green space and improve the area's appearance. However, **5 local shop owners are worried that construction could reduce foot traffic to their businesses.** A community meeting will be held next Thursday to gather feedback. If you'd like to express your opinion in advance, **6 you can submit comments through the city's official Web site.**

그리고 이제 저희 마지막 뉴스 순서는, 도시 기획 위원회가 시내 상업 지구 근처에 공원을 하나 짓는 제안서를 검토하고 있다는 소식입니다. 지지자들은 그 공원이 더 많은 녹지 공간을 제공해 주고 지역의 외관을 향상시켜 줄 것이라고 말합니다. 하지만, 지역 상점 소유주들은 건설 공사가 자신들의 업체를 찾는 유동 인구를 감소시킬 수 있다고 우려합니다. 지역 사회 회의가 의견을 수집하기 위해 다음 주 목요일에 개최될 것입니다. 미리 의견을 표하고자 하시는 경우, 시 공식 웹사이트를 통해 견해를 제출하실 수 있습니다.

어휘 news item 한 편의 뉴스 planning 기획, 계획 committee 위원회 review ~을 검토하다, ~을 살펴 보다 proposal 제안(서) district 지구, 구역 supporter 지지자 green space 녹지 공간 improve ~을 향상시키다 appearance 외관, 모습 however 하지만, 그러나 owner 소유주, 주인 be worried that ~임을 우려하다 reduce ~을 감소시키다 foot traffic 유동 인구 business 업체, 회사 community 지역 사회, 지역 공동체 hold ~을 개최하다 gather ~을 수집하다, ~을 모으다 feedback 의견(= opinion) express (생각 등) ~을 표현하다 in advance 미리 submit ~을 제출하다 comment 견해, 발언

4. 방송이 주로 무엇에 관한 것인가?
(A) 새로운 쇼핑몰
(B) 공사 제안
(C) 도로 정비 일정
(D) 업체 이전 계획

해설 화자가 담화를 시작하면서 도시 기획 위원회가 시내 상업 지구 근처에 공원을 짓는 제안서를 검토하고 있다고(~ the City Planning Committee is reviewing a proposal to build a public park ~) 언급한 뒤로 해당 공사와 관련된 소식을 전하고 있으므로 (B)가 정답이다.

어휘 maintenance 유지 관리, 정비 relocation (위치) 이전, 재배치

Paraphrase a proposal to build a public park
⇒ A construction proposal

5. 일부 업체 소유주들이 어떤 우려를 갖고 있는가?
(A) 더 적은 고객 방문
(B) 상승하는 임대 비용
(C) 늘어난 경쟁
(D) 줄어든 주차 공간

해설 화자가 담화 중반부에 지역 상점 소유주들이 건설 공사가 업체를 찾는 유동 인구를 감소시킬 수 있다고 우려한다는 (~ local shop owners are worried that construction could reduce foot traffic to their businesses) 사실을 밝히고 있으므로 (A)가 정답이다.

어휘 rise 상승하다, 오르다 rental 임대, 대여 increase ~을 늘리다, ~을 증가시키다 competition 경쟁, 경기대회, 경연대회 parking 주차 (공간)

Paraphrase reduce foot traffic to their businesses
⇒ Lower customer visits

6. 화자의 말에 따르면, 청자들이 웹사이트에서 무엇을 할 수 있는가?
(A) 행사에 등록하는 일
(B) 견해를 제출하는 일
(C) 좌석을 예약하는 일
(D) 동영상을 시청하는 일

해설 화자가 담화 후반부에 시 공식 웹사이트를 통해 견해를 제출하실 수 있다고(~ you can submit comments through the city's official Web site) 알리고 있으므로 (B)가 정답이다.

어휘 register for ~에 등록하다 reserve ~을 예약하다

Questions 7-9 refer to the following speech.

Good afternoon, and **7 thank you for joining us at this press conference.** I'm speaking on behalf of the Westdale Transportation Authority. We're excited to announce a major upgrade to the city's bus system. **8 Starting in September, all city buses will be equipped with free Wi-Fi.** This upgrade is part of our effort to make public transportation more comfortable for citizens. We're also planning to introduce a mobile ticketing app by the end of the year to make payments easier. **9 We believe these changes will greatly enhance the commuting experience for all residents.**

안녕하세요, 이 기자 회견에 저희와 함께 해 주셔서 감사합니다. 저는 웨스트데일 교통 공단을 대표해 말씀 드립니다. 저희는 시 버스 시스템에 대한 대대적인 업그레이드를 알려 드리게 되어 기쁩니다. 9월부터, 모든 시내 버스가 무료 와이파이를 갖게 될 것입니다. 이 업그레이드는 시민들을 위해 대중 교통을 더욱 편안하게 만들기 위한 저희 노력의 일환입니다. 저희는 또한 비용 결제를 더욱 수월하게 만들기 위해 연말까지 모바일 발권 앱을 도입할 계획도 세우고 있습니다. 저희는 이러한 변화들이 모든 주민들을 대상으로 통근 경험을 크게 향상시켜 줄 것으로 생각합니다.

어휘 join ~와 함께 하다 press conference 기자 회견 on behalf of ~을 대표해 announce ~을 알리다 major 대대적인, 대규모의, 주요한 starting 시점: ~부터 be equipped with ~을 갖추다 free 무료의 effort to do ~하려는 노력 make A 형용사: A를 ~하게 만들다 public transportation 대중 교통 comfortable 편안한, 편한 citizen 시민 plan to do ~할 계획이다 introduce ~을 도입하다, ~을 소개하다 ticketing 발권, 매표 payment 결제(액), 지불(액) greatly 크게, 대단히, 매우 enhance ~을 향상시키다, ~을 강화하다 commuting 통근 resident 주민

7. 화자가 어디에서 이야기하고 있을 것 같은가?
(A) 기자 회견에서
(B) 회사 야유회에서
(C) 학교 이사회 회의에서
(D) 교육 시간에

해설 화자가 담화를 시작하면서 기자 회견에 함께 하는 것에 대해 감사하다고(~ thank you for joining us at this press conference) 인사하고 있으므로 (A)가 정답이다.

어휘 retreat 야유회 board 이사회

8. 무엇이 9월에 도입되는가?
(A) 새로운 버스 노선
(B) 버스 내 무료 와이파이
(C) 확대된 주차 공간
(D) 할인된 티켓 가격

해설 담화 중반부에 화자가 9월부터 모든 시내 버스가 무료 와이파이를 갖추게 될 것이라고(Starting in September, all city buses will be equipped with free Wi-Fi) 밝히고 있으므로 (B)가 정답이다.

어휘 route 노선, 경로 expand ~을 확대하다, ~을 확장하다 parking 주차 (공간) reduce ~을 할인하다, ~을 감소시키다

9. 몇몇 변화의 목적이 무엇인가?
(A) 주차 공간 이용 가능성을 높이는 것
(B) 교통 혼잡을 줄이는 것
(C) 통근 경험을 향상시키는 것
(D) 이동 비용을 낮추는 것

해설 화자는 담화 마지막 부분에서 변화들이 모든 주민들을 대상으로 통근 경험을 크게 향상시켜 줄 것으로 생각한다고 (We believe these changes will greatly enhance the commuting experience for all residents) 언급하고 있으므로 (C)가 정답이다.

어휘 availability (사물) 이용 가능성, (사람) 시간 활용 가능성 traffic congestion 교통 혼잡 improve ~을 향상시키다 lower v. ~을 낮추다, ~을 내리다 travel 이동, 여행 expense (지출) 비용, 경비

Paraphrase enhance ⇒ improve

Questions 10-12 refer to the following news report and weather forecast.

10 Coming up this weekend is the Lakeside Spring Art Fair, a much-loved annual event here in Milton. It will be held outdoors in Riverside Plaza and will feature paintings, sculptures, and handcrafted goods by over 50 local artists. Visitors can also enjoy live music and food vendors. Admission is free, and **11 the full list of participating artists is posted on the city's official Web site.** One important note: **12 rain is expected in the afternoon,** so we recommend bringing an umbrella if you plan to attend.

이번 주말에 다가오는 레이크사이드 봄철 미술 박람회는, 이곳 밀튼 지역에서 크게 사랑 받고 있는 연례 행사입니다. 이 행사는 리버사이드 플라자가 있는 야외에서 개최될 것이며, 50명이 넘는 지역 미술가들의 그림과 조각품, 그리고 수공예품을 특징으로 할 것입니다. 방문객들께서는 라이브 음악과 음식 판매상들도 즐기실 수 있습니다. 입장료는 무료이며, 참가 미술가들의 전체 명단은 시 공식 웹사이트에 게시되어 있습니다. 한 가지 중요한 유의

사항은, 오후에 비가 예상되므로, 참석할 계획이신 경우에는 우산을 챙겨 가시도록 권해 드립니다.

| 금요일 | 토요일 | 일요일 | 월요일 |

어휘 come up 다가오다, 생겨나다 fair 박람회 much-loved 크게 사랑 받는 annual 연례적인, 해마다의 hold ~을 개최하다 feature v. ~을 특징으로 하다 painting 그림 sculpture 조각품 handcrafted goods 수공예품 local 지역의, 현지의 vendor 판매상, 판매업체 admission 입장(료) participating 참가하는 post v. ~을 게시하다 official 공식적인, 정식의 note 유의 사항, 메모, 쪽지 expect ~을 예상하다 recommend -ing ~하기를 권하다 plan to do ~할 계획이다

10. 어떤 행사가 설명되고 있는가?
(A) 영화제
(B) 미술 박람회
(C) 음악 콘서트
(D) 요리 경연대회

해설 담화 초반부에 화자가 이번 주말에 레이크사이드 봄철 미술 박람회가 다가온다는(Coming up this weekend is the Lakeside Spring Art Fair ~) 사실을 알리고 있으므로 (B)가 정답이다.

어휘 describe ~을 설명하다, ~을 묘사하다

11. 화자의 말에 따르면, 청자들이 웹사이트에서 무엇을 찾을 수 있는가?
(A) 공연 일정표
(B) 음식 판매상 대상 할인 쿠폰
(C) 참가 미술가들의 명단
(D) 행사장 안내도

해설 담화 중반부에 화자가 참가 미술가들의 전체 명단이 시 공식 웹사이트에 게시되어 있다고(~ the full list of participating artists is posted on the city's official Web site) 밝히고 있으므로 (C)가 정답이다.

어휘 performance 공연, 연주(회), 수행 (능력), 성과 venue 행사장, 개최 장소

12. 시각자료를 보시오. 행사가 어느 요일에 개최되는가?
(A) 금요일
(B) 토요일
(C) 일요일
(D) 월요일

해설 요일이 선택지에 제시되어 있으므로 시각자료에 표기된 요일별 날씨가 담화 중에 단서로 언급된다는 점에 유의하면서 들어야 한다. 화자가 담화 마지막 부분에 오후에 비가 예상된다는(~ rain is expected in the afternoon ~) 정보를 제공하고 있다. 시각자료에서 비 그림이 그려진 요일이 Saturday이므로 (B)가 정답이다.

READING

토익 기초특강

QUIZ ①

1.
정답 information
해석 사용자는 설명서에서 제품에 대한 정보를 찾을 수 있다.
해설 find의 목적어 자리이므로 명사인 information이 정답이다.
어휘 find ~을 찾다 manual 설명서

2.
정답 Applications
해석 6월 6일 전에 접수되면 지원서를 심사할 것입니다.
해설 will be의 주어 자리이므로 명사인 Applications가 정답이다.
어휘 application 지원서 be considered 고려되다, 심사되다 receive ~을 받다

3.
정답 you
해석 이번 주말에 근무할 수 있는지 알려주시길 바랍니다.
해설 if절의 주어 자리이므로 주격인 you가 정답이다.
어휘 let ~을 ~하게 하다 work 일하다, 근무하다

4.
정답 them
해석 공장에는 30명의 직원이 있으며 그들 중 일부는 다음 달에 은퇴할 예정이다.
해설 전치사 of의 목적어 자리이므로 목적격인 them이 정답이다.
어휘 retire 은퇴하다

5.
정답 his, he
해석 로빈슨씨는 현재의 직무에 만족하지 않아 직장을 그만두는 것을 고려 중이다.
해설 앞의 빈칸은 quitting의 목적어인 명사 job을 수식하는 자리이므로 소유격인 his가 정답이다. 뒤의 빈칸은 접속사 because가 이끄는 절의 주어 자리이므로 주격인 he가 정답이다.

어휘 consider -ing ~할 것을 고려하다 quit ~을 그만두다 be unhappy with ~에 만족하지 않다

QUIZ ②

1.
정답 lasted
해석 회의는 세 시간 동안 지속되었다.
해설 동사 자리이므로 동사 last가 과거형으로 쓰인 lasted가 정답이다. 현재분사 형태인 lasting은 동사 자리에 쓸 수 없다.
어휘 last 지속되다

2.
정답 received
해석 우리는 어제 고객으로부터 대량 주문을 받았다.
해설 동사 자리이므로 동사 receive가 과거시제로 쓰인 received가 정답이다. 현재분사 형태인 receiving은 동사 자리에 쓸 수 없다.
어휘 receive ~을 받다 bulk order 대량 주문 customer 고객

3.
정답 travels
해석 호킨스 씨는 업무 때문에 자주 출장을 간다.
해설 주어 Ms. Hawkins가 3인칭 단수이므로 동사 travel을 현재시제로 쓸 때 단수형인 travels로 써야 한다.
어휘 travel 여행하다, 출장을 가다 frequently 자주

4.
정답 submit
해석 관리자들은 매주 수요일마다 주간 보고서를 제출한다.
해설 주어 The managers가 복수이므로 동사 submit을 현재시제로 쓸 때 복수형인 submit으로 써야 한다.
어휘 submit ~을 제출하다 weekly report 주간 보고서 every Wednesday 매주 수요일

5.
정답 communicate
해석 팀원들과 프로젝트 매니저는 정기적으로 소통한다.
해설 주어가 The team members and the project manager

로 복수이므로 동사 communicate를 현재시제로 쓸 때 복수형인 communicate로 써야 한다.
어휘 communicate 의사소통하다 regularly 정기적으로

QUIZ ③

1.
정답 owns
해석 그 회사는 현재 여러 개의 소매점을 소유하고 있다.
해설 현재를 나타내는 부사 currently가 있으므로 현재시제로 쓰인 owns가 정답이다.
어휘 currently 현재 own ~을 소유하다 retail store 소매점

2.
정답 launched
해석 맥스 일렉트로닉스는 지난주에 신제품을 출시했다.
해설 과거 시점을 나타내는 부사구 last week가 있으므로 과거시제로 쓰인 launched가 정답이다.
어휘 launch ~을 출시하다, 시작하다 product 상품, 제품 last week 지난주

3
정답 will attend
해석 CEO는 내일 무역 박람회에 참석할 예정이다.
해설 미래 시점을 나타내는 부사 tomorrow가 있으므로 미래시제로 쓰인 will attend가 정답이다.
어휘 attend ~에 참석하다 trade show 무역 박람회

4.
정답 was delivered
해석 그 소포는 오늘 아침 귀하의 사무실로 배송되었습니다.
해설 3형식 타동사 deliver(~을 배달하다) 뒤에 목적어가 없으므로 수동태로 써야 함을 알 수 있다. 따라서 was delivered가 정답이다.
어휘 deliver ~을 배송하다, 배달하다 be delivered 배송되다 package 소포

5
정답 had ordered
해석 노리스 씨는 자신이 잘못된 사이즈를 주문했었다는 것을 깨달았다.
해설 that절의 동사는 주절의 과거 동사(realized)보다 더 이전에 일어난 일을 나타내야 하므로 과거완료시제로 써야 한다. 따라서 had ordered가 정답이다.

어휘 realize ~을 깨닫다, 인식하다 order ~을 주문하다 wrong 잘못된

QUIZ ④

1.
정답 important
해석 중요한 결정이 다음 주에 내려질 것이다.
해설 명사 decision을 수식해야 하므로 형용사인 important가 정답이다.
어휘 important 중요한 make a decision 결정을 내리다

2.
정답 effective
해석 최근 광고 캠페인은 매우 효과적이었다.
해설 be동사 was의 보어가 올 자리이므로 형용사인 effective가 정답이다.
어휘 advertising campaign 광고 캠페인 highly 매우, 대단히 effective 효과적인

3.
정답 extremely
해석 우리 고객은 그 제안에 매우 만족했다.
해설 형용사 satisfied(만족한)을 수식해야 하므로 부사인 extremely가 정답이다.
어휘 client 고객 extremely 매우, 극도로 satisfied 만족한 proposal 제안 be satisfied with ~에 만족하다

QUIZ ⑤

1.
정답 that
해석 나는 새 정책이 우리의 생산성을 향상시킬 것이라고 믿는다.
해설 believe 다음에 절이 이어지므로, 절을 이끄는 접속사 that이 적절하다.
어휘 believe that ~라고 믿다 policy 정책 improve ~을 향상시키다 productivity 생산성

2.
정답 in
해석 이사회 회의는 회의실에서 열릴 것이다.
해설 뒤에 장소를 나타내는 명사구가 이어지므로, 전치사 in이 적절하다.

어휘 board meeting 이사회 회의 be held 열리다, 개최되다 conference room 회의실

3.
정답 with
해석 우리는 이 문제에 대해 먼저 관리자와 논의할 필요가 있다.
해설 뒤에 사람 명사가 이어지고 있으므로 '~와 함께'라는 뜻의 전치사 with가 적절하다.
어휘 discuss ~을 논의하다 issue 문제 with ~와 함께, ~와 manager 관리자 need to do ~할 필요가 있다

DAY 01 명사

PRACTICE 1

1.
정답 flight
해석 하퍼 씨가 저를 위해 뉴욕행 항공편을 예약해 주었습니다.
해설 앞에 부정관사 a가 있으므로 단수명사가 와야 한다.
어휘 reserve ~을 예약하다 flight 항공편

2.
정답 stores
해석 우리는 동유럽에 새로운 매장을 여는 것을 고려 중입니다.
해설 store는 셀 수 있는 명사인데 앞에 부정관사가 없으므로 복수형이 정답이다.
어휘 consider -ing ~할 것을 고려하다

3.
정답 Payment
해석 결제는 현금 또는 신용카드로 하실 수 있습니다.
해설 동사 can be의 주어 자리이므로 명사가 와야 한다.
어휘 make payment 결제하다, 지불하다 cash 현금 credit card 신용카드

4.
정답 decision
해석 존스 씨는 다음 달에 은퇴하기로 결정했습니다.
해설 동사 made의 목적어 자리이고, 앞에 정관사 the가 있으므로 명사가 와야 한다.
어휘 make a decision to do ~하기로 결정하다 retire 은퇴하다

5.
정답 assignment
해석 슬론 씨의 첫 번째 업무는 큰 성공으로 마무리되었습니다.
해설 소유격(Ms. Sloan's)과 형용사(first)의 수식을 받는 자리이므로 명사가 와야 한다.
어휘 assignment 임무, 업무 complete ~을 완료하다

6.
정답 approval
해석 조기 퇴근 전에 상사의 승인을 받아야 합니다.
해설 동사 get의 목적어 자리이므로 명사가 와야 한다.
어휘 approval 승인 supervisor 상사 leave 떠나다, 퇴근하다

7.
정답 representatives
해석 테일러 씨는 모든 영업사원들을 직접 만날 예정입니다.
해설 동사 meet의 목적어 자리에는 사람 명사가 와야 하므로 sales와 함께 쓰여 사람을 나타낼 수 있는 명사 representatives(직원들, 대표자들)가 정답이다. represent는 동사이므로 오답이다.
어휘 sales representative 영업사원 represent ~을 대표하다, 나타내다 in person 직접

8.
정답 applicants
해석 합격한 지원자들만 통보받을 것입니다.
해설 형용사 successful의 수식을 받으며, 동사 will be의 주어 자리이므로 명사가 와야 한다.
어휘 successful 성공적인 applicant 지원자 apply 지원하다 notify ~에게 알리다, 통보하다

9.
정답 response
해석 더 높은 수요에 대응하여, 우리는 임시 직원을 채용하기로 결정했습니다.
해설 전치사 다음에는 명사가 온다. in response to는 덩어리로 외워두는 것이 좋다.
어휘 in response to ~에 대응하여 demand 수요 decide to do ~하기로 결정하다 hire ~을 채용하다 temporary 임시의

10.
정답 productivity
해석 이번 업그레이드는 생산성을 높여줄 것입니다.
해설 동사 increase의 목적어 자리이고, 앞에 소유격이 있으므로 명사가 와야 한다.

어휘 increase ~을 증가시키다 productive 생산적인 productivity 생산성

PRACTICE 2

1.
정답 requirements
해석 저희 여행가방은 기내 반입 규정을 모두 준수합니다.
해설 동사 meet의 목적어 자리이고 앞에 정관사 the가 있으므로, 명사가 와야 한다.
어휘 suitcase 여행가방 meet ~을 충족하다 requirement 요구사항, 필요조건 carry-on 기내 반입의 regulation 규정

2.
정답 records
해석 저희 기록에 따르면, 귀하의 주문품은 이틀 전에 배송되었습니다.
해설 동사 show가 복수형이므로 주어 자리에는 명사의 복수형이 와야 한다.
어휘 Our records show that 기록에 따르면 ~이다 order 주문품 deliver ~을 배송하다

3.
정답 subscribers
해석 이 쇼의 구독자 절반은 십대입니다.
해설 소유격(show's)의 수식을 받고, 동사 are의 주어 자리이므로 복수명사가 와야 한다.
어휘 half 절반 subscriber 구독자 subscribe ~을 구독하다 teenager 십대

4.
정답 cleaning
해석 매장은 매일 오후 2시부터 3시까지 청소를 위해 문을 닫습니다.
해설 전치사 for의 목적어 자리이므로 명사가 와야 한다.
어휘 cleaning 청소 between A and B: A와 B 사이에

5.
정답 profits
해석 행사에서 발생한 모든 수익은 기부될 예정입니다.
해설 형용사 All의 수식을 받고 동사 will be의 주어 자리이므로 명사가 와야 한다.
어휘 profitable 수익성이 있는 profit 수익 donate ~을 기부하다

6.
정답 performance
해석 심사위원들은 점수를 주기 전에 각 공연을 신중하게 평가했습니다.
해설 형용사 each는 '각각의'라는 뜻으로 단수 가산명사를 수식한다.
어휘 judge 심사위원 evaluate ~을 평가하다 each 각각의 performance 공연 performer 연주자, 연기자 carefully 신중하게 score 점수

7.
정답 interest
해석 조앤의 발표는 많은 관심을 끌었습니다.
해설 형용사 much는 셀 수 없는 명사를 수식하므로 복수형인 interests는 올 수 없다.
어휘 presentation 발표 attract ~을 끌어들이다 interest 관심

8.
정답 openings
해석 저희는 공인된 기사 몇 분을 채용 중입니다.
해설 형용사 several은 '여럿의'라는 뜻으로 복수명사를 수식한다.
어휘 several 여럿의 opening 빈자리, 공석 certified 자격증을 갖춘 technician 기사

9.
정답 Attendees
해석 참석자들은 의견 카드를 작성해 달라는 요청을 받을 것입니다.
해설 동사 will be asked의 주어 자리이므로 명사가 와야 한다.
어휘 attendee 참석자 attend ~에 참석하다 feedback 의견

10.
정답 encouragement
해석 신입 직원들이 자신의 역할에 자신감을 가질 수 있도록 격려가 필요합니다.
해설 동사 need의 목적어 자리이므로 명사가 와야 한다.
어휘 employee 직원 encouragement 격려 encourage ~을 격려하다 feel confident 자신감을 갖다 role 역할

PRACTICE 3

1.
정답 mentor
해석 모든 신입사원에게는 멘토가 배정될 것입니다.
해설 앞에 부정관사 a가 있으므로 단수명사가 와야 한다.

어휘 each 각각의 employee 직원 be assigned 배정받다 mentor 멘토, 조언자

2.
정답 appointments
해석 약속을 잡으시려면 홀 씨에게 연락해 주세요.
해설 '예약, 약속'을 의미하는 명사 appointment는 가산명사이므로 단수일 경우 앞에 부정관사가 필요한데, 빈칸 앞에 아무것도 없으므로 복수형태가 정답이다.
어휘 contact ~에게 연락하다 arrange an appointment 약속을 잡다

3.
정답 access
해석 프리미엄 구독자는 저희 콘텐츠를 무제한으로 이용할 수 있습니다.
해설 '접근, 이용'을 의미하는 명사 access는 불가산명사이므로 access가 정답이다.
어휘 premium 고급의 subscriber 구독자 have unlimited access to ~을 무제한으로 이용하다 content 내용

4.
정답 survey
해석 에이블턴 씨는 사무실 후보지에 대한 설문조사를 실시할 예정입니다.
해설 두 개의 명사 중에 동사 conduct(~을 실시하다)의 목적어로 적절한 것은 행위를 나타내는 survey(설문조사)이다. surveyor(감독관, 측량사)는 사람을 지칭하는 명사이므로 적절하지 않다.
어휘 conduct a survey 설문조사를 실시하다 surveyor 감독관 potential 잠재적인, ~이 될 가능성이 있는 location 위치, 장소

5.
정답 subscribers
해석 저희는 구독자에게 연간 결제를 권장합니다.
해설 동사 advise(~에게 조언하다)의 목적어 자리에 적합한 명사는 사람을 나타내는 subscribers이다.
어휘 advise A to do: A에게 ~하라고 조언하다 subscription 구독 subscriber 구독자 pay 지불하다 yearly 매년

6.
정답 permission
해석 모든 개축 공사는 집주인의 허락이 필요합니다.
해설 사물을 나타내는 명사 permit(허가서)은 가산명사로서 단수로 쓰려면 앞에 관사나 소유격이 와야 하는데, 빈칸 앞에 아무것도 없으므로 행위를 나타내는 불가산명사인 permission(허가)이 정답이다.
어휘 renovation 보수, 개축 require ~을 요구하다 permit 허가서, 허가증 permission 허가 landlord 집주인

7.
정답 application
해석 지원서에는 이전 작업 포트폴리오가 포함되어야 합니다.
해설 두 개의 명사 중에서 사물인 포트폴리오를 포함할 수 있는 것은 사물을 나타내는 application(지원서)이다.
어휘 application 지원서, 신청서 applicant 지원자, 신청자 include ~을 포함하다 portfolio 포트폴리오 previous 이전의

8.
정답 advice
해석 저희는 경쟁력 있는 요금으로 재무 상담을 제공합니다.
해설 두 개의 명사 중에서 사람을 지칭하는 advisor는 가산명사로서 단수형으로 쓰려면 앞에 부정관사가 와야 한다. 그런데 아무것도 없으므로 행위를 나타내는 불가산명사 advice가 정답이다.
어휘 offer ~을 제공하다 advisor 고문, 조언자 competitive 경쟁력 있는 rate 요금

9.
정답 payments
해석 자동 결제가 연체료를 피하는 데 도움이 될 것입니다.
해설 두 개의 명사 중에서 사람을 지칭하는 payer(지급인)는 가산명사로서 단수형으로 쓰려면 앞에 부정관사가 와야 한다. 그런데 앞에 형용사뿐이므로 복수형인 payments가 정답이다. payer는 의미상으로도 앞에 나온 형용사 automatic(자동의)와 어울리지 않는다.
어휘 automatic 자동의 payment 지불, 납입 payer 지급인, 납부자 help A do: A가 ~하는 것을 돕다 avoid ~을 피하다 late fee 연체료

10.
정답 assistance
해석 해리스 씨는 박 씨로부터 도움을 요청했습니다.
해설 두 개의 명사 중에서 사람을 지칭하는 assistant(조수, 보조 직원)는 가산명사로서 단수형으로 쓰려면 앞에 부정관사가 와야 한다. 그런데 앞에 아무것도 없으므로 행위를 나타내는 불가산명사 assistance(도움)가 정답이다.
어휘 request ~을 요청하다 assistant 조수, 보조 직원 assistance 도움, 원조

실전 TEST

1. (A)	2. (A)	3. (D)	4. (D)	5. (D)
6. (A)	7. (D)	8. (A)	9. (A)	10. (D)
11. (D)	12. (C)	13. (C)	14. (D)	15. (D)
16. (C)	17. (D)	18. (D)	19. (A)	20. (D)

1.

정답 (A)

해석 제품을 반품하기를 원하시는 분은 누구든 원본 영수증을 가져오셔야 합니다.

해설 부정관사 an 다음은 단수명사 자리이므로 단수명사의 형태인 (A) item이 정답이다.

오답 (B) items: 복수명사이므로 an과 함께 사용할 수 없다.
(C) itemize: 동사이므로 명사 자리인 빈칸에 쓰일 수 없다.
(D) itemized: 동사의 과거형 또는 과거분사형이므로 명사 자리인 빈칸에 쓰일 수 없다.

어휘 anyone who ~하는 사람은 누구든 return ~을 반품하다, ~을 반납하다 original 원본의, 원래의 receipt 영수(증), 수령, 수취 itemize ~을 항목별로 정리하다

2.

정답 (A)

해석 파티 초대장들이 우편물 발송 목록에 있는 모든 사람에게 보내졌다.

해설 빈칸 뒤에 위치한 to 전치사구의 수식을 받으면서 복수동사 have been sent 앞에서 주어 역할을 할 복수명사가 필요하므로 (A) Invitations가 정답이다.

오답 (B) Invite: 동사이므로 명사 자리인 빈칸에 쓰일 수 없다.
(C) Inviting: 현재분사형이므로 명사 자리인 빈칸에 쓰일 수 없다.
(D) Invitation: 단수명사이므로 단수동사(has been sent)와 어울린다.

어휘 invite ~을 초대하다, ~에게 요청하다 invitation 초대(장)

3.

정답 (D)

해석 월간 납부금을 일찍 지불하는 분들께서는 5퍼센트 할인을 받습니다.

해설 형용사 monthly의 수식을 받음과 동시에 동사 make의 목적어로서 지불 행위를 나타낼 명사가 쓰여야 알맞으므로 (D) payment가 정답이다.

오답 (A) paid: 동사의 과거형 또는 과거분사형이므로 명사 자리인 빈칸에 쓰일 수 없다.
(B) payer: 사람명사이므로 행위명사가 필요한 빈칸에 쓰일 수 없다.
(C) paying: 현재분사형이므로 명사 자리인 빈칸에 쓰일 수 없다.

어휘 those who ~하는 사람들 make a payment 지불하다 monthly 월간의, 매달의 receive ~을 받다 payer 납부자, 지급인

4.

정답 (D)

해석 와일리 출판 그룹은 최근 몇몇의 새로운 광고 전문가들을 채용했다.

해설 형용사 several과 new의 수식을 받음과 동시에 동사 hired의 목적어로서 채용되는 대상을 나타내는 명사가 쓰여야 알맞으므로 (D) advertisers가 정답이다.

오답 (A) advertising: '광고'를 집합적으로 가리키는 불가산명사이므로 복수형용사 several 뒤에 쓰일 수 없다.
(B) advertised: 동사의 과거형 또는 과거분사형이므로 명사 자리인 빈칸에 쓰일 수 없다.
(C) advertisement: 고용되는 대상을 나타내는 명사가 아니므로 오답이다.

어휘 recently 최근 hire ~을 고용하다 several 여럿의, 몇몇의 advertising 광고 (활동) advertise ~을 광고하다 advertisement 광고 advertiser 광고 회사, 광고주

5.

정답 (D)

해석 책임자들은 사업 전략들에 대해 결정을 내릴 수 있는 능력을 지니고 있어야 한다.

해설 동사 make와 전치사 on 사이에 위치한 빈칸은 타동사 make의 목적어 역할을 할 명사 자리이므로 (D) decisions가 정답이다.

오답 (A) decide: 동사이므로 명사 자리인 빈칸에 쓰일 수 없다.
(B) decidedly : 부사이므로 명사 자리인 빈칸에 올 수 없다.
(C) decisive: 형용사이므로 명사 자리인 빈칸에 올 수 없다.

어휘 ability to do ~할 수 있는 능력 make a decision 결정을 내리다 strategy 전략 decide ~을 결정하다 decidedly 확실히, 결정적으로 decisive 결정적인, 단호한

6.

정답 (A)

해석 헤이우드 씨가 마침내 대규모 대중 매체 캠페인을 시작하도록 승인을 받았다.

해설 동사 got과 to부정사의 to 사이에 위치한 빈칸은 타동사 got의 목적어 역할을 할 명사 자리이므로 (A) approval이 정답이다.

오답 (B) approving: 현재분사형이므로 명사 자리인 빈칸에 쓰일 수 없다.

(C) approve: 동사이므로 명사 자리인 빈칸에 쓰일 수 없다.
(D) approves: 동사이므로 명사 자리인 빈칸에 쓰일 수 없다.
어휘 **launch** ~을 시작하다, ~을 출시하다 **media** 대중 매체, 언론 **approval** 승인 **approve** ~을 승인하다

7.
정답 (D)
해석 마케팅 보조원들이 우리 제품 및 서비스와 관련된 설문조사 답변 내용을 취합할 것입니다.
해설 사람명사가 빈칸에 쓰여 Marketing과 복합명사를 구성해 행위 주체를 나타내야 알맞으므로 (D) assistants가 정답이다.
오답 (A) assists: 동사이므로 명사 자리인 빈칸에 쓰일 수 없다.
(B) assisted: 동사의 과거형 또는 과거분사형이므로 명사 자리인 빈칸에 쓰일 수 없다.
(C) assisting: 현재분사형이므로 명사 자리인 빈칸에 쓰일 수 없다.
어휘 **collect** ~을 취합하다, ~을 모으다 **survey** 설문조사(지) **response** 답변, 반응 **regarding** ~와 관련된 **assist** ~을 돕다, ~을 지원하다

8.
정답 (A)
해석 그 건물 뒤쪽에 있는 주차장이 다음 달까지 개조 공사로 인해 폐쇄될 것입니다.
해설 두 전치사 for와 until 사이에 위치한 빈칸은 전치사 for의 목적어 역할을 할 명사 자리이므로 (A) renovations가 정답이다.
오답 (B) renovate: 동사이므로 명사 자리인 빈칸에 쓰일 수 없다.
(C) renovated: 동사의 과거형 또는 과거분사형이므로 명사 자리인 빈칸에 쓰일 수 없다.
(D) renovates: 동사이므로 명사 자리인 빈칸에 올 수 없다.
어휘 **parking lot** 주차장 **behind** ~ 뒤에 **until** (지속) ~까지 **renovation** 개조, 보수 **renovate** ~을 개조하다, ~을 보수하다

9.
정답 (A)
해석 리더십 워크숍에 관한 알림 메시지가 로빈스 씨에 의해 부서장들에게 발송되었습니다.
해설 빈칸 뒤에 위치한 about 전치사구의 수식을 받음과 동시에 동사 have been sent 앞에서 주어 역할을 할 명사가 필요하므로 (A) Reminders가 정답이다.
오답 (B) Reminding: 현재분사형이므로 명사 자리인 빈칸에 쓰일 수 없다.
(C) Reminded: 동사의 과거형 또는 과거분사형이므로 명사 자리인 빈칸에 쓰일 수 없다.
(D) Remind: 동사이므로 명사 자리인 빈칸에 쓰일 수 없다.
어휘 **reminder** (상기시키기 위한) 알림 메시지 **remind** ~에게 상기시키다

10.
정답 (D)
해석 케이 로지스틱스 사의 새로운 추적 시스템이 배송 작업의 생산성을 높여 주었다.
해설 정관사 the와 전치사 of 사이에 위치한 빈칸은 정관사 the의 수식을 받을 명사 자리이며, 동사 increased의 목적어로서 증가 대상이 될 수 있는 명사가 필요하므로 '생산성'을 뜻하는 (D) productivity가 정답이다.
오답 (A) producer: 사람 또는 회사를 뜻하는 명사이므로 동사 increased의 목적어로 어울리지 않는다.
(B) produced: 동사의 과거형 또는 과거분사형이므로 명사 자리인 빈칸에 쓰일 수 없다.
(C) productive: 형용사이므로 명사 자리인 빈칸에 쓰일 수 없다.
어휘 **tracking** 추적, 파악 **increase** ~을 높이다, ~을 증가시키다 **delivery** 배송(품) **operation** 사업, 영업, 운영, 가동 **producer** 생산 업체, 제작사, 제작자 **productive** 생산적인

11.
정답 (D)
해석 그 컨퍼런스에서 한나 씨를 만나 뵙고 싶었지만, 그분께서 꼭 해야 하는 다른 일이 있으셨습니다.
해설 단수명사 앞에 사용하는 형용사 another의 수식을 받음과 동시에 동사 had의 목적어 역할을 할 단수명사가 필요하므로 (D) obligation이 정답이다.
오답 (A) obligated: 동사의 과거형 또는 과거분사형이므로 명사 자리인 빈칸에 쓰일 수 없다.
(B) obligations: 복수명사이므로 단수명사가 필요한 빈칸에 쓰일 수 없다.
(C) obligate: 동사이므로 명사 자리인 빈칸에 쓰일 수 없다.
어휘 **obligate** ~에게 의무를 지우다, ~에게 강요하다 **obligation** 의무(적인 일), 책무

12.
정답 (C)
해석 이 문제를 해결하시려면, 저희 배송 담당 직원들 중 한 분과 이야기하시기 바랍니다.
해설 '~들 중의 하나'를 뜻하는 「one of one's + 복수명사」를 구성해야 알맞으므로 복수명사인 (C) representatives가 정답이다.
오답 (A) represent: 동사이므로 명사 자리인 빈칸에 올 수 없다.
(B) represents: 동사이므로 명사 자리인 빈칸에 올 수 없다.

(D) representation: 단수명사이므로 복수명사가 필요한 빈칸에 쓰일 수 없다.

어휘 solve ~을 해결하다 shipping 배송 represent ~을 대표하다, ~을 표현하다 representation 대표, 대리, 표현

13.

정답 (C)

해석 컨퍼런스 참석을 원하시는 분들께서는 제한적인 공간으로 인해 조기에 등록하셔야 합니다.

해설 명사구 Prospective conference는 동사 register의 행위 주체가 될 수 없다. 따라서, 사람명사가 빈칸에 쓰여 conference와 복합명사를 구성해 행위 주체를 나타내야 알맞으므로 (C) attendees가 정답이다.

오답 (A) attendance: 사람명사가 아니므로 오답이다.
(B) attend: 동사이므로 명사 자리인 빈칸에 쓰일 수 없다.
(D) attending: 현재분사형이므로 명사 자리인 빈칸에 쓰일 수 없다.

어휘 prospective 잠재적인, 장래의, 유망한 register 등록하다 due to ~로 인해, ~ 때문에 limited 제한적인 attendance 참석, 참석자 수 attend ~에 참석하다

14.

정답 (D)

해석 제임스 파커 기념비는 시에서 가장 큰 관광명소 중 하나이다.

해설 '가장 큰 ~들 중의 하나'를 뜻하는 「one of the largest + 복수명사」를 구성해야 알맞으므로 복수명사인 (D) attractions가 정답이다.

오답 (A) attract: 동사이므로 명사 자리인 빈칸에 쓰일 수 없다.
(B) attracts: 동사이므로 명사 자리인 빈칸에 쓰일 수 없다.
(C) attracting: 현재분사형이므로 명사 자리인 빈칸에 쓰일 수 없다.

어휘 monument 기념비, 기념물 attract ~을 끌어들이다 attraction 명소, 인기 장소

15.

정답 (D)

해석 종이 재활용은 KMC 주식회사에서 비용을 절약하는 가장 쉬운 방법이다.

해설 동사 is 앞에서 Paper와 함께 주어 역할을 할 복합명사를 구성해야 하며, 보어 the easiest way와 어울리는 '방법'에 해당하는 명사가 쓰여야 알맞으므로 '재활용'을 뜻하는 (D) recycling이 정답이다.

오답 (A) recycle: 동사이므로 명사 자리인 빈칸에 쓰일 수 없다.
(B) recycler: 보어 the easiest way와 어울리는 '방법'에 해당하는 명사가 아니므로 오답이다.
(C) recycles: 동사이므로 명사 자리인 빈칸에 쓰일 수 없다.

어휘 way to do ~하는 방법 expense 지출, 비용, 경비 recycle ~을 재활용하다 recycler 재활용하는 사람, 재생 처리기 recycling 재활용

16.

정답 (C)

해석 그 이사 직책에 대한 몇몇 지원자들만 면접 알림 메시지를 받을 것이다.

해설 형용사 some의 수식을 받을 명사가 필요하며, 동사 receive의 행위 주체로서 알림 메시지를 받을 사람명사가 쓰여야 알맞으므로 (C) applicants가 정답이다.

오답 (A) applies: 동사이므로 명사 자리인 빈칸에 쓰일 수 없다.
(B) applications: 동사 receive의 행위 주체에 해당하는 사람명사가 아니므로 오답이다.
(D) applied: 동사의 과거형 또는 과거분사형이므로 명사 자리인 빈칸에 쓰일 수 없다.

어휘 director 이사, 국장, 감독, 책임자 position 직책, 일자리 receive ~을 받다 notification 알림 (메시지), 통지(서) apply for ~에 지원하다, ~을 신청하다 application 지원(서), 신청(서)

17.

정답 (D)

해석 저희는 우리 고객들의 기대치를 초과한 것이 자랑스럽습니다.

해설 소유격 our customers'의 수식을 받으면서 동명사 exceeding의 목적어 역할을 할 명사가 필요하므로 (D) expectations가 정답이다.

오답 (A) expect: 동사이므로 명사 자리인 빈칸에 쓰일 수 없다.
(B) expected: 동사의 과거형 또는 과거분사형이므로 명사 자리인 빈칸에 쓰일 수 없다.
(C) expectantly: 부사로서 명사 자리인 빈칸에 올 수 없다.

어휘 be proud of ~을 자랑스러워하다 exceed ~을 초과하다, ~을 넘어서다 expect ~을 기대하다, ~을 예상하다 expectantly 기대하여, 기대감에 차서 expectation 기대(치), 예상

18.

정답 (D)

해석 올해의 국제 기술 박람회 참석자 수가 그 어느 때보다 더 낮았다.

해설 빈칸 뒤에 위치한 at 전치사구의 수식을 받으면서 단수동사 was 앞에서 주어 역할을 할 단수명사가 필요하다. 또한, '더 낮은'을 뜻하는 형용사 보어 lower와 어울려 증가 또는 감소할 수 있는 것을 나타내는 명사가 쓰여야 하므로 '참가자 수'를 의미하는 (D) Attendance가 정답이다.

오답 (A) Attendant: 사람을 나타내는 가산명사로서 앞에 부정관사가 필요하므로 오답이다.

(B) Attending: 타동사의 현재분사로 뒤에 목적어가 필요하므로 오답이다.
(C) Attendees: 단수동사 was와 어울리지 않는 복수명사이므로 오답이다.

어휘 expo 박람회 than ever (과거의) 그 어느 때보다
attendant n. 안내원, 수행원 attend ~에 참석하다
attendee 참석자 attendance 참석, 참석자 수

19.
정답 (A)
해석 저희 인터넷 서비스 가입자들께서 돈을 절약하실 수 있도록, 연간 단위로 지불하시기를 권해 드립니다.
해설 빈칸 뒤에 위치한 of 전치사구의 수식을 받음과 동시에 동사 pay 앞에서 주어 역할을 할 명사가 필요하다. 또한, 동사 pay의 행위 주체로서 돈을 지불하는 사람명사가 쓰여야 알맞으므로 (A) subscribers가 정답이다.
오답 (B) subscription: 사람명사가 아니므로 오답이다.
(C) subscribing: 현재분사형이므로 명사 자리인 빈칸에 쓰일 수 없다.
(D) subscribed: 동사의 과거형 또는 과거분사형이므로 명사 자리인 빈칸에 쓰일 수 없다.

어휘 yearly 연간, 해마다 subscriber (서비스) 가입자, 구독자 subscription (서비스) 가입, 구독 subscribe (to) (~에) 가입하다, (~을) 구독하다

20.
정답 (D)
해석 메이빌 음악 축제에서는, 각 공연이 특별 초대 손님들로 구성된 심사위원단에 의해 평가를 받습니다.
해설 단수명사 앞에 사용하는 형용사 each의 수식을 받을 수 있는 단수명사 (D) performance가 정답이다.
오답 (A) perform: 동사이므로 명사 자리인 빈칸에 쓰일 수 없다.
(B) performed: 동사의 과거형 또는 과거분사형이므로 명사 자리인 빈칸에 쓰일 수 없다.
(C) performers: 복수명사이므로 단수명사 앞에 사용하는 each의 수식을 받을 수 없다.

어휘 review ~을 평가하다, ~의 후기를 작성하다, ~을 검토하다 panel 토론위원단, 심사위원단 perform ~을 수행하다, ~을 공연하다, ~을 연주하다 performer 실행하는 사람, 공연자, 연주자 performance 수행 (능력), 성과, 공연, 연주

DAY 02 대명사

PRACTICE 1

1.
정답 it
해석 우리가 제안했을 때, 이 씨는 그 제안을 받아들였습니다.
해설 동사 offered의 목적어 자리이고 앞에 나온 the proposal을 받아야 하므로 단수형인 it이 정답이다.
어휘 accept ~을 받아들이다 proposal 제안 offer ~을 제시하다, 제공하다

2.
정답 him
해석 휴즈 씨는 우리와의 회의를 취소했습니다.
해설 전치사 with의 목적어 자리이고 Mr. Hughes를 받아야 하므로 목적격인 him이 정답이다.
어휘 cancel ~을 취소하다

3.
정답 its
해석 각 팀이 투어를 이끌 안내인을 선택할 것입니다.
해설 동사 choose의 목적어인 명사 guide를 수식하는 자리이므로 소유격인 its가 정답이다. 여기서 its는 Each team's를 의미한다.
어휘 each 각각의 choose ~을 선택하다 guide 안내인 lead ~을 이끌다 tour 견학, 관광

4.
정답 We
해석 저희는 이번 주에 새로운 서비스를 출시할 준비가 되어 있습니다.
해설 동사 are의 주어 자리이므로 주격인 We가 정답이다.
어휘 be ready to do ~할 준비가 되다 launch ~을 출시하다, 시작하다

5.
정답 mine
해석 제 고객 중 한 분이 새로운 서비스에 대해 문의하셨습니다.
해설 이중소유격인 my clients를 대신할 때는 목적격이 아니라 소유대명사를 사용하므로 mine이 정답이다.
어휘 client 고객 inquire about ~에 대해 문의하다

6.
정답 their own

해석 유연근무제 하에서, 직원들은 자신의 근무 시간을 선택할 수 있습니다.

해설 명사 working hours를 수식해야 하므로 소유격인 their own이 정답이다. one's own은 소유격을 강조하는 표현이다.

어휘 under ~의 영향 아래에서 flexible work system 유연근무제 employee 직원 choose ~을 선택하다 their own working hours 그들 자신만의 근무 시간

7.
정답 he

해석 홀 씨는 곧 은퇴할 것이라고 발표했습니다.

해설 will retire의 주어가 올 자리이므로 주격인 he가 정답이다.

어휘 announced that: ~라고 발표하다 retire 은퇴하다 soon 곧

8.
정답 her

해석 CEO는 일정 충돌로 지역 공장 방문을 연기했습니다.

해설 has postponed의 목적어인 명사 visit을 수식해야 하므로 소유격인 her가 정답이다. 이 문장에서 visit을 동사로 착각하면 오답인 she를 고르기 쉽다.

어휘 postpone ~을 연기하다, 미루다 visit 방문 local 지역의 factory 공장 due to ~때문에 scheduling conflict 일정상의 충돌

9.
정답 theirs

해석 키스 부부는 배송 중 손상된 물건이 자기들 것이라고 주장했습니다.

해설 앞에 나온 명사 item을 받아 their item이라는 의미가 되어야 하므로 소유대명사인 theirs가 정답이다.

어휘 claim that ~라고 주장하다 item 물건 damaged 손상된 during delivery 배송 중에

10.
정답 yours

해석 제 제안은 당신의 것과 비슷합니다.

해설 앞에 나온 명사 suggestion을 받아 your suggestion이라는 의미가 되어야 하므로 소유대명사인 yours가 정답이다.

어휘 suggestion 제안 be similar to ~와 비슷하다

PRACTICE 2

1.
정답 yourself

해석 새 매뉴얼을 숙지해 주시기 바랍니다.

해설 동사 familiarize의 목적어 자리로, 문장의 의미상 이 목적어가 가리키는 것은 주어 자신(명령문의 주어는 you)이므로 재귀대명사 yourself가 정답이다.

어휘 familiarize oneself with ~을 숙지하다 manual 사용 설명서

2.
정답 ourselves

해석 우리는 과로로 인해 지쳐 있는 자신들을 발견했습니다.

해설 동사 found의 목적어 자리로, 문장의 의미상 이 목적어가 가리키는 것은 주어 자신(We)이므로 재귀대명사가 와야 한다.

어휘 find oneself exhausted 매우 지쳤다고 느끼다 overwork 과로하다

3.
정답 himself

해석 구 씨는 자신이 유명한 예술가임을 입증했습니다.

해설 동사 prove의 목적어 자리로, 문장의 의미상 이 목적어가 가리키는 것은 주어 자신(Mr. Goo)이므로 재귀대명사가 와야 한다.

어휘 prove oneself to be (자신이) ~임을 입증하다, ~임이 드러나다 renowned 유명한 artist 예술가

4.
정답 ourselves

해석 우리는 각각의 고객에게 최고의 서비스를 제공하도록 스스로를 다그칩니다.

해설 동사 challenge의 목적어 자리로, 문장의 의미상 이 목적어가 가리키는 것은 주어 자신(We)이므로 재귀대명사가 와야 한다.

어휘 challenge oneself to do ~하도록 스스로를 다그치다 provide ~을 제공하다 client 고객

5.
정답 itself

해석 그 오류는 작동자가 아닌, 새 소프트웨어 자체로부터 발생한 것입니다.

해설 the new software를 강조하는 강조 용법의 재귀대명사가 와야 하므로 단수형에 쓰이는 itself가 정답이다.

어휘 error 오류 result from ~로 인해 발생하다 operator 작동자, 운전자

6.
정답 herself
해석 해리스 씨는 전체 계약서를 혼자서 작성했습니다.
해설 전치사 by와 함께 쓰여 '혼자 힘으로, 혼자서'라는 의미가 되려면 빈칸에 재귀대명사가 와야 한다.
어휘 complete ~을 완성하다 entire 전체의 contract 계약서 by oneself 혼자서

7.
정답 herself
해석 리브스 씨는 항상 고객 만족에 헌신합니다.
해설 동사 dedicate의 목적어 자리로, 문장의 의미상 이 목적어가 가리키는 것은 주어 자신(Ms. Reeves)이므로 재귀대명사가 와야 한다.
어휘 dedicate oneself to ~에 헌신하다 satisfy ~을 만족시키다 customer 고객

8.
정답 themselves
해석 모든 직원은 출장 관련 예약을 직접 해야 합니다.
해설 빈칸 없이도 문장이 완전히 성립한다. 따라서 빈칸에는 강조를 나타내는 재귀대명사가 와야 한다. 주어 employees를 강조하여 '직접'이라는 의미로 쓰이는 themselves가 정답이다.
어휘 make a reservation 예약을 하다 travel 여행, 출장

9.
정답 yourself
해석 보고서를 혼자 작성할 필요는 없습니다.
해설 전치사 by와 함께 쓰여 '혼자 힘으로, 혼자서'라는 의미가 되려면 빈칸에 재귀대명사가 와야 한다.
어휘 It is necessary to do ~할 필요가 있다 by oneself 혼자서

10.
정답 herself
해석 수석 주방장이 직접 메뉴를 소개했습니다.
해설 빈칸 없이도 문장이 완전히 성립한다. 따라서 빈칸에는 강조를 나타내는 재귀대명사가 와야 한다. 주어 The head chef를 강조하여 '직접'이라는 의미로 쓰일 수 있는 herself가 정답이다.
어휘 head chef 수석 주방장 introduce ~을 소개하다

PRACTICE 3

1.
정답 that
해석 가격이 웹사이트에 기재된 것과 달랐습니다.
해설 앞서 언급된 the price를 받을 지시대명사가 필요하므로 that이 정답이다.
어휘 price 가격 differ from ~와 다르다 listed 기재된, 나열된

2.
정답 those
해석 저희 제안은 예산이 한정된 분들에게 안성맞춤입니다.
해설 '~하는 사람들'을 의미할 때 지시대명사 those를 써서 「those + who / those + 수식어구」와 같이 표현한다.
어휘 offer 제안 perfect 완벽한 limited 제한적인 budget 예산

3.
정답 those
해석 관련 경력이 있는 사람만 채용될 것입니다.
해설 '~하는 사람들'을 의미할 때 지시대명사 those를 써서 「those + who / those + 수식어구」와 같이 표현한다.
어휘 relevant 관련 있는 experience 경험, 경력 hire ~을 채용하다

4.
정답 those
해석 비용을 지불할 의사가 있는 분들께 서비스를 이용해 보시길 권장합니다.
해설 '~하는 사람들'을 의미할 때 지시대명사 those를 써서 「those + who / those + 수식어구」와 같이 표현한다.
어휘 ask A to do: A에게 ~할 것을 요청하다 willing to pay 지불할 의사가 있는

5.
정답 one
해석 새 모델은 이전 모델보다 전력을 덜 소비합니다.
해설 비교 대상을 나타내기 위해 앞에서 언급된 model과 '같은 종류의 하나'임을 나타내려면 부정대명사 one을 써야 한다.
어휘 consume ~을 소비하다 less 더 적은 power 전력 previous 이전의

6.
정답 another
해석 사용자는 한 계정에서 다른 곳으로 파일을 보낼 수 있습니다.

해설 '한 계정에서 다른 계정으로'라는 의미로 쓰인 구조이므로 another account의 의미를 나타낼 수 있는 부정대명사 another(또 다른 것)이 정답이다.

어휘 user 사용자 from A to B: A에서 B로 account 계정, 계좌

7.
정답 each

해석 각각의 직원이 회의에 등록했는지 꼭 확인해 주세요.

해설 단수명사 employee를 수식할 형용사가 와야 하므로 each(각각의)가 정답이다.

어휘 make sure that 반드시 ~하다 several 여럿의, 다수의 each 각각의 register for ~에 등록하다, ~을 신청하다 conference 학회, 회의

8
정답 All

해석 후보자 모두가 해당 직책에 대한 자격을 충분히 갖추고 있습니다.

해설 복수형 동사 are의 주어가 올 자리이므로 '모든 사람(것)'을 의미하는 대명사 All이 정답이다. 「all of the 복수명사 + 복수동사」를 기억해 두자.

어휘 candidate 후보자 be qualified for ~을 위한 자격을 갖추고 있다 post 직책

9.
정답 others

해석 한 가지 문제는 해결되었지만, 다른 문제들은 여전히 논의 중입니다.

해설 등위접속사 but을 중심으로 대등한 두 절이 연결될 때, 동사 are의 주어는 앞에 언급된 One problem과 다른 문제를 가리키는 의미가 되어야 하므로 '다른 것들'을 의미하는 부정대명사 others가 정답이다. 「one ~ but others … (하나는 ~ 이지만 다른 것들은 …이다)」 구조를 기억해 두자.

어휘 solve ~을 해결하다 still 아직도, 여전히 discuss ~을 논의하다

10.
정답 Some

해석 고객 중 일부가 생산 시설 견학을 하도록 선정되었습니다.

해설 be동사 were의 주어 자리이므로 복수형이 와야 하며, 이어지는 「of + 복수명사」와 연결되어 '~ 중의 일부'라는 의미가 되어야 하므로, 이러한 구조로 쓰이는 부정대명사 Some이 정답이다.

어휘 select ~을 선정하다 tour 견학, 투어 production facility 생산 시설

실전 TEST

1. (D)	2. (B)	3. (C)	4. (A)	5. (D)
6. (D)	7. (C)	8. (A)	9. (D)	10. (A)
11. (B)	12. (B)	13. (B)	14. (A)	15. (D)
16. (B)	17. (B)	18. (B)	19. (A)	20. (B)

1.
정답 (D)

해석 저희 기계에 대한 서비스 계약이 다음 달에 만료된다는 점에 유의하시기 바랍니다.

해설 전치사 for와 명사 목적어 machinery 사이에 위치한 빈칸은 명사를 수식할 소유격대명사가 쓰여야 알맞으므로 (D) our가 정답이다.

오답 (A) us: 명사를 수식할 수 없는 목적격대명사이다.
(B) ourselves: 명사를 수식할 수 없는 재귀대명사이다.
(C) ours: 명사를 수식할 수 없는 소유대명사이다.

어휘 note that ~라는 점에 유의하다, ~라는 사실에 주목하다 contract 계약(서) machinery 기계(류) expire 만료되다

2.
정답 (B)

해석 SW 모터스 사는 자사의 SUV 모델들에 대한 수요 증가를 경험하고 있다.

해설 전치사 for와 명사구 목적어 SUV models 사이에 위치한 빈칸은 명사구를 수식할 소유격대명사가 쓰여야 알맞으므로 (B) their가 정답이다.

오답 (A) they: 명사를 수식할 수 없는 주격대명사이다.
(C) themselves: 명사를 수식할 수 없는 재귀대명사이다.
(D) them: 명사를 수식할 수 없는 목적격대명사이다.

어휘 experience ~을 경험하다, ~을 겪다 demand 수요, 요구

3.
정답 (C)

해석 어제 이사회에 의해 승인된 제안서는 제 것 중 하나입니다.

해설 '~의 것 중 하나'를 뜻하는 이중소유격(of one's + 명사) 표현 이므로 「one's + 명사」를 의미하는 소유대명사 (C) mine이 정답이다.

오답 (A) me: 목적격대명사이므로 소유대명사 자리인 빈칸에 쓰일 수 없다.
(B) my: 소유격대명사이므로 소유대명사 자리인 빈칸에 쓰일 수 없다.
(D) myself: 재귀대명사이므로 소유대명사 자리인 빈칸에 쓰일 수 없다.

어휘 proposal 제안(서) approve ~을 승인하다 board 이사회

정답 및 해설 77

4.
정답 (A)

해석 모든 여객선들이 악천후로 취소되는 경우에 승객들께서는 전액 환불을 받으실 것입니다.

해설 빈칸 뒤에 위치한 of 전치사구 및 복수동사 are와 어울려 「복수대명사 + of 전치사구 + 복수동사」를 구성해야 알맞으므로, 복수대명사인 (A) all이 정답이다.

오답 (B) what: of 전치사구의 수식을 받을 수 없으므로 오답이다.
(C) no one: of 전치사구의 수식을 받을 수 없어 오답이다.
(D) much: of 전치사구의 수식을 받을 수는 있지만, 불가산 명사를 받는 대명사이므로 오답이다.

어휘 receive ~을 받다 refund 환불(액) cruise 여객선 cancel ~을 취소하다 due to ~로 인해, ~ 때문에

5.
정답 (D)

해석 로페즈 대표 이사님께서 직접 주주 총회의 개회 중에 연설하셨습니다.

해설 명사구 주어 The CEO, Ms. Lopez와 동사 spoke 사이에 위치한 빈칸은 부사가 쓰여야 알맞은 자리인데, 재귀대명사가 부사처럼 쓰여 강조하는 역할('직접, 스스로'를 의미)을 하므로 (D) herself가 정답이다.

오답 (A) she: 주어가 이미 있으므로 주격대명사를 중복 사용할 수 없어서 오답이다.
(B) her: 명사 앞에 사용되는 소유격대명사 또는 동사/전치사 뒤에 사용되는 목적격대명사이므로 오답이다.
(C) hers: 주어가 이미 있으므로 소유대명사를 중복 사용할 수 없어서 오답이다.

어휘 opening 시작, 개시, 개장 shareholder 주주

6.
정답 (D)

해석 윙 모터스 사는 GM 사를 인수함으로써 자사를 세계적인 자동차 제조사로 탈바꿈시켰다.

해설 동사 has transformed의 목적어 자리인 빈칸은 탈바꿈시키는 대상인 자기 자신, 즉 단수 주어 Wing Motors를 가리킬 단수 재귀대명사가 쓰여야 알맞으므로 (D) itself가 정답이다.

오답 (A) it: 주어를 가리키는 게 아니라 제3자를 가리키는 대명사이므로 오답이다.
(B) them: 주어를 가리키는 게 아니라 제3자를 가리키는 복수형 대명사이므로 오답이다.
(C) themselves: 주어를 가리킬 수 있는 재귀대명사이지만, 복수형이므로 단수명사를 받는 빈칸에 쓰일 수 없다.

어휘 transform A into B: A를 B로 탈바꿈시키다 acquire ~을 인수하다, ~을 획득하다

7.
정답 (C)

해석 소마 씨는 회사를 그만둔 후, 자신만의 카페를 개업했다.

해설 동사 opened와 명사 목적어 café 사이에 위치한 빈칸은 명사를 수식할 단어가 필요한 자리이므로 소유격을 강조하는 「one's own」의 형태인 (C) her own이 정답이다.

오답 (A) she: 명사를 수식할 수 없는 주격대명사이다.
(B) herself: 명사를 수식할 수 없는 재귀대명사이다.
(D) hers: 명사를 수식할 수 없는 소유대명사이다.

어휘 leave ~을 그만두다, ~에서 떠나다 one's own ~ 자신만의

8.
정답 (A)

해석 인사부장이 새로운 정책들을 요약하여 그것들을 전 직원에게 이메일로 배포하였다.

해설 타동사 distributed와 전치사 to 사이에 위치한 빈칸은 타동사 distributed의 목적어 자리이므로 목적격대명사 (A) them이 정답이다.

오답 (B) they: 목적어 역할을 할 수 없는 주격대명사이므로 오답이다.
(C) their: 목적어 역할을 할 수 없는 소유격대명사이므로 오답이다.
(D) theirs: 목적어 역할은 할 수 있지만, '그들의 것'이라는 의미로서 new policies의 소유물을 가리키므로 사실에 어긋나는 오답이다.

어휘 HR 인사(부), 인적 자원 summarize ~을 요약하다 policy 정책, 방침 distribute ~을 배포하다, ~을 나눠주다

9.
정답 (D)

해석 헤이스팅 씨와 그의 동료 중 한 명이 서울에서 열리는 IT 컨퍼런스에 참석할 계획입니다.

해설 '그의 동료 중 한 명'을 뜻하는 이중소유격 「a colleague of + one's + 명사」의 구조이므로, 「one's + 명사」를 나타내는 소유대명사 (D) his가 정답이다. 소유격대명사와 소유대명사의 형태가 his로 동일하다는 점에 유의해야 한다.

오답 (A) he: 전치사의 목적어로 쓰일 수 없는 주격대명사이므로 오답이다.
(B) himself: 주어(Mr. Heisting)를 가리키는 재귀대명사이므로 colleague를 가리키는 자리에 사용될 수 없는 오답이다.
(C) him: 주어(Mr. Heisting)를 가리키는 재귀대명사이므로 colleague를 가리키는 자리에 사용될 수 없는 오답이다.

어휘 colleague 동료 (직원) plan to do ~할 계획이다 attend ~에 참석하다

10.

정답 (A)

해석 심지어 에반스 씨는 휴가 중이셨을 때도, 고객 불만사항 몇 가지를 아주 잘 처리하였다.

해설 접속사 when이 이끄는 절이 끝나는 콤마 뒤로 빈칸과 동사 handled로 이어지고 있으므로, 동사 handled 앞에서 주어 역할을 하는 주격대명사 (A) she가 정답이다.

오답 (B) her: 주어 역할을 할 수 없는 소유격대명사 또는 목적격대명사이므로 오답이다.

(C) hers: Ms. Evans의 소유물이라는 의미로서 대상이 일치하지 않으므로 오답이다.

(D) herself: 주어 역할을 할 수 없는 재귀대명사이므로 오답이다.

어휘 even 심지어 (~도) on vacation 휴가 중인 handle ~을 처리하다, ~을 다루다 complaint 불만, 불평

11.

정답 (B)

해석 저희는 귀하의 주소가 저희 고객 데이터베이스에 있는 것과 다르다는 것을 발견하였습니다.

해설 전치사 from 뒤에는 비교 대상이 되는 데이터베이스 상의 주소가 나와야 하므로 앞의 your address를 대신할 수 있는 (B) that이 정답이다.

오답 (A) all: 복수명사를 받으므로 수가 일치하지 않는 오답이다.

(C) others: 복수명사를 받으므로 수가 일치하지 않는 오답이다.

(D) one: 앞서 제시된 단수 사물명사와 같은 종류의 하나를 가리키는 부정대명사로, your address가 아닐 수 있으므로 오답이다. 만약 your address를 정확히 가리키려면, 특정 대상을 나타내는 정관사를 사용하여 the one으로 쓰여야 한다.

어휘 find that ~임을 알게 되다 different from ~와 다른

12.

정답 (B)

해석 저희가 지역 축제를 계획하고 있으며, 그 일정이 곧 발표될 것입니다.

해설 빈칸 앞의 단수명사 a local festival을 가리키면서 schedule을 수식할 대명사가 필요하므로 소유격대명사 (B) its가 정답이다.

오답 (A) it: 주격 또는 목적격대명사이므로 오답이다.

(C) these: 복수명사를 가리키므로 오답이다.

(D) those: 복수명사를 가리키므로 오답이다.

어휘 local 지역의, 현지의 announce ~을 발표하다, ~을 공지하다

13.

정답 (B)

해석 이번 달에 회사에서 퇴직하는 분들을 기리기 위해 송별회가 열릴 것입니다.

해설 who가 이끄는 관계대명사절의 수식을 받을 수 있는 대명사 (B) those가 정답이다. 「those who ~」는 '~하는 사람들'을 의미한다.

오답 (A) this: who가 이끄는 관계대명사절의 선행사 기능을 할 수 없는 지시대명사이므로 오답이다.

(C) that: who가 이끄는 관계대명사절의 선행사 기능을 할 수 없는 지시대명사이므로 오답이다.

(D) it: who가 이끄는 관계대명사절의 선행사 기능을 할 수 없는 인칭대명사이므로 오답이다.

어휘 farewell party 송별회 hold ~을 개최하다 honor v. ~을 기리다, ~에게 영예를 주다 retire 은퇴하다, 퇴직하다

14.

정답 (A)

해석 노움 도서관의 모든 자원봉사자들은 유용한 자료를 찾도록 고객들을 돕는 데 전념하고 있다.

해설 주어인 자원봉사자들이 스스로를 전념케 만드는 것이므로 재귀대명사 (A) themselves가 정답이다. 「dedicate oneself to -ing」는 '~하는 데 전념하다'를 뜻하며, to가 전치사이므로 뒤에 동명사가 쓰여야 한다.

오답 (B) them: 제3의 대상을 가리키는 대명사이므로 자신을 가리키는 재귀대명사 자리에 어울리지 않는 오답이다.

(C) their: 소유격대명사이므로 목적격인 재귀대명사가 필요한 빈칸에 어울리지 않는 오답이다.

(D) their own: 소유대명사의 강조형이므로 목적격이 필요한 빈칸에 어울리지 않는 오답이다.

어휘 volunteer n. 자원봉사자 v. 자원하다 help A do: ~하도록 A를 돕다 patron 고객, 손님 useful 유용한 resource 자료, 자원

15.

정답 (D)

해석 스미스 씨는 혼자 그 프로젝트를 시작했지만, 나중에 한 동료에게 도와 달라고 요청했다.

해설 전치사 by와 어울려 '혼자, 스스로'를 뜻하는 「by oneself」를 구성해야 알맞으므로 재귀대명사 (D) himself가 정답이다.

오답 (A) he: 전치사의 목적어로 쓰일 수 없는 주격대명사이므로 오답이다.

(B) him: 전치사 by의 목적어로 쓰일 수는 있지만, 주어 Mr. Smith 자신이 아닌 제3의 남성을 가리키므로 오답이다.

(C) his: 소유대명사일 때 전치사 by의 목적어로 쓰일 수는 있지만, Mr. Smith 자신이 아닌 제3자를 가리키므로 오답이다.

어휘 **invite A to do**: A에게 ~하라고 요청하다 **colleague** 동료(직원) **assist** ~을 돕다, ~을 지원하다

16.
정답 (B)

해석 직무안내서는 직원들이 어떻게 자신들의 개인 업무 공간을 설치할 수 있는지에 관한 안내를 제공한다.

해설 주어 employees가 자신의 공간을 꾸미는 것이므로 소유격대명사의 강조형 「one's own」을 구성하는 소유격대명사 (B) their가 정답이다.

오답 (A) they: own과 어울리지 않는 주격대명사이므로 오답이다.
(C) theirs: own과 어울리지 않는 소유대명사이므로 오답이다.
(D) themselves: own과 어울리지 않는 재귀대명사이므로 오답이다.

어휘 **employee handbook** 직무안내서 **guidance** 안내, 설명, 지도 **set up** ~을 설치하다, ~을 설정하다, ~을 마련하다 **workstation** 업무 공간

17.
정답 (B)

해석 대부분의 직원들이 그 행사에 참석하기를 원했지만, 그렇게 하도록 허용된 사람은 거의 없었다.

해설 접속사 but과 동사 were allowed 사이에서 주어 역할을 할 단어가 필요하며, 복수 동사형 were와 어울리는 주어가 쓰여야 하므로, 복수대명사 (B) few가 정답이다. 참고로 few는 부정의 의미를 포함한다.

오답 (A) often: 부사이므로 주어 자리인 빈칸에 쓰일 수 없다.
(C) much: 주어 역할이 가능한 대명사이기는 하지만, 불가산명사를 가리키므로 복수명사 자리인 빈칸에 쓰일 수 없다.
(D) far: 형용사 또는 부사이므로 주어 자리인 빈칸에 쓰일 수 없다.

어휘 **attend** ~에 참석하다 **be allowed to do** ~하도록 허용되다 **do so** (앞선 말에 대해) 그렇게 하다 **few** 극소수 **far** a. 먼, 저쪽의 ad. 멀리

18.
정답 (B)

해석 누구든 해외 지사로 전근하기를 원하신다면, 캐롤라인 씨에게 연락하시기 바랍니다.

해설 접속사 If와 동사 wants 사이에서 주어 역할을 하며, 3인칭 단수형 동사 wants와 수가 일치하는 부정대명사 (B) anyone이 정답이다.

오답 (A) it: wants의 행위 주체로 맞지 않는 사물명사를 지칭하므로 오답이다.
(C) some: wants와 수 일치되지 않는 복수대명사이므로 오답이다.
(D) you: wants와 수 일치되지 않는 주격대명사이므로 오답이다.

어휘 **transfer to** ~로 전근하다 **overseas** a. 해외의 ad. 해외로, 해외에 **location** 지사, 지점, 위치 **contact** ~에게 연락하다

19.
정답 (A)

해석 사이즈가 귀하의 주문 사항에 있는 것과 다르다는 점에 사과드리며, 즉시 정확한 것을 보내 드리겠습니다.

해설 전치사 from과 of 사이에 위치한 빈칸은 전치사 from의 목적어 역할을 할 단어가 필요한 자리이므로 대명사인 (A) that이 정답이다.

오답 (B) including: 전치사이므로 또 다른 전치사 from 뒤에서 목적어 역할을 할 수 없다.
(C) except: 전치사이므로 또 다른 전치사 from 뒤에서 목적어 역할을 할 수 없다.
(D) only: 부사이므로 전치사 from 뒤에서 목적어 역할을 할 수 없다.

어휘 **apologize that** ~라는 점에 대해 사과하다 **differ from** ~와 다르다 **order** 주문, 주문품 **immediately** 즉시 **correct** 정확한, 옳은 **including** ~을 포함해 **except** ~을 제외하고

20.
정답 (B)

해석 벤틀리 씨가 까다로운 몇몇 질문들을 성공적으로 답변하긴 했지만, 어떤 것들은 그녀를 헷갈리게 했다.

해설 접속사 but과 동사 confused 사이에서 주어 역할을 할 단어가 필요하며, 앞의 some과 대구를 이루어 questions를 가리키는 부정대명사 자리이다. 그러므로 「some ~, but others …(일부는 ~이지만, 다른 일부는 …이다)」라는 대조 구도를 만드는 (B) others가 정답이다.

오답 (A) ones: one은 앞에 제시된 사물명사와 유사한 것을 가리키는데, 빈칸 자리는 질문 자체를 가리킨다. 즉, 가리키는 대상이 일치하지 않으므로 오답이다.
(C) that: 앞의 단수명사를 그대로 받는 대명사라서 복수명사와 어울리지 않는 오답이다.
(D) themselves: 목적어 또는 부사 기능을 하는 재귀대명사이므로 주어 자리에 올 수 없는 오답이다.

어휘 **successfully** 성공적으로 **respond to** ~에 답변하다, ~에 대응하다 **tricky** 까다로운 **confuse** ~을 헷갈리게 하다, ~을 혼동시키다

DAY 03 동사의 종류

PRACTICE 1

1.
정답 arrive
해석 귀하의 주문품이 제시간에 도착할 것을 보증합니다.
해설 조동사(will) 다음에는 동사원형이 와야 하므로 arrive가 정답이다.
어휘 guarantee that ~임을 보증하다 order n. 주문, 주문품 arrive 도착하다 arrival 도착 on time 제시간에

2.
정답 arrived
해석 가르시아 씨는 발표회에 일찍 도착했습니다.
해설 빈칸 뒤에 목적어가 없고 전치사 at이 있으므로 자동사인 arrive가 와야 한다. reach는 타동사이므로 뒤에 목적어가 필요하다.
어휘 arrive at ~에 도착하다 reach ~에 다다르다, 도착하다

3.
정답 comes
해석 저희 프린터는 5년 보증을 포함합니다.
해설 빈칸 뒤에 목적어가 없고 전치사 with가 있으므로, 자동사인 comes가 올 자리이다. include는 타동사이므로 뒤에 목적어가 필요하다.
어휘 come with ~이 딸려 있다 include ~을 포함하다 warranty 품질 보증(서)

4.
정답 expire
해석 귀하의 품질 보증은 6월 30일에 만료됩니다.
해설 빈칸 뒤에 목적어가 없고 전치사 on이 있으므로 자동사인 expire가 와야 한다. install은 타동사이므로 뒤에 목적어가 필요하다.
어휘 install ~을 설치하다 expire 만료되다

5.
정답 helpful
해석 영상 설명이 저에게 도움이 되었습니다.
해설 2형식 동사 prove는 「prove to be + 보어」의 구조로 쓰이며, 영상 설명의 특징을 나타내야 하므로 보어로 사용되는 형용사 helpful이 정답이다. 명사 보어는 기능이나 신분을 나타내므로 help는 빈칸에 적절하지 않다.
어휘 instruction 지시, 설명, 안내 prove to be ~임이 드러나다, 판명되다 helpful 도움이 되는 help n. 도움 v. 돕다

6.
정답 appears
해석 귀하의 제안서는 추가 변경이 필요한 것으로 보입니다.
해설 빈칸 뒤에 목적어가 없고 to부정사가 바로 나오므로 to부정사를 보어로 취하는 2형식 동사 appears가 정답이다. arranges는 사물 목적어를 바로 필요로 하는 3형식 동사이다.
어휘 proposal 제안, 제안서 appear to do ~하는 것으로 보이다, ~하는 것 같다 arrange ~을 준비하다 need ~을 필요로 하다 further 추가의, 더이상의 revision 변경, 수정

7.
정답 intense
해석 최근에 구직 경쟁이 치열해졌습니다.
해설 2형식 자동사 become의 보어가 올 자리인데, 경쟁의 양상을 나타내야 하므로 형용사인 intense가 정답이다. 참고로, become의 보어 자리에 명사가 오면 주어의 지위나 신분, 기능을 나타내는데 intensity는 정도를 나타내므로 빈칸에 사용될 수 없다.
어휘 competition 경쟁 intense 극심한, 강렬한 intensity 강렬함, 격렬 lately 최근에

8.
정답 productive
해석 저희 기계들 중 다수가 구식이 되었지만, 그들은 여전히 생산성이 있습니다.
해설 2형식 자동사 remain의 보어 자리인데, 주어인 machines의 특징을 나타내야 하므로 형용사인 productive가 정답이다. 명사 보어는 주어의 신분, 지위, 기능을 나타내는데, production은 machines에 대해 그런 관계에 있지 않으므로 적절하지 않다.
어휘 machine 기계 become 형용사: ~인 상태가 되다 outdated 오래된, 구식인 still 여전히 remain 형용사: ~인 상태로 남아 있다 production 생산 productive 생산적인

9
정답 appeared
해석 콜린스 씨는 신간을 출간한 후, TV 프로그램에 출연했다.
해설 빈칸 뒤에 목적어나 보어 없이 전치사구가 연결되고 있으므로 1형식 자동사가 와야 한다. 따라서 '나타나다, 출연하다'라는 뜻의 1형식 자동사 appear가 적절하다. 동사 appear는 1형식과 2형식으로 모두 사용될 수 있다.

어휘 appear 나타나다, 출연하다, ~인 것 같다 release ~을 출시하다

10.
정답 respond
해석 고객서비스 직원은 모든 불만 신고에 신속히 대응해야 합니다.
해설 빈칸 뒤에 부사와 전치사 to가 이어지는 것으로 보아 1형식 자동사인 respond가 정답이다. respond to(~에 대응하다)를 숙어처럼 외워두자. remain은 2형식 자동사로서, 뒤에 보어가 필요하다.
어휘 customer service 고객서비스 staff 직원 respond to ~에 대응하다 quickly 부사 complaint 불만

PRACTICE 2

1.
정답 Read
해석 계약서에 서명하기 전에 내용을 꼼꼼히 읽어보시기 바랍니다.
해설 빈칸 뒤에 명사구(목적어)가 있으므로 목적어를 취하는 3형식 타동사가 와야 한다. proceed(계속 진행하다, 이어서 하다)는 자동사로서, 진행하는 대상을 나타낼 때 그 앞에 전치사 with를 동반한다.
어휘 read ~을 읽다 proceed 계속 진행하다 contract 계약서 carefully 신중하게 before ~ 전에 sign ~에 서명하다

2.
정답 give
해석 사생활 침해 문제로 인해, 저희는 고객에게 보안 전화번호를 이용하는 기능을 제공합니다.
해설 빈칸 뒤에 간접목적어(our customer)와 직접목적어(the option)가 연달아 있는 것을 보아 빈칸은 4형식 동사가 올 자리이므로 give가 정답이다.
어휘 due to ~ 때문에 privacy issue 사생활 침해 문제 choose ~을 선택하다 give A B: A에게 B를 주다 customer 고객 option 선택, 선택물, 선택권, 기능 use ~을 이용하다 secure 안전한

3.
정답 offer
해석 저희는 고객들께 더 저렴한 상품들을 제공합니다.
해설 빈칸 뒤에 목적어 두 개(customers, options)가 연달아 있는 것으로 보아 빈칸은 4형식 동사가 올 자리이므로 offer가 정답이다.
어휘 offer A B: A에게 B를 제공하다 request ~을 요청하다 affordable 저렴한 option 선택, 선택물, 선택권, 기능

4.
정답 expected
해석 개축 프로젝트는 5개월 후에 완료될 것으로 예상됩니다.
해설 「5형식 동사 expect + 목적어 + to부정사(~에게 …할 것을 기대하다)」가 수동태로 쓰인 be expected to부정사 구문이다. 시험에 자주 출제되는 구문이므로 숙어로 외워두는 것이 좋다.
어휘 renovation 보수, 개축 be expected to do ~할 것으로 예상되다 in 기간: ~의 기간 후에

5.
정답 send
해석 저희에게 저희 제품에 대한 의견을 보내주시기 바랍니다.
해설 빈칸 뒤에 간접목적어(us)와 직접목적어(your feedback)가 연달아 있는 것으로 보아 빈칸은 4형식 동사가 올 자리이므로 send가 정답이다.
어휘 allow ~을 허용하다 send A B: A를 B에게 보내다 feedback 의견 product 제품

6.
정답 grant
해석 우리는 직원들이 3년간 근무하면, 그들에게 10일간의 휴가를 추가로 제공합니다.
해설 빈칸 뒤에 간접목적어(employees)와 직접목적어(an additional 10-day vacation)가 연달아 있는 것으로 보아 빈칸은 4형식 동사가 올 자리이므로 grant가 정답이다.
어휘 require ~을 요구하다 grant A B: A에게 B를 허락하다, 승인하다 employee 직원 additional 추가적인 vacation 휴가

7.
정답 named
해석 웹 씨는 영업부장으로 임명되었습니다.
해설 「5형식 동사 name + 목적어 + 명사 보어 (~을 …으로 임명하다)」가 수동태로 쓰인 「be named + 명사 보어」 구문이다.
어휘 name A B: A를 B에 임명하다 hire ~를 채용하다 director 부장, 소장

8.
정답 made
해석 합병이 곧 발표될 예정입니다.
해설 「5형식 동사 make + 목적어 + 형용사 보어 (~을 …하게 만들다)」가 수동태로 쓰인 구문이다. become은 2형식 자동사이므로 수동태로 쓰일 수 없다.
어휘 merger 합병 be made public 공개되다, 발표되다 soon 곧

9.
정답 encourages
해석 실버케어 경영진은 간호 직원들에게 환자를 최대한 정성껏 돌보도록 권고합니다.
해설 뒤에 목적어와 to부정사가 있는 것으로 보아 5형식 동사가 올 자리이므로 encourages가 정답이다.
어휘 management 경영진 present ~을 제시하다 encourage A to do: A에게 ~할 것을 권고하다 nursing staff 간호 인력, 간호 담당자들 treat ~을 다루다 patient 환자 utmost 최고의, 극도의

10.
정답 required
해석 모든 직원은 사원증을 갱신해야 합니다.
해설 「5형식 동사 + 목적어 + to부정사」가 수동태로 쓰인 구문이다. 신분증을 갱신하는(to renew their ID tags) 것은 모든 직원들에게 요구되는 의무 사항이므로 required가 빈칸에 적합하다. consider가 5형식 동사로서 목적보어를 이끄는 to be를 가질 수는 있지만 목적보어로 to부정사를 가지지는 않는다.
어휘 staff 직원들 be required to do ~하도록 요구되다 be considered + 보어: ~로 간주되다 renew ~을 갱신하다 ID tag 신분증

실전 TEST

1. (B)	2. (A)	3. (B)	4. (D)	5. (A)
6. (B)	7. (C)	8. (C)	9. (B)	10. (D)
11. (B)	12. (A)	13. (D)	14. (C)	15. (C)
16. (B)	17. (B)	18. (B)	19. (B)	20. (C)

1.
정답 (B)
해석 침체된 경기에도 불구하고, 올해 허먼 레스토랑의 수익은 동일한 수준을 유지했다.
해설 빈칸 뒤에 위치한 형용사 보어 the same과 어울릴 수 있는 2형식 자동사 remain의 과거분사인 (B) remained가 정답이다. 「remain + 형용사」는 '~한 상태를 유지하다, 여전히 ~한 상태이다'를 의미한다.
오답 (A) resulted: 주로 전치사 in 또는 from과 어울려 쓰이는 1형식 자동사이다.
(C) announced: 목적어를 필요로 하는 3형식 타동사이다.
(D) decided: 목적어를 필요로 하는 3형식 타동사이다.
어휘 despite ~에도 불구하고 economy 경기, 경제 profit 수익, 이익 result in ~라는 결과를 낳다 result from ~에 따른 결과이다 announce ~을 발표하다, ~을 공지하다 decide ~을 결정하다

2.
정답 (A)
해석 일부 직원들이 세계 시장에 대해 알기 위해 해외 지사로 출장을 떠날 것이다.
해설 빈칸 뒤에 위치한 to 전치사구와 어울리는 1형식 자동사가 빈칸에 쓰여야 알맞으므로 (A) travel이 정답이다.
오답 (B) visit: 목적어를 필요로 하는 3형식 타동사이다.
(C) prefer: 목적어를 필요로 하는 3형식 타동사이다.
(D) open: 1형식 자동사 또는 목적어를 필요로 하는 3형식 타동사로 쓰인다. 1형식 자동사일 경우에는 시간 표현을 동반하며, 위치를 나타내는 to 전치사구와는 의미가 통하지 않는다.
어휘 overseas a. 해외의 ad. 해외로, 해외에 learn about ~에 관해 알다 prefer ~을 선호하다

3.
정답 (B)
해석 예산국장이 내일 내년 재무계획을 제안할 것으로 예상됩니다.
해설 주어진 동사들 중 to부정사를 목적보어로 가질 수 있는 동사는 5형식 동사인 expect뿐이다. 그러므로, '~할 것으로 예상되다'를 뜻하는 수동태 구문 「be expected to do」를 구성하는 (B) expected가 정답이다.
오답 (A) canceled: 직접목적어만 가지는 3형식 동사이므로 수동태에서 to부정사를 보어로 가질 수 없다.
(C) revised: 직접목적어만 가지는 3형식 동사이므로 수동태에서 to부정사를 보어로 가질 수 없다.
(D) continued: 직접목적어만 가지는 3형식 동사이므로 수동태에서 to부정사를 보어로 가질 수 없다.
어휘 budget 예산 director 부장, 국장, 소장 propose ~을 제안하다 financial 재무의, 재정의 cancel ~을 취소하다 revise ~을 수정하다, ~을 변경하다 continue ~을 지속하다

4.
정답 (D)
해석 신임 대표이사는 자동 포장 시스템을 도입함으로써 비용을 절감하고 싶어한다.
해설 빈칸 뒤에 위치한 명사 costs를 목적어로 취할 3형식 타동사가 필요하므로 (D) reduce가 정답이다.
오답 (A) happen: 목적어가 필요 없는 1형식 자동사이다.
(B) succeed: 목적어가 필요 없는 1형식 자동사이다.
(C) rise: 목적어가 필요 없는 1형식 자동사이다.
어휘 would like to do ~하고 싶다, ~하고자 하다 by (방법) ~함으로써, ~해서 introduce ~을 도입하다, ~을 소개하다 packaging 포장 succeed 성공하다 rise 오르다, 상승하다

5.
정답 (A)

해석 판매량 목표를 초과한 것에 대한 보상으로 설리번 씨에게 보너스가 지급되었다.

해설 수동태에서 동사 뒤에 명사가 남아있다는 것은 간접목적어와 직접목적어를 모두 가지는 4형식 동사의 수동태라는 의미이다. 그러므로 4형식 동사 award의 과거분사인 (A) awarded가 정답이다.

오답 (B) applied: 1형식 자동사(지원하다) 또는 직접목적어를 필요로 하는 3형식 타동사(~을 적용하다)이다.
(C) accepted: 직접목적어만 가지는 3형식 타동사이므로 수동태에서 뒤에 명사가 남지 않는다.
(D) approved: 직접목적어만 가지는 3형식 타동사이므로 수동태에서 뒤에 명사가 남지 않는다.

어휘 exceed ~을 초과하다, ~을 넘어서다 sales 판매(량), 영업, 매출 award (~에게 …을) 주다, 수여하다 apply 지원하다, 신청하다, ~을 적용하다 accept ~을 수용하다, ~을 받아들이다 approve ~을 승인하다

6.
정답 (B)

해석 15년 동안 재직 끝에, 브래들리 씨가 해외사업 본부장으로 임명되었습니다.

해설 수동태에서 동사 뒤에 명사가 남아 있으려면 목적어가 2개인 4형식 동사 구조이거나 목적어와 명사보어를 가지는 5형식 구조가 되어야 한다. 이 문장에서는 빈칸 뒤의 직책명을 명사보어로 가지는 5형식 동사 name의 과거분사인 (B) named가 정답이다.

오답 (A) hired: 직접목적어만 가지는 3형식 타동사이다.
(C) admitted: 직접목적어만 가지는 3형식 타동사이다.
(D) established: 직접목적어만 가지는 3형식 타동사이다.

어휘 service 재직, 복무 overseas a. 해외의 ad. 해외로, 해외에 operation 운영, 영업, 사업 hire ~을 채용하다 name (~을 …로) 임명하다 admit ~을 인정하다 establish ~을 확립하다, ~을 설립하다

7.
정답 (C)

해석 여러분의 새 연봉은 내년 첫날에 시행될 것입니다.

해설 become은 형용사 또는 명사를 보어로 취하는 2형식 자동사이며, 이 문장에서는 특정 시점에 효력을 지니는 상태를 나타낼 형용사가 알맞으므로 (C) effective가 정답이다.

오답 (A) effect: 명사 보어는 주어의 신분, 지위, 기능을 나타내므로 상태를 설명하는 맞지 않는다.
(B) effects: 명사 보어는 주어의 신분, 지위, 기능을 나타내므로 상태를 설명하는 맞지 않는다.
(D) effectively: 보어로 사용되지 않는 부사이므로 오답이다.

어휘 effect 효과, 영향 effective 효력을 지니는, 효과적인 effectively 효과적으로

8.
정답 (C)

해석 회사로 복귀하시면, 출장에 대한 보고서를 작성하시기 바랍니다.

해설 빈칸 뒤에 위치한 to 전치사구(work은 명사)와 어울리는 1형식 자동사가 빈칸에 쓰여야 알맞으므로 (C) return이 정답이다. 참고로, return은 1형식(돌아오다) 그리고 3형식(~을 돌려주다)으로 모두 사용된다.

오답 (A) visit: 직접목적어를 필요로 하는 3형식 타동사이다.
(B) organize: 직접목적어를 필요로 하는 3형식 타동사이다.
(D) provide: 직접목적어를 필요로 하는 3형식 타동사이다.

어휘 make a report on ~에 관해 보고하다 organize ~을 조직하다, ~을 정리하다 provide ~을 제공하다 work 직장, 회사

9.
정답 (B)

해석 저희는 최고의 네트워크 보안 회사를 고용함으로써 저희 고객 데이터베이스를 안전하게 유지합니다.

해설 빈칸 뒤에 위치한 our customer database secure는 「명사구 + 형용사」 구조로 「동사 + 목적어 + 목적보어(형용사)」로 이루어지는 5형식 동사 구조의 일부이다. 그러므로 5형식 동사 (B) keep이 정답이다. 「keep + 목적어 + 형용사」는 '~을 …하게 유지하다'라는 의미이다.

오답 (A) give: 직접목적어만 가지는 3형식 또는 직접목적어와 간접목적어를 모두 가지는 4형식 동사이다.
(C) offer: 직접목적어만 가지는 3형식 또는 직접목적어와 간접목적어를 모두 가지는 4형식 동사이다.
(D) reuse: 직접목적어만 가지는 3형식 동사이다.

어휘 secure a. 안전한 v. ~을 확보하다 hire ~을 고용하다 offer ~을 제공하다, ~을 제안하다 reuse ~을 재사용하다

10.
정답 (D)

해석 이번 정책 개정이 장기근속 직원들에게 더 많은 혜택을 제공해 드릴 것입니다.

해설 빈칸 뒤에 두 개의 명사구 long-term employees와 more benefits가 쓰여 있으므로 「동사 + 간접목적어 + 직접목적어」로 구성된 4형식 동사 구문임을 알 수 있다. 그러므로 4형식 동사 (D) grant가 정답이다.

오답 (A) recommend: 직접목적어만 가지는 3형식 동사이다.
(B) donate: 직접목적어만 가지는 3형식 동사이다.
(C) accept: 직접목적어만 가지는 3형식 동사이다.

어휘 revision 개정, 변경 policy 정책, 방침 be supposed to do ~할 예정이다, ~하기로 되어 있다 long-term 장기적인 benefit 혜택, 이점 recommend ~을 추천하다 donate ~을 기부하다 accept ~을 수용하다, ~을 받아들이다

11.
정답 (B)
해석 모든 영업직원들은 개인 정보 보안 워크숍에 참석하셔야 합니다.
해설 수동태의 동사 자리 뒤에 to부정사가 있다면, to부정사를 목적보어로 가지는 5형식 동사가 필요하다는 의미이다. 그러므로 5형식 동사 require의 과거분사로서 「be required to do (~할 필요가 있다)」라는 구문을 구성하는 (B) required가 정답이다.
오답 (A) revised: 직접목적어를 가지는 3형식 동사이며, to부정사 보어를 가지지 않는다.
(C) canceled: 직접목적어를 가지는 3형식 동사이며, to부정사 보어를 가지지 않는다.
(D) regarded: 직접목적어를 가지는 3형식 동사이며, to부정사 보어를 가지지 않는다.
어휘 sales 영업, 판매(량), 매출 representative n. 직원, 대리인 attend ~에 참석하다 revise ~을 개정하다 cancel ~을 취소하다 regard ~을 생각하다, 평가하다 cf. regard A as B: A를 B로 여기다

12.
정답 (A)
해석 잠재 고객들을 끌어들이는 일이 이전보다 더 비용이 많이 드는 것으로 드러나고 있습니다.
해설 빈칸 뒤에 비교급 형용사 more expensive가 쓰여 있어 형용사 보어와 함께 사용하는 2형식 동사의 현재분사가 필요하므로 (A) proving이 정답이다. 「prove + 형용사」는 '~한 것으로 드러나다[판명되다]'를 의미한다.
오답 (B) searching: search는 보어를 사용하지 않는 1형식 자동사이다.
(C) increasing: increase는 보어를 사용하지 않는 1형식 자동사 또는 목적어가 필요한 3형식 타동사이다.
(D) achieving: achieve는 목적어가 필요한 3형식 타동사이다.
어휘 attract ~을 끌어들이다 potential 잠재적인 expensive 비용이 많이 드는, 비싼 than before 이전보다 search (for) (~을) 찾다, 검색하다 increase ~을 증가시키다, ~을 늘리다 achieve ~을 달성하다, ~을 이루다

13.
정답 (D)
해석 공장 근로자들에게 필수적인 보호를 제공하기 위해, 경영진은 그들에게 안전모를 착용하도록 요구한다.
해설 빈칸 뒤에 두 개의 명사구 factory workers와 vital protection이 있으므로, 「동사 + 간접목적어 + 직접목적어」 구조로 사용되는 4형식 동사가 필요하다. 그러므로 4형식 동사 (D) give가 정답이다.
오답 (A) qualify: 1형식 자동사 또는 직접목적어만 사용하는 3형식 동사이다.
(B) equip: 직접목적어만 사용하는 3형식 동사이다.
(C) complete: 직접목적어만 사용하는 3형식 동사이다.
어휘 in order to do ~하기 위해, ~할 수 있도록 vital 필수적인 protection 보호 management 경영(진), 관리(진) require A to do: A에게 ~하도록 요구하다 qualify ~에게 자격을 주다 qualify for ~에 대한 자격이 있다 equip ~을 갖춰주다, ~을 장착하다 complete ~을 완료하다

14.
정답 (C)
해석 컨벤션 장소를 떠나시기 전에, 쓰레기는 모두 가져가시기 바랍니다.
해설 빈칸 뒤에 위치한 from 전치사구와 어울리는 1형식 자동사의 동명사가 빈칸에 쓰여야 알맞으므로 (C) departing이 정답이다.
오답 (A) attending: attend는 목적어를 필요로 하는 3형식 타동사이다.
(B) arranging: arrange는 목적어를 필요로 하는 3형식 타동사이다.
(D) surrounding: surround는 목적어를 필요로 하는 3형식 타동사이다.
어휘 site 장소, 현장, 부지 take ~을 가져가다 attend ~에 참석하다 arrange ~을 정리하다, ~을 배치하다, ~을 준비하다 depart 출발하다, 떠나다 surround ~을 둘러싸다

15.
정답 (C)
해석 글로벌 테크 사는 개인적, 직업적 발전을 위한 많은 기회를 제공한다.
해설 빈칸 뒤에 위치한 명사구 many opportunities를 목적어로 취할 3형식 타동사가 필요하며, '~을 위해 많은 기회를 제공한다'를 의미해야 자연스러우므로 '~을 제공하다'를 뜻하는 3형식 타동사 (C) offers가 정답이다. 참고로, offer는 간접목적어와 직접목적어를 모두 가지는 4형식 동사로도 출제되기도 한다.
오답 (A) departs: 1형식 자동사이므로 오답이다.
(B) allows: 「allow A to do(A 가 ~하도록 허용하다)」 구조로 주로 사용되는 5형식 동사이므로 오답이다.

(D) remains: 1형식 자동사 또는 형용사 보어를 필요로 하는 2형식 자동사이므로 오답이다.

어휘 opportunity 기회 professional 직업적인, 전문적인 development 발전, 개발 depart 출발하다, 떠나다 remain 머무르다, 여전히 ~한 상태이다, 계속 ~한 상태로 있다

16.
정답 (B)

해석 현 시장 상황에 대한 정보를 계속 얻을 수 있도록 소셜 미디어를 잘 관찰하시기 바랍니다.

해설 빈칸 앞에 위치한 동사 stay는 형용사 보어와 함께 사용하는 2형식 자동사이므로 형용사가 필요하다. 형용사 informed가 사물과 사람을 수식하고 informing은 사물만 수식하는데, to stay의 주어가 사람이므로 (B) informed가 정답이다.

오답 (A) inform: 동사이므로 2형식 동사 뒤에 보어로 쓰일 수 없다.
(C) informing: 현재분사 형용사로 사물명사를 수식하므로 사람의 보어 자리에 쓰일 수 없다.
(D) information: 명사이므로 2형식 동사 뒤에 보어로 쓰일 수 없다.

어휘 keep track of ~을 관찰하다, ~을 계속 추적하다 current 현재의 situation 상황 inform ~에게 알리다 informed (특정 주제 등에 대해) 잘 아는, 정통한, 정보에 근거한 informing 유익한 information 정보

17.
정답 (B)

해석 그 일자리의 혜택에 관해 알았을 때, 레슬리 씨는 그 자리가 매력적이라고 생각했다.

해설 직접목적어를 취해 '~을 찾다'를 뜻하는 3형식 동사로 사용되는 find는 「find + 목적어 + 형용사(~을 …하다고 생각하다)」 구조의 5형식 동사로도 쓰인다. 따라서, 목적어 the job 뒤의 빈칸에 형용사가 쓰여야 알맞으므로 (B) attractive가 정답이다.

오답 (A) attraction: 명사이므로 find의 목적보어가 될 수 없다.
(C) attracted: 분사형 형용사 attracted는 사람의 감정을 나타내므로 사물인 the job의 보어로 사용될 수 없다.
(D) attracts: 동사의 현재시제 형태이므로 형용사 자리인 빈칸에 쓰일 수 없다.

어휘 learn about ~에 관해 알다 benefit 혜택, 이점 attraction 매력, (관광)명소 attractive 매력적인 attract ~을 끌어들이다, ~의 마음을 얻다

18.
정답 (B)

해석 설문조사 결과, 우리 고객들의 음식 선호가 다양한 것으로 나타난다.

해설 빈칸이 that절의 동사 자리이므로 1형식 자동사인 (B) vary가 정답이다.

오답 (A) watch: 목적어를 필요로 하는 3형식 타동사이다.
(C) approve: 목적어를 필요로 하는 3형식 타동사이다.
(D) cover: 목적어를 필요로 하는 3형식 타동사이다.

어휘 survey 설문조사(지) result 결과(물) preference 선호(하는 것), 취향 watch ~을 바라보다 vary 다양하다 approve ~을 승인하다 cover ~을 덮다, ~을 보호하다, ~을 다루다, ~을 충당하다

19.
정답 (B)

해석 그 회사는 다양한 교육 프로그램을 통해 필수 능력을 배우도록 신입직원들을 돕는다.

해설 5형식 동사 help는 목적보어로 to부정사 또는 동사원형을 사용한다. 그러므로 동사원형인 (B) learn이 정답이다.

오답 (A) learned: 과거시제 형태이므로 오답이다.
(C) learns: 현재시제 형태이므로 오답이다.
(D) learning: 현재분사 형태이므로 오답이다.

어휘 essential 필수적인 skill 능력, 기술 through ~을 통해서 various 다양한 training 교육, 훈련

20.
정답 (C)

해석 장시간의 면접 끝에, 루이스 씨가 가전기기 부서의 책임자로 선임되었다.

해설 수동태에서 동사 뒤에 명사가 있으므로 4형식 또는 5형식 동사 자리인데, 선택지에 4형식 동사가 없으므로 5형식 동사인 appoint의 과거분사 (C) appointed가 정답이다. 이 문장은 「appoint + 목적어 + 목적보어(명사)」의 4형식 구문이 수동태로 사용된 것이다.

오답 (A) decided: decide는 직접목적어를 필요로 하는 3형식 동사이다.
(B) interviewed: interview는 직접목적어를 필요로 하는 3형식 동사이다.
(D) reminded: remind는 목적어로 「사람목적어 + of + 명사」 또는 「사람목적어 + that절/to부정사」의 형태를 취하는 전달 동사이다.

어휘 lengthy 장시간의, 긴 head 책임자 home appliance 가전기기 decide ~을 결정하다 appoint A B: A를 B로 선임하다 remind (A) that/to do (A에게) ~라고/~하도록 상기시키다

DAY 04 동사의 특성

PRACTICE 1

1.
정답 launches
해석 A-Mart는 7월 1일에 새로운 배송 서비스를 시작합니다.
해설 주어인 A-Mart가 단수이므로 단수형 동사인 launches가 정답이다.
어휘 launch ~을 시작하다, 출시하다 delivery 배달, 배송

2.
정답 has enabled
해석 그의 책들에 대한 인기가 브룩스 씨가 해리 윙 상을 수상할 수 있도록 했습니다.
해설 주어인 The popularity가 단수이므로 단수형 동사 has enabled가 정답이다. 동사 앞의 복수명사에 속지 않도록 주의해야 한다.
어휘 popularity 인기 enable A to do: A가 ~할 수 있도록 하다 win a prize 상을 타다

3.
정답 wish
해석 지정 좌석을 원하는 고객은 모바일 앱을 통해 예약하셔야 합니다.
해설 선행사가 복수 형태인 Patrons이므로 관계대명사 who가 이끄는 절의 동사도 복수형이 되어야 한다. 따라서 기본형인 wish가 정답이다.
어휘 patron 고객 wish to do ~하기를 바라다 designated 지정된 seat 좌석 reserve ~을 예약하다 through ~을 통하여 mobile application 모바일 앱

4.
정답 needs
해석 장 씨는 매우 바빠서 음식을 주문해야 합니다.
해설 주어 Ms. Chang이 단수이고, 접속사 is와 and로 연결되는 빈칸 역시 동사 자리이므로, 빈칸은 단수형 동사 자리이다. 따라서 needs가 정답이다.
어휘 busy 바쁜 need to do ~할 필요가 있다 order in ~을 배달 주문하다 meal 식사

5.
정답 have been discounted
해석 저희 웹사이트의 상품들은 오늘 하루만 할인이 적용되고 있습니다.
해설 주어 The items가 복수이므로 복수형인 have been discounted가 정답이다.
어휘 item 물건, 상품 be discounted 할인되다 ~ only 오직 ~만

6.
정답 Anyone
해석 콘서트장에 늦게 도착하는 분은 누구든 보안요원에게 입장권을 제시해야 합니다.
해설 문장의 주어가 올 자리이고, 주격관계대명사 who로 연결되는 절의 동사가 단수형인 arrives이므로 주어 또한 단수형이 되어야 한다. 따라서 단수를 가리키는 부정대명사 Anyone이 정답이다.
어휘 those who ~하는 사람들 anyone who ~하는 사람은 누구나 arrive at ~에 도착하다 late 늦게 present ~을 제시하다 security personnel 보안요원

7.
정답 Each
해석 우리 케이크는 손상을 방지하기 위해 각 주문마다 특별한 방식으로 포장됩니다.
해설 단수동사 is의 주어인 단수명사 order를 수식할 형용사 또한 단수명사 전용이어야 하므로, Each가 정답이다. All이 가산명사를 수식할 경우 복수명사 전용이다.
어휘 order n. 주문(품) specially 특별히 be packaged 포장되다 prevent ~을 방지하다 damage 손상

8.
정답 Everyone
해석 팀원 모두가 상반된 의견을 가지고 있습니다.
해설 문장의 동사가 단수인 has이므로 주어도 단수형이어야 한다. 따라서 Everyone이 정답이다.
어휘 conflicting 충돌하는, 상반된 opinion 의견

9.
정답 have been monitored
해석 미세먼지 수위는 수년간 정부 과학자들에 의해 관찰되고 있습니다.
해설 주어가 The levels로 복수이므로 동사도 복수형이 되어야 한다.
어휘 level 수위, 수준 fine dust 미세먼지 monitor ~을 관찰하다 government 정부 scientist 과학자

10.
정답 attend
해석 IT 박람회에 참석하는 직원들은 환급을 위해 모든 영수증을 보

관해야 합니다.
해설 선행사인 Employees가 복수이므로 이를 수식하는 주격 관계대명사절의 동사는 선행사에 맞춰 복수형이 되어야 한다. 따라서 attend가 정답이다.
어휘 employee 직원 attend ~에 참석하다 expo 박람회 keep ~을 보관하다 receipt 영수증 reimbursement 환급, 상환

PRACTICE 2

1.
정답 meet
해석 우리 팀의 간부들은 매주 화요일에 회의를 합니다.
해설 시간부사구 on Tuesdays(화요일마다)는 주기적으로 반복되는 일을 나타내므로 현재시제인 meet가 정답이다.
어휘 senior 선임의, 고위의 meet 만나다, 회의하다

2.
정답 target
해석 저희는 보통 30세 미만의 고객을 대상으로 합니다.
해설 시간부사 usually(통상적으로)가 습관이나 일반적 경향을 나타내므로 현재시제인 target이 정답이다.
어휘 usually 보통 target ~을 겨냥하다 customer 고객 under the age of ~세 미만의

3.
정답 call
해석 고객서비스센터에 전화하실 때 고객계정번호를 미리 준비해 주세요.
해설 시간부사절에서는 미래의 일을 현재시제로 나타내므로, 현재시제인 call이 정답이다.
어휘 have A ready: A를 미리 준비해 두다 account number 계정번호 customer service 고객서비스

4.
정답 witnessed
해석 작년에 아시아의 관광산업은 호황을 이루었습니다.
해설 시간부사구 Last year(작년)가 과거의 일을 나타내므로, 과거시제인 witnessed가 정답이다.
어휘 tourism 관광업 witness ~을 목격하다, ~을 겪다 boom 호황

5.
정답 has been offering
해석 그 식당은 지난 10년 동안 매주 금요일마다 특별 메뉴를 제공해 왔습니다.
해설 시간부사구인 for the past decade가 '지난 10년 동안'이라는 긴 시간을 가리키므로, 과거부터 현재까지의 지속을 나타내는 시제인 현재완료 has been offering이 정답이다.
어휘 offer ~을 제공하다 past 지난 decade 10년

6.
정답 will be held
해석 쇼핑센터의 개장 행사가 이번 주 금요일 오후 2시에 열릴 것입니다.
해설 this Friday(이번 주 금요일)가 다가올 시점을 나타내므로 미래시제인 will be held가 정답이다.
어휘 opening ceremony 개장 행사 be held 열리다, 개최되다

7.
정답 was canceled
해석 일부 구성원들이 불만을 제기하면서 회의가 취소되었습니다.
해설 시점을 나타내는 when 부사절이 과거시제이므로, 주절의 시제도 과거가 되어야 한다.
어휘 cancel ~을 취소하다 member 구성원, 회원 complain about ~에 대해 불만을 제기하다

8.
정답 will lead
해석 앨리스 딜런 씨가 내일 고객 발표를 진행할 예정입니다.
해설 tomorrow가 미래의 시점을 나타내므로 미래시제인 will lead가 정답이다.
어휘 lead ~을 이끌다, 진행하다 client 고객 presentation 발표

9
정답 will add
해석 다음 달에 새 영화 20편을 추가할 예정입니다.
해설 next month가 미래의 시점을 나타내므로 미래시제인 will add가 정답이다.
어휘 add ~을 추가하다

10.
정답 has stressed
해석 올슨 씨는 그 사고가 발생한 이후로 줄곧 조립라인의 안전을 강조해 왔습니다.
해설 「ever since + 과거시점(~이래로 줄곧)」은 과거의 시점부터 현재까지 행위의 지속을 의미하므로 현재완료시제인 has stressed가 정답이다.
어휘 stress ~을 강조하다 safety 안전 assembly line 조립라인 ever since ~이래로 줄곧 accident 사고

happen 일어나다, 발생하다

PRACTICE 3

1.
정답 make
해석 고속버스는 필요한 경우에만 비상 정차를 합니다.
해설 조동사 다음에는 동사원형을 써야 하므로 make가 정답이다.
어휘 express bus 고속버스 make a stop 정차하다 emergency 비상 when necessary 필요한 경우에, 필요 시

2.
정답 be advised
해석 저희 매장이 월요일에 휴점한다는 것을 유념하시기 바랍니다.
해설 5형식 전달동사 advise(~에게 …라고 조언하다) 뒤에 사람 목적어 없이 that절이 바로 이어지고 있으므로, 주어가 앞으로 이동한(명령문에서는 생략) 수동태 구문임을 알 수 있다. Please be advised that(~을 유념하시기 바랍니다)를 덩어리로 외워두는 것이 좋다.
어휘 Please be advised that ~을 유념하시기 바랍니다 closed 문을 닫은

3.
정답 can discard
해석 주민들은 적은 요금을 내고 지정된 장소에 대형 가구를 폐기할 수 있습니다.
해설 3형식 타동사 discard(~을 버리다) 뒤에 목적어인 명사구가 이어지므로 능동태인 can discard가 정답이다.
어휘 resident 주민 discard ~을 버리다, 폐기하다 large 대형의 furniture 가구 designated 지정된 site 장소 fee 수수료, 요금

4.
정답 have been conducted
해석 모든 설문이 완료된 후, 마케팅팀이 이를 분석할 것입니다.
해설 주절의 시제가 미래이므로, 시간/조건을 나타내는 After절의 시제는 현재 또는 현재완료가 되어야 한다. 따라서 have been conducted가 정답이다.
어휘 survey 설문조사 conduct ~을 실시하다 analyze ~을 분석하다

5.
정답 tracks
해석 저희 시스템은 실시간으로 배송을 추적합니다.
해설 3형식 타동사 track(~을 추적하다) 뒤에 목적어가 있으므로, 능동태인 tracks가 정답이다.
어휘 track ~을 추적하다 package 소포, 배송품 in real time 실시간으로

6.
정답 has been postponed
해석 업데이트는 7월 31일까지 연기되었습니다.
해설 3형식 타동사인 postpone(~을 연기하다) 뒤에 목적어가 없으므로 수동태인 has been postponed가 정답이다.
어휘 update 최신 정보, 정보 갱신 postpone ~을 미루다, 연기하다 until ~까지

7.
정답 applied
해석 20명이 넘는 지원자들이 운영부장 직에 지원했습니다.
해설 apply가 '지원하다'의 의미로 쓰일 때는 자동사이다. 따라서 능동태인 applied가 정답이다. 전치사 for와 함께 apply for(~에 지원하다)를 숙어처럼 외워 두자. 참고로, 타동사 apply는 '~을 바르다, ~을 적용하다'라는 의미이다.
어휘 more than ~이 넘는 candidate 지원자, 후보자 apply for ~에 지원하다 position 직책 operation 운영 director 부장, 소장

8.
정답 are encouraged
해석 고객 여러분께 계정 정보를 업데이트하시도록 권고드립니다.
해설 5형식 전달동사 encourage(~에게 …하도록 권고하다)의 목적어 clients가 주어로 이동하고 뒤에 to부정사가 바로 나왔으므로 수동태 구문이다. 따라서, are encouraged가 정답이다.
어휘 be encouraged to do ~하도록 권장되다 update ~의 내용을 최신으로 바꾸다 account 계정, 계좌

9.
정답 simplified
해석 저희 웹사이트는 소형 기기에 맞추어 단순화되었습니다.
해설 3형식 타동사 simplify(~을 단순화하다) 뒤에 목적어가 없으므로, 수동태 구문임을 알 수 있다. 따라서 과거분사인 simplified가 정답이다.
어휘 simplify ~을 단순화하다 device 기기, 장치

10.
정답 must be submitted
해석 본 채용에 대한 지원서는 웹사이트 또는 이메일로 제출되어야 합니다.

해설 3형식 타동사 submit(~을 제출하다) 뒤에 목적어가 없으므로, 수동태인 must be submitted가 정답이다.

어휘 application 지원서 opening 공석, 채용 submit ~을 제출하다 by e-mail 이메일로

실전 TEST

1. (C)	2. (A)	3. (B)	4. (B)	5. (D)
6. (D)	7. (A)	8. (B)	9. (A)	10. (D)
11. (A)	12. (A)	13. (B)	14. (C)	15. (C)
16. (A)	17. (B)	18. (C)	19. (D)	20. (B)

1.
정답 (C)

해석 직원 직무안내서의 모든 내용은 회사 인트라넷 사이트에 게시되어 있습니다.

해설 단수동사 is listed와 수 일치되는 단수주어가 빈칸에 필요하며, 주어가 '모든 것'을 의미해야 자연스러우므로 단수부정대명사 (C) Everything이 정답이다.

오답 (A) Few: 복수대명사이므로 오답이다.
(B) Some: 복수대명사이므로 오답이다.
(D) Another: 또 다른 하나를 가리키므로 단수이기는 하지만, 가리키는 대상이 앞에 제시되지 않으므로 오답이다.

어휘 employee handbook 직원 직무안내서 list ~을 기재하다, ~을 목록에 올리다 few 극소수, 거의 ~하지 않음 another 또 다른 하나

2.
정답 (A)

해석 훌륭한 자격을 갖춘 많은 지원자들이 재무부장 자리에 지원했다.

해설 빈칸 뒤로 for 전치사구가 있으므로 빈칸은 자동사의 능동태 자리이다. 따라서, 동사의 능동태인 과거시제 (A)와 현재시제 (D) 중에서 골라야 하는데, 현재시제는 관습 또는 관행을 나타내므로 재무부장을 뽑는 특정한 채용에 사용될 수 없다. 그러므로, 과거시제인 (A) applied가 정답이다.

오답 (B) applying: 현재분사 형태이므로 동사 자리인 빈칸에 쓰일 수 없다.
(C) were applied: 자동사 apply는 수동태로 쓰일 수 없으므로 오답이다.
(D) apply: 재무부장을 늘 뽑는 것이 아니므로, 관행을 나타내는 현재시제는 오답이다.

어휘 highly 대단히, 매우, 아주 qualified 자격을 지닌, 적격인 candidate 지원자, 후보자 finance 재무, 재정, 금융 opening 공석

3.
정답 (B)

해석 네오런 스포츠의류 사는 자사의 생산 과정을 간소화한 후, 상당한 매출 증가를 경험했다.

해설 주절이 과거시제이므로, After절의 동사는 같은 시점이거나 또는 그보다 이전 시점이 되어야 한다. 그러므로 과거시제인 (B) streamlined가 정답이다.

오답 (A) streamlines: 현재시제이므로 오답이다.
(C) will have streamlined: 미래완료시제이므로 오답이다.
(D) has been streamlined: 수동태이므로 능동태 동사 자리에 맞지 않으며, 시제로도 빈칸에 적합하지 않다.

어휘 production 생산, 제작 process (처리) 과정 experience v. ~을 겪다, ~을 경험하다 significant 상당한, 많은, 중요한 increase in ~의 증가 sales 판매(량), 영업, 매출 streamline ~을 간소화하다

4.
정답 (B)

해석 소셜네트워킹 앱 M-챗의 인터페이스는 가독성 향상을 위해 단순화되어 있다.

해설 타동사 뒤의 목적어(The interface)가 주어 자리로 이동한 수동태 구조이므로 과거분사인 (B) simplified가 정답이다.

오답 (A) simplification: 2형식 동사의 명사 보어는 주어의 기능이나 자격을 의미하는데, simplification은 주어에 대해 사용된 방법을 나타내므로 오답이다.
(C) simplifies: 이미 주동사인 is가 있으므로 주동사가 중복되는 오류이다.
(D) simplifying: 타동사 뒤에 목적어가 없는 수동태 구조이므로 능동태는 오답이다.

어휘 interface 사람과 기기 간의 소통(조작) 요소 social networking 사회관계망 readability 가독성, 읽기 쉬움 simplification 단순화, 간소화 simplify ~을 단순화하다, ~을 간소화하다

5.
정답 (D)

해석 제이드 패션 사에서 제품의 반품은 고객서비스 카운터에서 처리된다.

해설 타동사 handle이 들어갈 빈칸 뒤에 목적어가 없으므로 수동태 구문이다. 그러므로 수동태 형태인 (D) are handled가 정답이다.

오답 (A) to handle: 주동사 자리에 쓰일 수 없는 to부정사이므로 오답이다.
(B) have handled: 능동태 형태이므로 오답이다.
(C) being handled: 수동이지만, 주동사 자리에 쓰일 수 없는 분사구이므로 오답이다.

어휘 return 반품, 반납 item 제품, 물품 handle ~을 처리하다, ~을 다루다 customer service 고객서비스 counter 계산대, 판매대, 접수대

6.
정답 (D)
해석 사이버 공격이 발생하기 전에, 헤이우드 씨가 네트워크 보안 개선의 필요성을 강조한 바 있다.
해설 빈칸은 동사가 들어갈 자리이다. 그리고 접속사 before절의 시제가 과거이므로 주절의 시제는 그보다 앞선 시점을 나타내야 하므로 과거완료시제인 (D) had stressed가 정답이다.
오답 (A) stresses: 현재시제이므로 오답이다.
(B) stressing: 동사 자리에 쓰일 수 없는 현재분사이므로 오답이다.
(C) having stress: 동사 자리에 쓰일 수 없는 현재분사이므로 오답이다.
어휘 the need for ~의 필요 security 보안 cyberattack 사이버 공격 occur 발생하다, 일어나다 stress v. ~을 강조하다

7.
정답 (A)
해석 프라임 은행의 고객들께서는 청구서 발송 주소를 포함해, 고객 계정 정보를 업데이트하시기 바랍니다.
해설 5형식 전달동사인 encourage는 「encourage + 목적어 + to do(~에게 …하도록 권하다)」 구조로 사용된다. 그런데 to 부정사 앞에 목적어가 없으므로 수동태 구문임을 알 수 있다. 따라서, 「be encouraged to do(~하도록 권장되다)」의 수동태 구조를 구성하는 (A) are encouraged가 정답이다.
오답 (B) encouraging: 현재분사이므로 동사 자리에 올 수 없다.
(C) will encourage: 능동태이므로 오답이다.
(D) encourages: 능동태이므로 오답이다.
어휘 update ~을 최신으로 갱신하다 account 계정, 계좌 including ~을 포함해 billing 청구서 발송, 고지서 발송

8.
정답 (B)
해석 실험실 구역의 접근 권한이 필요한 분들은 반드시 보안관리실에서 특별 출입증을 받으셔야 합니다.
해설 빈칸 뒤에 위치한 who 관계대명사절의 동사 need가 복수 형태이므로 주어도 복수대명사가 되어야 한다. 그러므로 복수대명사인 (B) Those가 정답이다. (D) Anyone은 단수를 나타내는 대명사이다.
오답 (A) Each: 단수대명사이므로 오답이다.
(C) Everything: 사물을 가리키므로 who 관계대명사의 선행사로 사용될 수 없다.
(D) Anyone: 단수대명사이므로 오답이다.
어휘 access n. 접근 (권한), 이용 (권한) v. ~에 접근하다, ~을 이용하다 lab 실험실 obtain ~을 얻다, ~을 획득하다 pass 출입증, 승차권 security 보안

9.
정답 (A)
해석 데이비스 씨는 증가하는 수요를 충족해 줄 수 있는 공급업체를 발견하여 기뻤다.
해설 타동사 find가 들어갈 빈칸 뒤에 목적어 a supplier가 있으므로 빈칸은 능동태 자리이다. 그리고 주절의 동사가 was로 과거시제이므로 주절의 동사도 과거 또는 그 이전 시제가 되어야 한다. 따라서 능동태 과거시제인 (A) found가 정답이다.
오답 (B) was found: 수동태이므로 오답이다.
(C) finds: 능동태 동사이지만 주절의 과거시제와 일치하지 않는 오답이다.
(D) finding: 동사 자리에 쓰일 수 없는 현재분사이므로 오답이다.
어휘 be happy that ~해서 기쁘다 supplier 공급업체, 공급업자 meet (조건 등) ~을 충족하다 increase 늘어나다, 증가하다 demand 수요, 요구

10.
정답 (D)
해석 마케팅부장 직에 대한 지원서가 검토되려면, 7월 10일까지 제출되어야 합니다.
해설 타동사 submit이 들어갈 빈칸 뒤에 목적어가 없으므로 빈칸은 수동태 동사 자리이다. 그러므로 수동태 형태인 (D) must be submitted이 정답이다.
오답 (A) submitted: 능동태 과거시제이므로 오답이다.
(B) are submitting: 능동태 현재진행시제이므로 오답이다.
(C) must submit: 능동태이므로 오답이다.
어휘 application 지원(서), 신청(서) position 직책, 일자리 consider ~을 검토하다 submit ~을 제출하다

11.
정답 (A)
해석 어제, 길버트 매뉴팩처링이 내년에 유럽으로 사업을 확장할 것이라고 발표했다.
해설 that절의 동사 시제를 고르는 유형이다. that절에 미래 시점을 나타내는 시간부사구 next year가 있으므로 여기에 시제를 맞추어 미래시제가 들어가야 하므로 (A) will expand가 정답이다. Yesterday에 속아서 과거시제를 고르기가 쉽다.
오답 (B) expand: 복수 형태로 단수주어 it과 수가 일치하지 않으므로 오답이다.
(C) expanding: 동사 자리에 쓰일 수 없는 현재분사이므로

오답이다.

(D) had expanded: 미래 시점을 나타내는 next year와 어울리지 않는 과거완료시제이므로 오답이다.

어휘 announce that ~라고 발표하다, ~라고 공지하다
expand (into) (~로) 확장하다, 확대하다

12.

정답 (A)

해석 각 지원자는 개별적으로 면접을 보고 결과를 통지받을 것입니다.

해설 빈칸 뒤에 위치한 단수명사 candidate를 수식할 단수형용사가 필요하므로 '각각의'라는 의미로 단수명사를 수식하는 부정형용사 (A) Each가 정답이다.

오답 (B) Several: 복수형용사이므로 오답이다.
(C) All: 복수형용사이므로 오답이다.
(D) Few: 복수형용사이므로 오답이다.

어휘 candidate 지원자, 후보자 notify A of B: A에게 B를 통보하다, A에게 B를 알리다 result 결과 individually 개별적으로 several 여럿의, 몇몇의 either 둘 중 하나의

13.

정답 (B)

해석 많은 액수의 기부금 덕분에 베이타운 학교들이 장학금을 지급할 수 있게 되었다.

해설 5형식 타동사 enable의 자리인 빈칸 뒤에 목적어인 Baytown schools가 있으므로 능동태 자리이며, 주어가 amount로 단수이므로 단수동사가 필요하다. 따라서 능동태 단수 형태인 (B) has enabled가 정답이다.

오답 (A) enable: 복수주어와 어울리는 복수동사이므로 오답이다.
(C) have been enabled: 복수주어와 어울리는 복수동사이므로 오답이다.
(D) to be enabling: 주동사 형태가 아니므로 오답이다.

어휘 large 많은, 큰 amount 액수, 양 donation 기부(금) grant ~을 수여하다, ~을 승인하다 scholarship 장학금 enable A to do: A가 ~할 수 있게 하다

14.

정답 (C)

해석 그 식당의 요리사들은 새로운 메뉴 품목에 대한 주문으로 하루 종일 바빴다.

해설 주어 Chefs가 복수이므로 빈칸은 복수동사가 들어갈 자리이다. 그러므로 (C) have been이 정답이다.

오답 (A) to be: 주동사 형태가 아니므로 오답이다.
(B) is: 단수동사이므로 오답이다.
(D) is being: 단수동사이므로 오답이다.

어휘 chef 요리사 busy with ~로 바쁜 all day 하루 종일 order 주문(품) item 품목, 항목

15.

정답 (C)

해석 월드 시네마가 다음 주에 모든 코미디 영화에 대해 50퍼센트 할인을 제공할 것입니다.

해설 미래를 나타내는 부사 next week가 있으므로 미래시제인 (C) will offer가 정답이다.

오답 (A) was offered: next week과 어울리지 않는 과거시제이므로 오답이다.
(B) offered: next week과 어울리지 않는 과거시제이므로 오답이다.
(D) has been offering: next week과 어울리지 않는 현재완료진행시제이므로 오답이다.

어휘 offer ~을 제공하다 discount on ~에 대한 할인

16.

정답 (A)

해석 시장의 가격 동향이 여러 경제학자들에 의해 수 개월간 관찰되고 있다.

해설 주어인 trends가 복수형태이며, 타동사 자리의 빈칸 뒤에 전치사 by가 있으므로 수동태임을 알 수 있다. 따라서, 복수동사 수동태인 (A) have been monitored가 정답이다.

오답 (B) monitors: 목적어를 필요로 하는 능동태이므로 오답이다.
(C) is monitoring: 단수동사 능동태이므로 오답이다.
(D) will monitor: 목적어를 필요로 하는 능동태이므로 오답이다.

어휘 trend 추세, 동향 economist 경제학자 monitor v. ~을 관찰하다, ~을 감시하다

17.

정답 (B)

해석 재포장 작업이 진행되는 동안, 운전자들은 더비 스트리트 주변을 우회하시기 바랍니다.

해설 주어 repaving이 단수이므로 단수동사가 빈칸에 필요하다. 그리고 동사 take는 빈칸 뒤의 명사 place와 결합하여 「take place」라는 자동사구를 한다. 그러므로 단수 능동태 형태인 (B) is taking이 정답이다.

오답 (A) take: 복수동사이므로 오답이다.
(C) is taken: 수동태이므로 오답이다.
(D) had been taken: 수동태이므로 오답이다.

어휘 be advised to do ~하도록 권고되다 detour 우회(로) repaving (도로 등의) 재포장 take place 발생하다

18.

정답 (C)

해석 테이트 씨는 실시간으로 교통 정보를 제공하는 모바일 앱을 개발했다.

해설 빈칸에 들어갈 수 있는 동사 형태인 (A)와 (C) 중에서, 주어가 한 사람이므로 빈칸은 단수동사가 들어갈 자리이다. 그런데 (A)는 복수동사이므로 오답이어서, 과거시제인 (C)가 정답으로 남는다. 이렇게 주어진 단서를 가지고 오답을 소거하여 정답을 고를 수도 있다는 것을 알아두자.

오답 (A) develop: 단수주어 Mr. Tate와 수가 일치하지 않는 복수동사이므로 오답이다.
(B) developing: 동사 자리에 쓰일 수 없는 현재분사 형태이므로 오답이다.
(D) development: 명사이므로 동사 자리에 쓰일 수 없다.

어휘 provide ~을 제공하다 traffic 교통(량), 차량들 in real time 실시간으로 develop ~을 개발하다, ~을 발전시키다 development 개발, 발전

19.

정답 (D)

해석 한 소비자 보고서가, CM 세단형 승용차에 대해 고객들이 과도하게 지불했다고 밝혔다.

해설 「주어 + 빈칸 + that절」에서 빈칸은 주절의 동사 자리이므로 선택지에서 유일하게 동사의 형태인 (D) revealed가 정답이다.

오답 (A) having revealed: 동사 자리에 쓰일 수 없는 완료분사 형태이므로 오답이다.
(B) revealing: 동사 자리에 쓰일 수 없는 현재분사 형태이므로 오답이다.
(C) to reveal: 동사 자리에 쓰일 수 없는 to부정사 형태이므로 오답이다.

어휘 consumer 소비자 customer 고객 overpay 과도하게 지불하다 reveal ~라고 밝히다

20.

정답 (B)

해석 지난해, 북미 지역의 건강식품 시장이 강력한 성장세를 보였다.

해설 과거시점을 나타내는 시간부사 Last year가 있으므로 빈칸은 과거시제가 들어가야 한다. 따라서 과거시제인 (B) witnessed가 정답이다.

오답 (A) witness: 현재시제이므로 오답이다.
(C) has witnessed: Last year와 어울릴 수 없는 현재완료 시제이므로 오답이다.
(D) to witness: 동사 자리에 쓰일 수 없는 to부정사의 형태이므로 오답이다.

어휘 health food 건강식품 strong 강력한 growth 성장, 증가 witness (사람) ~을 목격하다, ~을 경험하다, (사물) ~을 보여주다, ~을 나타내다

DAY 05 동명사

PRACTICE 1

1.

정답 replacing

해석 화이트 씨는 구형 프린터를 최신 모델로 교체하여 마감일을 성공적으로 맞췄습니다.

해설 전치사 by 뒤에 명사와 동명사 둘 다 가능하지만, 명사는 다른 명사와 직접 연결되지 못한다. 그런데 빈칸 뒤에 명사구 the old printer가 있으므로 동명사인 replacing이 정답이다.

어휘 successfully 성공적으로 meet the deadline 마감일을 맞추다 by -ing ~함으로써 replace A with B: A를 B로 교체하다 latest 최신의

2.

정답 Managing

해석 고객과의 긴밀한 관계를 관리하는 것이 평판을 향상시킬 수 있습니다.

해설 주어 자리에 명사와 동명사 둘 다 가능하지만, 빈칸 뒤에 명사구 a close relationship이 바로 연결되므로 동명사인 managing이 정답이다.

어휘 manage ~을 관리하다 management 관리, 경영진 close 가까운, 긴밀한 relationship 관계 customer 고객 improve ~을 향상시키다 reputation 명성

3.

정답 entering

해석 보안코드를 입력하기만 하면, 저희 비상연락망에 접속할 수 있습니다.

해설 전치사 by의 목적어 자리이므로 동명사인 entering이 정답이다.

어휘 access v. ~에 접근하다, ~을 이용하다 n. 접근, 이용 hotline 직통전화, 비상연락망

4.

정답 assisting

해석 언제든 전화하시면, 저희 전문 상담원이 도와드릴 것입니다.

해설 빈칸 뒤에 you가 있으므로 동명사인 assisting이 정답이다.

동사 begin이 동명사를 목적어로 취할 수 있다는 점도 좋은 단서이다.
어휘 professional 전문적인 representative 직원 begin -ing ~하기 시작하다 assistance 도움, 원조 assist ~을 돕다, 보조하다 whenever ~할 때마다, 언제 ~하든지

5.
정답 patiently
해석 저희의 우려를 참을성 있게 들어주셔서 감사합니다.
해설 동명사는 부사의 수식을 받으므로 부사 patiently가 정답이다.
어휘 patient 인내심 있는 patiently 참을성 있게 listen to ~의 말에 귀 기울이다 concern 걱정, 우려

6.
정답 approval
해석 케인 씨는 이사회의 승인을 받는 데 집중하고 있습니다.
해설 동명사 obtaining의 목적어가 필요하므로 명사인 approval이 정답이다. 동명사는 동사의 성질을 갖고 있으므로 타동사의 동명사는 목적어가 필요하다.
어휘 be focused on ~에 집중하다 obtain ~을 얻다, 획득하다 approval 승인 approve 승인하다 the board 위원회, 이사회

7.
정답 production
해석 대표이사는 높은 품질을 유지하면서도 생산량을 늘린 것에 대해 브라운 씨를 칭찬했습니다.
해설 동명사 increasing의 목적어가 필요하므로 명사인 production이 정답이다.
어휘 CEO 최고경영자, 대표이사 praise A for B: B에 대해 A를 칭찬하다 increase ~을 증진하다 production 생산(량) while ~하는 동안 maintain ~을 유지하다 quality 품질

8.
정답 adjustments
해석 청구서 오류에 대해 신속하게 조정해 주셔서 감사합니다.
해설 동명사 making의 목적어가 필요하므로 명사인 adjustments가 정답이다.
어휘 thank A for -ing: ~한 것에 대해 A에게 감사하다 promptly 지체 없이, 즉시 make adjustments to ~을 조정하다 incorrect 잘못된 billing statement 청구서

9.
정답 accessible
해석 도슨 씨는 전 직원이 인사 서비스를 이용할 수 있도록 하는 일을 담당하고 있습니다.
해설 빈칸이 5형식 동사의 동명사 making의 목적보어 자리이므로, 형용사인 accessible이 정답이다. 5형식 동사 make는 「make + 목적어 + 목적보어」의 구조로 쓰이는데, 이때 목적보어 자리에는 명사나 형용사가 가능하다. 참고로, 목적보어가 형용사인 경우 목적어의 상태를 나타내고, 명사인 경우에는 목적어의 신분을 나타낸다.
어휘 be responsible for ~을 담당하다, ~을 책임지다 make A accessible: A를 이용 가능한 상태로 만들다 personnel 인사 accessibly 접근하기 쉽게 employee 직원

10.
정답 having received
해석 상세한 설명을 제공받았음에도 불구하고, 해리스 씨는 설치 중에 여러 번 실수를 했습니다.
해설 전치사 Despite의 목적어 자리이므로 동명사인 having received가 정답이다. 참고로, 동명사도 주절과 발생 순서를 명확히 구분하기 위해 「having + p.p.」와 같이 앞선 시점을 반영한 완료형으로 사용될 수 있다.
어휘 despite ~에도 불구하고 receive ~을 받다 detailed 상세한 instruction 안내 make an error 실수하다 several 다수의 during ~동안 installation 설치

PRACTICE 2

1.
정답 Creating
해석 취업 면접에서는 깊은 인상을 주는 것이 가장 중요합니다.
해설 빈칸 뒤에 명사구가 있으므로 목적어를 취할 수 있는 동명사 Creating이 정답이다.
어휘 creation 창작 create ~을 만들다, 생성하다 lasting 지속적인, 오래가는 impression 인상, 느낌 important 중요한 job interview 취업 면접

2.
정답 winning
해석 저희의 최우선 과제는 정부 계약을 따내는 것입니다.
해설 be동사 is 다음에 수동태를 구성하는 과거분사 또는 동명사 보어를 선택하는 유형이다. 3형식 타동사 win(~을 따내다, 쟁취하다) 다음에 목적어가 있는 것으로 보아 능동태이므로 주격보어로 사용된 동명사 winning이 정답이다.
어휘 priority 우선 과제 win ~을 따내다, 쟁취하다 government 정부 contract 계약

3.
정답 leaving

해석 퇴근하기 전에 모든 불이 꺼졌는지 확인해 주세요.
해설 전치사 Before의 목적어 자리이므로 동명사인 leaving이 정답이다.
어휘 before ~전에 leave ~를 떠나다 make sure (that) ~임을 확인하다, 확신하다 light 조명 be off (전원이) 꺼져 있다

4.
정답 negotiating
해석 리오 씨는 고객과 협상하는 능력이 뛰어납니다.
해설 전치사 at의 목적어 자리이므로 동명사가 정답이다. 「be skilled at -ing(~하는 데 능숙하다)」를 숙어로 암기해 두자.
어휘 skilled 능숙한, 뛰어난 negotiation 협상 negotiate with ~와 협상하다 client 고객

5.
정답 providing
해석 저희는 고객에게 훌륭한 서비스를 제공하는 것에 최선을 다하고 있습니다.
해설 전치사 to의 목적어 자리이므로 동명사인 leaving이 정답이다. 「be committed to -ing」를 숙어로 외워두자.
어휘 be committed to -ing ~하는 것에 전념하다 provide A to B: A를 B에게 제공하다 exceptional 뛰어난, 훌륭한

6.
정답 registering
해석 신용카드를 등록하시면, 손쉽게 구매하실 수 있습니다.
해설 빈칸 뒤에 명사구가 있으므로 목적어를 취할 수 있는 동명사 registering이 정답이다.
어휘 register ~을 등록하다 registration 등록 credit card 신용카드 make a purchase 구매하다 easily 쉽게

7.
정답 maintaining
해석 그린테크 사에서는 기술자들이 모든 실험실 장비의 관리를 책임지고 있습니다.
해설 전치사 뒤에 올 수 있는 것은 동명사이므로 maintaining이 정답이다.
어휘 technician 기술자 be responsible for ~을 담당하다, 책임지다 maintain ~을 관리하다, 유지보수하다 laboratory 실험실 equipment 장비

8.
정답 avoid
해석 직원들은 다른 사람들을 방해하지 않기 위해 전화기를 무음 모드로 설정해야 합니다.
해설 빈칸 뒤에 동명사 distracting이 있으므로 동명사를 목적어로 취하는 동사 avoid가 정답이다. remove는 사물 목적어를 가지는 동사이다.
어휘 set A to silent mode A를 무음 모드로 설정하다 avoid -ing ~하는 것을 피하다 remove ~을 제거하다 distract ~의 주의를 돌리다

9.
정답 replacing
해석 경영진은 현 공급업체 교체를 검토 중입니다.
해설 동사 consider는 동명사를 목적어로 취하므로 replacing이 정답이다.
어휘 management 경영진 consider -ing ~할 것을 고려하다 replace ~을 교체하다 current 현재의 supplier 공급업자

10.
정답 recommend
해석 보고서 사본을 여러 부 만들어 두시기를 권고합니다.
해설 빈칸 뒤에 동명사 making이 있으므로 동명사를 목적어로 취하는 동사 recommend가 정답이다. 동사 accept는 사물 명사를 목적어로 가진다.
어휘 recommend -ing ~하기를 권고하다 accept ~을 받아들이다, 인정하다 make extra copies 사본을 여러 부 만들다

실전 TEST

1. (B)	2. (D)	3. (D)	4. (D)	5 (B)
6. (B)	7. (D)	8. (D)	9. (B)	10. (D)
11. (B)	12. (D)	13. (B)	14. (C)	15. (C)
16. (B)	17. (A)	18. (C)	19. (C)	20. (B)

1.
정답 (B)
해석 저희 신제품을 신중히 테스트하시고 유용한 의견을 제공해 주셔서 감사합니다.
해설 「전치사 + 빈칸 + 동명사(구)」에서 빈칸은 동명사를 수식할 부사 자리이므로 (B) carefully가 정답이다.
오답 (A) careful: 동명사를 수식할 수 없는 형용사이므로 오답이다.
(C) care: 동명사를 수식할 수 없는 명사 또는 동사이므로 오답이다.
(D) caring: 동사를 수식할 수 없는 형용사이므로 오답이다.
어휘 provide ~을 제공하다 helpful 도움이 되는 feedback 의견 careful 신중한, 조심하는 carefully 신중히, 조심하여 care n. 보살핌, 주의, 관심 v. 신경 쓰다, 상관하다, 좋아하다

정답 및 해설 95

caring 돌보는, 상냥한

2.
정답 (D)

해석 리버만 씨는 소기업들이 첨단 기술을 더 많이 이용할 수 있게 하는 데 매진하고 있다.

해설 빈칸 앞에 동명사로 쓰인 동사 make는 「make + 목적어 + 목적보어」의 5형식 구조로 쓰이므로 목적보어 기능을 하는 형용사의 비교급 형태인 (D) more accessible이 정답이다.

오답 (A) accesses: 목적보어의 역할을 할 수 없는 동사 형태이므로 오답이다.
(B) accessibility: 목적보어로 명사가 사용되려면 목적어의 신분 또는 기능을 나타내야 하는데, accessibility는 이용 가능성을 나타내므로 오답이다.
(C) more accessibly: 부사는 목적보어가 될 수 없으므로 오답이다.

어휘 be dedicated to -ing ~하는 데 매진하다 make A 형용사: A를 ~하게 만들다 advanced 진보한, 첨단의 access n. 이용(권), 접근(권) v. ~을 이용하다, ~에 접근하다 accessibility 이용 가능성 accessibly 이해하기 쉽게

3.
정답 (D)

해석 우리는 고객들에게 온라인 채팅방을 제공함으로써 그들로부터 쉽게 의견을 얻고 있습니다.

해설 빈칸은 전치사 by의 목적어 역할을 함과 동시에, 바로 뒤에 위치한 목적격대명사 them을 목적어로 취할 능동태 동명사가 쓰여야 알맞은 자리이므로 (D) providing이 정답이다.

오답 (A) being provided: 수동태이므로 능동태 자리인 빈칸에 맞지 않는다.
(B) provides: 동사의 형태이므로 동명사가 필요한 빈칸에 맞지 않는다.
(C) provided: 동사의 과거형 또는 과거분사형이므로 동명사가 필요한 빈칸에 맞지 않는다.

어휘 easily 쉽게 receive ~을 얻다, ~을 받다 feedback 의견 by (방법) ~함으로써, ~해서 provide A with B: A에게 B를 제공하다

4.
정답 (D)

해석 모든 참석자들께서는 다른 관람객들을 방해하지 않도록 전화기를 꺼두시기 바랍니다.

해설 빈칸 뒤에 동명사 disrupting이 이끄는 동명사구가 있으므로 동명사를 목적어로 취하는 (D) avoid가 정답이다.

오답 (A) listen: 목적어를 갖지 않는 1형식 자동사이므로 오답이다.
(B) remain: 목적어를 갖지 않는 2형식 자동사이므로 오답이다.
(C) decide: to부정사를 목적어로 취하므로 오답이다.

어휘 attendee 참석자 be advised to do ~하도록 권고되다 turn off ~을 끄다 disrupt ~을 방해하다 viewer 관객, 관람객 listen 듣다 remain 계속 ~ 상태이다 decide ~을 결정하다

5.
정답 (B)

해석 제품 출시에 앞서 탄탄한 고객층을 만드는 것이 성공을 보장해 줄 것입니다.

해설 빈칸 뒤의 명사구를 목적어로 취하려면 동명사 형태가 되어야 하므로 (B) Creating이 정답이다. 조동사 will 앞까지가 동명사 주어에 해당한다.

오답 (A) Create: 동사는 주어 역할을 할 수 없다.
(C) Creation: 명사가 뒤에 명사구와 연결되려면 전치사가 필요하므로 오답이다.
(D) Creative: 형용사는 관사 뒤에 사용되어야 하므로 오답이다.

어휘 customer base 고객층 release n. 출시, 발매 v. ~을 출시하다, ~을 발매하다 ensure ~을 보장하다 create ~을 만들어 내다 creation 창조, 창작(품) creative 창의적인

6.
정답 (B)

해석 써니 록 페스티벌에서 공연한 이후로, 그 밴드는 꾸준히 관객 수가 늘어났다.

해설 전치사 Since 뒤에는 명사 또는 동명사가 올 수 있다. 그런데 명사 (A) performance는 가산명사이므로 앞에 부정관사가 필요하여 정답이 될 수 없다. 그러므로 동명사 (B) performing이 정답이다.

오답 (A) performance: 전치사의 목적어로 사용될 수는 있지만, '공연'을 나타낼 때는 가산명사로 쓰이므로 앞에 부정관사가 없는 빈칸에 적합하지 않다.
(C) perform: 동사 형태이므로 전치사의 목적어 자리에 쓰일 수 없다.
(D) performed: 동사 형태이므로 전치사의 목적어 자리에 쓰일 수 없다.

어휘 since ~ 이후로 continue to do 지속적으로 ~하다 expand ~을 확대하다, ~을 확장하다 audience 관객들, 청중 performance (가산명사) 공연, (불가산명사) 실행, 수행, 능력 perform 공연하다, 연주하다, 수행하다, 실행하다

7.
정답 (D)

해석 해외 시장으로 확장하는 것을 고려하고 계신다면, 철저한 조사가 필요합니다.

해설 동명사를 목적어로 취할 수 있는 동사 (D) considering이 정답이다.

오답 (A) aiming: 동사 aim은 to부정사를 목적어로 취한다.
(B) observing: 동사 observe는 사물 명사를 목적어로 취한다.
(C) persuading: 동사 persuade는 사람 명사를 목적어로 취한다.

어휘 expand into ~로 확장하다, ~로 확대하다 overseas a. 해외의 ad. 해외로, 해외에 thorough 철저한 research 조사, 연구 aim ~을 목표로 삼다 observe ~을 관찰하다, ~을 준수하다 persuade ~을 설득하다

8.
정답 (D)

해석 여러 제안을 비교한 끝에, 셔먼 퍼니처 사는 지역 공급업체 한 곳을 선택했다.

해설 전치사 After의 목적어이면서 자신도 목적어를 가질 수 있는 것은 동명사이므로 (D) comparing이 정답이다.

오답 (A) compares: 동사의 형태이므로 오답이다.
(B) compared: 동사의 형태이므로 오답이다.
(C) to compare: to부정사이므로 오답이다.

어휘 several 여럿의, 몇몇의 proposal 제안(서) choose ~을 선택하다 local 지역의, 현지의 provider 공급업체, 공급업자 compare ~을 비교하다

9.
정답 (B)

해석 실버 케어 하우스는 노인들에게 최고 수준의 돌봄 서비스를 제공하는 데 전념하고 있습니다.

해설 빈칸 앞의 형용사 dedicated는 「be dedicated to -ing(~하는 데 전념하다)」의 구조로 사용되므로, 「to + 동명사」 구조인 (B) to providing이 정답이다. to가 부정사의 일부가 아니라 전치사라는 점에 유의하자.

오답 (A) will provide: 앞에 동사 is가 있어 동사가 중복되므로 오답이다.
(C) provides: 앞에 동사 is가 있어 동사가 중복되므로 오답이다.
(D) provided: 앞에 동사 is가 있어 동사가 중복되므로 오답이다.

어휘 seniors 노인들 quality 수준, 질, 품질 care n. 돌봄, 보살핌, 주의, 관심 v. 신경 쓰다, 관심을 갖다, 좋아하다 provide A with B: A에게 B를 제공하다

10.
정답 (D)

해석 소프트웨어를 업그레이드한 후, 우리 고객들이 접속 장애를 겪기 시작했습니다.

해설 동사 began의 목적어 역할을 하는 동시에 목적어를 가질 수 있는 것은 동명사이므로 (D) experiencing이 정답이다.

오답 (A) experiences: 동사라면 동사의 목적어가 될 수 없으며, 명사라면 뒤에 명사와 바로 연결될 수 없으므로 오답이다.
(B) experienced: 사람을 수식하는 형용사이므로 사물 명사 앞에 쓰일 수 없다.
(C) experience: 동사라면 동사의 목적어가 될 수 없으며, 명사라면 뒤에 명사와 바로 연결될 수 없으므로 오답이다.

어휘 upgrade ~을 최신으로 갱신하다 begin -ing ~하기 시작하다 connection 연결, 접속 problem 문제, 장애 experience v. ~을 겪다 n. 경험

11.
정답 (B)

해석 해먼드 씨는 고객 문의에 즉각 대응한 것에 대해 칭찬받았다.

해설 동명사 responding과 전치사 to 사이에 위치한 빈칸은 responding을 뒤에서 수식하는 부사 자리이므로 (B) promptly가 정답이다.

오답 (A) prompt: 형용사 또는 동사이므로 부사 자리인 빈칸에 어울리지 않는다.
(C) prompted: 동사의 형태이므로 부사 자리인 빈칸에 어울리지 않는다.
(D) prompts: 동사의 형태이므로 부사 자리인 빈칸에 어울리지 않는다.

어휘 praise A for B: B에 대해 A를 칭찬하다 respond to ~에 대응하다, ~에 답변하다 inquiry 문의 prompt a. 즉각적인, 지체 없는 v. ~을 촉발하다 promptly 즉각, 바로

12.
정답 (D)

해석 연장된 휴가가 필요하시다면, 소속 부서장의 승인을 얻는 것이 필수입니다.

해설 목적어가 필요한 타동사 obtain의 동명사 obtaining 뒤는 목적어 기능을 하는 명사가 올 자리이므로 (D) approval이 정답이다.

오답 (A) approve: 동사이므로 명사 자리에 어울리지 않는다.
(B) approves: 동사이므로 명사 자리에 어울리지 않는다.
(C) to approve: to부정사로 obtaining의 목적어 자리에 어울리지 않는다.

어휘 extend ~을 연장하다 leave 휴가 obtain ~을 얻다, ~을 획득하다 supervisor 부서장, 책임자 required 필수인, 필요한 approve ~을 승인하다 approval 승인

13.

정답 (B)

해석 개축 공사를 하려고 폐쇄된 후에, 레이크사이드 리조트가 이번 주에 다시 문을 열었다.

해설 전치사 After 뒤에는 동명사가 와야 하므로 동명사 완료형인 (B) having been이 정답이다. 이처럼 동명사도 주절과의 시점 차이를 반영하여 완료형으로 사용되지만, 이 점이 출제 포인트는 아니므로 걱정할 필요는 없다.

오답 (A) has been: 동명사가 아니므로 오답이다.
(C) had been: 동명사가 아니므로 오답이다.
(D) will have been: 동명사 아니므로 오답이다.

어휘 renovation 개축, 보수 reopen 다시 개장하다

14.

정답 (C)

해석 이 경고는 문이 열려 있는 동안 운전자가 차량의 시동을 걸지 못하도록 하는 목적입니다.

해설 전치사 from의 목적어 역할을 하는 동시에 빈칸 뒤의 목적어를 가지는 동명사가 올 자리이므로 (C) starting이 정답이다.

오답 (A) start: 동명사가 아니므로 오답이다.
(B) starts: 동명사가 아니므로 오답이다.
(D) started: 동명사가 아니므로 오답이다.

어휘 warning 경고, 주의 prevent A from -ing: A가 ~하지 못하도록 하다 vehicle 차량 while ~하는 동안

15.

정답 (C)

해석 저희 법무실은 모든 결정이 법을 준수하여 이루어지도록 최선을 다하고 있습니다.

해설 빈칸 뒤의 to ensuring을 보고「to + 동명사」구조를 취하는 형용사 (C) committed가 정답임을 알 수 있다.「be committed to -ing(~하는 데 전념하다)」를 숙어로 외워두자.

오답 (A) attached:「to -ing」구조와 어울리는 형용사가 아니다.
(B) expanded:「to -ing」구조와 어울리는 형용사가 아니다.
(D) concerned:「to -ing」구조와 어울리는 형용사가 아니다.

어휘 legal 법률의 ensure (that) 반드시 ~하도록 하다, ~임을 보장하다 decision 결정 in compliance with ~을 준수하여, ~에 따라 attached 첨부된, 부착된 expanded 확대된, 확장된 concerned 우려하는, 걱정하는

16.

정답 (B)

해석 신설된 특별전담반에 합류하시는 데 관심이 있으시면, 맥닐 씨에게 연락하시기 바랍니다.

해설 전치사 in의 목적어 역할을 하는 동시에 명사구 the new task force를 목적어로 취할 수 있는 것은 동명사이므로 (B) joining이 정답이다.

오답 (A) join: 동사는 전치사의 목적어가 될 수 없으므로 오답이다.
(C) to join: to부정사는 전치사의 목적어가 될 수 없으므로 오답이다.
(D) joined: 동사는 전치사의 목적어가 될 수 없으므로 오답이다.

어휘 contact ~에게 연락하다 be interested in ~에 관심이 있다 task force (특정 문제 해결을 위한) 특별전담반 join ~에 합류하다, ~에 가입하다

17.

정답 (A)

해석 아주 오랫동안 해외에 거주한 탓에, 로이 씨는 모국에서의 생활에 다시 적응하는 데 어려움을 겪었다.

해설 빈칸 앞의 동사구「have difficulty」는 동명사를 취하므로 (A) readjusting이 정답이다.「have difficulty (in) -ing」를 숙어로 외워두자.

오답 (B) readjustment: 명사는 had difficulty와 어울리지 않으므로 오답이다.
(C) readjust: 동사는 had difficulty와 어울리지 않으므로 오답이다.
(D) readjusted: 동사는 had difficulty와 어울리지 않으므로 오답이다.

어휘 overseas ad. 해외에, 해외로 a. 해외의 so long 아주 오랫동안 readjust 다시 적응하다, 다시 조정하다 readjustment 재적응, 재조정

18.

정답 (C)

해석 윙즈 패션 사의 대표이사는 자사의 낡은 브랜드들을 정비한 것에 대해 마이어스 씨를 칭찬했다.

해설 전치사 for의 목적어이면서 명사구 its outdated brands를 목적어로 취할 수 있는 동명사 자리이므로 (C) streamlining이 정답이다.

오답 (A) streamline: 동사는 전치사의 목적어 역할을 할 수 없으므로 오답이다.
(B) streamlined: 동사는 전치사의 목적어 역할을 할 수 없으므로 오답이다.
(D) to streamline: to부정사는 전치사의 목적어 역할을 할 수 없으므로 오답이다.

어휘 praise A for B: B에 대해 A를 칭찬하다 outdated 구식의, 낡은 streamline ~을 정비하다, 간소화하다

19.

정답 (B)

해석 상승하는 수요에 대비해 생산 능력을 상당히 늘릴 것을 제안합니다.

해설 동사 suggest의 목적어 역할을 하는 동시에 명사구 production capacity를 목적어로 취할 수 있는 동명사가 필요하므로 (B) enhancing이 정답이다.

오답 (A) enhance: 동사는 동사의 목적어 기능을 할 수 없으므로 오답이다.
(C) enhancement: 명사가 전치사 없이 다른 명사구와 연결될 수 없으므로 오답이다.
(D) enhances: 동사는 동사의 목적어 기능을 할 수 없으므로 오답이다.

어휘 suggest ~을 제안하다, ~을 권하다 significantly 상당히 production 생산, 제작 capacity 능력, 용량, 수용력 prepare for ~에 대비하다, ~을 준비하다 rising 상승하는 demand 수요, 요구 enhance ~을 향상시키다, ~을 강화하다

20.

정답 (B)

해석 휴즈 씨는 직원들에게 새로운 능력 개발을 장려하는 것을 목적으로 하는 프로그램을 이끌고 있다.

해설 전치사 at의 목적어 역할을 하는 동시에 명사 employees를 목적어로 가질 수 있는 동명사가 필요하므로 (B) encouraging이 정답이다.

오답 (A) to encourage: to부정사는 전치사의 목적어로 사용될 수 없으므로 오답이다.
(C) encourages: 동사는 전치사의 목적어로 사용될 수 없으므로 오답이다.
(D) encourage: 동사는 전치사의 목적어로 사용될 수 없으므로 오답이다.

어휘 lead ~을 이끌다, ~을 진행하다 aimed at ~을 목적으로 하는 develop ~을 개발하다, ~을 발전시키다 skill 능력, 기술 encourage A to do: A에게 ~하도록 권장하다

DAY 06 분사

PRACTICE 1

1.

정답 renewed

해석 저는 이미 구독을 갱신했습니다.

해설 조동사 have와 결합하여 현재완료시제「have + 과거분사」를 구성하는 것은 과거분사이므로 renewed가 정답이다.

어휘 already 이미 renew ~을 갱신하다 subscription 구독

2.

정답 rising

해석 교통비 상승으로 인해 여행 경비가 계속 증가하고 있습니다.

해설 rise(오르다, 상승하다)는 자동사이므로 완료진행시제를 구성하는 현재분사 rising이 정답이다.

어휘 travel expenses 여행 경비 rise 오르다, 상승하다 due to ~ 때문에 increase in ~의 증가 transportation 교통 fee 요금

3.

정답 increased

해석 저희 상품은 올해에 증가된 수익을 얻으실 것을 보장합니다.

해설 동사 guarantees의 목적어인 profits를 수식하는 자리이므로 명사를 수식하는 분사형 형용사 increased가 정답이다.

어휘 plan (보험, 증권 등 운용 계획을 지닌) 상품 guarantee ~을 보장하다 increased 늘어난, 증가한 profit 수익

4.

정답 leading

해석 일류 자동차 제조사의 대표이사가 이번 주에 우리 시설을 둘러보기 위해 방문할 예정입니다.

해설 명사 automaker가 산업을 이끄는 주체이므로 '선도적인, 일류의'라는 능동의 의미를 지니는 분사형 형용사 leading(선도하는)이 정답이다.

어휘 CEO 대표이사 leading 선도하는, 일류의 automaker 자동차 제조사 visit ~을 방문하다 tour ~을 둘러보다 facility 시설

5.

정답 participating

해석 이 특별 할인은 시의 모든 가맹 매장에서 유효합니다.

해설 이 할인 행사에 능동적으로 참여하는 명사 store를 수식하므로, 능동의 의미인 현재분사 형용사 participating이 정답이다.

어휘 special offer 특가 행사 valid 유효한 participating 참여한, 가맹의

6.

정답 demanding

해석 로우 씨는 랜달 계약 체결 과정에서 매우 까다로운 협상가임을 입증했습니다.

해설 명사 negotiator가 demand하는 주체이므로 능동을 나타내는 현재분사 형용사 demanding이 정답이다.

어휘 **prove to be** ~임을 입증하다 **demanding** 요구가 많은, 까다로운 **negotiator** 협상가 **contract** 계약

7.
정답 **qualified**
해석 저희는 기업과 기업 소재 지역의 유능한 공급업체를 연결하는 것에 전념하고 있습니다.
해설 명사 suppliers가 자격을 인정받는 대상이므로 수동의 과거분사 형용사 qualified가 적절하다.
어휘 **be committed to -ing** ~하는 것에 전념하다, ~이 전문이다 **match A with B:** A를 B와 연결시키다 **qualified** 자격을 갖춘, 유능한 **qualification** 자격 **supplier** 공급업자, 공급업체 **area** 지역

8.
정답 **experienced**
해석 숙련된 IT 전문가 그룹이 매주 금요일 무료 상담 서비스를 제공합니다.
해설 사람명사 IT specialists를 수식해야 하는데, 경험이 사람에게 쌓인 상태를 나타내는 과거분사 형용사 experienced가 정답이다.
어휘 **experienced** 숙련된 **specialist** 전문가 **provide** ~을 제공하다 **consulting** 상담, 컨설팅

9.
정답 **advanced**
해석 이 직책은 컴퓨터 그래픽 분야의 고급 학위를 요구합니다.
해설 명사 degree의 등급을 나타내는 형용사가 필요한데, degree의 등급은 정해지는 수동의 성격이므로 과거분사 형용사인 advanced가 정답이다. 참고로, 여기서 advanced는 degree와 관계로 수동의 과거분사가 선택되었다기보다는 원래 '발전된'이라는 수동 의미를 가지는 형용사이다.
어휘 **position** 직책 **require** ~을 필요로 하다 **advanced** 고급의, 상급의 **degree** 학위

10.
정답 **detailed**
해석 타이슨 씨가 곧 열릴 행사에 대한 상세한 정보를 보내드릴 것입니다.
해설 명사 information이 상세한 내용을 담는 대상이므로 수동의 과거분사 형용사 detailed가 정답이다. 참고로, detailing은 명사를 수식하는 형용사로 사용되지 않는다.
어휘 **detailed** 상세한 (정보가 담긴) **detail** ~을 상세히 설명하다 **upcoming** 곧 있을, 다가오는

PRACTICE 2

1.
정답 **limited**
해석 시립 테니스장은 주말에 시간 제한 조건으로 시민들에게 개방됩니다.
해설 명사 hours를 수식하는 분사 형용사 자리이다. hours(시간)은 제한되는 대상이므로 수동의 의미를 지닌 limited가 정답이다.
어휘 **be open to** ~에게 개방되다 **the public** 대중 **limited** 제한된

2.
정답 **scheduled**
해석 저희는 정기적으로 예정된 청소 서비스를 받기 위해 메이슨 테크 사를 고용하기로 결정했습니다.
해설 명사 cleaning service를 수식하는 분사 자리이다. cleaning service가 실시 일정이 정해지는 대상이므로 수동의 의미를 지닌 scheduled가 정답이다.
어휘 **decide to do** ~하기로 결정하다 **hire** ~을 고용하다 **regularly** 정기적으로 **scheduled** 예정된

3.
정답 **remaining**
해석 버크셔 저택은 이 지역에 남아있는 가장 오래된 역사적 건축물입니다.
해설 분사가 명사 structure를 뒤에서 수식하는 구조이다. 동사 remain이 자동사이므로 현재분사형인 remaining이 정답이다.
어휘 **historic** 역사적인, 역사적으로 중요한 **structure** 구조물 **remaining** 남아있는 **remain** 남아있다 **area** 지역

4.
정답 **promising**
해석 귀하의 제안서는 구체적인 재무적 목표 때문에 매우 실현성이 있어 보입니다.
해설 2형식 자동사 looks의 주격보어 자리로, 주어 proposal이 가진 능동적 특성을 나타내는 현재분사 형용사 promising이 정답이다.
어휘 **proposal** 제안서 **look** 형용사: ~인 것 같다 **promising** 유망한, 가능성 있는 **detailed** 상세한, 구체적인 **financial** 재무적인 **goal** 목표

5.
정답 **satisfied**
해석 저희는 만족한 고객들이 다시 찾아올 것이라 믿습니다.

해설 사람명사(clients)를 수식하는 자리이므로 '만족된' 상태를 나타내는 감정분사인 과거분사 satisfied가 정답이다.

어휘 believe that ~라고 믿다 satisfied 만족한 satisfying 만족감을 주는 client 고객 return 돌아오다

6.

정답 motivated

해설 우리는 홍보 담당관 직책에 대해 숙련되고 의욕적인 지원자를 찾고 있습니다.

해설 사람명사(applicants)를 수식하는 자리이므로 '동기가 부여된, 의욕적인' 상태를 나타내는 감정 형용사인 과거분사 motivated가 정답이다.

어휘 seek ~을 찾다, 구하다 experienced 숙련된 motivated 동기가 부여된, 의욕적인 motivator 동기 요인 applicant 지원자 PR 홍보(= public relations)

7.

정답 charming

해설 기업 또는 개인 행사를 위한 매력적인 장소 목록을 첨부했습니다.

해설 사물명사(venue)를 수식하는 자리이므로 '매력을 지닌'이라는 능동적 의미의 감정유발 분사인 charming이 정답이다.

어휘 Attached is ~ 첨부된 것은 ~이다 (도치 구문) list 목록 charming 매력을 지닌 charm 매력 venue (특정 목적의) 장소 corporate 회사의 personal 개인적인

8.

정답 moving

해설 라이언 감독의 신작 영화는 한 가족의 재회에 대한 감동적인 이야기를 바탕으로 합니다.

해설 사물명사(story)를 수식하는 자리이므로 '감동을 주는'이라는 능동적 의미의 감정유발 분사인 moving이 적절하다.

어휘 director 감독 movie 영화 be based on ~에 기초하다, ~을 바탕으로 하다 movement 움직임, (사회적) 운동 moving 감동적인 reuniting 재회

9.

정답 formulating

해설 고객에 대한 응답을 작성할 때, 직원들은 각별한 주의를 기울여야 합니다.

해설 종속접속사절 when they(= employees) formulate가 분사구로 단순화된 구조이다. 주어 Employees가 동사 formulate의 주어인 관계이므로 능동인 현재분사 formulating이 정답이다.

어휘 exercise great care 매우 조심하다 formulate ~을 만들어내다 response 응답 customer 고객

10.

정답 Having worked

해설 20년간 로열 미술관에서 근무한 에일린 씨는 가장 오래 근무한 직원입니다.

해설 Ms. Eilin이 20년간 근무한(work) 시점이 가장 오래 근무한 직원이라는 결론 시점(is)보다 명백히 더 이전이므로, 완료분사구문 형태인 「having + p.p.」가 정답이다.

어휘 art museum 미술관 longest-serving 가장 오래 근무한

실전 TEST

1. (A)	2. (B)	3. (C)	4. (A)	5. (C)
6. (D)	7. (C)	8. (C)	9. (D)	10. (C)
11. (D)	12. (B)	13. (B)	14. (B)	15. (B)
16. (B)	17. (C)	18. (C)	19. (A)	20. (C)

1.

정답 (A)

해설 종료 무렵에, 행사에 참석하신 모든 분들은 간략한 의견카드를 작성하시도록 요청받으실 것입니다.

해설 주어 everyone과 조동사 will 사이에 위치한 빈칸은 everyone을 뒤에서 수식하는 역할을 해야 한다. 따라서, 명사를 뒤에서 수식할 수 있는 현재분사 (A) attending와 to부정사 (C) to be attended 중에서 골라야 하는데, 동사의 목적어가 빈칸 뒤에 있으므로 능동을 나타내는 현재분사 (A) attending이 정답이다.

오답 (B) attends: 이미 문장의 동사가 있으므로 동사는 빈칸에 올 수 없다.
(C) to be attended: 빈칸 뒤에 목적어가 있으므로 수동태는 빈칸에 올 수 없다.
(D) has been attending: 이미 문장의 동사가 있으므로 동사는 빈칸에 올 수 없다.

어휘 toward (시점) ~ 무렵에, (이동, 방향 등) ~ 쪽으로, ~을 향해, (목적) ~을 위해 be asked to do ~하도록 요청받다 complete ~을 완료하다 brief 간략한, 짧은 feedback 의견

2.

정답 (B)

해설 전문가들은 만족한 고객들의 호의적인 후기가 사람들을 잘못 이끌 수 있다고 경고한다.

해설 만족시키는 대상인 사람명사를 수식하는 감정분사 자리이므로 과거분사인 (B) satisfied가 정답이다.

오답 (A) satisfy: 동사이므로 형용사 자리에 쓰일 수 없다.
(C) satisfaction: 명사가 또 다른 명사 customers와 연결되

려면 전치사가 필요하므로 빈칸에 쓰일 수 없다.
(D) satisfying: 만족시키는 주체인 사물을 수식하는 형용사이므로 사람명사 앞에 올 수 없다.

어휘 expert 전문가 warn that ~라고 경고하다 favorable 호의적인, 유리한 review 후기, 평가 mislead ~을 잘못 이끌다, ~을 오해하게 만들다 the public 일반인들, 대중 satisfy ~를 만족시키다 satisfied (사람이) 만족한 satisfaction 만족(감) satisfying (사물이) 만족시키는

3.

정답 (C)

해석 레나 씨가 선두권의 최고경영자 후보군에서 가장 적격인 것처럼 보인다.

해설 정관사 the와 명사 candidates 사이에 위치한 빈칸은 명사 candidates를 수식할 능동적 형용사 자리이므로 현재분사 형용사인 (C) leading이 정답이다.

오답 (A) led: 과거분사 형용사로 사용될 때는 이끄는 주체를 앞에 동반하여 「지도자-led(~가 이끄는)」의 형태로 단체명사 앞에 사용되므로 오답이다.
(B) leader: 명사가 또 다른 명사 candidates와 연결되려면 전치사가 필요하므로 빈칸에 쓰일 수 없다.
(D) leads: 동사는 형용사 자리에 올 수 없으므로 오답이다.

어휘 appear to do ~하는 것처럼 보이다, ~하는 것 같다 qualified 적격인, 자격있는 candidate 후보자 leading 선두의, 선도적인, 손꼽히는 lead ~을 이끌다, ~을 진행하다

4.

정답 (A)

해석 루이스 씨에 의해 행해진 연설이 대다수의 청중을 감동시켰다.

해설 빈칸 뒤에 수동태에서 행위자를 나타내는 표현 by Ms. Lewis가 있으므로 과거분사 (A) delivered가 정답이다.

오답 (B) delivery: 명사가 또 다른 명사와 연결되려면 전치사가 필요하므로 오답이다.
(C) to deliver: 수동태 자리에 능동태가 올 수 없으므로 오답이다.
(D) delivering: 수동태 자리에 능동의 현재분사가 올 수 없으므로 오답이다.

어휘 speech 연설 move ~을 감동시키다 the majority of 대다수의, 대부분의 audience 청중, 관객들, 시청자들 deliver (연설 등) ~을 하다, ~을 전달하다 delivery 전달, 배송(품)

5.

정답 (C)

해석 시립 경기장은 개축공사 전에 그랬던 것보다 덜 붐비는 것 같다.

해설 장소를 목적어로 사용하는 동사 crowd(~을 가득 메우다)의 목적어인 장소명사가 주어 자리에 있으므로 수동태를 나타내는 과거분사 형용사 (C) crowded가 정답이다. less는 형용사를 앞에서 수식하는 비교급 부사이다.

오답 (A) crowd: 동사 뒤에 중복 사용될 수 없는 동사 또는 형용사 보어 자리에 올 수 없는 명사 오답이다.
(B) crowds: 동사 뒤에 중복 사용될 수 없는 동사 또는 형용사 보어 자리에 올 수 없는 명사 오답이다.
(D) crowding: 장소명사의 주격보어가 될 수 없는 능동 현재분사이므로 오답이다.

어휘 look 형용사: ~하는 것 같다, ~인 것처럼 보이다 renovation 개축, 보수 crowd n. 군중, 사람들 v. ~을 가득 메우다, 혼잡하게 하다 crowded (사람들로) 붐비는, 혼잡한

6.

정답 (D)

해석 인명 구조원 자리는 고급 응급처치 자격증을 필요로 한다.

해설 동사 requires와 명사구 목적어 first aid certification 사이에 위치한 빈칸은 명사구를 수식할 형용사 자리이다. 그런데, certification이 고급 수준으로 판정된 수동의 의미이므로 과거분사인 (D) advanced가 정답이다.

오답 (A) advancement: 명사로서 빈칸 뒤에 위치한 명사구와 연결되려면 전치사가 필요하므로 오답이다.
(B) advancing: '발달하는'이라는 능동 의미의 형용사이므로 수동 형용사 자리에 올 수 없는 오답이다.
(C) advances: 형용사 자리에 쓰일 수 없는 명사 또는 동사이므로 오답이다.

어휘 lifeguard (수영장 등의) 인명구조원, 안전요원 position 직책, 일자리 require ~을 필요로 하다 first aid 응급 처치 certification 자격증, 수료증, 증명(서) advancement 진보, 발전, 승진 advance v. ~을 발전시키다, ~을 승진시키다 n. 발전, 승진, 선금 a. 사전의 advanced 고급의, 진보한, 발전된

7.

정답 (C)

해석 산업상 수상이라는 놀라운 성과를 거둔 후에, 전 직원이 특별 보너스를 받을 것이다.

해설 정관사 the와 명사 outcome 사이에 위치한 빈칸은 감정을 유발하는 사물명사를 수식할 형용사가 필요한 자리이므로, 능동 형용사 (C) surprising이 정답이다.

오답 (A) surprised: 사람을 수식하는 감정분사이므로 오답이다.
(B) surprises: 형용사 자리에 쓰일 수 없는 명사 또는 동사이므로 오답이다.
(D) surprisingly: 형용사 자리에 쓰일 수 없는 부사이므로 오답이다.

어휘 receive ~을 받다 outcome 결과 win (상 등) ~을 받다, ~을 타다 industry 산업 surprised (사람이) 놀란

surprise v. ~를 놀라게 하다 n. 놀라움 surprising (사물이) 놀라게 하는 surprisingly 놀랍게도

8.
정답 (C)

해석 벨 홈케어 사는 정기적으로 실시하는 유지관리 서비스와 주문형 지원 서비스 둘 모두를 제공한다.

해설 부사 regularly와 명사 maintenance 사이에 위치한 빈칸은 부사의 수식을 받으면서 명사를 수식할 형용사가 필요한 자리이다. 또한, maintenance가 사람에 의해 일정이 잡히는 것이므로 수동 형용사 (C) scheduled가 정답이다.

오답 (A) schedule: 부사의 수식을 받을 수 없는 명사 또는 명사를 수식할 수 없는 동사이므로 오답이다.
(B) scheduling: 행위 주체를 수식하는 현재분사가 행위 대상 앞에 사용될 수 없으므로 오답이다.
(D) to schedule: to부정사는 명사를 앞에서 수식할 수 없으므로 오답이다.

어휘 both A and B: A와 B 둘 모두 regularly 주기적으로, 규칙적으로 schedule ~의 일정을 잡다 maintenance 유지관리, 정비 on-demand 요구에 따른, 주문형의 assistance 지원, 도움

9.
정답 (D)

해석 그 쇼의 인기 때문에 남아있는 좌석이 거의 없다.

해설 동사 remain이 자동사이므로 현재분사 형태로만 명사를 수식하므로 (D) remaining이 정답이다.

오답 (A) remains: 동사이므로 형용사 자리에 쓰일 수 없다.
(B) remainder: 명사이므로 분사 보어 자리에 쓰일 수 없다.
(C) remained: 자동사는 과거분사 형태의 형용사를 가지지 못한다.

어휘 have A -ing: A가 ~하고 있다 few 거의 없는, 극소수의 due to ~로 인해, ~ 때문에 popularity 인기 remain 남아있다, 여전히 ~ 상태이다 remainder 나머지

10.
정답 (C)

해석 축제 안내책자에는 모든 공연자와 음악가에 관한 상세한 정보가 실려있다.

해설 동사 has와 명사 information 사이에 위치한 빈칸은 명사를 수식할 형용사가 올 자리이다. 그런데 information이 동사 detail(~을 상세히 설명하다)의 목적어인 수동 관계이므로 수동 형용사 (D) detailed가 정답이다. 참고로, detailing은 명사를 앞에서 수식하는 형용사로 사용되지 않는다.

오답 (A) details: 형용사 자리에 올 수 없는 명사 또는 동사이므로 오답이다.
(B) detail: 형용사 자리에 올 수 없는 명사 또는 동사이므로 오답이다.
(D) detailing: 명사를 앞에서 수식하는 형용사로 사용되지 않는다.

어휘 performer 공연자, 연주자 detail n. 상세한 정보, 세부사항 v. ~을 상세히 설명하다 detailed 상세한

11.
정답 (D)

해석 저희는 현재 AI 기술을 전문으로 하는 한 회사와 합병하는 것을 고려하고 있습니다.

해설 전치사 with의 목적어인 a company를 동사가 뒤에서 수식해야 하므로 현재분사 (D) specializing이 정답이다.

오답 (A) specialty: 수식구를 이끌 수 없는 명사이므로 오답이다.
(B) specializes: 명사를 수식하는 역할을 할 수 없는 동사이므로 오답이다.
(C) specialists: 수식구를 이끌 수 없는 명사이므로 오답이다.

어휘 consider -ing ~하는 것을 고려하다 merge with ~와 합병하다 specialty 특기, 특산물 specialize in ~을 전문으로 하다 specialist 전문가

12.
정답 (B)

해석 제휴사를 선정할 때, 장기적 잠재력이 우리의 최우선 관점사가 될 것입니다.

해설 접속사절에서 주어 없이 동사가 사용되려면 분사의 형태가 되어야 한다. 또한, 빈칸 뒤에 명사 a partnership가 있으므로 목적어를 취할 수 있는 현재분사인 (B) choosing이 정답이다.

오답 (A) choose: 동사이므로 분사 자리에 올 수 없다.
(C) chosen: 「접속사 + 분사」 구조의 분사구문을 구성할 수 있는 과거분사이지만, 목적어가 있는 빈칸 앞에 올 수 없는 오답이다.
(D) chooses: 동사이므로 분사 자리에 올 수 없다.

어휘 long-term 장기적인 potential n. 가능성, 잠재성 priority 우선 순위 partnership 제휴 관계 choose ~을 선택하다

13.
정답 (B)

해석 저희 웹사이트의 "행사" 페이지는 업종별로 분류된 제휴업체 목록을 포함하고 있습니다.

해설 이미 동사(includes)를 갖춘 문장에서 또 다른 동사가 사용되려면 분사 형태가 되어야 하므로, 과거분사 (B) classified가 정답이다.

오답 (A) classifies: 동사가 이미 있으므로 오답이다.
(C) classification: 명사가 수식구를 이끌 수 없으므로 오답이다.

(D) classify: 동사가 이미 있으므로 오답이다.

어휘 include ~을 포함하다 industry 업계, 산업 type 유형, 종류 classify ~을 분류하다 classified 분류된, 기밀의 classification 분류, 범주, 유형

14.
정답 (B)

해석 저희는 레먼 의료센터가 매주 토요일에는 제한적인 시간으로 운영된다는 사실을 특별히 언급해 드립니다.

해설 전치사 on과 명사 hours 사이에 위치한 빈칸은 형용사 자리이며, 명사 hours가 제한되는 대상이므로 수동 형용사 (B) limited가 정답이다.

오답 (A) limit: 동사이므로 형용사 자리에 쓰일 수 없다.
(C) limiting: 능동의 현재분사는 제한되는 대상 앞에 사용될 수 없다.
(D) limitation: 명사가 명사를 수식할 때는 목적이나 용도를 나타내야 하는데, limitation이 hours의 목적을 나타내지 않으므로 오답이다.

어휘 note that ~을 특별히 언급하다, ~라는 점에 주목하다 operate 영업하다, 가동되다, ~을 운영하다, 가동하다 limit ~을 제한하다 limited 제한된 limitation 제한, 한계

15.
정답 (B)

해석 테스트 진행자들의 실망스러운 의견에 대응해, 심테크 사는 앱의 출시를 연기했다.

해설 전치사 to와 명사 feedback 사이에 위치한 빈칸은 명사를 수식할 형용사 자리이며, feedback이 사람의 실망을 일으키는 요인이므로 '실망시키는'을 뜻하는 감정유발 분사인 (B) disappointing이 정답이다.

오답 (A) disappointment: 명사가 명사를 수식할 때는 목적이나 용도를 나타내야 하는데, 의견의 목적이 실망을 주는 것이 아니므로 명사 자리가 아니다.
(C) disappointed: '실망한'이라는 의미로 사람명사를 수식하는 형용사이므로 오답이다.
(D) disappoints: 동사이므로 형용사 자리에 쓰일 수 없다.

어휘 in response to ~에 대응해, ~에 대한 반응으로 feedback 의견 postpone ~을 연기하다 release n. 출시, 발매 v. ~을 출시하다, ~을 발매하다 disappointment 실망(감) disappointing (사물이) 실망시키는 disappointed (사람이) 실망한 disappoint ~를 실망시키다

16.
정답 (B)

해석 노련한 엔지니어 팀이 최근의 사고를 조사하기 위해 우리 시설을 방문할 것입니다.

해설 전치사 of와 명사 engineers 사이에 위치한 빈칸은 형용사 자리로, 사람에게 경험이 누적된 상태를 나타내는 과거분사 형용사 (B) experienced가 정답이다.

오답 (A) experience: 명사 또는 동사이므로 형용사 자리에 쓰일 수 없다.
(C) experiencing: 명사를 전치 수식하는 형용사로 사용되지 않는다.
(D) experiences: 명사 또는 동사이므로 형용사 자리에 쓰일 수 없다.

어휘 facility 시설(물) investigate ~을 조사하다 recent 최근의 accident 사고 experience n. 경험 v. ~을 경험하다, ~을 겪다 experienced 숙련된, 노련한

17.
정답 (C)

해석 아슬아슬한 시간에 콥스 씨에게 연락을 했는데, 그가 여전히 오늘 만남에 참석할 시간이 있었다는 것이 우리에게는 행운이었다.

해설 동사가 절을 수식하려면 분사구문 또는 to부정사구의 형태를 취한다. 홉스 씨에게 연락을 취했고, 만나게 된 순차적인 사건을 나열하므로 목적의 to부정사보다 분사구문이 더 적절하다. 그런데 과거에 연락을 했고, 오늘 만난 것에서 발생 시점의 차이가 존재하므로 분사구문은 완료형태가 되어야 한다. 그러므로, 완료분사 (C) Having contacted가 정답이다.

오답 (A) To contact: '~하기 위해'라는 목적과 호응하려면 주절이 행위를 나타내야 하는데, 감정 상태를 나타내므로 오답이다.
(B) Was contacting: 동사는 분사 자리에 올 수 없다.
(D) Contacting: 단순시제 분사구문은 주절과 동일한 시점을 나타내는데, 실제 시점 차이가 존재하므로 오답이다.

어휘 at the last minute 마지막 순간에, 아슬아슬한 시점에 be fortunate that ~해서 운이 좋다 available (사람) 시간이 있는, (사물) 이용 가능한 contact ~에게 연락하다

18.
정답 (C)

해석 리디아 채프먼 씨에게 선호되는 항공편 예약 사항들을 알려주시면, 그분이 예약하실 것입니다.

해설 소유격대명사 your와 명사 flight 사이에 위치한 빈칸은 명사를 수식할 형용사 자리인데, 수식받는 명사가 동사 prefer의 대상물이므로 수동 형용사 (C) preferred가 정답이다.

오답 (A) preferring: 능동을 나타내는 현재분사이므로 대상 앞의 형용사 자리에 올 수 없다.
(B) preferably: 부사이므로 형용사 자리에 올 수 없다.
(D) prefer: 동사는 형용사 자리에 올 수 없다.

어휘 inform A of B: A에게 B를 알리다 arrangement 준비사항 make a reservation 예약하다 prefer ~을

선호하다 **preferably** 선호하여, 가급적이면 **preferred** 선호된, 우선적인

19.
정답 (A)

해석 웹스터 씨는 대단히 의욕적인 직원으로, 모든 업무에 있어 강력한 솔선수범을 보여 줍니다.

해설 사람명사 앞에서 감정을 나타내는 형용사가 필요하므로, '동기가 부여된, 의욕적인'이라는 수동 의미의 감정분사 (A) motivated가 정답이다.

오답 (B) strengthened: 사람에게 사용되지 않으므로 오답이다.
(C) extended: 사람에게 사용되지 않으므로 오답이다.
(D) advanced: 사람에게 사용되지 않으므로 오답이다.

어휘 **highly** 대단히, 매우, 아주 **demonstrate** ~을 입증하다, ~을 시연하다 **initiative** n. 솔선수범, 진취(성) **task** 업무, 일 **motivated** 의욕적인, 동기가 부여된 **strengthen** ~을 강화하다 **extend** ~을 확장하다, ~을 확대하다 **advanced** 고급의, 진보한, 첨단의

20.
정답 (C)

해석 그 연극은 어젯밤 그랜드뷰 극장에서 개막했으며, 사랑과 죽음에 관한 감동적인 이야기를 전해준다.

해설 부정관사 a와 명사 story 사이에 위치한 빈칸은 명사를 수식할 형용사가 들어갈 자리이므로 감정유발 분사인 (C) moving이 정답이다.

오답 (A) mover: 명사가 명사를 수식하여 복합명사를 구성하려면 앞의 명사가 목적이나 용도를 나타내야 하는데, mover(운송업체)는 story와 어울리지 않는다.
(B) movement: 명사가 명사를 수식하여 복합명사를 구성하려면 앞의 명사가 목적이나 용도를 나타내야 하는데, movement(움직임)는 story와 어울리지 않는다.
(D) movingly: 부사이므로 형용사 자리에 쓰일 수 없다.

어휘 **play** n. 연극 **loss** 상실, 죽음, 손실 **mover** 운송업자 **movement** 움직임, 이동, (사회적) 운동 **moving** (사람을) 감동시키는 **movingly** 감동적으로, 가슴 뭉클하게

DAY 07 to부정사

PRACTICE 1

1.
정답 to consider

해석 터너 씨는 프로젝트가 완료된 후 베이커 씨의 승진을 고려하겠다고 약속했습니다.

해설 동사 promise는 to부정사를 목적어로 취한다.

어휘 **promise to do** ~하기로 약속하다 **consider** ~을 고려하다 **promotion** 승진 **complete** ~을 완료하다

2.
정답 to increase

해석 생산성 향상을 목표로, 저희는 일부 노후 기계를 교체할 계획입니다.

해설 동사 aim은 to부정사를 목적어로 취한다.

어휘 **aim to do** ~하는 것을 목표로 하다 **increase** ~을 증진하다 **productivity** 생산성 **plan to do** ~할 계획이다 **replace** ~을 교체하다

3.
정답 to deliver

해석 대표이사는 다가오는 세미나에서 개회 연설을 하길 원합니다.

해설 동사 would like는 to부정사를 목적어로 취한다.

어휘 **CEO** 대표이사, 최고경영자 **would like to do** ~하고 싶어 하다 **deliver a speech** 연설하다 **upcoming** 곧 있을, 다가오는

4.
정답 promised

해석 시장은 선거운동 중에 도시에 더 많은 공원을 짓겠다고 약속했다.

해설 to부정사를 목적어로 취할 수 있는 동사 promise가 정답이다. reply는 자동사로 뒤에 「to + 명사」의 형태를 취한다.

어휘 **during** ~동안 **election campaign** 선거 캠페인 **mayor** 시장 **promise to do** ~하기로 약속하다 **reply to** ~에게 답하다 **build** ~을 짓다

5.
정답 intending

해석 세미나에 참석하려는 사람은 누구든 일주일 전에 승인을 요청해야 합니다.

해설 부정대명사 Anyone을 분사가 뒤에서 수식하는 구조이다. 두 개의 동사 중에 to부정사를 목적어로 취하는 것은 intend이다.

어휘 **anyone** 누구나 **intend to do** ~할 작정이다, ~하고자 하다 **complete** ~을 완성하다 **attend** ~에 참석하다 **request** ~을 요청하다 **approval** 승인 **in advance** 미리

6.
정답 to take out

해석 요즘 고객들은 배달비를 아끼기 위해 포장 음식을 선호합니다.

해설 동사 prefer는 to부정사를 목적어로 취한다.

정답 및 해설 105

어휘 prefer to do ~하는 것을 선호하다 take out food 음식을 포장해 가다 save on ~을 아끼다 delivery fees 배달 요금

7.
정답 to enjoy
해석 호텔이 상업지구와 가까운 덕분에 투숙객들이 현지 음식과 오락을 즐길 수 있다.
해설 동사 enable은 목적보어로 to부정사를 취한다.
어휘 proximity 근접(성) commercial district 상업지구 enable A to do: A가 ~할 수 있도록 하다 guest 손님 enjoy ~을 즐기다 local 지역의 entertainment 유흥

8.
정답 to bring
해석 새로 문을 연 식당은 손님들이 개인 음료를 가져오도록 허용한다.
해설 동사 allow는 목적보어로 to부정사를 사용한다.
어휘 allow A to do: A가 ~하도록 허용하다 customer 고객 bring ~을 가져오다 one's own ~의 beverage 음료

9.
정답 permitted
해석 직원들은 개축 공사 기간에 지하 주차장 사용이 허락되지 않습니다.
해설 「permit + 목적어 + to부정사(목적어가 ~하도록 허락하다)」의 구조로 쓰이는 5형식 동사 permit의 목적어가 주어 자리에 있으므로 수동태 문장임을 알 수 있다.
어휘 be permitted to do ~하도록 허가받다 basement 지하 parking space 주차 공간 renovation 보수공사

10.
정답 relieved
해석 우리는 마감이 일주일 연장되었다는 소식을 듣고 안도하고 있습니다.
해설 be동사의 보어인 형용사 자리에서 주어의 감정을 나타내는 수동 감정분사가 필요하다. 그러므로 과거분사인 relieved가 정답이다. delightful은 '기쁨을 주는'이라는 뜻으로, 남에게 감정을 일으키는 형용사이다.
어휘 be relieved to do ~하여 안심하다 delightful 기쁨을 주는 deadline 마감일 extend ~을 연장하다

PRACTICE 2

1.
정답 to start
해석 연례회의를 준비할 시간입니다.
해설 명사 time은 to부정사의 수식을 받아 '~할 시간'이라는 의미로 쓰인다.
어휘 start -ing ~하기 시작하다 prepare for ~을 준비하다 annual 연례의

2.
정답 to expand
해석 홉킨스 씨는 내년에 자신의 사업을 해외로 확장할 계획을 세웠습니다.
해설 명사 plan은 to부정사의 수식을 받아 '~할 계획'이라는 뜻으로 쓰인다.
어휘 make a plan 계획을 세우다 expand ~을 확장하다 business 사업 overseas 해외로

3.
정답 permission
해석 금요일까지 신청하면, 누구나 도서 박람회에 참가하도록 허락 받을 수 있습니다.
해설 명사 permission은 to부정사의 수식을 받아 '~하라는 허락'이라는 의미로 쓰인다. 참고로, permit이 명사로 쓰일 경우에 가산명사이기 때문에 앞에 부정관사가 필요하다.
어휘 permission 허가 permit 허가증 participate in ~에 참가하다 book fair 도서 박람회 make a request 요청하다

4.
정답 to choose
해석 모든 지원자가 훌륭해서 누구를 선택해야 할지 잘 모르겠습니다.
해설 의문사절이 「의문사 + to부정사」로 간소화될 수 있다는 것을 안다면, 같은 논리로 「의문형용사 + 명사」를 뒤에서 수식하는 to부정사를 고를 수 있다. 종종 출제되는 「의문사 + to부정사」 형태로 what to do(무엇을 해야 할지), where to go(어디를 가야 할지), how to do(어떻게 해야 할지) 등도 알아두자.
어휘 candidate 후보자 be well qualified 훌륭한 자격을 갖추다 I'm not sure 확신하지 못하다 choose ~을 선택하다

5.
정답 opportunity

해석 이 회의는 귀하의 소중한 통찰력을 다른 사람들과 나눌 수 있는 기회입니다.
해설 빈칸 뒤의 to부정사는 명사 opportunity와 어울려 '~할 기회'라는 뜻으로 쓰인다.
어휘 impression 인상 opportunity 기회 share ~을 나누다, 공유하다 valuable 귀중한 insight 통찰력 others 다른 사람들

6.
정답 eligible
해석 근속 연수가 10년 이상인 분은 누구든 영업부장 직에 지원할 자격이 있습니다.
해설 형용사 eligible은 to부정사를 동반하는 형용사이다. 「be eligible to do(~할 자격이 있다)」는 숙어로 외워두자.
어휘 service 근무 careful 조심스러운 be eligible to do ~할 자격이 있다 apply for ~에 지원하다 sales director 영업부장

7.
정답 pleased
해석 100달러 이상의 모든 구매에 대해 추가 할인을 제공함을 알려드리게 되어 기쁩니다.
해설 원인을 나타내는 to부정사구 to offer an additional discount(추가 할인을 제공하다)과 연결되는 것은 그로 인한 감정을 나타내는 감정분사 pleased이다. 형용사 necessary는 사람을 수식하지 않으며, it is necessary to do(~할 필요가 있다)의 형태로 사용한다.
어휘 necessary 필요한 be pleased to do ~하게 되어 기쁘다 offer ~을 제공하다 additional 부가의, 추가의 discount on ~에 대한 할인 purchase 구매, 구매품 over ~이 넘는

8.
정답 to implement
해석 모든 기계를 교체하자는 귀하의 제안은 비용이 너무 많이 들어 실행하기가 어렵습니다.
해설 앞의 too costly가 단서로, 「too + 형용사/부사 + to부정사(너무 ~해서 …하다)」 구문을 구성하는 to부정사가 정답이다.
어휘 suggestion 제안 replace ~을 교체하다 machine 기계 costly 비싼 implement ~을 실행하다

9.
정답 enough
해석 저희 회의실은 각각 200명 이상 수용할 수 있을 만큼 넓습니다.
해설 부사 뒤의 to부정사가 단서이다. 「형용사/부사 + enough to부정사(~할 만큼 충분히 …하다)」 구문을 구성하는 부사 enough가 정답이다.
어휘 conference hall 회의실 spacious 넓은 형용사 enough to do ~할 만큼 충분히 …한 accommodate ~을 수용하다 each 각각

10.
정답 To upgrade
해석 VIP 회원으로 등급을 올리시려면, 최소 지출 요건을 충족해야 합니다.
해설 빈칸을 포함한 분사구가 절을 수식하는 구조인데, 최소 지출 요건을 충족하는 것이 목적/조건을 나타내므로 목적을 나타내는 to부정사가 적절하다.
어휘 upgrade 등급을 올리다 membership 회원권 meet ~을 충족하다 minimum 최소한의 spending requirement 지출 요건

실전 TEST

1. (B)	2. (C)	3. (C)	4. (D)	5. (A)
6. (A)	7. (C)	8. (D)	9. (A)	10. (C)
11. (C)	12. (B)	13. (C)	14. (A)	15. (C)
16. (D)	17. (A)	18. (C)	19. (A)	20. (B)

1.
정답 (B)
해석 지금 많은 업체들이 훌륭한 지원자들을 끌어들이기 위한 노력으로 무료 식사를 제공하고 있다.
해설 빈칸 앞의 effort는 to부정사의 수식을 받는 명사이므로 to부정사 (B) to attract가 정답이다. 「in an effort to do(~하기 위한 노력으로)」를 숙어로 외워두자.
오답 (A) will be attracting: 이미 동사가 있으므로 오답이다.
(C) is attracting: 이미 동사가 있으므로 오답이다.
(D) attracted: 이미 동사가 있으므로 오답이다.
어휘 business 업체, 회사 offer ~을 제공하다, ~을 제안하다 free 무료의 qualified 적격인, 자격 있는 candidate 지원자, 후보자 attract ~을 끌어들이다

2.
정답 (C)
해석 침체된 경기로 인해, 클라크 씨는 자신의 상담료를 올리지 않겠다고 약속했다.
해설 빈칸 앞의 동사 promise가 동사를 목적어로 취할 경우 to부정사가 사용된다. 그러므로 「promise not to do(~하지 않겠다고 약속하다)」 구조를 구성하는 to부정사 (C) to raise가 정답이다.

정답 및 해설 107

오답 (A) raised: promised not 뒤에 올 수 없는 동사이므로 오답이다.
(B) raising: promised not 뒤에 올 수 없는 분사이므로 오답이다.
(D) had raised: promised not 뒤에 올 수 없는 동사이므로 오답이다.

어휘 **due to** ~로 인해, ~ 때문에 **economy** 경기, 경제 **consulting** 상담, 자문 **fee** 요금, 수수료 **raise** ~을 인상하다, ~을 올리다

3.
정답 (C)
해석 이 제휴 관계가 당사자 모두에게 시장 점유율 확대 기회를 제공할 것이다.
해설 빈칸 뒤에 위치한 to부정사 to expand의 수식을 받을 수 있는 명사 (C) opportunity가 정답이다. 「opportunity to do」는 '~할 기회'를 의미한다.
오답 (A) impression: 뒤의 to expand market share와 의미가 연결되지 않는다. 또한 give the impression of/about처럼 3형식으로 사용된다.
(B) preference: 뒤에 「for + 선호 대상」의 구조를 동반하며, to부정사와 어울리지 않으므로 오답이다.
(D) selection: 뒤에 「for + 선택 대상」의 구조를 동반하며, to부정사와 어울리지 않으므로 오답이다.

어휘 **partnership** 제휴 관계 **expand** ~을 확대하다, ~을 확장하다 **market share** 시장 점유율 **both** 둘 모두의 **party** 당사자, 일행 **impression** 인상, 감명 **preference** 선호(하는 것) **opportunity** 기회 **selection** 선택(대상)

4.
정답 (D)
해석 저희 에버브리지 배송은 올해에 역대 최고의 수익을 기록했다는 사실을 발표하게 되어 기쁩니다.
해설 빈칸 앞뒤에 위치한 be동사와 to부정사 사이에서 사람의 감정을 나타내는 형용사가 필요하므로 「be pleased to do(~해서 기쁘다)」라는 표현을 구성하는 감정분사 (D) pleased가 정답이다.
오답 (A) capable: 감정 형용사가 아니며, 「be capable of -ing(~할 수 있다)」 구조로 사용되므로 오답이다.
(B) remarkable: 감정 형용사가 아니며 사물을 수식하므로 오답이다.
(C) interested: 「be interested in -ing(~에 관심이 있다)」 구조로 사용되므로 오답이다.

어휘 **announce (that)** ~라는 사실을 발표하다, ~임을 알리다 **profit** 수익, 이익 **capable** 할 수 있는, 능력 있는 **remarkable** 주목할 만한, 놀라운 **interested** (사람이) 관심이 있는

5.
정답 (A)
해석 저희 생산 시설을 견학할 생각이 있으신 고객은 누구든 요청 즉시 초빙될 것입니다.
해설 빈칸 뒤의 to부정사를 목적어로 바로 가질 수 있는 동사는 「intend to do(~할 생각이다, ~할 작정이다)」처럼 쓰이는 intend이므로, intend의 현재분사 (A) intending이 정답이다.
오답 (B) allowing: 「allow + 목적어 + to do(~에게 …할 수 있게 해주다)」의 5형식 구조로 쓰이므로 오답이다.
(C) containing: 사물명사를 목적어로 취하는 동사이므로 오답이다.
(D) departing: depart는 타동사일 때 출발 장소를 목적어로 가지거나 자동사일 때 「for + 목적지」를 동반해야 하므로 목적의 to부정사와 어울리지 않는다.

어휘 **customer** 고객 **tour** v. ~을 견학하다 **production** 생산, 제작 **facility** 시설(물) **invite** ~을 초대하다 **upon request** 요청하자마자 **contain** ~을 포함하다, ~을 담고 있다 **depart** 출발하다, 떠나다

6.
정답 (A)
해석 오마르 씨는 준비할 시간이 거의 없었음에도 불구하고, 훌륭한 발표를 했다.
해설 빈칸 앞에 위치한 명사 time을 수식해 '~하는 데 필요한 시간'을 뜻하는 「time to do」를 구성하는 to부정사 (A) to prepare가 정답이다.
오답 (B) should prepare: 명사를 수식할 수 없는 동사이므로 오답이다.
(C) preparing: time이 준비하는 것이 아니므로 오답이다.
(D) prepared: time이 준비되는 대상이 아니므로 오답이다.

어휘 **give a presentation** 발표하다 **despite** ~에도 불구하고 **little** 극소수의, 아주 적은 **prepare** 준비하다

7.
정답 (C)
해석 모든 영업직원들께 고객 정보를 극도로 주의해 다루시도록 상기시켜 드립니다.
해설 5형식 동사 remind는 「remind + 목적어 + to do(목적어가 ~하도록 상기시키다)」라는 구문으로 사용되는데, 이의 수동태 구조이므로 to부정사 (C) to handle이 정답이다.
오답 (A) can handle: 수동태의 주격보어로 사용될 수 없는 동사이므로 오답이다.
(B) having handled: 동사 remind의 보어로 사용되지 않는 분사이므로 오답이다.
(D) handling: 동사 remind의 보어로 사용되지 않는 분사이

므로 오답이다.

어휘 with care 주의해서, 신중히 extreme 극도의, 극심한
handle ~을 다루다, ~을 처리하다

8.
정답 (D)

해석 인사부장은 추가 직원을 고용하려는 계획이 너무 위험하여 실행하기가 어렵다고 말했다.

해설 빈칸 앞의 too risky가 단서인데, 「too 형용사 to do(~하기엔 너무 …한)」 구조를 구성하는 to부정사 (D) to implement가 정답이다.

오답 (A) implement: 「too 형용사」와 어울릴 수 없는 동사원형으로, to가 누락된 오답이다.
(B) implemented: 「too 형용사」와 어울릴 수 없는 분사이므로 오답이다.
(C) will be implementing: 「too 형용사」와 어울릴 수 없는 동사이므로 오답이다.

어휘 HR 인사(부), 인적 자원 plan to do ~하려는 계획
hire ~을 고용하다 additional 추가적인 risky 위험한
implement ~을 실행하다

9.
정답 (A)

해석 설문 조사를 한 번 더 실시하는 것이 우리 브랜드들을 개편하도록 경영진을 설득하는 데 도움이 될 수 있습니다.

해설 동사 help가 또 다른 동사를 목적어로 가질 때는 동사원형 또는 to부정사 형태를 사용한다. 그러므로 「help + 동사원형(~하는 데 도움이 되다)」 구조를 구성하는 (A) persuade가 정답이다.

오답 (B) persuading: 동사원형이 아니므로 오답이다.
(C) persuaded: 동사원형이 아니므로 오답이다.
(D) persuades: 동사원형이 아니므로 오답이다.

어휘 conduct ~을 실시하다, ~을 수행하다 survey 설문조사(지) management 경영(진), 관리(진)
reorganize ~을 개편하다, ~을 재편성하다 persuade A to do ~하도록 A를 설득하다

10.
정답 (C)

해석 바이트플로우 컴퍼니는 온라인 쇼핑을 더 편리하게 만들어 줄 것이 분명한 모바일 앱을 출시했다.

해설 빈칸 앞의 sure는 to부정사를 동반하여 '분명히 ~하다'라는 의미로 사용된다. 그러므로 (C) to make가 정답이다.

오답 (A) having made: is sure와 어울릴 수 없는 분사이므로 오답이다.
(B) made: is sure와 어울릴 수 없는 분사이므로 오답이다.
(D) will make: is sure와 어울릴 수 없는 동사이므로 오답이다.

어휘 release v. ~을 출시하다, ~을 발매하다 n. 출시, 발매
convenient 편리한 make A 형용사: A를 ~하게 만들다

11.
정답 (C)

해석 우리는 의사결정 과정을 간소화하기 위해 새로운 보고 체계를 시행했다.

해설 빈칸이 이미 주어, 동사, 목적어 등 문장 요소를 완전하게 갖추고 있다. 그러므로 빈칸에는 준동사인 to부정사만 들어갈 수 있어서 (C) to streamline이 정답이다.

오답 (A) streamlines: 이미 동사가 있으므로 동사가 중복되어 사용될 수 없다.
(B) has streamlined: 이미 동사가 있으므로 동사가 중복되어 사용될 수 없다.
(D) streamlined: 이미 동사가 있으므로 동사가 중복되어 사용될 수 없다.

어휘 implement ~을 시행하다 decision-making 의사결정
process (처리) 과정 streamline ~을 간소화하다, 정비하다

12.
정답 (B)

해석 교통량이 더 적기 때문에, 로저스 씨는 오후 근무시간에 직접 운전하여 출근하는 것을 선호한다.

해설 빈칸 앞의 동사 prefer는 to부정사를 목적어로 취해 '~하는 것을 선호하다'라는 의미를 나타내므로 (B) to drive가 정답이다.

오답 (A) drive: 동사원형이므로 동사 prefer와 나란히 쓰일 수 없다.
(C) having driven: 동사 prefer의 목적어 역할을 할 수 없는 분사이므로 오답이다.
(D) is driving: 동사이므로 동사 prefer와 나란히 쓰일 수 없다.

어휘 shift 근무시간 traffic 교통(량), 차량들

13.
정답 (C)

해석 저희 노트북 컴퓨터들은 깨끗하고 안전하게 유지해 주는 보호 덮개를 포함하고 있습니다.

해설 주어, 동사, 목적어를 모두 갖춘 완전한 문장이므로 빈칸에는 to부정사 또는 분사 등의 준동사 형태가 필요하다. 그러므로 목적을 나타내는 to부정사 (C) to keep이 정답이다.

오답 (A) keep: 이미 동사가 있으므로 동사는 빈칸에 쓰일 수 없다.
(B) keeps: 이미 동사가 있으므로 동사는 빈칸에 쓰일 수 없다.

(D) kept: 이미 동사가 있으므로 동사는 빈칸에 쓰일 수 없다.

어휘 include ~을 포함하다 protective 보호하는 cover 덮개, 커버 keep A 형용사: A를 ~한 상태로 유지하다

14.

정답 (A)

해석 고객 의견이 우리 엔지니어들이 제품 내 결함을 찾아내는 데 크게 도움을 주었다.

해설 동사 help는 목적보어로 동사원형 또는 to부정사를 취한다. 그러므로 「help + 목적어 + to do(~하도록 …에게 도움을 주다)」 구조를 구성하는 to부정사 (A) to identify가 정답이다.

오답 (B) identifying: 동사 help의 목적보어로 사용될 수 없는 분사이므로 오답이다.
(C) identified: 동사 help의 목적보어로 사용될 수 없는 분사이므로 오답이다.
(D) identification: 동사 help의 목적보어로 사용될 수 없는 명사이므로 오답이다.

어휘 feedback 의견 greatly 크게, 대단히, 매우 defect 결함 identify ~을 파악하다, ~을 찾아내다

15.

정답 (C)

해석 저는 B 객실을 추천해 드리는데, 그곳이 8인의 대가족을 수용할 정도로 충분히 넓기 때문입니다.

해설 형용사 spacious 와 연결되어 to부정사를 동반할 수 있는 부사로는 「형용사 + enough + to do(~할 수 있을 정도로 충분히 …한)」 구조를 구성하는 (C) enough가 정답이다. 참고로 부사 enough는 형용사를 뒤에서 수식한다.

오답 (A) such: to부정사를 동반하지 않으므로 오답이다.
(B) much: to부정사를 동반하지 않으므로 오답이다.
(D) so: to부정사를 동반하지 않으므로 오답이다.

어휘 recommend ~을 추천하다 as ~이므로 spacious 넓은 accommodate ~을 수용하다

16.

정답 (D)

해석 15년 간 재직한 덕분에, 브룩스 씨는 완전한 보상을 받으며 조기 퇴직할 자격이 있다.

해설 형용사 eligible은 to부정사를 동반하여 「be eligible to do(~할 자격이 있다)」 구조를 구성하므로 (D) eligible이 정답이다.

오답 (A) average: to부정사를 동반하지 않으므로 오답이다.
(B) excellent: to부정사를 동반하지 않으므로 오답이다.
(C) careful: to부정사를 동반할 수 있지만, 조심할 필요가 없는 조기 퇴직 상황과 의미상 어울리지 않는 오답이다.

어휘 service 재직 retire 퇴직하다 benefit (급여 외) 혜택, 보상 average 평균의, 보통의 excellent 훌륭한 careful 조심하는, 신중한

17.

정답 (A)

해석 수리 서비스를 신청하시려면, 3번을 누르신 후 고객 코드를 입력하시기 바랍니다.

해설 완전한 절인 명령문 외에 또 동사가 사용된다면, 이 동사는 주절을 수식하는 분사구문 또는 목적을 나타내는 to부정사구가 되어야 한다. 그러므로 to부정사인 (A)와 분사구문인 (B) 중에서 골라야 하는데, 명령문과 어울리는 것은 목적을 나타내는 to부정사이므로 (A) to register가 정답이다.

오답 (B) Registering: 목적을 나타낼 수 없는 분사구문을 형성하므로 오답이다.
(C) Have registered: 문장의 동사가 이미 있으므로 오답이다.
(D) Registers: 문장의 동사가 이미 있으므로 오답이다.

어휘 repair 수리 press ~을 누르다 enter ~을 입력하다 customer code 고객 코드 register for ~에 등록하다

18.

정답 (C)

해석 포스터 씨는 그 문제가 이미 로스 씨에 의해 처리되었음을 알고 안도했다.

해설 빈칸 뒤의 to부정사를 동반할 수 있는 보어가 올 자리이므로 「be relieved to do(~해서 안도하다)」를 구성하는 (C) relieved가 정답이다.

오답 (A) easy: to부정사를 동반할 수 있지만, 사람명사의 보어로 사용되지 않는 형용사이므로 오답이다.
(B) delightful: 사람명사의 보어로 사용되지 않는 형용사이므로 오답이다. 참고로, 사람명사의 보어로 사용되는 형태는 delighted(기뻐하는)이다.
(D) experienced: 사람명사의 보어로 사용될 수는 있지만 to부정사를 동반하지 않으며, 주로 「be experienced in(~에 경험이 많다)」의 구조로 사용된다.

어휘 find out (that) ~임을 알게 되다 issue 문제, 사안 resolve ~을 해결하다 delightful (사람을) 기분 좋게 하는 relieved (사람이) 안도한, 안심한 experienced 경험 많은

19.

정답 (C)

해석 오티즈 슈즈 사는 자사의 제품군을 다각화하기 위해 다양한 신상품 캐주얼화를 출시하려고 한다.

해설 빈칸 앞에 이미 문장의 동사 is launching이 있으므로 빈칸은 동사 자리가 아니며, to부정사 또는 분사구문 등 준동사가 되어야 한다. 그러므로 목적을 나타내는 to부정사 (C) to diversify가 정답이다.

오답 (A) diversified: 문장의 동사가 있는데 또 동사가 사용될 수 없으므로 오답이다.
(B) diversify: 문장의 동사가 있는데 또 동사가 사용될 수 없으므로 오답이다.
(D) diversification: 명사가 명사구를 바로 이끌 수 없으므로 오답이다.

어휘 **launch** ~을 출시하다, ~을 시작하다 **a range of** 다양한 **diversify** ~을 다각화하다, ~을 다양화하다 **diversification** 다각화, 다양화

20.
정답 (B)
해석 썬 크루즈 사는 자사의 환경적 영향을 줄이기 위해 환경 친화적인 포장재를 도입했다.
해설 동사원형을 이끌 수 있는 것은 조동사 또는 to부정사를 구성하는 (in order) to뿐이다. 그러므로 목적을 나타내는 to부정사를 이끄는 (B) in order to가 정답이다.
오답 (A) due to: 전치사는 동사원형을 이끌 수 없어 오답이다.
(C) before: 전치사는 동사원형을 이끌 수 없어 오답이다.
(D) enough: 부사는 동사를 이끌 수 없으므로 오답이다.
어휘 **introduce** ~을 도입하다, ~을 소개하다 **eco-friendly** 환경 친화적인 **packaging** 포장(재) **reduce** ~을 줄이다, ~을 감소시키다 **environmental** 환경적인 **impact** 영향 **due to** ~로 인해, ~ 때문에 **enough** a. 충분한 ad. 충분히

DAY 08 형용사 / 부사

PRACTICE ❶

1.
정답 this
해석 저희는 이번 주에 정상 가격의 절반으로 특별 보증을 제공합니다.
해설 빈칸 뒤에 단수 가산명사 week가 있으므로 이를 수식할 수 있는 것은 this(이번의)이다.
어휘 **offer** ~을 제공하다 **guarantee** 보증 **half** 절반 **normal** 일반적인 **cost** 가격

2.
정답 several
해석 채용 위원회는 면접을 볼 여러 후보자를 선정할 것입니다.
해설 복수 가산명사 candidates를 수식할 수 있는 복수형용사 several(몇몇의, 여럿의)이 정답이다. another는 단수 가산명사를 수식한다.
어휘 **hiring** 채용 **committee** 위원회 **select** ~을 선정하다 **several** 여럿의, 다수의 **another** 또 다른 하나의 **candidate** 후보자, 지원자

3.
정답 compliant
해석 우리의 새로운 채팅 애플리케이션은 정부의 개인 정보 보호 및 보안 규정을 전적으로 준수합니다.
해설 부사 fully의 수식을 받으면서 2형식 동사 is의 보어로 쓰일 형용사가 필요하므로 compliant가 정답이다. 「be compliant with(~을 준수하다)」를 숙어로 외워 두면 좋다.
어휘 **be compliant with** ~을 준수하다 **fully** 전적으로, 완전히 **comply (with)** (~을) 준수하다 **government** 정부 **privacy** 개인 정보 보호 **security** 보안 **regulation** 규정, 규제

4.
정답 confident
해석 부장은 그 프로젝트가 제때 완료될 것이라고 확신한다.
해설 2형식 동사 feel 뒤에 쓰일 형용사 보어가 필요하므로 confident가 정답이다.
어휘 **feel confident that** ~라고 확신하다 **confidently** 자신 있게 **complete** ~을 완료하다 **on time** 제때

5.
정답 secure
해석 법이 기업들에게 고객 정보를 안전한 상태로 유지하도록 요구하고 있다는 점에 유의해 주시기 바랍니다.
해설 5형식 동사 keep은 「keep + 목적어 + 목적보어」의 구조로 쓰이므로 목적어 customer information 뒤에 목적보어로 쓰일 수 있는 형용사 secure가 정답이다.
어휘 **be reminded that** ~라는 점에 유의하다 **require A to do**: A에게 ~하도록 요구하다 **keep A 형용사**: A를 ~한 상태로 유지하다 **secure** 안전한 **securely** 안전하게

6.
정답 expensive
해석 저는 무엇이든 덜 비싼 것을 가져가겠습니다.
해설 관계대명사 that 앞에 위치한 대명사(선행사) anything의 상태를 나타낼 형용사가 is 뒤에 보어로 쓰여야 알맞으므로 expensive가 정답이다. 명사가 보어로 쓰이려면 선행사의 신분 또는 자격을 나타내야 한다.
어휘 **take** ~을 가져가다 **less** ad. 덜 ~하게, 더 적게 a. 덜 ~한, 더 적은 **expense** 지출 (비용), 경비

7.
정답 essential
해석 영업 사원이 설득력을 갖추는 것은 필수적입니다.
해설 가주어 It과 진주어 to부정사로 구성된 「It is 형용사 for A to do(A가 ~하는 것이 …하다)」의 구조를 이뤄야 알맞으므로 형용사 essential이 정답이다.
어휘 essential 필수적인 essence 본질, 정수, 진수 sales 영업, 판매(량), 매출 representative n. 직원, 대리인 persuasive 설득력 있는

8.
정답 advisable
해석 직원들께서는 오래된 사원증을 새 것으로 교체하시도록 권해 드립니다.
해설 가주어 It과 진주어 to부정사로 구성된 「It is 형용사 for A to do(A가 ~하는 것이 …하다)」의 구조를 이뤄야 알맞으므로 형용사 advisable이 정답이다.
어휘 advisable 권장하는, 바람직한 advise ~에게 조언하다 replace A with B: A를 B로 교체하다

9.
정답 considerable
해석 저희 고객 지원 담당 직원들은 모두 해당 분야 내에서 상당한 경험을 보유하고 있습니다.
해설 동사 have와 명사 목적어 experience 사이에 명사를 수식할 형용사가 쓰여야 알맞으므로 considerable이 정답이다.
어휘 support 지원, 지지 representative n. 직원, 대리인 considerable 상당한, 많은 consider ~을 고려하다, ~을 …라고 여기다 field 분야

10.
정답 recyclable
해석 음료 캔은 재활용될 수 있으므로, 일반 쓰레기와 분리하시기 바랍니다.
해설 음료 캔을 일반 쓰레기와 분리해야 하는 이유와 관련해 음료 캔이 앞으로 재활용이 가능하다는 성질·특성을 나타내야 하므로, 형용사인 recyclable이 정답이다. 수동태 과거분사인 recycled는 '재활용된, 재활용된 상태의'라는 의미로 이미 발생한 결과를 나타내므로 적합하지 않다.
어휘 beverage 음료 recyclable 재활용할 수 있는 separate A from B: A를 B로부터 분리하다 general 일반적인 waste 쓰레기

PRACTICE 2

1.
정답 actively
해석 트레호 씨는 약간의 임시직 보조직원들을 적극적으로 채용하고 있습니다.
해설 현재진행시제 동사를 구성하는 is와 hiring 사이에 부사가 들어가 현재분사 hiring을 수식해야 알맞으므로 actively가 정답이다.
어휘 active 적극적인, 능동적인 actively 적극적으로, 능동적으로 hire ~을 채용하다 a few 몇몇의 temporary 임시의, 일시적인 assistant n. 보조, 조수

2.
정답 positively
해석 경쟁사와의 합병에 관한 소문이 하운드 투어 사의 매출에 긍정적으로 영향을 미쳤습니다.
해설 명사구 주어 A rumor about a merger with a rival company와 동사 affected 사이에 동사를 수식할 부사가 쓰여야 알맞으므로 positively가 정답이다.
어휘 rumor 소문 merger 합병, 통합 rival a. 경쟁하는 n. 경쟁자 positive 긍정적인 positively 긍정적으로 affect ~에 영향을 미치다 sales 매출, 판매(량), 영업

3.
정답 slowly
해석 개인 사업을 시작하기 위한 조이 씨의 계획이 천천히 진행되고 있습니다.
해설 목적어가 필요 없는 자동사 proceed가 현재진행시제로 쓰인 are proceeding을 뒤에서 수식할 부사가 필요하므로 slowly가 정답이다.
어휘 plan 계획 one's own 개인의, 자신만의 proceed 진행되다

4.
정답 remarkably
해석 건물 안에 있는 소형 분수대가 업무 공간의 분위기를 놀라울 정도로 향상시켰습니다.
해설 현재완료시제 동사를 구성하는 has와 improved 사이에 부사가 들어가 과거분사 improved를 수식해야 알맞으므로 remarkably가 정답이다.
어휘 fountain 분수대 remarkably 놀라울 정도로, 주목할 만하게 remarkable 놀라운, 주목할 만한 improve ~을 향상시키다 workplace 업무 공간 atmosphere (공간 내의) 분위기

5.

정답 highly

해석 애벗 씨는 여전히 회사를 이끌 대단히 유망한 후보자로 여겨지고 있습니다.

해설 부정관사 a와 형용사 promising 사이에 형용사를 수식할 부사가 쓰여야 알맞으므로 highly가 정답이다.

어휘 consider A B: A를 B로 여기다 highly 대단히, 매우, 아주 promising 유망한 candidate 후보자, 지원자 lead ~을 이끌다

6.

정답 notably

해석 손꼽히는 AI 전문가를 채용한 것이 회사를 투자자들에게 특히 더 매력적으로 만들어 주었다.

해설 「make + 목적어 + 목적보어」에서 목적보어인 비교급 형용사 more appealing 앞에 형용사를 강조하는 부사가 쓰여야 알맞으므로 notably가 정답이다.

어휘 recruit ~을 채용하다, ~을 모집하다 leading 손꼽히는, 선도적인 expert 전문가 make A 형용사: A를 ~하게 만들다 notably 특히, 주목할 만하게, 현저히 notable 주목할 만한, 현저한, 중요한 appealing 매력적인 investor 투자자

7.

정답 more

해석 우리 시스템은 우리 경쟁사들의 것보다 더 빠르게 오류를 파악할 수 있습니다.

해설 비교를 나타낼 때 사용하는 than과 어울려야 하므로 quickly와 함께 비교급 부사를 구성하는 more가 정답이다.

어휘 identify ~을 파악하다, ~을 밝혀내다 quickly 빠르게 competitor 경쟁사, 경쟁자

8.

정답 considerably

해석 우리는 새 계획이 이전의 것보다 훨씬 더 많은 비용이 들 것이라고 확신합니다.

해설 동사 cost의 목적어 역할을 하는 대명사로서 비교급의 형태인 more를 앞에서 수식해 강조하는 부사 considerably이 정답이다.

어휘 be sure that ~임을 확신하다 cost ~의 비용이 들다 considerably 상당히, 많이, (비교급 강조) 훨씬 considerable 상당한, 많은 previous 이전의, 과거의

9.

정답 Even

해석 가장 경험 많은 중개인들조차 시장 동향을 분석하면서 실수를 저질렀다.

해설 주어 the most experienced agents와 동사 made, 그리고 명사구 목적어와 analyzing이 이끄는 분사구문까지 문장이 완전한 상태이므로 부가적인 역할을 하는 초점부사 Even이 정답이다. 부사 even은 위치에 상관없이 강조하는 대상 앞에 사용한다.

어휘 experienced 경험 많은 agent 대리인, 중개인 make a mistake 실수를 저지르다 analyze ~을 분석하다 trend 동향, 추세, 유행

10.

정답 Unfortunately

해석 유감스럽게도, 귀하께서 지원하신 직책은 이미 충원되었습니다.

해설 상대방에게 지원한 직책이 이미 충원된 사실을 전하는 부정적인 내용이므로 '유감스럽게도, 안타깝게도'라는 의미로 부정인 사실을 밝힐 때 사용하는 부사 Unfortunately가 정답이다.

어휘 unfortunately 유감스럽게도, 안타깝게도 approximately 약, 대략 position 직책, 일자리 apply for ~에 지원하다, ~을 신청하다 fill ~을 충원하다, ~을 가득 채우다

PRACTICE 3

1.

정답 available

해석 여분의 티켓이 현재 웹사이트에서 이용 가능합니다.

해설 be동사 are 뒤에 여분의 티켓이 이용 가능한 상태임을 나타내는 형용사 보어가 쓰여야 알맞으므로 available이 정답이다. 명사 보어가 쓰이려면 신분이나 자격을 나타내야 하는데, 'Extra tickets = availability'의 관계가 아니므로 availability는 오답이다.

어휘 extra 여분의, 추가의 available (사물) 이용 가능한, 구매 가능한, (사람) 시간이 있는 availability (사물) 이용 가능성, 구매 가능성, (사람) 시간 활용 가능성

2.

정답 helpful

해석 제 보고서에 도움이 되는 조언에 진심으로 감사 드립니다.

해설 소유격대명사 your와 명사 advice 사이에 명사를 수식할 형용사가 쓰여야 알맞으므로 helpful이 정답이다.

어휘 truly 진심으로, 진정으로 appreciate ~에 대해 감사하다 helpful 도움이 되는

3.
정답 effective
해석 소셜 미디어가 우리 고객들과 소통하는 가장 효과적인 방법이 되었습니다.
해설 the most와 함께 최상급 형용사를 구성해 명사 way를 수식할 형용사가 쓰여야 알맞으므로 effective가 정답이다.
어휘 effect 효과, 영향 effective 효과적인 way 방법, 방식 communicate with ~와 의사소통하다

4.
정답 revised
해석 배런 씨는 원 보고서를 마음에 들어 하시지만, 저는 수정된 버전을 선호합니다.
해설 정관사 the와 명사 version 사이에 명사를 수식할 단어가 쓰여야 알맞으므로 명사 수식이 가능한 과거분사 revised가 정답이다. 빈칸이 명사를 수식할 단어가 필요한 자리인데 선택지에 형용사가 없는 경우, 분사가 있는지 확인해 보는 것이 좋다.
어휘 original 애초의, 원래의 prefer ~을 선호하다 revise ~을 수정하다, ~을 변경하다

5.
정답 conveniently
해석 저희 신규 매장은 도심지에 편리하게 자리잡고 있습니다.
해설 수동태 동사 is situated 사이에 위치할 수 있는 것은 과거분사 situated를 수식할 부사이므로 conveniently가 정답이다.
어휘 conveniently 편리하게 convenient 편리한 be situated in ~에 자리잡고 있다, ~에 위치해 있다

6.
정답 soon
해석 저희가 곧 새로운 마케팅 전략을 시행할 것입니다.
해설 「3형식 타동사 + 목적어」의 구조에서 목적어 뒤에는 동사를 수식할 부사가 쓰여야 알맞으므로 soon이 정답이다.
어휘 implement ~을 시행하다 strategy 전략 soon 곧, 머지않아

7.
정답 quite
해석 리 씨는 팀장으로 보낸 첫 주 동안 꽤 생산적이었습니다.
해설 be동사 was와 형용사 보어 productive 사이에 형용사를 수식할 부사가 쓰여야 알맞으므로 형용사 앞에 위치하는 부사 quite이 정답이다. soon은 동사를 수식하며, 형용사 앞에 위치하지 않는 부사이다.
어휘 quite 꽤, 상당히 productive 생산적인

8.
정답 often
해석 화이트 씨는 전화상에서 흔히 윌리스 씨로 오해 받는다.
해설 be동사 is와 형용사 보어 mistaken 사이에 위치할 수 있는 부사 often이 정답이다. often 같은 빈도 부사는 be동사 뒤 또는 일반동사 앞에 위치한다. 부사 most는 「the most + 형용사」의 구조로 최상급 형용사를 구성하거나, 문장 마지막 부분에 위치해 동사를 수식한다.
어휘 be mistaken for ~로 오해 받다

9.
정답 hardly
해석 높은 수요로 인해, 금요일 콘서트에는 거의 어떤 좌석도 구하실 수 없습니다.
해설 any와 어울려 '거의 어떤 ~도 … 않다'라는 의미를 나타내는 부사 hardly가 정답이다. hardly는 부정의 의미를 나타내는 부사임을 반드시 기억해 두는 것이 좋다.
어휘 due to ~로 인해, ~ 때문에 demand 수요, 요구 simply 단순히, 그저, 그야말로 hardly any 거의 어떤 ~도 … 않다 available (사물) 이용 가능한, 구매 가능한, (사람) 시간이 있는

10.
정답 lately
해석 글로벌트러스트 은행의 모바일 서비스가 최근 수요가 높은 상태이다.
해설 현재완료시제 동사 has been과 어울리는 부사가 필요하므로 '최근'이라는 의미로 가까운 과거 시점을 나타내는 lately가 정답이다.
어휘 demand 수요, 요구 later 나중에 lately 최근에

실전 TEST

1. (D)	2. (C)	3. (C)	4. (D)	5. (B)
6. (B)	7. (A)	8. (C)	9. (C)	10. (C)
11. (C)	12. (C)	13. (D)	14. (B)	15. (A)
16. (C)	17. (B)	18. (D)	19. (B)	20. (B)

1.
정답 (D)
해석 다른 손님들을 방해하지 않도록 극장 내에서 여러분의 기기를 꺼놓으시기를 권해 드립니다.
해설 가주어 It과 진주어 to부정사(to turn off)로 구성된 「It is 형용사 to do(~하는 것이 …하다)」의 구조를 이뤄야 알맞으므로 형용사 (D) advisable이 정답이다.

오답 (A) advising: 형용사가 아니므로 오답이다.
(B) advice: 형용사가 아니므로 오답이다.
(C) advises: 형용사가 아니므로 오답이다.

어휘 **turn off** ~을 끄다 **device** 기기, 장치 **avoid -ing** ~하는 것을 피하다 **disturb** ~에게 지장을 주다, ~을 방해하다 **advise** ~에게 조언하다 **advice** 조언, 충고 **advisable** 권장하는, 바람직한

2.
정답 (C)
해석 로레인스 베이커리는 정식 메뉴를 주문하는 모든 사람에게 무료 음료를 제공한다.
해설 부정관사 a와 명사 beverage 사이에 위치한 빈칸은 명사를 수식할 형용사가 필요한 자리이므로 (C) complimentary가 정답이다.
오답 (A) compliment: 동사 또는 명사이며, 명사로 쓰일 때 beverage와 복합명사를 구성하도록 목적이나 용도를 나타내지 않으므로 오답이다.
(B) complimented: 명사 수식이 가능한 과거분사이지만, 의미가 맞지 않으므로 오답이다.
(D) compliments: 동사 또는 명사이며, 명사로 쓰일 때 beverage와 복합명사를 구성하도록 목적이나 용도를 나타내지 않으므로 오답이다.

어휘 **beverage** 음료 **order** ~을 주문하다 **full** 온전한, 제대로 된, 최대의, 모든 **compliment** v. ~을 칭찬하다 n. 칭찬(의 말) **complimentary** 무료의

3.
정답 (C)
해석 발표 후에, 저희 직원들이 여러분 각자에게 전화로 간단히 연락 드릴 것입니다.
해설 조동사 will과 동사 contact 사이에 위치한 빈칸은 동사를 앞에서 수식할 부사가 필요한 자리이므로 (C) briefly가 정답이다.
오답 (A) brief: 형용사 또는 동사이므로 부사 자리인 빈칸에 쓰일 수 없다.
(B) briefed: 동사의 과거형 또는 과거분사형이므로 부사 자리인 빈칸에 쓰일 수 없다.
(D) briefs: 동사의 형태이므로 부사 자리인 빈칸에 쓰일 수 없다.

어휘 **contact** ~에게 연락하다 **brief** a. 간단한, 짧은 v. ~에게 간단히 말하다 **briefly** 간단히, 짧게

4.
정답 (D)
해석 여러분의 소지품을 안전하게 보관하는 것은 여러분의 책임이라는 점에 유의하시기 바랍니다.
해설 빈칸 앞에 위치한 동사 keep은 「keep + 목적어 + 목적보어」의 5형식 구조로 쓰인다. 따라서, 명사구 목적어 your belongings 뒤에 위치한 빈칸에 목적보어 역할을 할 형용사가 들어가야 알맞으므로 (D) safe가 정답이다.
오답 (A) save: 동사이므로 형용사 자리인 빈칸에 쓰일 수 없다.
(B) safety: 명사이므로 형용사 자리인 빈칸에 쓰일 수 없다.
(C) saving: 명사이므로 형용사 자리인 빈칸에 쓰일 수 없다.

어휘 **Please be advised that** ~라는 점에 유의하시기 바랍니다 **responsibility** 책임(감) **belongings** 소지품, 개인 물품 **saving** 절약, 저축(한 돈), 예금

5.
정답 (B)
해석 하이난 호텔은 지하철 역에서 도보로 불과 3분 거리에 편리하게 위치해 있다.
해설 수동태 동사를 구성하는 be동사 is와 과거분사 located 사이에 위치한 빈칸은 과거분사를 수식할 부사가 쓰여야 알맞은 자리이므로 (B) conveniently가 정답이다. '편리하게 위치해 있다'를 뜻하는 「be conveniently located」는 토익에서 자주 등장하므로 하나의 표현으로 기억해 두는 것이 좋다.
오답 (A) convenient: 형용사이므로 부사 자리인 빈칸에 쓰일 수 없다.
(C) convenience: 명사이므로 부사 자리인 빈칸에 쓰일 수 없다.
(D) conveniences: 명사이므로 부사 자리인 빈칸에 쓰일 수 없다.

어휘 **be located** 위치해 있다 **convenient** 편리한 **conveniently** 편리하게 **convenience** 편리, 편의

6.
정답 (B)
해석 샌더스 씨는 웹사이트를 통해 제출된 고객 문의 사항에 곧바로 답변한다.
해설 자동사 responds와 전치사 to 사이에 위치한 빈칸은 자동사를 뒤에서 수식할 부사가 필요한 자리이므로 (B) directly가 정답이다.
오답 (A) directs: 동사이므로 부사 자리인 빈칸에 쓰일 수 없다.
(C) directness: 명사이므로 부사 자리인 빈칸에 쓰일 수 없다.
(D) directing: 동명사 또는 현재분사이므로 부사 자리인 빈칸에 쓰일 수 없다.

어휘 **respond to** ~에 답변하다, ~에 대응하다 **inquiry** 문의 **submit** ~을 제출하다 **direct** v. ~에게 지시하다, ~을 감독하다, (길 등을) ~에게 안내하다 a. 직접적인, 직행의 **directness** 직접성, 솔직함

7.

정답 (A)

해석 거의 절반에 달하는 그 공장 생산 능력이 홍수에 의해 영향 받았다.

해설 half처럼 수량과 관련된 의미를 지니는 명사를 앞에서 수식할 수 있는 부사 (A) Nearly가 정답이다.

오답 (B) Near: 수량 표현을 수식하는 부사가 아니므로 오답이다.
(C) Nearer: 수량 표현을 수식하는 부사가 아니므로 오답이다.
(D) Nearest: 수량 표현을 수식하는 부사가 아니므로 오답이다.

어휘 production 생산, 제작 capacity 능력, 용량, 수용 규모 affect ~에 영향을 미치다 flooding 침수, 홍수 nearly 거의 near a. 가까운 ad. 가까이 prep. ~와 가까운 (곳에)

8.

정답 (C)

해석 내부 공석에 지원하시는 데 관심이 있으신 직원들께서는 반드시 테이트 씨께 연락하셔야 합니다.

해설 빈칸 뒤에 위치한 복수명사 employees를 수식할 수 있는 복수형용사 (C) Those가 정답이다.

오답 (A) Every: 단수명사를 수식하므로 오답이다.
(B) Which: 주어와 동사를 포함한 완전한 절을 이끄는 접속사의 역할을 하는데, 조동사 must 앞에 위치한 employees interested in applying for the internal opening이 불완전한 구조이므로 오답이다.
(D) This: 단수명사를 수식하므로 오답이다.

어휘 apply for ~에 지원하다, ~을 신청하다 internal 내부의 opening 공석, 빈 자리

9.

정답 (C)

해석 거리를 가로막지 않도록 가능한 한 빨리 배송품들을 내리시기 바랍니다.

해설 동사 unload와 명사구 목적어 the packages 뒤에 'as ------ as possible'이 쓰여 있어 동사를 뒤에서 수식할 부사가 필요하므로 (C) quickly가 정답이다.

오답 (A) quick: 형용사이므로 부사 자리인 빈칸에 쓰일 수 없다.
(B) quicker: 형용사이므로 부사 자리인 빈칸에 쓰일 수 없다.
(D) quickness: 명사이므로 부사 자리인 빈칸에 쓰일 수 없다.

어휘 unload (자동차 등에서 짐을) 내리다 package 배송품, 포장물, 소포 avoid -ing ~하는 것을 피하다 block ~을 가로막다, ~을 차단하다 quickness 빠름, 신속함

10.

정답 (C)

해석 본인이 존중받는다는 확신을 갖는 고객들이 우리에게 계속 충성할 가능성이 더 큽니다.

해설 동사 feel은 형용사 보어와 함께 쓰여 '~감을 갖다, ~하게 느끼다'라는 의미를 나타낸다. feel과 어울려 사람의 감정과 관련된 의미를 나타낼 수 있는 것이 필요하므로 '확신하는, 자신감 있는'을 뜻하는 (C) confident이 정답이다.

오답 (A) confiding: 감정을 유발하는 현재분사이므로 감정 형용사 자리인 빈칸에 쓰일 수 없다.
(B) confidential: 형용사이지만 의미가 맞지 않으므로 오답이다.
(D) confidentiality: 명사이므로 형용사 자리인 빈칸에 쓰일 수 없다.

어휘 valued 소중한, 존중받는 be more likely to do ~할 가능성이 더 크다 loyal 충실한, 충성스러운 confide 비밀을 털어 놓다 confidential 기밀의, 비밀의 confident 확신하는, 자신감 있는 confidentiality 기밀성, 비밀 유지

11.

정답 (C)

해석 신임 대표 이사님께서 선임되신 이후로 업무 환경이 상당히 개선되었습니다.

해설 빈칸은 자동사 has improved를 뒤에서 수식할 부사가 필요한 자리이므로 (C) considerably가 정답이다.

오답 (A) consider: 동사이므로 부사 자리인 빈칸에 쓰일 수 없다.
(B) considerable: 형용사이므로 부사 자리인 빈칸에 쓰일 수 없다.
(D) considerate: 형용사이므로 부사 자리인 빈칸에 쓰일 수 없다.

어휘 environment 환경 improve 개선되다, 향상되다 since conj. ~하기 때문에, ~한 이후로 prep. ~ 이후로 ad. 그 이후로 appoint ~을 선임하다 consider ~을 고려하다, ~을 …라고 여기다 considerable 상당한, 많은 considerably 상당히, 많이 considerate 사려 깊은, 배려하는

12.

정답 (C)

해석 CMS 테크 사의 온라인 보안 정책은 전적으로 정부 규정을 준수하고 있습니다.

해설 빈칸 앞뒤에 각각 위치한 be동사 are 및 전치사 with와 어울려 '~을 준수하다'를 뜻하는 「be compliant with」를 구성하는 형용사 (C) compliant가 정답이다.

오답 (A) compliantly: 부사이므로 형용사 자리에 올 수 없다.
(B) compliance: 명사이므로 형용사 자리에 올 수 없다.
(D) complied: 자동사 comply는 수동태로 사용할 수 없다. '~을 준수하다'를 의미할 때 「comply with」로 쓴다.

어휘 policy 정책, 방침 fully 전적으로, 완전히 regulation 규정, 규제 compliantly 고분고분하게, 유순하게 compliance 준수, 따름 compliant 준수하는 comply (with) (~을) 준수하다

13.
정답 (D)
해석 모리스 씨는 고용 과정을 더 분명하게 만들기 위해 그것을 상당히 개편해 왔다.
해설 현재완료시제 동사 has restructured 사이에 위치한 빈칸은 과거분사 restructured를 앞에서 수식할 부사가 필요한 자리이므로 (D) notably가 정답이다.
오답 (A) note: 동사 또는 명사이므로 부사 자리인 빈칸에 쓰일 수 없다.
(B) noted: 동사의 과거형 또는 과거분사형이므로 부사 자리인 빈칸에 쓰일 수 없다.
(C) notable: 형용사이므로 부사 자리인 빈칸에 쓰일 수 없다.
어휘 restructure ~을 개편하다, ~을 재구성하다 hiring 고용 process (처리) 과정 make A 형용사: A를 ~하게 만들다 note ~에 유의하다, ~에 주목하다, ~을 특별히 언급하다 notable 주목할 만한, 현저한, 중요한 notably 특히, 주목할 만하게, 현저히

14.
정답 (B)
해석 그 팀은 가장 효과적인 안을 찾기 위해 여러 제안서들을 살펴보고 있다.
해설 빈칸 앞에 위치한 최상급 표현 the most와 함께 명사 option을 수식할 형용사가 빈칸에 쓰여야 알맞으므로 (B) effective가 정답이다.
오답 (A) effect: 명사이므로 형용사 자리에 올 수 없다.
(C) effectively: 부사이므로 형용사 자리에 올 수 없다.
(D) effectiveness: 명사이므로 형용사 자리에 올 수 없다.
어휘 review ~을 살펴 보다, ~을 검토하다 several 여럿의, 몇몇의 proposal 제안(서) identify ~을 찾아내다, 발견하다 effect 효과, 영향 effective 효과적인 effectively 효과적으로 effectiveness 효과(성) option 선택권

15.
정답 (A)
해석 유감스럽지만, 저희가 오직 사우스웨스트 지점에만 공석이 있습니다.
해설 동사의 목적어 openings와 at 전치사구 사이에 위치한 빈칸은 동사를 뒤에서 수식하거나 at 전치사구를 수식할 부사가 필요한 자리이므로 '오직'이라는 의미로 전치사구를 강조하는 부사 (A) only가 정답이다.
오답 (B) later: 미래시점을 나타내는 부사이므로 오답이다.
(C) often: be동사 뒤 또는 일반동사 앞에 위치하는 빈도부사이므로 빈칸에 쓰일 수 없다.
(D) each: '각각'은 결국 다수를 의미하는데, 뒤에 하나의 장소만 언급된 수일치 오류이다.
어휘 I am afraid that (부정적인 일에 대해) 유감이지만 ~입니다 opening 공석, 빈 자리 location 지점, 위치 later 나중에 often 흔히

16.
정답 (C)
해석 대중 교통을 이용하는 것이 출장 중에 자동차를 대여하는 것보다 비용이 훨씬 덜 듭니다.
해설 less 같은 비교급을 앞에서 수식해 '훨씬'이라는 의미로 강조하는 부사 (C) much가 정답이다.
오답 (A) any: 형용사 또는 대명사이므로 비교급 강조 부사 자리인 빈칸에 쓰일 수 없다.
(B) further: 비교급 강조 부사로 쓰이지 않는 부사이므로 오답이다.
(D) only: 비교급 강조 부사로 쓰이지 않는 부사이므로 오답이다.
어휘 public transportation 대중 교통 cost ~의 비용이 들다 rent ~을 대여하다 further ad. 더 깊이 있게, 한층 더 a. 더 깊이 있는, 한층 더 한

17.
정답 (B)
해석 가격을 낮춤으로써, 심테크 사는 자사의 제품들을 청소년들이 구입할 수 있게 만들고 있다.
해설 5형식 동사 make는 「make + 목적어 + 목적보어」의 구조로 쓰이므로 목적어 its products 뒤에 목적보어로 쓰일 수 있는 형용사 (B) affordable이 정답이다.
오답 (A) afford: '~을 …하게 만들다'를 뜻하는 「make + 목적어 + 동사원형」의 구조에 쓰일 수 있는 동사원형이기는 하지만, 사물목적어 its products가 afford의 행위 주체가 될 수 없으므로 의미가 맞지 않는다.
(C) affording: 동사 afford는 분사형 형용사로 사용되지 않는다.
(D) affordably: 부사이므로 「make + 목적어 + 목적보어」에서 목적보어로 쓰일 수 없다.
어휘 by (방법) ~함으로써, ~해서 lower v. ~을 낮추다, ~을 내리다 young adults 청소년들 afford (시간, 금전적으로) ~을 감당할 수 있다, ~에 대한 여유가 있다 affordable (가격 등이) 감당할 수 있는, 알맞은 affordably (가격을) 감당할 수 있게, 알맞게

18.
정답 (D)

해석 리드 씨는 어떤 변화에도 신속히 대응하기 위해 시장 상황을 면밀히 관찰하고 있다.

해설 현재진행시제 동사 is monitoring 사이에 위치한 빈칸은 현재분사 monitoring을 앞에서 수식할 부사가 필요한 자리이므로 (D) closely가 정답이다.

오답 (A) close: 부사 close(가까이)는 가까운 거리를 나타내므로 '주의깊게'의 뜻인 빈칸에 맞지 않는다.
(B) closer: 부사 closer(더 가까이)는 가까운 거리를 나타내므로 '주의깊게'의 뜻인 빈칸에 맞지 않는다.
(C) closest: 최상급 형용사이므로 부사 자리인 빈칸에 올 수 없다.

어휘 monitor v. ~을 관찰하다, ~을 감시하다 situation 상황 respond to ~에 대응하다, ~에 답변하다 quickly 신속히, 빠르게 close 가까운, 면밀한, 밀접한 closely 면밀히, 자세히, 밀접하게

19.
정답 (B)

해석 최근의 진전 사항들에 관한 정보를 계속 얻을 수 있도록 우리 소셜 미디어 계정들을 주시하시기 바랍니다.

해설 2형식 동사 stay는 「stay + 형용사」와 같이 형용사 보어와 함께 사용하므로 형용사 (B) informed가 정답이다.

오답 (A) inform: 동사이므로 형용사 자리인 빈칸에 쓰일 수 없다.
(C) informing: 정보를 주는 능동의 형용사이므로 수동 형용사 자리인 빈칸에 쓰일 수 없다.
(D) information: 명사이므로 형용사 자리인 빈칸에 쓰일 수 없다.

어휘 follow ~을 주시하다, ~을 지켜보다, ~을 따르다 account 계정, 계좌 latest 최근의, 최신의 development 진전(된 것), 발전, 개발 inform ~에게 알리다 informed 정보를 얻은, 알고 있는 informing 유익한

20.
정답 (B)

해석 도로들이 비로 인해 다소 미끄럽기 때문에, 운전자들께서는 각별히 주의하시기 바랍니다.

해설 be동사 are와 형용사 보어 slippery 사이에 빈칸이 위치해 있으므로 형용사를 앞에서 수식할 수 있는 부사 (B) rather가 정답이다.

오답 (A) soon: 동사를 수식하는 부사이므로 오답이다.
(C) closely: 동사를 수식하는 부사이므로 오답이다.
(D) far: 동사 또는 부사를 수식하는 부사이므로 오답이다.

어휘 slippery 미끄러운 due to ~로 인해, ~ 때문에 exercise ~을 발휘하다 extra 각별한, 특별한, 여분의, 추가의 caution 주의, 조심, 경고 soon 곧, 머지 않아 rather 다소, 오히려, 좀 closely 면밀히, 자세히, 밀접하게 far ad. 멀리 (떨어져) a. 멀리 있는

DAY 09 접속사

PRACTICE 1

1.
정답 and

해석 경험 많은 저희 기술자들이 귀하의 차량을 점검하고 현장에서 수리해 드릴 것입니다.

해설 두 개의 동사구 check your car와 repair it on site이 '차량을 점검하고 현장에서 수리하다'와 같은 의미로 연결되어야 자연스러우므로 '그리고, 그래서' 등을 뜻하는 등위접속사 and가 정답이다. but은 '하지만, 그러나'라는 의미로 대조 또는 반대를 나타낸다.

어휘 experienced 경험 많은 repair ~을 수리하다 on site 현장에서

2.
정답 but

해석 두 영화 모두 관객들을 깊게 감동시켰지만, 어느 것도 상을 받지는 못했습니다.

해설 앞뒤에 각각 위치한 두 개의 절이 '두 영화 모두 관객들을 깊게 감동시켰지만, 어느 것도 상을 받지 못했다'와 같이 대조적인 의미로 연결되어야 자연스러우므로 '하지만, 그러나'를 뜻하는 등위접속사 but이 정답이다. or는 '~나 …, 또는'이라는 의미로 선택을 나타낸다.

어휘 both 둘 모두 deeply 깊게 move ~을 감동시키다 viewer 관객, 시청자 neither (둘 중) 어느 것도 ~ 아니다 win (상 등) ~을 받다, ~을 타다

3.
정답 or

해석 저희 서비스에 관한 상세 정보가 필요하시거나 견적서를 요청하시려면, 저희 영업팀에 연락 주십시오.

해설 앞뒤에 각각 위치한 For 전치사구와 to부정사구가 영업팀에 연락하는 목적으로서 선택 가능한 대상에 해당하므로 '~나 …, 또는'이라는 의미로 선택을 나타내는 등위접속사 or가 정답이다. so는 '그러므로, 그래서' 등의 의미로 결과를 나타내거나 '~하도록'이라는 뜻으로 목적을 나타낸다.

어휘 details 상세 정보, 세부 사항 request ~을 요청하다

estimate 견적(서) sales 영업, 판매(량), 매출

4.
정답 so
해석 힐 씨는 학창 시절에 신문을 읽는 것을 즐겼고, 그래서 나중에 기자가 되었다.
해설 학창 시절에 신문을 읽는 일을 즐긴 것이 나중에 기자가 되는 결과로 이어진 것으로 볼 수 있으므로 '그래서, 그러므로' 등의 의미로 결과를 나타내는 등위접속사 so가 정답이다. or는 '~나 …, 또는'이라는 의미로 선택을 나타낸다.
어휘 enjoy -ing ~하는 것을 즐기다 journalist 기자 later 나중에

5.
정답 both
해석 고메즈 씨는 시간과 비용을 모두 고려한 끝에 그 계획을 거절했다.
해설 「A and B」의 구조로 두 개의 명사 time과 cost가 연결되어 있으므로 「A and B」의 구조와 어울려 'A와 B 둘 모두'라는 의미를 나타내는 both가 정답이다.
어휘 reject ~을 거절하다 consider ~을 고려하다 either (A or B) (A 또는 B) 둘 중의 하나

6.
정답 and
해석 저희는 항상 고객들께 단기적인 해결책과 장기적인 해결책 둘 모두를 제공합니다.
해설 both는 「both A and B」의 구조로 'A와 B 둘 모두'라는 의미를 나타내므로 and가 정답이다.
어휘 offer A B: A에게 B를 제공하다 short-term 단기적인 long-term 장기적인 solution 해결책

7.
정답 either
해석 고객들께서는 이메일 또는 전화 둘 중 하나로 쉽게 회원권을 취소하실 수 있습니다.
해설 「A or B」의 구조로 by 전치사구에 두 개의 명사 e-mail과 phone이 연결되어 있으므로 「A or B」의 구조와 어울려 'A 또는 B 둘 중의 하나'라는 의미를 나타내는 either가 정답이다.
어휘 easily 쉽게 cancel ~을 취소하다 both (A and B) (A와 B) 둘 모두

8.
정답 or
해석 직원들께서는 고정 근무 시간 또는 유연 근무 시간 둘 중 하나를 선택하실 수 있습니다.
해설 either는 「either A or B」의 구조로 'A 또는 B 둘 중의 하나'라는 의미를 나타내므로 or가 정답이다.
어휘 choose ~을 선택하다 fixed 고정된, 정해진 flexible 유연한, 탄력적인

9.
정답 nor
해석 말린 씨는 생활비와 주거비 둘 모두 감당할 수 없기 때문에 이사를 취소했습니다.
해설 neither는 「neither A nor B」의 구조로 'A와 B 둘 모두 ~아니다'라는 의미를 나타내므로 nor가 정답이다.
어휘 relocation 이사, 이전, 재배치 cost 비용 housing 주거지, 주택 affordable (가격 등이) 감당할 수 있는, 가격이 알맞은

10.
정답 but also
해석 강한 폭풍이 주거 지역뿐만 아니라 상업 지구에도 영향을 미쳤습니다.
해설 not only는 「not only A but also B」의 구조로 'A뿐만 아니라 B도'라는 의미를 나타내므로 but also가 정답이다.
어휘 affect ~에 영향을 미치다 residential 주거의, 거주의 commercial 상업의 district 지구, 구역

PRACTICE 2

1.
정답 states
해석 직원용 직무 안내서는 모든 휴가 요청은 책임자의 사전 승인을 필요로 한다고 명시하고 있습니다.
해설 that절을 목적어로 취해 '(문서 등에) ~라고 명시하고 있다, (사람이) ~라고 말하다'라는 의미를 나타내는 동사 states가 정답이다. enable은 「enable + 목적어 + to do」의 구조로 '~에게 …할 수 있게 해 주다'라는 의미를 나타낸다.
어휘 employee handbook 직원용 직무 안내서 vacation 휴가 request 요청 prior 사전의, 앞선 approval 승인 supervisor 책임자, 감독, 상사

2.
정답 ensure
해석 작업자들은 현장에서 제대로 보호받기 위해 반드시 안전 장비를 착용해야 합니다.
해설 that절을 목적어로 취해 '반드시 ~하도록 하다, ~임을 보장하다'라는 의미를 나타내는 동사 ensure가 정답이다. obtain은 that절을 목적어로 취하지 않는 동사이다.

어휘 safety gear 안전 장비 obtain ~을 얻다, ~을 획득하다
well protected 제대로 보호받은 on site 현장에서

3.
정답 signal

해석 화재가 건물 내에 발생했다는 경보가 울리면 즉시 대피하시기 바랍니다.

해설 that절을 목적어로 취해 '(신호로) ~임을 알리다, ~라는 신호를 보내다'라는 의미를 나타내는 동사 signal이 정답이다. rely는 목적어를 취하지 않는 자동사이며, 주로 전치사 on과 함께 '~에 의존하다'라는 의미로 쓰인다.

어휘 evacuate 대피하다 promptly 즉시, 즉각적으로 alarm 경보(음) rely (on) (~에) 의존하다 break out (사고, 전쟁 등이) 발생하다

4.
정답 recommend

해석 모든 에어컨이 여름 기간에 18도로 설정되도록 권해 드립니다.

해설 that절을 목적어로 취해 '~하도록 권하다, ~하도록 추천하다'라는 의미를 나타내는 동사 recommend가 정답이다. adjust는 that절을 목적어로 취하지 않는 동사이다.

어휘 adjust ~을 조정하다, ~을 조절하다 adjust to ~에 적응하다 set ~을 설정하다, ~을 맞추다 degree (온도, 각도 등의) 도

5.
정답 hopeful

해석 모든 사람이 레이븐 씨가 뛰어난 공헌으로 인해 승진되기를 바라고 있습니다.

해설 동사 hope는 사람 주어일 때 수동태로 사용되지 않는다. 따라서, be동사 is와 that절 사이에 필요한 단어로 형용사 hopeful이 정답이다.

어휘 hopeful 바라는, 희망하는 promote ~을 승진시키다, ~을 홍보하다, ~을 촉진하다 outstanding 뛰어난, 우수한 contribution 공헌, 기여

6.
정답 that

해석 높은 파도와 따뜻한 바닷물을 고려해 볼 때, 골드 비치가 많은 서퍼들이 가장 좋아하는 목적지라는 사실이 놀랍지 않습니다.

해설 '~하다는 사실이 놀랍지 않다'를 뜻하는 「It is not surprising + that절」을 구성해야 알맞으므로 that이 정답이다. 기본적으로, 가주어 It과 진주어 that절로 구성된 「It is + 형용사 + that절」 구조를 기억해 두는 것이 좋다.

어휘 favorite 가장 좋아하는 destination 목적지 given ~을 고려해 (볼 때) tide 물결, 조수

7.
정답 clear

해석 위생 규정은 주방 바닥이 반드시 건조하게 유지되어야 한다는 점을 매우 분명히 해 두고 있습니다.

해설 5형식 동사 make는 「make + 목적어 + 목적보어」의 구조로 쓰이므로 목적어 it 뒤에(여기서 it은 가목적어, 진목적어는 that절) 목적보어로 쓰일 수 있는 형용사 clear가 정답이다. 「make it clear + that절」은 '~하다는 점을 분명히 하다'를 의미한다.

어휘 sanitation 위생 regulation 규정, 규제 absolutely 전적으로, 완전히 be kept 형용사: ~하게 유지되다

8.
정답 essential

해석 고객 서비스 담당 직원들은 신속하고 공손하게 대응하는 것이 필수적입니다.

해설 '~하는 것이 필수적이다'를 의미하는 「It is essential + that절」을 구성해야 알맞으므로 형용사 essential이 정답이다. 기본적으로, 가주어 It과 진주어 that절로 구성된 「It is + 형용사 + that절」 구조를 기억해 두는 것이 좋다.

어휘 essence 본질, 정수, 진수 representative n. 직원, 대리인 respond 대응하다, 답변하다 quickly 신속히, 빠르게 courtesy 공손함, 정중함

9.
정답 positive

해석 모리스 씨는 이번 주 말까지 그 계약을 성사시킬 수 있다고 확신하고 있습니다.

해설 '~임을 확신하다'를 의미하는 「be positive + that절」을 구성해야 알맞으므로 형용사 positive가 정답이다.

어휘 positively 확신을 갖고, 긍정적으로 close a deal 계약을 성사시키다 by (기한) ~까지

10.
정답 assurance

해석 공급업체는 배송품이 제때 도착할 것이라고 저에게 보장해 주었습니다.

해설 that절과 어울려 '~라는 보장'이라는 의미를 나타내는 「assurance + that절」을 구성해야 알맞으므로 '보장, 장담, 확언'을 뜻하는 명사 assurance가 정답이다.

어휘 supplier 공급업체, 공급업자 assurer 보증인, 보험사 shipment 배송(품) arrive 도착하다 on time 제때

PRACTICE 3

1.
정답 once
해석 애덤스 씨는 은퇴하자마자 개인 사업을 시작했다.
해설 while과 once가 모두 접속사이므로 문장의 의미에 어울리는 것을 골라야 한다. 앞뒤에 위치한 두 절이 '은퇴 후 창업'이라는 순서로 연결되어야 자연스러우므로 '~하자마자, 일단 ~하는 대로'를 뜻하는 접속사 once가 정답이다. 접속사 while은 '~하는 동안, ~인 반면에'라는 의미로 쓰인다.
어휘 one's own 개인의, 자신만의 retire 은퇴하다, 퇴직하다

2.
정답 before
해석 모든 업무 공간은 내일 점검이 시작되기 전에 반드시 청소되어야 합니다.
해설 the inspection begins tomorrow가 주어와 동사(begins)를 포함하고 있는 절이므로 절을 이끄는 접속사 before가 정답이다. lately는 부사이므로 절을 이끌 수 없다.
어휘 workstation 업무 공간, 작업대 clean ~을 청소하다 lately 최근에 inspection 점검, 검사

3.
정답 even if
해석 설사 입찰을 따내기 위한 우리의 시도가 실패한다 하더라도, 모든 직원이 하루 휴가를 받을 것입니다.
해설 our attempt to win the bid fails가 주어와 동사(fails)를 포함하고 있는 절이므로 절을 이끄는 접속사 even if가 정답이다. furthermore는 부사이므로 절을 이끌 수 없다.
어휘 day off 휴가(일), 휴무(일) furthermore 더욱이, 게다가 even if 설사 ~한다 하더라도 attempt to do ~하기 위한 시도 win ~을 얻다, (상 등) ~을 타다 bid 입찰(액) fail 실패하다, 하지 못하다

4.
정답 even though
해석 실버 씨는 급여가 이전의 직책보다 더 낮았음에도 불구하고 그 일자리 제안을 수락했다.
해설 the pay was lower than his previous position이 주어와 동사(was)를 포함하고 있는 절이므로 절을 이끄는 접속사 even though가 정답이다. rather는 부사이므로 절을 이끌 수 없다.
어휘 accept ~을 수락하다, ~을 받아들이다 offer 제안, 제공(되는 것) rather 다소, 오히려, 좀 even though ~임에도 불구하고, ~이기는 하지만 pay n. 급여 previous 이전의, 과거의 position 직책, 일자리

5.
정답 while
해석 도로 수리 작업이 진행되는 동안 웰링턴 스트리트가 폐쇄될 것입니다.
해설 until과 while이 모두 접속사이므로 문장의 의미에 어울리는 것을 골라야 한다. 앞뒤에 위치한 두 절이 '도로 수리 작업이 진행되는 동안 웰링턴 스트리트가 폐쇄될 것이다'와 같은 의미로 연결되어야 자연스러우므로 '~하는 동안'을 뜻하는 접속사 while이 정답이다. 접속사 until은 '~할 때까지'라는 의미로 쓰인다.
어휘 repair 수리 underway 진행 중인

6.
정답 so that
해석 저희는 더 많은 참가자들이 신청서를 제출할 수 있도록 마감 기한을 연장하기로 결정했습니다.
해설 more participants can submit their applications가 주어와 동사(can submit)를 포함하고 있는 절이므로 절을 이끄는 접속사 so that이 정답이다. cautiously는 부사이므로 절을 이끌 수 없다.
어휘 decide to do ~하기로 결정하다 extend ~을 연장하다, ~을 확장하다 deadline 마감 기한 so that (목적) ~하도록, (결과) 그러므로, 그래서 cautiously 조심스럽게 participant 참가자 submit ~을 제출하다 application 신청(서), 지원(서)

7.
정답 as long as
해석 저희는 가격 요건이 충족되기만 하면 어떤 유지 보수 회사든 고용할 것입니다.
해설 the price requirement is met이 주어와 동사(is)를 포함하고 있는 절이므로 절을 이끄는 접속사 as long as가 정답이다. especially는 부사이므로 절을 이끌 수 없다.
어휘 hire ~을 고용하다 maintenance 유지 보수, 시설 관리 especially 특히 as long as ~하기만 하면, ~하는 한 requirement 요건, 자격 조건 meet (조건 등) ~을 충족하다

8.
정답 provided that
해석 이 건물에 있는 사무실을 방문하신다면, 정면 주차장을 이용하실 수 있습니다.
해설 you are visiting an office in this building이 주어와 동사(are visiting)를 포함하고 있는 절이므로 절을 이끄는 접속사 provided that이 정답이다. consequently는 부사이므로 절을 이끌 수 없다.

어휘 parking lot 주차장 consequently 결과적으로, 그 결과 provided that (만약) ~한다면

9.
정답 Once
해석 일단 제출되는 대로, 제안서가 경영진의 검토를 거칠 것입니다.
해설 Once와 Even though가 모두 접속사이므로 문장의 의미에 어울리는 것을 골라야 한다. 뒤에 이어지는 과거분사 submitted와 주절이 '제출되는 대로, 제안서가 이사회의 검토를 거칠 것이다'와 같은 의미로 연결되어야 자연스러우므로 '일단 ~하는 대로, ~하자마자'를 뜻하는 접속사 Once가 정답이다. 접속사 Even though는 '(비록) ~이기는 하지만'이라는 의미로 쓰인다. 참고로, Once submitted는 「접속사 + 과거분사」 구조의 분사구문이다.
어휘 submit ~을 제출하다 proposal 제안(서) undergo ~을 거치다, ~을 겪다 review 검토, 평가, 후기 board of executives 임원회, 경영진

10.
정답 when
해석 고객을 만나실 때 정장을 착용하시기 바랍니다.
해설 when과 why가 모두 접속사이므로 문장의 의미에 어울리는 것을 골라야 한다. 뒤에 이어지는 분사구 meeting clients와 주절이 '고객을 만나실 때 정장을 착용하시기 바랍니다'와 같은 의미로 연결되어야 자연스러우므로 '~할 때'를 뜻하는 접속사 when이 정답이다. 접속사 why는 '왜 ~인지, ~인 이유'라는 의미로 쓰인다. 참고로, when meeting clients는 「접속사 + 현재분사」 구조의 분사구문이다.
어휘 formal 정식의, 공식적인 attire 의복, 복장

실전 TEST

1. (C)	2. (A)	3. (B)	4. (D)	5. (D)
6. (D)	7. (A)	8. (C)	9. (B)	10. (B)
11. (B)	12. (B)	13. (A)	14. (C)	15. (C)
16. (B)	17. (A)	18. (C)	19. (B)	20. (A)

1.
정답 (C)
해석 그 공장 관리자는 생산성과 안전 둘 모두를 똑같이 중요하게 여긴다.
해설 빈칸 뒤에 두 개의 명사 productivity와 safety가 「A and B」의 구조로 연결되어 있어 and를 포함하는 상관접속사 「both A and B(A와 B 둘 모두)」를 구성해야 알맞으므로 (C) both가 정답이다.

오답 (A) of: 전치사이므로 타동사 considers와 명사 목적어 사이에 위치한 빈칸에 쓰일 수 없다.
(B) under: 전치사이므로 타동사 considers와 명사 목적어 사이에 위치한 빈칸에 쓰일 수 없다.
(D) to: 전치사이므로 타동사 considers와 명사 목적어 사이에 위치한 빈칸에 쓰일 수 없다.
어휘 consider A 형용사: A를 ~하게 여기다 productivity 생산성 equally 똑같이, 동일하게

2.
정답 (A)
해석 디아즈 부장은 해당 업무를 제때 완료할 수 있을지 의구심을 갖고 있는데, 여러 팀원들이 아파서 결근한 상태이기 때문이다.
해설 that절과 어울리는 형용사가 필요하므로 '~인지 의구심을 갖다'를 뜻하는 「be doubtful + that절」을 구성하는 (A) doubtful이 정답이다.
오답 (B) remote: 뒤에 that절이 위치할 수 있는 형용사가 아니므로 오답이다.
(C) objective: 뒤에 that절이 위치할 수 있는 형용사가 아니므로 오답이다.
(D) active: 뒤에 that절이 위치할 수 있는 형용사가 아니므로 오답이다.
어휘 task 업무, 일 on time 제때 several 여럿의, 몇몇의 out sick 아파서 결근한 doubtful 의구심을 갖고 있는, 의심스러운 remote 원격의, 멀리 떨어진, 외딴 objective 객관적인 active 적극적인, 능동적인

3.
정답 (B)
해석 새로운 연구에 따르면, 소셜 미디어를 과도하게 이용하는 것이 불안감 증가로 이어질 수 있는 것으로 나타난다.
해설 빈칸 뒤에 주어와 동사(may lead)를 포함한 절이 쓰여 있어 이 절이 주절의 동사 indicate의 목적어 역할을 해야 하는데, indicate은 that절을 목적어로 취하므로 (B) that이 정답이다. 「indicate + that절」은 '~하는 것으로 나타나다, ~임을 가리키다'를 의미한다.
오답 (A) but: 동사 indicate의 목적어 역할을 하는 절을 이끄는 접속사가 아니므로 오답이다.
(C) while: 동사 indicate의 목적어 역할을 하는 절을 이끄는 접속사가 아니므로 오답이다.
(D) so: 동사 indicate의 목적어 역할을 하는 절을 이끄는 접속사가 아니므로 오답이다.
어휘 excessively 과도하게 lead to ~로 이어지다 increased 증가된, 늘어난 anxiety 불안감 while ~하는 동안, ~인 반면에

4.
정답 (D)

해석 어떤 참석자든 교통 문제로 인해 늦게 도착하는 경우에 대비해 회의가 1시간 연기될 것입니다.

해설 빈칸 뒤에 주어와 동사(arrive)를 포함한 절이 쓰여 있어 이 절을 이끌 접속사가 필요하며, '교통체증으로 인해 늦게 도착하는 경우에 대비해 회의가 1시간 연기될 것이다'를 의미해야 자연스러우므로 '~하는 경우에 (대비해)'를 뜻하는 접속사 (D) in case가 정답이다.

오답 (A) so: 접속사이기는 하지만, 순서가 뒤바뀌므로 오답이다.
(B) as of: 절을 이끌 수 없는 전치사이므로 오답이다.
(C) during: 절을 이끌 수 없는 전치사이므로 오답이다.

어휘 delay ~을 지연시키다 by (차이) ~만큼, ~ 정도 attendee 참석자 arrive 도착하다 due to ~로 인해, ~ 때문에 traffic 교통(량), 차량들 as of 시점: ~부터, ~부로 during ~ 중에, ~ 동안

5.
정답 (D)

해석 화요일에, 생산 시설들이 점검되는 동안 가동을 중단할 것입니다.

해설 빈칸 뒤에 주어와 동사(are being inspected)를 포함한 절이 쓰여 있어 이 절을 이끌 접속사가 필요하며, '~이 점검되는 동안 가동을 중단할 것이다'를 의미해야 자연스러우므로 '~하는 동안'을 뜻하는 접속사 (D) while이 정답이다.

오답 (A) apart: 절을 이끌 수 없는 부사이므로 오답이다.
(B) until: 접속사이기는 하지만, 시점이 다르다.
(C) or: 접속사이기는 하지만, 의미가 맞지 않으므로 오답이다.

어휘 production 생산, 제작 facility 시설(물) operation 가동, 작동, 운영, 영업 inspect ~을 점검하다 apart (공간적으로) 떨어져, 헤어져, 별개로, 따로 until (지속) ~할 때까지

6.
정답 (D)

해석 직원들께서는 적절한 보상 없이 초과 근무하도록 요청 받거나 요구되지 않습니다.

해설 빈칸 뒤에 두 개의 과거분사 asked와 required가 「A nor B」의 구조로 연결되어 있어 nor를 포함하는 상관접속사 「neither A nor B(A와 B 둘 모두 ~ 아니다)」를 구성해야 알맞으므로 (D) neither가 정답이다.

오답 (A) often: 상관접속사를 구성하는 부사가 아니므로 오답이다.
(B) sometimes: 상관접속사를 구성하는 부사가 아니므로 오답이다.
(C) even: 상관접속사를 구성하는 부사가 아니므로 오답이다.

어휘 be asked to do ~하도록 요청 받다 be required to do ~하도록 요구되다, ~해야 하다 work overtime 초과 근무하다 without ~ 없이, ~하지 않고 proper 적절한, 제대로 된 compensation 보상

7.
정답 (A)

해석 상담 전문가는 우리가 더 젊은 소비자들을 목표로 마케팅 전략을 변경하라고 제안했다.

해설 빈칸 뒤에 주어와 동사(revise)를 포함한 절이 쓰여 있어 이 절이 주절의 동사 suggested의 목적어 역할을 해야 하는데, suggest는 that절을 목적어로 취하므로 (A) that이 정답이다. 「suggest + that절」은 '~하라고 제안하다, ~하라고 권하다'를 의미한다.

오답 (B) while: 부사절 접속사이므로 오답이다.
(C) either: 부사, 형용사, 또는 대명사로 쓰이므로 주어와 동사를 포함한 절을 이끌 수 없다.
(D) must: 조동사이므로 주어와 동사를 포함한 절을 이끌 수 없다.

어휘 revise ~을 변경하다, ~을 수정하다 strategy 전략 target v. ~을 목표로 하다 consumer 소비자 while ~하는 동안, ~인 반면에 either (A or B) (A 또는 B) 둘 중의 하나

8.
정답 (C)

해석 깜빡이는 붉은색 불빛은 기계가 과열되고 있다는 경고의 역할을 합니다.

해설 빈칸 뒤에 that절이 쓰여 있어 that절과 연결되는 명사로서 '~하다는 경고'라는 의미를 나타내는 (C) alert가 정답이다.

오답 (A) allowance: that절과 연결되는 명사가 아니므로 오답이다.
(B) example: that절과 연결되는 명사가 아니므로 오답이다.
(D) authentication: that절과 연결되는 명사가 아니므로 오답이다.

어휘 flashing 깜빡이는, 반짝이는 serve as ~의 역할을 하다 overheat 과열되다 allowance 용돈, 수당, 허용량 authentication 인증, 입증, 증명

9.
정답 (B)

해석 방문객들께서는 예약 순서를 기다리시는 동안 로비에 머물러 계시도록 요청 드립니다.

해설 빈칸 뒤에 현재분사 waiting이 이끄는 분사구가 쓰여 있으므로 「접속사 + 분사」의 분사구문을 구성할 수 있는 접속사가 필요하며, '~을 위해 대기하는 동안'을 의미해야 알맞으므로 '~하는 동안'을 뜻하는 접속사 (B) while이 정답이다.

오답 (A) since: 접속사이지만, 의미가 어울리지 않으므로 오답이다.

(C) yet: 분사구문을 이끌 수 없는 부사이므로 오답이다.
(D) as: 접속사이지만, 의미가 어울리지 않으므로 오답이다.

어휘 be asked to do ~하도록 요청 받다 wait for ~을 위해 대기하다 appointment 예약, 약속 since conj. ~하기 때문에, ~한 이후로 prep. ~ 이후로 ad. 그 이후로 while ~하는 동안, ~인 반면에 yet 아직, 벌써, 그런데도, (최상급과 함께) 지금까지 중에서 as conj. ~이므로, ~할 때, ~하면서 prep. (자격, 신분) ~로서, (유사) ~처럼

10.
정답 (B)
해석 포스터 씨는 해당 디자인에 대한 어떤 변경 사항이든 자신의 검토를 필요로 한다는 점을 분명히 해 두었다.
해설 5형식 동사 make는 「make + 목적어 + 목적보어」의 구조로 쓰이므로 목적어 it 뒤에(여기서 it은 가목적어, 진목적어는 that절) 목적보어로 쓰일 수 있는 형용사 (B) clear가 정답이다. 「make it clear + that절」은 '~하다는 점을 분명히 하다'를 의미한다.
오답 (A) clearing: 동사 clear의 분사는 치우는 행위를 나타내므로 생각이 분명함을 나타내는 형용사 자리에 맞지 않다.
(C) clearly: make와 목적어 뒤에서 목적보어의 역할을 할 수 없는 부사이므로 오답이다.
(D) cleared: 동사 clear의 분사는 치우는 행위를 나타내므로 생각이 분명함을 나타내는 형용사 자리에 맞지 않다.
어휘 require ~을 필요로 하다 review 검토, 평가, 후기 clear v. ~을 치우다, 맑아지다 a. 분명한, 명확한, 맑은, 깨끗한 clearly 분명히, 명확히

11.
정답 (B)
해석 현재의 시장 상황에 비추어 볼 때, 우리가 여전히 수익을 내고 있다는 사실이 놀랍다.
해설 빈칸 앞에 위치한 it is surprising과 어울려 '~하다는 사실이 놀랍다'를 의미하는 가주어/진주어 문장 「it is surprising + that절」을 구성해야 알맞으므로 (B) that이 정답이다.
오답 (A) so: 진주어 명사절을 이끌 수 없으므로 오답이다.
(C) there: 진주어 명사절을 이끌 수 없으므로 오답이다.
(D) more: 진주어 명사절을 이끌 수 없으므로 오답이다.
어휘 in light of ~에 비추어 (볼 때) current 현재의 situation 상황 make a profit 수익을 내다

12.
정답 (B)
해석 작가 닐 존슨 씨는 젊은 독자들에게 다가갈 수 있도록 전자 도서를 출판하기로 결정했다.
해설 빈칸 뒤에 주어와 동사(could reach)를 포함한 절이 쓰여 있어 이 절을 이끌 접속사가 필요하며, '젊은 독자들에게 다가갈 수 있도록'이라는 의미로 목적을 나타내야 자연스러우므로 '~하도록'을 뜻하는 접속사 (B) so that이 정답이다.
오답 (A) as if: 가정 접속사이므로 오답이다.
(C) considering: 접속사 또는 전치사로 쓰이며 접속사일 때 의미가 맞지 않으므로 오답이다.
(D) except when: when 뒤에 주어와 동사를 포함한 절이 쓰이기는 하지만, 의미가 맞지 않으므로 오답이다.
어휘 decide to do ~하기로 결정하다 publish ~을 출판하다, ~을 싣다 reach ~에게 다가가다, ~에 이르다 as if 마치 ~하는 것처럼 so that (목적) ~하도록, (결과) 그러므로, 그래서 considering ~을 고려해, ~을 감안해 except when ~하는 경우를 제외하고

13.
정답 (A)
해석 그 서비스 기사는 우리에게 서비스 요금이 전혀 없을 것이라고 보장해 주었다.
해설 빈칸 뒤에 위치한 that절과 연결되어 '~라는 보장'이라는 의미를 나타내는 「assurance + that절」을 구성해야 알맞으므로 명사 (A) assurance가 정답이다.
오답 (B) assuredly: 부사이므로 오답이다.
(C) assuring: 동명사 또는 현재분사이므로 오답이다.
(D) assures: 동사이므로 오답이다.
어휘 offer A B: A에게 B를 제공하다 no ~ at all 전혀 ~ 않다 charge (청구) 요금 assurance 보장, 장담, 확언 assuredly 분명히, 확실히 assure (A that) (A에게 ~라고) 보장하다, 장담하다

14.
정답 (C)
해석 레이놀즈 스튜디오는 비용이 너무 높아졌기 때문에 외주 편집자들을 중단했다.
해설 빈칸 뒤에 주어와 동사(became)를 포함한 절이 쓰여 있어 이 절을 이끌 접속사가 필요하므로 선택지에서 유일하게 접속사인 (C) because가 정답이다.
오답 (A) accordingly: 부사이므로 빈칸에 쓰일 수 없다.
(B) rather than: 전치사이므로 빈칸에 쓰일 수 없다.
(D) as with: 전치사이므로 빈칸에 쓰일 수 없다.
어휘 cease ~을 중단하다, ~을 중지하다 outsource ~을 외부 위탁하다 editor 편집자 cost 비용 accordingly 그에 따라, 그에 맞춰 rather than ~가 아니라, ~하는 대신 as with ~의 경우와 마찬가지로

15.
정답 (C)

해석 귀하의 예약을 변경하기를 바라시면, 최소 하루 전에 미리 저희 프런트 데스크로 전화 주십시오.
해설 빈칸과 콤마 사이에 주어와 동사(wish)를 포함한 절이 쓰여 있어 이 절을 이끌 접속사가 필요하므로 선택지에서 유일하게 접속사인 (C) If가 정답이다.
오답 (A) Moreover: 부사이므로 빈칸에 쓰일 수 없다.
(B) Besides: 부사 또는 전치사이므로 빈칸에 쓰일 수 없다.
(D) Rather: 부사이므로 빈칸에 쓰일 수 없다.
어휘 wish to do ~하기를 바라다 reservation 예약 at least 최소한, 적어도 in advance 미리, 사전에 moreover 더욱이, 게다가 besides ad. 게다가, 그 외에(도) prep. ~ 외에(도) rather 다소, 오히려, 좀

16.
정답 (B)
해석 한 소비자 단체가 대부분의 소비자들이 온라인 후기를 신뢰하지 않는다고 보도했다.
해설 빈칸 뒤에 주어와 동사(do not trust)를 포함한 절이 쓰여 있어 이 절이 주절의 동사 reported의 목적어 역할을 해야 하는데, report는 that절을 목적어로 취하므로 (B) that이 정답이다. 「report + that절」은 '~라고 알리다, ~라고 보도하다'를 의미한다.
오답 (A) as: 명사절 접속사가 아니므로 오답이다.
(C) with: 전치사이므로 빈칸에 쓰일 수 없다.
(D) though: 명사절 접속사가 아니므로 오답이다.
어휘 consumer 소비자 organization 조직(체), 단체, 준비, 구성 trust ~을 신뢰하다, ~을 믿다 review 후기, 평가, 검토 as conj. ~이므로, ~할 때, ~하면서 prep. (자격, 신분) ~로서, (유사) ~처럼 though (비록) ~이기는 하지만

17.
정답 (A)
해석 테스트 팀은 시제품이 공개될 때까지 일주일을 기다려야 했다.
해설 빈칸 뒤에 주어와 동사(was released)를 포함한 절이 쓰여 있어 이 절을 이끌 접속사가 필요하므로 선택지에서 유일하게 접속사인 (A) until이 정답이다.
오답 (B) further: 부사 또는 형용사이므로 접속사 자리인 빈칸에 쓰일 수 없다.
(C) meanwhile: 부사이므로 접속사 자리인 빈칸에 쓰일 수 없다.
(D) then: 부사이므로 접속사 자리인 빈칸에 쓰일 수 없다.
어휘 prototype 시제품, 원형 release ~을 공개하다, ~을 출시하다 until (지속) ~할 때까지 further ad. 더 깊이 있게, 한층 더 a. 더 깊이 있는, 한층 더한 meanwhile 그 사이에, 한편 then 그럼, 그때, 그런 다음, 그래서

18.
정답 (C)
해석 재무 이사로서, 귀하께서는 연간 예산을 계획하고 안정성을 위해 지출을 감독하시게 될 것입니다.
해설 빈칸 앞뒤에 동사 plan과 oversee가 각각 이끄는 동사구가 나란히 위치해 있으므로 동일한 요소를 연결할 때 사용하는 등위접속사 (C) and가 정답이다.
오답 (A) because: 동일한 요소를 연결하는 등위접속사가 아니므로 오답이다.
(B) in addition: 부사구이므로 오답이다.
(D) only: 부사이므로 등위접속사가 필요한 빈칸에 쓰일 수 없다.
어휘 financial 재무의, 재정의 director 이사, 부장, 감독, 관장 yearly 연간의, 해마다의 budget 예산 oversee ~을 감독하다 spending 소비, 지출 stability 안정(성) in addition 추가로

19.
정답 (B)
해석 개정된 정책은 30일 동안 찾아가지 않는 물품들은 자선 활동에 쓰일 것이라고 명시하고 있습니다.
해설 빈칸 뒤에 주어와 동사(will go)를 포함한 절이 쓰여 있어 이 절이 주절의 동사 states의 목적어 역할을 해야 하는데, state는 that절을 목적어로 취하므로 (B) that이 정답이다. 「state + that절」은 '(문서 등에) ~라고 명시하다, (사람이) ~라고 말하다'를 의미한다.
오답 (A) so: 명사절 접속사가 아니므로 오답이다.
(C) since: 명사절 접속사가 아니므로 오답이다.
(D) for: 전치사이므로 접속사가 필요한 빈칸에 쓰일 수 없다.
어휘 revise ~을 개정하다, ~을 변경하다 policy 정책, 방침 item 물품, 품목, 항목 unclaimed (분실물 등을) 찾아가지 않은, 주인이 나타나지 않은 charity 자선 (활동), 자선 단체 since conj. ~하기 때문에, ~한 이후로 prep. ~ 이후로 ad. 그 이후로

20.
정답 (A)
해석 K-모바일은 잃어버렸던 시장 점유율을 곧 회복할 것이라고 확신하고 있다.
해설 빈칸 뒤에 주어와 동사(will regain)를 포함한 절이 쓰여 있어 이 절이 형용사 confident와 연결되어야 하는데, confident는 that절과 어울려 쓰이므로 (A) that이 정답이다. 「be confident + that절」은 '~임을 확신하다'를 의미한다.
오답 (B) also: 부사이므로 접속사 자리인 빈칸에 쓰일 수 없다.
(C) about: 전치사이므로 쓰일 수 없다.
(D) of: 전치사이므로 접속사 자리인 빈칸에 쓰일 수 없다.

어휘 regain ~을 회복하다, ~을 되찾다 lost 잃어버린, 분실한 market share 시장 점유율

DAY 10 관계사

PRACTICE 1

1.
정답 who
해석 자비스 씨는 선거에서 승리할 가능성이 매우 높은 후보자입니다.
해설 「주어 + 동사(is) + 명사구 보어」 구조의 주절 뒤로 주어 없이 동사 is부터 시작하는 불완전한 절이 쓰여 있다. 불완전한 절을 이끌 수 있는 관계대명사가 쓰여야 하므로 who가 정답이다.
어휘 candidate 후보자, 지원자 be likely to do ~할 가능성이 있다 election 선거

2.
정답 when
해석 금요일이 제가 귀하의 사무실을 방문할 수 있는 가장 이른 날입니다.
해설 주어와 동사(can visit)를 포함한 절을 이끌 수 있는 관계부사 when이 정답이다. for은 전치사이므로 주어와 동사를 포함한 절을 이끌 수 없다.
어휘 earliest 가장 이른 (early의 최상급)

3.
정답 includes
해석 이것은 교통편과 숙박 시설, 그리고 보험을 포함하는 종합 패키지입니다.
해설 관계대명사 that 앞에 위치한 명사구(선행사) a full package가 단수명사구이므로 수 일치되는 현재시제 동사의 형태인 includes가 정답이다. 주격관계대명사가 이끄는 절의 동사는 선행사의 영향을 받는다는 점을 기억해 두는 것이 좋다.
어휘 include ~을 포함하다 transportation 교통(편) accommodation 숙박 시설, 숙소 insurance 보험

4.
정답 who
해석 도서 박람회를 방문하기를 바라는 팀원들은 반드시 화요일까지 그린 씨에게 연락해야 합니다.
해설 명사구 주어 The team members 뒤로 동사 wish와 must contact가 각각 이끄는 두 개의 동사구가 이어져 있다. 따라서, 앞의 동사구를 명사를 수식하는 절로 만들 수 있는 관계대명사 who가 정답이다.
어휘 fair 박람회, 축제 마당

5.
정답 where
해석 마이애미 지점은 대부분의 우리 직원들이 근무하기를 바라는 곳입니다.
해설 most of our employees wish to work가 「주어 + 동사(wish) + 목적어(to work)」로 구성되어 빠진 요소 없이 완전한 절이므로 완전한 절을 이끄는 관계부사 where가 정답이다. 관계대명사인 that은 주어나 목적어 등이 빠진 불완전한 절을 이끈다.
어휘 branch 지점, 지사

6.
정답 most of which
해석 올해, 우리는 놀랄 만한 매출을 기록했으며, 그 중 대부분은 서울 사무소에서 비롯되었습니다.
해설 주어 없이 동사 came으로 시작하는 불완전한 절을 이끌 수 있는 관계대명사 which를 포함한 most of which가 정답이다. most of which는 관계대명사 which가 수식하는 선행사(sales)의 대부분을 의미한다.
어휘 remarkable 놀랄 만한, 주목할 만한 sales 매출, 판매(량), 영업 because of ~ 때문에

7.
정답 that
해석 여러분은 고객 회의 중에 제기될 수 있는 어떤 질문이든 대비해야 합니다.
해설 주어 없이 조동사 may로 시작하는 불완전한 절을 이끌 수 있는 관계대명사 that이 정답이다. 선행사 뒤에 관계대명사가 생략되고 주어(you)부터 시작하는 구조의 경우, you가 동사 may be raised의 주어로 맞지 않으므로(사람이 제기되는 것이 아님) you는 오답이다.
어휘 prepare for ~에 대비하다, ~을 준비하다 raise (질문, 문제 등) ~을 제기하다

8.
정답 which
해석 전부 마르코 씨가 가르치는, 새로운 AI 수업들이 하루 만에 매진되었습니다.
해설 주어와 동사 sold 사이에 콤마와 함께 주어 없이 동사 are taught이 이끄는 동사구가 삽입되어 있다. 따라서, 관계대명사가 주어를 뒤에서 수식해야 알맞으므로 which가 정답이다.

all of which는 관계대명사 which가 수식하는 선행사(new AI classes)의 전부를 의미한다.

어휘 sell out 매진되다, 품절되다 in a day 하루 만에

9.
정답 when

해석 6월 15일은 RP-3 모델이 일반인들을 대상으로 발매되는 날짜입니다.

해설 the date 같은 시점 표현을 뒤에서 수식할 때 사용하는 관계부사 when이 정답이다. what은 명사(선행사)를 수식하는 역할을 하지 않는다.

어휘 release ~을 발매하다, ~을 출시하다 the public 일반인들, 대중

10.
정답 which

해석 우리는 제품 시연회를 열 것이며, 그 행사 중에 참가자들이 직접 기기를 사용해 볼 수 있습니다.

해설 during 같은 전치사 뒤에 목적어로 쓰일 수 있는 관계대명사 which가 정답이다. 주격관계대명사 who는 전치사와 결합하는 구조로 쓰일 수 없다.

어휘 demonstration 시연(회), 시범 participant 참가자 device 기기, 장치 oneself (부사처럼 쓰여) 직접, 스스로

PRACTICE 2

1.
정답 that

해석 저희를 선택하도록 귀하의 결정에 영향을 미친 사람 또는 공동체의 이름을 밝혀 주시기 바랍니다.

해설 명사구 뒤로 주어 없이 동사 has influenced부터 시작하는 불완전한 절이 쓰여 있다. 따라서, 불완전한 절을 이끌 수 있는 관계대명사가 쓰여야 하므로 that이 정답이다.

어휘 name v. ~의 이름을 밝히다 community 공동체, 커뮤니티 influence ~에 영향을 미치다 decision 결정 choose ~을 선택하다

2.
정답 who

해석 오직 포트폴리오를 제출한 사람만 승진 자격이 있을 것입니다.

해설 대명사 those를 수식해 '~하는 사람들'을 뜻하는 「those who」를 구성하는 관계대명사 who가 정답이다.

어휘 submit ~을 제출하다 portfolio 포트폴리오 (구직 등을 위해 제출하는 일종의 자료 모음집) be eligible for ~에 대한 자격이 있다 promotion 승진, 촉진, 홍보, 판촉 (행사)

3.
정답 which

해석 앤더슨 씨가 컨벤션에서 연설할 예정인데, 이 컨벤션은 앤더슨 씨 본인이 직접 준비한 것입니다.

해설 주절이 끝나는 convention 뒤에 콤마와 함께 위치하는 관계대명사절을 이끌 수 있는 which가 정답이다. 관계대명사 that은 콤마 뒤에 위치하는 절을 이끌지 못한다.

어휘 deliver a speech 연설하다 organize ~을 마련하다, ~을 조직하다 oneself (부사처럼 쓰여) 직접, 스스로

4.
정답 whose

해석 그 리더십 워크숍에서 가장 인기 있었던 강사는 지미 홈즈 씨였으며, 그분의 책은 전국적인 베스트셀러입니다.

해설 선행사 Jimmy Holms 씨가 쓴 책을 가리키는 명사 book을 앞에서 수식할 수 있는 소유격관계대명사 whose가 정답이다. 주격관계대명사 who 바로 뒤에는 동사가 쓰여야 한다.

어휘 popular 인기 있는 lecturer 강사

5.
정답 which

해석 그 회사는 다섯 곳의 신규 지점을 개장했으며, 그 중 두 곳은 서울에 있습니다.

해설 전치사 of 뒤에서 목적어 역할을 할 수 있는 관계대명사 which가 정답이다. two of which는 관계대명사 which가 수식하는 선행사(five new branches)에 속하는 둘을 의미한다.

어휘 branch 지점, 지사

6.
정답 whose

해석 직원들이 가장 높은 매출을 기록한 부서에 5일의 유급 휴가가 주어질 것입니다.

해설 선행사 The department에 속한 직원들을 가리키는 명사구 staff members를 앞에서 수식할 수 있는 소유격관계대명사 whose가 정답이다. 주격 또는 목적격관계대명사로 쓰이는 that은 명사(구)를 수식할 수 없다.

어휘 department 부서, ~부 sales 매출, 판매(량), 영업 paid leave 유급 휴가

7.
정답 which

해석 우리가 여러 제안을 받았는데, 그 모두가 우리의 기대를 뛰어넘었습니다.

해설 전치사 of 뒤에 위치하는 관계대명사가 수식하는 선행사가 사

물명사구 several proposals이므로 사물명사를 수식하는 관계대명사 which가 정답이다. whom은 사람명사를 수식한다.

어휘 several 여럿의, 몇몇의 proposal 제안(서) exceed ~을 뛰어넘다, ~을 초과하다 expectation 기대(치), 예상

8.
정답 which

해석 회사를 구조 조정하는 것이 목표인 특별 위원회가 이번 주에 회의를 개최하기 시작할 것입니다.

해설 전치사 of 뒤에서 목적어 역할을 할 수 있는 관계대명사 which가 정답이다. 소유격관계대명사 whose는 전치사의 목적어 역할을 하지 못한다.

어휘 committee 위원회 restructure ~을 구조 조정하다, ~을 개편하다 start -ing ~하기 시작하다 hold ~을 개최하다

9.
정답 what

해석 설문 조사 결과는 마케팅 이사가 예상했던 것을 보여 주었습니다.

해설 동사 show는 that이 이끄는 완전한 명사절과 what이 이끄는 불완전한 명사절을 모두 목적어로 취할 수 있다. 타동사 had anticipated의 목적어가 빠진 불완전한 절이므로 what이 정답이다. that이 동사의 목적어 역할을 하는 명사절을 이끌 때 완전한 절이 that 뒤에 쓰인다.

어휘 result 결과(물) survey 설문 조사(지) direcctor 이사, 부장, 감독, 책임자 anticipate ~을 예상하다

10.
정답 anything

해석 많은 관람객들이 영화와 관련해 무엇이든 느꼈던 점에 관한 의견을 제공하도록 요청 받았습니다.

해설 빈칸 뒤의 they had felt about the movie에서 목적어가 누락되었으므로 관계대명사절이다. 그러므로 목적어를 가리키는 선행사인 부정대명사 anything이 정답이다. 참고로, 선행사(anything) 뒤에 목적격 관계대명사 that이 생략된 구조이다.

어휘 viewer 관람객, 시청자, 보는 사람 be asked to do ~하도록 요청 받다 comment 의견, 말

PRACTICE 3

1.
정답 when

해석 야간 교대 근무 일정을 살펴 보신 다음, 근무하기를 선호하시는 시간을 저희에게 알려 주십시오.

해설 which와 when 모두 시간명사 time을 수식할 수 있지만, 관계대명사 which는 불완전한 절을, 관계부사 when은 완전한 절을 이끈다. you prefer to work이 「주어 + 동사(prefer) + 목적어(to work)」로 구성되어 빠진 요소 없이 완전한 절이므로 관계부사 when이 정답이다.

어휘 review ~을 살펴 보다, ~을 검토하다 shift 교대 근무(조) let A know B: A에게 B를 알리다 prefer to do ~하기를 선호하다

2.
정답 where

해석 우리는 우리의 최신 제품들이 전시될 전시 행사를 준비하고 있습니다.

해설 that과 where 모두 사물명사 exhibition을 수식할 수 있지만, 관계대명사 that은 불완전한 절을, 관계부사 where는 완전한 절을 이끈다. our latest products will be on display가 「주어 + 동사(will be) + 보어(on display)」로 구성되어 빠진 요소 없이 완전한 절이므로 관계부사 where가 정답이다.

어휘 prepare for ~을 준비하다 exhibition 전시 (행사) latest 최신의 on display 전시된, 진열된

3.
정답 why

해석 일기 예보에서 폭우를 예측했는데, 그것이 바로 그 행사가 연기된 이유입니다.

해설 be동사 is 뒤에서 보어의 역할을 할 명사절을 이끌 접속사를 골라야 하며, 관계대명사 which가 가리키는 주절 전체의 내용(폭우를 예측한 사실)이 행사가 연기된 이유에 해당하므로 이유를 나타내는 관계부사 why가 정답이다.

어휘 weather forecast 일기 예보 predict ~을 예측하다 postpone ~을 연기하다, ~을 미루다

4.
정답 Whoever

해석 누구든 주어진 시간 내에 가장 많은 파란색 칩을 모으는 사람이 게임에서 승리합니다.

해설 동사 collects가 이끄는 동사구 뒤로 또 다른 동사 wins가 이끄는 동사구가 쓰여 있다. 따라서, 두 번째 동사 wins 앞 부분이 문장 전체의 주어 역할을 하는 명사절이 되어야 하므로 '누구든 ~하는 사람'이라는 의미로 명사절을 이끄는 복합관계대명사 Whoever가 정답이다. who는 명사(선행사)를 필요로 하는 관계대명사이다.

어휘 whoever 누구든 ~하는 사람, ~하는 사람은 누구든 collect ~을 모으다, ~을 수집하다 within (시간, 거리, 범위 등) ~ 이내에

5.

정답 whatever

해석 여러분의 프로젝트를 성공적으로 완료하는 데 필요한 것은 무엇이든 제공할 것입니다.

해설 주어 없이 동사 is needed로 시작하는 불완전한 절이 쓰여 있으므로 불완전한 절을 이끌어 동사 provide의 목적어인 명사절을 구성하는 복합관계대명사 whatever가 정답이다.

어휘 provide ~을 제공하다 whatever 무엇이든 ~하는 것, ~하는 것은 무엇이든 complete ~을 완료하다 successfully 성공적으로

6.

정답 whichever

해석 어느 것을 선택하시든 그 성능에 만족하실 거라고 장담합니다.

해설 that절의 주어가 절(you select)로 구성되고 select의 목적어가 없으므로, 빈칸은 명사절을 이끌어 that절의 주어 역할을 하면서 select의 목적어를 대신할 관계대명사가 와야 한다. 따라서 복합관계대명사인 whichever가 정답이다.

어휘 assure A that: A에게 ~라고 보장하다[장담하다] whichever 어느 쪽이든 ~하는 것, ~하는 것은 어느 쪽이든 select ~을 선택하다 performance 성능, 수행 (능력), 성과, 실적, 공연

7.

정답 whichever

해석 손상된 제품에 대해 환불 또는 교환품을 받으실 수 있으며, 어느 쪽이든 더 편리한 것으로 하시면 됩니다.

해설 주절에 제시된 두 가지 선택 사항(환불 또는 교환)을 대상으로 '어느 쪽이든 더 편리한 것'을 의미해야 하므로 '어느 쪽이든 ~하는 것, ~하는 것은 어느 쪽이든'을 뜻하는 복합관계대명사 whichever가 정답이다.

어휘 refund 환불 exchange 교환(품) damaged 손상된 item 제품, 물품, 품목 whichever 어느 쪽이든 ~하는 것, ~하는 것은 어느 쪽이든 whoever 누구든 ~하는 사람, ~하는 사람은 누구든 convenient 편리한

8.

정답 Whoever

해석 누가 아침에 가장 먼저 사무실에 도착하든, 신선한 공기가 들어오도록 창문을 열어 주시기 바랍니다.

해설 please로 시작하는 명령문 구조의 주절 앞에서 '누가 아침에 가장 먼저 사무실에 도착하든'이라는 양보의 의미를 나타내는 부사절을 구성해야 알맞으므로 '누구든 ~하는 사람, ~하는 사람은 누구든'이라는 의미로 부사절을 이끌 수 있는 복합관계대명사 Whoever가 정답이다. who는 명사(선행사)를 뒤에서 수식하는 관계대명사이다.

어휘 whoever 누구든 ~하는 사람, ~하는 사람은 누구든 let in A: A를 들어오게 하다

9.

정답 whenever

해석 언제든 복사기가 오류 메시지를 표시할 때는 화면상의 안내를 따라 주시기 바랍니다.

해설 whenever와 until 모두 부사절을 이끌 수 있는 접속사이므로 의미가 알맞은 것을 찾아야 한다. 뒤에 위치한 절이 '언제든 복사기가 오류 메시지를 표시할 때는'이라는 의미로 화면상의 안내를 따라야 하는 상황을 나타내야 알맞으므로 '언제든 ~할 때는, ~할 때는 언제든'을 뜻하는 복합관계부사 whenever가 정답이다.

어휘 follow ~을 따르다 on-screen 화면상의 instructions 안내, 지시 whenever 언제든 ~할 때는, ~할 때는 언제든 until ~할 때까지 display ~을 표시하다, ~을 진열하다

10.

정답 wherever

해석 모든 방문자들께서는 시설 내에서 어디로 가시든 반드시 방문증을 착용하셔야 합니다.

해설 주어와 동사를 포함한 절 they go in the facility를 이끌 수 있는 복합관계부사 wherever가 정답이다. rather than은 전치사이므로 절을 이끌지 못한다.

어휘 visitor badge 방문증 wherever 어디서 ~하든, ~하는 곳은 어디든 rather than ~하지 않고, ~하는 대신 facility 시설(물)

실전 TEST

1. (B)	2. (C)	3. (A)	4. (B)	5. (C)
6. (C)	7. (A)	8. (D)	9. (B)	10. (B)
11. (A)	12. (B)	13. (A)	14. (A)	15. (D)
16. (B)	17. (D)	18. (B)	19. (C)	20. (A)

1.

정답 (B)

해석 인터뷰 중에 스튜어트 씨는 자신의 경력에 가장 많이 영향을 미친 사람들을 언급했다.

해설 빈칸 뒤에 주어 없이 동사 have influenced로 시작되는 불완전한 절이 있으며, 이 절이 명사구(선행사) the people을 수식해 어떤 사람들인지 설명해야 알맞다. 따라서, 사람명사를 수식하면서 동사 앞에 사용하는 주격관계대명사 (B) who가 정답이다.

오답 (A) whose: 소유격관계대명사 뒤에는 명사가 와야 한다.
(C) whomever: 복합관계대명사이므로 명사구(선행사)를 수식할 수 없다.
(D) whom: 목적격관계대명사 뒤에는 주어가 와야 한다.

어휘 mention ~을 언급하다 influence ~에 영향을 미치다 career 경력, 직장 생활, 진로 the most 가장 많이, 가장 크게 whomever 누구를 ~하든

2.
정답 (C)

해석 지역 사회에 중대한 기여를 한 케일 씨는 상을 수상하였습니다.

해설 주어 Mr. Kayle과 동사 has been honored 사이에 콤마와 함께 주어와 동사(is)를 포함한 절이 삽입되어 있으므로 절을 이끄는 역할을 할 수 있는 관계대명사 (C) whose가 정답이다.

오답 (A) those: 절을 이끄는 역할을 할 수 없는 대명사이다.
(B) itself: 절을 이끄는 역할을 할 수 없는 대명사이다.
(D) each other: 절을 이끄는 역할을 할 수 없는 대명사이며, 동사나 전치사의 목적어로만 쓰인다.

어휘 contribution 기여, 공헌 vital 필수적인 community 지역 사회, 지역 공동체 be honored with (상 등) ~이 수여되다, ~으로 영예를 얻다 each other 서로

3.
정답 (A)

해석 어느 수업을 선택하시든 두 달 동안의 무료 체험 서비스와 10시간의 추가 시간을 제공해 드릴 것입니다.

해설 빈칸 뒤에 위치한 주어와 동사(select) 바로 뒤에 또 다른 동사 will offer가 이어져 있으므로 will 앞 부분이 문장 전체의 주어 역할을 하는 명사절을 구성해야 한다는 것을 알 수 있다. 따라서, 명사절을 이끄는 복합관계형용사 (A) Whichever가 정답이다.

오답 (B) Another: 절을 이끌 수 없는 대명사 또는 형용사이다.
(C) Neither: 절을 이끌 수 없는 대명사 또는 형용사이다.
(D) More: 절을 이끌 수 없는 대명사 또는 형용사이다.

어휘 select ~을 선택하다 trial 체험, 시험 additional 추가의 session (특정 활동을 위한) 시간 whichever 어느 쪽이든 ~하는 것, ~하는 것은 어느 쪽이든 neither (A nor B) (A도 B도) 둘 다 ~ 아니다

4.
정답 (B)

해석 화재 경보를 들으실 때는 언제든 신속하게 건물에서 대피하시기 바랍니다.

해설 빈칸 뒤에 주어와 동사(hear)를 포함한 절이 쓰여 있으므로 절을 이끌 수 있는 복합관계대명사 (B) whenever가 정답이다.

오답 (A) otherwise: 절을 이끌 수 없는 부사이므로 오답이다.
(C) besides: 절을 이끌 수 없는 부사 또는 전치사이므로 오답이다.
(D) nevertheless: 절을 이끌 수 없는 부사이므로 오답이다.

어휘 evacuate ~에서 대피하다 in a timely manner 제때, 적절한 시기에 fire alarm 화재 경보(기) otherwise 그렇지 않으면, 그 외에는, 달리 whenever 언제든 ~할 때는, ~할 때는 언제든 besides ad. 게다가, 그뿐만 아니라 prep. ~ 외에(도) nevertheless 그럼에도 불구하고

5.
정답 (C)

해석 저희는 고객들께서 구입하시는 어떤 것이든 관련된 후기를 작성하시면 상품권을 제공해 드릴 것입니다.

해설 빈칸 뒤에 주어와 동사(buy)로 구성된 절이 쓰여 있어 이 절의 수식을 받으면서(관계대명사는 they 앞에 생략) 전치사 about의 목적어 역할을 할 수 있는 대명사 (C) anything이 정답이다.

오답 (A) most: 관계대명사절의 수식을 받을 수 없는 대명사이다.
(B) both: 관계대명사절의 수식을 받을 수 없는 대명사이다.
(D) other: 관계대명사절의 수식을 받을 수 없는 형용사이다.

어휘 gift voucher 상품권, 쿠폰 review 후기, 평가, 검토 both (A and B) (A와 B) 둘 모두

6.
정답 (C)

해석 매달 첫째 주는 그 이전 달에 발생한 지출 비용이 보고되는 때이다.

해설 빈칸 뒤에 주어와 수동태 동사(are reported)로 구성된 완전한 절이 쓰여 있어 완전한 절을 이끄는 관계부사를 골라야 한다. 또한, 이 절이 시점 명사구인 주어 The first week of every month를 수식하는 역할을 해야 알맞으므로 시점 명사(구)를 수식하는 관계부사 (C) when이 정답이다.

오답 (A) how: 방법을 나타내는 관계부사이므로 오답이다.
(B) for: 전치사이므로 절을 이끌 수 없다.
(D) what: 명사(구)를 수식하지 않으므로 오답이다.

어휘 expense 지출 (비용), 경비 previous 이전의, 과거의

7.
정답 (A)

해석 저희는 기술 지원 및 소프트웨어 업데이트를 포함하는 1년 기간의 품질 보증 서비스를 제공합니다.

해설 빈칸 뒤에 주어 없이 동사 includes로 시작되는 불완전한 절이 있으며, 이 절이 명사구(선행사) a one-year warranty를 수식해 어떤 품질 보증 서비스인지 설명해야 알맞다. 따라서,

사물명사를 수식하면서 동사 앞에 사용하는 주격관계대명사 (A) that이 정답이다.

오답 (B) who: 사람명사를 수식하는 주격관계대명사이므로 오답이다.
(C) what: 명사(구)를 수식하지 않으므로 오답이다.
(D) it: 절을 이끄는 역할을 할 수 없는 대명사이므로 오답이다.

어휘 warranty 품질 보증(서) include ~을 포함하다 support 지원, 후원, 지지

8.

정답 (D)

해석 직원들께서는 회사 부지 내에서 어디로 가시든 사원증을 착용하셔야 합니다.

해설 빈칸 뒤에 주어와 동사(go)를 포함한 절이 쓰여 있으므로 절을 이끌 수 있는 복합관계대명사 (D) wherever가 정답이다.

오답 (A) always: 절을 이끌 수 없는 부사이므로 오답이다.
(B) instead of: 절을 이끌 수 없는 전치사이므로 오답이다.
(C) as well as: 절을 이끌 수 없는 상관접속사이므로 오답이다.

어휘 badge 사원증, 출입증 premises 부지, 구내 instead of ~ 대신 as well as ~뿐만 아니라 …도 wherever 어디서 ~하든, ~하는 곳은 어디든

9.

정답 (B)

해석 무어 씨가 한 가지 캠페인을 제안하셨으며, 그 목적은 브랜드 인지도를 향상시키는 것입니다.

해설 전치사 of 뒤에서 목적어 역할을 함과 동시에 동사 is부터 시작하는 불완전한 절을 이끌 수 있는 관계대명사 (B) which가 정답이다.

오답 (A) one: 절을 이끌 수 없는 대명사이므로 오답이다.
(C) whose: 전치사 of 뒤에서 목적어 역할을 할 수 없는 소유격관계대명사이므로 오답이다.
(D) another: 절을 이끌 수 없는 대명사이므로 오답이다.

어휘 aim 목적, 목표 improve ~을 향상시키다, ~을 개선하다 recognition 인지(도), 인식

10.

정답 (B)

해석 이스턴 항공사는 누구든 가장 혁신적인 아이디어를 제공하는 사람이 대표 이사가 될 것이라고 발표했다.

해설 빈칸이 속한 that절이 「빈칸 + offers 동사구 + will become 동사구」의 구조이다. 따라서, '------- offers the most innovative idea'가 that절의 주어 역할을 하는 명사절을 구성해야 하며, 아이디어를 제공하는 것은 사람이므로 '누구든 ~하는 사람'이라는 의미로 명사절을 이끄는 복합관계대명사 (B) whoever가 정답이다.

오답 (A) what: 바로 뒤에 동사가 이어지는 구조의 명사절을 이끌 수는 있지만, 사람을 나타내지 않으므로 오답이다.
(C) whose: 바로 뒤에 명사가 필요하므로 오답이다.
(D) whichever: 바로 뒤에 동사가 이어지는 구조의 명사절을 이끌 수는 있지만, 사람을 나타내지 않으므로 오답이다.

어휘 announce that ~라고 발표하다, ~라고 공지하다 innovative 혁신적인 whoever 누구든 ~하는 사람, ~하는 사람은 누구든 whichever 어느 쪽이든 ~하는 것, ~하는 것은 어느 쪽이든

11.

정답 (A)

해석 월시 씨는 한 TV 프로그램을 진행하고 있으며, 거기서 사람들은 최근의 시장 동향에 관한 각자의 생각을 공유한다.

해설 빈칸 뒤에 주어와 동사(share), 명사구 목적어, 그리고 on 전치사구로 이어지는 완전한 절이 쓰여 있으므로 완전한 절을 이끌 수 있는 「전치사 + which」의 구조인 (A) in which가 정답이다.

오답 (B) whom: 사물명사구를 수식할 수 없으므로 오답이다.
(C) in order to: to 뒤에 동사원형이 와야 하므로 오답이다.
(D) along with: 절을 이끌 수 없는 전치사이므로 오답이다.

어휘 host ~을 진행하다, ~을 주최하다 share ~을 공유하다 thought n. 생각 recent 최근의 trend 동향, 추세, 유행 in order to do ~하기 위해, ~할 수 있도록 along with ~와 함께

12.

정답 (B)

해석 메리 본 씨는 자신이 자란 도시에 많은 액수의 돈을 기부했다.

해설 빈칸 뒤에 「주어 + 자동사 + 부사」의 1형식 구조인 she grew up으로 구성된 완전한 절이 쓰여 있으므로 완전한 절을 이끄는 관계부사 (B) where가 정답이다.

오답 (A) through: 절을 이끌 수 없는 전치사이므로 오답이다.
(C) which: 주어나 목적어 등이 빠진 불완전한 절을 이끄는 관계대명사이므로 오답이다.
(D) from: 절을 이끌 수 없는 전치사이므로 오답이다.

어휘 donate ~을 기부하다 a large sum of 많은 액수의 grow up 자라다, 성장하다

13.

정답 (A)

해석 참가자들께서는 단체 활동에 사용할 수 있는 것은 무엇이든 가져 오시도록 허용됩니다.

해설 주어와 동사(like)를 포함한 절의 구조인 빈칸 이하 부분이 타

동사 bring의 목적어 역할을 하는 명사절을 구성해야 하므로 명사절을 이끄는 복합관계대명사 (A) whatever와 (B) whoever 중에서 하나를 골라야 한다. 또한, 단체 활동에 사용할 사물을 의미해야 알맞으므로 '~하는 것은 무엇이든'을 뜻하는 (A) whatever가 정답이다.

오답 (B) whoever: 명사절을 이끄는 복합관계대명사이지만, 사람을 가리키므로 문장의 의미에 맞지 않는다.
(C) everyone: 절을 이끌 수 없는 대명사이므로 오답이다.
(D) another: 절을 이끌 수 없는 대명사 또는 형용사이므로 오답이다.

어휘 be permitted to do ~하도록 허용되다 whatever 무엇이든 ~하는 것, ~하는 것은 무엇이든 whoever 누구든 ~하는 사람, ~하는 사람은 누구든

14.
정답 (A)
해석 저희는 현재 디지털 마케팅 분야에서 경험이 많은 분들을 찾고 있습니다.
해설 주어가 없는 불완전한 절을 이끌면서 대명사 those를 수식해 '~하는 사람들'을 뜻하는 「those who」를 구성하는 주격관계대명사 (A) who가 정답이다.

오답 (B) they: 절을 이끄는 역할을 할 수 없는 대명사이므로 오답이다.
(C) what: 앞에 선행사를 가지지 않으므로 오답이다.
(D) some: 절을 이끄는 역할을 할 수 없는 대명사 또는 형용사이므로 오답이다.

어휘 currently 현재 seek ~을 찾다, ~을 구하다 experienced a. 경험 많은

15.
정답 (D)
해석 일정 충돌 문제 때문에, 이사회 회의는 모든 분께서 참석하실 수 있는 날짜로 옮겨질 것입니다.
해설 빈칸 뒤의 절이 시점 명사 a date를 수식해 어떤 날짜인지 설명하는 역할을 해야 알맞으므로 시점 명사(구)를 수식하는 절을 이끄는 관계부사 (D) when이 정답이다.

오답 (A) despite: 절을 이끌 수 없는 전치사이므로 오답이다.
(B) whereas: 부사절을 이끄는 접속사이므로 오답이다.
(C) rather than: 절을 이끌 수 없는 전치사이므로 오답이다.

어휘 scheduling 일정 관리 conflict 충돌, 겹침 board 이사회 attend 참석하다 despite ~에도 불구하고 whereas ~인 반면에 rather than ~하지 않고, ~하는 대신

16.
정답 (B)
해석 저희는 다섯 명의 법률 자문을 보유하고 있으며, 그 중 두 분께

서 이번 달에 은퇴하실 예정입니다.
해설 전치사 of 뒤에서 목적어 역할을 할 수 있는 관계대명사 (B) whom이 정답이다.

오답 (A) whoever: 주격 복합관계대명사이므로 오답이다.
(C) what: 선행사가 필요 없는 관계대명사이므로 오답이다.
(D) where: 관계부사이므로 오답이다.

어휘 legal 법률과 관련된, 합법적인 advisor 자문, 상담 전문가 resign 은퇴하다, 퇴직하다 whoever 누구든 ~하는 사람, ~하는 사람은 누구든

17.
정답 (D)
해석 메인 스트리트의 수도관 파열이 여러 대의 자동차 충돌 사고처럼 보이는 상황을 초래했다.
해설 빈칸 뒤에 주어 없이 동사 looked로 시작하는 불완전한 절이 있으며, 이 절이 타동사 caused의 목적어 역할을 하는 명사절을 구성해야 하므로 선행사를 포함하는 관계대명사 (D) what이 정답이다.

오답 (A) it: 절을 이끄는 역할을 할 수 없는 대명사이므로 오답이다.
(B) that: 선행사가 필요한 관계대명사이므로 오답이다.
(C) which: 선행사가 필요한 관계대명사이므로 오답이다.

어휘 burst 파열(된 것) cause ~을 초래하다 look like ~처럼 보이다 multi 다중의 crash 충돌

18.
정답 (B)
해석 익스프레스웨이는 트럭 40대의 차량을 보유하고 있으며, 그 중 절반은 주와 주 사이의 배송에 이용된다.
해설 전치사 of의 목적어 역할을 하면서 주어 없이 동사 are used로 시작하는 불완전한 절을 이끌 수 있는 주격 관계대명사 (B) which가 정답이다.

오답 (A) whose: 뒤에 명사가 필요한 소유격 관계대명사이므로 오답이다.
(C) either: 절을 이끌 수 없는 대명사이므로 오답이다.
(D) other: 절을 이끌 수 없는 형용사이므로 오답이다.

어휘 fleet (한 회사가 보유한) 전체 차량/항공기/선박 interstate 주와 주 사이의 either (A or B) (A 또는 B) 둘 중의 하나

19.
정답 (C)
해석 체험 이용 기간은 14일 또는 10회 로그인 후에 종료되며, 어느 쪽이든 먼저 발생하는 것을 따릅니다.
해설 빈칸 뒤에 주어 없이 동사 comes로 시작하는 불완전한 절이 쓰여 있으므로 불완전한 절을 이끄는 복합관계대명사 (A) whoever와 (C) whichever 중에서 하나를 골라야 한다. 또한, 앞서 언급된 두 가지 조건 중 하나가 먼저 발생하는 상황

을 의미해야 알맞으므로 '어느 쪽이든 ~하는 것'을 뜻하는 (C) whichever가 정답이다.
오답 (A) whoever: 사람을 가리키므로 의미상 맞지 않는다.
(B) either: 절을 이끌 수 없는 대명사이므로 오답이다.
(D) another: 절을 이끌 수 없는 대명사이므로 오답이다.
어휘 trial 체험, 시험 come first 먼저 발생하다, 먼저 다가오다 whoever 누구든 ~하는 사람, ~하는 사람은 누구든 either (A or B) (A 또는 B) 둘 중의 하나 whichever 어느 쪽이든 ~하는 것, ~하는 것은 어느 쪽이든

20.
정답 (A)
해석 귀하께서는 카드에 개인 사진이 새겨질 수 있는 프리미엄 회원이십니다.
해설 빈칸 앞뒤에 각각 위치한 명사구 a Premium member와 명사 card가 '프리미엄 회원의 카드'와 같은 소유 관계를 나타내야 알맞으므로 명사 card를 수식함과 동시에 소유 관계를 나타낼 때 사용하는 소유격관계대명사 (A) whose가 정답이다.
오답 (B) what: 주격 또는 목적격 관계대명사이므로 오답이다.
(C) whatever: 주격 또는 목적격 복합관계대명사이므로 오답이다.
(D) whoever: 주격 또는 목적격 복합관계대명사이므로 오답이다.
어휘 be engraved with ~으로 새겨지다, ~으로 조각되다 whatever 무엇이든 ~하는 것, ~하는 것은 무엇이든 whoever 누구든 ~하는 사람, ~하는 사람은 누구든

DAY 11 전치사

PRACTICE ①

1.
정답 in
해석 저희 새 소매점은 도심에 위치해 있습니다.
해설 the city center 같은 넓은 장소를 나타내는 명사(구)를 목적어로 취하는 전치사 in이 정답이다.
어휘 retail 소매(업) be located 위치해 있다

2.
정답 at
해석 여러분의 인트라넷 계정에 대한 비밀번호는 매달 말일에 변경되어야 합니다.

해설 the end of each month 같은 구체적인 시점을 나타내는 명사(구)를 목적어로 취하는 전치사 at이 정답이다.
어휘 account 계정, 계좌

3.
정답 on
해석 저희는 요청 시에 신용카드에 여러분의 사진을 인쇄해 드릴 수 있습니다.
해설 신용카드 표면에 사진을 인쇄하는 것이므로 접촉된 위치를 나타내어 '~에, ~ 위에'를 뜻하는 전치사 on이 정답이다. above는 분리된 위쪽을 나타낸다.
어휘 above (분리된 위치) ~ 위쪽에, (수량) ~을 넘는, (지위 등) ~보다 뛰어난 upon ~할 시에, ~하자마자 request 요청, 요구

4.
정답 in
해석 저희 새 공장은 올해 2분기에 가동될 것으로 예상됩니다.
해설 the second quarter(2분기)처럼 기간을 나타내는 명사(구)를 목적어로 취하는 전치사 in이 정답이다. on은 날짜나 요일 등과 같은 시점을 나타낸다.
어휘 be expected to do ~할 것으로 예상되다 become 형용사 ~한 상태가 되다 operational 가동되는, 운영되는, 영업하는 quarter 분기, 4분의 1

5.
정답 for
해석 일자리를 준비할 때는 반드시 목표 기업을 조사해 봐야 합니다.
해설 현재분사로 쓰여 있는 동사 prepare는 전치사 for와 어울려 '~을 준비하다, ~에 대비하다'라는 의미를 나타내므로 for가 정답이다.
어휘 research ~을 조사하다 target 목표(로 하는 대상) when -ing ~할 때 prepare for ~을 준비하다

6.
정답 within
해석 저희 전문 서비스 기사들이 한 시간 이내에 여러분의 요청에 응할 것입니다.
해설 one hour는 서비스 기사들이 요청에 대응하는 시간을 나타내므로 '한 시간 이내에'라는 제한적인 의미를 구성해야 자연스럽다. 따라서, '~ 이내에'를 뜻하는 전치사 within이 정답이다.
어휘 professional a. 전문적인 n. 전문가 respond to ~에 응답하다, ~에 대응하다 request 요청, 요구 between (A and B) (A와 B) 사이에 within (시간, 거리, 범위 등) ~ 이내에

7.

정답 on

해석 웨인 씨와 저는 케임브리지 계약 건에 대해 계속 협업해 오고 있습니다.

해설 현재완료진행시제로 쓰여 있는 자동사 collaborate은 전치사 on과 어울려 '~에 대해 협업하다'라는 의미를 나타내므로 on이 정답이다. '~와 협업하다'를 의미할 때는 전치사 with를 사용한다.

어휘 collaborate 협업하다, 공동 작업하다 deal 계약, 거래(조건), 거래 제품

8.

정답 in

해석 해리스 씨는 메가 트레이딩 주식회사와 중요한 계약을 체결하면서 맡은 역할에 대해 보너스를 지급 받을 것입니다.

해설 closing이 이끄는 동명사구와 어울려 '~와 중요한 계약을 체결하는 데 있어'라는 의미를 나타내야 알맞으므로 '~에 (있어)'라는 뜻으로 참여나 관여를 나타낼 때 사용하는 전치사 in이 정답이다.

어휘 award A B: A에게 B를 주다[수여하다] close a contract 계약을 체결하다

9.

정답 for

해석 저희 메뉴에서 마음에 드시지 않는 어떤 드레싱에 대해서든 대체품을 선택하실 수 있습니다.

해설 any dressings 이하 부분이 '~하는 어떤 드레싱에 대해서든'과 같이 대체될 수 있는 대상을 의미해야 알맞으므로, '~에 대해'라는 뜻으로 대상이 되는 사물 또는 사람 앞에 사용하는 전치사 for가 정답이다.

어휘 substitute n. 대체(품) v. 대체하다

10.

정답 within

해석 당일 배송 서비스는 도시 경계 내의 고객들을 대상으로 이용 가능합니다.

해설 '도시 경계'를 의미하는 명사구 the city limits와 어울려 당일 배송이 이뤄질 수 있는 범위를 나타내야 알맞으므로, 특정 범위와 관련해 '~ 이내에'라는 의미로 쓰이는 전치사 within이 정답이다.

어휘 same-day 당일의 available (사물) 이용 가능한, (사람) 시간이 있는 among ~ 사이에, ~ 중에서 within (시간, 거리, 범위 등) ~ 이내에 limits 경계

PRACTICE 2

1.

정답 during

해석 조앤 로페즈 씨는 MC 물류회사에서 10년의 재직 기간 중에 법률 자문의 역할을 해 왔습니다.

해설 바로 뒤에 위치한 명사구 her 10-year service를 목적어로 취할 전치사가 필요하므로 during이 정답이다. while은 주어와 동사를 포함한 절을 이끄는 접속사이다.

어휘 serve as ~의 역할을 하다 legal 법률과 관련된, 합법적인 consultant 자문, 상담 전문가 during ~ 중에, ~ 동안 while ~하는 동안, ~하는 반면 service 재직, 근무, 봉사

2.

정답 over

해석 인공 지능은 지난 5년 동안에 걸쳐 상당한 변화를 보여 왔습니다.

해설 the past five years처럼 기간을 나타내는 명사구를 목적어로 취해 '~ 동안에 걸쳐'라는 의미를 나타내는 전치사 over가 정답이다. since는 '~ 이후로'라는 의미로 과거 시점을 나타내는 명사(구)를 목적어로 취한다.

어휘 artificial intelligence 인공 지능 significant 상당한, 많은, 중요한 since prep. ~ 이후로 conj. ~한 이후로, ~하기 때문에 ad. 그 이후로

3.

정답 by

해석 다음 주에 IT 컨벤션에 참석하기를 바라시는 분은 누구든 반드시 내일까지 등록하셔야 합니다.

해설 '내일'이라는 시점을 나타내는 tomorrow가 반드시 등록해야 하는 기한에 해당하므로 '~까지'라는 의미로 기한을 나타낼 때 사용하는 전치사 by가 정답이다.

어휘 anyone who ~하는 사람은 누구든 attend ~에 참석하다 register 등록하다

4.

정답 throughout

해석 공장 근무자들께서는 제조 과정 내내 반드시 보호 장비를 착용하셔야 합니다.

해설 명사구 the manufacturing process가 '제조 과정'이라는 기간의 의미를 지니고 있으므로 '~ 동안 내내'라는 뜻으로 해당 기간 전체를 나타낼 때 사용하는 전치사 throughout이 정답이다.

어휘 protective 보호용의, 보호하는 equipment 장비 among ~ 사이에서, ~ 중에서 throughout (기간) ~ 동안 내내, (장소) ~ 전역에 걸쳐 manufacturing 제조(업) process (처리) 과정

5.

정답 along

해석 메인 스트리트를 따라 심어진 큰 나무들이 보행자들에게 그늘을 제공합니다.

해설 Main Street처럼 거리나 해변 등 길게 이어지는 곳을 나타내는 명사(구)와 어울려 '~을 따라'라는 의미로 쓰이는 전치사 along이 정답이다.

어휘 plant v. ~을 심다 n. 식물 between (A and B) (A와 B) 사이에 provide ~을 제공하다 shade 그늘(진 곳) pedestrian 보행자

6.

정답 with

해석 신입 사원들은 이번 주 금요일에 대표 이사님과 함께하는 오찬에 초대됩니다.

해설 '대표 이사'를 뜻하는 the CEO가 오찬 행사에 함께하는 사람에 해당하므로 '~와 함께'를 뜻하는 전치사 with가 정답이다.

어휘 invite ~을 초대하다 luncheon 오찬 (행사)

7.

정답 beside

해석 재활용 쓰레기통들은 휴게실에 있는 냉장고 옆에 놓여 있습니다.

해설 재활용 쓰레기통들이 놓여 있는 곳과 관련해 냉장고와의 위치 관계를 나타낼 전치사가 필요하므로 '~ 옆에'를 뜻하는 beside가 정답이다.

어휘 recycling 재활용 bin 쓰레기통, 보관용 통 place ~을 놓다, ~을 두다 refrigerator 냉장고 break room 휴게실

8.

정답 with

해석 라울 씨는 안전 절차와 관련해 신입 사원을 교육하는 업무를 맡아 왔습니다.

해설 현재완료시제로 쓰여 있는 수동태 동사 be tasked는 전치사 with와 어울려 '~하는 업무를 맡다'를 뜻하는 「be tasked with」의 구조로 쓰이므로 with가 정답이다.

어휘 upon ~할 시에, ~하자마자 train v. ~을 교육하다, ~을 훈련시키다 procedure 절차

9.

정답 despite

해석 스피드웨이는 작은 공간에도 불구하고 신속한 서비스로 젊은 층 사이에서 잘 알려져 있습니다.

해설 바로 뒤에 위치한 명사구 its small space를 목적어로 취할 전치사가 필요하므로 despite이 정답이다. unless는 주어와 동사를 포함한 절을 이끄는 접속사이다.

어휘 well known 잘 알려진 among ~ 사이에서, ~ 중에서 unless ~하지 않는다면, ~가 아니라면 despite ~에도 불구하고

10.

정답 with

해석 다가오는 워크숍과 관련된 어떤 질문이라도 있으시면 인사부의 레이먼드 씨에게 연락하시기 바랍니다.

해설 연락을 하는 행위와 명사구 any questions의 관계는 질문을 가지고 있는 관계이므로 동반을 나타내는 전치사 with가 정답이다.

어휘 Human Resources 인사(부), 인적 자원 upcoming 다가오는, 곧 있을

PRACTICE 3

1.

정답 concerning

해석 고객들께서 우리 디자인과 관련해 긍정적인 의견을 제공해 주셨습니다.

해설 앞뒤에 각각 위치한 명사구 positive feedback과 our design이 '우리 디자인과 관련된 긍정적인 의견'을 의미해야 알맞으므로 '~와 관련된'을 뜻하는 전치사 concerning이 정답이다.

어휘 positive 긍정적인 feedback 의견 following ~ 후에

2.

정답 including

해석 휘슬러 씨는 예산 계획과 비용 분석, 그리고 상담을 포함해, 다양한 재무 서비스를 제공합니다.

해설 예산 계획(budget planning)과 비용 분석(cost analysis), 그리고 상담(consulting)이 앞에 언급된 재무 서비스(financial services)에 포함되는 세부적인 서비스 항목에 해당하므로 '~을 포함해'를 뜻하는 전치사 including이 정답이다.

어휘 provide ~을 제공하다 various 다양한 financial 재무의, 재정의, 금융의 along (길 등) ~을 따라 budget 예산 planning 계획, 기획 analysis 분석 consulting 상담

3.

정답 due to

해석 콘서트의 높은 수요로 인해 일찍 입장권을 예매하는 것이 권장됩니다.

해설 '콘서트의 높은 수요'가 일찍 입장권을 예매하는 것이 권장되는 이유이므로 '~로 인해, ~ 때문에'라는 뜻으로 이유를 나타낼 때 사용하는 전치사 due to가 정답이다.

어휘 reserve ~을 예약하다 since prep. ~ 이후로 conj. ~하기 때문에, ~한 이후로 demand 수요, 요구

4.
정답 because of
해석 올해의 수익이 혁신적인 마케팅 캠페인 때문에 사상 최고 수준에 이르렀습니다.
해설 바로 뒤에 위치한 명사구 the innovative marketing campaigns를 목적어로 취할 전치사가 필요하므로 because of가 정답이다. although는 주어와 동사를 포함한 절을 이끄는 접속사이다.
어휘 revenue 수익 reach ~에 이르다, ~에 도달하다 although 비록 ~이기는 하지만 innovative 혁신적인

5.
정답 prior to
해석 최종 테스트 회차는 제품 출시에 앞선, 6월 20일로 예정되어 있습니다.
해설 최종 테스트가 제품 출시보다 앞서 실시되어야 하므로 '~에 앞서, ~ 전에'를 뜻하는 전치사 prior to가 정답이다.
어휘 round 회차, 회 be scheduled for 시점: ~로 예정되어 있다 including ~을 포함해 launch n. 출시, 공개, 시작 v. ~을 출시하다, ~을 시작하다

6.
정답 In addition to
해석 알맞은 가격뿐만 아니라, 그린 주스 하우스는 아주 다양한 음료를 자랑합니다.
해설 '알맞은 가격'과 '아주 다양한 음료'가 모두 장점에 해당하므로 '~뿐만 아니라, ~ 외에도'라는 의미로 유사 정보를 추가할 때 사용하는 전치사 In addition to가 정답이다.
어휘 compared with ~와 비교해, ~에 비해 affordable (가격이) 알맞은, 감당할 수 있는 boast ~을 자랑하다 a wide range of 아주 다양한

7.
정답 such as
해석 레이크사이드 로징은 패들링과 낚시, 그리고 하이킹과 같은 다양한 활동을 제공합니다.
해설 바로 뒤에 「A, B, and C」의 구조로 나열된 명사들이 모두 명사구 various activities에 속하는 구체적인 예시에 해당하므로 '~와 같은, 예를 들어'라는 의미로 예시를 언급할 때 사용하는 전치사 such as가 정답이다.
어휘 various 다양한 activity 활동 whereas ~인 반면에 paddling 패들링 (노를 저어 작은 보트를 타는 것)

8.
정답 instead of
해석 AM 트레이딩 사의 경영진은 임시 직원을 고용하는 대신 초과 근무 수당을 제공하는 것을 선호합니다.
해설 앞뒤에 위치한 두 동명사구가 '임시 직원을 고용하는 대신 초과 근무 수당을 제공하는 것을 선호하다'와 같은 선택의 의미를 나타내야 알맞으므로, '~ 대신'이라는 의미로 선택되지 않는 대상을 나타낼 때 사용하는 전치사 instead of가 정답이다.
어휘 management 경영(진), 관리(진) prefer -ing ~하는 것을 선호하다 overtime pay 초과 근무 수당 except for ~을 제외하고 hire ~을 고용하다 temporary 임시의, 일시적인

9.
정답 compared with
해석 박 씨의 성과는 팀의 나머지 인원들과 비교해 인상적입니다.
해설 Mr. Park의 성과와 the rest of the team의 성과가 비교되고 있으므로 '~와 비교해, ~에 비해'를 뜻하는 전치사 compared with가 정답이다.
어휘 performance 성과, 실적, 성능, 수행 (능력), 공연 impressive 인상적인 part of ~의 일환, ~의 일부 the rest of ~의 나머지

10.
정답 regardless of
해석 우리는 연령과 상관없이 세 명의 후보자들 중에서 가장 적격인 사람을 고용할 것입니다.
해설 바로 뒤에 위치한 명사구 their age를 목적어로 취할 수 있는 전치사 regardless of가 정답이다. nevertheless는 부사이므로 명사(구)를 목적어로 취할 수 없다.
어휘 hire ~을 고용하다 qualified a. 적격인, 자격이 있는 candidate 후보자, 지원자 nevertheless 그럼에도 불구하고 regardless of ~와 상관없이 age 연령

실전 TEST

1. (B)	2. (C)	3. (A)	4. (D)	5. (A)
6. (C)	7. (A)	8. (A)	9. (A)	10. (A)
11. (C)	12. (A)	13. (C)	14. (C)	15. (A)
16. (B)	17. (A)	18. (A)	19. (A)	20. (D)

1.
정답 (B)
해석 그린하비스트 마켓은 신선한 농산물을 저렴한 가격으로 제공하는 데 전념하고 있습니다.

해설 비용이나 가격 앞에 전치사 at을 쓰므로 (B)가 정답이다.
어휘 be committed to -ing ~하는 것에 전념하다 provide ~을 제공하다 fresh 신선한 produce 농산물 at a low cost 저렴한 비용[가격]으로 cf. at no cost 무료로

2.
정답 (C)
해석 개조 공사 이후로, 로사 씨의 미용실 매출이 60퍼센트 증가해 왔다.
해설 빈칸 뒤에 위치한 60 percent가 증가 비율을 나타내므로 '~ 정도, ~만큼'이라는 의미로 변화의 차이를 나타낼 때 사용하는 전치사 (C) by가 정답이다.
어휘 since ~ 이후로 renovation 개조, 보수 sales 매출, 판매(량), 영업 increase 증가하다, 늘어나다

3.
정답 (A)
해석 로한 씨는 성공적으로 신제품을 출시하면서 맡은 역할에 대해 보너스를 받을 것입니다.
해설 launching이 이끄는 동명사구와 어울려 '성공적으로 신제품을 출시하는 데 있어'라는 의미를 나타내야 알맞으므로 '~에 (있어)'라는 뜻으로 참여나 관여를 나타낼 때 사용하는 전치사 (A) in이 정답이다.
어휘 successfully 성공적으로 launch v. ~을 출시하다, ~을 시작하다 n. 출시, 공개, 시작 except ~을 제외하고, ~ 외에는 apart 떨어져, 따로, 별개로

4.
정답 (D)
해석 저희는 많은 고객들로 인해 영업 시간을 연장했습니다.
해설 많은 고객들이 영업 시간을 연장한 이유에 해당하므로 '~로 인해, ~ 때문에'라는 의미로 이유를 나타낼 때 사용하는 전치사 (D) due to가 정답이다.
어휘 extend ~을 연장하다, ~을 확장하다 the high volume of 많은, 다수의, 다량의 regarding ~와 관련해 as (자격, 기능 등) ~로서, (유사성) ~처럼

5.
정답 (A)
해석 회사 야유회가 가벼운 비 예보에도 불구하고 계획대로 진행될 것입니다.
해설 빈칸 뒤에 위치한 명사구 the forecast를 목적어로 취할 전치사가 쓰여야 알맞으므로 선택지에서 유일하게 전치사인 (A) despite이 정답이다.
어휘 outing 야유회, 짧은 여행 proceed 진행되다 as planned 계획대로 forecast 예보, 예측 despite ~에도 불구하고 although 비록 ~이기는 하지만 so that (목적) ~하도록, (결과) 그러므로, 그래서 in effect 효력이 있는, 사실상

6.
정답 (C)
해석 공장 점검에 대비하실 때, 반드시 모든 안전 규정이 분명히 게시되도록 하시기 바랍니다.
해설 현재분사로 쓰여 있는 동사 prepare는 전치사 for와 어울려 '~에 대비하다, ~을 준비하다'라는 의미를 나타내므로 (C) for가 정답이다.
어휘 when -ing ~할 때 inspection 점검, 검사 make sure (that) 반드시 ~하도록 하다 protocol 규정, 규약 clearly 분명히, 명확히 post v. ~을 게시하다 among ~ 사이에서, ~ 중에서

7.
정답 (A)
해석 제니스 의류는 반품된 어떤 제품에 대해서든 50퍼센트 할인을 제공한다.
해설 '할인'을 뜻하는 명사 discount는 전치사 on과 어울려 할인되는 물품을 나타내므로 (A) on이 정답이다.
어휘 return ~을 반품하다, ~을 반납하다 item 제품, 물품, 품목, 항목 between (A and B) (A와 B) 사이에

8.
정답 (A)
해석 레오나 브룩스 씨께서 기념식 중에 최신 베스트셀러 작품 <앰버 키>에 대해 수상하실 것입니다.
해설 빈칸 뒤에 위치한 명사구 the ceremony를 목적어로 취할 전치사가 쓰여야 알맞으므로 선택지에서 유일하게 전치사인 (A) during이 정답이다.
어휘 honor ~에게 상을 수여하다, ~에게 영예를 주다 latest 최신의 ceremony 기념식, 의식 then 그렇다면, 그때, 그런 다음, 그래서

9.
정답 (A)
해석 귀하의 분야에서 적격인 직원을 찾는 최고의 방법은 잡익스프레스 웹사이트를 통하는 것입니다.
해설 빈칸 뒤에 위치한 명사구 the JobExpress Web site가 적격인 직원을 찾는 최고의 방법에 해당하므로 '~을 통해'라는 의미로 방법이나 매체를 나타낼 때 사용하는 전치사 (A) through가 정답이다.
어휘 qualified a. 적격인, 자격이 있는 beside ~ 옆에 among ~ 사이에서, ~ 중에서 upon ~할 시에, ~하자마자

10.
정답 (A)

해석 그린 씨는 정오에 교대 근무를 시작하는 화요일을 제외하고, 평소에 오전 9시에 회사로 출근한다.

해설 빈칸 뒤에 위치한 명사 Tuesdays를 목적어로 취할 전치사가 필요하며, 평소에 9시에 출근하는 것과 달리 그렇지 않은 요일을 나타내야 하므로 '~을 제외하고'라는 의미로 제외 대상을 나타낼 때 사용하는 전치사 (A) except for가 정답이다.

어휘 usually 평소에, 일반적으로 shift 교대 근무(조) noon 정오 around prep. ~ 주위에, ~을 빙 둘러 ad. 주위에, 빙 둘러, 여기저기, 약, 대략 naturally 자연스럽게 away 멀리 (떨어져), 부재 중인, 다른 곳으로

11.
정답 (C)

해석 캘러핸 씨는 파리에 열린 세계 경제 포럼에 보내진 10명의 대표단 중에 있었다.

해설 캘러핸 씨가 10명의 대표단에 속해 있었던 사람임을 의미해야 자연스러우므로 '~ 중에서, ~ 사이에서'를 뜻하는 전치사 (C) among이 정답이다.

어휘 delegate n. 대표(자) around prep. ~ 주위에, ~을 빙 둘러 ad. 주위에, 빙 둘러, 여기저기, 약, 대략 upon ~할 시에, ~하자마자 beyond prep. (위치) ~ 저편에, ~ 너머에, (정도 등) ~보다 뛰어난, (수량) ~을 넘는

12.
정답 (A)

해석 저희는 손상의 원인과 상관없이, 운송 중에 손상된 제품을 교환해 드릴 것입니다.

해설 빈칸 뒤에 위치한 명사구를 목적어로 취할 전치사가 필요하며, 손상된 제품을 교환해 주는 조건과 관련해 '손상의 원인과 상관없이'라는 의미를 나타내야 자연스러우므로 '~와 상관없이'를 뜻하는 전치사 (A) regardless of가 정답이다.

어휘 exchange ~을 교환하다 item 제품, 물품, 품목, 항목 damaged 손상된 in transit 운송 중에 cause 원인, 이유 damage 손상, 피해 against ~에 반대해, ~에 맞서, ~을 상대로, ~에 기대어 nevertheless 그럼에도 불구하고 except for ~을 제외하고

13.
정답 (C)

해석 50달러를 넘는 지출은 직원 직무 안내서에 따라, 미리 승인되어야 합니다.

해설 빈칸 뒤에 위치한 명사구를 목적어로 취할 전치사가 필요하며, 직원용 직무 안내서가 지출 비용과 관련된 정책을 확인할 수 있는 출처에 해당하므로 '~에 따라'라는 의미로 출처나 근거를 나타낼 때 사용하는 전치사 (C) according to가 정답이다.

어휘 expense 지출, 경비 over ~을 넘는 approve ~을 승인하다 in advance 미리, 사전에 employee handbook 직원 직무 안내서 except for ~을 제외하고 such as ~와 같이, 예를 들어 so that (목적) ~하도록, (결과) 그러므로, 그래서

14.
정답 (C)

해석 피닉스 주식회사는 TV와 냉장고를 포함해, 아주 다양한 가전 기기를 제조한다.

해설 빈칸 뒤에 위치한 명사구 TVs and refrigerators가 빈칸 앞에 언급된 가전 기기의 범주에 포함되는 구체적인 제품에 해당하므로 '~을 포함해'를 뜻하는 전치사 (C) including이 정답이다.

어휘 manufacture ~을 제조하다 a wide range of 아주 다양한 home appliances 가전 기기 until (지속) ~까지 following ~ 후에 along (길 등) ~을 따라

15.
정답 (A)

해석 저희는 지역 기업들 전체에 걸쳐 '지구 살리기' 캠페인을 조직할 계획을 세우고 있습니다.

해설 '지역 기업들'을 뜻하는 local businesses가 캠페인을 조직하는 대상에 해당하므로 '~ 전체에 걸쳐'라는 의미로 대상 범위를 나타낼 때 사용하는 전치사 (A) across가 정답이다.

어휘 plan to do ~할 계획이다 coordinate ~을 조직화하다, ~을 편성하다 local 지역의, 현지의 past prep. ~을 지나, ~을 넘어 ad. 지나서 n. 과거 a. 지나간, 이전의 beside ~ 옆에 against ~에 반대해, ~에 맞서, ~을 상대로, ~에 기대어

16.
정답 (B)

해석 이 상품권의 사용은 도시 내의 참여 매장들로 제한됩니다.

해설 '도시 경계'를 의미하는 명사구 the city limits와 어울려 상품권이 사용될 수 있는 매장들이 위치한 범위를 나타내야 알맞으므로, 특정 범위와 관련해 '~ 이내에'라는 의미로 쓰이는 전치사 (B) within이 정답이다.

어휘 voucher 상품권, 쿠폰 be restricted to ~로 제한되다 participating 참여하는 limits 경계 among ~ 사이에서, ~ 중에서 during ~ 중에, ~ 동안 onto ~ 위로

17.
정답 (A)

해석 SC 은행은 림 씨의 리더십 하에서 지난 3년에 걸쳐 상당히 변화되어 왔다.

해설 the past three years처럼 기간을 나타내는 명사구를 목적어로 취해 '~ 동안에 걸쳐'라는 의미를 나타내는 전치사 (A) over가 정답이다.

어휘 significantly 상당히, 많이 under (감독, 지도 등) ~ 하에서 into (이동) ~ 안으로, (상태 변화) ~로, ~한 상태로 since prep. ~ 이후로 conj. ~한 이후로, ~하기 때문에 ad. 그 이후로 beside ~ 옆에, ~에 비해

18.
정답 (A)
해석 직원들께서는 손상된 제품과 관련된 모든 문의 사항을 반드시 배송팀에 전달하셔야 합니다.
해설 빈칸 뒤에 위치한 명사구 damaged items를 목적어로 취할 전치사가 필요하며, 문의 사항의 주제를 나타내야 자연스러우므로 '~와 관련된'을 뜻하는 전치사 (A) regarding이 정답이다.
어휘 direct A to B: A를 B에 전하다, A를 B로 보내다 inquiry 문의, 질문 damaged 손상된, 피해를 입은 except for ~을 제외하고 in order to do ~하기 위해, ~할 수 있도록 through (이동) ~을 통해, ~을 거쳐, (기간) ~ 내내, (장소) ~ 전체에 걸쳐, (수단, 매체) ~을 통해

19.
정답 (A)
해석 멘토링 프로그램 참가자들께서는 식사 지원과 같은 다양한 혜택을 누리실 수 있습니다.
해설 빈칸 뒤에 위치한 복합명사 meal support를 목적어로 취할 전치사가 쓰여야 알맞으므로 선택지에서 유일하게 전치사인 (A) such as가 정답이다.
어휘 participant 참가자 mentoring 멘토링 (유경험자나 선배 등이 조언을 제공하는 것) various 다양한 benefit 혜택, 이점 support 지원, 지지, 후원 whereas ~인 반면에 even though 비록 ~이기는 하지만 likewise 마찬가지로

20.
정답 (D)
해석 우리는 질의 응답 시간 후에 간식과 함께 간단한 휴식 시간을 가질 것입니다.
해설 빈칸 뒤에 위치한 명사구 the Q&A session을 목적어로 취할 전치사가 필요하며, '질의 응답 시간 후에 간단한 휴식 시간을 가질 것이다'라는 의미로 일의 진행 순서를 나타내야 알맞으므로 '~ 후에'를 뜻하는 전치사 (D) following이 정답이다.
어휘 brief 간단한, 짧은 break 휴식 (시간) refreshments 간식, 다과 Q&A session 질의 응답 시간 rather 다소, 오히려, 좀 including ~을 포함해

DAY 12 접속부사 문제

PRACTICE 1

1.
정답 However
해석 저희는 제안된 디자인이 보기 좋다는 데 동의합니다. 하지만, 로고의 색상은 여전히 개선해야 합니다.
해설 '디자인이 좋아 보인다'는 긍정적인 평가 뒤에, 개선되어야 할 점을 말하고 있으므로 서로 대조되는 내용을 연결하는 However(하지만, 그러나)가 적절하다.
어휘 agree that ~라는 점에 동의하다 propose ~을 제안하다 enhance ~을 향상시키다 look good 보기 좋다 thus 그래서 however 그러나 logo 로고, 상표

2.
정답 Unfortunately
해석 관리자직에 지원해 주셔서 감사합니다. 안타깝게도, 그 자리는 이미 충원되었습니다.
해설 직책에 지원한 사실과 관련하여 뒷문장이 부정적인 결과를 말하고 있으므로 Unfortunately(안타깝게도)가 적절하다.
어휘 apply for ~에 지원하다 managerial 관리의 position 직책 fill ~을 채우다, 충원하다

3.
정답 Conversely
해석 저희는 국내 시장에서 아웃도어 의류 판매를 중단할 예정입니다. 반대로 해외 시장에서는 지속적으로 우리의 입지를 확대할 계획입니다.
해설 앞문장은 국내 시장에서의 전략을, 뒷문장은 해외 시장에서의 전략을 말하고 있으므로 서로 대조되는 내용을 연결하는 Conversely(반대로)가 적절하다.
어휘 stop -ing ~하기를 멈추다 sell ~을 팔다 outdoor clothing 아웃도어 의류 domestic market 국내 시장 otherwise 그렇지 않으면 conversely 반대로, 역으로 continue to do 계속해서 ~하다 expand ~을 확장하다 presence 입지, 존재 international market 해외 시장

4.
정답 Even so
해석 현재 저희의 예산은 상당히 제한되어 있습니다. 그렇기는 하지만, 가까운 미래에 귀하와의 협업을 진지하게 고려할 것입니다.
해설 예산이 부족한 상황에서 기대되는 내용과 상반된 내용이 이어

지고 있으므로 Even so(그렇기는 하지만)가 적절하다.
어휘 budget 예산 quite 상당히, 꽤 be limited 제한되다 for example 예를 들어 even so 그렇기는 하지만 give consideration to ~을 고려하다 serious 진지한 collaborate with ~와 협력하다, 협업하다 in the near future 가까운 장래에

5.
정답 Nevertheless
해석 리노베이션 기간에도 저희는 영업을 계속할 예정입니다. 그럼에도 불구하고 일부 서비스는 일시적으로 제공되지 않을 수 있습니다.
해설 앞 문장의 내용(영업을 계속한다)과 상반되는 예외적인 상황(일부 서비스는 중단될 수 있음)을 연결하므로 Nevertheless(그럼에도 불구하고)가 적절하다.
어휘 remain ~한 상태로 있다 open 영업 중인 nevertheless 그럼에도 불구하고 therefore 그러므로 be unavailable 이용 불가 상태이다 temporarily 일시적으로

6.
정답 For that reason
해석 귀하의 계정이 이달 말에 만료될 것임에 유의하세요. 그러한 이유로, 그때까지 모든 데이터를 백업해야 합니다.
해설 '계정이 만료된다'는 사실 뒤에 '백업해야 한다'는 결론이 이어지므로 For that reason(그러한 이유로)이 적절하다.
어휘 Please note that ~임에 유의해 주세요 expire 만료되다 for that reason 그러한 이유로 nevertheless 그럼에도 불구하고 back up ~을 백업하다 data 데이터, 자료 by then 그때까지

PRACTICE 2

1.
정답 Also
해석 이 이메일에 가격표를 첨부했습니다. 또한, 빠르게 확인하실 수 있도록 가격표 이미지도 함께 넣었습니다.
해설 가격표 첨부에 더해 추가로 가격표 이미지도 넣었다는 내용이 이어지므로 Also(또한)가 적절하다.
어휘 attach ~을 첨부하다 price list 가격표 however 그러나 also 또한 include ~을 포함시키다 reference 참고, 참조

2.
정답 Furthermore
해석 저희는 파티 장소에 대한 제안을 받고 있습니다. 뿐만 아니라, 귀하가 선호하는 음식에 대해서도 듣고 싶습니다.

해설 파티 장소 추천 요청에 더해 선호하는 음식에 대한 정보도 요구하고 있으므로 Furthermore(뿐만 아니라)가 적절하다.
어휘 seek ~을 찾다, ~을 구하다 recommendation 추천 location 장소, 위치 furthermore 뿐만 아니라, 더욱이 even so 그렇기는 하지만 preference 선호, 기호

3.
정답 Therefore
해석 저희는 직원들의 의견 분석을 끝냈습니다. 따라서, 곧 근무 환경에 중대한 개선이 있을 예정입니다.
해설 피드백 분석이 끝났기 때문에 그 결과로 근무 환경을 개선하겠다는 인과 관계가 성립하므로 Therefore(그러므로, 따라서)가 적절하다.
어휘 finish -ing ~하기를 끝내다 analyze ~을 분석하다 feedback 피드백, 의견 make improvements to ~을 개선하다 significant 중대한 work environment 근무 환경

4.
정답 Plus
해석 이 가구에는 2년 제한 보증이 딸려 나옵니다. 추가로, 종합적인 유지보수 서비스도 포함됩니다.
해설 보증이 있다는 사실에 추가로 유지보수 서비스도 있다는 점을 덧붙이는 흐름이므로 Plus(그에 더해, 추가로)가 적절하다.
어휘 come with ~이 딸려 나오다 warranty 품질 보증(서) finally 마침내 plus 그에 더해서 comprehensive 종합적인 maintenance 유지보수

5.
정답 Accordingly
해석 레나 비스트로는 보수 공사로 임시 휴업 중입니다. 따라서 훗날 더 나은 경험을 기대하실 수 있습니다.
해설 식당 보수 공사의 결과로 더 나은 경험이 가능하다는 인과 관계가 성립하므로 Accordingly(그에 따라)가 적절하다.
어휘 temporarily 임시로 renovation 보수, 개조 accordingly 그에 따라 likewise 마찬가지로 look forward to ~을 고대하다 even (비교급을 수식하여) 훨씬 later on 나중에, 훗날

6.
정답 Consequently
해석 폴리 씨는 첫 해에 뛰어난 성과를 냈습니다. 그 결과로, 그는 다음 해에 마케팅 부서장으로 승진하였다.
해설 눈에 띄는 성과를 낸 결과 승진했다는 인과 관계가 성립하므로 Consequently(그 결과)가 적절하다.
어휘 deliver (결과 등을) 내놓다 remarkable 주목할

만한, 뛰어난 result 결과 even so 그렇기는 하지만 consequently 그 결과, 결과적으로 be promoted to ~로 승진되다 the following year 다음 해에

PRACTICE ③

1.
정답 Afterward
해석 귀하는 본사의 전문 컨설턴트들로부터 짧은 교육을 받을 예정입니다. 이후에는, 해외 사무소 중 하나로 발령받게 됩니다.
해설 교육을 받은 다음 업무에 배치되므로 시간 흐름을 나타내는 Afterward(그 후에)가 적절하다.
어휘 brief 간단한 consultant 컨설턴트, 상담가, 자문위원 headquarters 본사 instead 대신에 afterward 그 후에 be assigned to ~로 배정되다 foreign 해외의

2.
정답 In the meantime
해석 저희 회사는 내년 봄에 새 본사로 이전할 예정입니다. 그동안, 직원들은 현재 위치에서 계속 근무할 것입니다.
해설 봄에 이전할 예정이며 그 시점 까지는 지금처럼 일한다는 시간의 공백을 나타내고 있으므로 In the meantime(그동안) 이 적절하다.
어휘 move to ~로 이사하다, 옮기다 headquarters 본사 spring 봄 In the meantime 그동안 Finally 마침내 continue -ing 계속해서 ~하다 location 위치

3.
정답 Then
해석 귀하가 선택한 구독 요금제에 따르면, 모든 서비스는 한 달 동안 무료입니다. 그런 다음에는, 매달 9달러가 청구될 것입니다.
해설 1개월 무료 후 과금 시작이라는 시간 흐름을 나타내므로 Then(그런 다음)이 적절하다.
어휘 according to ~에 따르면 subscription 구독 plan 약정 then 그런 다음 Plus 추가하여 be charged 청구되다 per ~당

4.
정답 Eventually
해석 이 앱은 원래 시간 관리를 위해 고안되었습니다. 결국에는, 직장인들이 반드시 갖춰야 할 필수 도구가 되었습니다.
해설 시간 관리용으로 시작된 앱이 시간이 지나면서 점진적으로 발전하여 지금은 꼭 필요한 도구가 되었다는 최종 결과를 나타내므로 Eventually(결국)이 적절하다.
어휘 originally 원래는 design ~을 고안하다 time management 시간 관리 eventually 결국 firstly 첫째, 우선 evolve into ~로 발전하다, 진화하다 must-have 꼭 필요한 tool 도구 businessperson 비즈니스맨, 직장인

5.
정답 Instead
해석 건조기 사용은 자제해 주시기 바랍니다. 대신, 직사광선을 피해 셔츠를 자연 건조해 주시기 바랍니다.
해설 건조기의 사용을 피하라는 제안이 나오고 이어서 자연 건조하라는 대안이 이어지고 있으므로 Instead(그 대신에)가 적절하다.
어휘 avoid -ing ~하는 것을 피하다 drying machine 건조기 instead 그 대신 however 그러나 air-dry ~을 자연 건조시키다 direct sunlight 직사광선

6.
정답 For example
해석 사무실 쓰레기를 줄일 수 있는 방법은 여러 가지가 있습니다. 예를 들어, 디지털 문서로 전환하면 종이 사용을 크게 줄일 수 있습니다.
해설 '쓰레기를 줄이는 다양한 방법'이라는 일반적 진술 뒤에, 하나의 구체적인 예시로 디지털 문서 전환을 제시하는 흐름이므로 For example(예를 들어)가 적절하다.
어휘 reduce ~을 줄이다 waste 폐기물, 낭비 for example 예를 들어 previously 예전에 switch to ~로 바꾸다, 전환하다 digital document 디지털 문서 significantly 눈에 띄게, 현저히 cut down 줄이다 paper use 종이 사용

실전 TEST

| 1. (C) | 2. (C) | 3. (B) | 4. (B) | 5. (D) |
| 6. (B) | 7. (D) | 8. (B) |

1-4 다음 이메일을 참조하시오.

> 고든 씨께,
>
> 저희가 저희 실험실에 청소 및 유지 관리 서비스를 제공해 주시겠다는 고든 클리닝 서비스 사의 제안을 **1** 수락했음을 알려 드리게 되어 기쁩니다. 귀하의 팀은 **2** 6월 1일부터 저희 시설에 출입하실 수 있을 것입니다.
> 첨부해 드린 계약서에 개괄적으로 설명된 바와 같이, 귀하는 매월 회사가 일일 청소 작업을 총괄할 것입니다. **3** 추가로, 귀사가 시설 전체에 대한 집중 청소 서비스를 제공할 책임도 지게 됩니다. 어떤 질문이든 있으실 경우, 언제든지 제게 직접 연락 주시기 바랍니다.
> **4** 저희는 이 프로젝트에 대해 귀하의 팀과 협업할 수 있기를 고대합니다.

안녕히 계십시오.

루이스 웨버
운영 관리부장

어휘 be pleased to do ~해서 기쁘다 inform A that: A에게 ~임을 알리다 proposal 제안(서) maintenance 유지 관리, 정비 laboratory 실험실 have access to ~에 출입할 수 있다, ~을 이용할 수 있다 facility 시설(물) outline ~을 개괄적으로 설명하다 attach ~을 첨부하다, ~을 붙이다 agreement 계약서, 합의(서) oversee ~을 총괄하다, ~을 감독하다 operation 작업 (활동), 운영, 가동 be responsible for ~에 대한 책임이 있다 monthly 월간의, 매달의 throughout (장소) ~ 전체에 걸쳐, (기간) ~ 동안 내내 feel free to do 마음 편히 ~하다 directly 직접, 곧장

1.

정답 (C)

해설 선택지가 모두 능동태 동사의 형태이고 시제만 다르므로 시제 관련 단서를 찾아야 한다. 다음 문장에 상대방 회사가 시설에 출입할 수 있는 미래 시점을 알리는 말이 쓰여 있어 청소 서비스 제공과 관련된 상대방 회사의 제안을 수락했음을 알 수 있다. 따라서, 지금 막 완료된 상태임을 의미하는 현재완료시제 동사 (C) have accepted가 정답이다.

어휘 accept ~을 수락하다, ~을 받아들이다

2.

정답 (C)

해설 빈칸 뒤에 위치한 June 1 같은 날짜와 함께 '~부터'라는 의미로 시작점을 나타내는 「starting + 시점」을 구성해야 알맞으므로 (C) starting이 정답이다.

3.

정답 (B)

해설 선택지가 모두 접속부사이므로 빈칸 앞뒤 문장들을 해석해 의미의 흐름을 파악해야 한다. 빈칸 앞에는 상대방 회사가 일일 청소 업무를 총괄할 것이라는 말이, 빈칸 뒤에는 매달 집중적인 청소 서비스를 책임질 것이라는 말이 각각 쓰여 있다. 이는 담당 업무를 추가로 설명하는 흐름에 해당하므로 '추가로, 게다가'라는 의미로 유사 정보를 덧붙일 때 사용하는 (B) Additionally가 정답이다.

어휘 after all 결국에는, 어쨌든 eventually 마침내, 결국 for instance 예를 들어

4.

정답 (B)

해석 (A) 유감스럽게도, 저희가 다른 업체에 계약을 제공했습니다.
(B) 저희는 이 프로젝트에 대해 귀하의 팀과 협업할 수 있기를 고대합니다.
(C) 저희가 가능한 한 빨리 최종 결정 사항을 알려 드리겠습니다.
(D) 저는 기꺼이 귀하의 제안서를 살펴 보고 의견을 공유해 드리겠습니다.

해설 지문 전체적으로 상대방 업체의 제안을 수락한 사실 및 담당 청소 업무를 간략히 설명하는 내용을 담고 있다. 따라서, 새로운 업체와 협업하는 것에 대한 기대감을 나타내는 말로 이메일을 마무리하는 것이 적절하므로 (B)가 정답이다.

어휘 unfortunately 유감스럽게도, 안타깝게도 contract 계약(서) firm 업체, 회사 look forward to -ing ~하기를 고대하다 inform A of B: A에게 B를 알리다 decision 결정 as soon as possible 가능한 한 빨리 be happy to do 기꺼이 ~하다, ~해서 기쁘다 review ~을 살펴 보다, ~을 검토하다 share ~을 공유하다 input 의견 (제공)

5-8 다음 공지를 참조하시오.

저희 공원 및 위락시설 관리국에서는 올드 파인 리지 트레일이 보수 공사를 위해 6월 15일부터 9월 30일까지 **5** 일시적으로 폐쇄될 것이라는 사실을 주민 여러분께 알려 드리고자 합니다. **6** 이 프로젝트는 해당 등산로의 손상된 구역들을 수리해 안전을 개선하는 것이 목표입니다. 이는 또한 해당 등산로를 따라 표지판들을 업그레이드함으로써 이용자 경험도 향상시킬 것입니다. 보수 공사 중에, 이 등산로에 대한 모든 접근이 제한될 것입니다.

7 그 사이에, 등산객들께서는 근처의 메이플 크릭 트레일을 이용하실 수 있으며, 이곳은 유사한 멋진 전망을 제공합니다.

이 보수 공사의 진행 상황에 관한 업데이트가 저희 관리국 웹 사이트 및 지역 사회 게시판에 주기적으로 **8** 게시될 것입니다. 여러분의 양해와 협조에 감사 드립니다.

어휘 inform A that: A에게 ~라는 사실을 알리다 resident 주민 renovation 개조, 보수 enhance ~을 향상시키다, ~을 강화하다 along (길 등) ~을 따라 route 경로, 노선 access n. 접근, 이용 v. ~에 접근하다, ~을 이용하다 trail 등산로, 산길 restrict ~을 제한하다 nearby a. 근처의 ad. 근처에 similar 유사한 progress 진행 상황, 진척 regularly 주기적으로, 규칙적으로 community 지역 사회, 지역 공동체 bulletin board 게시판 appreciate ~에 대해 감사하다 cooperation 협조, 협력

5.

정답 (D)

해설 선택지가 모두 부사이므로 의미가 알맞은 것을 찾아야 한다. 빈칸 뒤에 보수 공사로 인해 폐쇄되는 기간이 제시되어 있어 공사로 인해 일시적으로 폐쇄된다는 사실을 알 수 있으므로

어휘 formerly 이전에, 과거에 continuously 지속적으로
approximately 약, 대략

'일시적으로, 임시로'를 뜻하는 (D) temporarily가 정답이다.

6.
정답 (B)

해석 (A) 저희는 현재 도시의 모든 등산로를 유지 관리할 계약업체를 고용하고 있습니다.
(B) 이 프로젝트는 해당 등산로의 손상된 구역들을 수리해 안전을 개선하는 것이 목표입니다.
(C) 근처에 거주 중이신 주민들로부터 소음에 관한 불만 신고가 있었습니다.
(D) 대신, 저희가 재개장과 관련된 정보를 얻는 대로 여러분께 알려 드릴 것입니다.

해설 빈칸 앞 문장에 올드 파인 리지 트레일이 보수 공사를 위해 일정 기간 폐쇄될 것이라는 사실을 주민들에게 알린다는 말이 쓰여 있다. 따라서, 공사 시작 및 진행과 관련된 정보를 담은 문장이 빈칸에 쓰여야 흐름이 자연스러우므로 해당 공사를 This project로 지칭해 공사를 진행하는 목표를 알리는 (B)가 정답이다.

어휘 currently 현재 hire ~을 고용하다 maintain ~을 유지 관리하다 aim to do ~하는 것이 목표이다 improve ~을 개선하다, ~을 향상시키다 repair ~을 수리하다 damaged 손상된, 피해를 입은 complaint 불만, 불평 instead 대신 notify ~에게 알리다 as soon as ~하자마자

7.
정답 (D)

해설 선택지가 모두 접속부사이므로 빈칸 앞뒤 문장들을 해석해 의미의 흐름을 파악해야 한다. 빈칸 앞에는 보수 공사 중에 해당 등산로에 대한 모든 접근이 제한된다는 말이, 빈칸 뒤에는 근처의 다른 등산로를 이용할 수 있다는 말이 각각 쓰여 있다. 그러므로, '그 사이에, 그 동안'이라는 의미로 동일 기간 중에 발생하는 일을 말할 때 사용하는 (D) In the meantime이 정답이다.

어휘 If so (앞선 말에 대해) 그렇다면 after all 결국에는, 어쨌든 on the contrary (앞선 말에 대해) 그에 반해, 대조적으로

8.
정답 (B)

해설 빈칸 앞에는 명사구 주어가, 빈칸 뒤에는 부사와 on 전치사구만 쓰여 있으므로 빈칸에 문장의 동사가 필요하다. 또한, 앞 단락에서 미래시제 동사(will also enhance, will be restricted)로 앞으로 있을 공사의 진행과 관련된 정보를 알리는 것과 마찬가지로, 미래 시점에 진행 상황에 관한 업데이트가 게시될 것이라는 의미를 나타내야 글의 흐름이 자연스러우므로 미래시제 동사인 (B) will be posted가 정답이다.

어휘 post ~을 게시하다

DAY 13 문맥 유형 문제

PRACTICE 1

1.
정답 had contributed

해석 톰 앤 닐슨 사는 5백만 달러를 지역 공립학교들에 기부했다고 발표했다. 이 돈은 지난주 지역 교육청을 통해 기부되었다.

해설 뒤에 이어지는 문장에 지난주 이미 기부되었다는 내용이 나오므로 빈칸의 시제는 과거 또는 과거완료가 되어야 한다. 과거완료(had+p.p.)는 주절의 시제(announced)보다 먼저 일어난 일을 나타낸다. 따라서 had contributed가 정답이다.

어휘 contribute ~을 기부하다, ~을 제공하다 public school 공립학교 fund 기금, 자금 donate ~을 기부하다

2.
정답 may cause

해석 윌슨 스트리트에 있는 두 개의 차선이 심각하게 파손되어, 한 달간의 복구 작업이 필요합니다. 이로 인해 발생할 수 있을 불편에 대해 사과드립니다.

해설 보수 작업이 앞으로 진행될 예정이고, 그로 인해 불편이 생길 수도 있다는 상황이므로 미래에 발생할 수 있는 가능성을 나타내는 may cause가 정답이다.

어휘 lane 차선 severely 심각하게 be damaged 손상되다 require ~을 요구하다 apologize for ~에 대해 사과하다 inconvenience 불편, 귀찮음 cause ~을 야기하다, ~의 원인이 되다

3.
정답 are offering

해석 웨슬리 플라워 샵에서는 오늘 10주년을 기념하고 있습니다. 모든 제품에 20% 할인을 제공하고 있습니다.

해설 첫 문장에 나온 today로 보아 오늘 진행 중인 할인 이벤트에 대해 말하고 있으므로 현재진행형인 are offering이 적절하다.

어휘 celebrate ~을 기념하다 anniversary 기념일

4.
정답 they

해석 등산로를 따라 설치된 난간들은 항상 유용하다. 특히, 그것들은 가파른 구간에서 지지대 역할을 하고 사고를 예방하는 데

도움이 된다.
해설 provide support의 주어는 앞 문장에서 언급된 복수 명사인 the rails를 가리키므로 3인칭 복수 주격 대명사인 they가 정답이다.
어휘 rail 난간, 레일 along ~을 따라 hiking trail 등산로 beneficial 유익한 among other things 그 중에서도, 무엇보다도 provide ~을 제공하다 support 지지, 받침 steep 가파른 prevent ~을 예방하다, ~을 막다 accident 사고

5.
정답 our
해석 저희는 원예 업계에서 30년이 넘는 업력을 보유하고 있습니다. 저희의 전문성은 최고 수준임을 자신 있게 말씀드립니다.
해설 앞 문장의 주어가 We이므로, 뒤 문장에서 지칭하는 expertise는 '우리의 전문성(our expertise)이 되어야 자연스러우므로 our가 정답이다.
어휘 more than ~이 넘는 gardening 원예 assure A that: A에게 ~라고 장담하다 expertise 전문성 second to none 최고인

6.
정답 Her
해석 애쉬턴 씨는 동료들의 전반적인 성과 향상을 돕는 데 뛰어났다. 그녀의 은퇴는 많은 동료들에게 놀라운 일이었다.
해설 앞 문장의 주어가 Ms. Ashton이고, 내용상 뒷문장의 retirement가 Ms. Ashton의 은퇴를 의미하므로 her가 정답이다.
어휘 excel at ~에 뛰어나다 associate 동료 improve ~을 향상시키다 performance 성과, 수행 overall 전반적인 retirement 은퇴, 퇴직 come as a surprise 놀라운 일이 되다 colleague 동료

PRACTICE 2

1
정답 meals
해석 컨벤션 일정 중 고객들과 여러 차례 저녁을 드셨다고 알고 있습니다. 환급을 처리해 드릴 수 있도록 저에게 식사에 대한 영수증을 보내 주시기 바랍니다.
해설 앞 문장에 언급된 dinner와 의미상 일치하고, 그에 대한 영수증을 요청하는 맥락이므로 meals(식사)가 적절하다.
어휘 convention 대규모 회의, 총회 receipt 영수증 reimbursement 환급, 상환 process ~을 처리하다

2.
정답 inconvenience
해석 커뮤니티 센터의 수영장이 일주일간 점검을 위해 폐쇄됩니다. 이로 인해 발생할 수도 있을 불편에 대해 사과드립니다.
해설 점검으로 인한 수영장 운영 중단은 이용 불편이므로 inconvenience가 적절하다.
어휘 community center (지역) 커뮤니티 센터 inspection 점검, 검사 apologize 사과하다 inconvenience 불편 damage 손상 cause ~을 야기하다, 초래하다

3.
정답 change
해석 우리는 품질 문제로 몇몇 공급업체를 교체했습니다. 이 변화가 우리 회사의 이미지를 개선시키기를 바랍니다.
해설 공급업체를 교체한 것은 '변화, 변경'에 해당하므로 change(변화)가 적절하다.
어휘 replace ~을 교체하다 supplier 공급업체 due to ~ 때문에 quality issue 품질 문제 distinction 구별, 차별성, 탁월함 improve ~을 향상시키다

4
정답 vehicles
해석 6월 10일부로 본사에 새로운 주차 시스템을 도입할 예정입니다. 모든 차량은 해당 날짜 이전에 주차 사무실에 등록되어야 합니다.
해설 새로운 주차 시스템을 도입한다는 문맥에서 등록 대상은 당연히 차량일 것이므로 vehicles(차량)이 적절하다.
어휘 as of 시점: ~부로, ~일자로 implement ~을 시행하다, 실행하다 headquarters 본사 vehicle 차량 device 장치, 기기 register ~을 등록하다 parking office 주차 사무소

5.
정답 memorable
해석 요하네스 주방장이 독창적인 맛을 지닌 혁신적인 메뉴를 개발했습니다. 현재 고객에게 진정으로 기억에 남을 만한 식사 경험을 제공하고 있습니다.
해설 독창적인 맛을 지닌 메뉴로 인한 식사 경험은 아주 특별할 것이므로 memorable(기억에 남는)이 적절하다.
어휘 chef 요리사, 주방장 create ~을 창조하다, 만들다 innovative 혁신적인 unique 독특한, 특별한 flavor 맛, 풍미 truly 진정으로 familiar 익숙한 memorable 기억에 남는 dining experience 식사 경험

6.
정답 returned

해설 공공 도서관들이 연체된 도서들을 회수하는 데 도움이 되는 몇 가지 유용한 기능이 추가되었습니다. 도서들이 제때 반납되지 않으면 앱이 알림 메시지를 보냅니다.

해설 앞 문장의 overdue books(기한이 지난 책들)와 연결되어 '제 시간에 반납되지 않은 경우'라는 흐름이 되어야 자연스러우므로 returned가 정답이다.

어휘 function 기능 add ~을 추가하다 public library 공공 도서관 recover ~을 회수하다, 되찾다 overdue 연체된, 기한이 지난 alert message 경고 메시지 return ~을 반납하다 on time 정시에

PRACTICE 3

1.

정답 (A)

해설 -------. 그것들 중 하나는 개인정보와 관련된 사이버 절도 문제입니다.
(A) 웨비나는 다양한 주제들을 다룰 예정입니다.
(B) 우리는 전 세계 대상의 웨비나를 주최할 계획입니다.

해설 One of them으로 시작하는 것으로 보아 앞에 복수 주제를 언급하고 다음 문장에서 그 중 하나를 구체적으로 소개하는 것이 자연스러운 흐름이므로 a variety of topics를 언급한 (A)가 적절하다.

어휘 cyber theft 사이버 절도 involve ~을 포함하다 personal information 개인 정보 webinar 온라인 상의 세미나 cover ~을 다루다 a variety of 다양한 host ~을 주최하다

2.

정답 (A)

해설 저희는 각 고객님께 맞춤 서비스를 제공합니다. -------.
(A) 따라서, 고객님의 구체적인 선호사항이 있다면 마음 편히 연락 주세요.
(B) 곧 귀사와의 협력을 기대합니다.

해설 '맞춤형 서비스를 제공한다'고 알리는 문장 뒤에는 고객에게 개인 취향을 요청하는 내용인 (A)가 자연스럽게 이어진다.

어휘 customized 맞춤형의 feel free to do 마음 편히 ~하다 specific 구체적인 preference 선호사항

3.

정답 (B)

해설 주차장의 B구역은 재도색 작업을 위해 일시적으로 폐쇄되어 있습니다. -------.
(A) 운송 트럭은 주차장을 더 이상 사용할 수 없습니다.
(B) 그 동안, 방문객들은 지하 공간을 사용해야 합니다.

해설 주차장의 일부 구역이 임시 폐쇄된다는 안내를 한 뒤 방문객들에게 필요한 대안을 제시하는 (B)가 자연스럽게 연결된다. (A) 주차장 이용이 더 이상 이용이 불가하다는 영구적인 조치는 일부 구역이 일시적으로 폐쇄된다는 앞문장의 내용과 이어지기에 어색하다.

어휘 temporarily 일시적으로 repainting 재도색 no longer 더 이상 ~않다 space 공간 in the meantime 그 동안에 basement 지하

4.

정답 (B)

해설 저는 일과 더불어 자기 계발을 중요하게 생각합니다. -------. 그러나 관리직은 그런 성장의 시간을 충분히 주지 못할까 봐 우려됩니다.
(A) 저를 관리자 직책의 후보로 생각해 주셔서 감사드립니다.
(B) 예를 들어, 저는 최근 프랑스어 강좌에 등록했습니다.

해설 개인적인 성장(personal development)을 중요시한다는 말에 이어지는 내용으로 '프랑스어 강좌 등록'이라는 구체적인 예시를 드는 (B)가 자연스럽다. 뒷문장의 such growth와도 자연스럽게 연결된다.

어휘 value ~을 중요하게 여기다 personal development 자기 계발 alongside ~와 함께 be concerned that ~에 대해 우려하다 allow ~을 허용하다 growth 성장 be grateful to do ~하게 되어 감사하다 be considered for ~에 대해 고려되다 enroll in ~에 등록하다 course 강의, 수업

5.

정답 (A)

해설 특수 포장을 선택하시는 경우, 배송에 하루가 추가로 소요될 수 있습니다. -------.
(A) 그에 따라서 주문 일정을 잡아 주세요.
(B) 우리는 종종 이 목적에 맞춰 그것을 제공합니다.

해설 앞 문장에 언급된 배송 지연 가능성과 관련하여 이를 고려해서 주문하라는 안내를 제공하는 (A)가 적절하다. (B)는 무엇을 제공하는지도 불분명하고 앞문장의 핵심 내용인 배송지연과도 연결되지 않는다.

어휘 select ~을 선택하다 packaging 포장 require ~을 요구하다 additional 추가의 delivery 배달, 배송 plan ~을 계획하다 order 주문 accordingly 그에 맞게 provide ~을 제공하다 purpose 목적

실전 TEST

1. (B) **2.** (C) **3.** (D) **4.** (B) **5.** (B)
6. (A) **7.** (B) **8.** (D)

1-4 다음 이메일을 참조하시오.

> 홀랜드 씨께,
>
> 귀하의 월간 전기세 고지서에 발생한 문제에 저희가 관심을 **1** 기울이도록 해 주신 것에 대해 감사 드립니다. 저희가 이 문제를 조사해 봤으며, 지적해 주신 바와 같이, 계산 착오가 있었습니다. 귀하께 15달러가 **2** 잘못 초과 청구되었습니다. 이 실수는 저희 계량기 검침 시스템상의 기술적인 문제로 인해 발생했습니다. 그 결과, 귀하의 이용량이 부정확하게 기록되었습니다.
>
> **3** 저희는 이것이 초래했을 수도 있는 불편함에 대해 진심으로 사과 드립니다. 초과 청구된 금액은 귀하의 다음 번 고지서에서 차감될 것입니다. 어떤 추가 질문이든 있으시거나 **4** 이것에 관한 해명이 필요하실 경우, 언제든지 저희 고객 서비스팀에 연락 주시기 바랍니다.
>
> 안녕히 계십시오.
> 매릴린 고, 고객 서비스팀

어휘 appreciate ~에 대해 감사하다 bring A to one's attention: A에 ~가 관심을 기울이게 하다, A에 ~가 주목하게 하다 issue 문제, 사안(= matter) monthly 월간의, 달마다의 bill 고지서, 청구서, 계산서 look into ~을 조사하다, ~을 자세히 살펴 보다 point out 지적하다 miscalculation 계산 착오, 오산 overcharge ~에게 초과 청구하다 by (차이) ~만큼, ~ 정도 occur 발생하다 due to ~로 인해, ~ 때문에 meter reading (전기, 가스 등의) 계량기 검침 as a result 그 결과, 결과적으로 usage 이용(량) incorrectly 부정확하게 amount 금액, 액수 deduct A from B: B에서 A를 차감하다, B에서 A를 공제하다 further 추가의, 더 깊이 있는 clarification 해명, 설명

1.

정답 (B)

해설 you 이하 부분은 동사 appreciate의 목적어 역할을 하는 명사절이며, 이 명사절의 주어 you와 빈칸 뒤로 명사구와 전치사구들만 쓰여 있으므로 빈칸에 이 명사절의 동사가 필요하다. 또한, 과거에 시작된 일의 완료를 나타내는 현재완료시제 동사 have looked의 앞에 올 시제는 과거에 관심을 기울인 사실을 의미해야 알맞으므로 과거시제 동사 (B) brought가 정답이다.

2.

정답 (C)

해설 선택지가 모두 부사이므로 의미가 알맞은 것을 찾아야 한다. 바로 앞 문장에 상대방의 전기세 고지서와 관련해 계산 착오 (miscalculation)가 있었다는 말이 쓰여 있다. 따라서, 그 계산 착오에 의해 잘못 청구된 사실을 나타내야 알맞으므로 '잘못, 실수로'를 뜻하는 (C) mistakenly가 정답이다.

어휘 frequently 자주, 빈번히 lastly 마지막으로

3.

정답 (D)

해석 (A) 저희가 최근에 새로운 결제 방식을 시작했습니다.
(B) 저희는 청구서 발급 부서의 여러 직책을 충원하기를 바라고 있습니다.
(C) 전기 공급이 이번 주에 일시적으로 중단될 것입니다.
(D) 저희는 이것이 초래했을 수도 있는 불편함에 대해 진심으로 사과 드립니다.

해설 앞 단락에 상대방에게 고지서 요금이 잘못 청구된 사실 및 그 원인이 회사측 시스템상의 문제임을 설명하는 내용이 제시되어 있다. 따라서, 사과나 후속 조치 등을 언급하는 문장이 쓰여야 글의 흐름이 자연스러우므로 해당 문제를 this로 지칭해 그에 따른 불편함과 관련해 사과하는 (D)가 정답이다.

어휘 recently 최근에 launch ~을 시작하다, ~을 출시하다 payment plan 결제 방식, 지불 약정 fill ~을 충원하다, ~을 채우다 position 직책, 일자리 billing 청구서 발급 supply 공급(량) temporarily 일시적으로, 임시로 disrupt ~에 지장을 주다, ~을 방해하다 sincerely 진심으로 apologize for ~에 대해 사과하다 inconvenience 불편함 may have p.p. ~했을 수도 있다 cause ~을 초래하다

4.

정답 (B)

해설 무엇과 관련된 해명이 필요한지를 나타낼 대명사가 about의 목적어 자리인 빈칸에 쓰여야 한다. 따라서, 상대방이 겪은 문제, 즉 앞 문장에 제시된 단수 사물명사구 The overcharged amount를 지칭할 수 있는 (B) it이 정답이다.

5-8 다음 기사를 참조하시오.

> 시카고와 댈러스, 그리고 로스앤젤레스가 곧 테이스티 바이츠를 경험하게 될 예정인데, 이 빠르게 성장하는 패스트푸드 체인이 다음 달에 이 도시들에 신규 지점을 **5** 개장하기 때문입니다. 신선한 재료와 과감한 풍미, 그리고 적당한 가격으로 알려져 있는 테이스티 바이츠는 첫 매장을 설립한 이후로 충성스러운 팬층을 구축해 왔습니다. **6** 이 브랜드는 요리사 로라 킴 씨에 의해 작은 햄버거 가판대로 설립되었습니다. 그 이후로, 품질과 혁신에 대한 로라 킴 씨의 **7** 헌신 덕분에, 전국적인 인기 매장으로 성장해 왔습니다. "저희는 새로운 맛과 신선한 아이디어들로 저희 고객들을 계속 놀라게 해 드릴 작정입니다."라고 킴 씨는 말합니다. **8** 그 결과, 테이스티 바이츠는 자사의 대표 메뉴로서 아주 다양한 고객들의 마음을 사로잡고 있는 높게 쌓아올린 햄버거들과 바삭바삭한 치킨 랩, 그리고 채식 기반의 여러 음식들로 알려져 있습니다.

어휘 get a taste of ~을 맛보다, 경험하다 fast-growing 빠르게 성장하는 location 지점, 위치 known for ~로 알려져 있는 ingredient (음식) 재료, 성분 bold 과감한, 대담한 flavor 풍미, 맛 affordable (가격이) 알맞은, 감당할 수 있는 loyal 충성스러운, 충실한 fanbase 팬층 since ~ 이후로 establish ~을 설립하다 grow into ~로 성장하다 nationwide 전국적인 favorite n. 인기 있는 것, 가장 좋아하는 것 thanks to ~ 덕분에, ~ 때문에 quality 품질, 질 innovation 혁신 be determined to do ~하기로 굳게 결심하다 keep on -ing 계속 ~하다 signature 대표적인 loaded 높게 쌓아올린 crispy 바삭바삭한 A-based: A 기반의 appeal to ~의 마음을 사로잡다 a wide range of 아주 다양한

5.

정답 (B)

해설 접속사 as 뒤로 명사구 주어와 빈칸, 명사구, 그리고 in 전치사만 쓰여 있어 빈칸이 as절의 동사 자리임을 알 수 있다. 또한, 문장 마지막에 쓰여 있는 미래시점 표현 next month와 어울리는 미래시제 동사가 필요한데, 계획으로 확정된 사실을 말할 때 현재시제 동사로 대신할 수 있으므로, 3인칭 단수주어 (the fast-growing fast-food chain)와 수 일치되는 현재시제 동사의 형태인 (B) opens가 정답이다.

6.

정답 (A)

해석 (A) 이 브랜드는 요리사 로라 킴 씨에 의해 작은 햄버거 가판대로 설립되었습니다.
(B) 설립자가 여러 해외 시장으로 사업을 확장하는 것을 고려했습니다.
(C) 패스트푸드 업계에 대해 더 많은 어려움이 예상되었습니다.
(D) 더 낮은 재료 가격이 치열한 경쟁을 초래했습니다.

해설 빈칸 앞 문장에는 테이스티 바이츠가 충성스러운 팬층을 구축해 온 사실이, 빈칸 뒤에는 '그 이후로'라는 의미로 과거의 시작점을 나타내는 Since then과 함께, 전국적인 인기 매장으로 성장해 온 사실이 각각 쓰여 있다. 따라서, Since then이 가리키는 업체 성장의 시작점과 관련된 내용을 담은 문장이 필요하므로 최초의 설립을 배경을 언급한 (A)가 정답이다.

어휘 found ~을 설립하다 consider -ing ~하는 것을 고려하다 expand ~을 확장하다, ~을 확대하다 overseas 해외의 industry 업계 anticipate ~을 예상하다 cause ~을 초래하다 intense 치열한, 극심한, 강렬한 competition 경쟁

7.

정답 (B)

해설 빈칸이 전치사 thanks to의 목적어로서 전국적인 인기 매장으로 성장해 온 이유에 해당하므로, her가 가리키는 로라 킴 씨가 품질 및 혁신과 관련해 무엇을 했는지를 나타낼 명사가 필요하다. 바로 다음 문장에 새로운 맛과 아이디어로 고객들을 계속 놀라게할 작정이라고 인터뷰한 내용이 쓰여 있어 그러한 노력을 대신할 명사가 필요하므로 '헌신, 전념'을 뜻하는 (B) commitment가 정답이다.

어휘 decision 결정 satisfaction 만족(감) reduction 감소, 할인

8.

정답 (D)

해설 선택지가 모두 접속부사이므로 빈칸 앞뒤 문장들을 해석해 의미의 흐름을 파악해야 한다. 빈칸 앞에는 고객들에게 좋은 서비스를 제공하기 위한 로라 킴 씨의 각오를 나타내는 말이, 빈칸 뒤에는 아주 다양한 고객들의 마음을 사로잡고 있는 여러 제품들로 알려져 있다는 말이 각각 쓰여 있다. 이는 그러한 각오에 따라 발생한 긍정적인 결과에 해당하므로 '그 결과, 결과적으로'를 의미하는 (D)가 정답이다.

어휘 conversely 정반대로 similarly 유사하게 however 하지만, 그러나 as a result 그 결과

DAY 14 목적 / 요청 / 세부사항 문제

PRACTICE 1

전 직원 여러분,

도난당하거나 분실된 사원증이 건물을 출입하는 데 이용되는 것을 방지하기 위해, 시설 관리팀에서는 지문 인식 보안 시스템을 도입하기로 결정했습니다. 6월 28일까지, 전 직원 여러분은 출입이 허용될 수 있도록 **각자의 지문을 전자 시스템에 등록하셔야 한다는 사실에 유의하시기 바랍니다.**

1. 공지의 목적이 무엇인가?

(A) 개인 정보의 등록을 요청하는 것

(B) 고급 보안 기기를 홍보하는 것

해설 지문 후반부에 나오는 요청 표현 Please note that 뒤에 단서가 있다. 직원들이 지문을 전자 시스템에 등록해야 한다고 요청하는 것이 목적에 해당하며, 이는 개인 정보를 등록하는 것과 같으므로 (A)가 정답이다.

어휘 prevent A from -ing: A가 ~하는 것을 방지하다 stolen 도난 당한 lost 분실된 maintenance 시설 관리, 유지 관리 decide to do ~하기로 결정하다 introduce ~을 도입하다, ~을 소개하다 fingerprint-scanning security system 지문 인식 보안 시스템 note that ~라는 점에

유의하다, ~라는 점을 주목하다 **be required to do** ~해야 하다 **electronically** 전자 시스템으로, 컴퓨터로 **register** 등록하다 **so that** (목적) ~하도록, (결과) 그러므로, 그래서 **be allowed to do** ~하도록 허용되다 **call for** ~을 요청하다 **promote** ~을 홍보하다, ~을 촉진하다, ~을 승진시키다 **advanced** 고급의, 발전된 **device** 기기, 장치

Paraphrase are required to electronically register their fingerprint ⇒ call for the registration of personal information

---

귀하의 구독 서비스가 만료되었습니다 ― **지금 갱신하셔서 절약해 보세요!** 놓치지 마십시오. **지금이 단 $34.99로 36권을 받아 보실 수 있는 마지막 기회입니다.** 1년치 전체 무료 구독에 더해, 온라인 전용 이용권까지, 모두 타의 추종을 불허하는 가격에 제공됩니다. 지금 신청하십시오. 첨부된 양식을 작성하셔서 더 저렴한 가격에 계속 더 많은 혜택을 받아 보세요.

---

2. 편지의 목적이 무엇인가?
 (A) 신규 구독 가입을 확인해 주는 것
 (B) 특가 상품을 제공하는 것

해설 지문 초반부 구독 서비스가 만료된 사실과 함께 갱신을 권면서 가격과 관련된 혜택을 소개하고 있으므로 (B)가 정답이다.

어휘 **subscription** (서비스 등의) 구독, 가입 **expire** 만료되다 **renew** 갱신하다 **miss out** 놓치다, 지나치다 **issue** (출판물의) 권, 호 **exclusive** 전용의, 독점적인 **access** n. 이용 (권한), 접근 (권한) v. ~을 이용하다, ~에 접근하다 **unbeatable** 타의 추종을 불허하는 **act** 조치하다, 움직이다 **fill out** ~을 작성하다 **attach** ~을 첨부하다, ~을 부착하다 **form** 양식, 서식 **keep -ing** 계속 ~하다 **confirm** ~을 확인해 주다 **deal** 거래 (상품), 계약

Paraphrase 36 issues for just $34.99 / a full year free ⇒ a special deal

---

PRACTICE 2

더욱 편안한 숙박을 즐겨 보세요 ― 기간 한정 특가 혜택! 6월 30일까지, 저희 호텔 리마 고객들께서는 단 5달러의 추가 비용으로 디럭스룸으로 업그레이드하실 수 있습니다. 고급 편의 시설과 아주 멋진 전망을 지닌 더 널찍한 환경에서 여유로운 시간을 보내 보십시오. **부담 갖지 마시고 체크인 시 첨부된 쿠폰을 안내 담당 직원에게 제시하셔서 이 특가 혜택을 이용해 보시기 바랍니다.** 근처의 호텔 지점 정보를 보시려면 저희 웹사이트 www.hotelrima.com을 방문하시기 바랍니다.

1. 고객들이 업그레이드 혜택을 받으려면 무엇을 하도록 요청되는가?

(A) 프런트 데스크에 쿠폰을 제공할 것
(B) 호텔 웹 사이트에서 예약할 것

해설 지문 중반부에 요청을 나타내는 Feel free to가 나온다. 체크인할 때 첨부된 쿠폰을 안내 담당 직원에게 제시해 특가 혜택을 이용하도록 알리고 있으므로 (A)가 정답이다.

어휘 **comfortable** 편안한, 편한 **limited-time** 기간 한정의 **offer** n. 특가, 할인 (혜택) **extra** ad. 추가로, 별도로 **relax** 여유롭게 쉬다 **spacious** 널찍한 **setting** 환경 **amenities** 편의 시설 **stunning** 아주 멋진 **receptionist** 안내 담당 직원 **attach** ~을 첨부하다, ~을 붙이다 **upon** ~할 시에, ~하자마자 **take advantage of** ~을 이용하다 **location** 지점, 위치 **near** ~ 근처에 (있는) **present** v. ~을 제시하다, ~을 제공하다 **voucher** 쿠폰, 상품권 **make a reservation** 예약하다

Paraphrase show the receptionist the attached coupon upon check-in ⇒ Present a voucher at the front desk

---

경영진은 불량률을 줄이고 비용을 낮추기 위해, 다음 달부터, 우리의 주 공급업체를 교체하기로 결정했습니다. 우리는 이러한 변화가 빡빡한 생산 일정을 관리하시는 직원들께 어려움을 야기할 수도 있음을 알고 있습니다. 이것이 여러분께 적용되는 경우, **소속 책임자께 연락하셔서 대체 공급 조치를 논의해 계속 일정대로 유지해 주시기 바랍니다.**

---

2. 변화의 영향을 받는 직원들이 무엇을 하도록 권장되는가?
 (A) 대체 선택 사항을 고려하는 것
 (B) 각자의 업무 일정을 조정하는 것

해설 지문 후반부의 요청을 나타내는 표현 Please 이하에서 해당 직원에게 소속 책임자와 대체 공급 조치를 논의하도록 권하고 있으므로 (A)가 정답이다.

어휘 **management** 경영(진), 관리(진) **decide to do** ~하기로 결정하다 **replace** ~을 교체하다 **supplier** 공급업체, 공급업자 **effective + 시점**: ~부터, ~부로 **reduce** ~을 줄이다, ~을 감소시키다 **defect** 결함 **rate** 비율, 요금, 속도, 등급 **lower** v. ~을 낮추다 **present** v. (문제 등) ~을 야기하다, ~을 제공하다 **challenge** 어려움, 힘든 일 **tight** (일정, 비용 등이) 빡빡한, 빠듯한 **apply to** ~에 적용되다 **alternative** 대체의, 대안의 **supply** 공급(량) **arrangement** 조치, 처리, 마련 **on schedule** 일정대로 **affect** ~에 영향을 미치다 **be advised to do** ~하도록 권장되다 **consider** ~을 고려하다 **adjust** ~을 조정하다, ~을 조절하다

Paraphrase discuss alternative supply arrangements ⇒ Consider alternative options

PRACTICE ❸

> 알고 계실 수도 있지만, **우리 제롬 덴버 이사님께서 6월 15일부로 우리 회사를 떠나 개인 사업을 시작하실 것입니다.** 수년 동안에 걸친 헌신적인 근무와 상당한 공헌에 대해 감사드리기 위해, 이분의 마지막 날에 직원 라운지에서 송별회를 개최할 예정입니다. 모든 분께서 함께 자리해 감사의 뜻을 표하고 행운을 빌어 주시기 바랍니다.

1. 회람에 따르면, 6월 15일에 무슨 일이 있을 것인가?
(A) 덴버 씨가 은퇴를 발표할 것이다.
(B) 덴버 씨를 기리기 위해 모임이 개최될 것이다.

해설 지문 초반부와 중반에 덴버 이사가 6월 15일부로 회사를 떠난다는 말과 함께 헌신적인 근무와 상당한 공헌에 대해 감사하기 위한 송별회를 마지막 날에 개최한다고 알리고 있으므로 (B)가 정답이다.

어휘 leave ~을 떠나다, ~을 그만두다 effective 시점: ~부로, ~부터 dedicated 헌신적인, 전념하는 significant 상당한, 많은, 중요한 contribution 공헌, 기여 hold ~을 개최하다 farewell party 송별회 be welcome to do ~해도 좋다, ~하기를 환영하다 join ~와 함께 하다, ~에 합류하다 express (감정 등) ~을 표현하다 gratitude 감사(의 뜻) best wishes 행운, 행복, 성공

Paraphrase To thank him for his dedicated service and significant contributions / holding a farewell party ⇒ A gathering will be held to honor Mr. Denver

> 오크리지 다리가 **6월 10일부터 8월 25일까지 보수 공사로 인해 폐쇄될 것**이라는 사실에 유의하시기 바랍니다. 이 기간 중에, 모든 차량들이 지정된 우회 경로로서 메이플 애비뉴와 리버벤드 로드로 유도될 것입니다. 공사 구역 주변에서 안전하게 운전자들을 안내하는 데 도움이 되기 위해 **우회로 표지판이 미리 설치될 것입니다.**
> 여러분의 인내와 협조에 감사 드립니다.

2. 해당 표지판이 언제 배치될 것 같은가?
(A) 6월 5일에
(B) 6월 10일에

해설 지문 초반부에 6월 10일부터 다리가 폐쇄된다고 쓰여 있고, 후반부에는 우회로 표지판이 미리 설치된다고 언급되어 있으므로 (A)가 정답이다.

어휘 Please be advised that ~라는 사실에 유의하시기 바랍니다 renovation 보수, 개조 traffic 차량들, 교통(량) redirect ~을 유도하다, ~의 방향을 바꾸다 designated 지정된 detour 우회(로) post ~을 배치하다, ~을 게시하다 in advance 미리, 사전에 patience 인내(심) cooperation 협조, 협력 put up ~을 설치하다, ~을 세우다, ~을 게시하다

실전 TEST

1. (C) **2.** (C) **3.** (D) **4.** (C)

1-2 다음 공지를 참조하시오.

> **1 자원 봉사 기회**
>
> 저희가 현재 해당 지역에 극심하게 영향을 미친 최근의 허리케인에 의해 초래된 피해로부터 회복되도록 **1 레이크사이드 지역 사회를 돕는 자원 봉사 활동을 준비하고 있습니다.** 이 자원 봉사단은 4월 11일에 출발해 4월 19일에 복귀할 것입니다. 이 봉사단은 이재민이 된 가족들에게 물과 음식, 칫솔 및 치약, 비누, 그리고 담요 같은 기본 물자를 나눠 드릴 것입니다. 저희는 봉사단과 함께 하실 5명의 추가 자원 봉사자가 필요합니다. 숙소와 식사가 제공될 것이며, 그 기간 중에 유급 휴가 상태에 있게 되실 것입니다. **2 하지만 여행 경비는 환급되지 않는다는 점에 유의하시기 바랍니다.** 관심이 있으시거나, 참가하기를 원하실 수도 있을 분을 알고 계시는 경우, m.lee@winstonair.com으로 인사부의 마이클 리 씨에게 연락하시기 바랍니다.

어휘 volunteer 자원 봉사자 currently 현재 organize ~을 마련하다, ~을 조직하다 aid 지원, 도움 initiative n. 계획 recover 회복되다, 복구되다 damage 피해, 손해, 손상 cause ~을 초래하다 recent 최근의 severely 극심하게 impact ~에 영향을 미치다 distribute ~을 나눠 주다 supplies 물자, 공급품 displaced 이재민이 된 in need of ~이 필요한 join ~와 함께 하다, ~에 합류하다 lodging 숙소 paid vacation 유급 휴가 please be advised ~라는 점에 유의하시기 바랍니다 expense 경비, 지출 (비용) reimburse ~을 환급해 주다 participate 참가하다

1. 공지의 목적이 무엇인가?
(A) 자선 활동을 위해 모금하는 것
(B) 피해를 입은 집에서 대피하도록 주민들을 돕는 것
(C) 도움이 필요한 사람들을 도울 자원 봉사자를 모집하는 것
(D) 가난한 가정에 의료 지원 서비스를 제공하는 것

해설 상단에 제목이 '자원 봉사 기회(Volunteer Opportunity)'로 쓰여 있고, 초반부에 레이크사이드 지역 사회를 돕는 자원 봉사 지원 계획을 마련하고 있다고(We are currently organizing a volunteer aid initiative to help the Lakeside Community ~) 밝히고 있으므로 (C)가 정답이다.

어휘 raise funds 모금하다 charity 자선 (단체) effort 활동, 노력 resident 주민 evacuate from ~에서 대피하다 recruit ~을 모집하다 those (수식어구와 함께) ~하는 사람들 in need 도움이 필요한 assistance 지원, 도움

정답 및 해설 **149**

2. 자원 봉사자들이 무엇을 하도록 요청 받는가?
(A) 물과 음식을 가져갈 것
(B) 따뜻한 의류를 착용할 것
(C) 개인 여행 경비를 부담할 것
(D) 봉사단을 이끌도록 마이클 리 씨에게 연락할 것

해설 지문 후반부에 여행 경비가 환급되지 않는다는(But please be advised that travel expenses will not be reimbursed) 말이 쓰여 있어 각자 비용을 부담해야 한다는 것을 알 수 있으므로 (C)가 정답이다.

어휘 clothing 의류 finance v. ~에 자금을 제공하다 lead ~을 이끌다

Paraphrase travel expenses will not be reimbursed
⇒ Finance their own travel expenses

3-4 다음 안내 표지판을 참조하시오.

---
3 이스트브룩 비즈니스 센터에 오신 것을 환영합니다

3 1층
- **4** 웰스프링 가정의학과 – 스위트 101호
- **4** 이스트브룩 치과 – 스위트 104호
- **4** 하모니 물리 치료 – 스위트 106호

3 2층
- A&D 부동산 관리 – 스위트 201호
- 펠스 보안 & 시설 관리 – 스위트 203호

방문객들께서는 반드시 중앙 안내 데스크에서 방문자 확인 절차를 밟으셔야 합니다.
도움이 필요하실 경우, 923-267-0543번으로 전화 주십시오.

어휘 dental 치과의, 치아의 care 관리, 돌봄, 주의, 배려 property 부동산, 건물 maintenance 시설 관리, 유지 관리 check in 방문자 확인 절차를 밟다 reception desk 안내 데스크 assistance 도움, 지원

3. 해당 안내 표지판이 어디에서 보일 것 같은가?
(A) 회사 게시판에서
(B) 병원 대기실에서
(C) 공사 현장 입구에서
(D) 사무용 복합 건물 로비에서

해설 상단에 이스트브룩 비즈니스 센터에 온 것을 환영한다는(Welcome to Eastbrook Business Center) 인사말과 함께 1층과(First Floor) 2층에(Second Floor) 입주해 있는 업체가 각각 표기되어 있어 건물 로비에 게시되는 입주사 안내 표지판인 것으로 볼 수 있으므로 (D)가 정답이다.

어휘 bulletin board 게시판 site 현장, 부지, 장소 complex 복합 건물, 건물 단지

4. 1층에 어떤 종류의 업체들이 위치해 있는가?
(A) 관광
(B) 광고
(C) 의료
(D) 상담 서비스

해설 1층에 입주해 있는 업체의 명칭이 웰스프링 가정의학과(WellSpring Family Clinic)와 이스트브룩 치과(Eastbrook Dental Care), 그리고 하모니 물리 치료(Harmony Physical Therapy)로 쓰여 있어 의료 기관임을 알 수 있으므로 (C)가 정답이다.

어휘 be located on ~에 위치해 있다

Paraphrase Family Clinic / Dental Care / Physical Therapy ⇒ Health care

DAY 15 동의어 / 표현의도 / 문장삽입 문제

PRACTICE 1

최근 저희 고객 만족도 설문을 작성해 주셔서 감사합니다. 여러분의 의견이 저희 서비스를 향상시키고 저희가 고객의 기대에 더 잘 부응하는 데 도움이 되기 때문에, 저희는 여러분의 의견을 **소중히 여깁니다**. 추가로 의견이 있으시다면 언제든지 편하게 연락해 주세요.

---

1. 첫 번째 단락, 두 번째 줄의 단어 "appreciate"와 의미가 가장 가까운 것은 무엇인가?
(A) 칭찬하다
(B) 소중히 여기다

해설 업체 측에서 고객이 설문지에 작성한 의견이 제품과 서비스 향상에 도움이 된다고 하므로 '고객의 의견을 소중히 여기다'라는 의미가 어울린다는 것을 알 수 있다. 따라서 '~을 소중히 여기다'라는 의미를 지닌 value가 정답이다.

어휘 complete ~을 작성하다 recent 최근의 customer satisfaction survey 고객 만족도 설문조사 truly 진심으로 appreciate ~을 소중히 여기다, ~에 대해 감사하다 feedback 의견 improve ~을 향상시키다 better meet one's expectations ~의 기대에 더 잘 부응하다 additional 추가의, 부가의 comment 의견 reach out to ~에게 연락하다 anytime 언제든지 praise ~을 칭찬하다

팀 여러분께,
다음 주 월요일에, 저희는 여름 제품 라인을 홍보하기 위한 새로운 마케팅 캠페인을 **시작할** 예정입니다. 이번 캠페인은 온라인 광고, 소셜 미디어 콘텐츠, 이메일 뉴스레터 등의 다양한 방식으

로 진행됩니다. 성공적인 시작을 위해 여러분의 협조에 기대하고 있습니다.

2. 첫 번째 단락, 첫 번째 줄의 단어 "launch"와 의미가 가장 가까운 것은 무엇인가?
   (A) 발표하다
   (B) 시작하다

해설 다음 주에 새로운 마케팅 캠페인을 시작할 것임을 알린 뒤, 캠페인의 내용을 소개하고 직원들의 협조를 구하고 있으므로 launch는 '시작하다'의 의미로 쓰였음을 알 수 있다. 따라서 이러한 의미를 지니는 (B) start가 정답이다.

어휘 launch ~을 시작하다, 출시하다 promote ~을 홍보하다 product line 제품 라인 include ~을 포함하다 a mix of 다양한 ~, ~의 혼합 ad 광고 newsletter 소식지 count on ~에 기대다 cooperation 협조 ensure ~을 보장하다 successful 성공적인 kickoff 시작

PRACTICE 2

제나 (오후 3:12)
마크 씨, 새로운 보너스 휴가 정책에 관한 이메일 보셨어요? 초과 근무하는 사람은 누구든 그 초과 시간을 바탕으로 추가 휴가일을 얻을 거예요.

마크 (오후 3:15)
네, 봤어요. 우리 모두 받을 만 하죠.

1. 오후 3시 15분에, 마크 씨가 "우리 모두 받을 만 하죠"라고 쓸 때 무엇을 의미할 것 같은가?
   (A) 최근에 계속 초과 근무해 오고 있다.
   (B) 쓰지 않은 휴가일에 대해 반드시 돈을 지급 받아야 한다.

해설 제나 씨가 새 정책을 언급하면서 초과 근무하는 사람이 그 초과 시간을 바탕으로 추가 휴가일을 얻을 거라고 언급한 것에 대해 '우리 모두 받을 만하죠'라고 반응하는 흐름이다. 이는 이미 계속 초과 근무해 오고 있어서 그 혜택을 얻을 자격이 있다는 뜻이므로 (A)가 정답이다.

어휘 policy 정책 anyone who ~하는 사람은 누구든 work overtime 초과 근무하다 extra 추가의, 별도의 based on ~을 바탕으로 deserve ~에 대한 자격이 있다, ~을 받을 만하다 lately 최근에 unused 쓰지 않은, 미사용된

레나 (오전 9:15)
제 여행을 위해 객실을 하나 예약하려 하고 있습니다. 호텔 패리스의 객실 하나가 1박에 약 180달러라는 게 놀랍네요.

드류 (오전 9:16)
정말인가요? 그건 5성급인 애쉬빌 호텔과 비슷하군요. 성수기에는 그게 시세인 것 같아요.

2. 오전 9시 16분에, 드류 씨가 "그건 5성급인 애쉬빌 호텔과 비슷해요"라고 쓸 때 무엇을 의미하는가?
   (A) 호텔 패리스가 과도한 요금을 청구하고 있다.
   (B) 애쉬빌 호텔이 최근에 요금을 인상했다.

해설 레나 씨가 호텔 패리스의 객실 하나가 1박에 약 180달러라는 게 놀랍다고 언급한 것에 대해 드류 씨가 '그건 5성급인 애쉬빌 호텔과 비슷하군요'라고 동의하고 있다. 이는 호텔 패리스가 5성급 호텔 수준의 요금으로 바가지를 씌우고 있다는 뜻이므로 (A)가 정답이다.

어휘 try to do ~하려 하다 book ~을 예약하다 be surprised that ~해서 놀라다 around 약, 대략 similar to ~와 비슷한 going rate 시세 peak season 성수기 overcharge 과도한 요금을 청구하다, 바가지를 씌우다 raise ~을 인상하다, ~을 올리다 lately 최근에

PRACTICE 3

저희 프리미엄 약정을 이용하시면, 저희 경쟁사들이 제공하는 매달 39달러에 비해, 매달 불과 29달러에서 시작하는 상당한 가격 이점을 얻으시게 됩니다. 게다가, 매달 최대 400장의 고해상도 이미지를 다운로드하실 수 있습니다. 이는 시중에서 구하실 수 있는 최고의 선택보다 100장이 더 많은 것입니다.

1. [1]과 [2]로 표시된 위치들 중에서 다음 문장이 들어가기에 가장 적합한 곳은 어디인가?

"게다가, 매달 최대 400장의 고해상도 이미지를 다운로드하실 수 있습니다."

   (A) [1]   (B) [2]

해설 제시된 문장은 유사 정보를 추가할 때 사용하는 Plus와 함께 매달 최대 400장의 고해상도 이미지를 다운로드할 수 있다는 혜택을 언급하고 있다. 따라서, 더 나은 가격 이점을 얻는다는 혜택을 언급하는 문장 뒤에 표기된 [1]에 위치해 또 다른 혜택을 소개하는 흐름이 되어야 자연스러우므로 (A)가 정답이다.

어휘 gain ~을 얻다, ~을 획득하다 significant 상당한, 많은, 중요한 advantage 이점, 장점 compared to ~에 비해, ~와 비교해 competitor 경쟁사, 경쟁자 on the market 시중에서 plus 게다가, 그에 더해 up to 최대 ~의 high-resolution 고해상도의

저희 보유 제품은 깊은 인상을 남기시는 데 도움이 되는 30만 개가 넘는 전문적으로 디자인된 발표용 견본을 특징으로 합니다. 저희 웹사이트에서 무료로 모든 종류를 살펴 보시고 다운로드하실 수 있습니다. 이 1개월 체험 서비스 제공은 7월 말에 종료됩니다.

2. [1]과 [2]로 표시된 위치들 중에서 다음 문장이 들어가기에 가장 적합한 곳은 어디인가?

"이 1개월 체험 서비스 제공은 7월 말에 종료됩니다."

(A) [1] (B) [2]

해설 제시된 문장은 1개월 체험 서비스 제공은 7월 말에 종료된다는 의미를 담고 있다. 따라서, 체험 서비스에 대한 세부설명이 끝난 후인 [2]에 위치해 해당 서비스 이용 기간과 관련된 정보를 제공하는 흐름이 되어야 자연스러우므로 (B)가 정답이다.

어휘 collection 보유하고 있는 것들, 소장품 feature v. ~을 특징으로 하다 template 견본 make an impact 깊은 인상을 남기다, 영향을 미치다 explore ~을 살펴 보다, ~을 탐구하다 range 종류, 범위, 제품군 for free 무료로 trial 체험 서비스

실전 TEST

| 1. (C) | 2. (B) | 3. (C) | 4. (D) | 5. (C) |

1-2 다음 온라인 채팅을 참조하시오.

> 닉 모리스 (오전 9:07)
> 안녕하세요, 캐롤 씨. **1** 남아 있는 제 연차 휴가일수와 관련된 질문이 있습니다. 제가 좀 헷갈려서 도와 주실 수 있기를 바랍니다. 바쁘시다면 귀찮게 해서 죄송합니다.
>
> 캐롤 베켓 (오전 9:08)
> 괜찮습니다, 닉 씨. 무엇이 문제인 것 같으세요? 쓰실 수 있는 잔여 휴가가 있으신가요?
>
> 닉 모리스 (오전 9:11)
> 네, 그렇습니다. 제가 예상한 것보다 연차일수가 적어 보이네요. 저는 지난달 컨벤션 참가를 위한 제 휴무가 유급 휴가로 간주될 거라고 생각했지만, 차감된 것 같아 보입니다.
>
> 캐롤 베켓 (오전 9:13)
> 아, 알겠습니다. **2** 사실, 외부 행사에 대한 자발적인 참가는 회사 정책에 따라 유급 휴가로 여겨지지 않기 때문에, 그 날들은 잔여 휴가에서 차감되었습니다.
>
> 닉 모리스 (오전 9:14)
> 아, 그런 줄 몰랐습니다. 제게 설명해 주셔서 감사합니다!

어휘 remaining 남아 있는, 나머지의 yearly 연간의, 해마다의 paid vacation 유급 휴가 a bit 조금, 약간 confused (사람이) 헷갈려하는 bother ~을 귀찮게 하다 seem to do ~하는 것 같다 issue 문제, 사안 balance 잔여, 남은 것 handy 쓸 수 있는, 유용한 expect 예상하다 time off 휴무, 휴일 count as ~로 간주되다 it looks like ~인 것 같다 deduct ~을 차감하다, ~을 공제하다 voluntary 자발적인 participation 참가 external 외부의 under (영향 등) ~에 따라, ~ 하에 (있는) policy 정책, 방침 realize ~을 알게 되다, 깨닫다 explain ~을 설명하다

1. 베켓 씨가 어떤 부서에 근무하고 있을 것 같은가?
(A) 영업 (B) 엔지니어링
(C) 인사 (D) 고객 서비스

해설 9시 07분 메시지에서 모리스 씨가 베켓 씨에게 남아 있는 연차 휴가일수와 관련된 질문이 있다고 알리고 있다. 따라서, 베켓 씨가 직원들의 휴가와 관련된 업무를 보는 부서, 즉 인사부에 근무하는 직원임을 알 수 있으므로 (C)가 정답이다.

2. 오전 9시 14분에, 모리스 씨가 "아, 그런 줄은 몰랐습니다"라고 쓸 때 무엇을 의미하는가?
(A) 베켓 씨가 왜 실수를 저질렀는지 알고 있다.
(B) 문제의 원인을 인식하고 있다.
(C) 컨벤션이 얼마나 중요했는지 이해하고 있다.
(D) 베켓 씨가 자신을 도와 줄 수 있는지 확실하지 않다.

해설 9시 13분에 베켓 씨가 모리스 씨의 유급 휴가와 관련된 회사 정책을 설명하면서 그 정책에 따라 잔여 휴가에서 차감된 사실을 밝히자, 모리스 씨가 '아, 그런 줄 몰랐습니다'라고 반응하는 흐름이다. 이는 자신의 계산 착오를 인정하는 경우에 할 수 있는 말이므로 (B)가 정답이다.

어휘 make a mistake 실수를 저지르다 recognize ~을 인식하다, ~을 인정하다 cause 원인, 이유 whether ~인지 (아닌지)

3-5 다음 이메일을 참조하시오.

> 사우스윅 씨께,
>
> 뷰포트 컨트리 클럽의 회원 서비스 관리부장으로서, **3** 저는 일부 누락된 정보가 제공되기 전에는 귀하의 신청서를 처리해 드릴 수 없다는 사실을 알려 드리기 위해 이메일을 씁니다. 제가 오늘 아침에 귀하의 양식을 살펴 봤을 때, 귀하를 소개해 주시는 현 클럽 회원의 성함을 포함하지 않으셨다는 사실을 알게 되었으며, 이는 신규 회원권을 발급해 드리는 데 있어 중요한 요건들 중 하나입니다.
>
> 저는 또한 이번 기회를 빌려 이달 **4** 나머지 기간에 곧 있을 몇몇 클럽 행사들과 관련해 알려 드리고자 하며, 귀하의 회원 자격이 승인되는 대로 참가하실 수 있는 자격을 얻으시게 될 것입니다. 6월 15일 토요일에는, 저희가 식당에서 기금 마련 연회를 주최할 것이며, 모든 수익금이 지역 내 여러 자선 단체에 전달됩니다. 어느 회원이시든 25달러의 요금으로 얼마든지 함께 하실 수 있습니다. **5** 다음 토요일인 6월 22일에는, 저희가 정원에서 제과제품 판매 행사를 개최할 것입니다. 이 일정이 우천 발생 시에는 재조정될 수 있다는 사실에 유의하시기 바랍니다. 마지막으로, 6월 29일 토요일에는, 레크리에이션 건물 내의 최근 개조된 여러 코트에서 연례 테니스 토너먼트를 주최할 것입니다. 어떤 것이든 이 행사들과 관련된 추가 정보를 원하시는 경우, 주저하지 마시고 질문하시기 바랍니다.
>
> 귀하의 답변을 고대합니다.
>
> 안녕히 계십시오.

엠마 하스턴
회원 서비스 관리부장

어휘 inform A that A에게 ~라고 알리다 not A until B B한 후에야 A하다 proceed with ~을 처리하다 application 신청(서), 지원(서) missing 누락된, 빠진, 없는 review ~을 살펴 보다, ~을 검토하다 form 양식, 서식 notice that ~임을 알게 되다 include ~을 포함하다 current 현재의 refer ~을 소개해 주다, ~을 추천해 주다 requirement 요건, 자격 조건 issue v. ~을 발급하다, ~을 발행하다 take this opportunity to do 이번 기회를 빌려 ~하다 upcoming 곧 있을, 다가오는 the rest of ~의 나머지 be eligible to do ~할 자격이 있다 participate in ~에 참가하다 once (일단) ~하는 대로, ~하자마자 approve ~을 승인하다 host ~을 주최하다 fundraising 기금 마련, 모금 banquet 연회 with A -ing A가 ~하면서, A가 ~하는 채로 proceeds 수익금 local 지역의, 현지의 charity 자선 (단체) be welcome to do 얼마든지 ~해도 좋다 following 다음의 hold ~을 개최하다 annual 연례적인, 해마다의 recently 최근에 renovate ~을 개조하다, ~을 보수하다 hesitate to do ~하기를 주저하다 look forward to ~을 고대하다

3. 이메일의 주 목적이 무엇인가?
   (A) 클럽에 신규 회원들을 추천하는 것
   (B) 회원 자격 승인을 확인해 주는 것
   (C) 추가 정보를 요청하는 것
   (D) 행사 일정에 대한 변동 사항을 설명하는 것

해설 첫 번째 단락에 일부 누락된 정보가 제공되지 않으면 신청서를 처리해 줄 수 없다는 사실을 알리기 위해 이메일을 쓴다고(I'm writing to inform you that we cannot proceed~) 목적을 밝히고 있으므로 (C)가 정답이다.

어휘 confirm ~을 확인해 주다 approval 승인 request ~을 요청하다 additional 추가적인 describe ~을 설명하다, ~을 묘사하다

Paraphrase cannot proceed with your application until some missing information is provided
⇒ To request additional information

4. 두 번째 단락 두 번째 줄의 단어 "rest"와 의미가 가장 가까운 것은 무엇인가?
   (A) 받침대   (B) 해결
   (C) 휴식   **(D) 나머지**

해설 해당 문장에서 rest 앞에 곧 있을 몇몇 클럽 행사들과 관련해 알리고자 한다는(to let you know about some upcoming club events) 말이 쓰여 있다. 따라서, for the rest of the month가 이번 달 나머지 기간을 의미한다는 것을 알 수 있으므로 '나머지'를 뜻하는 (D) remainder가 정답이다.

5. [1], [2], [3], [4]로 표시된 위치들 중에서 다음 문장이 들어가기에 가장 적합한 곳은 어디인가?

   "이 일정이 우천 발생 시에는 재조정될 수 있다는 사실에 유의하시기 바랍니다."

   (A) [1]
   (B) [2]
   (C) [3]
   (D) [4]

해설 제시된 문장은 앞서 언급된 특정 대상을 this로 지칭해 우천 시에 일정이 재조정될 수 있다는 사실을 알리고 있다. 따라서, 비의 영향을 받을 수 있는 것으로서 정원에서 열릴 행사를 언급하는 문장 뒤에 표기된 [3]에 위치해, 우천 시에 필요한 조치를 설명하는 흐름이 되어야 자연스러우므로 (C)가 정답이다.

어휘 note that ~라는 사실에 유의하다, ~임에 주목하다 in the event of ~의 경우에 (대비해)

VOCABULARY

DAY 01 최빈출 정답 어휘_명사 ①

실전 TEST

| 1. (A) | 2. (C) | 3. (A) | 4. (D) | 5. (A) |
| 6. (D) | 7. (D) | 8. (B) | 9. (D) | 10. (C) |

1.
정답 (A)
해석 워크숍이 업무 공간 내 의사 소통을 향상시키기 위한 노력의 일환으로 개최되었다.
해설 빈칸 앞뒤에 각각 위치한 in an 및 to부정사와 어울려 쓰일 수 있는 명사가 필요하므로 '~하기 위한 노력의 일환으로'를 뜻하는 표현인 「in an effort to do」를 구성하는 (A) effort가 정답이다.
어휘 hold ~을 개최하다 improve ~을 향상시키다, ~을 개선하다 communication 의사 소통 experience n. 경험, 경력 v. ~을 경험하다 emergency 비상 사태, 응급 상황 exception 예외, 제외

2.
정답 (C)
해석 우리 회사의 재정 문제들과 관련해 늘어나는 우려가 있었습니다.
해설 형용사 growing과 어울려 회사의 재정 문제들과 관련해 늘어날 수 있는 것을 나타낼 명사가 필요하므로 '우려, 걱정'을 뜻하는 (C) concern이 정답이다.
어휘 growing (수량, 크기, 정도 등이) 늘어나는, 증가하는 financial 재정의, 재무의, 금융의 issue n. 문제, 사안, (출판물 등의) 호, 발행(물) v. (서류 등) ~을 발급하다, (물품 등) ~을 지급하다 difference 차이, 다름 rate n. 요금, 비율, 속도, 등급 v. 등급을 매기다, 평가하다 result 결과(물)

3.
정답 (A)
해석 내년에 예산에 대한 존슨 씨의 제안이 수용되었습니다.
해설 빈칸 뒤에 수용되었다는 말이 쓰여 있어 예산과 관련해 수용 여부를 결정할 수 있는 대상을 나타낼 명사가 쓰여야 하므로 '제안(서)'을 뜻하는 (A) proposal이 정답이다.
어휘 budget 예산 accept ~을 수용하다, ~을 받아들이다 defect 결함, 하자, 흠 value 가치, 값어치 measure n. 조치, 수단, 측정(된 치수) v. ~을 측정하다, 치수가 ~이다

4.
정답 (D)
해석 전액 환불이 구입 후 15일 이내에 제공될 수 있습니다.
해설 형용사 full과 어울리는 명사로서 제품 구입 후에 제공될 수 있는 서비스나 혜택 등과 관련된 명사가 필요하므로 '환불(액)'을 뜻하는 (D) refund가 정답이다.
어휘 full 모든, 완전한, 최대의, 가득한 offer v. ~을 제공하다, ~을 제안하다 n. 제공(되는 것), 제안(되는 것), 특가 서비스 within (시간, 거리, 범위 등) ~ 이내에 purchase n. 구입(품) v. ~을 구입하다 advancement 승진, 발전, 진보 opportunity 기회 difference 차이, 다름 refund n. 환불(액) v. ~을 환불해 주다, ~에게 환불해 주다

5.
정답 (A)
해석 이 소프트웨어는 단 몇 초만에 대규모 데이터 세트를 분석할 수 있는 성능을 지니고 있습니다.
해설 빈칸 뒤에 위치한 to부정사구에 단 몇 초만에 데이터 세트를 분석한다는 말이 쓰여 있어 그러한 성능을 지니고 있다는 의미를 구성해야 자연스러우므로 '성능, 능력, 역량'을 뜻하는 (A) ability가 정답이다.
어휘 analyze ~을 분석하다 in 시간: ~만에, ~ 후에 decision 결정 statement 말, 성명(서), 내역(서)

6.
정답 (D)
해석 저희는 한 가지 신제품의 출시를 발표하게 되어 기쁩니다.
해설 신제품과 관련해 발표하거나 알릴 수 있는 것을 나타낼 명사가 쓰여야 하므로 '출시, 발매, 공개'를 뜻하는 (D) release가 정답이다.
어휘 be pleased to do ~해서 기쁘다 announce ~을 발표하다, ~을 알리다 interest n. 관심(사), 이자, 이익 v. ~의 관심을 끌다 challenge 어려움, 힘든 일, 도전 (과제) request n. 요청(서), 요구 v. ~을 요청하다 release n. 출시, 발매, 공개 v. ~을 출시하다, ~을 발매하다, ~을 공개하다

7.

정답 (D)

해석 건물 A의 엘리베이터는 현재 정기 유지 관리 작업으로 인해 운행하지 않습니다.

해설 전치사 for의 목적어로서 엘리베이터가 운행하지 않는 이유에 해당하는 명사가 필요하므로 '유지 관리 (작업), 시설 관리 (작업)'을 뜻하는 (D) maintenance가 정답이다.

어휘 out of service 운행하지 않는, 고장 난, (전화 등이) 불통인 routine a. 일상적인 n. 일상(적인 일) safety 안전 search n. 검색, 찾기 v. 검색하다, 찾다

8.

정답 (B)

해석 고객 만족도에 관한 설문 조사 결과에 더욱 신속한 서비스에 대한 강한 선호도가 나타났습니다.

해설 고객 만족도와 관련해 어떤 결과를 나타낼 수 있는 것을 의미하는 명사가 쓰여야 하므로 '설문 조사(지)'를 뜻하는 (B) survey가 정답이다.

어휘 result 결과(물) satisfaction 만족(도) preference 선호(도), 선호하는 것 treatment 치료(법), (사람에 대한) 대우, (사물의) 취급, (약품에 의한) 처리 payment 지불(액), 납부(액) contribution 공헌, 기여, 기부(금), 기고(문)

9.

정답 (D)

해석 그 회사는 자사의 두 번째 소매점을 개장할 장소를 찾고 있습니다.

해설 회사가 소매점을 열기 위해 찾는 대상을 의미하는 명사가 필요하므로 '장소, 지점, 위치'를 뜻하는 (D) location이 정답이다.

어휘 look for ~을 찾다 retail 소매(업) promotion 승진, 촉진, 홍보 (활동), 판촉 (행사) situation 상황 topic 주제, 화제

10.

정답 (C)

해석 그 리조트는 비수기 중에 예약을 늘리기 위한 온라인 판촉 행사를 만들어 냈다.

해설 비수기 중에 예약을 늘리기 위해 온라인상에서 취할 수 있는 조치에 해당하는 명사가 쓰여야 의미가 자연스러우므로 '판촉 (행사), 홍보 (활동)'을 뜻하는 (C) promotion이 정답이다.

어휘 create ~을 만들어 내다 boost ~을 늘리다, ~을 높이다, ~을 증진하다 booking 예약 off-season 비수기 demand n. 수요, 요구 v. ~을 요구하다 practice v. 연습, 실행, 관행, (병원) 영업 v. 연습하다, 실행하다 promotion 판촉 (행사), 홍보 (활동), 촉진, 승진 order n. 주문(품), 순서, 지시, 명령 v. ~을 주문하다

DAY 02 최빈출 정답 어휘_명사 ②

실전 TEST

| 1. (A) | 2. (C) | 3. (B) | 4. (B) | 5. (A) |
| 6. (C) | 7. (D) | 8. (A) | 9. (D) | 10. (D) |

1.

정답 (A)

해석 우리는 아직 항구 근처에 새 창고를 짓기 위한 허가를 받지 못했습니다.

해설 새 창고를 짓기 위한 조건 등을 나타낼 명사가 쓰여야 하므로 '허가, 허락'을 뜻하는 (A) permission이 정답이다.

어휘 warehouse 창고 port 항구 advice 조언, 충고 reception 환영회, 축하 연회, 접수처 phase (과정 등의) 단계, 국면

2.

정답 (C)

해석 모든 필수 서류 및 지원서가 반드시 이달 말까지 제출되어야 합니다.

해설 필수 서류와 함께 제출되어야 하는 문서나 자료 등을 나타낼 명사가 쓰여야 알맞으므로 '지원(서), 신청(서)'를 뜻하는 (C) application이 정답이다.

어휘 required 필수의, 필요한 submit ~을 제출하다 by (기한) ~까지 reservation 예약 term (계약서 등의) 조항, 조건, 기간, 용어 experience n. 경험, 경력 v. ~을 경험하다

3.

정답 (B)

해석 그 회사는 신뢰할 수 있는 서비스 제공업체로서 명성을 얻어 왔습니다.

해설 신뢰할 수 있는 서비스 제공업체라는 특징과 관련해 회사가 얻을 수 있는 것을 나타낼 명사가 필요하므로 '명성, 평판'을 뜻하는 (B) reputation이 정답이다.

어휘 gain ~을 얻다, ~을 획득하다 reliable 신뢰할 수 있는 provider 제공업체, 제공업자 registration 등록 range n. 범위, 종류, 제품군 response 응답, 반응, 대응

4.

정답 (B)

해석 정 씨가 다음 달에 시카고에 위치한 여러 지점을 방문해 그곳 지점장님들과 이야기할 계획입니다.

정답 및 해설 155

해설 to부정사로 쓰인 동사 visit의 목적어로서 방문 대상이 될 수 있는 장소나 사람 등을 나타낼 명사가 쓰여야 하므로 '지점, 지사'를 뜻하는 branch의 복수형 (B) branches가 정답이다.

어휘 plan to do ~할 계획이다 several 여럿의, 몇몇의 agreement 합의(서), 계약(서)

5.

정답 (A)

해설 오직 승인된 직원들만 고객 데이터베이스에 대한 접근 권한이 있습니다.

해설 동사 have의 목적어로서 승인된 직원들이 고객 데이터베이스와 관련해 무엇을 갖고 있는지를 나타낼 명사가 필요하므로 '접근 (권한), 이용 (권한)'을 뜻하는 (A) access가 정답이다.

어휘 authorized 승인된 personnel 직원들, 인력, 인사(부) access n. 접근 (권한), 이용 (권한) v. ~에 접근하다, ~을 이용하다 notice n. 공지, 통지(서), 안내(문), 주목 v. ~을 알아차리다, ~에 주목하다 range n. 범위, 종류, 제품군

6.

정답 (C)

해설 중앙 출입구가 계속되는 개조 공사로 인해 추가 공지가 있을 때까지 폐쇄된 상태로 유지될 것입니다.

해설 전치사 until의 목적어로서 지속되던 폐쇄 상태가 종료되는 시점에 해당하는 명사가 쓰여야 알맞으므로 further와 함께 '추가 공지'라는 의미를 구성하는 (C) notice가 정답이다.

어휘 remain 형용사: ~한 상태로 유지되다, 계속 ~한 상태이다 until (지속) ~까지 further a. 추가의, 한층 더한 ad. 추가로, 한층 더 due to ~로 인해, ~ 때문에 ongoing 계속되는 renovation 개조, 보수 reservation 예약 concern n. 우려, 걱정 v. ~을 우려하게 만들다, ~을 걱정시키다 notice n. 공지, 통지(서), 안내(문), 주목 v. ~을 알아차리다, ~에 주목하다 care n. 돌봄, 보살핌, 관심, 주의 v. 상관하다, 걱정하다, 좋아하다, ~에 관심이 있다

7.

정답 (D)

해설 그 회사는 새로운 해외 고객들을 맞이하기 위해 다음 주에 환영회를 주최한다.

해설 동사 is hosting의 목적어로서 새로운 해외 고객들을 맞이하기 위해 주최하는 행사 등을 나타낼 명사가 쓰여야 알맞으므로 '환영회'를 뜻하는 (D) reception이 정답이다.

어휘 host ~을 주최하다 registration 등록 society 사회 branch 지점, 지사 reception 환영회, 축하 연회, 접수처

8.

정답 (A)

해설 저희 그랜드 팰리스 호텔에서는 최소 한 달 전에 미리 예약하시기를 추천해 드립니다.

해설 호텔측에서 한 달 전에 미리 하도록 추천하는 일과 관련된 명사가 필요하므로 '예약'을 뜻하는 (A) reservations가 정답이다. 「make a reservation」은 '예약하다'를 의미한다.

어휘 recommend -ing ~하기를 추천하다 at least 최소한, 적어도 ahead of time 미리, 사전에 observation 관찰, 주시 exception 예외, 제외 suggestion 제안, 의견

9.

정답 (D)

해설 직원들은 교육 워크숍을 고를 때 다양한 선택 사항을 제공 받습니다.

해설 빈칸 앞뒤에 위치한 부정관사 a 및 전치사 of와 함께 복수명사(구)를 수식해 '다양한'이라는 의미를 나타내는 「a range of」를 구성해야 알맞으므로 (D) range가 정답이다. 「a range of」 외에 「a variety of」와 「a selection of」도 '다양한'이라는 의미로 토익에 자주 등장하는 표현이다.

어휘 offer A B: A에게 B를 제공하다 when -ing ~할 때 select ~을 고르다, ~을 선택하다 quality n. 품질, 질, 수준 a. 양질의, 수준 높은 place n. 장소, 곳 v. ~을 놓다, ~을 두다 range n. 범위, 종류, 제품군

10.

정답 (D)

해설 테스트의 첫 번째 단계에서, 이용자들은 상세 설명보다 더 단순한 안내를 선호하였습니다.

해설 테스트 과정상의 첫 번째 순서나 시간 등에 해당하는 명사가 쓰여야 알맞으므로 '단계, 국면'을 뜻하는 (D) phase가 정답이다.

어휘 prefer A over B: B보다 A를 선호하다 instructions 안내, 설명, 지시 over (대상, 관련성) ~에 대해, ~와 관련해, ~을 두고 detailed 상세한 explanation 설명 opinion 의견 transfer material 재료, 소재, 물품, 물질, 내용 phase (과정 등의) 단계, 국면

DAY 03 최빈출 정답 어휘_동사 ①

실전 TEST

| 1. (A) | 2. (C) | 3. (D) | 4. (D) | 5. (B) |
| 6. (A) | 7. (D) | 8. (D) | 9. (B) | 10. (B) |

1.
정답 (A)

해석 우리는 우리 새 모바일 기기를 홍보하기 위해 광고를 만들 것입니다.

해설 빈칸이 속한 to부정사구가 광고를 만드는 목적을 나타내어 '새 모바일 기기를 홍보하기 위해'라는 의미를 구성해야 자연스러우므로 '~을 홍보하다'를 뜻하는 (A) promote이 정답이다.

어휘 create ~을 만들어 내다 advertisement 광고 device 기기, 장치 promote ~을 홍보하다, ~을 촉진하다, ~을 승진시키다 attract ~을 끌어들이다 operate ~을 운영하다, ~을 작동하다, ~을 운행하다

2.
정답 (C)

해석 반드시 이력서에 귀하의 전화번호와 이메일 주소를 포함하시기 바랍니다.

해설 전화번호와 이메일 주소는 이력서에 꼭 쓰여 있어야 하는 중요한 정보이므로 반드시 포함하도록 요청하는 의미를 나타내야 알맞다. 따라서, '~을 포함하다'를 뜻하는 (C) include가 정답이다.

어휘 make sure to do 반드시 ~하도록 하다 résumé 이력서 accept ~을 수용하다, ~을 받아들이다 access v. ~에 접근하다, ~을 이용하다 n. 접근 (권한), 이용 (권한) announce ~을 발표하다, ~을 알리다

3.
정답 (D)

해석 서버에 있는 기밀 파일에 접근하시려면 안전한 비밀번호가 필요하실 것입니다.

해설 빈칸이 속한 to부정사구가 안전한 비밀번호가 필요한 목적을 나타내어 '서버에 있는 기밀 파일에 접근하려면'이라는 의미를 구성해야 자연스러우므로 '~에 접근하다'를 뜻하는 (D) access가 정답이다.

어휘 secure a. 안전한, 안정적인 v. ~을 확보하다, ~을 얻다 confidential 기밀의, 비밀의 continue ~을 지속하다, 지속되다 promote ~을 홍보하다, ~을 촉진하다, ~을 승진시키다 encourage ~을 권하다, (사람) ~에게 권하다 access v. ~에 접근하다, ~을 이용하다 n. 접근 (권한), 이용 (권한)

4.
정답 (D)

해석 그 공장은 생산률을 높이고 증가하는 수요를 충족하기 위해 추가 직원을 고용했다.

해설 빈칸이 속한 to부정사구가 추가 직원을 고용한 목적을 나타내어 '생산률을 높이고 증가하는 수요를 충족하기 위해'라는 의미를 구성해야 자연스러우므로 '~을 높이다, ~을 증가시키다'를 뜻하는 (D) increase가 정답이다.

어휘 hire ~을 고용하다 additional 추가적인 rate n. 비율, 요금, 속도, 등급 v. 등급을 매기다, 평가하다 meet (조건 등) ~을 충족하다 rising 증가하는, 상승하는 demand n. 수요, 요구 v. ~을 요구하다 consider ~을 고려하다, ~을 …라고 여기다 expect ~을 예상하다, ~을 기대하다 acquire ~을 얻다, ~을 획득하다

5.
정답 (B)

해석 직원들께서는 제한 구역에 출입하실 때 각자의 사원증을 제시하셔야 합니다.

해설 제한 구역에 출입할 때 사원증으로 무엇을 해야 하는지를 나타낼 동사가 쓰여야 의미가 자연스러우므로 '~을 제시하다'를 뜻하는 (B) present가 정답이다.

어휘 when -ing ~할 때 restricted 제한된, 한정된 reduce ~을 줄이다, ~을 감소시키다 continue ~을 지속하다, 지속되다 organize present v. ~을 제시하다, ~을 제공하다, ~을 발표하다 a. 현재의, 출석한, 참석한 n. 현재, 선물

6.
정답 (A)

해석 기술자가 지속적인 이용으로 인해 낡아버린 부품들을 교체하기 위해 호출되었다.

해설 빈칸이 속한 to부정사구가 기술자를 호출한 목적을 나타내어 '낡아버린 부품들을 교체하기 위해'라는 의미를 구성해야 자연스러우므로 '~을 교체하다'를 뜻하는 (A) replace가 정답이다.

어휘 call in ~을 호출하다, ~을 불러들이다 part 부품 wear out 낡아버리다, 닳아버리다 due to ~로 인해, ~ 때문에 constant 지속적인 avoid ~을 피하다 question v. ~에게 질문하다, ~에 의문을 갖다, ~에 이의를 제기하다 promote ~을 홍보하다, ~을 촉진하다, ~을 승진시키다

7.
정답 (D)

해석 선별된 고객들께서 출시에 앞서 제품 테스트 행사에 참가하시도록 요청 받으셨습니다.

해설 빈칸 뒤에 위치한 전치사 in과 어울려 쓰이는 자동사가 필요하므로 '~에 참가하다'를 뜻하는 「participate in」을 구성하는 (D) participate이 정답이다. (A) include와 (B) organize는 목적어를 필요로 하는 타동사이며, (C) apply는 자동사일 때 주로 '~에 지원하다, ~을 신청하다'를 뜻하는 「apply for」나 '~에 지원하다, ~에 적용되다'를 의미하는 「apply to」로 쓰인다.

어휘 select ~을 선별하다, ~을 선택하다 invite A to do: A에게 ~하도록 요청하다 launch n. 출시, 공개, 시작 v. ~을 출시하다, ~을 공개하다, ~을 시작하다 include ~을 포함하다 organize ~을 조직하다, ~을 준비하다, ~을 체계화하다, ~을 정리하다 apply 지원하다, 신청하다, ~을 적용하다

8.
정답 (D)
해석 그 회사는 제품에 대해 늘어나는 수요를 처리하기 위해 자사의 시설을 확장한다.
해설 빈칸이 속한 to부정사구가 시설을 확장하는 목적을 나타내어 '늘어나는 수요를 처리하기 위해'라는 의미를 구성해야 자연스러우므로 '~을 처리하다'를 뜻하는 (D) address가 정답이다.
어휘 expand ~을 확장하다, ~을 확대하다 facility 시설(물) growing 늘어나는, 증가하는 n. 수요, 요구 v. ~을 요구하다 reduce ~을 줄이다, ~을 감소시키다 continue ~을 지속하다, 지속되다 determine ~을 결정하다, ~을 밝혀내다 address (문제 등) ~을 처리하다, ~을 다루다, ~에게 연설하다

9.
정답 (B)
해석 해당 제품들은 배송 중에 손상을 방지하기 위해 추가 완충재와 함께 포장됩니다.
해설 '~하기 위해'를 뜻하는 「in order to do」를 구성해 제품이 추가 완충재와 함께 포장되는 목적으로서 '손상을 방지하기 위해'라는 의미를 나타내야 알맞으므로 '~을 방지하다, ~을 막다'를 뜻하는 (B) prevent가 정답이다.
어휘 item 제품, 물품, 품목, 항목 pack v. ~을 포장하다, (짐 등) ~을 꾸리다, ~을 가득 채우다 v. (물품) 꾸러미, 묶음, 한 팩, 한 통 extra 추가의, 별도의 cushioning 완충재 in order to do ~하기 위해, ~하려면 damage n. 손상, 손해, 피해 v. ~을 손상시키다, ~에 피해를 입히다 shipping 배송 interrupt ~을 방해하다, ~에 지장을 주다 delay ~을 지연시키다 replace ~을 교체하다

10.
정답 (B)
해석 시에서는 해당 건축 설계도가 승인되는 대로 건축 허가서를 발급할 것입니다.
해설 건축 설계도가 승인된 이후의 순서로 '건축 허가서를 발급할 것이다'라는 의미를 나타내야 자연스러우므로 '~을 발급하다'를 뜻하는 (B) issue가 정답이다.
어휘 permit n. 허가서 v. ~을 허가하다, ~을 허용하다 once (일단) ~하는 대로, ~하자마자 architectural 건축의, 건축학의 plan n. 설계도, 배치도, 계획 v. ~을 계획하다

approve ~을 승인하다 encourage ~을 권하다, ~에게 권하다 issue v. (서류 등) ~을 발급하다, (물품 등) ~을 지급하다 n. 문제, 사안, (출판물 등의) 호, 발행(물) express (생각, 감정 등) ~을 표현하다 construct ~을 건설하다, ~을 짓다

DAY 04 최빈출 정답 어휘_동사 ②

실전 TEST

1. (A) 2. (B) 3. (D) 4. (A) 5. (A)
6. (C) 7. (A) 8. (B) 9. (A) 10. (A)

1.
정답 (A)
해석 그 회사는 무제한 데이터를 포함하는 새로운 인터넷 서비스를 출시했다.
해설 빈칸 뒤에 위치한 명사구 a new Internet service를 목적어로 취할 타동사의 과거분사가 has와 현재완료시제 동사를 구성해야 한다. 또한, '~을 포함하는 새로운 인터넷 서비스를 출시했다'와 같은 의미를 구성해야 알맞으므로 '~을 출시하다'를 뜻하는 launch의 과거분사 (A) launched가 정답이다. (D)의 participate은 자동사이다.
어휘 include ~을 포함하다 unlimited 무제한의 launch v. ~을 출시하다, ~을 공개하다, ~을 시작하다 n. 출시, 공개, 시작 express (생각, 감정 등) ~을 표현하다 attend ~에 참석하다, ~에 출석하다 participate (in) (~에) 참가하다

2.
정답 (B)
해석 직원들께서는 본인 업무의 일환으로서 최소한 해마다 안전 수칙 설명서를 살펴 보셔야 합니다.
해설 직원들이 업무의 일환으로서 안전 수칙 설명서로 무엇을 해야 하는지를 나타낼 동사가 쓰여야 하므로 '~을 살펴 보다, ~을 검토하다'를 뜻하는 (B) review가 정답이다.
어휘 be required to do ~해야 하다, ~할 필요가 있다 manual n. 설명서, 안내서 at least 최소한, 적어도 annually 해마다, 연례적으로 as part of ~의 일환으로, ~의 일부로 seek ~을 찾다, ~을 구하다, ~을 추구하다 review v. ~을 살펴 보다, ~을 검토하다, ~을 평가하다 v. 검토, 평가, 후기 resume v. ~을 재개하다, 재개되다 n. 이력서 intend 의도하다, 작정하다

3.
정답 (D)
해석 저희는 단골 고객들께 할인을 제공해 드리기로 결정했습니다.
해설 빈칸 뒤에 「사물 to 사람」의 구조로 쓰여 있는 명사 목적어 discounts 및 전치사구 to regular customers의 의미로 볼 때, '단골 고객들에게 할인을 제공하다'와 같은 의미를 구성해야 가장 자연스러우므로 '~을 제공하다'를 뜻하는 (D) offer가 정답이다.
어휘 decide to do ~하기로 결정하다 regular 단골의, 주기적인, 정규의, 일반의 intend 의도하다, 작정하다 select ~을 선택하다, ~을 선별하다 obtain ~을 얻다, ~을 획득하다 offer v. ~을 제공하다, ~을 제안하다 n. 제공(되는 것), 제안(되는 것), 특가 서비스

4.
정답 (A)
해석 모든 신입 직원들께서는 생산 작업장에서 근무를 시작하시기 전에 반드시 교육 시간에 참석하셔야 합니다.
해설 신입 직원들이 생산 작업장에서 근무를 시작하기 전에 교육 시간과 관련해 무엇을 반드시 해야 하는지를 나타낼 동사가 쓰여야 알맞으므로 '~에 참석하다'를 뜻하는 (A) attend가 정답이다.
어휘 production floor 생산 작업장 attend ~에 참석하다, ~에 출석하다 invite ~을 초대하다, ~에게 요청하다 anticipate ~을 예상하다, ~을 기대하다 exceed ~을 초과하다, ~을 넘어서다

5.
정답 (A)
해석 배송료는 배송 위치 및 배송품 크기에 따라 다양할 수 있습니다.
해설 조동사 may와 빈칸 뒤로 목적어가 쓰여 있지 않아 자동사가 빈칸에 필요하며, 배송료가 '배송 위치 및 배송품 크기'라는 조건을 바탕으로 달라질 수 있음을 알리는 의미를 나타내야 알맞으므로 '다양하다, (서로) 다르다'를 뜻하는 (A) vary가 정답이다. 참고로, (B) exceed는 목적어가 필요한 타동사이며, (C) resume은 자/타동사로 모두 쓰인다.
어휘 fee 요금, 수수료 based on ~을 바탕으로, ~을 기반으로 delivery 배송(품), 전달 location 위치, 지점, 장소 package 배송품, 포장물, 소포 exceed ~을 초과하다, ~을 넘어서다 resume v. ~을 재개하다, 재개되다 n. 이력서 support ~을 지지하다

6.
정답 (C)
해석 귀하의 주차 허가증은 만료되었으며, 즉시 갱신되어야 합니다.
해설 조동사 has와 빈칸 뒤로 목적어가 쓰여 있지 않아 자동사의 과거분사가 빈칸에 필요하며, 즉시 갱신되어야 하는 이유로서 '주차 허가증이 만료되었다'를 의미해야 자연스러우므로 '만료되다'를 뜻하는 expire의 과거분사 (C) expired가 정답이다. 참고로, 나머지 선택지의 동사들은 모두 목적어가 필요한 타동사이다.
어휘 parking 주차(장) permit n. 허가서 v. ~을 허가하다, ~을 허용하다 renew ~을 갱신하다 immediately 즉시 recognize ~을 알아보다, ~을 인정하다, ~을 표창하다 handle ~을 처리하다, ~을 다루다 allow ~을 허용하다, ~에게 허용하다, ~에게 할 수 있게 해 주다

7.
정답 (A)
해석 우리는 지속적으로 회사의 기대치를 넘어서는 직원들을 연례 시상식에서 표창할 것입니다.
해설 빈칸이 속한 who 관계대명사절이 employees를 수식해 어떤 직원들이 시상식에서 표창되는지를 나타내야 한다. 따라서, 명사구 목적어 company expectations와 어울려 '회사의 기대치를 넘어서다'를 의미해야 자연스러우므로 '~을 넘어서다, ~을 초과하다'를 뜻하는 (A) exceed가 정답이다.
어휘 recognize ~을 표창하다, ~을 알아보다, ~을 인정하다 constantly 지속적으로, 끊임없이 expectation 기대(치) annual 연례적인, 해마다의 awards ceremony 시상식 improve ~을 향상시키다, ~을 개선하다, 향상되다, 개선되다 intend 의도하다, 작정하다 launch v. ~을 출시하다, ~을 공개하다, ~을 시작하다 n. 출시, 공개, 시작

8.
정답 (B)
해석 우리는 연휴 기간 중에 수익을 증대하기 위해 홍보 캠페인을 시작했습니다.
해설 빈칸이 속한 to부정사구가 홍보 캠페인을 시작한 목적을 나타내어 '연휴 기간 중에 수익을 증대하기 위해'라는 의미를 구성해야 자연스러우므로 '~을 증대하다'를 뜻하는 (B) boost가 정답이다.
어휘 launch v. ~을 시작하다, ~을 출시하다, ~을 공개하다 n. 시작, 출시, 공개 promotional 홍보의, 판촉의 revenue 수익 handle ~을 처리하다, ~을 다루다 boost ~을 증대하다, ~을 증진하다, ~을 촉진하다 require ~을 필요로 하다, ~에게 요구하다 serve (음식, 서비스 등) ~을 제공하다, ~에 기여하다, 역할을 하다, 재직하다

9.
정답 (A)
해석 어떤 대량 주문이든 하시기 전에 반드시 부장님으로부터 승인을 받으셔야 합니다.

해설 대량 주문하기 전에 반드시 해야 하는 일로서 '부장으로부터 승인을 받다'와 같은 의미를 구성해야 자연스러우므로 '~을 받다, ~을 얻다, ~을 획득하다'를 뜻하는 (A) obtain이 정답이다.

어휘 approval 승인 place an order 주문하다 bulk a. 대량의 n. 대량, 대부분 continue ~을 지속하다, 지속되다 remove ~을 없애다, ~을 제거하다 approach v. 접근하다, 가까워지다 n. 접근(법), 방법

10.
정답 (A)

해석 저희 회사는 우수한 고객 서비스를 보유한 회사로 자주 인정받고 있습니다.

해설 '우수한 고객 서비스를 보유한 회사'라는 장점에 따른 긍정적인 영향이나 혜택 등과 관련된 의미를 나타내는 동사의 과거분사가 필요하므로 '~을 인정하다'를 뜻하는 recognize의 과거분사 (A) recognized가 정답이다.

어휘 firm 회사, 업체 frequently 자주, 빈번히 outstanding 우수한, 뛰어난 recognize ~을 인정하다, ~을 표창하다, ~을 알아보다 permit v. ~을 허가하다, ~을 허용하다 n. 허가서 resume v. ~을 재개하다, 재개되다 n. 이력서 encourage ~을 권하다, ~에게 권하다

DAY 05 최빈출 정답 어휘_형용사 ①

실전 TEST

| 1. (C) | 2. (B) | 3. (C) | 4. (A) | 5. (D) |
| 6. (C) | 7. (C) | 8. (A) | 9. (A) | 10. (A) |

1.
정답 (C)

해석 저희는 귀하의 인터넷 서비스가 업그레이드되었다는 사실을 알려 드리게 되어 기쁩니다.

해설 빈칸 앞뒤에 위치한 be동사 are 및 to부정사와 어울리는 형용사로서 '~해서 기쁘다'를 뜻하는 「be pleased to do」를 구성하는 (C) pleased가 정답이다.

어휘 inform A that: A에게 ~라는 사실을 알리다 familiar (with) (~을) 잘 아는, (~에) 익숙한 particular 특정한, 특별한 pleased (사람이) 기뻐하는, 만족한 necessary 필수의, 필요한

2.
정답 (B)

해석 그 회사는 회계부장 직책에 자격 있는 지원자들을 찾고 있습니다.

해설 빈칸 뒤에 위치한 명사 applicants를 수식해 특정 직책에 대해 어떤 지원자를 찾고 있는지를 나타낼 형용사가 필요하므로 '자격이 있는, 적격인'을 뜻하는 (B) qualified가 정답이다.

어휘 seek ~을 찾다, ~을 구하다, ~을 추구하다 applicant n. 지원자, 신청자 accounting 회계 position 직책, 일자리 current 현재의 detailed 상세한 beneficial 유익한, 이로운

3.
정답 (C)

해석 광고 예산을 최종 확정하기 전에, 우리는 가장 효과적인 마케팅 전략을 논의해야 합니다.

해설 광고 예산을 확정하기 위한 과정의 하나로서 '가장 효과적인 마케팅 전략'을 논의해야 한다는 의미를 나타내야 자연스러우므로 '효과적인'을 뜻하는 형용사 (C) effective가 정답이다.

어휘 finalize ~을 최종 확정하다 advertising 광고 (활동) budget 예산 strategy 전략 particular 특정한, 특별한 comparable 비교할 만한, 비슷한 additional 추가적인

4.
정답 (A)

해석 블레이크 씨가 출시 행사에서 공개될 회사 로고를 디자인하는 일을 책임지고 있습니다.

해설 빈칸 앞뒤에 위치한 be동사 is 및 전치사 for와 어울리는 형용사가 필요하며, for 뒤에 위치한 동명사구 목적어 designing the company logo와 어울려 '회사 로고를 디자인하는 일을 책임지고 있다'는 의미를 구성해야 자연스러우므로 '책임지고 있는'을 뜻하는 (A) responsible이 정답이다.

어휘 unveil ~을 공개하다, ~을 선보이다 launch n. 출시, 공개, 시작 v. ~을 출시하다, ~을 공개하다, ~을 시작하다 accessible 이용 가능한, 접근 가능한 extensive 광범위한, 폭넓은, 대규모의 specific 구체적인, 특정한

5.
정답 (D)

해석 환경 친화적인 저희 신제품 라인이 다음 주부터 선별된 매장에서 구입 가능할 것입니다.

해설 '다음 주부터'라는 의미로 시작 시점을 나타내는 starting next week와 어울리는 신제품의 상태와 관련된 의미를 나타낼 형용사가 필요하므로 '구입 가능한, 이용 가능한'을 뜻하는 (D) available이 정답이다.

어휘 line 제품 라인, 제품군 eco-friendly 환경 친화적인 starting 시점: ~부터 select a. 선별된, 엄선된

convenient 편리한 outstanding 우수한, 뛰어난
comfortable 편안한, 편한 available (사물) 구입 가능한,
이용 가능한, (사람) 시간이 있는

6.
정답 (C)
해석 무료 제품 샘플을 제공하는 것이 잠재 고객들을 끌어들이는 효과적인 방법입니다.
해설 무료 제품 샘플을 제공함으로써 끌어들이고자 하는 고객들의 특성을 나타낼 형용사가 필요하므로 '잠재적인, 가능성 있는'을 뜻하는 (C) potential이 정답이다.
어휘 free 무료의 effective 효과적인 way to do ~하는 방법 attract ~을 끌어들이다 qualified 자격이 있는, 적격인 apparent 분명한, 겉으로 보기에는, 외관상의

7.
정답 (C)
해석 그 박물관은 모든 연령대에 적합한 체험형 전시물을 제공한다.
해설 빈칸이 속한 that절이 명사구(선행사) interactive exhibits를 수식해 어떤 전시물인지 설명해야 하며, '모든 연령대에 적합한'을 의미해야 가장 자연스러우므로 '적합한, 적절한'을 뜻하는 형용사 (C) appropriate이 정답이다. 빈칸 바로 뒤에 위치한 전치사 for만 보고 함께 쓰이는 (B) responsible을 바로 고르지 않도록 주의해야 한다.
어휘 interactive 대화형의, 상호 작용하는 exhibit 전시물, 전시회 equal 동일한, 같은, 동등한 responsible 책임지고 있는 various 다양한

8.
정답 (A)
해석 디지털 마케팅에 대한 폭넓은 지식을 통해, 슬로운 씨는 회사가 지닌 온라인상에서의 존재감을 향상시켰다.
해설 바로 뒤에 위치한 명사 knowledge를 수식해 지식 수준과 관련된 의미를 지니는 형용사가 쓰여야 알맞으므로 '폭넓은, 광범위한'을 뜻하는 (A) extensive가 정답이다.
어휘 knowledge 지식 improve ~을 향상시키다, ~을 개선하다 presence 존재(감) successful 성공적인 comfortable 편안한, 편한 comparable 비교할 만한, 비슷한

9.
정답 (A)
해석 그 매장은 대량 구매하는 고객들에게 상당한 할인을 제공한다.
해설 바로 뒤에 위치한 명사 discount를 수식해 할인 정도와 관련된 의미를 지니는 형용사가 쓰여야 알맞으므로 '상당한, 많은'

을 뜻하는 (A) significant가 정답이다.
어휘 offer v. ~을 제공하다, ~을 제안하다 n. 제공(되는 것), 제안(되는 것), 특가 서비스 make a purchase 구매하다 bulk a. 대량의 n. 대량, 대부분 significant 상당한, 많은, 중요한 detailed 상세한 efficient 효율적인 successful 성공적인

10.
정답 (A)
해석 저희 환불 정책에 관한 상세 정보는, 저희 웹 사이트를 방문하시기 바랍니다.
해설 바로 뒤에 위치한 명사 information을 수식해 정보의 특징과 관련된 의미를 지니는 형용사가 쓰여야 알맞으므로 '상세한'을 뜻하는 (A) detailed가 정답이다.
어휘 refund n. 환불(액) v. ~을 환불해 주다, ~에게 환불해 주다 policy 정책, 방침 responsible 책임지고 있는 accessible 접근 가능한, 이용 가능한 familiar 잘 아는, 익숙한

DAY 06 최빈출 정답 어휘_형용사 ②

실전 TEST

| 1. (B) | 2. (A) | 3. (C) | 4. (A) | 5. (A) |
| 6. (C) | 7. (A) | 8. (A) | 9. (D) | 10. (A) |

1.
정답 (B)
해석 시스템 업그레이드 중에는, 이용자들께서 일부 서비스에 대해 제한적인 접근 권한이 있습니다.
해설 명사 access를 수식해 이용자들의 권한 범위와 관련된 특징을 나타낼 형용사가 필요하며, 시스템 업그레이드 중에 그 권한이 제한적일 수 있다는 의미를 구성해야 자연스러우므로 '제한적인, 한정된'을 뜻하는 (B) limited가 정답이다.
어휘 during ~ 중에, ~ 동안 access n. 접근 (권한), 이용 (권한) v. ~에 접근하다, ~을 이용하다 steady 꾸준한, 한결같은 similar 유사한, 비슷한 functional 기능하는, 기능적인

2.
정답 (A)
해석 해당 세미나에 등록하시려면, 동봉된 신청서를 작성 완료하셔서 금요일까지 돌려보내 주시기 바랍니다.
해설 명사구 application form을 수식해 어떤 신청서를 작성해서

돌려보내 달라고 요청하는 것인지를 나타낼 형용사가 필요하며, 내용 작성을 위해 상대방에게 전달된 신청서를 의미해야 알맞으므로 '(편지에) 동봉된'을 뜻하는 (A) enclosed가 정답이다.

어휘 register for ~에 등록하다 complete ~을 완료하다 application 신청(서), 지원(서) form 양식, 서식 return ~을 돌려보내다, ~을 반환하다, ~을 반품하다 enclose (편지 등에) ~을 동봉하다 enclosure 동봉(물)

3.
정답 (C)

해석 타나카 씨는 해외 고객들과의 계약을 협의하시는 데 숙련되어 있으십니다.

해설 빈칸 앞뒤에 위치한 be동사 is 및 전치사 at과 어울리는 형용사가 필요하며, at 뒤에 위치한 동명사구 목적어 negotiating contracts와 어울려 '계약을 협의하는 데 숙련되어 있다'는 의미를 구성해야 자연스러우므로 '숙련된, 능숙한'을 뜻하는 (C) skilled가 정답이다.

어휘 negotiate ~을 협의하다 contract n. 계약(서) v. ~와 계약하다 fragile 깨지기 쉬운, 취약한 lengthy 너무 긴, 장황한 diverse 다양한

4.
정답 (A)

해석 저희 회사는 전국적으로 고객들께 신뢰할 수 있는 배송 서비스를 제공해 드리는 것으로 알려져 있습니다.

해설 빈칸 뒤에 위치한 명사구 delivery service를 수식해 회사에서 제공하는 배송 서비스의 특징과 관련된 의미를 지니는 형용사가 필요하므로 '신뢰할 수 있는'을 뜻하는 (A) reliable이 정답이다.

어휘 be known for ~로 알려져 있다 nationwide ad. 전국적으로 a. 전국적인 initial 처음의, 초기의 positive 긍정적인 durable 내구성이 뛰어난

5.
정답 (A)

해석 저희 그래픽 디자이너가 최근에 업계에서 가장 창의적인 로고들 중 하나를 디자인했습니다.

해설 그래픽 디자이너가 만든 로고의 특징과 관련해 '가장 창의적인 로고들 중 하나'라는 의미를 나타내야 자연스러우므로 '창의적인'을 뜻하는 형용사 (A) creative가 정답이다.

어휘 recently 최근에 industry 업계, 산업 fragile 깨지기 쉬운, 취약한 accurate 정확한 available (사물) 구입 가능한, 이용 가능한, (사람) 시간이 있는

6.
정답 (C)

해석 우리 최신 스마트폰 모델이 5월에 출시된 이후로 꾸준한 판매량을 보여 왔습니다.

해설 빈칸 바로 뒤에 위치한 명사 sales를 수식해 판매량이나 매출의 수준 또는 변화 등과 관련된 의미를 나타낼 형용사가 쓰여야 하므로 '꾸준한, 한결같은'을 뜻하는 (C) steady가 정답이다.

어휘 latest 최신의 enjoy (사물 주어) ~을 보이다, ~을 지니다 sales 판매(량), 영업, 매출 since conj. ~한 이후로, ~하기 때문에 prep. ~ 이후로 ad. 그 이후로 release v. ~을 출시하다, ~을 발매하다, ~을 공개하다 n. 출시, 발매, 공개 correct a. 정확한, 맞는, 옳은 v. ~을 바로잡다, ~을 고치다 detailed 상세한 final 최종의, 마지막의

7.
정답 (A)

해석 하나의 문제가 긴급한 주의를 필요로 하는 경우, 즉시 책임자에게 연락하시기 바랍니다..

해설 빈칸과 명사 attention이 주절에서 '즉시 책임자에게 연락하라'고 알리는 것과 어울리는 심각성을 나타내어 '긴급한 주의'라는 의미를 구성해야 자연스러우므로 '긴급한'을 뜻하는 형용사 (A) urgent가 정답이다.

어휘 require ~을 필요로 하다, ~에게 요구하다 attention 주의(력), 주목, 관심 contact ~에게 연락하다 supervisor 책임자, 감독, 상사 immediately 즉시 potential 잠재적인, 가능성 있는 stable 안정적인 impressive 인상적인

8.
정답 (A)

해석 그 제품은 반드시 안전하게 포장되어야 하는데, 깨지기 쉽고 쉽게 손상되기 때문입니다.

해설 안전하게 포장되어야 하는 이유로서 바로 뒤에 and로 연결된 easily damaged와 같은 부정적인 특징을 나타낼 형용사가 필요하므로 '취약한, 깨지기 쉬운'을 뜻하는 (A) fragile이 정답이다.

어휘 wrap ~을 포장하다 securely 안전하게 easily 쉽게, 수월하게 damaged 손상된, 피해를 입은 unique 독특한, 특별한, 고유의 brief 간략한, 짧은, 잠깐의 individiual a. 개별의, 개별의 n. 개인, 사람

9.
정답 (D)

해석 그 회사는 지역 판매량을 높이기 위해 두 명의 경험 많은 영업 직원을 추가하기를 바라고 있다.

해설 판매량을 높이기 위해 추가하려는 영업 직원의 장점과 관련된 의미를 나타내는 형용사가 필요하므로 '경험 많은'을 뜻하는 (D) experienced가 정답이다.

어휘 hope to do ~하기를 바라다 add ~을 추가하다 sales 영업, 판매(량), 매출 representative n. 직원, 대표자 increase ~을 늘리다, ~을 증가시키다, 늘어나다, 증가하다 regional 지역의, 지역적인 extensive 광범위한, 폭넓은, 대규모의 remaining 남아 있는, 나머지의 critical 중대한, 결정적인, 평론의

10.

정답 (A)

해석 새 보호 장비는 극한의 환경을 견딜 수 있는 매우 튼튼한 소재로 만들어져 있습니다.

해설 제품 소재와 관련해 극한의 환경을 견딜 수 있다는 말과 어울리는 특징을 나타낼 형용사가 쓰여야 알맞으므로 '내구성이 뛰어난'을 뜻하는 (A) durable이 정답이다.

어휘 gear 장비 be made from ~로 만들어지다 highly 대단히, 매우, 아주 material 소재, 재료, 물품, 물질, 내용 withstand ~을 견디다 extreme 극한의, 극도의 condition 환경, 상황, 상태, 조건

DAY 07 최빈출 정답 어휘_부사 ①

실전 TEST

| 1. (B) | 2. (A) | 3. (A) | 4. (B) | 5. (C) |
| 6. (B) | 7. (C) | 8. (D) | 9. (B) | 10. (B) |

1.

정답 (B)

해석 그 회사는 최근에 동남 아시아로 사업을 확장하겠다는 계획을 발표했다.

해설 빈칸 뒤에 과거시제 동사 announced가 쓰여 있으므로 '최근에'라는 의미로 과거시제 또는 현재완료시제 동사를 수식해 가까운 과거 시점의 일을 나타낼 때 사용하는 부사 (B) recently가 정답이다.

어휘 plan to do ~하겠다는 계획 expand (사업 등을) 확장하다, 확대하다 largely 대체로, 대부분, 크게 continually 지속적으로, 끊임없이 patiently 인내심 있게, 참을성 있게

2.

정답 (A)

해석 승객들께서는 일반적으로 기차에 탑승하시기 전에 각자의 승차권을 제시하셔야 합니다.

해설 수동태 동사를 구성하는 be동사 are와 과거분사 required 사이에서 과거분사를 수식할 수 있는 부사가 필요하며, 현재시제(are) 동사와 어울려 일반적인 사실을 나타내야 하므로 '일반적으로, 보통'을 뜻하는 (A) usually가 정답이다.

어휘 passenger 승객 be required to do ~해야 하다, ~할 필요가 있다 present v. ~을 제시하다, ~을 제공하다, ~을 발표하다 a. 현재의, 출석한, 참석한 n. 현재, 선물 board ~에 탑승하다 completely 완전히, 전적으로 nearly 거의 relatively 상대적으로, 비교적

3.

정답 (A)

해석 그 브랜드는 거의 100년 동안 훌륭함으로 명성을 유지해 왔다.

해설 숫자 표현 100 앞에 빈칸이 위치해 있으므로 숫자 표현이나 완료 상태와 관련된 형용사/과거분사 등을 수식해 '거의'라는 의미로 근사치 등을 나타낼 때 사용하는 부사 (A) nearly가 정답이다.

어휘 maintain ~을 유지하다 reputation 명성, 평판 excellence 훌륭함, 우수함 increasingly 점점 더, 더욱 더 generally 일반적으로, 대개 properly 적절히, 제대로

4.

정답 (B)

해석 크레이그 씨는 20년이 넘는 경력을 지닌 대단히 높이 평가 받는 상담 전문가이다.

해설 빈칸 바로 뒤에 위치한 regarded와 어울려 '대단히 높이 평가 받는'이라는 의미를 구성하는 (B) highly가 정답이다. 「highly regarded」를 하나의 표현으로 기억해 두는 것이 좋다.

어휘 consultant 상담 전문가, 자문 immediately 즉시 exactly 정확히 recently 최근에

5.

정답 (C)

해석 메이플 리지 몰은 중앙 기차역 근처에 편리하게 위치해 있다.

해설 '~에 위치해 있다'를 뜻하는 is located 사이에 쓰여 위치상의 특징과 관련된 의미를 나타낼 부사가 필요하므로 '편리하게'를 뜻하는 (C) conveniently가 정답이다. 「be conveniently located」는 토익에 자주 등장하므로 하나의 표현으로 기억해 두는 것이 좋다.

어휘 be located ~에 위치해 있다 near ~ 근처에, ~와 가까이

정답 및 해설 **163**

usually 일반적으로, 보통 commonly 흔히 relative 상대적으로, 비교적

6.
정답 (B)

해석 직원들께서는 새로운 소프트웨어가 제대로 설치된 상태인지 확인해 보셔야 합니다.

해설 수동태 동사를 구성하는 be동사 is와 과거분사 installed 사이에서 과거분사를 수식해 소프트웨어가 설치된 방식 등과 관련된 의미를 나타내야 하므로 '제대로, 적절히'를 뜻하는 (B) properly가 정답이다.

어휘 check if ~인지 확인하다 install ~을 설치하다 actively 적극적으로, 능동적으로 largely 대체로, 대부분, 크게 specifically 특히, 구체적으로

7.
정답 (C)

해석 이 제품이 정확히 귀하께서 찾고 계신 것인지 제게 알려 주시기 바랍니다.

해설 be동사 is와 명사절 보어 what you are seeking 사이에 위치해 상대방이 찾고 있는 것이 맞는지 확인하기 위해 그 정확성과 관련된 의미를 나타낼 부사가 쓰여야 알맞으므로 '정확히'를 뜻하는 (C) exactly가 정답이다.

어휘 let A know if: A에게 ~인지 알리다 seek ~을 찾다, ~을 구하다, ~을 추구하다 easily 쉽게, 수월하게 helpfully 도움이 되어, 유익하게 carefully 조심스럽게, 신중히

8.
정답 (D)

해석 곧 있을 몇 분의 은퇴로 인해, 곧 재무팀에 두 곳의 공석이 있을 것입니다.

해설 조동사 will과 be동사원형 be 사이에서 동사를 수식할 수 있는 부사가 필요하며, 미래시제 조동사 will과 어울려 미래 시점과 관련된 의미를 나타내야 하므로 '곧, 머지 않아'를 뜻하는 (D) soon이 정답이다.

어휘 due to ~로 인해, ~ 때문에 upcoming 곧 있을, 다가오는 retirement 은퇴, 퇴직 job opening (직장의) 공석, 빈 자리 finance 재무, 재정, 금융 currently 현재 once ad. 한 번, (과거의) 한때 conj. (일단) ~하는 대로, ~하자마자

9.
정답 (B)

해석 대회의실이 현재 시설 관리 문제 때문에 이용할 수 없습니다.

해설 현재시제 동사(is)와 어울려 시설 관리 문제 때문에 현재 이용할 수 없는 상태임을 나타내는 부사가 쓰여야 알맞으므로 '현재, 지금'을 뜻하는 (B) currently가 정답이다.

어휘 unavailable (사물) 이용할 수 없는, 구입할 수 없는, (사람) 시간이 없는 because of ~ 때문에 maintenance 시설 관리, 유지 관리 issue 문제, 사안 directly 곧장, 직접(적으로), 즉시 separately 별도로, 따로, 분리되어 relatively 상대적으로, 비교적

10.
정답 (B)

해석 모든 배송 기사들께서는 사고를 방지하기 위해 주차장 내에서 조심스럽게 운전하시도록 상기시켜 드립니다.

해설 to부정사로 쓰인 동사 drive를 뒤에서 수식해 사고 방지를 위해 운전하는 방식과 관련된 부사가 필요하므로 '조심스럽게, 신중히'를 뜻하는 (B) cautiously가 정답이다.

어휘 be reminded to do ~하도록 상기되다 parking lot 주차장 prevent ~을 방지하다, ~을 예방하다 accident 사고 gradually 점차적으로 exactly 정확히 nearly 거의

DAY 08 최빈출 정답 어휘_부사 ②

실전 TEST

| 1. (A) | 2. (B) | 3. (B) | 4. (A) | 5. (C) |
| 6. (C) | 7. (A) | 8. (D) | 9. (A) | 10. (D) |

1.
정답 (A)

해석 고객 불만 사항에 즉각적으로 대응하는 것이 중요합니다.

해설 고객 불만 사항에 어떻게 대응하는 것이 중요한지 그 방식과 관련된 의미를 지니는 부사가 필요하므로 '즉각적으로, 지체 없이'를 뜻하는 (A) promptly가 정답이다.

어휘 It's important to do ~하는 것이 중요하다 respond to ~에 대응하다, ~에 응답하다 complaint 불만, 불평 closely 면밀히, 긴밀히, 접근하여, 단단히, 꽉 extremely 극도로, 대단히, 매우 generally 일반적으로, 대개

2.
정답 (B)

해석 저희 회사는 장기적인 제휴 관계를 확립하기 위해 판매업체들과 긴밀히 협업합니다.

해설 자동사 works를 뒤에서 수식해 장기적인 제휴 관계를 확립하기 위해 판매업체들과 협업하는 방식을 나타낼 부사가 쓰여야 하므로 '긴밀히'를 뜻하는 (B) closely가 정답이다.

어휘 vendor 판매업체, 판매업자 establish ~을 확립하다, ~을

설립하다 long-term 장기적인 partnership 제휴 관계 nearly 거의 closely 긴밀히, 면밀히, 접근하여, 단단히, 꽉 recently 최근에 newly 새롭게

3.
정답 (B)

해석 극심한 기상 조건이 예기치 못하게 항공편 일정이 바뀌도록 초래할 수 있습니다.

해설 좋지 못한 날씨로 인해 항공편 일정이 어떤 식으로 바뀔 수 있는지를 나타낼 부사가 필요하므로 '예기치 못하게, 뜻밖에'를 뜻하는 (B) unexpectedly가 정답이다.

어휘 severe 극심한, 가혹한 condition 조건, 환경, 상황, 상태 cause A to do: A가 ~하도록 초래하다 flight 항공편 commonly 흔히 apparently 분명히, 보아 하니 nearly 거의

4.
정답 (A)

해석 그 매장은 재고 조사 작업을 위해 금요일에 임시로 문을 닫을 것이다.

해설 매장이 재고 조사 작업으로 인해 금요일에 하루 문을 닫는 방식과 관련된 의미를 지니는 부사가 쓰여야 알맞으므로 '임시로, 일시적으로'를 뜻하는 (A) temporarily가 정답이다.

어휘 inventory 재고(품), 재고 목록 competitively 경쟁적으로 recently 최근에 collectively 단체로, 집단적으로, 공동으로

5.
정답 (C)

해석 저희 영업팀은 이번 달에 여러 신규 고객을 얻게 되어 대단히 기쁩니다.

해설 '(사람이) 기뻐하는, 만족한'을 뜻하는 형용사 pleased를 수식해 기쁜 정도와 관련된 의미를 나타낼 부사가 필요하므로 '대단히, 극도로, 매우'를 뜻하는 (C) extremely가 정답이다.

어휘 sales 영업, 판매(량), 매출 be pleased to do ~해서 기쁘다 gain ~을 얻다, ~을 획득하다 several 여럿의, 몇몇의 shortly 곧, 머지 않아 widely 폭넓게, 널리 perfectly 완벽하게

6.
정답 (C)

해석 발표 슬라이드는 일반적으로 세미나가 종료된 후에 다운로드용으로 이용 가능할 것입니다.

해설 빈칸 뒤에 위치한 after절 같은 부사절을 수식할 수 있는 부사가 필요하며, '세미나가 종료된 후'가 일반적으로 다운로드할 수 있는 시점임을 나타내야 자연스러우므로 '일반적으로, 전형적으로'를 뜻하는 (C) typically가 정답이다.

어휘 presentation 발표(회) available (사물) 이용 가능한, 구입 가능한, (사람) 시간이 있는 formerly 이전에, 과거에 thoroughly 철저하게, 꼼꼼하게 fairly 상당히, 꽤, 공정하게

7.
정답 (A)

해석 보호용 장비를 착용하는 것이 공사 현장에 들어갈 때 강력 추천됩니다.

해설 '추천되는'을 뜻하는 과거분사 recommended를 수식해 추천되는 정도와 관련된 의미를 나타낼 부사가 필요하므로 '강력히'를 뜻하는 (A) strongly가 정답이다.

어휘 protective 보호용의, 보하하는 gear 장비 recommend ~을 추천하다, ~을 권장하다 when -ing ~할 때 site 현장, 부지, 장소 strongly 강력히, 튼튼하게, 세게 rapidly 빠르게, 신속히 briefly 간략히, 짧게, 잠깐 tightly 단단히, 꽉 (조여), 굳게, 빽빽하게

8.
정답 (D)

해석 이전에 소매점이었던, 그 건물은 사무 공간으로 변모되었다.

해설 문장의 동사 has been converted 이하 부분에 사무 공간으로 변모되었다는 말이 쓰여 있어 과거에 소매점이었음을 알 수 있으므로 '이전에, 과거에'를 뜻하는 부사 (D) formerly가 정답이다.

어휘 retail 소매(업) convert A into B: A를 B로 변모시키다, A를 B로 전환하다 widely 폭넓게, 널리 shortly 곧, 머지 않아 typically 일반적으로, 전형적으로

9.
정답 (A)

해석 그 위원회는 최종 결정을 내리기 전에 각 신청서를 철저하게 살펴 볼 것이다.

해설 최종 결정을 내리기 전에 신청서들을 살펴 보는 방식과 관련된 의미를 지니는 부사가 쓰여야 알맞으므로 '철저하게, 꼼꼼하게'를 뜻하는 (A) thoroughly이 정답이다.

어휘 committee 위원회 review ~을 살펴 보다, ~을 검토하다 application 신청(서), 지원(서) make a decision 결정을 내리다 previously 이전에, 과거에 temporarily 임시로, 일시적으로 unexpectedly 예기치 못하게, 뜻밖에

10.
정답 (D)

해석 많은 신생 기업들이 신규 고객에게 다가가기 위해 디지털 마케팅에 크게 의존하고 있다.

해설 '~에 의존하다, ~에 기대다'를 뜻하는 「rely on」 사이에 위치해 의존 정도를 나타낼 부사가 필요하므로 '(정도, 수량) 크게, 많이, 심하게'를 뜻하는 (D) heavily가 정답이다.

어휘 startup 신생 기업 rely on ~에 의존하다, ~에 기대다 reach ~에게 다가가다, ~에 도달하다, ~에 이르다 annually 연례적으로, 해마다 instantly 즉각적으로, 즉시 easily 쉽게, 수월하게

DAY 09 최빈출 숙어/Collocation ①

실전 TEST

| 1. (B) | 2. (A) | 3. (A) | 4. (B) | 5. (B) |
| 6. (D) | 7. (A) | 8. (B) | 9. (A) | 10. (B) |

1.
정답 (B)

해석 테일러 씨는 빠듯한 마감 기한에도 불구하고 제때 자신의 모든 배정된 업무를 완료했다.

해설 빈칸 앞뒤에 각각 위치한 전치사 in과 부정관사 a, 그리고 명사 manner와 어울려 '제때, 때에 맞게'라는 의미를 나타내는 「in a timely manner」를 구성하는 형용사 (B) timely가 정답이다.

어휘 complete ~을 완료하다 assignment 배정(된 일), 할당(된 일) despite ~에도 불구하고 tight (기한, 비용 등이) 빡빡한, 빠듯한 deadline 마감 기한

2.
정답 (A)

해석 저희 팀은 훌륭한 고객 서비스를 제공해 드리는 데 전념하고 있습니다.

해설 빈칸 앞뒤에 각각 위치한 be동사 is와 전치사 to, 그리고 동명사 providing과 어울려 '~하는 데 전념하다, ~하는 데 헌신하다'라는 의미를 나타내는 「be dedicated to -ing」를 구성하는 형용사 (A) dedicated가 정답이다.

어휘 provide ~을 제공하다 excellent 훌륭한, 우수한 dedicate ~을 바치다, (oneself to) (~에 자신을) 전념하다, 헌신하다 dedication 전념, 헌신

3.
정답 (A)

해석 그 매장은 고객들에게 질 좋은 사무용품을 제공한다.

해설 빈칸 앞에 3인칭 단수주어와 어울리는 현재시제의 형태로 쓰여 있는 동사 provide는 「provide 사람 with 사물」 또는 「provide 사물 with 사람」의 구조로 쓰인다. 따라서, 사물명사구 quality office supplies 앞에 위치한 빈칸에 알맞은 전치사로 (A) with가 정답이다.

어휘 quality a. 질 좋은, 양질의, 수준 높은 n. 질, 품질, 수준 supplies 용품, 물품

4.
정답 (B)

해석 판매량이 연휴 기간 중에 증가할 가능성이 있습니다.

해설 빈칸 앞뒤에 각각 위치한 be동사 are 및 to부정사와 어울리는 형용사가 필요하므로 이 둘과 함께 '~할 가능성이 있다'라는 의미를 나타내는 「be likely to do」를 구성하는 형용사 (B) likely가 정답이다.

어휘 sales 판매(량), 영업, 매출 increase 증가하다, 늘어나다, ~을 증가시키다, ~을 늘리다 stable 안정적인 recent 최근의

5.
정답 (B)

해석 우리가 설문 조사한 대부분의 고객들께서는 우리 제품들의 품질에 만족하셨습니다.

해설 빈칸 앞뒤에 각각 위치한 be동사 are 및 전치사 with와 어울리는 형용사가 필요하므로 이 둘과 함께 '~에 만족하다'라는 의미를 나타내는 「be satisfied with」를 구성하는 형용사 (B) satisfied가 정답이다.

어휘 survey v. ~에게 설문 조사하다 n. 설문 조사(지) quality n. 질, 품질, 수준 a. 질 좋은, 양질의, 수준 높은 satisfying (사람을) 만족시키는 satisfaction 만족(도) satisfactory (사람을) 만족스럽게 하는

6.
정답 (D)

해석 인사팀이 직원 만족도를 밝혀내기 위해 설문 조사를 실시할 것입니다.

해설 빈칸 뒤에 '설문 조사'를 뜻하는 명사구 a survey가 쓰여 있어 '설문 조사를 실시하다'를 뜻하는 「conduct a survey」를 구성해야 알맞으므로 '~을 실시하다, ~을 수행하다'를 의미하는 (D) conduct가 정답이다.

어휘 HR 인사(팀), 인적 자원 survey n. 설문 조사(지) v. ~에게 설문 조사하다 determine ~을 밝혀내다, ~을 결정하다 satisfaction 만족(도) remain 여전히 ~한 상태이다, 계속 ~한 상태로 남아 있다 act 행동하다, 움직이다, 조치하다 decide ~을 결정하다

7.

정답 (A)

해석 참석자들께서는 강연 중에 휴대전화기를 사용하시는 것을 삼가시도록 요청됩니다.

해설 빈칸 뒤에 위치한 전치사 from 및 동명사와 어울려 '~하는 것을 삼가다, ~하는 것을 자제하다'를 뜻하는 「refrain from -ing」를 구성해야 알맞으므로 (A) refrain이 정답이다. (B) allow는 'A에게 ~하도록 허용하다, A에게 ~할 수 있게 해 주다'를 뜻하는 「allow A to do」로, (C) apply는 '~에 지원하다, ~을 신청하다'를 뜻하는 「apply for」나 '~에 지원하다, ~에 적용되다'를 의미하는 「apply to」로 쓰인다. (D) hesitate은 '~하기를 주저하다'를 의미하는 「hesitate to do」의 구조로 쓰인다.

어휘 attendee 참석자 be asked to do ~하도록 요청되다 refrain from -ing ~하는 것을 삼가다 allow ~을 허용하다, ~에게 허용하다 apply 지원하다, 신청하다, 적용되다, ~을 적용하다 hesitate 주저하다, 망설이다

8.

정답 (B)

해석 엘리베이터가 정기 유지 관리 작업으로 인해 내일 운행하지 않을 것입니다.

해설 엘리베이터가 운행하지 않는 이유로서 routine과 함께 '정기 유지 관리 작업'을 뜻하는 「routine maintenance」를 구성해야 알맞으므로 '유지 관리, 시설 관리'를 의미하는 (B) maintenance가 정답이다.

어휘 out of service 운행하지 않는, 고장 난, (전화 등이) 불통인 due to ~로 인해, ~ 때문에 routine a. 일상적인 n. 일상(적인 일) communication 의사 소통, 통신 search n. 검색, 찾기 v. 검색하다, 찾다

9.

정답 (A)

해석 데이터베이스가 고객 기록을 신속하고 효율적으로 검색하는 데 이용됩니다.

해설 빈칸 앞에 to부정사로 쓰여 있는 자동사 search는 전치사 for와 어울려 '~을 검색하다, ~을 찾다'를 뜻하는 「search for」로 쓰이므로 (A) for가 정답이다.

어휘 quickly 신속히, 빠르게 efficiently 효율적으로

10.

정답 (B)

해석 신입 인턴 직원이 회사의 소셜 미디어 계정들을 관리하는 일을 책임지고 있습니다.

해설 빈칸 앞뒤에 각각 위치한 be동사 is 및 전치사 for와 어울리는 형용사가 필요하므로 이 둘과 함께 '~을 책임지고 있다'라는 의미를 나타내는 「be responsible for」를 구성하는 형용사 (B) responsible이 정답이다.

어휘 account 계정, 계좌 valuable 귀중한, 소중한, 가치 있는 able 할 수 있는 possible 가능한, 있을 수 있는

DAY 10 최빈출 숙어/Collocation ②

실전 TEST

| 1. (A) | 2. (B) | 3. (A) | 4. (B) | 5. (C) |
| 6. (A) | 7. (A) | 8. (A) | 9. (D) | 10. (B) |

1.

정답 (A)

해석 이 패키지 여행은 모든 연령대를 대상으로 다양한 활동을 제공합니다.

해설 빈칸 앞뒤에 위치한 부정관사 a 및 전치사 of와 함께 복수명사(구)를 수식해 '다양한'이라는 의미를 나타내는 「a variety of」를 구성해야 알맞으므로 (A) variety가 정답이다. 「a variety of」 외에 「a range of」와 「a selection of」도 '다양한'이라는 의미로 토익에 자주 등장하는 표현이다.

어휘 activity 활동 sale 판매(량), 매출, 영업, 할인 행사 supply n. 공급(량), 물자 v. ~을 공급하다

2.

정답 (B)

해석 그 회의는 대회의실 B에서 오전 10시에 시작될 예정입니다.

해설 빈칸 앞뒤에 각각 위치한 be동사 is 및 to부정사와 어울리는 과거분사가 필요하므로 이 둘과 함께 '~할 예정이다'라는 의미를 나타내는 「be scheduled to do」를 구성하는 과거분사 (B) scheduled가 정답이다.

어휘 consider ~을 고려하다, ~을 …라고 여기다

3.

정답 (A)

해석 그 호텔은 합리적인 가격에 편안한 숙소를 제공합니다.

해설 「at a ~ price」가 '~한 가격에'라는 의미로 가격 수준을 나타내므로 그 수준과 관련된 형용사로서 '합리적인, 알맞은'을 뜻하는 (A) reasonable이 정답이다. 「at a reasonable price」를 하나의 표현으로 기억해 두는 것이 좋다.

어휘 comfortable 편안한, 편한 accommodations 숙소, 숙박 시설 potential 잠재적인, 가능성 있는 specific 구체적인, 특정한 detailed 상세한

4.

정답 (B)

해석 모든 직원들께서는 극심한 기상 조건 중에 원격으로 근무하시도록 권장됩니다.

해설 극심한 기상 조건 중의 근무 방식과 관련된 부사가 필요하므로 빈칸 앞에 위치한 work와 어울려 '원격으로 근무하다'를 뜻하는 「work remotely」를 구성하는 (B) remotely가 정답이다.

어휘 be encouraged to do ~하도록 권장되다 severe 극심한, 심각한, 가혹한 condition 조건, 환경, 상황, 상태 strongly 강력히, 튼튼하게, 세게 remotely 원격으로, 멀리서 finally 마침내, 결국, 마지막으로 closely 면밀히, 긴밀히, 접근하여, 단단히, 꽉

5.

정답 (C)

해석 음식과 음료는 오직 시설 내 지정된 구역에서만 허용됩니다.

해설 빈칸 뒤에 위치한 명사 areas와 어울려 음식과 음료가 허용되는 공간을 의미할 수 있도록 '지정된 구역'을 뜻하는 「designated areas」를 구성해야 알맞으므로 (C) designated가 정답이다.

어휘 allow ~을 허용하다, ~에게 허용하다 facility 시설(물) potential 잠재적인, 가능성 있는 reasonable 합리적인, 알맞은 qualified 자격이 있는, 적격인

6.

정답 (A)

해석 우수한 성과를 낸 직원들께서 급여 인상에 대한 자격이 있습니다.

해설 빈칸 앞뒤에 각각 위치한 be동사 are 및 전치사 for와 어울리는 형용사가 필요하므로 이 둘과 함께 '~에 대한 자격이 있다'라는 의미를 나타내는 「be eligible for」를 구성하는 형용사 (A) eligible이 정답이다.

어휘 outstanding 우수한, 뛰어난 performance 성과, 실적, 수행 (능력), 공연, 연주(회) raise 급여 인상 accessible 이용할 수 있는, 접근할 수 있는 beneficial 유익한, 이로운 fragile 깨지기 쉬운, 취약한

7.

정답 (A)

해석 공사 프로젝트는 반드시 지역 안전 규정을 준수해야 합니다.

해설 빈칸 바로 뒤에 위치한 전치사 with와 어울리는 자동사가 필요하므로 '~을 준수하다, ~을 따르다'를 의미하는 「comply with」를 구성하는 (A) comply가 정답이다.

어휘 construction 공사, 건설 local 지역의, 현지의 regulation 규정, 규제 access v. ~에 접근하다, ~을 이용하다 n. 접근 (권한), 이용 (권한) continue ~을 지속하다, 지속되다 consider ~을 고려하다, ~을 …라고 여기다

8.

정답 (A)

해석 모든 고객 서비스 직원들께서는 반드시 24시간 내에 고객 문의 사항에 대응하셔야 합니다.

해설 빈칸 바로 뒤에 위치한 전치사 to와 어울리는 자동사가 필요하므로 '~에 대응하다, ~에 응답하다'를 의미하는 「respond to」를 구성하는 (A) respond가 정답이다.

어휘 inquiry 문의, 질문 within (시간, 거리, 범위 등) ~ 이내에 apply 지원하다, 신청하다, ~을 적용하다

9.

정답 (D)

해석 저희 잡지를 구독하시는 고객들께서는 첫 구매에 대해 20퍼센트를 절약하시게 될 것입니다.

해설 빈칸 바로 뒤에 위치한 전치사 to와 어울리는 자동사가 필요하므로 '(서비스 등) ~을 구독하다, ~에 가입하다'를 의미하는 「subscribe to」를 구성하는 (D) subscribe가 정답이다. 참고로, (A) expect는 to부정사와 함께 '~할 것으로 예상하다'를 뜻하는 「expect to do」나 'A가 ~할 것으로 예상하다'를 의미하는 「expect A to do」의 구조로, (C) intend는 to부정사와 함께 '~할 의도이다, ~할 작정이다'를 뜻하는 「intend to do」로 쓰인다.

어휘 save ~을 절약하다, ~을 아끼다 purchase n. 구매(품) v. ~을 구매하다 expect ~을 예상하다, ~을 기대하다 propose ~을 제안하다 intend 의도하다, 작정하다

10.

정답 (B)

해석 공장 방문객들께서는 젖은 바닥에서 걸어다니실 때 주의하시도록 권장됩니다.

해설 빈칸 앞에 위치한 동사 use와 어울려 젖은 바닥에서 걸어다닐 때 해야 하는 것을 의미할 수 있도록 '주의하다'를 뜻하는 「use caution」을 구성해야 알맞으므로 (B) caution이 정답이다.

어휘 be advised to do ~하도록 권장되다, ~하는 것이 좋다 when -ing ~할 때 caution n. 조심, 주의, 경고(문) v. (~에게) 경고하다, 주의시키다 cautious 조심하는, 신중한 cautiously 조심스럽게, 신중히